国家复杂产品生产能力比较研究

盛 亚 周国华 著

浙江工商大学出版社
ZHEJIANG GONGSHANG UNIVERSITY PRESS
·杭州·

图书在版编目(CIP)数据

国家复杂产品生产能力比较研究 / 盛亚，周国华著.
— 杭州：浙江工商大学出版社，2021.12
ISBN 978-7-5178-4693-2

Ⅰ.①国… Ⅱ.①盛… ②周… Ⅲ.①产品开发—研
究—世界 Ⅳ.①F406.2

中国版本图书馆 CIP 数据核字(2021)第 206593 号

国家复杂产品生产能力比较研究
GUOJIA FUZA CHANPIN SHENGCHAN NENGLI BIJIAO YANJIU
盛　亚　周国华　著

责任编辑	谭娟娟
责任校对	韩新严
封面设计	云水文化
责任印制	包建辉
出版发行	浙江工商大学出版社
	（杭州市教工路 198 号　邮政编码 310012）
	（E-mail:zjgsupress@163.com）
	（网址:http://www.zjgsupress.com）
	电话:0571-88904980,88831806(传真)
排　　版	杭州朝曦图文设计有限公司
印　　刷	广东虎彩云印刷有限公司绍兴分公司
开　　本	710mm×1000mm　1/16
印　　张	32.5
字　　数	481 千
版 印 次	2021 年 12 月第 1 版　2021 年 12 月第 1 次印刷
书　　号	ISBN 978-7-5178-4693-2
定　　价	99.00 元

/ 目 录 /

第 9 章

复杂产品生产过程中生产能力内在机理分析

第 3 篇 复杂产品生产能力的产业（国家）比较：评价研究

第 10 章

复杂产品生产能力评价指标与评价方法

第 11 章

船舶制造业的国家生产能力比较

第 12 章

航空航天制造业的国家生产能力比较

第4篇 国家复杂产品生产能力提升战略与政策研究

第13章 ————————————————————————

我国复杂产品生产能力的提升战略:路径与选择

第14章 ————————————————————————

我国复杂产品生产能力提升的政策研究

第 1 篇

复杂产品生产能力的理论研究

第1章　绪　论

1.1　研究背景和意义

1.1.1　研究背景

作为世界第一制造大国，截至 2017 年底，中国 500 多种主要工业产品中，有 220 多种产量位居世界第一[①]。115 家中国企业进入世界 500 强榜单[②]，国家创新能力从全球第 20 位上升至第 17 位，R&D 经费总量为 2275.4 亿美元，继续居世界第 2 位，占全球的份额为 15.6%。天眼落成，高铁通达天下，C919 一飞冲天，蛟龙号载人下潜深度排名世界第一……这些国之重器的横空出世，让中国制造业在世界民族之林大放异彩。然而，成就背后短板犹在，大而不强（产品的附加值低、生产成本高、研发水平低）依然是我国制造业的痛点。我国制造业大部分的核心部件还依赖进口，核心部件缺乏导致生产成本高企。工信部资料显示，我国高端芯片与通用芯片的对外依存度高达 95%，即几乎 95% 的高档数控系统、高档液压件和发动机等依靠进口[③][④]。制造业成本优势的逐渐消失也削弱了我国制造业的竞争力。

"一带一路"倡议的确立和逐步推进，以及关于中国高端制造业规划的《中国制造 2025》和促进产业生态体系网络化、智能化、服务化、协同

---

① 搜狐网. 别让制造业背着包袱赛跑[EB/OL]. (2017-04-26)[2018-03-10]. http://www.sohu.com/a/136513062_157139.

② 财富中文网. 2017 年世界 500 强 115 家中国上榜公司完整名单[EB/OL]. (2017-07-20)[2018-03-10]. http://www.fortunechina.com/fortune500/c/2017-07/20/content_286799.htm.

③ 一架飞机的价格中约 1/4 是用于装机的发动机及其备件，而且对产品支援服务的工作量也远比其他部件要大。长期以来，发动机成为航空公司与制造商之间关系紧张的主要原因之一（刘济美，2016），也是我国航空业发展的一大软肋。

④ 燕玉. 中国制造业为何"大而不强"，如何突围[J]. 人民论坛，2017(10)：82-83.

化的《国务院关于积极推进"互联网+"行动的指导意见》的出台,既反映了"经过几十年的快速发展,我国制造业规模跃居世界第一位,建立起门类齐全、独立完整的制造体系,成为支撑我国经济社会发展的重要基石和促进世界经济发展的重要力量"这样一个事实,又表明了"我国仍处于工业化进程中,与先进国家相比还有较大差距"的时代紧迫感。

作为国之重器的复杂产品,其生产和研发过程推动着整个产业链的创新进程。 在大项目驱动行业创新的思想引导下,一个又一个复杂产品的成功研制为中国制造业的开疆拓土立下汗马功劳。 高铁、商用飞机、核电站、大型船舶等都属于复杂产品,关系国计民生且生产成本高、技术复杂、定制需求大、集成度高、涉及范围广,其研发生产往往涉及不同领域,选择联合研发的方式已经成为业界共识,因此能带动着一大批企业的研发工作,是带领中国制造业由大向强转变的重要抓手。 中国高铁的研发,至少拉动着30万家零部件企业的发展,它们托起了冶金、轴承、型材、精密仪器等数十个高端装备行业的自主创新。 围绕着高铁机车,中国有22个省700多家企业参与了技术的研发和配套。 复兴号系列动车组九大关键技术、10项配套技术由包括株洲所基地在内的全国数个基地逐一突破。 C919的研发包括102项关键技术的突破,200多家企业、6所高校、数十万技术人员参与其中。 这种"一带多"的特点使得做好复杂产品的生产工作具有良好的带头和示范作用。

目前复杂产品生产能力的相关研究严重滞后于实践活动,一些认识只是停留在表面甚至存在较大的偏差,难以指导实践工作。 鉴于此,本研究的目标如下:①将经典的"投入—生产—产出"(IPO)基本生产系统引入复杂产品生产过程中,运用经典的经济学和管理学理论等进行解析。 ②鉴于现有研究在国家、产业和企业层次的脱节,在企业(产品)层次的内在机理不清晰的情况下,提出的产业发展路径和政府政策支持缺乏针对性,本研究将建立一个国家生产能力体系,该体系是以产业生产能力与企业(产品)生产能力为基础构建的一个系统。 ③为复杂产品生产能力的比较提供科学的评价体系。 这主要体现在两方面:一方面,在反映复杂产品特征的指标选择上,国家层次保证完备性和宏观性,产业和企业(产品）层次则选择关键指标；另一方面，在定性和定量评价方法的选择上，从国家到产业到企业（产品）层次依次采用定量为主定性为辅、定量与定性并重、定性为主定量为辅的方法。　④鉴于目前政策研究在政策体系构建中存在的完备性和独立性问题，本研究将基于"供给—需求—环境"构建一个三维政策体系，并运用于复杂产品生产能力提升的政策研究中，以指导实际的政策制定。

1.1.2　研究的现实意义

（1）坚定中国制造的国家意志和国家战略，提升中国制造的国际形象。　中国已经是名副其实的装备制造业大国，也已成为复杂产品制造中心，如国内石油与食品加工业、电子机械业、运输业、航天业及通信设备业等领域显示出快速增长势头，尤其是大型制造商显示出强劲的生命力[1]。　但中国制造大而不强，这是不争的事实。"我国制造业自主创新能力弱，关键核心技术与高端装备对外依存度高，以企业为主体的制造业创新体系不完善；产品档次不高，缺乏世界知名品牌；资源能源利用效率低，环境污染问题较为突出；产业结构不合理，高端装备制造业和生产性服务业发展滞后；信息化水平不高，与工业化融合深度不够；产业国际化程度不高，企业全球化经营能力不足"[2]。　《财富》杂志官方网站于 2015年 7 月 22 日公布的 2015 年世界 500 强企业名单中，中国企业的实体经济与虚体经济倒挂严重，技术密集型产业少见[3]。　2015 年 4 月在每年一次的世界最大、产品最全的德国汉诺威工业展会上，中国制造在传统行业里已被"边缘化"了，在工业 4.0 的高科技展馆里更是找不到中国制造[4]。2018 年的中兴通讯、华为等一系列国际贸易事件更是提醒国人，实现中国

① 新华网. 外媒关注中国制造业持续低迷 [DB/OL]. http://news. xinhuanet. com/world/2012-08/02/c_123513928. htm.
② 《中国制造 2025》.
③ "一带一路"战略助力中国高铁　中国通号布局海外 [DB/OL]. (2015-08-01). http://money. 163. com/15/0801/00/AVT2NFM400253B0H. html.
④ 外贸网.从德国汉诺威工业展会看中国的制造业 [DB/OL]. (2015-08-03). http://www. cn176. com/xinwen/waimao54530. html.

制造的强国梦道路漫长。 尽管中国高铁令国人自豪，但也经常遭遇强手；大飞机制造承载着几代中国人的航空梦，但要真正实现商业化乃至走出国门仍道路艰难。

我国仍处于工业化进程中，与先进国家相比还有较大差距。 要实现赶超，从国家意志和国家战略层次认识中国制造，显得十分重要和必要。 如 "一带一路" 倡议助力中国高铁，推动中国南车和中国北车合并成立中国中车，从而形成合力在全球市场展开竞争。 作为中国高铁 "走出去" 战略的核心企业——中国通号（中国铁路通信信号股份有限公司）也在积极向海外布局[①]。 如果有更多的制造企业在国家战略的助推下，坚定地走 "中国创造" "中国智造" 之路， "制造强国" 的国际形象就一定会早日实现。 但不可否认的事实是，中国复杂产品在 "走出去" 过程中，会遇到如技术标准、技术创新与知识产权、竞争对手、项目融资及东道国政治环境等方面的问题和障碍（路铁军，2016）。 本研究的目的就在于，通过提升承担着 "国家技术构架" 的复杂产品生产能力，增强中国复杂产品国际竞争力，重塑中国制造的国际形象。

（2）以复杂产品为突破口，整体带动中国制造向高端发展。 复杂产品的生产与创新是突破规模经济发展瓶颈的有效途径，是基础技术创新的一种主要形式，也是构建中国未来经济核心竞争力的手段之一。 复杂产品属于大型资本型产品，为生产 "简单" 产品及提供现代化的服务创造条件，是经济和社会现代化的支撑平台（陈劲等，2006）。 这是复杂产品在20 世纪末成为欧洲技术创新研究领域的热点之一的原因[②]。 各国尤其是发达国家都不遗余力地发展复杂产品生产，以带动本国的制造业向高端发展[③]。 德国的工业4.0、美国的工业互联网、中国的 "互联网＋"（本研究特指 "互联网＋工业"）虽然表述不一，内容有宽窄，路径有差异，但

[①] 《中国制造 2025》.

[②] DAVIES A. Competitive complex product systems：the case of mobile Communications[R]. IPTS Report，1997，18：26-31.

[③] 据统计,日本和韩国的复杂产品产业产值占其 GDP 的比例为 12%—14%（Gann，Salter，2000）。

殊途同归，本质和目的一样——占领高端制造业的高地。

国家发改委新闻发言人蔡荣华在 2015 年 7 月 30 日回答记者增强制造业核心竞争力的重大工程包为什么选择以下 6 个领域（轨道交通装备、高端船舶和海洋工程装备、工业机器人、新能源汽车、现代农业机械、高端医疗器械和药品）问题时说，选择这 6 个领域是依据比较严格的标准的：一是市场潜力要大，二是关联程度要高，三是带动能力要强，四是这个领域要有一定的产业基础；同时要符合以后的发展趋势，掌握一定的关键技术，有可能在今后比较短的时间里取得重大技术突破，实现产业化[①]。 如船舶行业是为水上交通、海洋资源开发及国防建设提供技术装备的现代综合性和战略性产业，对钢铁、化工、轻纺、装备制造、电子信息等重点产业发展具有较强的带动作用。 大型航空产品的制造过程涉及零部件及其技术参数达到 107 量级，需要的生产图纸达 5 万多标准张，所需的各种通信、导航、显示和飞机控制设备涉及几十到几百家供应厂。

本研究基于生产能力的两大方面（技术能力和管理能力）和 3 个层次（企业或产品、产业和国家），研究国家复杂产品生产能力提升的战略路径、策略选择和政策支撑，对整体带动中国制造向高端发展具有重要意义。

（3）提高复杂产品生产能力，逐步实现由"政府主导"向"企业主导"的过渡。 中国企业的复杂产品生产能力弱不仅表现在技术能力上，更表现在管理能力上。 复杂产品一般是以企业对企业（B2B）的交易方式进行的、支撑生产服务的生产资料，涉及的产业链长，界面复杂，大多是系统集成，产品生命周期长（长达几十年甚至上百年）。 不具备很强的技术能力和管理能力，复杂产品生产将面临很多"时间—质量—成本"等方面风险，如高铁香港段推迟交付，预算严重超支。 中国的系统集成商、供应商依旧按照传统产品的研发模式进行复杂产品生产，造成了大量资金浪费（宋砚秋等，2014），其中存在的问题包括缺乏战略管理框架指导，缺

---

① 　环球网.发改委：中国制造业大而不强的问题依然存在[DB/OL].（2015-07-30）. http://finance. huanqiu. comroll2015-07/7145815. html.

乏过程管理与跨组织合作管理，以及基于知识共享的资源管理能力薄弱
（陈劲，2007）。

国际经验告诉我们，政府在国家复杂产品生产中发挥着重要作用，发达国家如此，发展中国家更应如此，中日之间的高铁竞争充分印证了这一点。目前我国复杂产品产业主要被国有企业垄断，随着金融市场、产权制度、WTO机制等的逐渐完善，进入规制将逐渐放松，民营资本将大量涌入。国务院继2005年推出"非公36条"后，2010年5月7日再次推出新"非公36条"，明确地显示出中央让民营企业进入垄断行业的决心和政策取向。央行2015年第二季度中国货币政策执行报告提出，积极推进混合所有制改革，鼓励骨干船舶制造企业实施兼并重组，推动大型船舶企业与上下游企业组成战略联盟，引导中小船舶企业调整业务结构①。2015年8月4日，国家发改委网站上公布的《关于实施增强制造业核心竞争力重大工程包的通知》中也在积极引导社会资本加大投入力度。2018年11月1日，习近平总书记在民营企业座谈会上的讲话，充分肯定了我国民营经济的重要地位和作用，并表示大力支持民营企业发展壮大。由此可知由"政府主导"向"企业主导"过渡是必然选择，本研究将为成功推动复杂产品生产由"政府主导"向"企业主导"逐步过渡，提供产业发展战略路径和政策方面有价值的建议。

1.1.3 研究的理论意义

（1）将"投入—生产—产出"引入复杂生产系统研究中，理论上体现了生产过程的一般性和特殊性的统一。研究设计中对投入、生产和产出三大阶段都运用了经典的经济学、管理学和社会学理论进行解析，试图回答"为什么"和"应是什么"的问题，如运用资源基础理论（Resource Based Theory，RBT）和交易成本经济学（Transaction Cost Economics，TCE）分析复杂产品生产的资源投入，回答"为什么当前情况下政府需要资源投入""为什么是政府主导而不是企业主导""资源投入结构应该是

---

① 人民网.央行报告：鼓励骨干船舶制造企业实施兼并重组[DB/OL]. http://gs. people. com. cn/n—0810/c183342-25915539. html

怎样的"等问题。 同样地，对组织范式的产业模块化和社会网络理论分析、对生产过程的复杂产品生产理论分析和对产出的"时间（进度）—质量—成本"（TQC）及其关系的分析，都要做出规范性的回答。 此外，将组织范式单列，而不作为全部资源投入的一部分，体现了复杂产品生产投入的特殊性，因为：①复杂产品资源投入的主体多元化，分属不同类型的组织，如我国引进时速 200—250km 级别和 300km 以上级别的高铁技术，其技术资源主体分别是日本、法国、德国、加拿大等国家的掌握成熟高速动车组设计和制造技术的企业（林善波，2011）。 ②生产的主体也是多元的，因此需要对传统的直线制、职能制、事业部制乃至项目制的组织范式进行创新。 模块化组织、网络组织是复杂产品生产比较合适的组织范式。 一种纳入利益相关者主体权利的网络组织（称为利益相关者网络）也是一种可供选择的组织范式（盛亚等，2017）。 ③复杂产品企业的价值链是一个开放网络，用户等企业外部的重要利益相关者都参与到价值网络中来。 在这个网络中，用户的影响几乎贯穿了全业务流程，分包商也对企业的价值链产生很大的影响。 每个企业都有着自己特有的价值网络和核心的价值链环节（陈占夺等，2013）。

研究者已经站在不同的学科角度，运用不同的理论方法，对特定问题进行了大量研究，如对创新网络[1][2]（乐承毅等，2013；张文彬等，2014）、定制化（Baraldi，2009；Fernandes et al.，2015）、战略与动态能力[3]（Park，2013）等的研究。 特定问题有独特的理论和方法视角，如利益相关者理论视角（盛亚等，2011；盛亚等，2017；石晓波等，2017）。 但作为本研究的第一关键词的"生产能力"，需要有一个统一的理论分析体系。 然而，目前对于复杂产品的生产过程还没有一个确定的

---

[1] 冉龙，陈劲，董富全. 企业网络能力、创新结构与复杂产品系统创新关系研究[J]. 科研管理，2013，34(8)：1-8.

[2] POLITES G L，KARAHANNA E. The embeddedness of information systems habits in organizational and individual level routines：development and disruption[J]. MIS Quarterly，2013，37(1)：221-246.

[3] 吕一博，赵滴博. 后发复杂产品系统制造企业吸收能力的影响因素——利用扎根理论的探索性研究[J]. 科学学与科学技术管理，2014(5)：137-146.

观点，本研究通过对高速铁路、商用飞机、大型船舶及其他复杂产品（如核电站）的生产过程进行分析，结合项目管理的观点，总结出反映复杂产品特点的生产制造过程，丰富了复杂产品研究领域的成果，为后续对复杂产品生产能力的研究提供理论基础。

（2）将国家生产能力看作一个系统，体现了运用系统思维认识国家生产能力的认知方式。国家生产能力的构成要素是产业生产能力，而产业生产能力的构成要素是企业生产能力，这些要素分属不同的子系统但又彼此联系，分析的逻辑起点应该是企业生产能力，即按照"需求分析—系统设计—分包/模块开发—系统集成—交付使用"的复杂产品生产过程，将生产能力分为技术能力和管理能力，运用系统分析方法进行"时间维—过程维—方法维"（三维结构分析方法）由"点"（一维）到"面"（二维）到"体"（三维）的研究。这样的研究体现了"点""面"和"体"的整体与局部统一、一般的国家生产能力与特殊的企业生产能力的统一、技术能力和管理能力在时间上的静态与动态的统一。

从复杂产品生产过程可以看出，用户高度嵌入，分包商协同开发，既涉及大量的技术问题，更涉及复杂的管理问题（Magnusson et al.，2008），反映在技术上的特征就是多层次（元件技术、构建技术和系统技术，并以层次链方式集成），管理上的特征则是定制管理、模块分包管理、集成管理和服务管理（Holmström et al.，2014）。无论是复杂产品生产企业的技术能力还是管理能力，其内涵和外延目前学术界还没有定论，本研究将通过案例分析、大样本实证和数理分析等方法对技术能力和管理能力进行研究。

（3）采用的评价和比较方法既科学又有很大的应用价值。科学评价复杂产品生产能力，首先体现在反映复杂产品特征的指标选择上，如构建国家复杂产品生产能力评价模型，在指标选择上要体现完备性和宏观性，如从"投入—生产—产出"角度，选择投入要素、支撑条件、过程管理和产出绩效等 4 个指标；产业层次则结合产业特征选择关键指标；企业层次的复杂生产能力评价，需要用显微镜把握内在机理。其次是评价方法的选择。科学评价的最大难题是数据的可获得性，以及信度和效度的矛盾。 有鉴于此，本研究根据定性和定量的评价方法分类，国家生产能力采用定量为主定性为辅，产业生产能力采用定量与定性并重，企业（产品）生产能力采用定性为主定量为辅的评价方法，这是一种对科学评价遇到的难题采取相机处理的"工具主义"方法。 此外，在国家、产业和企业的评价和比较对象的选择上，既选择典型的"标杆者"作为追赶目标，也选择典型的"竞技者"作为比较对象，如航空航天选择美国、欧洲作为"标杆者"，高铁选择日本、欧洲及船舶选择日本和韩国作为"竞技者"等。 这样的研究虽然偏向实用和工具，但由于以复杂产品生产能力的规范性研究为指导，研究结果不仅为规范性研究提供有力支持，也有很高的实际参考价值。

（4）政策研究体现了规范性、描述性和工具性的统一，既有学术价值，也有应用价值。 规范性主要体现在政策体系的构建上。 政策的基本功能是弥补或纠正各种市场失灵，因此凡是有市场失灵的地方就应该有相应的政策进行弥补或纠正。 当然政策并非万能的，也会出现失灵状况，因此政策的完备性和独立性是发挥政策基本功能的必要条件。 现有政策体系有不同的构建，如激励性政策（金融、财政、税收、分配、价格、信息、专利政策等）、引导性政策（产业政策和科技政策）、保护性政策（关税保护政策和政府购买政策）和协调性政策等。 Rothwell et al. (1981)的政策体系（供给政策、需求政策和环境政策）十分经典，也得到了广泛应用，本研究主要运用该政策分析工具，弥补关于复杂产品生产能力提升的政策研究的不足。

描述性和工具性则体现了政策的策略性。 由于不同国家针对产业发展的不同阶段制定的政策存在差异，政策目标、政策力度、政策措施等需要重视描述性和工具性研究，如美国由于其巨大的国内市场和雄厚的技术实力，对复杂产品的生产和组织采取了更为市场化的调节方式，而欧盟各国政府对复杂产品的生产则采取了财政补贴、建立技术规范和安全标准、实行市场准入等一系列扶持政策，如 CDMA（美国）和 GSM（欧洲）的标准竞争。 但不同产业，也存在政策差异，如美国采取积极的扶持政策来支持航空制造业的发展（缪小明，2006）。 中国高铁在发展的不同阶段分别采用二次创新、集成创新和自主创新政策，最终建成具有自主知识产权的自主创新体系（林善波，2011）。

此外，政策研究一直以定性为主，但如果辅之以定量研究，可能会增强解释力和说服效果，如关于政策的动态研究、相关研究和效应研究等。许多学者在研究中进行了这样的尝试。本研究引用定量研究方法，就是要研究关于复杂产品生产能力提升的政策动态性、相关性和效应性等问题，从而验证政策的应用价值。

1.2 研究内容

1.2.1 总体问题

一个国家复杂产品生产能力的强弱，是国家制造业强弱的标志。这是由复杂产品及其生产过程的特征所决定的，因此，中国要从制造业大国走向制造业强国，必须抓住制造业的"牛鼻子"，如《中国制造2025》中的高端装备创新工程（大型飞机、航空发动机及燃气轮机、民用航天、智能绿色列车、海洋工程装备及高技术船舶、智能电网成套装备、高档数控机床、核电装备、高端诊疗设备等）和《增强制造业核心竞争力三年行动计划（2015—2017年）》中的6个领域（轨道交通装备、高端船舶和海洋工程装备、工业机器人、新能源汽车、现代农业机械、高端医疗器械和药品）。提升国家复杂产品生产能力，不仅需要高层设计和规划以体现国家意志和战略，更要有产业和企业（产品）的支撑，所以本研究针对"国家复杂产品生产能力比较"这个主题，内含的总体问题是不同于一般的产品生产能力，复杂产品生产能力必须体现复杂产品及其生产过程的特征，如何在微观层次（企业或产品）准确认识复杂产品生产过程、生产能力及其投入产出关系内在机理的基础上，通过产业和国家层次的比较，为提升国家复杂产品生产能力提供企业管理、产业发展和政府政策方面的意见和建议。

1.2.2 主要内容

基于复杂产品"投入—生产—产出"生产过程的理论研究，通过对不同国家典型复杂产品案例研究的微观比较，以及对不同国家典型复杂产品产业评价研究的产业和国家比较，提出关于国家复杂产品生产能力提升的企业和产业发展战略路径和政策支持的建议。本书主要内容包括 4 篇（总体研究框架如图 1-1 所示）。第 1 篇是本研究的理论基础，在一般产品生产过程（IPO）中运用了资源投入的资源基础理论和交易成本理论、生产过程的复杂产品系统理论，以及产出的"时间—质量—成本"理论，不仅提升了本研究的理论深度，也为其他部分奠定了理论基础。第 2 篇和第 3 篇通过对主要国家、关键产业和核心企业（或产品）的选择，分别在企业（产品）微观层次和产业中观层次为复杂产品生产能力的国家比较提供实践对象。第 2 篇和第 3 篇不仅是对第 1 篇的实证检验，也为第 4 篇企业/产业发展的战略路径、策略选择和政府政策的提出提供了实际背景和经验借鉴。同时，第 2 篇的复杂产品生产过程及其生产能力的内在机理研究，也为第 3 篇的产业和国家复杂产品生产能力评价指标的选择提供了支持。第 4 篇是将第 1 篇（作为比较的理论体系）与第 2 篇和第 3 篇（作为比较的实际评价）最终落实到企业、产业的发展路径/策略选择和政府政策指导上。

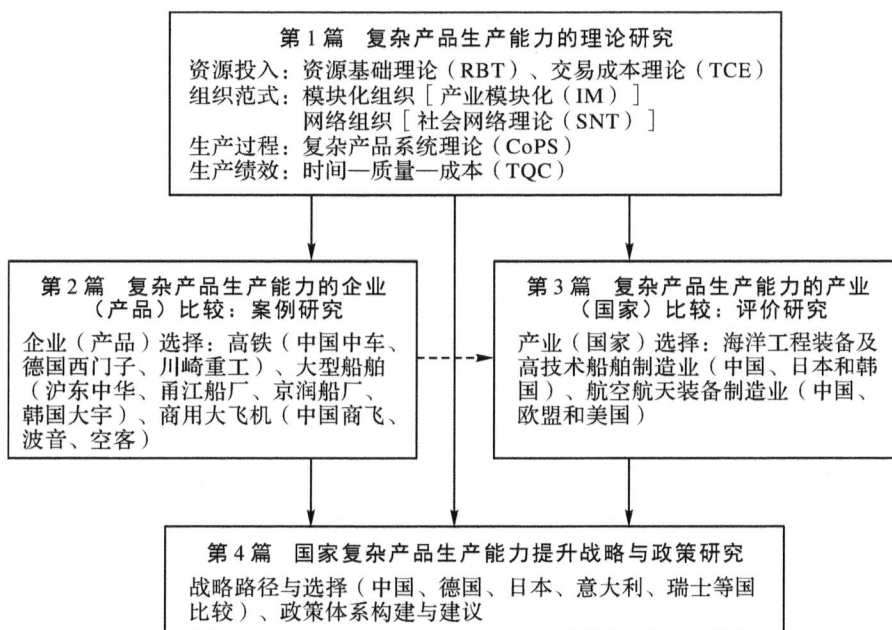

图 1-1　主要研究内容

（1）第1篇　复杂产品生产能力的理论研究。 本篇的研究目标是构建国家复杂产品生产能力的"投入—生产—产出"理论体系。 复杂产品资源投入主要以资源在自我组织生产和外包/分包生产之间的平衡，以及资源基础理论和交易成本经济学来构建资源投入的分析框架。 复杂产品组织范式主要涉及从产品模块化到产业模块化的产业组织问题，同时总包商和各外包/分包商间也形成了社会网络，反过来影响复杂产品的产业组织。 复杂产品系统理论侧重于复杂产品的制造过程、管理过程，以及两者之间的互动联系。 复杂产品生产绩效既脱胎于传统项目管理的进度、质量、成本控制，又以其高度的生产组织复杂性而表现出复杂系统的特点。 本篇包括3章内容，分别是第1章绪论、第2章研究综述和第3章理论模型。

（2）第2篇　复杂产品生产能力的企业（产品）比较：案例研究。本篇的研究目标是深层掌握企业（产品）层次生产过程中涉及的技术能力和管理能力的内在联系及其作用机理，为第1篇提供实证，同时为产业和国家层次的复杂产品生产能力评价和比较提供微观基础。 本篇选择主要国家、关键产业的核心产品进行案例研究，主要内容涉及高铁、商用大飞机和大型船舶产品的生产过程（需求分析—系统设计—任务分解和外包选择—系统集成—交付用户跟踪完善）及其反馈关系研究；该生产过程的投入、产出及其投入产出关系的分析；技术需求分析能力、技术设计能力、技术外包和技术开发能力、技术集成能力、技术服务能力及其指标分析能力；关键管理能力（定制能力、模块能力、集成能力）分析，其中集成能力包括网络集成能力、网络管理能力、全生命周期管理能力、风险管理能力等。 本篇包括5章内容（第4—9章），运用案例分析、重点问题的数理分析和大样本实证分析，研究了复杂产品的生产过程（第4章）；运用纵向嵌入式案例研究方法，以利益相关者网络视角，详细解读了我国某核电站的复杂产品生产过程（第5章）、技术能力（第6章）、管理能力（第7章和第8章），以及生产能力（管理能力和技术能力）与生产过程的内在机理（第9章）。

（3）第3篇　复杂产品生产能力的产业（国家）比较：评价研究。

本篇的研究目标是选择科学合理的关键评价指标和评价方法，比较产业和国家层面的复杂产品生产能力，为提升国家复杂产品生产能力的产业战略路径、策略选择和政策支持提供产业和国家层次的依据。 本篇的研究分两个层次展开：国家复杂产品生产能力的综合评价及比较和重点产业复杂产品生产能力的评估及比较。 选择研究的产业（含国家）是海洋工程装备及高技术船舶制造业（中国、日本、韩国）、航空航天装备制造业（中国、美国、欧盟）。 本篇包括 3 章内容，其中，第 10 章是指标体系构建和评价方法的选择（含拥有先进轨道交通装备制造业的德国、日本、中国、加拿大、法国等国间的比较），第 11—12 章依次对海洋工程装备及高技术船舶制造业和航空航天装备制造业的产业层次评价和国家进行比较研究。

（4）第 4 篇　国家复杂产品生产能力提升战略与政策研究。 本篇针对我国复杂产品生产能力基础现状、演化趋势、存在的主要问题与障碍等，运用综合理论分析、实证分析与政策定量定性等研究方法，研究我国复杂产品生产能力提升的战略路径、策略选择与政策支撑。 本篇包括两章内容，其中第 13 章分别以中国高铁的技术追赶战略和高档数控机床制造业的国际竞争力评价为例（中国、瑞士、意大利、日本、德国），特别是以瑞士和意大利的产业发展战略路径和策略为标杆，提出我国复杂产品生产能力提升的战略和策略选择。 本章还针对复杂产品生产特征，提出以提升技术能力和管理能力为核心的创新战略、以主供模式为主的合作战略和为破解"模块创新"与"集成管理"之间的效率困境提供新思路的平台战略。 第 14 章运用"供给—需求—环境"的政策工具，以定量定性相结合的方法解读和研究了中国、美国和德国的"互联网＋制造"政策内容，并结合本研究形成的基本观点提出我国复杂产品生产能力提升的政策支撑建议。

1.3　研究思路、方法与创新

1.3.1　总体思路

围绕"国家复杂产品生产能力比较"主题，在对国家复杂产品生产能力进行理论研究的基础上，从主要国家、关键产业和核心企业（产品）入手，分别进行微观层次的由企业（产品）生产能力形成的内在机理案例比较研究，以及中观、宏观层次的产业和国家生产能力评价和比较，进而提出国家生产能力提升的战略路径、策略和政策支撑体系。复杂产品生产能力的"国家比较"是本研究的主要视角，但为了使"国家比较"更加具象，研究视角采取逐步放大的动态视角，即"企业（产品）比较→产业比较→国家比较"。

研究的基本路径是"复杂产品生产能力的理论研究→复杂产品生产能力的企业（产品）比较：案例研究→复杂产品生产能力的产业（国家）比较：评价研究→国家复杂产品生产能力提升战略和政策研究"，具体见图1-2。

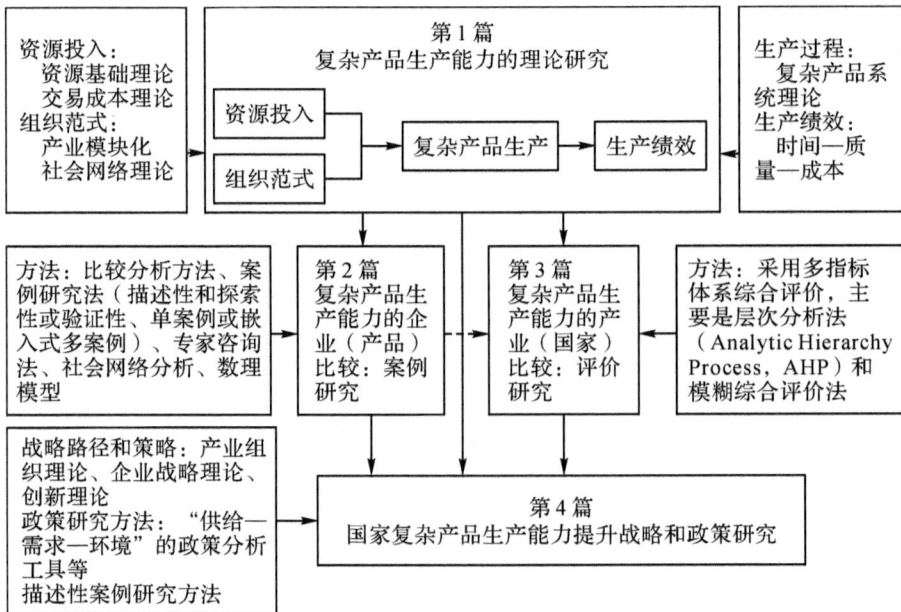

图 1-2　本研究的技术路线

1.3.2　研究方法

（1）文献探讨与理论分析。在搜集一般生产过程理论、复杂产品系统理论、资源基础理论、交易成本理论、产业组织理论、企业战略理论、大规模定制理论、模块化理论、集成管理理论、社会网络理论、"时间—质量—成本"理论、政策理论等多种理论相关文献资料的基础上，本研究系统、深入地总结前人的研究成果，采用文献研究和理论分析相结合的方法，梳理复杂产品生产过程和生产能力理论体系，为比较各主要国家、关键产业和核心复杂产品生产能力水平，以及战略路径和制度、政策研究，奠定理论基础。

（2）国际经验比较研究。 国际经验比较分 3 个层次：国家、产业和企业（产品）。 国家层次比较以国家复杂产品生产能力评价模型为基础，构建科学的评价指标体系，采用层次分析法确定指标权重，利用模糊综合评价法进行指标合成，得到各个国家的复杂产品生产能力指数。 产业层次比较结合《中国制造 2025》和国家统计局发布的《国民经济行业分类》（GB/T 4754—2011），将复杂产品的生产主要定位于高端装备制造业，开展重点产业复杂产品生产能力的评估与比较。 企业（产品）层次比较结合国家和产业的选择，重点选择 3 个核心产品（高铁、大型船舶、商用大飞机），对生产能力形成机理进行案例描述、分析和研究。

（3）案例研究与深度访谈。 通过深度访谈的方式，并结合档案数据、书面文件、实物样本或直接观察与事后回溯（相关重要事件），完成对 3 个复杂产品——高铁（中、日、德、法）、大型船舶（中、日、韩）和商用大飞机（中、美、欧盟）10 个典型案例的搜集、整理工作（案例研究还包括某核电站的生产过程研究），以进行探索性或验证性案例研究，再采用单案例和嵌入式多案例分析方法（韦影等，2017），结合理论研究的结果进一步对研究框架进行修正与改进。

（4）内容分析法。 内容分析法是一种对研究对象进行客观、系统和定量描述的方法，其实质是对研究对象所包含信息量及其变化的推理分析。 本研究在确立研究目标的基础上，整理和回顾相关文献、研究报告，制定初步的分析维度，并根据预测的结果进行修订，以设计出客观性较强的分析维度体系。 然后抽取分析材料，综合运用方差分析、因素分析、回归分析等定量研究方法对所获得的数据进行量化处理，以形成国家复杂产品生产能力比较和政策建议的相关研究结论。

（5）评价和数据采集方法。 国家和产业层次的评价方法主要采用特别适用于对复杂问题进行综合评估的层次分析法和模糊评价法。 定量指标采用资料法，从有关研究资料和统计材料中获取；定性指标采用访谈、专家评分法与搜索相关管理制度整理而得相结合的方式来获得。 在利用层次分析法确定复杂产品生产能力指标体系中各个指标的权重时，邀请该领域的有关专家、学者对指标之间的重要程度进行打分。 对一些棘手问题采取小组讨论的方法，邀请有关专家开展指导。

（6）政策分析方法。 本研究采用 Rothwell et al. （1981）的供给性政策工具、环境性政策工具和需求性政策工具三维分析模型进行分析。其中每类政策工具又可进一步划分为具有多种操作性层面的具体工具：供给性政策工具包括人才培养、信息支持、技术支持、资金支持、公共服务；环境性政策工具包括财务金融、税收优惠、法规管制、策略性措施；需求性政策工具包括政府采购、服务外包、贸易管制、海外机构等。 本研究以具体政策条款作为基本分析单元，根据每条政策直接显示的内容，按照政策工具类型进行编码，在剔除无效条款后，对政策条款进行量化和分类统计。

（7）网络分析方法。 复杂产品生产网络的一般形态应当是一个多层网络相互嵌入的复杂网络，本研究基于社会网络分析方法中的嵌入性、中心性和密度性，分析集成商、分包商及其他参与主体形成的网络结构、关系及其演化。 复杂网络与超网络的研究方法具有较强的应用价值，近年来被广泛地应用到各类自然科学、社会科学领域，开创了解决多主体协同问题的新思路。 复杂产品的生产过程可以被看作由众多参与制造主体节点及其相互之间复杂的业务关系所构成的超网络，涉及生产关系、生产资源等要素的复杂、动态集成。 因此，本研究依据复杂网络与超网络理论，依次构建复杂产品资源网络模型、生产网络模型、"资源—生产"超网络模型，并作为深入研究各类网络开发模式的基础。

（8）计算机数值仿真。 本研究在对 5 类网络开发模式的动态演化进行研究时，借助计算机复杂网络分析软件进行模拟仿真，以实现对复杂产品生产中网络开发模式与企业生产经营间作用机理的定量分析。 此外，在对实际企业案例进行分析时，同样通过软件对其资源网络、生产网络、"资源—生产"超网络进行建模，以实现对复杂产品生产过程中企业生产经营状态变化的微观分析。

（9）博弈论。　复杂产品对各子系统的兼容性要求很高。　在针对各子系统进行联合研发的时候，一个企业的决策往往会对其他企业造成较大的影响，产品最终的兼容性往往是多方博弈达到均衡的结果。　因此，在复杂产品的研究领域随处可见采用博弈论进行研究的文章[1][2][3]（周国华等，2009）。　本研究亦采用博弈论的思想，建立博弈模型，运用行为学理论、社会网络理论等来求解均衡结果。

1.3.3　研究创新之处

（1）将复杂产品生产过程纳入"投入—生产—产出"基本生产系统研究中，从而建立一个复杂产品生产能力理论模型，具有原创性。　现有关于复杂产品生产能力的研究缺乏理论支撑，基本上都是"描述性"和"工具性"的研究成果。　结合复杂产品生产过程，研究其"投入—生产—产出"生产系统，进而为研究复杂产品生产能力奠定了理论基础。　对投入、生产和产出的三大阶段都运用了经典的经济学、管理学和社会学理论进行解析，如运用资源基础理论和交易成本经济学分析复杂产品生产的资源投入；用产业模块化和社会网络理论对组织范式进行分析；用 CoPS（Complex of Product and Systems，复杂产品系统）理论对生产过程进行分析；用"进度—质量—成本"（TQC）理论对产出进行分析。　这种研究事实上为"大规模定制"理论提供了更深层次的理论基础，即"大规模＋定制"在标准化生产和客户化生产两者的结合上，可以用本研究建立的

① HUANG T L，LIANG C，WANG J Q. The value of "bespoke"：demand learning，preference learning，and customer behavior [J/OL]. Forthcoming，Management Science，2017. https：//ssrn. com/abstract＝2951991.
② PAYNE A F，STORBACKA K，FROW P. Managing the co-creation of value[J]. Journal of the academy of marketing science，2008，36(1)：83-96.
③ 陈洪转，方志耕，刘思峰，等. 复杂产品主制造商—供应商协同合作最优成本分担激励研究[J]. 中国管理科学，2014，31(9)：98-105.

"IPO＋CoPS"理论模型做出解释。

（2）研究紧紧围绕复杂产品及其生产过程的特征展开，具有很强的针对性。不仅在企业（产品）层次上具有针对性，更在产业和国家层次上体现针对性，这样提出的产业发展战略和政府政策支持才有指导意义。正如黄群慧等（2015）所指出的，国内学术界主流的制度观研究常常是在复杂的实证分析之后提出一些各国共性的制度安排作为其对中国工业强国的政策建议，会大打折扣。本研究在国家、产业、企业和产品的选择上，既选择了复杂产品生产能力水平高的国家、产业、企业和产品，又选择了处于同一起跑线的各有优势的国家、产业、企业和产品，同时基于中国制造业国情和"一带一路"倡议、《中国制造2025》和"互联网＋"等背景。其他如生产能力评价和比较、战略和政策研究、研究方法选择等都体现了较强的针对性。本研究为中国制造业特别是作为制造业的抓手——复杂产品制造业"向何处去"和"如何去"提供了一个针对性强的解决方案。

（3）复杂产品生产能力形成的内在机理研究推进了现有研究工作，具有创新性。目前尚未发现"复杂产品生产能力"的专门研究，但有大量的相关研究可供借鉴，如复杂产品特征、生产过程及其相关能力研究。本研究整合现有研究成果，将生产能力分为两大能力（技术能力和管理能力），研究这两大能力的形成及其在复杂产品生产过程中不同阶段的作用机理，通过案例研究对该机理进行探索或验证，将复杂产品系统理论的研究推进了一步。研究认为，复杂产品生产能力主要体现在技术和管理两大方面，是以创新为关键，以定制能力、模块能力和集成能力为核心所形成的。

（4）全面、科学地评价国家复杂产品生产能力，方法和工具使用上具有独特性。首先体现在反映复杂产品特征的指标选择上，如构建国家复杂产品生产能力评价模型，在指标选择上要体现完备性和宏观性，而产业和企业层次的复杂生产能力评价，则选择关键指标。其次，在方法使用上从国家、产业到企业（产品）依次应该是定量为主定性为辅、定量与定性并重、定性为主定量为辅。最后，为保证数据和资料的可获得性，为处理好信度与效度的关系，运用了多种获取数据和资料的途径和工具。 如在从模块化到一体化、从简单产品到复杂产品构建的二维图中（黄群慧等，2015），对国家复杂产品生产能力做出准确评价，且定位要体现国家特征、产业特征、产品特征，并采取合适的方法和工具。

　　（5）政策体系的构建推进了现有研究工作，运用定性定量结合的方法评价政策提高了政策研究的科学性。 运用"供给—需求—环境"三维工具框架构建政策体系，不仅提高了政策体系的完备性，还能较好地处理不同子政策间的独立性，这是对现有研究"一维框架"的综合。 在定性分析的基础上结合定量分析，增强了政策的解释力和说服效果，提高了政策研究的科学性，也增强了政策的实践意义——使我国政府政策既能为发挥我国制造业的优势（如模块化架构产品和大型复杂装备领域），又能为实现赶超（如产品构架一体化、制造工艺一体化及既具有一体化特征又需要前沿科技支撑的核心零部件）提供指导。

第 2 章　研究综述

作为制造强国的突破口，关系到国计民生、研究开发投入大、技术含量高、单件或小批量定制的大型产品、系统或基础设施（Hobday，1998；Hansen et al.，1998）等复杂产品，已日益成为现代经济的"技术资产骨架"和国家经济实力的象征。复杂产品的成功研制和使用能够促进内嵌在其中的各种模块技术直接应用到其他领域，从而引起整个复杂产品产业链的技术升级，并带动其他普通大规模产品的发展，进而推动其他产业发展，最终带来国家竞争力的提升（陈劲等，2008）。尽管目前尚缺乏复杂产品生产能力方面的直接研究成果，但相关研究很多。围绕研究主题，下文主要从复杂产品的特征、生产过程、生产能力、定制化、模块化、集成化、战略和政策等方面展开综述。

2.1　复杂产品的特征、生产过程与生产能力

复杂产品的概念源于复杂产品系统，其是由美国军事开发系统中大型技术系统演化而来的（Hobday，1998）。尽管部分学者认为大技术系统和复杂产品系统之间存在差异，但其概念本质内涵趋于一致，都强调产品系统是多技术系统的（multi-technology systems）（陈劲，2007），是研发投入大、技术含量高、子系统较多、界面复杂、涉及多种知识和技能、用户定制生产的大型产品或系统（Hobday，1998；Hansen et al.，1998；陈劲，2007）。根据是否具有内嵌集成系统，复杂产品系统分为复杂产品与复杂系统：复杂产品指飞机、大型船舶、高速列车、智能大厦等；复杂系统包括通信技术系统、航空航天系统、军事系统、大型工程项目、专业化生产系统、化工设备、核动力设备、智能交通、大型 ERP 等（Ren et al.，2006；陈劲，2007）。由于复杂产品系统具有资本密集、技术密集和工程密集的属性，一般具有内嵌集成系统，本研究对复杂产品与复杂系统不做区分。

2.1.1 复杂产品的特征

复杂产品所定义的范围既不完全等同于一般所说的复杂技术产品,也不属于资本品的范围,并不包含一些成本虽然高,但技术要求较低的成熟产品[①](杨志刚等,2003)。复杂产品的典型特征首先在于复杂性,如在新型飞机的研制过程中,构成飞机的零件数目多达数百万件,新机研制的大量工作就是解决零件之间、零部件之间的位置关系和装配关系及机载成品与机体的连接关系等(陈劲等,2007),仅仅在飞机引擎上就涉及 24 个技术领域的相关知识,其复杂性可想而知。Prencipe(2000)提出了鉴别产品是否复杂的主要考虑因素有成本、项目周期、复杂程度、技术不定性、系统层次、定制化程度、风险、元器件种类、知识和技能含量、软件应用范围等[②]。很多学者从不同的角度对复杂产品的特点进行归纳总结,如表 2-1 所示。

表 2-1　复杂产品的特征

维　度	特　征
单位成本和财务规模	单位成本很高且财务规模很大,供应商和顾客随时会受到财务和金融状况的影响
产品规模	产品的研发生产通常是一次性、小批量的,一旦最终产品出现问题几乎无法重新生产
生命周期	通常涉及多个阶段,包括生产前投标、概念和详细设计、制造、组装、交付和安装、测试和调试、后期制作创新/改造、维护、维修及退役等
协调工作	由于复杂产品可能涉及大量利益相关者,每个利益相关者都有不同的目标和优先事项,需要在不同目标之间进行协调,例如成本、进度、质量、安全等
技术创新	通常需要一定程度的技术创新
产品结构	产品结构复杂程度高,具有很多相互关联嵌套的部件和子系统
定制程度	无论是从系统层面还是零部件层面来说都有很高的定制需求

① 张炜. 新经济时代的创新管理范畴——复杂产品系统的创新管理[J]. 经济管理,2001(16):69-75.

② 鲍德温,克拉克(2006)认为,模块化是复杂产品的一个普遍特征。

维　度	特　征
知识技术	知识和技术涉及面广,最终产品需要整合很多不同的知识和技能
反馈循环路径	从后期到早期的生产阶段可能存在实质性的反馈循环,有时候甚至需要改变整个系统体系结构或对特定组件进行设计
需要协作的工作	复杂产品的生产通常超出了单一公司的技术和管理范围,而且协作往往是项目管理流程的主要部分
软件需求	通常需要内嵌软件使产品正常使用,一旦软件出现问题将会严重影响产品的正常运行
利益相关者	研发、生产、使用过程都涉及大量的利益相关者
监管强度	监管过程既要保证生产安全,也要考虑到对创新的鼓励,对监管的艺术性要求很高

资料来源:根据相关研究整理。

通过梳理前人的文献发现,复杂性高、技术要求高、生命周期长、用户嵌入度高、双寡头垄断等特征是学术界对于复杂产品特征的共识。 对于上述共识,可以用一些具体指标进行评价,包括单位成本、项目融资规模、产品批量、技术新颖程度、产品中的软件嵌入程度、子系统和零部件的数量、零部件的定制程度、系统结构(层级关系)的复杂度、替代零部件设计方案的数量、反馈回路、知识基础的多样性、技能和工程投入的多样性、用户介入的强度、用户需求的不确定性、政府规制的强度(杨志刚,2008)。

(1)复杂性高,层次链多。 "复杂(complex)"一词是指这类产品包含大量顾客定制的零部件,是具有环境依赖和语境依赖的,与系统概念密切相关(杨志刚,2008)。 复杂产品的复杂性在于其对技术深度与宽度、新知识运用程度及客户化程度要求高,通常由许多不同技术领域的元件或次系统所集成(Prencipe,2000)。 复杂产品构架包括元件产品、构件产品和系统产品(周永庆等,2004),各组件以层次链方式集成(Hobday,1998;Brady,1995),需要多种知识和技能才能实现并且涉及多种新知识(杨志刚等,2003),具有亚系统或者说构造的产品系统(陈劲,2007),如高铁技术涉及机械、电子、信息、航天航空、材料、能源、环境保护等多种学科和技术领域，集中反映了当今世界铁路机车车辆、通信信号、工务工程、运输管理等方面的技术进步[①]。 陈劲等（2004）从构成复杂产品的 3 个层次：元件、次系统和集成系统间的作用机理来说明它的复杂性，并且从产品和系统自身的物理结构特性出发，提出从技术深度和宽度两个维度将所有的产品和系统划分为 4 个产品类型：复杂产品、高新技术产品、组合产品和简单产品。 需要注意的是，技术复杂性并不等于市场复杂性，反之亦然。 例如：从技术角度讲，民用客机的开发是一个复杂的过程；而从市场角度讲，民用飞机市场已经得到清楚的界定，而且现在用户也很容易识别（玖·笛德等，2004）。

根据复杂性程度的不同，可以将复杂产品分为极端复杂（如新式军用飞机）、高度复杂、中等复杂和不太复杂（如飞行模拟器）等不同层次的产品类型。 Wang 等专门对复杂性的测度进行了研究，提出复杂性可以从深度和宽度两个维度来描述：深度是指寻求某个对象的逻辑极限时的认知难度，宽度是指开发某个对象时所涉及知识的范围（杨志刚，2008）。

（2）技术集成度高，软件内嵌性强。 复杂产品越复杂，对设计、开发和系统集成的技术要求也越高（杨志刚等，2003）。 由于不同技术来源的技术能力成长存在路径依赖[②]现象，只有当技术宽度拓展到一定程度时，在技术深度上才能发生跳跃式突变。 软件的内嵌性将复杂产品利益相关者更加紧密地连接在一起（Miller et al.，1995），用软件代替硬件产品逐渐成为复杂产品的核心技术部分，则使得对基于人的软件开发过程的协调、控制的困难程度大大增加，软件开发过程中所积累的知识很难被编码化，知识学习和传递的效率与效果被削弱（陈劲等，2005）。 如果用机会窗口、财务绩效和技术能力 3 个指标来衡量，对集成商而言会产生一个悖论，即技术复杂性与财务绩效负相关，而与机会窗口和技术能力正相

---

① 王伯铭.高速动车组总体及转向架[M].成都:西南交通大学出版社,2008.

② 路径依赖分为状态依赖型和行为依赖型。前者是指一项技术或制度安排一旦出现,就会产生一种自我强化的现象,使环境适合自身的生存和发展而不利于其他技术或制度的生存和发展;后者是指不同的竞争主体在竞争的市场上相互作用,市场根据它们行为的差异,通过市场竞争绩效对其进行奖惩(杨志刚,2008)。

关，这是一个选择的困境——3 个指标平衡，但无论如何，为了获取机会窗口和技术能力的主动地位，需要牺牲财务指标（陈劲，2007）。 推进技术的标准化，形成标准化模块，在不改变模块间的界面和接口的前提下，将新技术引入模块内部，从而带动整个复杂产品性能的提升，不失为一宗解决技术复杂性问题的良策[①]。 当产品变得越来越复杂时，模块化就变得越来越重要，标准接口的需求也变得越来越重要（胡晓鹏，2009）。

（3）生命周期长，需要全生命周期管理。 复杂产品的生命周期可长达几十年，产品投入使用后，集成商和供应商需根据技术变化和客户要求进行创新和升级改造。 所以，集成商和供应商要对其产品进行全生命周期管理，这要求集成商和供应商发展智能系统，对运行中出现的问题进行快速的监控、分析、解释和控制[②]。 其技术的快速变化对其生命周期的影响可能没有传统大规模产品那样明显，往往是经历过多次的升级后才完全被淘汰（陈劲，2007）。 而且，技术研发与应用往往也有很长的时间滞后，如飞机用的复合材料从襟翼、尾翼、机翼到机身的研发时间与相应的实际应用时间要滞后 10 年（吴贵生等，2013）。 应保持技术控制力、组织控制力和客户感知力等动态能力的变化过程符合项目生命周期的发展规律（宋砚秋等，2017）。

（4）产品定制需求，用户高度参与。 复杂产品属于完全定制产品，用户的定制性需求影响着复杂产品生产的技术选择（Hobday et al.，1999）。 因此，应更加注重用户的全程参与，注重各部分的一体化（玖·笛德等，2004）。 用户高度嵌入复杂产品生产全过程（薄洪光等，2016；闫华锋等，2016），有利于产品交付后的使用、维护和升级。 因为用户需求在复杂产品研发和生产前期的模糊性，以及由于用户他们直接参与研发过程，可能提供好的创新思路（陈劲，2007），通常在复杂产品生产全过程中发挥着非常关键的作用。 项目全生命周期不同阶段的利益相关者的

---

① 王一丹.模块化理论在产品创新中的应用[D].北京:北京化工大学学位论文,2008.
② VENKATASUBRAMANIAN V. Prognostic and diagnostic monitoring of complex systems for product lifecycle management: challenges and opportunities [J]. Computers & chemical engineering,2005,29(6):1253-1263.

重要性、作用及角色各不相同，进而对项目产生不同的影响，因此需要加强全生命周期的利益相关者管理（石晓波等，2017）。 研究表明，合作单位在项目生命周期不同阶段的投机行为对动态能力、技术控制力、组织控制力及客户感知力都具有明显的负反馈作用，其中对技术控制力的影响具有滞后性，且在模块开发阶段的投机行为影响最大。 系统集成商应采用联合研制、设置保证金制度、增加未来合作机会等预期收益来抑制合作单位的投机行为，提升项目组织的动态能力，保证项目的成功（宋砚秋等，2017）。

（5）双寡头垄断特征，政府介入程度深。 这种双寡头市场结构决定了复杂产品往往不是通过市场来完成交易的，而是通过供给方和需求方的谈判机制完成的（陈劲，2007）。 研究表明，集成商的系统集成能力（不仅是技术能力）和政府主体的作用是复杂产品系统技术追赶研究区别于大规模制成品追赶研究的独特主题（江鸿等，2019）。 因为市场机制已经部分失灵，调节用户和研发生产者关系的主要力量是政府行为及社会道德约束（Miller et al.，1995）。 市场竞争一般并不激烈，交易次数较少（Hansen et al.，1998），统一的市场定价并不存在，每一笔交易都可以进行讨价还价（陈劲等，2007），在这些行业的长期发展过程中并没有出现企业大量消失或竞争厂商数量显著减少（Heihges，1997；Hobday et al.，1999）的情况。 能够购买和使用复杂产品的最终用户多为大型专业用户（如电信、电力、航空部门）或者政府机构、军事部门等（周永庆，2004）。 复杂产品用户的"锁定"加剧了垄断性，如飞机的"机群统一"现象，因为航空公司认为统一机群可以大大节约维修和培训费用，并且能增进飞行的安全性。 这就是美国航空公司、达美航空公司和大陆航空公司同意今后 20 年一直购买波音公司飞机的原因（夏皮罗等，2017）。当然也会产生供方的"锁定"现象，如专门生产为麦道设计的飞机引擎的制造商普拉特惠特尼就被麦道锁定（夏皮罗等，2017）。

政府往往在复杂产品的研究开发、采购及推广过程中起着重要的推动作用（Hansen et al.，1998）。 出于安全、统一国际标准、维护专用权及其他战略或军事理由，政府涉足的程度高。 这可能也是尽管新型的航空运输器已有研制成果但迟迟没有推出，或者说现有的技术足以研制出性能更为优良的航天飞行器但迟迟没有开始研制的原因之一（周永庆，2004）。政策通常是具有保护性和促进性的，如通过科研补贴、产品购买协议，或制定相关的优惠政策如提供财政补贴、税收优惠、完善技术产权制度，保障从事复杂产品生产企业的权益（陈劲等，2007）。

2.1.2 复杂产品的生产过程

一般认为复杂产品的生产过程是一个或多个用户提出购买意向，然后由集成商总承包（Davies et al.，2005），集成商再将该大型项目进行拆分，以合同的方式分包给多家内部或外部研发单元。集成商主要的任务为项目协调和集成，并且对项目的成败负最终责任。复杂产品生产过程中，有着众多的参与者，牵涉大量外部单位的沟通和协调（参见图 2-1）。以往只注重边界清晰的各个企业之间的交易，是单纯的买卖关系，而现在的系统集成商更多地将注意力集中在企业间的协调机制上，包括间接所有权一类的非市场机制（Gann et al.，2000）。集成商不但需要承担起本企业内部管理任务，还要承担起创新网络组织内外部协调任务（陈劲等，2007）。

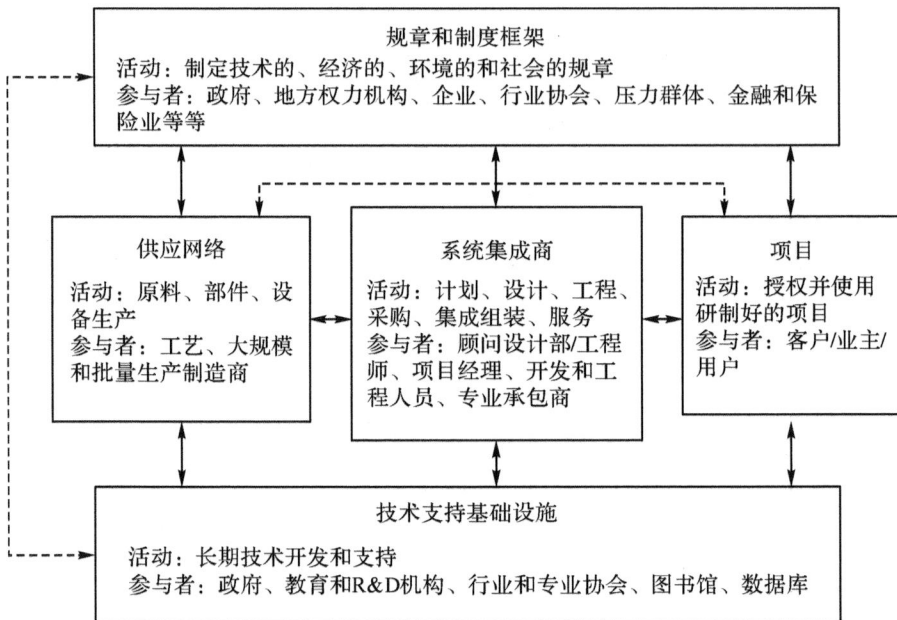

图 2-1 复杂产品生产的参与者及其知识流

资料来源：Gann et al.（2000）。

具体到复杂产品生产的微观过程，由于难以划分出界面清晰的研发和生产这两个相对独立的阶段（Brady，1995），复杂产品的研发（创新）过程等同于制造（生产）过程（陈劲等，2004）。事实上，复杂产品生产与制造的重点在于研究、开发和模块系统的集成。Brady et al.[1] 从价值链增值角度提出复杂产品创新过程模式：早期阶段—制造—系统集成—运营—提供服务—最终消费者，强调了价值增值过程。周永庆等（2004）将复杂产品创新过程分为创新思想—任务分解—外包选择—模块开发—集成联调—交付使用（跟踪完善），与普通产品研制过程的不同之处在于增加了任务分解、外包选择、集成联调三大阶段，产品交付之后，有个长期的跟踪完善过程，强调了模块化和外包。陈劲等（2005）对具有 CoPS 特性的10 个案例（包括大型电站的集中控制系统、大型石化裂解设备控制系统、冶金厂的集中控制系统、核电站常规核岛看国内之系统等）进行深入研究后强调了复杂产品创新过程的 6 个环节。陈占夺等（2013）对振华重工和春和集团两家公司进行案例分析之后，在借鉴麦肯锡公司价值链分析的基础上提出了 CoPS 企业的价值网络包括产品研发、营销、生产设计、采购、制造和服务 6 个环节。刘延松[2] 构建的过程模式（需求识别—概念设计—详细设计/任务分解—任务外包—模块开发—系统集成—安装交付）虽然大同小异，但更强调系统集成和网络模式。

2.1.3　复杂产品的生产能力

复杂产品的生产特征是系统集成、规模密集型、用户—厂商驱动、高度柔性、重视系统集成能力、跨组织联合生产（盛亚等，2011），类似于第五代系统集成及网络过程创新模式和第六代战略协作创新模式的综合特

---

[1]　BRADY T，DAVIES A，HOBDAY M. Building an organizational capability model to help deliver integrated solutions in complex products and systems[C]. Presented in the "Managing Projects" track at the annual meeting of the European Academy of Management(EURAM) Bocconi University，Milan，Italy，2003.

[2]　刘延松. 复杂产品系统创新过程模式研究[J]. 研究与发展管理，2010，22（6）：71-76.

征[①]，即第五代的密切合作联系、专家系统和仿真模拟系统、一体化的计算机辅助设计和集成制造系统，以及第六代的外包、广泛的多组织机构协作和技术、知识、资源整合能力和集成创新能力（尹宝兴，2008）。 与大规模产品生产能力不同，复杂产品生产能力不仅体现在技术和制造能力上，更体现在管理能力上（薄洪光等，2016）。 即不仅需要积累技术能力，还需要重视组织、知识、战略等非技术的集成要素（江鸿等，2019），如质量与效率管理[②]、标准化管理[③]、成本管理[④]、资源调度管理[⑤]、供应链管理[⑥]、网络管理和利益相关者管理[⑦⑧]（盛亚等，2017）、动态能力（宋砚秋等，2017）等。

（1）技术能力。 目前对技术能力还不存在被广泛接受的定义和衡量方法，一种可能的衡量方式是对一类产品、元件或子系统的功能特性进行衡量。 但这种功能性定义回避了企业技术战略中的两个中心任务：一是识别和开发一系列与功能和技术相结合的学科和领域；二是识别和利用新的能力，如果原有的能力还不算陈旧，这些能力必须被附加到原有能力上

---

① 盛亚等.技术创新管理：利益相关者管理方法[M].北京：光明日报出版社，2009.

② KAZARAS K，KONTOGIANNIS T，KIRYTOPOULOS K. Proactive assessment of breaches of safety constraints and causal organizational breakdowns in complex systems：a joint STAMP-VSM framework for safety assessment[J]. Safety science，2014，62：233-247.

③ 李春田.复杂产品系统的标准化模式研究[J].信息技术与标准化，2015(4)：46-50,55.

④ 刘远,方志耕,郝晶晶.全生命周期视角下复杂产品成本控制方法[J].统计与决策，2015(3)：170-173.

⑤ 裴小兵,李婷.复杂产品开发资源调度管理研究[J].科技管理研究，2015(2)：93-97.

⑥ 杨瑾.关键供应商特性对复杂产品供应链协同的影响[J].华东经济管理，2015(5)：127-132.

⑦ CLAUDIA N GONZALEZ-BRAMBILA，FRANCISCO M VELOSO，DAVID K. The impact of network embeddedness on research output[J]. Research policy，2013，42：1555-1567.

⑧ DONG M C，LIU Z，YU Y，et al. Opportunism in distribution networks：the role of network embeddedness and dependence [J]. Production and operations management，2014(7)：1657-1670.

（玖·笛德等，2004）。巴顿[①]从知识、技术、管理和价值观的角度来理解和认识企业技术能力。魏江（2002）从技术创新的角度来理解技术能力，认为技术能力是指企业为支持技术创新系统的实现，附着在内部人员、设备、信息和组织中的所有内生化知识存量的总和。有些研究则围绕技术的内核展开，如吴贵生等（2013）提出了 3 个方面的技术能力考察内容（技术吸收能力、应用能力和创造能力）和 3 个方面的考察范围（现有技术能力、可挖掘的技术潜力、经过努力可能获得的新的技术能力）。

与复杂产品生产有关的研究将集成商的技术能力分为详细的技术方案设计规划能力、基础性平台开发能力、集成能力和持续升级系统/产品的技术能力。技术方案的规划是保证复杂产品能够进行系统性开发的前提，保证各分解的模块开发不会陷入"盲目的陷阱"；基础性平台开发能力是复杂产品的核心部分，掌握这部分研发能力能体现对整个系统的掌控能力；集成能力体现在对问题的发现和处理及新的集成方法的应用上（陈劲，2007）。系统集成商要为最终用户提供持续的产品升级和维护，使得复杂产品的生命周期能延续至若干年之久（Hobday et al.，2000）。本研究的集成商技术能力分类与上述研究大体一致。

（2）管理能力。管理能力包括各类资源（资金与物力支持、人力资源、知识与智力资本）的支持能力（陈劲，2007）、集成商谈判能力（Hobday et al.，1999）、协调管理能力（Gann et al.，2000）、外部技术和信息获取能力（Nightingale，2000）、对分包商的控制和影响能力（Gann et al.，2000）等。陈劲（2007）进一步将管理能力分为战略管理能力、职能管理能力和项目管理能力，并将评价要素分为高层管理团队的支持、跨组织的沟通和协调能力、面对变化的快速应变能力、项目的时间管理能力、项目开发的程序化和标准化程度。管理能力相关研究大致有合作外包、组织结构、创新网络、项目管理、知识管理、全生命周期管理、定制化、模块化、战略与动态能力、利益相关者管理、质量、效率、风险管理、集成管理、政府政策等。本研究认为，定制能力是前提，模块

① 多萝西·伦纳德·巴顿.知识与创新[M].北京:新华出版社,2000.

能力是支撑，集成能力是关键，战略与政策是保障。

技术能力和管理能力是相互作用的，如技术能力的本质是知识（魏江，2002），建立复杂产品生产过程的知识管理体系，促进知识经验的积累和跨项目的学习，有助于技术能力的提升（周永庆，2004）。尽管关于技术能力和管理能力的研究成果很多，但结合复杂产品的研究并没有明确区分，有些偏技术能力，有些偏管理能力，更多是综合的。

2.2 定制化能力

2.2.1 定制化的含义与类型

复杂产品生产中用户的定制化要求非常高。Baraldi（2009）以国际顶级 ERP 企业 Intentia 为家具制造商 Edsbyn 制造并安装的 Movex 系统为案例，在分析其延期两年的原因时指出，Intentia 过于关注复杂产品技术相关复杂维度而忽视了用户相关复杂维度，包括用户对复杂产品复杂度的感知、用户因使用复杂产品而改变例行工作方式的复杂度等方面。Savioja et al.[①]设计了 3 个实验用于证明用户体验在核电生产中的作用，得出在设计中要注重用户体验以提高系统运行的效率和安全性的结论。Fernandes et al.（2015）对劳斯莱斯公司设计的一个复杂飞行系统进行了分析，得知在 6 年的研发过程中涉及的 1000 项技术改进项目中，有高达 15% 是由客户提出的。

定制化的目的在于满足用户的个性化需求（Park，2013），而用户需求个性化体现在用户向制造者表达个性化需求的意愿，参与产品设计、加工、装配、销售的程度上。根据 Lampel et al.[②]的研究，个性化需求发生在设计、制造、装配和销售的不同环节，在标准化和定制化之间形成了一个战略的连续集，包括 5 种分类：完全标准化、细分标准化、定制标准

① SAVIOJA P，LIINASUO M，KOSKINEN H. User experience：does it matter in complex systems? [J]. Cognition，technology & work，2014，16(4)：429-449.

② LAMPEL J，MINTIBER G H. Customizing customization [J]. Sloan management review，1996，38(1)：21-30.

化、剪裁定制化和完全定制化（李靖华等，2009）。 类似地，Gilmore et al.[1]根据用户需求的差异，提出了定制的 4 种方法，即合作定制、适应定制、外观定制和透明定制。 基于实证研究，Pine[2] 根据定制发生在价值链的不同点上，提出了 5 种定制类型：①围绕标准化产品/服务来定制产品和服务；②创建可定制的产品和服务；③提供交货点定制；④提供整个价值链的快速响应；⑤构件模块化以定制最终的产品和服务。

2.2.2　定制化方法

为了实现定制化，Duray et al.（1999）定义了两个关键维度：定制化的基础、能够以标准化生产的成本实现定制化的方法。 第一个维度关注用户参与的过程及由此决定的定制化程度。 很多学者把定制化的实现基础归纳为以下 3 个条件（Duray et al.，1999）：①新的敏捷制造系统和 IT系统使需求高度多样化的产品的低成本生产成为可能；②对产品多样化和一对一定制需求的不断增加；③产品生命周期的不断缩短及国内工业竞争的加剧，使定制化战略需求增加[3]。

第二个维度与模块化有关，因为模块化方法虽可以减少构件的多样性，却能够增加最终产品系列的种类：允许产品的部分构件是标准化的，实现产品个性化是通过模块化构建的不同组合[4]。 Silivare et al. 总结了定制成功的 6 个关键因素：用户需求多样化和定制化的存在、市场条件的成熟、适合定制化的价值链已经得以再造、相关技术的可获得性、企业产品的可定制性和价值链各环节的知识可以共享（李靖华等，2009）。 前两个因素是市场条件因素，即定制的条件是否已经具备成熟的市场条件；后 4 个因素是企业的定制准备，即企业实施定制所需要的敏捷制造系统和 IT

---

① GILMORE J H，PINE B J. The four faces of mass customization[J]．Harvard business review，1996，75(1)：91-101.

② PINE B J. Mass customizing products and services[J]．Planning review，1993，21(4)：6-55.

③ 翟丽丽，王欢，祁凯，等. 面向大规模定制的柔性生产计划研究[J]．计算机应用研究，2012，29(7)：2544-2548.

④ 刘洋. 大规模定制在汽车企业中的应用研究[J]．物流工程与管理，2014（3）：28-30.

系统①、价值链再造及灵活的组织结构是否已经建立（陈占夺等，2013）。

定制化的关键在于确定"定制点"，即用户可以明显感觉到针对自己的个性化服务的开始点，有5种方法：①围绕标准化的产品和服务来定制服务（"定制点"在销售环节的开始点）；②创建可定制的产品和服务（"定制点"在开发和销售环节）；③提供交货点定制（在销售地点让用户说出其个性化需求，然后在销售或交货点完成最后的定制生产工序）；④提供整个价值链的快速响应（每个环节开始都是"定制点"）；⑤构件模块化以定制最终产品和服务（建立能配置成多种最终产品或服务的模块化构件，通过对模块的配置实现定制化服务）②（派恩，2000）。

2.3　模块化与分包能力

管理领域模块化的理论研究主要围绕产品架构、组织设计、供应链管理、大规模定制、组织学习、供应链敏捷性和服务模块化七大聚类展开，焦点从最初的理论探讨逐步向模块化的实现路径及其前因后果的研究深入，且产品设计模块化是模块化研究最为成熟的领域③。这里重点围绕产品设计模块化展开讨论，其他聚类会在相关问题的分析中涉及。

2.3.1　模块与模块化的意义和内涵

最早系统研究模块和模块化的理论的著作是哈佛商学院的 Baldwin（鲍德温）和 Clark（克拉克）于2000年出版的《设计规则：模块化的力量》④，青木昌彦等的《模块时代：新产业结构的本质》极大地推动了模块化研究的进程。模块（modular）是指半自律性的子系统，通过和其他同样的子系统按照一定的规则相互联系而构成更加复杂的系统或过程（青

---

①　王云峰. 大规模定制系统结构与成功要素研究[J]. 技术经济，2008，27(7)：69-73.

②　MAGNUSSON T，TELL F，WATSON J. From CoPS to mass production? capabilities and innovation in power generation equipment manufacturing [J]. Industrial and corporate change，2005，14(1)：1-26.

③　王海军,郑帅,陈劲.管理领域的模块化理论演进与实证研究综述[J].科学学与科学技术管理,2020,41(6):16-35.

④　BALDWIN C Y，CLARK K B. Design rules：the power of modularity[M]. Cambridge：MIT Press，2000.

木昌彦等，2003），其基本含义在于模块是系统的组成部分，具有确定独立功能的单元，其结构要素紧密地联系在一起，而与其他单元中要素的联系相对较弱（鲍德温等，2006）。 Clark et al.[①]用三大特征对其进行了刻画：相对独立性、互换性和通用性。 模块化力量体现在模块研发中是一种"允许浪费"的价值创造系统，具有"淘汰赛"的机理效应（青木昌彦等，2003）。 模块有多种分类，一般分为定制模块与通用模块、标准模块与功能模块（青木昌彦等，2003；陈向东，2004）等。

模块化（modularity）作为一个技术概念最早出现在机械制造领域，被定义为一组参数、任务或人这些要素之间的特定的关系模式，是一种网状层级结构，并包含了基本要素之间的相互关系（鲍德温等，2006），在汽车与飞机的设计和制造中运用较多（桂彬旺，2006）。 随着新兴的信息技术和信息产业的快速发展，产业结构发生了根本性变化，模块化日益成为新产业结构的本质（青木昌彦等，2003），通常被理解为一种在进化环境中促使更加复杂系统均衡动态演进的特别结构，或者一种有效组织复杂产品和过程的战略（张其仔等，2008）。 模块化是一个将系统进行分解和整合的动态过程，是解决"复杂产品大灾难"的一个潜在方法（鲍德温等，2006），其策略和方法正被越来越多的制造商应用于定制化产品的设计过程中。

定制的核心是利用产品的结构化知识进行模块化生产[②]，模块化则为满足产品定制化需求创建了一个平台。 模块化产品有两个基本特征：一是稳定的模块化架构；二是与产品架构可以相分离的功能性模块。 因此，通过模块化操作可以快速实现产品的系列化与多样化（陈劲等，2007）。 模块化架构有两个特征：模块性和通用性。 模块性保证了组成架构的各模块的松耦合性、可拆分、可移动；通用性表明模块化架构可作

① CLARK K B, FUJIMOTO T. Product development performance—strategy, organization and management in the world auto industry [M]. Boston：Harvard Business School Press，1991.

② 姚树俊，陈菊红，赵益维. 服务型制造模式下产品服务模块化演变进程研究[J]. 科技进步与对策，2012，29(9)：78-83.

为"系列产品"内所有产品品种的通用架构,在相同架构下进行基于模块内部和基于架构的产品创新活动将比彻底改变产品架构的创新活动更容易[1]。 由于复杂产品集成了大量的零部件和子模块系统,许多复杂产品行业都采用模块化设计与开发、生产和服务,如我国船舶产业尽管三大指标居世界第一,但由于配套的模块产品严重依赖国外,大而不强的问题十分突出。 将复杂产品进行模块化分解,可以充分利用各合作方的核心能力,在合作的基础上取得技术和市场上的重大突破。 波音公司、空客公司就把机头、尾翼和机翼等作为模块单元,推出了多种规格的客机。

模块化可以缩短开发和生产周期时间(Gualandris et al., 2013),便于定制和升级,降低成本[2][3],提高质量,减少技术协调难度[4],以及有利于创新积累[5]。 模块化提高了复杂性的可控范围,使设计的不同部分同时进行(鲍德温等,2006),有利于实现敏捷性,应对不确定性[6],其间充分利用外部资源,是并行工程的基础和重要方法。 模块化包括系统的分解与集成,是一种追求创新效率与节约交易费用的分工形式;模块化可以使复杂的系统问题简单化、耗时的工期高效化、集中的决策分散化(桂彬旺,2006)。 典型的汽车生产需要 200 个一级供应商,而模块化汽车的生产仅需要 25 个模块供应商(陈劲等,2007)。

如果一个模块化产品中的创新竞争方式是很多企业相互竞逐的,而且

---

① SANDERSON S, UZUMERI M. Managing product families: the case of the Sony Walkman[J]. Research policy,1995(24):761-782.

② 波音公司把模块化设计应用在自己的火箭上,这使得火箭能依实际发射需求更改推进器的数量、火箭的节数、后端整流装置的大小等,有望能减少火箭发射约 50% 的成本(胡晓鹏,2009)。

③ VICTOR B, BOYNTON A C. Invented here: maximizing your organization's internal growth and profitability [M]. Boston, Massachusetts: Harvard Business School Press,1998.

④ TIWANA A. Does technological modularity substitute for control? a study of alliance performance in software outsourcing[J]. Strategic management journal, 2008,29(7):769-780.

⑤ PIL F K, COHEN S K. Modularity: implications for imitation, innovation, and sustained advantage[J]. Academy of management review, 2006,31(4):995-1011.

⑥ 能够包容不确定性是模块化设计的独特特点(鲍德温,克拉克,2006)。

只有胜者才有希望得到高额奖赏，那么每个企业将会比大型垄断企业内部的研发团队有着更高的研发热情（鲍德温等，2006）。当然，模块化对创新也有不利影响，要避免陷入"模块化陷阱"（徐宏玲，2006），原因不仅在于模块化可以创造选择权和选择权价值，还将选择权从系统的中心"转移"到模块，系统最初的设计者相应地失去对其创造的控制（鲍德温等，2006）。一个系统是否可以模块化取决于系统的可分解性，这意味着该系统既能被分解成若干个部件又可以进行重新组合，并且在这一过程中不会失去原有的功能。系统的可分解性分为系统物理功能上的可分解性与模块加工技术和知识的可分解性（陈向东，2004）。比如，关于汽车产业的模块化是否可行、效果如何还存在着比较大的争议（马克·格兰诺维特，2019）。可分解性是模块化的必要条件，但不是充分条件。

2.3.2　模块化分析方法

模块化是把一个复杂系统分解为若干个独立的模块，各模块具有特定的功能并独立完成分配的任务，而且各模块还可以分解为相对简单的具体活动，整个系统的功能又通过这些模块的组合得以实现（Baldwin et al.，1997）。通过模块的分割（splitting）、替代（substituting）、扩展（augmenting）、排除（excluding）、归纳（inverting）和移植（porting）等方式[1]（鲍德温等，2006），为复杂产品集成商提供了更多的选择权（option）[2]。模块化分析包含以下几个方面：功能（模块）、结构（整合）、界面（封装、接口、流）（Baldwin et al.，1997）。基于功能的定义，有 6 种方法可以实现模块化（Ulrich，1994）：共享构件模块化、互换构件模块化、量体裁衣式模块化、混合模块化、总线模块化和可组合模块

---

[1]　前两个（分割和替代）可以用于非模块化设计，其余 4 个则不行（鲍德温等，2006）。

[2]　配置系统和重新配置系统的"权利"就是选择权，对于具有不同需求的用户及未来需求不确定的用户来说，选择权意义重大。模块化的本质在于它给设计者提供了推迟并修改关键决策的选择权，设计过程越不确定，模块化就越能大幅增加设计选择权的市场价值（鲍德温等，2006）。尽管模块化设计可能最终增加设计成本，但鲍德温等（2006）运用金融理论中的期权定价工具，分析出每个模块的多样化设计比一个模块一种设计的原则能产生更好的结果。

化。 功能模块之间的关系可能是并行关系，也有可能是紧前约束关系，它们共同构成了以功能模块为单元的模块化网络组织（洪兆富等，2009）。

把复杂产品模块化分为产品模块化和过程模块化（Gualandris et al.，2013），是应对产品拖期的有效手段，其中过程模块化效果更为明显。Brusoni et al.（2011）对 3 个国际顶级航空发动机制造企业进行研究后发现，航空发动机的模块化包括 3 个层次：产品模块化、组织模块化和知识模块化，对这 3 个层次的协调整合能力是 3 家企业成功的关键因素。Hofer et al.[①]指出，在复杂产品开发中，很多企业利用平台开发模式把整个产品系统划分为众多子模块，但是很多企业只把"平台"视作产品架构中的物质因素而忽视其非物质因素，它们建议把"平台"视作非物资系统，从非物资系统角度划分子模块。

2.3.3　分包与外包

与模块和模块化密切相关的一项工作是分包和外包。 分包（subcontracting）是指集成商将部分工程交由他人实施和完成的行为，外包（outsourcing）的本意是一个业务实体将原来应该在企业内部完成的业务转移到企业外部由其他业务实体完成。 由于本研究也包括业务在企业内部的转移（如通过建立独立的利润中心完成业务），采用"分包"比较合适。 但对复杂产品生产而言，外包有其特殊性，即研发和制造一起外包，而且这种外包出自某种战略动机因素，因为集成商本身根本就无法独立完成这些工作（陈劲，2007），此种情况下更适合采用"外包"这一形式。 国际上越来越多的制造企业不断地将大量的研发业务外包出去，如波音公司将制造 747 飞机的 1000 余个零部件的生产外包给其他公司，而只保留最核心的模块与系统集成部分，外包使得制造商缩短了开发时间，降低了开发成本（Brady，1995）。 从组织层面上看，外包行为使模块化

---

① HOFER A P，HALMAN J I M. The potential of layout platforms for modular complex products and systems[J]. Journal of engineering design，2005，16（2）：237-255.

的产品设计和生产模式变成了柔性组织的同义词,如果生产流程需要小组生产或者需要较高的专用资产,那么非模块化结构(科层)就会出现;否则,模块化的结构(市场)是比较合适的。 因此,外包的兴起为模块化创造了条件。 外包商必须不断创新,培育和发展核心能力,将自身的竞争优势融入模块化设计和生产体系中,独立完成组件的设计和生产,从一般供应商转变为模块供应商(Langlois et al.,1992)。 因为分包包括内包和外包,所以本研究一般采用"分包"。

　　一个分解为模块的系统包括把信息划分为看得见的设计规则和隐性的设计规则[①],对具有可分解系统的各模块联系规则进行创造性的分解和再整合,可以实现复杂系统的创新(鲍德温等,2006)。 同时还要注意一些因素对模块化的边界具有重要影响,如:不稳定性、系统与模块的绩效权衡,以及模块化可能带来的固定成本增加(Baldwin et al.,1997)。 看得见的设计规则分为结构、界面和标准。 模块化的结构(市场)使分包商,以及分包商与用户之间能够轻易地联结或断开,是一种灵活的网络结构。在这一网络中,模块企业之间以独立形式相联系,并通过标准界面实现企业间的合作创新。 一种"主集成商—供应商"模式的合作创新成为研究热点,如复杂产品多主体协同创新最优资源整合策略(程永波等,2016)和实施策略(程永波等,2017)。 但激励相容的复杂产品研发外包是一个必须解决的问题,陈占夺(2019)提出一个嵌入双向期权的激励相容型CoPS 研发合约设计,研究认为,过程控制无法解决"整体次优"问题,也无法根治"偷懒";质量保函可以在一定程度上解决"偷懒"问题;而嵌入分享和处罚双向期权的激励相容型研发外包合约,因为以努力行为的结果来决定分包商收益,消除了信息不对称的影响,所以可同时解决"偷懒"和"整体次优"问题,达到整体最优。 总之,确定模块化组织边界[②]

---

① 隐性的设计规则仅限于一个模块之内,对其他模块的设计者没有影响。在系统中,隐性规则容易改变,而改变可见的设计规则会困难和昂贵得多(胡晓鹏,2009)。

② 模块化技术通过弱化资产专用性引发企业边界的改变,其实质是从企业可使用资源数量的角度来理解企业边界的问题[侯若石,李金珊.资产专用性、模块化技术与企业边界[J].中国工业经济,2006(8)]。

及其标准，对模块化组织网络的协调与整合非常必要（胡晓鹏，2009）。

2.3.4　模块化管理

要实现复杂产品生产的模块化管理，特别是要做好模块间的封装和接口等界面管理，需要借助信息技术做好知识管理。 企业通过识别复杂产品制造的信息处理需求，构建网络层级与网络中心度高低不同的信息处理网络结构，并引入相应的管控方式，从而实现信息技术促进复杂产品模块化敏捷制造的目标①。 特别是，基于信息管理的知识创造过程是复杂产品研制的核心，包括知识社会化、知识表出化、知识联结化、知识反思内在化、知识实践内在化和知识系统化等 6 种模式的相互作用过程，其中知识实践内在化是知识创造过程的关键，是形成高质量、高水平复杂产品的最关键环节（李民等，2015）。 研究认为，显性知识共享行为对复杂产品创新速度和学习绩效的影响较大，而隐性知识共享行为对复杂产品创新质量和产品绩效的影响较大②。

复杂产品的技术复杂性和结构层次性使得在生产制造中不仅需要实现设计、技术、产品模块化，更因为涉及众多分离的主体，具有更高的管理复杂度，从而出现了组织模块化、产业模块化等广泛研究③④，硅谷和丰田就是典型的例子（青木昌彦等，2003）。 组织和产业层次的模块化与外包密切联系（鲍德温等，2006），当以价值链为纽带组成的企业间生产网络在一些产业中出现时，原先由一个企业从事生产经营的所有功能，现在变为由多个企业来完成⑤，其中系统集成商、规则设计者和模块供应商是复杂产品模块化制造网络的基本构成单元，其运作模式包括集成型、中心型和嵌套型，中心型又分为基本的中心型、集成供应商主导的中心型和行业

---

① 曾德麟,欧阳桃花,周宁,等. 基于信息处理的复杂产品制造敏捷性研究:以沈飞公司为案例[J]. 管理科学学报,2017,20(6):1-21.

② 王娟茹,罗玲. 知识共享行为、创新和复杂产品研发绩效[J]. 科研管理,2015,36(6):37-45.

③ 朱瑞博. 价值模块整合与产业融合[J]. 中国工业经济,2003,21(8):24-31.

④ 戴魁早. 产业组织模块化研究前沿探析[J]. 外国经济与管理,2008,30(1):31-38.

⑤ 韩娟. 模块化生产实现的组织架构研究[D]. 南京:南京财经大学,2010.

标准协会主导的中心型（尹建华等，2008）。 因此，分析复杂产品的模块化制造方式及其模块业务和主体关系，构建复杂产品协同制造网络显得十分必要[①]，王树华（2014）以某飞机制造产品 B766 为例证明了这一点。

模块化的分解过程需要 3 个要素（Baldwin et al.，1997）：①建立模块化的体系框架，详细说明哪些模块是该系统的组成部分及其相应的功能；②定义模块之间的接口，详细说明模块之间相互衔接及组合的方式；③确定设计标准，用于测试每个模块与设计规则是否相一致，以及该模块相对于其他模块的性能如何。 一般认为，模块化在极端简单和极端复杂的问题上优势不明显，而在复杂度连续统一谱的中间某段区间将是总体复杂度降低的理想区间[②]。 因此，经济上的成本与收益最终决定是否采用模块化生产方式，这意味着在工作实施前的收益—成本分析极为必要，也意味着实施模块化战略最基本的条件是，能较准确地预计评估出采用模块化方式代替现有方式的收益会大于成本。 同时，模块化实施方案的制定也往往更切合实际，执行效果更容易测评。

2.4　集成能力

2.4.1　集成与集成能力的意义

复杂产品生产强调系统整合能力而非规模化生产能力，其竞争逻辑是，通过组织学习实现项目能力的提高，从而实现重复经济[③]，将一个项目上的优势扩展到其他项目中去（杨志刚，2008）。 研发活动外包和垂直分解的逐渐深化使得部分企业的核心能力聚焦于系统集成能力（即各模块耦合在一起的技术和管理能力）成为必然（Rothwell，1992）。 系统集成是复杂产品集成商的关键活动，包括集成方案的设计和最后的系统集成工作。 Andrew 认为，系统集成包括制造和服务两个方面，其过程分为 4 个

---

① 柯颖，王述英. 模块化生产网络：一种新产业组织形态研究[J]. 中国工业经济，2007 25(8)：75-82.

② 李靖华. 模块化的多学科方法论思考[J]. 科研管理，2007,28(2):124-130.

③ 招标和项目执行过程中实现的经济性，这是与通过规模经济和范围经济扩大规模化生产产品领域竞争优势不同的一种学习方式(杨志刚,2008)。

阶段：系统集成、试运行、系统完善和售后服务（桂彬旺，2006）。 在模块化开发过程中，虽然各个子系统模块是相互独立的，但是都与集成系统高度关联和兼容，最后由总制造商（通常充当系统集成商的角色）进行系统集成（盛亚等，2011）。 拥有出类拔萃的大型项目管理技巧，掌握众多技术领域中的深层次核心技术[①]，并且能够很好地运用技术来进行系统集成工作，常常是集成能力的体现（陈劲，2007）。

系统集成能力是现代企业的一种核心能力。 在普通产品领域，系统集成能力主要通过模块化体现，在复杂产品领域则通过动态集成能力体现[②]（Prencipe et al.，2003）。 模块化产品构成的特征表现在构成系统的过程通过组合而非融合等集成的方式，因而避免了集成所带来的组织战略柔性低下的问题（陈劲等，2007）。 Cagli et al.[③]对飞机制造商的研究显示，飞机制造商针对供应商的集成能力是飞机研发的关键影响因素，供应商尽早参与飞机设计和双方之间尽早进行面对面的沟通是提高集成能力的有效途径。 商用客机研发支出中的 40 亿—60 亿美元被投入项目的最终集成阶段[④]。

2.4.2 系统集成解决方案

为了寻求新的利润空间和获得更大的竞争优势，复杂产品集成商将战

[①] 核心技术包括 3 个内在单元：原理性、性能性与可靠性核心技术，企业实现核心技术突破是逐步打开其"黑箱"的过程，以原理性核心技术为起点，以可靠性核心技术为终点；不同核心技术单元通过不同的机制和能力实现突破[李显君，孟东晖，刘暐. 核心技术微观机理与突破路径：以中国汽车 AMT 技术为例[J]. 中国软科学，2018 (8)：88-104]。李显君等（2020）又将 3 个内在单元中的原理性改为功能性。

[②] HOBAY M，DAVIES A，PRENCIPE A. Systems integration：a core capability of the modern corporation[J]. Industrial and corporate change，2005，14（6）：1109-1143.

[③] CAGLI A，KECHIDI M，LEVY R. Complex product and supplier interfaces in aeronautics[J]. Journal of manufacturing technology management，2012，23（6）：717-732.

[④] MOWERY D，ROSENBERG N. The commercial aircraft industry [M]//NELSON R.（Ed）Government and technical progress：a cross industry analysis. New York：Pergamon，1982.

略重心从提供单个产品或服务转变到提供集成解决方案，通过把产品和服务以创新的方式紧密结合，来满足客户的特定需求。 越来越多的复杂产品用户希望集成商能从设备制造者和系统集成者转为集成解决方案的提供者[1][2]，这种转变通过将产品和服务结合，提供高价值的集成解决方案来满足用户特定的经营和业务需求[3]（李随成等，2009）。 这需要复杂产品集成商在很多方面做出改变，诸如企业能力、创新战略、组织结构、管理体制等[4][5][6]。 在澳大利亚 FedSat 卫星研制过程中，集成商的集成整合能力是该项目成功的关键，具体表现在：一是通过组织结构的动态调整来提高管理整合能力；二是成功地应用了小卫星哲学（Small Satellite Philosophy）这个管理方法来提高各研发主体的技术整合能力[7]。

基于集成解决方案的复杂产品生产过程始终伴随技术、服务和管理创新，在各种外部和内部环境的影响下，产品、服务和管理需求间相互作用的过程，也是技术、服务和管理相互适应以实现产品明晰化的过程[8]（Prencipe et al.，2003）。 世界典型的大型制造企业纷纷由传统的产品

[1] ALDERMAN N，IVORY C J，VAUGHAN R，et al. The project management implications of new service-led projects [A]//British Academy of Management Conference. London，2002：9-11.

[2] 仲伟俊，梅姝娥. 企业技术创新管理理论与方法[M]. 北京：科学出版社，2009.

[3] HAX A C，WILDE D L. The delta model：adaptive management for a changing world[J]. MIT sloan management review，1999，40(2)：11-28.

[4] WINDAHL C，LAKEMOND N. Developing integrated solutions：the importance of relationships within the network[J]. Industrial Marketing Management，2006，35(7)：806-818.

[5] DAVIES A，BRADY T，HOBDAY M. Organizing for solutions：systems seller vs. systems integrator[J]. Industrial marketing management，2007，36(2)：183-193.

[6] WINDAHL C. Integrated solutions in the capital goods sector：exploring innovation，service and network perspectives[D]. Sweden：Linköping University，2007.

[7] MOODY J B，DODGSON M. Managing complex collaborative projects：lessons from the development of a new satellite[J]. Journal of technology transfer，2006，31(5)：568-588.

[8] 闫华锋，仲伟俊. 基于集成解决方案的复杂产品系统创新模型研究[J]. 研究与发展管理，2014，26(2)：87-97.

生产商转变为基于产品组合加全生命周期服务的集成解决方案提供商（Wise et al.，1999；Prencipe et al.，2003）。 利用长期以来形成的供应合作关系和专业制造技能，我国制造企业也开始转型为制造—服务集成解决方案提供商，以获取高额稳定的收益流，如华为、联想、中集、陕鼓等[1][2]（李随成等，2009）。

与此前在计算机行业流行已久的系统集成等理念相比，集成解决方案特别强调了客户价值导向和全生命周期服务（李靖华等，2015）。 它是针对顾客的业务需要，做出从设计、制造，到维护、更新、运作，甚至融资的全生命周期的定制，可以说其是为客户创造价值的新方法（Wise et al.，1999）。 它一方面，给企业提供了这样一种可能性，以使企业区别于竞争对手并开辟新的增长潜力；另一方面，适应了客户要求的改变，即从单一需求到追求完整的问题解决方案和"一揽子服务"模式（布凌格，2007）。 集成解决方案能力包括系统集成、运营服务、商业咨询和融资服务等能力。 沿着"生产制造→系统集成→运营服务→服务提供"的复杂产品价值链，价值增值越来越高。 一般认为，企业从价值链的两端甚至外围，都可以进入集成解决方案商业模式，这是一个能力配置的学习过程。 以复杂产品集成商为例，一个常规的过程是，基于首个尝试项目对新能力进行扩展，然后将其经验应用于当前老能力项目或后续多能力项目，当经验积累到一定程度，新能力就从临时性的项目层面上升到长久性的职能层面，最后是新部门的分立，旨在扩展其发展空间（Davies et al.，2000）。 与此同时，客户对企业的要求也越来越高，迫切需要其"支持提供"的渗透性不断提高，从初期的"产品系统支持""产品生命周期系统支持"向"职能系统支持""企业系统支持"等扩展（李靖华等，2015）。

---

① 蔺雷，吴贵生. 我国制造企业服务增强差异化机制的实证研究[J]. 管理世界，2007，23(6):103-113.

② 孙林岩. 服务型制造理论与实践[M]. 北京:清华大学出版社，2009.

2.5　战略与政策

2.5.1　复杂产品生产的战略选择

模块化改变了行业竞争格局，复杂产品战略需要重新考虑一般意义上的战略影响因素，如 R&D 和工艺技术的专有性，范围经济和规模经济性不显著，客户专业化使品牌价值不大，供应商的专业性更受青睐，市场一般不存在直接的替代品（玖·笛德等，2004），项目制组织形式比职能型组织更有优势（杨志刚等，2003），等等。Bonaccorsi et al.（2000）认为，行业生命周期动态性基于两个条件：专有性和递增收益。专有性条件要求 R&D 投资带来的收益至少有部分能够为投资者完全拥有；递增收益则要求 R&D、生产或营销活动具有显著的规模经济性或范围经济性。复杂产品所处行业是支持产品 R&D 专有性的，即使没有专利保护，对竞争对手来说反求工程也相当困难，有限的技术信息外泄对竞争对手来说，也没用，所以工艺技术也具备专有性，但市场和技术条件决定了范围经济和规模经济不会显著。客户不认为全球性的品牌有多大价值，专业性的供应商反而更受青睐（陈劲等，2008）。

此外，基于行业生命周期的 A-U 模型不再适用[①]（陈劲，2007），主导设计的出现会造成"生产率困境"，并陷入自身独有的解决问题的轨迹中，向一个"僵化状态"演进，在这种状态中不可能出现大量的创新（鲍德温等，2006）。大规模生产模式在很多行业中的衰落，打破了 A-U 创新模式，导致了 Abernathy 所说的"不成熟期"的出现，即从确定的需求和标准化转向不确定的需求和产品创新（派恩，2000）。

[①]　主要表现在两个方面：一是许多复杂产品的生命周期可能延续长达数十年，技术在不断地进行改进和创新，并非如 A-U 模型所描述的某项技术是从大量的产品创新开始，主导设计后工艺创新增多，直到最后技术逐渐成熟、两类创新大大减少的动态变化过程；二是许多复杂产品在主导的构架设计确定以后，还会在零部件层次上进行持续不断的创新，这仍然属于产品创新而不是工艺创新过程（杨志刚，2008）。从运营模式上看，可以在复杂系统模式和规模运营模式上做出选择，"两种模式都不可能在对方的机遇上进行投资"（杰弗里·摩尔，2007）。

因此，复杂产品新战略是以产品模块化特点构建组织构架，以标准化的模块组合满足市场对产品的多样化需求，以多学科的组合开发提高企业的创造力（陈劲等，2007），则应该考虑以下几个维度的依据：用户单位的需求（定制开发）、自身技术能力（尤其是对核心技术领域的精通）、竞争对手（寡头竞争结构的竞合策略）、政府政策和发展规划（双寡头市场中的政企关系处理）。 研究表明，复杂产品准确的战略定位对促进复杂产品生产具有积极的推动作用，即准确的产品概念定义、有效地识别客户需求、合适的市场定位策略，以及与核心企业发展战略相一致，会促进复杂产品的创新成功（陈劲，2007）。

复杂产品生产能力的提升涉及产业（企业）发展模式的选择，如技术战略选择、知识基础、知识创造过程、技术和创新能力[1]、架构能力、协同创新、掌控产业链（张文彬等，2014）和发展阶段[2]。 一些大型的、复杂的机械装备如飞机、汽车、机床等，其技术的发展往往需要经过长时间的学习和消化（吴贵生等，2013）。 模块化的产品创新结构为企业学习部件层次的知识和架构层面的知识带来了新的契机，是协调组织学习的有效机制（Sanchez et al.，1996）。 但复杂产品在最佳实践的范式上很难达成清晰的共识，学习曲线很少能够被清楚地界定，而且由于缺少经过验证的管理方法（杨志刚等，2003），也不像大规模产品一样能够通过重复的累积学习来获取对产品和系统更深的认识，从而降低成本（陈劲，2007）。

"中国制造业的优势主要体现在模块化架构产品和大型复杂装备领域，而在产品架构一体化领域、制造工艺一体化领域以及既具有一体化特征又需要前沿科技支撑的核心零部件领域相对缺乏优势"（黄群慧等，2015）。在这种情景下提升复杂产品生产能力，在战略及其路径选择上应有新的视

---

① DUTRÉNIT G. The transition from building-up innovative technological capabilities to leadership by latecomer firms[J]. Asian journal of technology innovation，2007，15(2)：125-149.

② KIAMEHR M，HOBDAY M，HAMEDI M. Latecomer firm strategies in complex product systems (CoPS)：the case of Iran's thermal electricity generation systems [J]. Research policy，2015，44(6)：1240-1251.

角和洞见。

2.5.2　复杂产品生产的政策支持

一直受到关注的线性模式［即从劳动密集型的进口散件组装开始，逐步过渡到原设备生产商（OEM）和原设备设计商（ODM），最终成为具有自主设计能力和自有品牌的全球竞争者］对复杂产品产业无效，只能实行以自主创新为主的跳跃模式（缪小明，2006）。复杂产品所处的行业多为政府规制性行业，政府的政策倾向于保护和促进，但要注意产业政策的最优实施空间界定[①]。中国政府必须在打破技术依赖方面表现出更强的国家自主性和战略意图，反思长期形成的"与国际接轨"的政策思路，这种"制度外包"[②]挤压了中国政府从国内产业基础和国家战略出发去完善本土经济规则和制度体系的政策学习的空间，使外资的"先行者优势"在自主创新时代仍能获得制度保障（孙喜，2014）。

杨瑾等（2011）提出了复杂产品产业集群发展的 6 个关键驱动因素（国家政策与政府作用、集群产业关联性、产品复杂性、知识与技术的创新能力、对 R&D 的依赖性及国际合作），其中国家政策与政府作用包括制定产业发展战略、规划产业布局、优化资源配置、促进产业结构的调整与升级、配套和完善相关政策。以西安阎良国家航空高技术产业基地为例的实证表明，国家政策与政府作用的影响最为显著，并对集群产业关联性、国际合作产生重要影响。江鸿等（2019）采用演化理论，将政府与企业视为两类能力主体，通过对中国高铁产业技术追赶的纵向案例进行研究后发现，政府能力和企业能力表现出鲜明的共演化特征，且这种共演化是产业技术追赶的基础机制。政府能力塑造了企业能力的变异方向、选择标准与复制概率，企业能力又影响了政府能力的选择标准和复制难度。政企能力经历了替代、互补、分化的共演化过程，在产业层次上相互叠

---

① 黄先海，宋学印，诸竹君. 中国产业政策的最优实施空间界定：补贴效应、竞争兼容与过剩破解[J]. 中国工业经济，2015（4）：57-69.

② STEINFELD E S. Playing our game：why China's rise doesn't threaten the West [M]. NY：Oxford University Press，2010.

加，形成了完备、先进的系统集成能力结构，进而帮助国家和企业实现了技术追赶。刘云等（2019）也持有类似观点，认为国家和市场是重大工程实施的两个主导力量，中国高铁就是其中的典型模式①，"政府主导＋企业主体＋高校科研院所支撑"是其典型特征。韩国电子通信领域 3 项复杂产品研发成功的要素（政府政策、由政府主导的技术引进—技术利用网络发展成企业自主参与研发的全球网络、韩国大企业牵头参与国际标准的制定工作）中，也显示了政府的关键作用（Park，2013）。

发达国家政府对复杂产品生产的介入有很长的历史。1980 年以前，发达国家主要通过产权国有化、采购决策、政府补贴及贸易政策等直接控制复杂产品的生产。波音公司的波音 707 客机 80％的研究开发费用就是美国政府出资的。到了 20 世纪 90 年代，发达国家的政策对复杂产品的管制由直接控制转向了间接引导，通过放松管制和贸易自由化提高复杂产品的竞争力。在本国内部复杂产品厂商间的激烈竞争，促使这些国家复杂产品国际竞争力极大提高的背景下，发达国家的复杂产品制造商纷纷走出国门，在全球范围内加入了国际竞争（缪小明，2006）。近年来，发展中国家在一些复杂产品的生产上也取得了一定的进展。为了扶持复杂产品的研发和生产，发展中国家大多采取了国家补贴、政府采购等一系列政策，政府通过直接参与的方式控制了复杂产品的研发和生产②。例如，巴西航空工业的成功与政府的大力支持是密不可分的（缪小明，2006）；中国政府在我国高铁生产能力提升中充分发挥组织协调作用，在"技术引进—消化吸收—自主创新"的追赶过程中，坚持以政府为主导、以企业为主体、产学研相结合的技术创新体系，发挥集成创新的优势和作用（林善波，2011）。

---

① 代表性国家重大工程及其实施主体演进：纯政府主导（原子弹、导弹、人造卫星）→政府主导＋市场参与（运载火箭、载人航天）→政府主导＋市场主体（特高压、大飞机、高铁）→市场主体＋政府支持（5G、芯片、新能源汽车）（刘云等，2019）。
② ALTENBURG T. Industrial policy in developing countries：overview and lessons from seven country cases[DB/OL]. http://max. book118. com/html/2011/0720/4454031. shtm.

国家除了在研发经费上给予大力支持外，还在市场、关税、税收、融资、信贷、国际合作等方面给予必要的政策支持，并从国家战略利益出发，在从发展战略到具体产品研制上与制造部门相互协同（杨瑾等，2011）。 通过对 3 个复杂产品产业（通信设备制造业、工程机械制造业和车用柴油机工业）的案例的比较研究，孙喜（2014）建议政府要改变对增长率的迷信，消除绩效主义、金融主义和短期化行为对产业竞争力的侵蚀，以瓦解技术依赖的心理渊源和经济合理性；采取更加积极的产业政策和技术政策，降低本土企业的创新风险；将国内市场视为重要的战略资源，在市场机制之外，制度性地建设"本土企业—政府—用户"共同体以解放和增强嵌入性需求；反思国外系统集成商驱动的"去技术化"[①]趋势——使中国企业不必掌握产品开发知识而直接进入制造和销售环节。总之，技术追赶研究重视制度视角下的政府作用，但能力视角下的政府作用机制仍是盲点（江鸿等，2019）。 当然，中国高铁技术赶超现象似乎很难用主流经济学的标准理论进行解释，造成学术界对中国高铁技术赶超的两极化立场（吕铁等，2019）。 因此，更加客观地揭示政府影响中国复杂产品产业赶超的边界条件和行为特征就显得十分必要。

2.6　研究评述

目前关于复杂产品生产能力的研究大致分为两大方面：技术能力和管理能力，核心内容是创新能力。 但由于研究者的关注点不同，研究视角多样，需要围绕主题做好以下进一步的研究工作。

（1）需要构建国家复杂产品生产能力的理论分析范式。 本研究认为，这个范式应该是"投入—生产—产出"范式。 现有的"需求分析—系统设计—分包/模块开发—系统集成—交付使用"只适合于微观（企业和项目）层次的分析，不适合于产业和国家层次的分析。 "投入—生产—产出"分析范式不仅回答了"是什么"和"怎么办"的问题，更回答了"为

---

① 周江华，仝允桓，李纪珍. 基于金字塔底层（BoP）市场的破坏性创新[J]. 管理世界，2012（2）：112-130.

什么"和 "应是什么"一类的规范问题。 没有了规范性研究,"是什么"和"怎么办"即便有了答案,也是缘木求鱼。

(2)要从国家、产业和企业不同层次体现复杂产品生产过程的特征。 现有研究虽然分为国家、产业和企业 3 个层次,但从能体现复杂产品生产过程的特点来看,企业(产品)微观层次的比较多,产业乃至国家宏观层次的比较少,即研究层次越宏观,复杂产品生产过程的特点体现得越不足,因而提出的产业发展模式和政府政策支持缺乏针对性。 另外,国家、产业和企业方面的研究成果脱节。 国家生产能力作为宏观层次上的概念,是由产业生产能力,进而是由企业生产能力组成的,即国家生产能力是由不同层次生产能力构成的一个系统,以企业或产业生产能力为基础。 也只有这样,才能真正体现复杂产品生产过程的特征。

这一点不仅反映在技术上,更反映在管理上。 从复杂产品生产过程的几个阶段 "需求分析—系统设计—分包/模块开发—系统集成—交付使用"可以看出,用户高度嵌入和分包商协同开发,既涉及大量的技术问题,更涉及复杂的管理问题(Magnusson et al.,2008),反映在技术上的特征包括元件技术、构建技术和系统技术并以层次链方式集成,反映在管理上的特征则是定制管理、模块分包管理、集成管理和服务管理(Holmström et al.,2014)。

(3)需要加强对复杂产品生产能力的科学评价研究。 关于能力评价的研究成果很多,方法也各异,但鲜有关于复杂产品生产能力评价的研究。 在学术层面,有一些涉及复杂产品绩效评价、影响因素评价、风险评价和能力评价的文献[1](闫华锋等,2016),但大多基于创新视角的项目层次评价。 也有一些描述性的、定性的关于复杂产品生产能力评价的研究,但无论是从指标选择的科学性,还是评价方法的规范性角度看,都缺乏解释力和论述效果(盛亚等,2017)。 即基于复杂产品生产能力的评价缺乏针对性,更缺乏基于不同层次(国家、产业和企业/产品)的系统评价。

---

[1] 苏敬勤,刘静. 复杂产品系统中动态能力与创新绩效关系研究[J]. 科研管理,2013,34(10):75-83.

（4）应将科学的政策研究方法引入政府政策研究。 由于复杂产品存在双边垄断特征，政府往往起着主导或重要作用。 但现有研究复杂产品生产能力的成果中，尽管强调了政府的作用（Park，2013），但相对微观层次的成果而言，产业和国家层次的成果却很少见。 不仅如此，政策研究也只是列举一二，如研发经费方面，包括税收、融资、信贷、政府采购等，或不同国家、不同产业的政策差异和政策的动态性，但上述研究都没有运用科学的政策研究方法，系统性不强，对复杂产品系统技术追赶中政府作用的认识还不全面（江鸿等，2019）。 也就是说，缺乏科学的政策研究方法，导致不同政策的依赖性和互补性不足，影响了实际的政策实施效果。

第3章 复杂产品生产能力的 IPO 模型

本章[①]从"投入—生产—产出"范式的过程视角，探讨了以创新为核心思想的复杂产品生产能力（包括技术能力和管理能力），并构建了从资源投入、组织范式到复杂产品生产，再到生产绩效产出的全过程能力分析框架。

3.1 复杂产品生产能力 IPO 模型的提出

对于复杂产品特征和生产过程，在第 2 章已做了文献综述，这里首先需要讨论的是，对复杂产品而言如何理解生产能力，即生产能力的概念界定。

3.1.1 生产能力的概念界定

生产能力[②]一般定义为，生产单位在一定时间内生产某种产品的最高数量的能力。不同视角的研究存在着对生产能力的不同分类，如根据生产单位，将其分为国家生产能力、产业（行业）生产能力、企业生产能力和产品生产能力，或称为宏观生产能力、中观生产能力和微观生产能力。宏观生产能力是指以国家为单位拥有的所有生产能力，如"在固定的技术、偏好及制度前提下，充分利用社会中的资本、劳动力等各类资源时所

---

① 本章在已发表论文的基础上进行了修改[李靖华,盛亚.国家复杂产品生产能力研究：一个基于 IPO 范式的思考[J].科技管理研究,2018(24):120-126.]。

② 对应的英文名词有 Production Capacity 与 Production Capability,两者的含义并不一致,前者反映的是生产规模的概念,后者是指生产操作和生产管理技能。本研究的生产能力概念是一个"量"和"质"统一的概念,包括"规模"和"技能"两方面,但更接近 Production Capability。事实上,仅就"量"的概念而言,如何设计生产能力指标也是不可回避的问题,因为这与负荷率有关,进而涉及产业的可分性问题[植草益,等.日本的产业组织[M].北京:经济管理出版社,2000.]。

能实现的最大产出"[①]。　而以产业为单位拥有的生产能力，则是在固定的时间和技术条件下，整个产业形成的最大产出能力（陈柳池，2015），其是中观层次的定义。　最经典的定义还是微观层次上的定义，如"生产能力是指企业的固定资产或作业人员，在一定时期，如一年、一季度或一个月内，在先进合理的技术组织条件下，经过综合平衡后所能生产一定种类产品的最大数量。　……可以分为固定能力和可调整能力两种"[②]，"生产能力是指在计划期内，企业参与生产的全部固定资产，在既定的组织技术条件下，所能生产的最大产品数量，或者能够处理的原材料数量"（陈志祥，2010）。　关于生产能力的其他划分还有工程生产能力、技术生产能力、经济生产能力和经验生产能力（陈柳池，2015），以及设计生产能力、查定生产能力和计划生产能力（陈志祥，2010）等。

从上述关于生产能力的定义和分类的研究可以看出，生产能力是一个综合概念，可以从不同角度来认识它。　但从本研究关注的复杂产品而言，有以下几点需要强调说明。

（1）生产能力不仅仅是个"量"的概念，更是一个"质"的概念。虽然复杂产品同样需要"量"的衡量，但如果忽视"质"，就偏离了本研究的主旨。　中国造船业三大指标（造船完工量、新接订单量和手持订单量）成绩已是世界第一，但主要涉及常规船舶，所承接的船舶订单中仅有7％的订单是大型化高技术附加值船舶（王志玲，2013），从这个角度看，中国与日韩的造船能力差距正在加大。　甚至有人怀疑中国大飞机是不是还在替国外打工。

（2）宏观、中观和微观层次的生产能力是一个有机整体。　微观层次（企业和产品）的生产能力是基础和根本，虽然观察点不同，但研究应该从微观着手。　因此，微观层次的生产能力定义对复杂产品而言，仍有其意义。

---

① 张晓晶.产能过剩并非"洪水猛兽"：兼论当前讨论中存在的误区［N］.学习时报，2006-04-10（4）.

② 方爱华，张光明.企业生产/运营管理［M］.武汉：武汉大学出版社，2005.

（3）生产能力不只是静态的，更是动态的。"一定时间内"是静态的，但"动态"才是"能力"的本质。如弗·李斯特[①]所说，任何一个国家的生产能力，都与其运用前人的成果及通过自己的创造来弥补这种成果具有一定关系。创新（技术创新和管理创新）能打破平衡，实现新的要素组合，是生产能力研究的关键抓手。吴贵生等（2013）将生产能力与创新能力区分开来，认为创新能力是生产能力的一次跃迁，这种将生产能力与创新能力分为不同层次并区别开来的观点，显然是从狭义和静态角度来认识生产能力的。

（4）复杂产品生产能力可以分为技术能力和管理能力两方面来考察[②]。中国企业的复杂产品生产能力弱不仅表现在技术能力上，更表现在管理能力上。中国的运十飞机是按照国际标准进行设计的，达到规定的性能指标，具有一定的先进性，为研究制定我国的商用飞机设计规范打下了基础，但是其在质量控制、技术管理、生产管理和商业化方面与国际标准有很大差距。很多单纯的先进技术对于飞机制造商来说并不是获得商业成功的关键，而怎样对项目进行整体协调和整体规划，怎样与世界范围内的供应商沟通，怎样合理利用全世界资源，怎样以最快的速度将产品投入市场，才是企业参与国际竞争的关键所在（刘济美，2016）[③]。技术很少成为真正的问题，技术问题往往源自技术的不适用和在技术管理上的无知（杰勒德，2003）。因此，不具备很强的技术能力特别是管理能力，复杂产品生产必将面临很多"时间—质量—成本"等方面的风险。根据调

---

① 转引自崔永和.生产力研究的重要方法论启示：重温马克思评弗·李斯特手稿[J].青海社会科学,1994(4):52-56.

② 由于对生产能力的理解存在差异,类型划分也有不同,如生产能力形成和创新能力形成构成了技术能力的阶梯,每上一个台阶都是技术能力的一次跃迁(吴贵生等,2013)。换句话说,技术能力包括生产能力和创新能力(杨志刚,2008)。类似地,世界银行将技术能力分为生产能力、投资能力和创新能力(杨志刚,2008),也有人认为技术能力由3项能力构成:生产能力、吸收能力和研究开发能力[刘希宋,杨东奇,等.企业产品创新(开发)战略选择的系统研究[M].北京:经济科学出版社,2001]。

③ 真正的问题是管理,正如国际著名咨询机构董事长约翰逊所说,"任何项目的失败很少是由于技术原因,更多的是由于管理原因"(刘济美,2016)。

查，在我国复杂产品创新失败的原因中，技术不成熟占 20.86％，过程管理不善占 45.97％，创新资源不足占 9.36％，合作伙伴关系管理不好占29.68％（桂彬旺，2006）。

3.1.2　复杂产品生产能力 IPO 模型

本研究的生产能力是个经济学上的概念，包括以创新为核心思想的技术能力和管理能力，用"投入—生产—产出"范式来描述，表现为从资源投入、组织范式到复杂产品生产，再到生产绩效产出的全过程能力，如图 3-1所示。

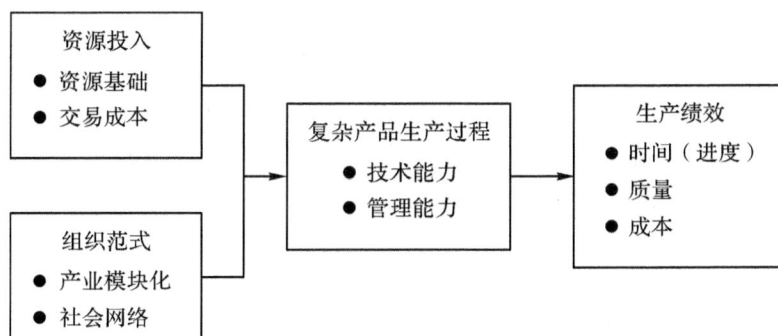

图 3-1　复杂产品生产能力 IPO 模型

（1）以资源基础理论和交易成本经济学来构建资源投入的分析框架。复杂产品资源投入的核心在于资源在自我组织生产和外包/分包生产之间的平衡。从长期来看，企业竞争优势来源于企业拥有的唯一的、持久的、难以模仿和替代的资源，资源既包括集成商所拥有的资源，也包括外包/分包商所拥有的资源，可分为生产基础设施资源和技术基础设施资源[①]，如何在两者之间取得平衡是首先需要考虑的。而且，随时间和分包商的变动，资源的动态性决定了这种平衡也是动态的。

（2）复杂产品组织范式涉及从产品模块化到产业模块化的产业组织问题，形成了合作生产的网络组织。模块化创新是克服各种能力、资源、

---

① AZZONE C，RANGONE A. Measuring manufacturing competence：a fuzzy approach[J]. International journal of production research，1996(34)：2517-2532.

知识有限性的一种有效方式，可以实现交易成本的降低与专用性资产投资的减少。集成商在客户、供应商、互惠者、合作者等之间借助模块化创新建立了"有组织的市场"时，相互间的交易费用降低，同时将一些能力、资源转移给模块分包商，集成商专注于核心能力与资源，能极大地降低专用性资产的投入，同时通过创新网络获得所需要的资源，大大提高了资源利用效率，特别是促进了与模块分包商之间信息与技术的共享，以及与分包商之间的知识转移速度（桂彬旺，2006）。

从社会网络和社会资本的角度来理解和建构企业间的合作关系至少涉及以下 3 个维度：信任、规范和义务。由于复杂产品生产中的交易非常复杂，以至于法律和制度都不能很好地涵盖所有可能出现的情况，而信任管理可以降低交易成本[1]。复杂产品的研发和生产是集体行为，形成这个集体的基础是所有行为都需要遵从一种行为规范，这种行为规范有利于整个开发集体成员间建立信任，从而促进相互合作的产生（黄建樟，2005）。仅仅是建立结构性的联系对于提升创新能力和提高创新成功率是不够的[2]，企业间的联系需要建立在相互间共同承担义务的基础上，网络内各行为主体有义务共享经验、知识和信息（黄建樟，2005）。

（3）复杂产品生产过程体现了与组织结构的适应性，需要技术能力和管理能力的契合。产品结构和组织结构之间存在着某种对等性，模块产品要求有相对应的模块化组织，而模块化组织也适应模块化产品的生产（Sanchez，Mahoney，1996）。桂彬旺（2006）构建了一个包括组织管理要素、创新能力和复杂产品创新绩效的概念模型，得出的一些研究结论对本研究具有启发性：①除了得出 12 条作用路径外，还得出了两条新路径，即复杂产品集成商可以通过加强与用户、分包商的关系管理来提高自己的资源整合能力或改善模块的界面与标准，从而提高创新绩效；②提高集成

① MOORE M. How difficulties is it to construct market relations? a commentary on plateau[J]. Journal of Development studies，1994，30(4)：818-830.

② COHEN W M，LEVINTHAL D A. Absorptive capacity：a new perspective on learning and innovation [J]. Administrative science quarterly，1990，35(1)：128-152.

商的系统集成能力是提高创新绩效的关键；③为用户提供更多选择权以满足其定制化需求，可以减少创新时间与降低创新成本；④提高集成商的技术能力（系统架构设计、系统功能分析、集成技术方案等能力）和管理能力（知识管理能力、集成管理能力等），有利于降低创新复杂性，提高创新质量与效率。

（4）复杂产品生产绩效既脱胎于传统项目管理的进度、质量、成本控制，又以其高度的生产组织复杂性而表现出复杂产品的特点。传统意义上的进度、质量、成本相互制约、矛盾和此消彼长，因此需要重新认识。

3.2　复杂产品生产过程分析

复杂产品生产过程（研发过程或创新过程）有不同划分，如 Davies et al.（1998）认为，复杂产品生产过程经过两个阶段，首先是概念产品形成阶段，其间用户与相关研发单位密切合作提出复杂产品基本概念，初步完成复杂产品系统的物理层次设计。其次进入复杂产品开发制造阶段，其间产品的总体设计及各子系统设计相继展开，在不改变概念产品基本框架的情况下，通过自主创新、合作创新等多种方式实现概念产品的基本功能。其中，集成制造商与模块分包商的合作是必然选择（Hobday et al.，1999），需要成立开发领导小组负责对产品生产各个阶段进行统一协调、计划和管理（Kim et al.，2002），以及加强与客户的合作[①]。陈劲等（2004）提出了一个复杂产品创新三阶段漏斗模型：涌现式创新、设计式创新和指导下的创新，分别对应着需求分析阶段、系统设计阶段和分包模块开发、系统集成和交付使用阶段。

首先，上述过程的具体细化已有大量案例（陈劲，2007；盛亚等，2011；盛亚等，2017）提供支持，即复杂产品生产过程包括"需求分析—系统设计—分包与模块开发—系统集成—交付使用（跟踪完善）"等环节，可以描述为，复杂产品系统集成商根据用户需求进行系统功能分析和

---

① 　KASH D. RYCROFT R. Emerging patterns of complex technological innovation[J]. Technological forecasting and social change，2002(69)：581-606.

构架设计；其次，针对复杂产品系统结构特点或开发所涉及的技术特点进行系统模块分解与模块外包，把整个系统划分为若干个相对独立的模块或子系统，每个模块分包商在获得开发任务之后，根据各自分包模块的功能需求与技术特点进行研发；最后，模块分包商将开发好的模块交给系统集成商进行集成后交付用户，并跟踪完善（桂彬旺，2006），体现出系统集成、规模密集型、用户—厂商驱动、高度柔性、重视系统集成能力、跨组织联合生产等特征（张文彬等，2014）。 与以前的大规模普通产品创新过程的不同之处在于（陈劲，2007）：①增加了功能分析、模块外包、系统集成三大阶段；②传统的研发、试制等过程包含在了模块开发之内，即每个模块或子系统的开发过程包含了传统研发的核心过程——需求、研发、试制、测试、反馈、完善等步骤；③整个过程是研发与制造的统一；④产品技术的应用与扩散随着交付过程一次性进入市场；⑤产品交付之后，有很长时间的跟踪完善和升级换代过程。

在复杂产品生产中，技术是相当重要的一个因素，集成商要弄清对价值链有影响的所有技术，不仅要了解企业自身所引用的技术，还应了解供应商和用户单位经营活动中的技术，并结合科学发展和其他产业有关的潜在技术，从多种科学技术的综合集成中寻找产品发展思路，尤其是要重点培植和发展核心技术（陈劲，2007）。 集成商拥有较强的研发能力、技术规划能力及系统集成能力，这会降低整个复杂产品的研制费用。 研究表明，集成商采用的主导技术的成熟度越高，项目研制过程中的风险会越低，研制过程的反复和循环次数就越少，从而也会降低研制费用（周永庆，2004）。

本研究进一步将技术能力划分为技术需求分析能力、技术总设计能力、技术分包和开发能力、技术集成能力和技术服务能力；将管理能力划分为定制管理能力、模块管理能力和集成管理能力，其在复杂产品生产过程中的对应关系如图 3-2 所示。

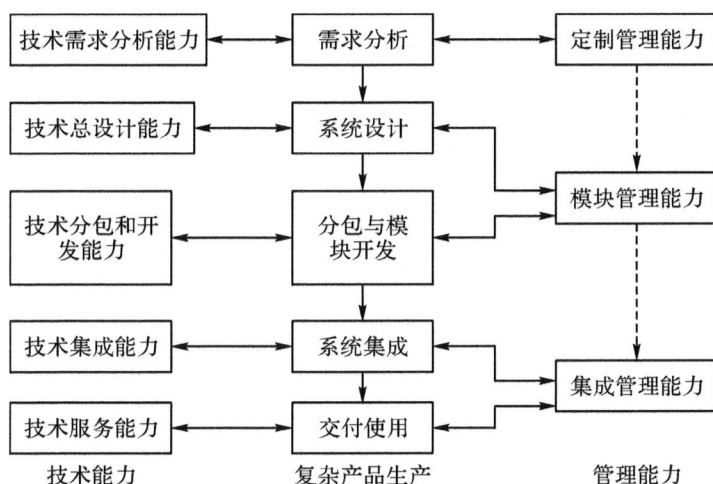

图 3-2　复杂产品生产能力构成及其关系

3.2.1　需求分析

需求分析是指对复杂产品的现实或潜在的市场需求进行分析，现实需求指的是复杂产品的客户或集成商已经明确需要某种复杂产品，并通过公开招标的形式来选择合适的集成商或自己作为集成商（桂彬旺，2006）。潜在的市场需求指的是客户有使用新的复杂产品的意向，但由于新的技术还不成熟，市场上尚未有过类似的产品，未形成明确的需求，集成商的高层次技术人员参与到用户的需求分析中，有目的地定制开发（陈劲，2007）。集成商界定复杂产品的功能需求时必须广泛寻求各种相关的信息和解决方案，尤其是用户的意见，如何从大量模糊的用户需求中识别出关键性需求并形成整套产品系统解决方案将直接关系到系统开发的成功与否（桂彬旺，2006）。本研究涉及的复杂产品属于完全定制型产品，用户的定制性需求是整个生产的基础，而用户的需求往往模糊，只能在产品系统功能上提出要求[①]。因此，及时沟通，让用户直接参与，对用户需求的良好把握和理解是需求分析的重要方面。当然，有时也会在用户需求信

[①]　陈劲，周永庆.复杂产品系统创新的过程模式案例研究[J].经济管理，2004（14）：1-4.

息不确定性的情况下就开始模块开发，这给复杂产品的生产研制带来很大的技术和管理上的挑战。

此阶段的技术能力更多体现在技术需求分析能力上，管理能力则更多体现在有目的地满足用户需求的定制管理能力上。 集成商对所处行业要有充分了解，如政府关于复杂产品和工艺质量、环境及安全标准等方面的广泛而严格的管制，政府对行业发展的支持态度，对寡头市场的行业特征和竞争者情况的了解，等等。 同时，集成商要加强领先用户分析。 引导用户和供应商参与创新，提高客户关系管理能力是达到创新目标的关键一环（陈劲，2007）。 在早期阶段与合作生产者共享财富也是了解用户新需求和应用知识来满足这种需求所必需的（Hobday et al.，1999）。 与最后一个阶段形成闭环的跟踪服务与系统完善也是客户关系管理的重要组成部分。 总之，集成商必须重视客户的定制化需求，注意与项目用户的谈判，注重系统完善和跟踪服务工作，这些远比单纯的行业分析、竞争对手分析等传统的产品创新管理中的市场分析更重要（桂彬旺，2006）。

3.2.2 系统设计

系统设计包括构架设计与模块分解，这两项工作高度融合。 模块是构架的基本单元，模块分解的基本标准有 3 个：功能、结构和技术特点。研究表明，采用成熟技术可以减少重复设计（Nightingale，2000）。 在实际调研中也发现，集成商尽可能选用相对成熟的主导技术来构建系统，这在某种程度上影响到整个系统创新成功的可能[①]，当然并不否认在单个模块或者子系统上采用全新技术（陈劲，2007）。 改进和进一步开发基础设计能力，对集成商而言具有相当可观的价值，具备这种能力的前提就是建立一个强大的、可延伸性的平台或产品系列。 如罗斯维尔和加迪纳不但在不断延伸产品的范围，还通过改进基础设计延长产品生命周期，波音公司的客机和罗尔斯·罗伊斯公司的喷气式发动机都是这方面的例子（玖·

[①] 航空产品的研制应该力求将技术问题解决在设计阶段，设计一架"没有问题的飞机"，这是降低研制费用和缩短研制周期的需求。同样的一个问题，暴露得越晚，解决问题的难度就越大、复杂性就越高（刘济美，2016）。

笛德等，2004）。

在这个阶段，构架设计能力（或称技术总设计能力）是核心能力，需要集成商具有模块管理能力，这需要根据定制性进行模块分析。①构架设计包括子系统或模块数量和节点数量的合理性，是界定复杂产品构架设计成功的一个可衡量的指标[①]。②系统功能分析包括产品功能、性能、用户要求等方面，还要把不同阶段可能出现的问题在先期加以研究确定，对产品的功能、可制造性等预先进行定义（桂彬旺，2006）。③模块的技术标准的确定是保证复杂产品能够进行系统性开发的前提，能保证各分解的模块开发不陷入"盲目的陷阱"[②]。同时，任何一个模块都必须具有至少一个接口，以便和外界进行联系，保证界面的标准化与合理性。

在这个阶段，分包商介入可以识别和减少潜在的与制造相关的质量、成本和时间问题。研究表明，70%的产品成本由设计阶段决定，因此企业有必要在产品开发的初始阶段全面考虑生产中可能出现的各种问题。波音公司利用协同工程开发777运输机，……这要比波音767的实际设计过程提前一年或半年时间（杰勒德，2003）。然而，调查表明，大多数企业在设计阶段投入的预算资金不到总开发成本的5%，而且都希望能够尽快将设计投入生产制造。虽然这样做可能缩短产品进入市场的周期，但也有可能增加产品的生产成本。一个失败例子是，英国布里斯托尔公司的长途客机——布拉巴宗的研究，由于在设计方案中疏忽了一些问题，如新客机的规格、飞行范围及负载等，从而引起了一系列问题，最终项目预算迅速攀升，被迫中止，损失巨大（玖·笛德等，2004）。

3.2.3 分包与模块开发

为了确保模块能发挥整体作用，系统的设计者必须精通产品和作用于整个生产过程内部的看得见的设计规则，这些问题的解决关键在于复杂产

---

① 陈劲，桂彬旺. 复杂产品系统模块化创新流程与管理策略[J]. 研究与发展管理，2006，18(3)：74-79.

② GARUD R，KUMARASWARNY A，LANGLOIS R N，et al. Managing in the modular age：architectures[J]. Harvard business review，1997(9)：84-93.

品的模块分解（鲍德温等，2006）。 模块本身的复杂性及贯穿在整个生产过程中的不确定性，使得对分包商的管理能力异常重要（桂彬旺，2006），包括谨慎地选择分包商，全面评估供应商能力（技术能力、资源能力和信用等方面）（陈劲，2007），及时协调分包商关系，等等。 模块分包商也会通过提高自身的技术能力，充分利用和提炼技术诀窍，"背对背研发创新"显示自身的资源能力和信用来提升分包合作时的谈判能力和竞争力。 在项目进行的前期，集成商的一个重要任务就是选择合作伙伴[①]。

模块分包商的产品质量问题中只有一小部分是管理能力不足造成的，多数还是由技术方面的缺陷引起的[②]。 这时需要集成商提供技术支持，主要体现在，当分包商发生了自身所解决不了的问题时，或者技术水平不足以保证分包模块的正常生产时，集成商要利用自己的技术优势帮助分包商，或者利用其他相关公司的力量来解决问题（Hobday et al.，1999）。 集成商的项目经理和高级工程师常常要去拜访关键的分包商以解决零部件和子系统的产品质量与交付延期问题（Gann et al.，2000），以加强控制和影响。 因为复杂产品中各种技术相互依赖，如果不能有效管理各个独立组织之间的并行工程，问题可能就难以矫正（Rothwell，1992）。 因此，分包商的全程参与是必要的，越早参与，越有利于减少开发时间、杜绝生产问题和提高产品质量。 如分包商可以利用自身零部件制造的经验来识别和减少潜在的与制造相关的质量问题，包括分包的标准部件和非标准部件设计，或与集成商联合设计部件，或按照集成商要求设计部件（陈劲，2007）。

利益分配是企业合作的关键所在，合理的利益分配机制能使有关各方都受益。 利益共享与风险共担是对称的，集成商基本上采用了风险共担的方法。 但在处理非人为因素所造成的问题时集成商更多地承担了风险

---

① BIADAULT F，DESPRES C，BUTLER C. The drivers of cooperation between buyers and suppliers for product innovation[J]. Research policy，1998(26)：719-732.

② PINTO J K，SLEVIN D P. Critical factors in successful project implementation[J]. IEEE Transactions on engineering management，1987，34(2)：237-249.

损失，如在分包商的原材料涨价时，为了保证分包商的利润率，主要由集成商承担涨价风险，分包商的顾虑和所承受的压力就会大大减轻（桂彬旺，2006）。

3.2.4　系统集成

系统集成包括制造和服务两个方面，可分为 4 个阶段：系统集成、试运行、系统完善与售后服务。系统集成是指按照某种规则（界面标准）将可进行独立设计的具有一定价值功能的模块整合起来构成更加复杂系统的过程和行为（桂彬旺，2006）。系统集成中出现的一些新问题会涉及各模块间的协调运作，需要通过联合调试来解决，以实现技术层面的对接和系统集成商的技术消化、吸收和融合。在集成之前首先按照设计规则对分包商提供的各个模块进行测试，综合考虑质量、成本、服务、准时性、设计规则遵守程度等要素是否合乎要求，在集成之后还要进行产品测试以验证模块化后的整体绩效（陈劲等，2007）。系统集成商不一定要掌握构成系统的每个模块的详细技术，但必须了解和逐步掌握模块中的关键性技术，以体现集成商的控制主导作用（桂彬旺，2006）。这是一个学习的过程，通过技术交流，集成商从其分包商处得到模块的同时，也学习到关键技术，有助于为最终用户提供更好的跟踪服务（陈劲，2007）。

模块间通过特定的接口程序或者方式耦合起来，因此，为了适应其他模块，必须考虑到产品结构上的链接和整合（耦合性），当模块间的相互耦合难度较高时会增加系统的集成难度（Kim et al.，2002）。系统集成主要有 3 个方面的关键问题：构架、界面和技术标准。这些问题应该得到及时处理和解决，同时要有配套的应急机制以便灵活解决集成阶段出现的每个故障，尽可能就地解决问题，不能解决的问题要迅速反馈到分包商处以根本解决问题。此时的管理能力较多体现在项目组长有较大的权力以调用资源处理问题（陈劲，2007）。

复杂产品生产周期长，在此过程中所采用的技术会发生变化甚至会有替代技术产生，这增加了对系统集成能力的要求（Gann et al.，2000），特别是将复杂产品各零部件耦合在一起的技术和管理能力。这个阶段的技术复杂性表现得尤为突出，涉及子系统/模块的数量及结点的数量、各模块之间的耦合程度，以及软件开发的比重，需要反复进行试错、试验、反馈、调整和完善。其中嵌入式软件①开发被认为是一种不确定的高风险的开发活动，成为研究、设计、生产和安装复杂产品的关键要素（Hobday et al.，1999）。此时成立"技术集成"团队很有必要（高旭东，2008）。

3.2.5 交付使用

复杂产品在出厂之后，运抵用户方，并进行安装和调试，这几乎是系统集成阶段车间调试在用户端的延续。除了常规的测试之外，现场还需要进行试验测试，与集成阶段的仿真试验不同的是，现场测试是在真实的环境下进行一些可行性的试验，将原先一些仿真模拟的信号或者反馈变成现场真实的信号及反馈，调试整个系统直到能够正常工作。用户始终参与其中，因此这也是一个用户的学习过程（陈劲，2007）。

产品交付后，仍要进行长期的跟踪服务，不仅仅是集成商，有时供应商（包括分包商）也要根据集成商的要求介入跟踪服务，包括嵌入式服务（作为产品本身的一部分，发挥某些特定功能的服务）、伴随性服务（伴随制造产品提供的、更方便客户购买产品的附加服务）中，提供一体化解决方案（将产品与服务结合成有机的整体，满足特定需要的服务）和分销控制（制造商移向价值链下游，承担原来由独立企业完成的分销服务）（吴贵生等，2013）。这一方面体现了制造服务化思想，另一方面也为开发下一个项目提供经验。本研究认为，模块"再设计"和"再创新"计划越合理，创新绩效越好（陈劲，2007）。例如，通用电器公司将提供航空发动机的业务变为"按小时销售生产发动机的能力"，不再从事生产性的活动，如不再打磨涡轮叶片而转向从事外包生产能力的活动，从而逐渐变成一个协调者，开始研究如何提供融资和其他支持性服务。因此通用电器公司现在已经成为一个为航空公司提供承包服务的服务型企业（玖·笛德等，2004）。

---

① 基于特定的硬件平台存在，不同设备之间难以进行简单复制，因此具有很强的隐性知识特征。嵌入式软件密集的产品可能给追随者带来发展机会（杨志刚，2008）。

3.3　IPO 模型的进一步讨论

3.3.1　复杂产品生产的资源投入

在新古典经济学的一般均衡中，企业是一个黑箱，市场能通过价格机制自动出清，这对复杂产品而言是不可想象的。 资源基础理论将企业定义为一组资源的集合（Barney，1991）；交易成本经济学认为，企业的存在是对市场价格机制的一种替代。 本质上它们都是对新古典完全竞争经济学的偏离，且两者都符合熊彼特经济发展理论的逻辑[①]，成为适用于复杂产品研究的理论基础。 复杂产品集成商需要同时管理项目流程和业务流程（是项目流程得以开展的支撑平台），企业的资源事实上也根植于项目和企业两个层面，正是这两个层面的整合使得企业具有竞争能力（陈劲，2007）。

（1）复杂产品生产的资源组合。 复杂产品生产的一个中心问题是各参与企业和多知识领域的整合和协调（陈劲，2007）。 从战略管理理论的视角来说，需要研究资源基础理论和交易成本经济学的效率提升机制，以便与强调市场力量开拓相协调[②][③]。 具体来说，资源基础理论考察企业通过创造性的资源集合与运用活动获取竞争对手难以复制的竞争优势，交易成本经济学考察企业通过制度安排降低交易成本以创造和获取价值。 前者的焦点是资源的特性和获得资源的途径，后者的焦点是交易本身和交易的属性。

（2）资源基础理论与交易成本理论在复杂产品生产情境下的深度结合，即以资源基础逻辑为主要理论， 同时借助交易成本理论对相关问题和

[①] TEECE D J. Business models, business strategy and innovation[J]. Long range planning，2010，43（2）：172-194.

[②] 温晓俊，刘海建. 战略管理研究所应遵循的理论基础：资源基础观与交易成本理论[J]. 中央财经大学学报，2007（8）：63-67.

[③] 徐虹，林钟高，王海生. 内部控制战略导向：交易成本观抑或资源基础观[J]. 财经论丛，2010（5）：68-74.

现象进行分析和解释。 Jacobides et al.[1]分析了能力分布、交易成本对产业垂直分工的影响，以及能力和交易成本的共演机理。 能力差异是垂直专业化形成的必要条件，唯有价值链上能力分布异质时，交易成本的减少才能促成产业垂直分工。 本研究侧重研究专业化分工的一种适合于复杂产品生产的模式——模块化生产。 当然，专业化分工与模块化生产存在着区别和联系，模块化生产不是依据专业化效率原则进行的专业化分工，而是依据系统功能原则对专业化分工做出的整合。 模块化生产不排斥效率专业化分工，具有独立功能模块的建立和发展依旧是要靠效率专业化分工来推进的。 同时，模块化生产通过背对背竞争模式和允许试错的方式对效率的提升起到积极作用（桂彬旺，2006）。

（3）复杂产品集成商的分包决策。 复杂产品集成商在进行分包决策（内部化或外部化）时的主导逻辑，取决于基于技术能力的子系统是否带来可持续竞争优势，以及服务于客户企业独特需求所带来的交易价值。当子系统成为复杂产品集成商竞争优势的来源时，即使外部化有交易成本优势，集成商也会将其内部化；当子系统不是集成商核心竞争优势的来源时，对于独特的需求，将根据可信承诺和交易成本情况决定是否外部化。

集成商为了保持与模块分包商之间的有效信息沟通，降低创新风险与成本，进行特定的关系资产投入是非常重要的。 特定的关系资产投入能增加相互依赖性，即特定的关系资产投入越多，相互的依赖性越强。 资源的稀缺性、资源的互补性可能使合作呈现一种锁定效应[2]。 因为它造成了分包商退出成本的增加和机会主义行为的减少，同时买方获得鼓励而对模块分包商做出更大承诺（Baldwin et al.，1997）。 其中涉及的关系管理包括：模块分包商与系统集成商之间的沟通、集成商与用户的沟通协调、

[1] JACOBIDES M G，WINTER S G. The co-evolution of capabilities and transaction costs: explaining the institutional structure of production[J]. Strategic management journal，2005，26(5)：395-413.

[2] PARKHE A. Strategic alliances structuring: a game theoretic and transaction cost exarmination of inter-firm cooperation[J]. Academy of management journal，1993，36(4)：794-829.

集成商对分包商的控制和分包商参与创新时机的把握、分包商与集成商的利益分配和风险分担、集成商的应急协调机制等（陈劲，2007）。

尽管复杂产品生产集成商大多是行业中的领头羊，资金、技术、人才等方面的实力很强，但集成商对创新网络内外部资源的利用，建立共享知识库，对分包商的技术支持等资源整合措施，比单纯地进行大量资源投入对于复杂产品生产的成功更加有利。

3.3.2　复杂产品生产的组织范式

复杂产品生产的经典组织范式是模块化组织和网络组织，分别主要源于产业模块化理论和社会网络理论。

（1）从复杂产品角度重新审视模块化的研究脉络。 模块化组织是企业对模块化生产方式进行协调的一种组织形态[①]，其具有的技术模块化、市场模块化和组织模块化的演进特点，充分显示了对现有企业价值链和产业价值链进行分拆和整合的优势（桂彬旺，2006）。 模块化的研究脉络是，技术模块化—产品模块化—产业模块化—组织模块化。 作为产业子元素的组织，在结构和资源整合方式上应进行相应的调整。 然后在产业模块化3个层次（产品体系或者产品设计的模块化、制造/生产的模块化、组织形式或功能的模块化）（徐宏玲，2006）的基础上，研究模块化组织的结构、流程、边界及其随着模块化程度的提高重新设计、模块分解的可行性与合理性和未来运行的高效性，以及模块化组织类型（合同生产模式、可替换的工作安排、联盟形式）[②]（张文彬等，2014）在复杂产品生产中的适应性。

（2）从复杂产品角度重新审视企业社会网络的研究脉络。 一是社会网络概念从个体向组织的演变对复杂产品生产网络的启示。 社会网络的

---

① 模块化产品的生产和设计要对应于相应的模块化组织形式，两者之间的不同匹配会造成创新效果的显著差异（胡晓鹏，2009）。

② SCHILLING M A. Towards a general modular systems theory and its application to interfirm product modularity [J]. Academy of management review，2000，25（2）：312-334.

概念是基于对社会结构的关注而提出的。 Granovetter[1] 提出将社会关系构成的联结视为对社会网络进行分析的基本单位。 复杂产品集成商与供应商及客户、政府、中介等构成的有核心节点网络，同样揭示了微观个体互动与宏观社会结构的内在逻辑联系。 Granovetter[2] 提出的嵌入性概念认为，任何经济行为都包含于社会关系网络之中，而复杂产品生产网络同样具有强烈的社会属性，运用利益相关者网络理论能更好地解决个体和整体关系的割裂问题（盛亚等，2017）。 二是网络的作用。 组织作为网络的主体，其行动可促进网络的深化，同时也受网络的制约[3]，复杂产品生产网络中形成的是以信任为基础的紧密连接的互动关系，网络成员利用这种关系可共享信息资源，降低信息不对称程度[4]（Uzzi，1997；李民等，2015）。 三是网络的维度。 针对网络，大多从网络结构和网络关系两方面进行维度划分，也有按中心性、复杂性、密度进行划分[5]，或按网络联系强度和密度进行划分的[6]。 对于复杂产品生产网络，其网络密度或网络联系强度反映了成员间的互动频率和互动程度，网络中心性表明个体成员在网络中的地位。

（3）复杂产品生产的组织范式下产业模块化和社会网络理论的结合。 模块化生产网络基本上分为核心生产网络和分散生产网络两种类型（Langlois et al.，1992）。 在核心生产网络中处于核心位置的是单一领

[1] GRANOVETTER M. The strength of weak ties[J]. American journal of sociology，1973，78(6)：1360-1380.

[2] GRANOVETTER M. Economic action and social structure：the problem of embeddedness[J]. American journal of sociology，1985：481-510.

[3] NOHRIA N，ECCLES R G. Networks and organizations：structure，form and action [M]. Boston，MA：Harvard Business School Press，1992.

[4] KARLAN D S. Social connections and group banking[J]. The economic journal，2007，117：52-84.

[5] FREEMAN L C. Centrality in social networks conceptual clarification[J]. Social Networks，1979，1(3)：215-239.

[6] ROWLEY T，BEHRENS D，KRACKHARDT D. Redundant governance structures：an analysis of structural and relational embeddedness in the steel and semiconductor industries[J]. Strategic management journal，2000，21(3)：369-386.

导企业（集成商），通常是大型装配企业。 众多供应商与核心企业（集成商）通过契约建立起合作关系，提供中间产品。 核心企业（集成商）处于绝对领导地位，供应商则处于从属地位，它们之间的协同程度很低。 供应商要努力获得企业的产品订单，并按其严格要求进行生产，在产品设计方面毫无权限。 核心企业与供应商建立了长期的契约合作关系，降低了垄断带来的交易成本，也有利于供应商的创新行为（对创新的知识产权保护不会特别在意）。 在分散生产网络中，设计规则（兼容性标准）由部件生产商和用户/装配商通过市场过程或协调共同决定，网络中的任何一个企业都没有控制权，尽管有生产商试图制定网络的标准，但只要用户和其他生产商不遵循这一标准，它就会被孤立（桂彬旺，2006）。

在产业模块化下分化出价值模块制造者（分包商）、模块规则设计商（商业咨询商）、集成商（总包商），鉴于其各自子市场垄断竞争甚至寡头竞争的实质，以及复杂产品生产过程中出现多次重复博弈的性质，这些复杂产品生产商会构成一个企业社会网络（乐承毅等，2013）。 在这个企业社会网络中，不同参与者的网络中心性、嵌入性会有较大差异，多个参与者间的网络密度或网络联系强度也会呈现不同的水平。 反过来，这种企业社会网络状况会对复杂产品生产的组织范式（产业模块化）产生持久的影响，如图 3-3 所示。

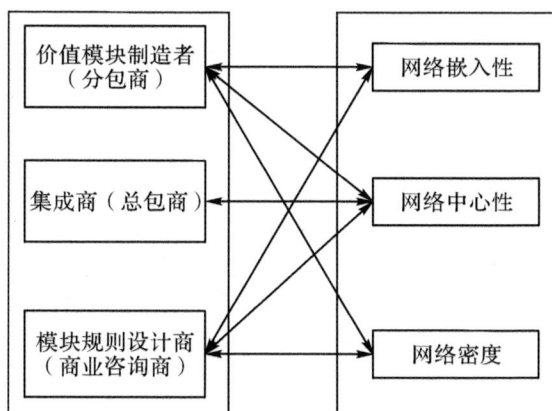

图 3-3　产业模块化与社会网络理论的关系

基于项目的跨企业边界的团队是进行复杂产品生产最合适的组织形式（Hobday et al.，2000；Gann et al.，2000）。这种项目团队，整合了所有涉及公司的主要业务职能的机构且进行内部的协作，即一个组织在一定的环境条件下，与其他一个或多个组织之间形成了持续的交易、互动和联系①。这种具有多功能团队的组织形式具有高度的灵活性，有助于培养团队成员的合作精神，锻炼他们较强的沟通能力、组织能力和协调能力。来自各职能部门，具有不同背景、专长和经验的工作人员组成的项目团队更具活力和针对性，工作效率也更高②。跨公司/用户的网络式生产组织常常以集成商为核心组建，考虑到网络组织中的利益竞争，系统集成和项目管理能力对于产品生产的效率和效度非常关键③。其中，合适的项目团队、优秀的项目成员、良好的沟通机制、出色的过程控制等都会促进跨企业项目管理能力的提高和复杂产品生产的成功（陈劲，2007）。

3.3.3　复杂产品生产的产出绩效

产品创新成功维度和测量指标研究一直以来备受关注，典型的如Cooper et al.（1987）第一次就三大成功维度和10个测量指标进行的研究：财务绩效（相对利润、利润和目标利润，销售额和目标销售额、相对销售额、盈利水平，投资回收期）、机会窗口（关于新产品范畴的机会窗口、与新市场范畴有关的机会窗口）和市场份额（国内市场份额、国外市场份额）。黄建樟（2005）在具体设计指标时侧重考虑是否能够满足客户需求（达到或者超过客户对产品的功能需求和对产品质量的期望），是否能够实现相关的财务绩效（达到或超过利润的期望和销售收入期望）。陈劲（2007）则在 Cooper et al.（1987）研究的基础上，结合复杂产品特

---

① OLIVER C. Determinants of interorganizational relationships：integration and future directions[J]. Academy of management review，1990，15(2)：241-265.

② KESSLER E H，CHAKRABARTI A K. Innovation speed：a conceptual model of context，antecedents and outcomes[J]. Academy of management review，1996(21)：1143-1191.

③ SCHRADER S. Informal technology transfer between firms：cooperation through information trading[J]. Research policy，1991(20)：153-170.

征，提出了三大绩效维度：机会窗口（市场机会窗口、技术机会窗口）、财务绩效（销售额、净收益）和技术能力（技术上达到或超过用户对产品/系统的要求，保持技术上的进步以维持技术的竞争地位），而在外包结果绩效的度量上则采用了质量、时间和价格 3 个指标。

一般来说，费用控制达不到评估的范围，超出要求的完工时间，达不到要求的技术标准、质量标准和操作标准，则表明复杂产品生产的失败（Brady，1995；Davies et al.，1998）。复杂产品生产往往表现为大型工程项目的形式，在考察其产出绩效时，会借助项目管理理论的"时间（进度）—质量—成本"及与其相互影响的分析框架。第一，在复杂产品生产项目涉及方制订合作计划时，系统集成商对工期有严格的要求，除了合同允许的时间延长外，超出完工日期的承包商一般都要支付延期赔偿费，这会影响分包商的收益（盛亚等，2017）。而客户要求的项目交付日期，则会影响系统集成商的最终收益。第二，复杂产品生产的技术标准应达到合格标准，这种技术合格标准体现在两方面：一是该技术标准应符合国家有关法规、技术标准和合同的规定；二是确保该项目最终的产品在投入使用后可以正常发挥其价值[1]。第三，复杂产品的成本极难控制，很容易大幅超支，并且其成本既包括直接成本，如材料费、施工人员工资等，也包括间接成本，如项目临时服务人员工资、临时设备租赁费等。第四，时间（进度）、质量和成本三者之间存在彼此影响和制约的关系，需综合考虑，必要时要做出取舍和权衡。在成本与时间之间存在着某种平衡，比如在军用项目中其成本与时间相比，平均成本超限要大大超过时间，而在民用项目中情况则正好相反。此外，与开发工作相比，在研究工作中时间超限的概率要更大。在 20 世纪 60 年代和 70 年代，协和式飞机项目可能是相关方草率地过低估计研究开发成本又过高估计市场的一个最惊人的例子[2]。

---

[1]　王敏,张卓.基于成熟度模型的复杂产品系统创新能力评价[J].科技管理研究，2016,36(11):52-57.

[2]　克利斯·弗里曼,罗克·苏特.工业创新经济学[M].北京:北京大学出版社,2004.

需要指出的是，时间（进度）、质量和成本 3 个绩效目标的实现并不总是矛盾和此消彼长的，优化其中的一个绩效，也可能给其他两个绩效带来有利的影响，比如在缩短研发时间的同时，也能降低成本、提高质量（布凌格，2007）。高速列车的速度（可用时间衡量）代表技术的先进性，安全（体现质量）代表技术的成熟性，不能用矛盾的眼光看待时间和质量的关系。同样，也不能片面地认为时间和成本是此消彼长的[①]。

时间（进度）[②]、质量和成本的重要性和权重也不是一成不变的。在 20 世纪 60 年代和 70 年代，成本是占绝对优势的最重要的因子；到了 80 年代，质量成为具有同等权重的因子；到了 90 年代，一直被忽略的时间（进度）也成为一个具有决定性作用的因子。麦肯锡公司的一项研究显示，在竞争激烈的环境中超过开发预算而及时将新产品导入市场的项目能比超出预算而延迟将新产品导入市场的项目获得更多的利益。新产品拖后 6 个月投放市场，5 年内的累积收益将会减少 17%—35%；但如果开发投入超出了预算的 50%，而新产品快速进入市场，收益仅仅减少 4%（桂彬旺，2006）。今天在成本和质量依然保持重要意义的同时，时间因子已经成为三大要素之一（布凌格，2007）。"周期压缩"这个术语在军工行业和飞机制造业广为流行（玖·笛德等，2004），但只有对满足需求且至关重要的那些行动进行优化时，才可以消除和减少那种以速度占统治地位的变量所带来的损失（杰勒德，2003）。

基于大量的问卷调查统计和案例研究，布凌格（2007）指出，时间节约的潜能大小，可能与其产品的复杂性及市场环境的波动性有关，复杂性和波动性越强，时间节约的潜能越大。这个结果启发我们，复杂产品生产的时间节约（或进度改进）的潜能比一般产品大。派恩（2000）指出，大规模生产范式的危机，促使生产厂商必须寻求一种新的范式，既能够对

---

① 日本康宁公司通过变革，1989 年的毛利润是 1985 年的 3 倍，制造成本下降了 22%，而质量提高了 42%，存货周转速度比原来快两倍，产品开发时间则缩短了 50%（杰勒德，2003）。

② 生命周期管理要求掌握好具有内在联系的 3 个要素：总时间、时机选择和周期跨度（杰勒德，2003）。本研究侧重于总时间，也会涉及时机选择和周期跨度问题。

市场多样化的需求做出快速响应，同时又能够高效地（即低成本）、快速地为市场提供定制产品。模块化使其成为可能——加快创新速度；分散风险，降低风险，应对不确定性；降低交易成本；模块重用，降低开发成本；为合作创新战略提供技术基础（陈劲，2007）。"我们认为'快一些就要费一些'的观点，现在将要和'好质量要增加成本'一起成为大规模生产方式年代里遗漏下来的犹如破旧汽车一样的过了时的无用观点"（詹姆斯·P. 沃麦克等，1999）[①]。大规模定制是将大规模生产和定制生产两种生产模式的优势有效结合，在满足客户个性化需求的同时，保持了较低的生产成本和较短的交货提前期的一种崭新的生产模式。模块化技术能最大限度地增加标准件和标准流程的比重，从而发挥大规模定制的成本和时间优势（张其仔等，2008）。

---

① 　现在我们知道,把质量融入过程之中可以降低成本(派恩,2000)。

第 2 篇

复杂产品生产能力的企业（产品）
比较：案例研究

第4章　复杂产品生产过程分析:以高铁、飞机和船舶为例

本章分别阐述国内外三类复杂产品——高速铁路、大飞机、船舶的发展历史及发展现状,并分别结合国内生产案例描述这三类复杂产品的生产制造过程,用生命周期理论总结归纳三类复杂产品的制造流程。 最后,将复杂产品生命周期与普通产品的生命周期进行对比,总结适用于一般复杂产品生产过程的通用模型。

4.1　高速铁路建设生产过程

4.1.1　高速铁路概述

世界铁路自 1825 年迅速兴起并发展以来,国际上的地区铁路主要形成了 3 种类型,包括以日本新干线为代表的客运型铁路,以美国铁路为代表的货运型铁路,以及以中国铁路、欧洲铁路等为代表的客货并举型铁路[①]。 随着铁路在地区交通中承担着越来越重要的社会功能与经济功能,其作为陆地核心交通方式的地位也日益巩固。 高速铁路的问世与发展更开辟了铁路的新时代,是铁路运输发展的必然趋势。 1964 年 10 月 1 日,世界上第一条高速铁路——日本东海道高速铁路新干线投入运营(冈田宏,2002)。 该线全长 515.4 千米,初期最高运行速度为 210 千米/时。该线不仅解决了包括东京在内的经济发达地区的陆上运输问题,带动了整个日本的经济腾飞[②],也正式开启了世界铁路的"高速纪元"。 在随后的20 年中,包括法国、德国等发达国家紧随日本,纷纷研发、建设了本国的高速铁路线路[法国高速铁路系统(Train a Grade Vitesse,TGV)、德国高铁(Inter City Express,ICE)等],进一步证明了高速铁路在世界不同

---

① 扈佳玮. 浅析高速铁路的发展历程及趋势[J]. 中国招标,2012,21(35):35-38.
② 廖冬鲜,陈光春. 高铁对广西经济社会的影响及对策分析[J]. 中外企业家,2015,515(33):35-37.

地区均有着良好的建设可行性与发展前景[①]。 日、法、德这些在高速铁路发展中处于领先地位的国家，不断地改进高速铁路方面的技术，取得一系列突破，使高速铁路技术日臻完善，这一方面给后进发展高速铁路的国家带来了借鉴蓝本，同时也设立了不少技术壁垒，可以说在日、法、德后发展高速铁路的国家挑战与机遇并存。

中国敏锐地捕捉到了发展高速铁路对中国的重要意义，便在 20 世纪末开启了中国高速铁路研发建设的宏伟工程。 在短短 10 余年的建设发展中，中国铁路通过"引进、消化、吸收、再创新"的创新之路，已然成功追赶上日、法、德三大高铁先进国家，并在高速铁路规模、建设成本、运营稳定性等方面实现超越。 有外媒评价中国高速铁路的快速发展是"人类历史上的又一项宏伟工程"。 目前，日本、法国、德国、西班牙、意大利、比利时、英国、瑞典、丹麦等国家已拥有在运高速铁路，加拿大、韩国、印度等国家也纷纷启动本国的高速铁路建设，世界范围内高速铁路正呈现"遍地开花"的蓬勃发展态势。

对"高速铁路"的主要技术标准做出定义的情况如下：1970 年 5 月，日本 71 法令规定，列车在主要区间以 200 千米/时以上速度运行，可以称为高速铁路；根据 1985 年 5 月联合国欧经会的标准，客运专线速度达 300 千米/时、客货混线速度达 250 千米/时可以称为高速铁路；国际铁路联盟（International Union of Railways，UIC）给出的标准是新线速度达 250 千米/时以上、既有线改造速度达 200 千米/时以上的铁路可称为高速铁路。 目前，国际上公认列车最高运行速度达到 200 千米/时及以上的铁路可称为高速铁路[②]。 综上，本研究中"高速铁路"是指设计建设时速达 200 千米/时以上的新建和改造铁路。

（1）日本新干线。 新干线（Shinkansen）是贯通日本全国的高速铁路系统，由日本铁道官员十河信二创造，是当今世界上最先进的高速铁路

---

① ROGER V，王姣娥，焦敬娟，等. 欧洲高速铁路的发展历史与经济效应[J]. 世界地理研究，2013,22(03):41-48.

② 王晓刚. 国外高速铁路建设及发展趋势[J]. 建筑机械,2007(3):30-36.

系统之一。截至 2019 年，日本境内有 9 条新干线路线，均为纯客运服务，其中包含两条路线等级较低的"迷你新干线"，日本新干线也几乎覆盖整个日本列岛。目前日本新干线由 JR 公司（JR 西日本、JR 东日本和 JR 东海）负责运营管理。

在基本技术标准方面，新干线轨距属于标准轨（1435 毫米）；除了"迷你新干线"的路段外，列车运行时速可达到 270 千米至 320 千米；轨道结构采用无砟轨道；牵引供电采用 AT 供电方案；接触网悬挂采取复链方式。此外，新干线拥有成熟的线路调控技术，列车发车间隔可以缩短至 5 分钟[1][2]（冈田宏，2002）。目前，日本正大力开发磁悬浮中央新干线，并在试运行段中创造了世界铁路高速列车运行时速最高纪录，达到603 千米，日本新干线率先刷新的时速指标为包括中国在内的其他高速铁路强国立下标杆。

（2）法国 TGV。法国 TGV 是继日本新干线之后的世界第二条商业运行高速铁路系统。1971 年，法国政府批准修建巴黎至里昂的 TGV 线，线路全长 417km，其中新建高速铁路线路长 389 千米。自此法国正式开启国内高速铁路的大规模建设，按照建造时间顺序，法国 TGV 高速铁路网主要包括东南线、大西洋线、北方线、东南延伸线（或称罗纳河—阿尔卑斯线）、巴黎地区联络线、地中海线和东部线等 7 个组成部分。特殊的是，法国在修建高速铁路之初就确定了 TGV 高速列车可在高速铁路与普通铁路上运行的技术措施和调度模式，所以目前法国高速铁路虽然只有1282 千米，但 TGV 高速列车可以在全国 5921 千米的铁路范围内运行（钱立新，2009），覆盖法国大半国土。目前法国 TGV 由 SNCF（法国国家铁路局，Société Nationale des Chemins de Fer Francis）管理运营。

在基本技术标准方面，法国 TGV 轨距属于标准轨；列车运行时速可达 300—320 千米；为实现普通铁路与高速铁路的运行兼容，TGV 采用有砟轨道（一般认为无砟轨道适用于高速列车运行）；牵引供电采用 AT 供

---

① 内田雅夫，张唯敏. 日欧高速铁路比较[J]. 国外铁道车辆，1996(4):10-12.
② 俞展猷. 日本新干线高速列车的发展历程[J]. 机车电传动，2003(2):1-7.

电方案；接触网悬挂采取简链方式[1]（钱立新，2009）。 目前，法国 TGV 线路可以运行世界上速度最快的轮轨式高速铁路列车（最高试验速度达到 574 千米/时），这对于尚采用有砟轨道的铁路线来说可谓是独一无二的。

（3）德国 ICE。 高速铁路有磁悬浮技术和传统的轮轨技术。 以前德国政府一直比较重视相对先进的磁悬浮技术，但由于磁悬浮铁路造价昂贵，并与现有铁路无法接轨，德国政府一直没把依靠磁悬浮技术建造的高铁投入商业运营中。 而使用传统轮轨技术的 ICE-V 列车也一直处于试验阶段。 直到 1981 年法国的 TGV 列车用事实证明了高速火车在商业上的成功，德国才开始准备把这种列车投入高速列车的研究和运营中[2]。 1991年，德国首个 ICE 线路——萨克森州的首府汉诺威直达巴伐利亚州的重镇维尔茨堡建成运营，该线全长 327 千米。 此后，德国高铁迅速发展，分别在 1998 年、2002 年、2006 年和 2007 年开通了 4 条高速铁路线。 截至 2010 年 7 月 16 日，德国新建和改建的高速铁路线总长至少已达 1560km[3]，范围覆盖全德国约 130 座城市和 6 个邻国（钱立新，2009）。 德国 ICE 由联邦教育及研究部门与交通部联邦铁路局共同领导的德国国铁所负责运营管理。

在基本技术标准方面，德国 ICE 轨距属于标准轨；列车运行时速可达 200—300 千米；轨道结构采用无砟轨道；牵引供电采用直供方案；接触网悬挂采取弹链方式。

（4）中国高速铁路。 我国高速铁路虽起步晚，但起点高、发展快，通过引进国外核心技术、消化吸收再创新，同时结合多年积累研发的自有技术，具备了建设和运营高速铁路的能力。 我国建设高速铁路初期的战略设想是，首先对既有线进行改造。 以较少的投资，在较短时间内建成旅客列车时速达 160 千米的准高速铁路，并在其中设置供高速列车运行的试验段，在积累经验的同时，为在我国大量的既有线的基础上进一步提高

---

① 蔡忠保. 世界各国和地区高速铁路比较[J]. 国际科技交流，1993,8(6):31-35.
② 德国高铁 ICE[EB/OL]. (2010-07-16). www.ce.cn.
③ 德国高铁 ICE[EB/OL]. (2010-07-16). www.ce.cn.

列车速度提供技术储备[①]。 然后建成一条时速达 200—300 千米的高速客运专线进行试运营，再逐步提速发展成网。 按此思路，国内先后完成了广深准高速铁路、六次铁路既有线提速、京津城际高速铁路、京沪高速铁路等标志性的高速铁路工程，在不断提升国内高速铁路建设实力的同时也实现了大规模的高速铁路网布局。 至 2019 年底，运营里程达 35000 千米以上，居世界第一，并在寒冷、砂害地区及湿陷性黄土、岩溶发育等不良地质条件下成功建设哈大、兰新、郑西、贵广等多条高速铁路，显示了我国高速铁路建设过硬的技术实力和管理能力，印证了我国进入高速铁路全面发展的新时代。 在"十三五"规划中已明确未来中国的高速铁路建设将形成"八横八纵"高速铁路骨干网与城际高速铁路结合的国民铁路网，实现客、货两运，协调运输的目标。 此外，随着"中国高铁"品牌影响力的逐渐提升，中国高速铁路也迎来了若干"走出去"的机会。 包括泰国高铁、印尼雅万高铁、俄罗斯莫斯科—喀山高铁等在内的由中国企业中标的国际高速铁路项目都标志着中国建设高速铁路的综合实力已达国际一流水平。

在基本技术标准方面，中国高速铁路轨距属于标准轨；列车运行时速可达 200—380 千米；轨道结构根据需要采用有砟或无砟轨道；牵引供电主要采用 AT 供电方案（由直供、BT 供电方式过渡）；接触网悬挂采取单链方式。 目前，中国高速铁路相关方在地质复杂地区高速铁路建设、中低速磁悬浮高速铁路等领域开展了一系列的技术攻关与产品研发，中国高速铁路将向着建设运行范围更广、技术标准更先进、安全性能更佳的方向前进。

4.1.2　高速铁路建设过程

国际上高速铁路建设的全过程总体相似，均经历前期规划、建设实施、投产运营三大阶段。 我国的京沪高速铁路（简称京沪高铁）作为连接国内两大中心城市的里程碑性高速铁路，是当时世界上一次建成里程最长（1318 千米）、技术标准最高的高速铁路，也是中华人民共和国成立以来

---

① 薛战军. 展望中国高速铁路发展的战略意义[J]. 科技创新导报,2008(21):55.

一次投资规模最大（2023 亿元，不包括动车组购置）的建设项目。京沪高铁自 1990 年完成"京沪高速铁路线路方案构想报告"至 2011 年全线投入运营，历经 22 年筹划、建设。

梳理京沪高铁诞生以来的里程碑事件，有助于明确其建设过程。

（1）前期规划阶段。1994 年，国家科委、国家计委、国家经贸委、国家体改委和铁道部课题组完成了对"京沪高速铁路重大技术经济问题前期研究报告"的深化研究；1996 年，完成"京沪高速铁路预可行性研究报告（送审稿）"，一年后完成"京沪高速铁路预可行性研究报告补充研究报告"，并据此上报了项目建议书；1998—2003 年，国家计委委托中咨公司对"京沪高速铁路预可行性研究报告"进行了评估，铁道部按评估意见完成了"京沪高速铁路预可行性研究报告（评估补充稿）"，继而完成全线暂行规定技术咨询与初步技术论证；2003—2005 年，完成全线设计国际咨询并形成可行性研究报告；2006—2007 年，国家发改委组织开展对京沪高铁可行性研究报告的评估工作，并于 2007 年 9 月 12 日批准京沪高速铁路可行性研究报告[①]。根据京沪高铁前期策划阶段各项工作，可以将其分解概括为规划建议阶段、项目建议书阶段及可行性研究阶段。

（2）工程实施阶段。2007 年末，国家发改委组织专家组完成了京沪高速铁路初步设计优化评审工作，并先后组织完成京沪高铁初步设计批复、建设用地批复等前期工作；2008 年 1 月 16 日，国务院常务会议同意京沪高铁开工建设；截至当年 11 月底，开工建设里程 1203 千米，占设计正线里程的 91％；在随后工程建设中，施工图深化、补充、变更设计随着现场施工深入而不断进行；到 2009 年上半年，京沪高铁全线路基施工基本完成，并于年内完成全部桥梁下部工程、贯通全线所有隧道工程等；2010 年 1 月 14 日，京沪高铁进入轨道板铺设阶段；2010 年 11 月 15 日，京沪高铁全线铺轨完成，站场工程、四电工程及其他附属配套工程也相继完工；2010 年 11 月，京沪高铁沿线天津段、山东段、江苏段、上海段等

---

① 问京沪高铁：凭什么战胜磁悬浮[N/OL].（2008-07-07）. http://news. sohu. com/20080707/n257990773. shtml.

路段铺轨全线完成，自此京沪高铁全线铺通。

（3）工程投产运维阶段。 2011 年 1 月，京沪高铁全线施工单位陆续移交工程，原铁道部开展全线静态验收；2011 年 2 月 20 日，京沪高铁新一代高速动车组和时速达 400 千米的高速综合检测列车在上海段"试跑"，此后京沪高铁正式进入动态验收阶段；2011 年 3 月，京沪高铁从北京段向南开启联调联试；2011 年 5 月 11 日，京沪高铁全线开始为期一个月的空载试运行；2011 年 5 月，原铁道部组织京沪高铁的初步竣工验收，京沪高铁全线在 2011 年 6 月 30 日正式开通。 此后至今，京沪高铁已良好运营 10 多年，全线运营评估也在持续进行中[①]。 根据京沪高铁完整的建设历程，可总结出高速铁路建设全过程，如图 4-1 所示。

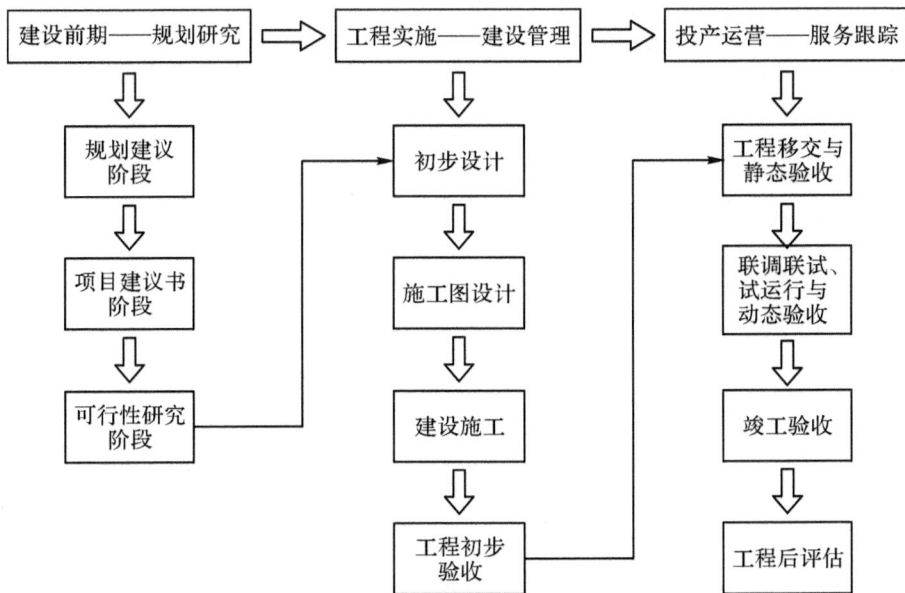

图 4-1　高速铁路建设全过程

4.1.3　高速铁路机车车辆制造过程

（1）前期方案论证。 动车组是当今世界制造业尖端技术的高度集

---

① 京沪高速铁路建设总结编写组. 京沪高速铁路建设总结·建设卷［M］. 北京:中国铁道出版社，2015.

成,涉及牵引、制动、网络控制、车体、转向架等九大关键技术,以及车钩、空调、风挡等 10 项主要配套技术。 动车组作为一种典型的复杂产品,需要在客户提出需求的同时进行前期方案论证工作,以确定主要技术指标和关键方案。 以"复兴号"为例,中国铁路总公司科技管理部组织对中国标准动车组研制中的重要技术问题进行反复论证研究,确定了前期研究讨论时争议较大的,影响动车组技术性能、互联互通、司乘人员操作、检修维护、旅客界面等方面的主要技术指标和关键方案。 比如,既有 CRH 系列动车组有以 4 动 4 拖、5 动 3 拖、6 动 2 拖等为代表的多种动拖比类型,为了实现互联互通、促进关键部件统型互换、方便司乘人员操作,中国标准动车组将其统一确定为 4 动 4 拖[①]。

(2)联合定义。 为了满足客户的需求,动车组生产厂商需要和需求客户进行深入沟通,从设计到生产进行大规模定制,创建可定制的产品以满足客户大批量生产的需求。 简而言之,就是创建一种新的产品族。 产品族是以产品的基本属性为根本,通过改进各种具有特定功能的模块,来满足客户不同需求的一组相关产品。[②]

(3)详细设计。 详细设计即是在联合定义的基础上进行车体的设计工作,主要包含以下几个方面:车体、转向架、制动系统、牵引系统、列车控制/监测和故障诊断系统、辅助供电系统、空调和通风系统及其他如卫生设备、车体装饰和设备设施等。

(4)动车组集成与制造。 新一代高速动车组制造系统主要分为铝合金车体制造系统、表面处理系统、总组装系统、调试系统和转向架系统。铝合金车体制造系统主要负责制造高速动车组的车体;表面处理系统主要完成铝合金车体的喷砂和涂装工作;总组装系统主要完成动车组的内部总装,以及车钩、车门和车端风挡的安装工作;调试系统主要完成单车调试、编组、列车静调和列车动调任务,调试完毕后的高速动车组交付运

---

① 和平,朱进军,孙业国,等. 复兴路上风笛扬[N]. 人民铁道,2017-07-03.
② 林鲁杰. 四方机车动车组项目大规模定制模式研究[D]. 青岛:中国海洋大学,2011.

营；转向架系统主要完成架构的焊接和加工工作、轮对的制造及转向架的组装工作①。

（5）整车运营实验。　整车实验阶段分为两部分，即整车式试验阶段和线上正线运营考核阶段。　调试工作结束之后，动车组一般进入淋雨、小曲线通过能力等整车式试验阶段。　新车型动车组前往铁科院环形试验线进行整车式试验。　实验结果和风险评估合格后，可进行正线运营考核工作。

（6）批量生产。　在完成动车组的安全评估之后，即可对动车组进行批量生产。　动车组一般都是大规模定制下的模块化生产。　动车组生产企业提供的动车组要满足客户提出的不同要求，同时又要满足产品质量和生产进度要求。　大规模定制是调和这些矛盾的有效方法，能在满足客户个性化需求的同时降低生产成本、提升产品质量。　在大规模定制生产中通常需要用到由数字加工设备、自动化运输装置和计算机控制系统等组成的柔性生产线。　这是一种高性能、高效率的数字控制系统，能根据加工对象的不同迅速进行调整。　柔性生产线适合于不同产品的批量生产。

4.2　商用飞机生产过程

4.2.1　商用飞机概述

如今世界民航已经有 100 多年的历史了。　1914 年，世界首个固定翼民航航班从美国佛罗里达州圣彼得斯堡起飞前往坦帕；1929 年，各缔约国签订了《统一国际航空运输某些规则的公约》，历史上第一部民航航空管理条约法则诞生；1930 年，波音 200 单翼信使首飞，用于邮件运输，同时引领了新的下单翼设计风范；1933 年，波音 247 正式首飞，这架飞机融入了众多现代化商业航空飞机特色，例如可收起起落架等；1949 年，世界首架喷气式客机——德·哈维兰"彗星"首飞，并在 1952 年进入市场服役；1954 年，波音公司首架波音 707 的原型机——DASH 80 首飞，随后定型

---

① 吕碧峰. 我国新一代高速动车组制造工艺技术的应用与集成[J]. 科技创新导报，2010(16)：85，87.

为波音 707，也成为波音 7 系列的首位成员；1970 年，世界首架波音 747 入列泛美航空，开始服役；1972 年，世界首架空客 A300 开始服役，其是空客公司生产的第一架双通道宽体客机，由此拉开了空客公司进军世界航空市场的序幕；1987 年，世界首架 A320 首飞；2007 年，首架全双层客机空客 A380 正式服役；2011 年，首架波音 787 梦想飞机正式交付给日本全日空航空公司；2015 年，力齿轮涡扇发动机驱动的空客 A320neo 正式获得 FAA 和 EASA 的认证，标志着该型机将交付并进行商业应用；2017 年，中国首架具有完全自主知识产权的中短程双发窄体民用运输机 C919 成功首飞，对标波音、空客两巨头，标志着"中国智造"正式进入世界民航领域。世界商用飞机发展史，可以说是一部人类智慧的发展史。世界商用飞机能取得如今这么大的成就，必然离不开飞机制造公司的贡献，下面主要阐述世界上影响力比较大的几个商用飞机制造公司的发展情况。

（1）波音公司。波音公司是美国一家开发及生产飞机的公司，总部设于伊利诺伊州芝加哥，在航空业拥有颇高的市场占有率。波音公司是全球航空航天业的领袖公司，也是世界上最大的民用和军用飞机制造商。波音公司成立于 1916 年 7 月 1 日，由威廉·爱德华·波音创建，并于 1917 年改名为波音公司，建立初期以生产军用飞机为主，并涉足民用运输机。1997 年 7 月 25 日，波音公司和麦道公司合并。与麦道公司完成合并后的波音公司已经成为世界上航空航天领域规模最大的公司[1]。波音公司由 4 个主要的业务集团组成：波音民用飞机集团（主要生产民用运输机）、波音综合国防系统集团（主要生产军用飞机、导弹及运载火箭等产品）、波音金融公司（提供资产融资和租赁服务）、波音联接公司（为飞机提供空中双向互联网及电视服务）[2]。

（2）空客（大型客机）公司。空客公司是欧洲一家民航飞机制造公司，于 1970 年由德国、法国、西班牙与英国共同创立，总部设于法国图卢

---

① 挚爱情怀. 盘点世界十大著名飞机制造公司[EB/OL]. (2015-07-06). http://www.360doc.com/content/15/0706/15/25826837_483117782.shtml.

② 百度文库. 世界十大飞机制造公司＋十大通用飞机制造商[EB/OL]. (2018-09-02). http://www.360doc.com/content/18/0902/18/276037_783324616.shtml.

兹。 空客公司是欧洲最大的军火供应制造商空中客车集团
（AirbusGroup）旗下企业。 空客公司的生产线是从 A300 型号开始的，
A300 是世界上第一个双通道、双引擎的飞机，比 A300 更短的变型被称为
A310。 空客公司在 A320 型号上应用了创新的电控飞行操作（fly-by-
wire）控制系统。 A320 获得了巨大的商业成功。 1997 年 8 月 13 日，空
客 A330-200 客机首次试飞成功①。

（3）庞巴迪宇航集团。 庞巴迪宇航集团（Bombardier Aerospace）隶
属于庞巴迪公司（Bombardier Inc.），集团总部位于加拿大蒙特利尔国际
机场附近的森特维尔，这里之前是加拿大飞机公司的所在地。 经过近 20
年的发展，庞巴迪宇航集团已经成为世界第一大支线飞机制造商、世界第
三大民用飞机生产商，是在 3 个不同国家具有完备的研发、设计、制造、
销售飞机能力的生产商②，市场营销和生产管理都具有相当的灵活性。

（4）中国商用飞机有限责任公司（Commercial Aircraft Corporation
of China Ltd.，COMAC）。 中国商用飞机有限责任公司，简称中国商
飞，创建于 20 世纪 70 年代，是国内唯一的大中型民用飞机设计研究所。
30 多年来，该公司完成了国家大量民用飞机科研与型号设计任务，曾成功
地设计了第一架大型干线客机——运十飞机。 运十飞机 7 次飞抵拉萨，曾
与陕飞联合设计了运八气密型飞机，全程参加了美国麦道公司超高涵技术
任务及国际合作项目，出色地完成了中美合作生产 35 架 MD-82/83 和 2 架
MD-90 干线客机联络工程和适航任务。 21 世纪初，它还承担了国家重点
工程——ARJ21 新支线飞机的设计任务③。 同时，C919 大型客机作为我
国首次自行研制、具有自主知识产权的大型喷气式民用飞机，已于 2015
年 11 月 2 日完成总装下线，2017 年 5 月 5 日成功首飞。 截止 2019 年 6

---

① 世界十大飞机制造公司＋十大通用飞机制造商［EB/OL］.（2018-09-02）. http：//
www. 360doc. com/content/18/0902/18/276037_783324616. shtml.
② 傅明波. 庞巴迪宇航公司供应商战略关系研究［J］. 山东工业技术，2014，
23(23)：293.
③ 源自中国商用飞机有限责任公司网站(http：//www. comac. cc/)。

月，C919 订单数量已经超过了 1015 架①。

飞机制造是按设计要求制造飞机的过程。 通常飞机制造指飞机机体零部件制造、部件装配和整机总装等，是一个十分复杂的过程，与军机相比，民用飞机有许多不同之处。 首先，无论是从经济性还是安全性来讲，民用飞机都不需要超音速飞行，这决定了其设计制造的独特流程；其次，由于其运输性的本质，安全与舒适就成了其主要追求目标。 民用飞机研制流程从时间角度可以划分为前期论证、型号研发、产品支援及客户服务三大阶段②。 大数据作为一种新兴的 IT 实现方式，在深刻影响 IT 业变革的同时，也为航空业带来了新的发展机遇。 科学工作者可以利用海量运营大数据准确预测，甚至提前预知运营中飞机的潜在故障。 可以想象，在"互联网＋"的时代，飞机"生病"了，也会逐步借助计算机进行预测、可靠的就诊，这改变了现有民航飞机依赖于飞机"病历卡"的定检维修模式③。 随着未来航空产品复杂性的增加和新技术的持续植入，飞机制造公司面临着市场、技术、经济和研制周期等多方面的挑战，在智能时代，飞机要更高效、更安静、更易用。

4.2.2 商用飞机制造

世界上所有的大型商用飞机的生产过程具备一定的共同之处。 以 C919 中型客机为例，该客机是我国于 2008 年开始研发的首款具备自主知识产权、按照国际适航标准生产的干线民用飞机，回顾 C919 的研发制造历史大事件，能够梳理出商用飞机制造的大致流程④。

（1）前期筹备阶段。 C919 飞机项目研制的前期准备工作从 2006 年

---

① 我国大飞机 C919，订单数量超过 1000 架，到底算不算国产？ [EB/OL]. (2020-09-10). https://new. qq. com/rain/a/20200910A02UM500.

② 360 文库. 中国大飞机现状及其发展前景(原文《中国大飞机之我见》，黄文宣). [EB/OL]. (2017-09-12). https://wenku. so. com/d/51ac0eee08981a1ec9c49d0e7753a0ad.

③ 庄敏，林喆. 点亮大飞机梦的创新精神——记首届 COMAC 国际科技创新周[J]. 大飞机，2017,6(9):26-30.

④ 源自中国商用飞机有限责任公司网站(http://www. comac. cc/)和百度文库. C919 [EB/OL]. (2015-11-30). https://wenku. baidu. com/view/427ded070029bd64793e 2c51. html.

国务院发布国家科学和技术中长期规划,2007 年将大型飞机研制正式立为 16 个重大科技专项起,到 2009 年中国商用飞机有限责任公司正式发布首个单通道常规布局 150 座级大型客机机型代号 "COMAC919" 截止。 从 2006 年至 2009 年,C919 飞机前期准备工作中的里程碑事件如图 4-2 所示。

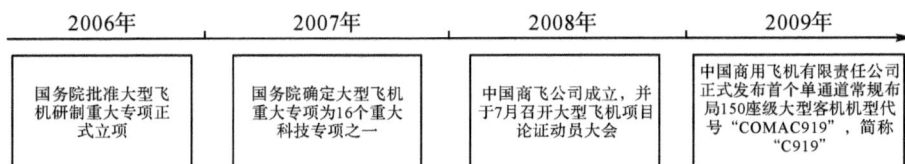

2006年	2007年	2008年	2009年
国务院批准大型飞机研制重大专项正式立项	国务院确定大型飞机重大专项为16个重大科技专项之一	中国商飞公司成立,并于7月召开大型飞机项目论证动员大会	中国商用飞机有限责任公司正式发布首个单通道常规布局150座级大型客机机型代号 "COMAC919",简称 "C919"

图 4-2　前期准备阶段里程碑事件

（2）生产制造阶段。 C919 大型客机首架机的正式生产阶段共耗费 7 年时间。 2009 年,中国商用飞机有限责任签订 CFM 的 LEAP-X1C 型发动机作为 C919 的唯一国外动力启动装置;同年 12 月,C919 大型客机机头工程样机主体结构正式交付。 4 年后,C919 首架机机头下线。 2014 年,该飞机首架机的前机身部段、中机身部段下线,且机身/中央翼、副翼部段完成交付;8 月,正式开始 C919 首架机结构总装工作。 一年后,C919 大型客机首架机正式下线,标志着该项目取得重大的阶段性成功。C919 大型客机首架机生产制造阶段的里程碑事件如图 4-3 所示。

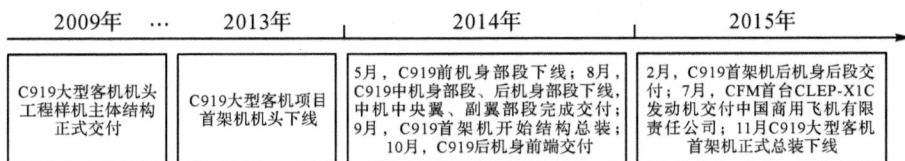

2009年 …	2013年	2014年	2015年
C919大型客机机头工程样机主体结构正式交付	C919大型客机项目首架机机头下线	5月,C919前机身部段下线;8月,C919中机身部段、后机身部段下线,中机身/中央翼、副翼部段完成交付;9月,C919首架机开始结构总装;10月,C919后机身前端交付	2月,C919首架机后机身后段交付;7月,CFM首台CLEP-X1C发动机交付中国商用飞机有限责任公司;11月C919大型客机首架机正式总装下线

图 4-3　生产制造阶段里程碑事件

（3）试验评审阶段。 从 2010 年中国民用航空局正式受理 C919 大型客机型号合格证申请起,为期 8 年的试验审评阶段便拉开了序幕。 其中,分别于 2013 年开始系统验证工作,2016 年全机静力试验启动。 整个 C919 大型客机项目试验评审阶段里程碑事件如图 4-4 所示。

2010年	2011年	2012年	2013年 …	2016年	2017年
中国民用航空局正式受理C919大型客机机型号合格证申请	4月,C919大型客机研制全面进入正式适航审查阶段;12月,通过国家级初评,进入详细设计阶段	签署《C919飞机专项合格审定计划(PSCP)》	C919大型客机铁鸟试验台正式投用	C919大型客机全机静力试验正式启动	C919大型客机高速滑行抬前轮试验完成

图 4-4 试验评审阶段里程碑事件

（4）试飞阶段。 C919 大型客机试飞工作于 2017 年 5 月拉开大幕。2017 年 5 月 5 日，C919 大型客机以 3000 米的最大飞行高度、170 节的最大飞行速度圆满完成首飞。 同年 11 月 10 日，编号为 10101 的 C919 大型飞机从上海浦东抵达西安阎良，完成首次城际飞行，这标志着该重大项目取得阶段性成果，实现了从初始检查试飞阶段转入包线扩展试飞阶段。在短短的一个月之后，第二架 C919 大型客机的圆满试飞，标志着 C919 大型客机逐步迈入全面试验试飞的新征程[①]。

在对 C919 大型客机的里程碑事件梳理的过程中可以发现，生产制造阶段和试验评审阶段的生产过程交叉重叠，说明主制造商对 C919 大型客机项目的全生命周期进行了良好的规划。 通过案例梳理可以将商用飞机的制造过程划分为以下几个阶段。

（1）前期方案论证阶段。 飞机生产的前期方案论证阶段的主要任务是调研。 当飞机制造公司计划生产一款新的商用飞机时，会先与航空公司进行交流。 一方面是了解航空公司的需求；另一方面是将自身的构想推销给航空公司，初步了解制造新飞机的可行性。 在前期方案论证阶段，相关人员主要参考当前的航空技术水平及工艺水平，航空发动机的性能和价格情况，航空电子机载设备的技术水平，航空科学发展的新理论、新技术、预先研究成果，国内外相关的试验机、验证机的试飞结果等因素进行新型飞机的构想。

（2）联合定义阶段。 飞机是一个需要用户高度参与其创新过程的复杂产品系统的一部分。 联合定义阶段是创新生产过程中的特殊阶段，也

---

① 百度百科. C919[EB/OL]. (2021-09-19). https://baike. baidu. comitemC919? sefr ＝xinhuawang.

可以理解为用户高度参与的初步设计阶段。 只有飞机制造商与航空公司一同认定制造新的商用飞机可行后，才会进行商用飞机的立项，然后根据前期了解到的需求确定并公布机型的定义、启动用户等，再同步开始与供应商和联合公司对飞机进行联合定义。 飞机生产的联合定义阶段将细化飞机的性能和要求，主要工作如图 4-5 所示[①]。

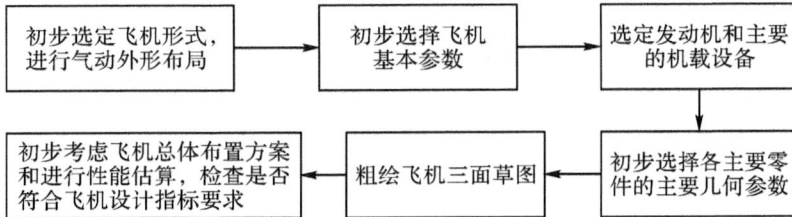

图 4-5　飞机生产的联合定义阶段

飞机生产的联合定义阶段是一个反复循环迭代的过程，根据用户的要求进行方案设计，通过一次次的设计分析权衡参数选择与用户要求，修正设计，细化参数选择与优化性能，为新飞机的初步设计打好基础。 联合定义阶段完成了制造公司与航空公司对飞机的联合定义，这意味着飞机的具体设计要素会被冻结，不会发生根本性的变化。

（3）详细设计阶段。 在详细设计阶段需要根据联合定义的成果，即初步设计结果、初步外形 CAD 模型、具体设计要求等对飞机的初步设计方案进行细化和优化，然后详细验证设计方案是否符合相关标准，最后制定出便于审查的方案和辅助设计的木质样机，其主要工作如图 4-6 所示。

---

① 李自启，张峻，吴萍. 螺旋桨类飞机总体参数确定方法[J]. 教练机，2018,49(2): 24-28.

```
┌──────────────┐   ┌──────────────┐   ┌──────────────┐   ┌──────────────┐
│确定各部件受力│   │              │   │绘制各部件的  │   │进一步确定几  │
│形式和相互连接│──▶│部位安排、重  │──▶│结构打样图    │──▶│何尺寸、总量  │
│关系          │   │心定位        │   │              │   │和动力装置    │
└──────────────┘   └──────────────┘   └──────────────┘   └──────────────┘
                                                                 │
┌──────────────┐   ┌──────────────┐   ┌──────────────┐   ┌───────▼──────┐
│提出各部件和  │   │做出正式飞机三│   │进行部件、全机│   │完成气动、强度│
│系统的设计任务│   │面图、结构打样│   │吹风实验,系统│   │、气动弹性计算│
│书、发动机安装│◀──│图、总体布置图│◀──│功能实验,新结│◀──│和飞机性能如操│
│设计任务书以及│   │和进行总量、重│   │构新材料实验  │   │作性、稳定性、│
│重量分配指标  │   │心定位计算    │   │              │   │系统功能性计算│
└──────────────┘   └──────────────┘   └──────────────┘   └──────────────┘
```

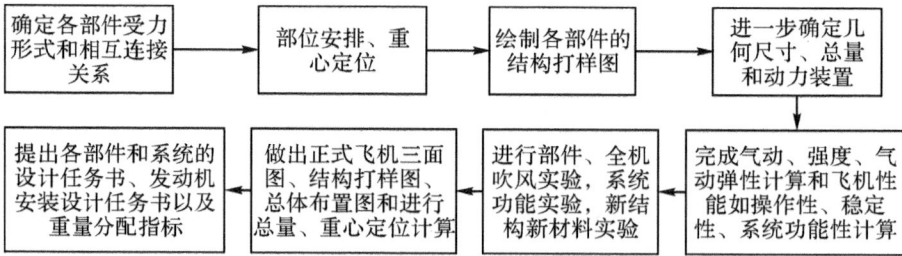

图 4-6　详细设计阶段主要工作

（4）飞机制造阶段。 飞机制造是一个严格按照设计要求进行生产制造的过程，主要包括机体零部件制造、部件装配和整机总装三部分。 航空发动机、液压系统、仪表等由专门工厂制造，只作为成品在飞机总装步骤使用。 飞机机体的制造包括工艺准备、工艺装备制造、毛坯制造、零件加工、装配和检测等 6 个过程。 为保证生产的飞机具备准确的外形，飞机制造过程与一般机器设备制造有以下区别：从零件加工到装配都有其独特的流程，在制造过程中采用独特的协调技术（如模线样板工作法），运用各种工作夹、模胎和型架等工艺设备。 其中，供应商选择很关键。 飞机制造商不一定要自己生产飞机的全部组成部分，可以适当将部分零件、模块（如机翼等）外包给技术先进的企业，由自己完成最后的集成工作。 复杂产品由于自身的特性，供应商的数量多、遍布广，协调难度大，选择供应商是飞机制造过程中的重要环节。 供应商的能力、信用、产品质量都直接影响飞机的性能与生产成本、生产周期，在联合定义阶段，就应根据用户的要求确定部分供应商。 ①选择原材料供应商。 飞机机体的主要材料是铝合金、钛合金、镁合金等，多由冶金工厂以板材、型材和管材的形式提供。 飞机上还有大量锻件和铸件，如机身加强框、机翼翼梁和加强肋多用高强度铝合金和合金钢锻造毛坯[①]。 ②选择重要零部件的供应商，如飞机的发动机。 飞机发动机的供应商一般在最开始就确定了，在选择时既要考虑到供应商生产的发动机的质量，同时也要兼顾飞机的生产成本

---

① 360 百科. 中国船舶重工集团公司［EB/OL］. (2019-11-26). https://baike. so. com/doc/6603224-6817011. html.

等因素。

（5）试验、试飞阶段。 在飞机样机制造完成之后，根据国家有关规定，需要向国家民用航空主管部门申请领取型号合格证书、生产许可证及维修许可书，只有获得适航证，飞机方可飞行。 为获取以上证书，飞机在设计过程中、样机制造完成后需要经过大量的试验，以达到相关的试航标准。 在试飞之前需要保持飞机处于最稳定的状态，从而保证所采集的试飞数据足够准确科学①。 飞机试飞的路线为其正式使用时的飞行航线，以检验飞机各零件、系统和设备的稳定性、可靠性和完善程度。

（6）批量生产阶段。 在完成试验、试飞工作，确定飞机能够交付使用后，批量生产飞机。 对于商用飞机而言，如何控制成本和批量生产，是在制造流程中着重考量的。 由于飞机部件装配和总装工作依赖于手工劳动，其制造过程机械化和自动化程度较低；加上飞机制造流程复杂、零配件种类繁多，需要运用大量成型的模胎、模具、装配型架和标准工艺装配，致使整个飞机生产周期较长。 因此，为了缩短生产周期、稳定工艺、提升效率，计算机辅助设计和制造技术在飞机生产中广泛使用。

（7）交付培训阶段。 在飞机销售前，飞机生产商一方面需要对机场的适应能力进行评估，为机场提供详细的运营指引（如装卸货程序等）；另一方面需要对航空公司的飞行员等进行培训（如正副驾驶所负责的管理范围、基本维修方法等），这些培训是伴随飞机运营一生的，如果出现意外，还会增加额外的相应培训。

4.3　大型船舶生产过程

4.3.1　中国船舶概述

在全球范围内，中国领先于世界其他国家，最早发现了浮力并将其运用于生产制造中。 在古代，早在殷商时期，中国人就开始利用放在水上的木板从事货物运输，并称之为"独木舟"。 汉代时期，随着制作技术不

---

① 李佰平,吴君婧,蒋瑜,等.民机试飞气象服务的挑战与实践[J].气象科技进展,2017,7(6):119-125.

断成熟，木帆船得以广泛应用；宋元时期，技术的进步和建造工艺的不断成熟，更是将中国的古代船舶工业发展推向了一个新的高度。 近代，随着洋务运动的兴起和江南制造总局的兴建，中国近代船舶工业发展的序幕正式拉开，中国船舶工业积累了第一批技术与资本，但随之而来的战争和时局动荡，拖慢了近代船舶工业发展的脚步。 至中华人民共和国成立前夕，中国船厂数量少于 20 家，每年制造船只的数量不过万吨。 中华人民共和国成立以后的前 10 年，鉴于我国造船业一穷二白的发展局面，我国船舶行业凭借"转让制造"苏联 6 种型号舰艇的契机，加强人才培育、技术引进和技术积累，后在外部技术支持中断的情况下，转向自主研发海军装备，由此完成了中国船舶工业由小到大、由仿制到自主研发的初步发展阶段，并且形成了最初的门类完备的船舶工业系统。 改革开放后，中国国内船舶企业按照"保军转民，推动军民融合，以出口为导向，高起点发展民品生产"的思路，不断开拓全球市场，由此完成了船舶工业由封闭到开放、由国内到国际的重大战略转变。 2001 年至今，随着我国经济高速发展及全球船舶工业发展趋势不断变化，我国政府抓住时代机遇，提出了要把我国造船业做大做强的战略目标。 在此期间，我国凭借着已有的船舶工业生产基础，不断加强技术引进、研发，不断拓宽企业生产范围，逐步往高技术产品延伸，进一步把船舶工业大国打造成船舶工业强国。 现如今，中国成了全球船舶工业分包商中的重要一员，不同种类和用途的船舶如干散货船、汽化船、海工装备船、特种船等均有涉及，不同的船舶配套如发动机、船板、特种钢材、船用电子设备等均有发展，国际竞争力正在逐步增强，全球造船业强国的姿态正在逐渐显现。 下面阐述我国发展态势良好的船舶制造企业的情况。

（1）中国船舶重工集团公司（以下简称"中船重工"）。 中船重工属于特大型国有企业，它的基础是中国船舶工业集团总公司部分企事业单位，近年来，该集团公司围绕"以军为本、军民融合、技术领先、产融一体"的发展思路，一直致力于打造引领全国船舶工业发展的创新型企业。目前，该公司拥有 12 位院士、4 万余名研究人员，以及多个国家级别的实验室、研发中心等,科研力量雄厚[1];同时拥有一大批专业的公司和科研院所,如渤船重工、武船重工、中国船贸等;业务范围涉及舰船水下攻防装备,船舶、海洋工程等民用海洋设施及其配套与相关高端技术、装备的研发等。

（2）中国船舶集团有限公司。　中国船舶集团有限公司由中国船舶工业集团总公司改组而成,成立于 1999 年 7 月 1 日,是直属中央的特大型国有企业。　目前,该公司拥有包括总部在内的 56 家下属企事业单位,在北京、上海、江苏、广东等地及俄罗斯、泰国等国家均设有机构。　围绕"发展海洋经济、建设海洋强国和强大国防"的战略部署,公司业务逐步延伸至船舶造修、海洋工程、动力装备、机电设备、信息与控制、生产性现代服务业等六大板块;聚集了一批中国最具实力的骨干海洋装备造修企业、顶层总体研究设计院所、高端动力机电装备制造企业、先进电子信息技术企业及相关现代服务性企业。　产品涉及普通油船、散货船、集装箱船等普通船舶,超大型油船、超大型集装箱船、大型矿砂船、大型液化气船等各类高端船舶,以及超深水钻井平台、自升式钻井平台等海工装备。

（3）沪东中华造船有限公司。　沪东中华造船有限公司隶属于中国船舶集团有限公司。　作为中国船舶集团有限公司下属的核心企业之一,自组建以来该公司以军用装备等业务为主,持续突破船舶建造高难度技术,加强产业配套。　经过多年的发展,如今该公司旗下已经聚集了包括沪东中华造船集团船舶配套有限公司（船用）、上海欣务工贸有限公司、上海沪船事业发展总公司、中国船舶电站设备公司、上海东鼎钢结构有限公司、上海沪东造船阀门有限公司等在内的一大批中国骨干海洋装备造修企业,形成了以船舶造修、海洋工程、动力装备、机电设备、信息与控制、现代化服务为主的六大产业板块格局,在海洋装备领域具有雄厚的实力。　随着近年来进军高附加值船舶建造领域,沪东中华持续发挥艰苦奋斗的精神,建造了如超大型滚装船、大型 LNG 船等多种类型的商用船舶,享誉世界。

---

[1]　中国船舶重工集团有限公司.（2019-11-26）. https://baike.so.com/doc/6603224-6817011.html.

4.3.2 中国船舶制造:以沪东中华LNG船舶建造过程为例

船舶建造过程根据不同类型船舶特性既表现出特殊性又兼具一般性。针对大型 LNG 这种高附加值的特殊用途船舶,基于运输液化天然气的独特需求,对其货仓提出了非常高的要求,因此液化气船货仓的建造过程极具特殊性。 同时其船体的建造过程又和一般的船舶建造过程比较类似,因此又具有船舶建造过程的一般性。

复杂产品具有客户定制、小批量、研制一体化的特点,一般是先有订单然后再进行研发。 就 LNG 船舶建造而言,通常是先有天然气项目,继而产生对液化天然气船的需求,然后企业再根据船东的具体要求,进行船体线型的研发设计,设备、工装的研发制造,船体的焊接、组装等工作,并在实践中以问题为导向,对船舶的装备技术等进行改进,逐步完成 LNG 项目的创新和建造工作。 最后进行船舶的下水试航和用户交付。 LNG 船建造过程如图 4-7 所示[①]。

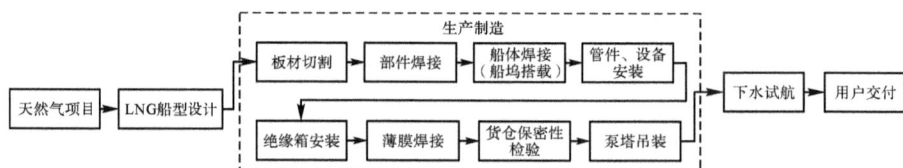

图 4-7 LNG 船建造过程

(1)项目需求驱动及船型设计。 2002 年广东 LNG 项目上马,进行公开招标,中国船舶集团有限公司带领沪东中华造船有限公司,带着早期准备的 LNG 船舶研发资料,中标广东 3 艘 147000 立方米的 LNG 项目,2004 年双方正式签署了造船合同,并于同年中标福建和上海 LNG 项目。 2004 年 12 月 5 日,首艘 LNG 船正式开工建造,由此打开了沪东中华建造 LNG 船舶的新篇章,也拉开了中国造船界实质性进入 LNG 船建造领域的序幕[②]。

---

① 严风华. 摘取世界造船"皇冠上的明珠"——沪东中华建造国内首艘 LNG 船纪实 [J]. 国防科技工业,2008,17(4):36-38.

② 袁红良. 147000m³ 薄膜型 LNG(液化天然气)船船型开发[J]. 船舶,2006,17(6): 10-13.

　　沪东中华造船有限公司为广东 LNG 项目建造的 147000 万立方米大型 LNG 船采用的是法国 GTT 公司的薄膜型货舱维护系统。 在进行初步船体设计时，通过对国外同类型船（即 140000 立方米级 LNG 船）的主尺度和参数进行对比分析，确定了本船的主尺度。 国外同类型 LNG 船的主尺度与参数见表 4-1。

表 4-1　国外 140000 立方米级 LNG 船主尺度与参数

项目	法国大西洋	韩国大宇	韩国三星
船容(立方米)	130000	138000	138200
总长(米)	274.30	277.00	278.8
垂线间长(米)	260.80	266.00	266
船宽(米)	43.30	43.40	42.6
型深(米)	25.4	26	26
吃水(米)	10.86	11.30	11.35
载重量(吨)	62265	68834	68100
航速(节)	19.9	20.5/21％S. M.	20.10/15％S. M.
货舱形式	GTT NO.96	GTT NO.96	GTT MK-Ⅲ
交船日期	1994 年 8 月	1999 年 8 月	2002 年 11 月

　　船舶建造要求的服务航速为 19.9 节，针对船东的这一要求，沪东中华与国外多家对大型天然气船线型开发、船模试验等工作具有丰富经验的水池及设计公司合作，得出了针对该船特性及航速的功率预报，但由于各合作方提供的航速指标与别国船厂设计、建造的大型 LNG 船相比在快速性方面不具有太大的优势，沪东中华造船有限公司在船型开发前期就船体的总体布置、快速性及两者的相互影响等方面进行了一系列研究，通过母型改造法将一艘船体尺度比较相近本船且具有快速性的多用途船舶的船型改造成了适合本船的线型。 之后在上海船舶运输研究所内，对初步形成的船体线型进行了船模试验，设计人员结合 LNG 船与集装箱船在船体设计方面的共性及不同点对多用途船的设计进行了优化，对船体线型的相应部分进行了重新设计和必要的修改，提高了球艏前端，让船体呈现 U 形，

改善了艏部进水角，让水流更加平顺，改善了艉框，有效地减少了船体行进的阻力，达到了船东要求的指标。 虽然最终沪东中华的船体设计方案并没有被采纳，但国外公司却通过沪东中华所做的基础性工作使船舶方案设计的主机功率减少了 1000 千瓦，使得项目在主机机型的选择上有了更大的自主性，扩大了机型的选择范围，降低了设备成本。

（2）生产制造。 在第一艘 LNG 船舶建设过程中，为保证项目建设工作的顺利进行和船体材料与核心部件的及时供应，早在中标之初，沪东中华造船有限公司就开始了相关材料、部件的生产筹备工作。 在船舶正式建造过程中，造船有限公司设计部门在船型设计工作的基础上，通过数字建模，实现了对船体架构的整体把控，并通过该系统将船体整体架构划分为 13 个生产板块，为后续的船体建造工作并行打下了坚实的基础。 工厂车间借助数字化系统产生的信息，实现了对船体钢板原材的数字化切割，有效保障了船体板材的接合准确性。 之后随着船舶建造工作有条不紊地推进，部件焊接、船坞搭载、管线设备安装等工作逐渐提上日程，LNG 船建造也进入了最为关键的液货舱安装和泵塔吊装阶段。

（3）下水试航和用户交付。 在完成船舶整体的舾、涂装等全部工作后，便可进行船舶首次载货试航，通过试航过程中对船舶动力、控制等系统的联调联试，切实保障船舶的整体运行安全。 之后便可对用户进行操作培训，进行船舶交付工作。

4.3.3　一般船舶建造过程

在以上针对大型 LNG 船的建造过程进行分析的基础上，剔除特殊性，本研究认为，一般船舶的制造过程主要包括船舶设计、船舶生产制造、船舶下水试航、用户交付等四大阶段。 一般船舶建造过程如图 4-8 所示。

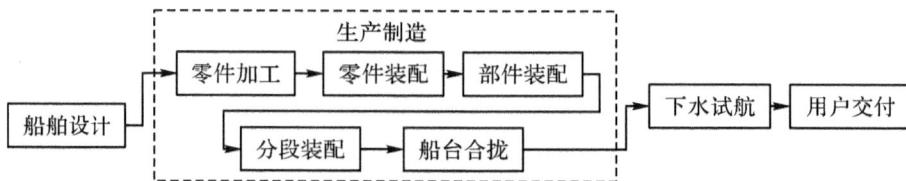

图 4-8　一般船舶建造过程

（1）船舶设计。 船舶设计是现代船舶工业发展的前提和关键环节，同时由于船舶生产的复杂性，船舶设计贯穿整个船舶生产过程。 按照生产流程和设计深度的维度，船舶设计主要可以划分为合同技术任务书编制、初步设计、详细设计、生产设计等阶段。 在合同技术任务书编制阶段，设计人员主要工作是根据客户要求对船的外观、性能和用途等进行设计，主要包括设计任务书、外形方案和功能方案等 3 项设计任务。 在初步设计阶段，主要工作是根据船舶的主要工作环境和船东的具体要求，在调查研究和分析的基础上提出船体、轮机、电气等不同专业方面的可行性方案，主要包括船舶性能指标、船舶主尺度及主要功能系数、船舶总体布置、船舶线性设计、船体结构设计、船体舾装设备设计、船舱布置设计、船舶技术性能及经济指标等。 在详细设计阶段，主要工作是对初步设计方案进行深化，主要包括总体结构设计、区域结构详细设计、模型创建和项目结构材料清单统计等。 在生产设计阶段，主要工作是根据船厂现有条件，按照建造技术、设备、施工方案、工艺要求和流程等对具体的生产任务进行安排。

（2）船舶生产制造。 区别于以功能和系统对产品作业任务进行分解、组合，以船、机、电划分工艺阶段，以工艺过程形式组织生产的传统造船模式，现代造船模式则是以统筹优化理论为指导，应用成组技术的基本原理，以中间产品为导向，按区域组织生产，壳、舾、涂作业在空间上分道，在时间上有序，实现设计、生产、管理一体化，均衡、连续的总装造船[①]。

在此模式下，船舶建设总体过程被划分为船体建造、船体舾装、船体涂装三大板块，同时基于产品导向，将整船划分为包含零件加工、零件装配、部件装配、小分段装配、分段装配、大分段装配等层次分明、有序可循的生产制造级，并按照成组技术原理将各级中间产品进行分类重组，在此基础上组织单位按照所需人员、设备、场地组建分道作业线，按照船

---

① 顾云松,李文舒. 变动成本法在我国船舶制造业的应用[J]. 现代企业,2013(1): 41-42.

体、舾装、涂装、管子、电缆等组建作业区，从而形成空间上分道、时间上有序的壳、舾、涂一体化的船舶作业生产过程。

（3）船舶下水试航。 在船舶完成船体的总体组装后，就要从船坞转移到水域当中，进行下一步的动力设备安装、管线安装、船体涂装和相应船舶辅助设备安装。 之后转移到深水海域，由船厂、船东、船级社等三方共同进行船舶设备检验和调试，主要内容包括系泊试验、主机码头试车、发电机试验、船舶倾斜试验、船舶航行试验、主机航行试验、测速试验、操纵性试验、操舵试验、抛锚试验、导航设备试验、声光信号设备试验等，以保证船舶的各项性能指标符合设计标准。 在各项检验合格后便可直接进行交付。

（4）交付用户。 同大多数复杂产品的交付过程一样，船厂在完成船舶生产制造以后，首先要针对船舶的使用者进行培训，以帮助用户熟悉船舶各项设备的操作方法和整体船舶的操作流程；其次，在船舶的未来使用过程中，船厂将定期对船舶进行检修和保养，早发现、早处理、早解决各项问题，以延长船舶使用寿命，为用户提供更好的服务。

4.4 复杂产品的生产过程分析：以兰新高铁（新疆段）为例

无论是高铁、商用飞机还是大型船舶，其生产制造过程都与大宗商品有很大不同。 在复杂产品的生产过程中，研发工作几乎贯穿整个生产制造过程，同时由于其小批量生产、客户定制的特点，复杂产品往往不能进行批量生产，不具备规模效应，也不具有营销策划的环节。 本研究通过对高铁、商用飞机和大型船舶的生产过程进行梳理，归纳总结出复杂产品的生产制造过程包括需求分析、产品设计、模块开发、集成联调和交付用户及跟踪服务 5 个阶段，如图 4-9 所示。 下面结合兰新高速铁路（新疆段）建设，具体分析复杂产品生产制造过程。

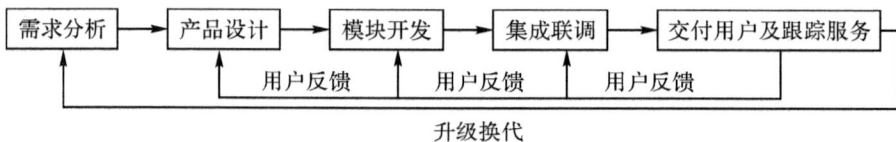

图 4-9 复杂产品生产制造过程

兰新高速铁路(简称兰新高铁)是连接甘肃兰州与新疆维吾尔自治区乌鲁木齐市的高速铁路,全长 1776 千米,设计时速 250 千米,运营时速 200 千米,是世界上一次性建成通车里程最长的高速铁路,是中国《中长期铁路网规划》的重点项目,也是亚欧大陆桥铁路通道的重要组成部分。兰新高铁(新疆段)是兰新高铁的重要组成部分,以红柳河为起点,经哈密、鄯善、吐鲁番,最终到达乌鲁木齐,全长 709.923 千米。

兰新高铁(新疆段)是一个非常典型的复杂产品,兰新高铁(新疆段)的产品特征如表 4-2 所示。从表中可以看到,兰新高铁(新疆段)完全符合复杂产品的特性。

表 4-2　兰新高铁(新疆段)特征

维度	特征
成本	高成本,实际投资高达 480 多亿元
产品规模和结构	规模非常庞大且产品结构非常复杂,全线长 709.923 千米,包括 16 座车站、198 架桥梁和 14 条隧道
协调工作	全线共 9 个标段,每个标段都包含业主、施工、设计和监理等主体,协调难度很大
定制程度	需要依据线路所经地区地质条件、气象条件因地制宜地设计和施工,定制程度高
需要协作的工作	不同单项工程之间需要良好的兼容。接口管理工作是项目管理过程中的重难点
知识技术	不仅涉及具体的施工技术和设计技术,还包括地质、水文、气象、空气动力学等相关知识
监管强度	设有专门的部门对质量、安全进行监管

通过多次走访调研,课题组搜集了大量关于兰新高铁(新疆段)从项目立项到最后交付用户使用全生命周期的一手资料。通过阅读和整理这些资料,可以绘制出兰新高铁(新疆段)建设的过程,如图 4-10 所示。

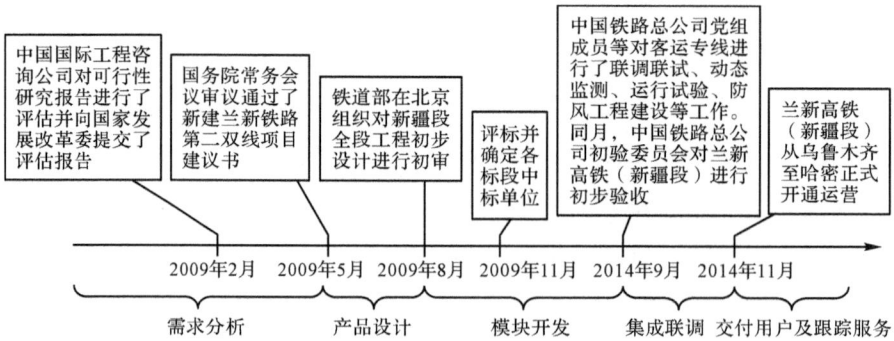

图 4-10　兰新高铁(新疆段)建设过程

4.4.1　需求分析

在需求分析阶段，主制造商（或系统集成商）需要与客户进行深度访谈以了解客户的需求，包括现实的和潜在的需求。 对于国家复杂产品而言，很多时候没有现实的市场意义，但是政府往往充当了最终的用户角色并提出需求。 用户自身对复杂产品的认识有一定的局限性，无法详细描述出具体需求，甚至对复杂产品最终的构架和形态也无法描述，只能简单地从功能角度提出要求，整个系统的实际构架和形态则是由主制造商来最终界定的。 因此，在这一环节中，主制造商主要负责两方面的工作：一方面，需要对客户的需求进行有效引导以摒弃客户不切实际的需求；另一方面，需要根据自身的技术能力对现存的技术进行广泛扫描，以满足客户的需求。 在这一环节有一个非常重要的职位叫作"技术专家"，不同于一般的产品销售人员，技术专家主要负责与用户进行沟通，把简单的功能性要求转化为制造商能够理解的技术语言，同时提出整个系统的初步构架和解决方案（陈劲等，2005）。 技术专家提供的解决方案只是初步方案，是融合了用户功能性要求的方案，是对复杂产品需求的初步定义，整个需求清晰化的过程则是在实际模块开发过程中逐步完成的（陈劲等，2005）。 简而言之，需求分析阶段的工作包括与用户沟通联合定义和建立初步架构两个方面。

兰新高铁（新疆段）在建设之前就做了大量的需求分析工作。 这些分析工作不仅包括既有铁路的运能分析、新疆地区的经济社会发展分析，还包括国防事业的建设需求分析。 以既有铁路的运能分析为例,随着西部大开发战略的实施,国家对西部地区的经济投入逐年增加,但是既有兰新铁路已经不能完全满足社会经济发展的需求,当时根据预测运量与既有线能力适应性分析,发现到 2015 年既有兰新线完成电化扩能改造时,运输能力仍不能满足运输需求,能力缺口达到 5.701×10^7 万吨;同时既有兰新铁路输送了大量的客流,但特快旅客列车速度仅为 86.54 千米/时,从兰州至乌鲁木齐需要 20 多个小时。 新建兰新高铁将大幅提高通道的客运质量,同时可使既有线腾出更多的运能以满足货运需求。

4.4.2　产品设计

需求分析结束之后,主制造商需要对产品进行设计。 这包括两方面的内容:一方面,对产品的最终形态进行设计,并在确定产品最终形态的基础上对整个系统的框架及功能需求进行分析,按照应用技术类别将整个复杂产品的研发任务划分为相对独立的子系统。 大多数时候这些模块本身就包含有软件系统和硬件系统,可以满足用户部分功能性需求。 一些模块本身秉承了系统的复杂性,需要定制完成。 在一些大型的复杂产品项目中,划分出来的模块就是一个小型的复杂产品。 因此在设计阶段需要将各个模块之间的协调配合机制确定下来,以保证在整个开发过程中,模块间协调一致,最终各个模块能够顺利对接并完成系统的集成(陈劲等,2005)。 另一方面,为了保证最终产品能够在规定时间内完成,主制造商还需要采用甘特图等方式做好各子系统的计划进度安排,同时规定各子系统的质量要求、参数的定义,以方便后续的控制和管理。

4.4.3　模块开发

模块开发阶段主要包括供应商的选择和产品开发两个方面工作。 在复杂产品的供应商选择方面,主要根据技术能力、运营能力和信用评估来对供应商进行选择。 在整个供应商选择的过程中,各供应商在获取集成开发商的研发制造需求信息后,分别向分包项目投标。 整个过程也将是商务与技术结合的综合谈判过程。 在确定了供应商之后,就开始对产品模块的开发工作。 无论是主制造商还是分包供应商,模块研发的内部工作历程与普通的研发活动类似：根据各自的订单任务，进一步分解研发任务，组织研发团队，以项目组的形式开展研发活动。不同的是，在复杂产品的研制过程中，客户是高度参与的。各个模块最终整合成一个完整的复杂产品，所以各项目小组在开发自己模块的同时必须兼顾其他模块的研发情况及接口兼容性（陈劲等，2005）。以兰新高铁（新疆段）建设过程为例，兰新铁路新疆有限公司作为主制造商会定期组织各标段的建设单位（供应商）到指挥部召开座谈会议，分别介绍各自部分的完成情况及桥、隧、路基的接口建设任务，以此做好项目的接口管理工作，确保各标段的兼容性。

在整个模块开发过程中，各模块之间的协调和与客户之间的协调工作非常重要。一般来说，复杂产品项目中有两种沟通协调方式：一是由复杂产品的集成开发商根据需要定期将参与开发的各单位（供应商）及最终用户集中到一起召开技术联络会议。在会议上，各方将自己模块的研发情况进行通报，并对各模块间需要协作的事项进行交流和沟通，用户方也在听取各方的实际情况之后，提出自己的建议和新的需求。经过协商，形成会议纪要。初期的合同加上后来的会议纪要构成了整个项目合同体系。第二种方式是客户分别参与到一些模块的实际开发过程中，承担一些应用开发任务。各模块的供应商根据需要在模块开发过程中与最终用户直接进行沟通交流，而不必再通过复杂产品的集成开发商来进行。这种沟通方式实际上是客户与供应商直接进行沟通交流，并参与其研制过程，这在大宗消费品的生产过程中是比较少见的（陈劲等，2005）。

兰新高铁（新疆段）站前工程有9个标段，站房工程有1个标段，四电集成工程有1个标段。标段的划分充分考虑了线路的地质条件、风害情况及桥隧比例。通过招投标的形式确定了每个标段的参建单位。

在具体施工进度安排上，兰新高铁（新疆段）按照"路基、桥梁、隧道施工→无砟轨道、道岔施工→铺轨→'四电'、站房工程施工→系统集成→联调联试"的施工总顺序进行施工。同时，通过控制节点工期来确保项目能够按时完成。例如，路基工程要求在2010年4月10日开工，2013年5月31日完成；隧道工程则要求于2010年3月20日开工,2013 年 6 月 30 日完成。 除此之外,兰新高铁(新疆段)在建设过程中还把重点控制工程单独拎出来作为重点监控对象。 例如,对于桥梁工程,就把红柳河特大桥、哈密立交特大桥等 7 座大桥作为重点控制工程,确定专门的施工组织进行重点监控。 值得一提的是,在施工过程中,针对出现的新情况、新问题,各施工单位会及时汇报情况,通过与设计单位和业主的积极沟通,不断优化设计,为工程建设节约了大笔的建设费用。

4.4.4　集成联调

从模块开发的过程可以看到,各个模块的开发是相对独立的,但从复杂产品的总体角度来看,各个模块之间实际上是紧密联系的,模块与模块之间存在非常强烈的依赖关系。 模块的分别研制是因为主制造商无法也不可能完全掌握复杂产品的各个生产领域的知识和技能,模块之间接口的兼容性和功能的依赖性又使得对各模块一体化的要求非常高。 分与合之间的矛盾最终需要通过集成联调来解决。 复杂产品的集成联调主要是由主制造商负责完成的,其他分包商进行协助。 通常来说,集成分为两次。第一次集成是模块集成,正如一个机器是由螺丝、螺母、齿轮等部件组成的一样,在复杂产品中,相对独立且复杂的子系统或模块就成了一个个的齿轮和螺丝,组装成了集成的第一步。 第二次集成是技术融合,这是复杂产品的集成商进行技术消化、吸收和融合的过程。 对构成系统的每一个模块涉及的技术,复杂产品的集成商不一定都要掌控,但其必须了解和逐步掌握模块中的关键性技术(Gann et al.,2000)。 可见集成联调是在集成阶段不可缺少的环节。 在"接口程序"正常的情况下,信息的传递和沟通无障碍,各个模块间能够互相连动,对某个模块的试验调试能引起一系列的反应,通过调试可使得所有反馈趋于正常。 当整个过程调试成功后,复杂产品初步成型(陈劲等,2005)。

按照《高速铁路竣工验收办法》(铁建设〔2012〕107 号)的要求,新建铁路在静态验收合格后应进行联调联试和动态检测。 兰新高铁于 2014年建成通车,按照铁路总公司及兰新铁路新疆有限公司的总体计划安排,于 2014 年 3 月 1 日启动验收工作。 工程管理部牵头,配合铁路局组织联调联试及动态验收，并配合公司安质部进行静态验收、初步验收及安全评估的相关工作。

在联调联试期间，每天派专人负责添乘联调联试车辆和大风试验车辆，参加联调联试指挥部组织的协调会议，及时掌握试验情况及存在的问题，并协调参建单位及时处理，确保了联调联试及动态检测工作的顺利进行；2014 年 5 月 25 日至 8 月 3 日完成逐级提速试验，6 月 20 日至 8 月 23 日完成信号试验，8 月 22 日完成全线拉通试验，8 月 23 日至 24 日完成轨道几何状态复测。

4.4.5 交付用户及跟踪服务

复杂产品的交付与大宗商品的买卖过程不一样，是一个持续的过程。只有为用户现场安装调试完成并顺利运行之后才可以完全交付用户。 这个过程随着系统复杂程度的不同而不同，有学者把该过程看作集成联调过程的延续。 整个过程中，需要备有一套应急系统，对现场出现的问题做出及时的反馈处理，跨公司情况下要组建应急项目组，并负责这个阶段中突发问题的处理。 用户在该项目组中的作用将比前期研发阶段重要得多。 在交付的同时，很多时候还需要对用户进行必要的培训，以保证用户能够顺利地操作整个复杂产品（陈劲等，2005 ）。 在交付之后，集成商仍然需要对该复杂产品进行全生命周期的跟踪服务，以解决用户运行使用过程中不断出现的问题。 必要时还需要安排供应商到现场为最终用户直接解决相应模块出现的问题。 在这个过程中，整个复杂产品也在不断完善，反馈的问题会在集成商下一个类似的开发性项目中规避。 这也体现了复杂产品生产过程中基于不同项目之间的学习性[①]。

兰新高铁（新疆段）建设属合资铁路建设项目，项目初验合格后，根据铁路总公司颁发的相关新建合资铁路委托运输管理的指导意见，兰新铁路新疆有限公司与铁路局签订委托运输管理协议，将竣工合格的实物资产委托移交给铁路局相关运输单位代管。

从以上几个步骤可以看到，复杂产品的生产过程与大宗消费商品存在

---

① 刘延松. 复杂产品系统创新能力研究[D]. 西安:西安科技大学,2008.

很大的不同。 不仅创新的程度更深,用户参与程度更高,投入的资金也非常多,涉及的人员、机构、知识技术也是普通大宗消费商品不可比拟的。 这就要求从事复杂产品研制工作的集成商具有比大宗消费商品制造商更高的管理能力和技术能力。

第5章　复杂产品生产过程的纵向案例分析：
利益相关者网络视角

近年来，中国复杂产品产业发展迅速。 截至 2019 年底，中国高速铁路营业总里程达到 35000 千米，居世界第一。 大型客机飞机 C919 也于 2017 年 5 月实现首飞。 中国自主研发的三代核电"华龙一号"不仅是国内建设示范工程，而且正在进军国外市场。 在深海钻井平台、特高压输变电设备、高端加工装备等方面，也取得了不俗成绩。 但是，时有发生的重大风险事故不仅阻碍了复杂产品产业的健康快速发展，而且触及了广大群众的敏感神经。 造成风险事故的原因之一在于复杂产品生产过程涉及众多利益相关者彼此合作形成的复杂网络关系，本章[①]从利益相关者网络视角，以一个纵向案例对复杂产品生产过程进行解读。

5.1　文献回顾与分析框架

5.1.1　利益相关者的属性及其行为

利益相关者是指能够影响企业活动，或受到企业活动影响的人[②]，利益相关者属性是对利益相关者所共同拥有的某些内生属性的统称，权利（Freeman，1984）、财产[③]、专用性资产[④]等是学者研究较多的利益相关者属性。

学界一直试图构建利益相关者内在属性与外在行为之间的关系，其中

---

① 本章内容在已发表的论文基础上进行了修改：李春友，盛亚. 利益相关者网络演化视角下 CoPS 创新风险研究[J]. 科学学研究，2018(4)：754-768.

② FREEMAN R E，HARRISON J S，WICKS A C，et al. Stakeholder theory：the state of the art[M]. Cambridge：Cambridge University Press，2010.

③ MUNZE R S R. A theory of property[M]. Cambridge：Cambridge University Press，1992.

④ 杨瑞龙，周业安. 论利益相关者合作逻辑下的企业共同治理机制[J]. 中国工业经济，1998(1)：38-45.

利益相关者权利与利益相关者行为之间的关系得到了较多关注。利益相关者权利包含利益和权力两个子维度（Freeman，1984），学者们普遍认为，权利（利益和权力）的对称配置是最理想状态，而现实中利益和权力在利益相关者身上往往是不对称配置的，不对称配置的利益和权力会诱发利益相关者的诸多不良行为。Hart et al.[①]认为，利益和权力的不对称配置会降低合同缔约方的事前专用性投资及诱发事后道德风险，因此，他们建议把事前合同视作事后再谈判的一个参照点。Ryu et al.[②]初步提出了利益和权力的非对称配置与复杂产品创新风险的关系。盛亚等（2013）则把利益相关者机会主义行为视作利益和权力的不对称配置与复杂产品创新风险之间的中介变量，并对此进行了实证研究。

5.1.2　利益相关者网络结构

利益相关者网络研究尚处于初步阶段，采用的研究方法基本上是社会网络分析方法。社会网络可以分为整体社会网络和自我中心网络[③]，本章所研究的集成商及其利益相关者所构成的网络属于一种自我中心网络。Rowley et al.[④]基于网络密度和网络中心性构建二维四象限的分类矩阵，将自我中心网络结构又细分为高密度高中心性网络、高密度低中心性网络、低密度高中心性网络和低密度低中心性网络。在此基础上，盛亚等（2017）针对复杂产品情境，把集成商所在的网络划分为有核松散型、有核紧密型、无核松散型和无核紧密型（见图 5-1），并认为，在有核松散型网络中，集成商处于网络中心位置，而利益相关者不仅处于边缘位置，而且彼此之间缺少互动行为，此时，集成商因处于优势网络位置而获得更多

①　HART O，MOORE J. Contracts as reference points[J]. Quarterly journal of Economics，2008，123(1)：1-48.

②　RYU S，KIM E. The moderating effect of long-term orientation on the relationship between interfirm power asymmetry and interfirm contracts：the cases of Korea and USA[J]. Journal of applied business research，2010，26(6)：135-146.

③　SCOTT J. Social network analysis：a handbook[M]. London：SAGE Publications，2000.

④　ROWLEY T，ROWLEY T J. Moving beyond dyadic ties：a network theory of stakeholder influences[J]. Academy of management journal，1997，22(4)：887-910.

权力,利益相关者只能通过建立更多联结来抵抗来自集成商的压力。 在有核紧密型网络中,集成商处于网络中心位置,而利益相关者虽处于边缘位置,但彼此互动频繁,此时,互动频繁的利益相关者能够部分减弱集成商因网络位置而获得的权力。 在无核松散型网络中,集成商与利益相关者都不处于网络中心位置,他们之间的联结也较少,此时,集成商的权力非常弱,通过改变利益相关者网络结构而使自身处于网络中心位置是集成商增强权力的有效方式。 在无核紧密型网络中,集成商处于非常不利的网络位置,彼此之间联结紧密的利益相关者将会严重限制集成商权力的行使。 在此基础上,有学者探讨了不同网络结构与复杂产品创新风险的关系[1][2]。

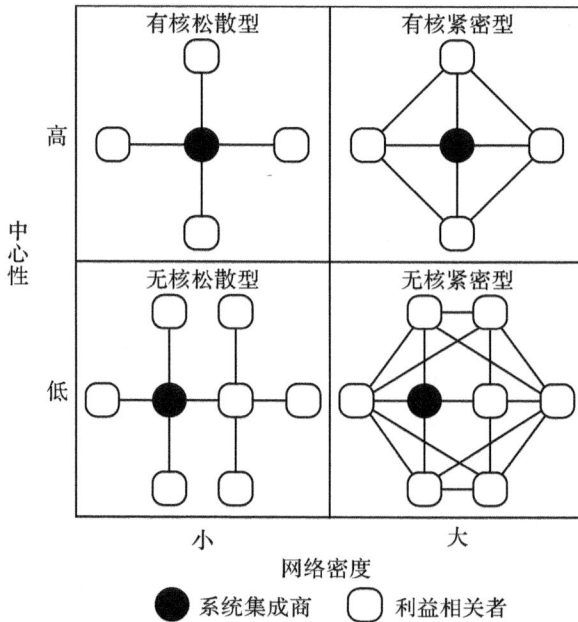

图 5-1　利益相关者网络结构

① 常红锦,党兴华,史永立.网络嵌入性与成员退出:基于创新网络的分析[J].研究与发展管理,2013,25(4):30-40.
② 孙国强,朱艳玲.模块化网络组织的风险及其评价研究:来自一汽企业集团网络的经验证据[J].中国工业经济,2011(8):139-148.

5.1.3　分析框架

很多时候客观因素只是复杂产品生产得以顺利进行的外显原因,利益相关者主体因素才是根本原因。 在主体因素的研究方面,利益相关者理论和社会网络理论各具优势。 利益相关者理论中的属性与行为分析偏重微观行动者而较忽视宏观社会网络结构的影响;与此相反,社会网络结构分析强调宏观网络结构对行动者行为的影响而忽视微观行动者及其关系的研究。 本章将把偏微观的利益相关者权利(属性)和偏宏观的社会网络结构结合起来,构建起利益相关者网络,探究复杂产品生产过程中利益相关者网络在不同复杂产品生产阶段的动态演化。

本章将利益相关者网络定义为,在复杂产品生产过程中,由集成商及其利益相关者相互嵌入而构成的具有一定结构特征的权利网络。 参考陈劲(2007)的研究成果,将复杂产品生产划分为需求分析、系统设计、模块开发、系统集成等 4 个阶段,每个阶段又分为前期和后期,分析框架如图 5-2 所示,其中利益相关者网络 i($i=1,2,3,4,5,6,7,8$)是指不同阶段的利益相关者网络。 在不同的复杂产品生产阶段(包括同一阶段的前期和后期),利益相关者网络结构是不同的,集成商和利益相关者的权利(利益和权力)对称程度也是不同的(利益大于、等于或小于权力),权利不对称的集成商和利益相关者会设法使自身权利趋于对称状态,这种对权利对称状态的追求是利益相关者网络在不同复杂产品生产阶段演化的一种内在驱动力。

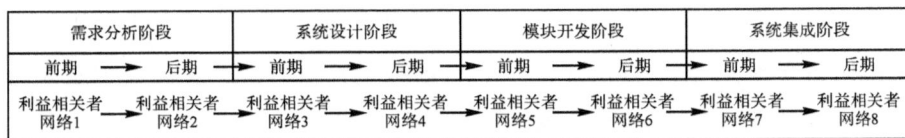

需求分析阶段		系统设计阶段		模块开发阶段		系统集成阶段	
前期 →	后期 →	前期 →	后期 →	前期 →	后期 →	前期 →	后期
利益相关者网络1 →	利益相关者网络2 →	利益相关者网络3 →	利益相关者网络4 →	利益相关者网络5 →	利益相关者网络6 →	利益相关者网络7 →	利益相关者网络8

图 5-2　分析框架

5.2　研究设计

嵌入式案例研究从主分析单位出发提出研究问题,通过对次级分析单位(或联同主分析单位)的研究,最终回归主分析单位得出研究结论(韦影等，2017）。 选择嵌入性纵向案例研究方法的原因在于案例研究适合涉及复杂过程的动态演化这类问题，且嵌入性单案例研究是指在同一案例研究中存在多个分析单元（Yin，2008），而本章的分析对象是集成商及其利益相关者，涉及众多的单位和个人，因此，选择了嵌入性单案例研究方法。 同时，本章案例涵盖需求分析、系统设计、模块开发和系统集成等 4 个阶段，因此，属于纵向案例研究。

5.2.1 案例选择

中国核电建设始于 1985 年。 1991 年中国自主设计、建造和运营的第一座核电站——秦山核电站并网发电。 截至 2003 年底，中国共有 5 台核电机组并网发电。 虽然经过 20 年的努力，核电站建设做到了从无到有，但是，当时中国核电站机组数量仅占世界的 1.13％，而且使用的全部是从国外引进的第二代核电技术。 为扭转这种不利局面，2003 年 1 月，国务院常务会议决定成立国家核电自主化工作领导小组（以下简称领导小组），并启动第三代核电技术国际招标工作。 经过多次谈判，2006 年 11 月，中国最终决定引进美国 XW 公司①第三代 AP1000 核电技术。 在完成国际招标后，领导小组解散，骨干成员加入于 2007 年 5 月成立的中国 A 公司并担任领导职务，继续推动 AP1000 技术后续的消化、吸收和再创新工作。 中国 A 公司与美国 XW 公司应用 AP1000 核电技术，合作建设 SM 核电站 1、2 号机组和 HY 核电站 1、2 号机组，这就是第三代 AP1000 核电自主化依托项目。

本部分选择 SM 核电站 2 号机组核岛部分集成商及其利益相关者作为具体研究对象②，主要理由如下：一是 SM/HY 核电站 1 号机组的整体设计、核岛供货及系统集成，主要由美国 XW 公司及国外供应商负责，国内

---

① 考虑到核电行业属于涉密较多的行业及应部分被访谈者的要求，本章用字母指代核电站的名称及公司名称。

② 核岛部分的子系统、设备和功能模块分为安全相关（Safety-related）和非安全相关（Nonsafety-related）两类，本章的研究对象不包括以下两类利益相关者：一是为集成商提供非安全相关类子系统、设备和功能模块的利益相关者；二是为安全相关类利益相关者提供非安全相关类子系统、设备和功能模块的利益相关者。

企业参与较少;而在 SM/HY 核电站 2 号机组的设计与建造中,中国 A 公司替代美国 XW 公司成为集成商,不仅参与核电站整体设计工作,还负责核岛模块的分包与开发和核岛部分的系统集成,核岛模块也主要由国内企业供货,能够体现出设计创新和工艺创新。 二是 SM/HY 核电站 2 号机组有两个系统集成商,核岛部分是 A 公司,常规岛部分是业主 B 公司,核电站的创新更多体现在核岛部分,因此选择核岛部分集成商及其利益相关者作为研究对象。 三是 SM 核电站 2 号机组建设进度快于 HY 核电站 2号机组。

5.2.2　数据收集

案例研究的数据应当有多种来源,并应建立案例研究资料库(Yin,2008)。 本研究通过半结构化访谈和二手资料获取案例资料,此外,还在案例研究中嵌套使用了问卷调查方法。

(1)半结构化访谈。 2015 年 12 月至 2017 年 2 月,采用电话访谈和面对面访谈相结合的方式,对 SM 核电站 2 号机组核岛部分的集成商(中国 A 公司)及其利益相关者进行了半结构化访谈,访谈对象主要是各单位的中高层领导、项目经理和高级技术人员。 在此采用滚雪球法,首先以中国 A 公司为切入点,对 A 公司的相关人员进行了半结构化访谈,获取第一层利益相关者名单,接着对第一层利益相关者进行半结构化访谈,获取第二层利益相关者名单,以此类推。 在此期间,共对 27 人进行了访谈,建立了半结构化访谈资料库。

(2)二手资料。 二手资料主要包括会议记录、企业内部刊物、网站资料等。 需要说明的是,中国 A 公司与核岛供应商实行每月一次的月例会制度,形成了大量的项目协调会会议纪要;同时,核岛供应商也会在企业内部召开项目例会,同样形成了大量项目例会会议纪要。

(3)问卷调查。 沿用 Freeman(1984)的研究思路,本章把利益相关者权利分为利益和权力两个子维度。 其中,利益被定义为利益相关者在企业中所拥有的合法且合理的收益,这里的收益既可能是货币性收益,也可能是非货币性收益;权力被定义为利益相关者实施利益保护或避免利益受到侵害的力量和能力。 在利益和权力的测量上,参考已有量表(盛亚等，2013；盛亚等，2017），分别设置 5 个题项（见表 5-1），采用 Likert5 级量表，由集成商和利益相关者对自身的利益和权力进行主观打分。其中，1 代表利益/权力最小，5 代表利益/权力最大。

表 5-1　调查问卷题项

维度	题项
利益	该利益相关者满足贵单位/您需求或要求的程度
	因与该利益相关者之间的关系而使贵单位/您掌握新技术/新标准/新实践经验的程度
	因与该利益相关者之间的关系而使贵单位/您获得良好国家利益/企业经济利益/个人利益的程度
	因与该利益相关者之间的关系而使贵单位/您的行业竞争力/影响力/声誉得以提升的程度
	贵单位/您与该利益相关者建立的关系，有利于双方后续合作的程度
权力	贵单位/您所掌握的核电技术/核电法规/核电政策对于该利益相关者的重要程度
	贵单位/您所掌握的核电技术/核电法规/核电政策对于该利益相关者的稀缺程度
	贵单位/您对该利益相关者的监督和控制程度
	对于该利益相关者进度/质量/成本方面的要求，贵单位/您违背该利益相关者要求的能力
	一旦与该利益相关者的合作关系破裂，贵单位/您可以迅速地找到替代合作者的概率

注：会根据问卷发放对象对题项进行适当调整，以"权力"的第一个题项为例，如果对方是核电专家，则改成"您所掌握的核电技术对于该利益相关者的重要程度"；如果是核与辐射安全监督站，则改成"贵单位所掌握的核电法规对于该利益相关者的重要程度"；如果是领导小组，则改成"贵单位所掌握的核电政策对于该利益相关者的重要程度"。

　　采用滚雪球法发放问卷，每个被调查单位选择 2 人填写问卷，问卷的发放对象是集成商及其利益相关者中的中高层领导、项目经理、高级技术人员和技术管理专家。具体地讲，首先在中国 A 公司选择 2 个问卷填写人，每个问卷填写人分别独立填写问卷，在每个问卷上，他们要填写一个利益相关者名称，并分别在利益和权力题项上按照生产阶段（含前期和后期）进行打分，最终，从中国 A 公司获得 60 份问卷。60 份问卷上的利益相关者就构成了第一层利益相关者，接着对第一层利益相关者进行问卷调查，回收问卷并获取第二层利益相关者名单，以此类推。

2016 年 10 月至 2017 年 2 月，共找到问卷填写人 78 人，回收问卷 420 份。另外，利益相关者中涉及美国政府、法国政府和俄罗斯政府，没有找到当事人，但找到 6 名相关同事，让他们查阅半结构化访谈资料和二手资料库后，进行模拟打分，又获得 14 份问卷。

（4）数据分析。第一步，根据问卷调查结果，按照以下规则对数据进行处理。在某个生产阶段，在利益相关者甲与利益相关者乙的关系中，甲的权力等于从甲处获得的 2 份问卷权力题项得分之和除以 10，甲的利益等于从甲处获得的 2 份问卷利益题项得分之和除以 10，利益相关者甲在某个生产阶段的权利值等于甲所指向的与之有直接联结关系的其他利益相关者的权力之和除以相对应的利益之和。某个利益相关者的权利值越趋近于 1，认为该利益相关者权利越趋于对称；越远离 1（大于 1 代表权力大于利益，小于 1 代表权力小于利益），认为该利益相关者权利越不对称。第二步，利用社会网络工具计算节点中心性和网络密度，进而确定利益相关者网络结构，其中采用相对接近中心度（以下简称中心度）测量节点中心性。根据最终测量结果，如果集成商 A 的中心度是 1，或者中心度接近 1，而且远远大于利益相关者中心度，则视作有核网络，其他情况为无核网络。网络密度在区间（0.11，0.27）上的视作松散型网络，在区间（0.27，0.43）上的视作紧密型网络。第三步，运用模式匹配分析技术，分析利益相关者网络在不同生产阶段上的动态演化过程。

5.3　SM 核电站 2 号机组生产过程分析

5.3.1　从需求分析前期阶段到需求分析后期阶段

需求分析前期的利益相关者网络如图 5-3 所示，网络密度为 0.25，领导小组的中心度是 1，属于有核松散型网络。在有核松散型网络中，领导小组处于网络中心位置，因处于优势网络位置而获得更多权力，图 5-3 也证明了这点，领导小组的权利值是 1.50，权力远大于利益，而利益相关者的权利值的范围为 0.65—0.75，权力远小于利益，正如一位被访的领导小组成员提到的，"本世纪初，世界范围内的核电站建设几乎处于停滞状态，世界几大核电企业日子都不好过，那时到底选择哪家技术，我们是有很大话语权的"。

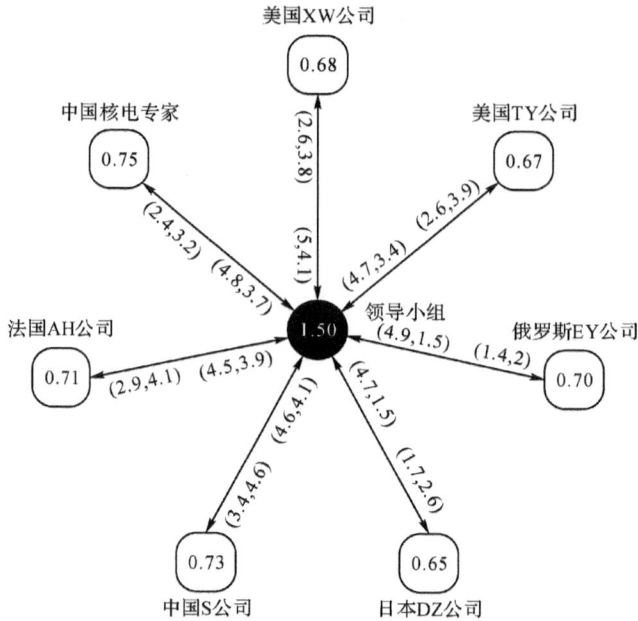

图 5-3　需求分析前期利益相关者网络

注：●和〇中的数字是权利值，括号中的两个数字分别是权力值和利益值，例如，(2.6,3.8)表示美国 XW 公司在与领导小组的关系中，美国 XW 公司的权力值是 2.6，利益值是 3.8，其他利益相关者网络图与此相同。

为改变自身权力远小于利益的状况，美国 XW 公司、法国 AH 公司和俄罗斯 EY 公司纷纷联合本国政府给领导小组施加压力。"都是通过外交系统来向我们施加压力，美国强调中美之间的大国关系，当时中美贸易逆差很大，又没有什么商品可以填补逆差，除了粮食以外，买不到美国什么东西，而核电大家还是愿意合作的，美国也愿意转让，出口核电可以填补一部分贸易逆差。另外，也有部分国外企业邀请中国核电专家出国考察或主动上门介绍自身的技术优势，希望通过核电专家说服领导小组使用它们的技术。这些国外企业的做法使自己和领导小组的权利状态由不对称向对称靠拢。从图 5-4 可以看出，联系紧密的利益相关者限制了领导小组的权力，使领导小组的权利值由 1.50 下降到 1.21，而美国 XW 公司的权利值升高了，由 0.68 上升到 0.84，法国 AH 公司的权利值由 0.71 上升到 0.89，俄罗斯 EY 公司的权利值由 0.70 上升到 0.83。 相应地，网络结构也被改变了，在需求分析后期，领导小组的网络中心度虽然还是 1，但是，网络密度由 0.25 上升到 0.43，网络由前期的有核松散型演变为后期的有核紧密型。

国外企业改变利益相关者网络的这些做法，虽然在一定程度上达到了使自身权利对称的目的，但是造成的后果也不容忽视，被访的领导小组成员提到，"整个招标过程被拖延了一年多时间。 另外，虽然对外公布的中标方是美国 XW 公司，但是，考虑到中法政治关系及中法在核电领域的已有合作关系，我们额外购买了一套法国 AH 公司第三代 ERP 技术用于广东某核电站项目"[①]。

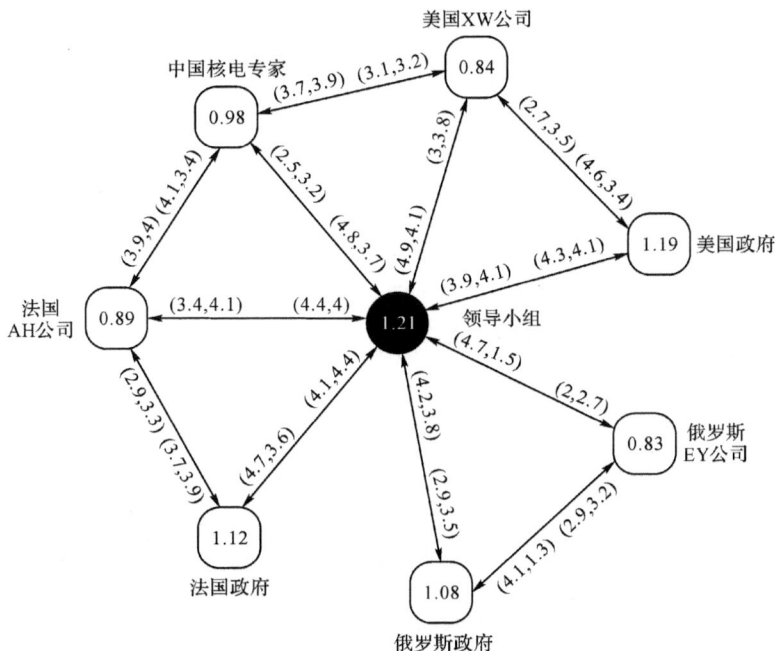

图 5-4　需求分析后期利益相关者网络

注:美国 TY 公司和日本 DZ 公司未投标,中国 S 公司提供的"二代加"核电技术不符合招标条件,因此,他们未出现在图中。

---

① 原文载于 2014 年 2 月《南方能源观察》。

5.3.2 从系统设计前期阶段到系统设计后期阶段

系统设计前期的利益相关者网络如图5-5所示，网络密度为0.13，集成商A的中心度是0.76，美国XW公司的中心度是0.73，仅次于集成商A，其他利益相关者的中心度在区间0.43—0.54内，该网络属无核松散型网络。在该网络中，集成商A处于不利的网络位置，这点可以从图5-5得到证明，集成商A的权利值（0.85）排名倒数第2，仅高于Q公司（0.82），其他利益相关者的权利值普遍大于集成商A。在这种情况下，大部分利益相关者出现了推诿塞责和消极怠工的行为，被访的集成商A的一位主任提到，"系统设计刚启动时，美国XW公司与韩国DS公司及美国WE、NE、SP、EM等国外企业组建了一个相对封闭的小团体，我们称之为XW联合体。按照我们与XW公司达成的协议，XW联合体应该按照我们的进度计划出图，但是，实际上他们基本上按自己的节奏安排工作，对于我们的计划安排，基本上是置若罔闻的"。该主任提及的事情发生在总体设计和结构设计环节，而在工艺设计环节，也发生了类似的事情。AP1000设备普遍超大超重，需要建设新的厂房，采购大型高端机加、焊接和检验设备，在开工前需要取得美国和中国的核电生产许可证并对关键岗位人员进行岗前培训，集成商A虽大力推进上述工作，但D公司、E公司、I公司等国内企业并不积极。

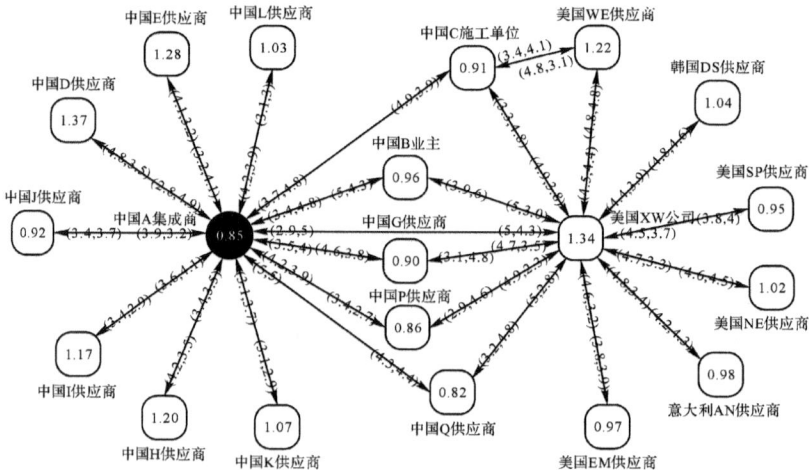

图5-5 系统设计前期利益相关者网络

为提高自身的权力，有效遏制利益相关者推诿塞责和消极怠工的行为，集成商 A 的董事长带队到美国 XW 公司总部，与 XW 公司高层进行多轮谈判，最终，集成商 A 与 XW 公司联合成立了核岛联合项目管理机构（Joint Project Management Organization，JPMO），该机构是一个管理平台，集成商 A 及 D 公司、E 公司、I 公司等国内企业的技术和管理人员，可以通过该平台参与 XW 联合体的设计工作及后续的项目管理工作，同时，XW 公司会根据工作需要，派遣相关领域的技术和管理专家轮流驻扎在集成商 A 处，与集成商 A 的员工一起进行设计工作。可以说，JPMO 使集成商 A 与美国 XW 公司由两个节点合并为一个节点，下文用"中国 A 集成商—美国 XW 公司（JPMO）"表示。

集成商 A 与美国 XW 公司联合后，权利值由 0.85 上升到 1.10（见图 5-6），对于集成商 A 来讲，权力提高了很多，正如被访的一位 JPMO 中方经理所讲，"JPMO 成立前，国内和国外的企业都不怎么买我们的账，JPMO 成立后，国内外企业之间的任何联系都必须通过 JPMO，而且 JPMO 还负责技术文件的审批、质量审核等工作，至此我们才真正像个集成商"。同时也应注意到，在新的管理机制下，利益相关者网络结构发生了明显改变，由无核松散型演变为有核松散型，中国 A 集成商—美国 XW 公司（JPMO）处于网络中心位置。

虽然在系统设计后期，集成商 A 通过与美国 XW 公司联合而增强了自身权力，但是，在此期间，特别是在前期，由于利益相关者的权力普遍大于集成商 A，大多数利益相关者出现了推诿塞责和消极怠工的行为，加之集成商 A 处于网络非中心位置，无法有效指挥和协调系统设计工作，致使该阶段的工作质量很低，工作进度比计划延迟 1 年多。

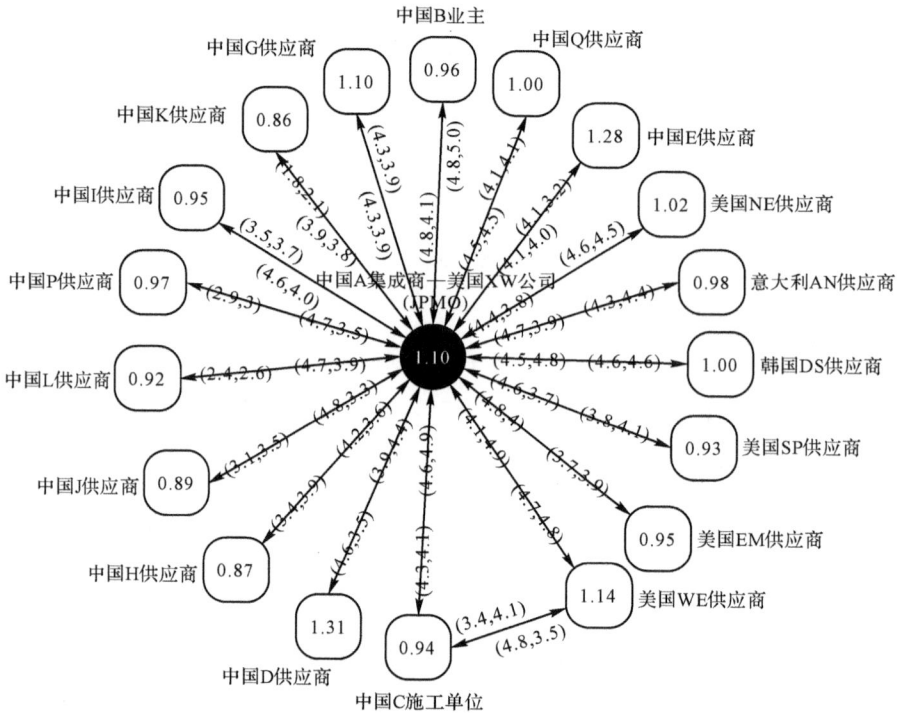

图 5-6　系统设计后期利益相关者网络

5.3.3　从系统设计后期阶段到模块开发前期阶段

从形态上看，与系统设计后期利益相关者网络（见图 5-6）相比，模块开发前期的利益相关者网络（见图 5-7）有较大变化，主要原因是：F 公司①、N 公司、AM 公司等新的利益相关者进入；G 公司、H 公司、I 公司、K 公司等供应商与 D 公司、E 公司、F 公司等签订了锻件采购合同；核与辐射安全监督站（包括华北监督站、华南监督站、西南监督站、西北监督站和东北监督站）开始对管辖区域内的 AP1000 设计、制造、安装持证单位进行安全监督和检查。

虽然从形态上看，这两个时期的网络变化较大，但是，模块开发前期的网络密度是 0.14，中国 A 集成商—美国 XW 公司（JPMO）的网络中心

---

① 2009 年以前，F 公司不具备超大型锻件的整体锻造技术，通过几年的持续研发，于 2009 年底取得重大突破，一举成为和 D 公司、E 公司并列的超大型锻件供应商。

度是 1，与系统设计后期一样，同属有核松散型。 在有核松散型网络中，中国 A 集成商—美国 XW 公司（JPMO）处于比较有利的网络位置，权利值分别为 1.10 和 1.06，权力略大于利益。

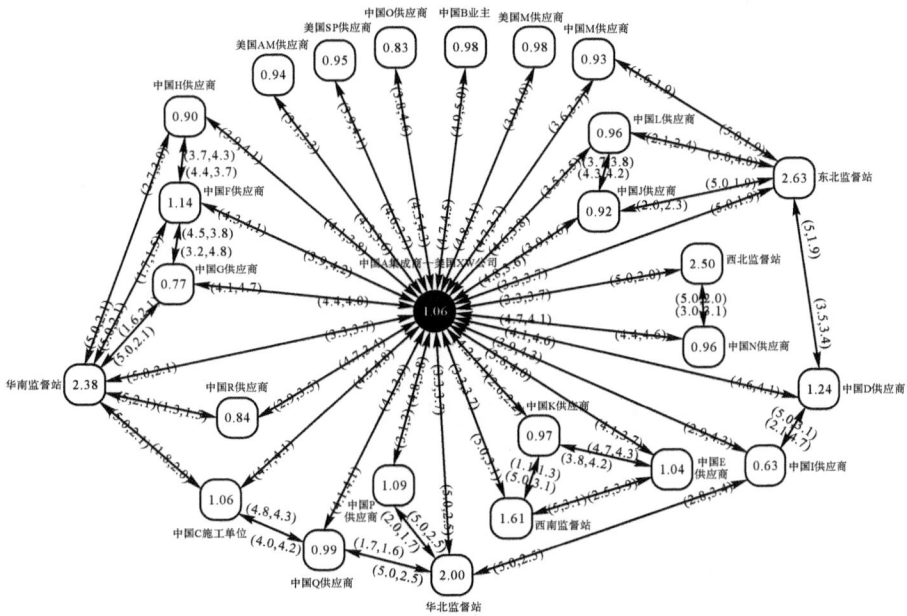

图 5-7　模块开发前期利益相关者网络

在系统设计后期，权利值排名前 2 的利益相关者分别是 D 公司（1.31）和 E 公司（1.28），其他利益相关者的权利值在区间 0.86—1.14 内。 D 公司和 E 公司之所以权力大于利益，是因为 D 公司和 E 公司掌握关键的超大型锻件的整体锻造技术。 AP100 技术的一个显著特点是，核岛设备多属超大超重型设备，一般采用超大型锻件组焊而成，而超大型锻件的整体锻造技术主要掌握在 D 公司和 E 公司手中。 在这种情况下，集成商 A 与美国 XW 公司领导曾多次到 D 公司和 E 公司催促加快超大型锻件的研发进度，但是进展十分缓慢。 2009 年下半年 D 公司提出，如果集成商 A 与美国 XW 公司能够把后续项目的几台蒸汽发生器采购合同交给 D 公司，D 公司将加快 AP1000 超大型锻件的研发进度。 被访的一位 JPMO 高级技术人员回忆道，"锻件生产和蒸汽发生器生产的工艺几乎完全不同，D 公司的超大型锻件的整体锻造技术在国内数一数二，但是，D

公司从来没有生产过蒸汽发生器，正常情况下，它要从模拟件干起，接着是二代，没有 10 年的时间，D 公司不可能拿到三代蒸汽发生器合同"。此外，E 公司也提出了类似要求。最后，A 公司为加快超大型锻件的研发进度，与 D 公司和 E 公司分别签订了战略采购协议。从图 5-7 可以看出，签订战略采购协议后，D 公司对中国 A 集成商—美国 XW 公司（JPMO）的利益由 3.5 上升为 4.1，D 公司的权利值由 1.31 降为 1.24，E 公司对中国 A 集成商—美国 XW 公司（JPMO）的利益值由 3.2 上升为 3.7，相应地，权利值由 1.28 降为 1.04。

D 公司和 E 公司通过对集成商 A 敲竹杠，多拿到了订单，提高了利益，从而自身与集成商 A 的权利趋于对称。但是，它们的做法势必使项目成本上升。

5.3.4 从模块开发前期阶段到模块开发后期阶段

在模块开发前期，中国 A 集成商—美国 XW 公司（JPMO）处于比较有利的网络位置，权利值为 1.06，权利基本对称。在利益相关者中，权利值排名前 5 位的利益相关者分别是东北监督站（2.63）、西北监督站（2.50）、华南监督站（2.38）、华北监督站（2.00）、西南监督站（1.61）。中国为确保核电产业的安全发展，赋予监督站非常大的权力，这也是国际通行做法，这些监督站不在本章讨论范围内。在其余的利益相关者中，权利值排名前 2 位的利益相关者分别是 D 公司（1.24）和 F 公司（1.14），权利值排名最后 2 位的利益相关者分别是 G 公司（0.77）和 I 公司（0.63），其他利益相关者的权利值在区间 0.83—1.09 内。

之所以 G 公司和 I 公司的权力远小于利益，而 D 公司和 F 公司的权力大于利益，是因为作为蒸汽发生器的制造商，G 公司和 I 公司分别需要从 F 公司和 D 公司购买超大型锻件，在各自厂内加工完毕后，运往 SM 核电站现场，在模块开发前期，D 公司和 F 公司的研发进度并不理想，生产出的锻件基本都被 JPMO 鉴定为不合格品，锻件研发进度滞后势必影响后续的设备制造。

G 公司和 I 公司为提高自身权力以达到权利对称的目的，重塑了各自的局部网络。G 公司与日本 JS 公司和西班牙 EN 公司建立了新的联结。

JS 公司是日本 DZ 公司重要的合作伙伴,DZ 公司在需求分析前期,对核电自主化依托项目表现出了浓厚兴趣,并要求 JS 公司提前制造出锻件,以备中标后可以更早开工建设。出人意料的是,JS 公司虽然制造出了锻件,但 DZ 公司最后却放弃了投标,因此,JS 公司的锻件就变成了库存。G 公司首先邀请 JPMO 的专家,对 JS 公司的蒸汽发生器锻件进行了鉴定,结论是这套锻件经过处理后可以用于 SM 核电站 2 号机组的建设。西班牙 EN 公司是世界上技术最先进、规模最大的蒸汽发生器制造企业。G 公司接着与 EN 公司签订委托加工协议,把第一台蒸汽发生器的加工任务委托给 EN 公司,G 公司派人参与制造过程,这台蒸汽发生器所用锻件就是从 JS 公司购买的。第二台蒸汽发生器依然使用 F 公司提供的锻件,在国内生产。G 公司通过与 JS 公司和 EN 公司构建新的联结,既掌握了成品锻件资源又获得了蒸汽发生器的制造技术,如图 5-8 所示,G 公司对 F 公司的权力值由 3.2 上升为 4.9,相应地,权利值由 0.77 上升为 1.09。I 公司采取了与 G 公司相似的做法,I 公司是 T 集团的全资子公司,而 T 集团与 D 公司同为东北的两家国有企业,有着悠久的合作历史,因此,I 公司在模块开发前期与 D 公司签订了锻件采购合同。D 公司在锻件研发中出现了与 F 公司相似的情况,I 公司的制造时间被一再压缩,在多次催促无果的情况下,I 公司打破几十年来的行业规则,与 E 公司签订了锻件采购合同。找到新的锻件资源后,I 公司对 D 公司的权力值由 2.1 上升为 4.0,相应地,权利值由 0.63 上升为 0.94,基本处于对称状态。

　　G 公司和 I 公司通过重塑局部网络提高权力后,强制中国 A 集成商——美国 XW 公司(JPMO)修改合同。G 公司提出,从 JS 公司购买锻件的费用远高于 F 公司,而且向 EN 公司支付了委托加工费和培训费,这些费用应该由集成商 A 承担。I 公司也提出类似的要求,集成商 A 经过再三比较,最终修改了与 G 公司的合同。

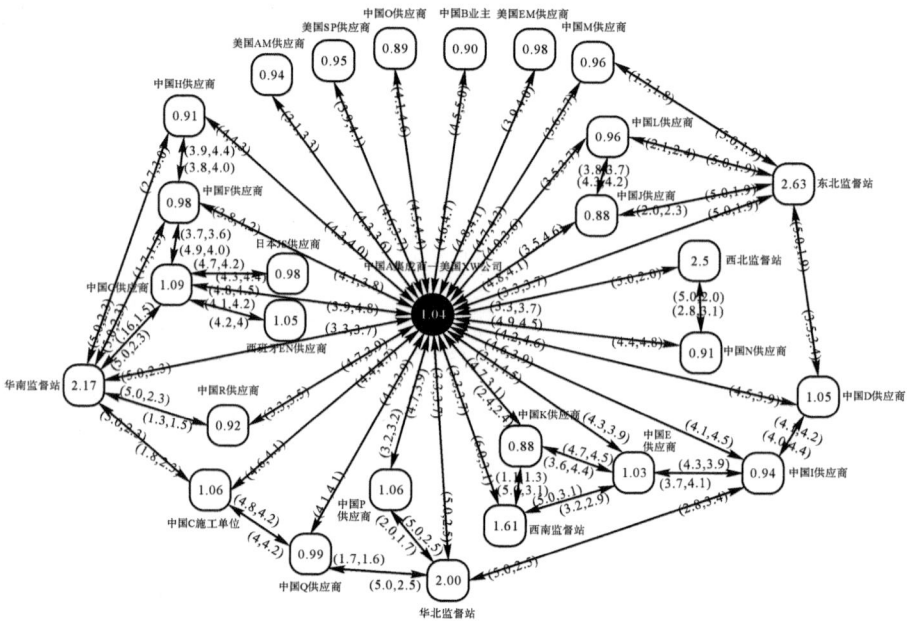

图 5-8　模块开发后期利益相关者网络

5.3.5　从模块开发后期阶段到系统集成前期阶段

在模块开发后期，中国 A 集成商—美国 XW 公司（JPMO）的中心度是 0.93，其他利益相关者的中心度在区间 0.36—0.56 内，网络密度为 0.13，该阶段的网络属有核松散型。在系统集成前期，中国 A 集成商—美国 XW 公司（JPMO）与业主 B 的中心度同为 0.94，施工单位 C 为 0.84，其他利益相关者的中心度在区间 0.37—0.57 内，网络密度是 0.30，该阶段的网络属无核紧密型。从有核松散型演变为无核紧密型，网络结构发生了很大改变，其中一个原因是正常工作需要。核岛模块完工后，需要按照集成商 A 与 XW 公司的进度安排，由制造工厂陆续运抵 SM 核电站现场，在集成商 A 与 XW 公司现场指挥部的统一指导下，由施工单位 C 负责具体安装和调试，设备制造企业配合。在这个过程中，施工单位 C 需要与其他利益相关者建立新的联结，其网络中心度势必会提高，而且利益相关者之间的联系也相应增加。

另一个促使网络结构发生较大变化的原因是，业主 B 追求权利对称状态。 在模块开发后期，业主 B 的权利值是 0.90，仅高于 O 公司（0.89）、K 公司（0.88）和 J 公司（0.88），为了提高权力，业主 B 违背合同约定，与其他利益相关者建立了直接联结（O 公司、AM 公司和 EN 公司除外），使自身由网络边缘位置迁移至网络核心位置。

按照合同约定，系统集成由集成商 A 与 XW 公司总负责，施工单位 C 和相应的设备制造商听从集成商 A 与 XW 公司的指挥，然而事实上，业主 B 在很大程度上替代了集成商 A 与 XW 公司的角色，而其他利益相关者也愿意听从业主 B 的指挥。 被访的业主 B 的一位现场指挥人员提到，"设备进入（SM 核电站）现场前，JPMO 负责，进入现场后，需要协调各方关系，我们（业主 B）出面，力度更大，效果也更好"。 业主 B 的做法，使其中心度由 0.49 提高到 0.94，权利也更趋于对称了。

虽然业主 B 通过违背合同约定，与其他利益相关者建立直接联结达到了权利对称的目的，但是业主 B 违背合同约定所诱发的风险也不容忽视。 例如，某关键设备抵达 SM 核电站安装现场后，业主 B 的现场指挥人员未经中国 A 集成商—美国 XW 公司（JPMO）同意，擅自指挥施工单位 C 的现场施工人员，在没有吊装方案的情况下，对设备实施夜间吊装作业，结果在吊装途中，由于吊车缆绳捆绑不牢，设备从空中滑落，致使设备接口处出现缺口和裂纹。

5.3.6　从系统集成前期阶段到系统集成后期阶段

系统集成前期的利益相关者网络（见图 5-9）属无核紧密型结构，中国 A 集成商—美国 XW 公司（JPMO）处于网络非中心位置，利益相关者联系较为紧密，业主 B 与施工单位 C 处于与中国 A 集成商—美国 XW 公司（JPMO）相似的网络位置。 在该种网络中，中国 A 集成商—美国 XW 公司（JPMO）处于不利的网络位置，联系紧密的利益相关者会使其权力受到很大限制。 值得注意的是，在该阶段，集成商 A 与 XW 公司的关系发生了变化，由一个节点分裂成两个节点，原因在于，集成商 A 在消化和吸收 XW 公司 AP1000 技术的基础上，通过再创新，研发出具有自主知识产权、功率更大的非能动大型先进压水堆 CAP1400 和 CAP1700 核电机组，其中 CAP1400 核电技术已应用于山东某核电站。 在 AP1000 核电自主化依托项目中，XW 公司扮演了重要角色，并组织供应了很多关键模块，但是，在 CAP1400 核电站建设中，核岛的自主化率超过 85％，XW 公司几乎无用武之地。 被访的一位 JPMO 项目经理提到，"随着 A 公司加快推进 CAP1400 的研发，JPMO 中的 XW 公司专家就来得少了，双方合作也不像以前那样顺利了"。

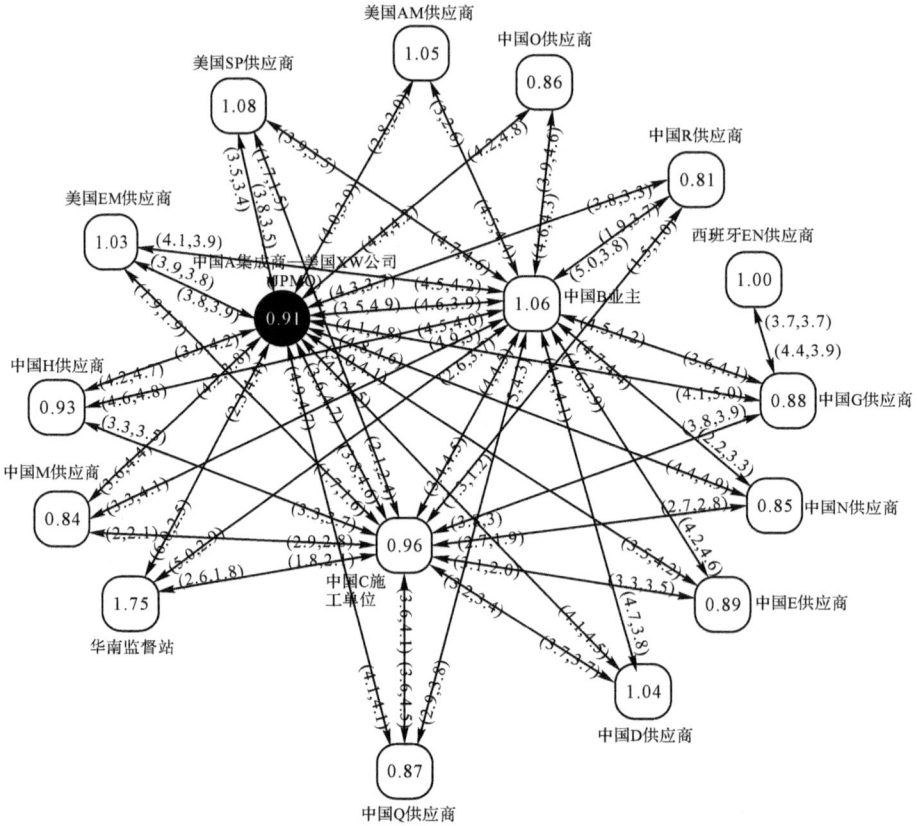

图 5-9　系统集成前期利益相关者网络

无论是在网络中还是在与集成商 A 的合作关系中，XW 公司都感到自身的权力小于利益，为提高权力，XW 公司采取了限制关键设备和关键技术转让的行为。 从 2014 年开始，国内企业生产的核岛模块陆续运抵 SM 核电站现场进行安装，而 XW 公司负责组织供应的几个关键设备（如反应堆冷却剂屏蔽主泵、爆破阀等）却未按计划完工，XW 公司给出的理由是

设计和制造难度太大,需要推迟交货。 被访的一位集成商 A 的高级技术
人员提到, "我们曾多次催 XW 公司,但是,当时 XW 公司以尚未研制成
功为由拒绝,一直拖到 2016 年,才跟我们说,制造基本结束"。 从
图 5-10可以看出,XW 公司的权力明显提高了。

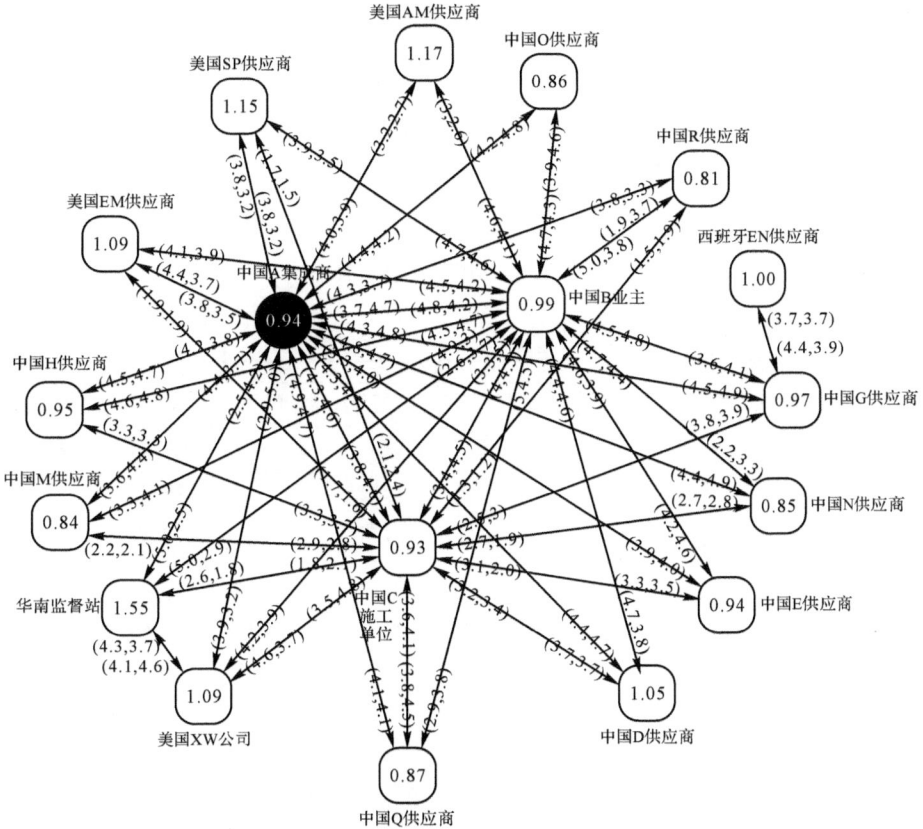

图 5-10　系统集成后期利益相关者网络

XW 公司通过限制关键设备供给和关键技术转让,提高了自身权力,
基本上达到了权利对称的目的。 然而 XW 公司的行为已经严重拖延了 SM
核电站 2 号机组并网发电的时间,据业主 B 的一位项目经理介绍,按最乐
观的估计,并网发电也要等到 2017 年底。 另外,该项目经理也提到,项
目资金主要来源于银行贷款,时间上的拖延也意味着项目成本的上升。

5.4 研究结论与实践启示

5.4.1 结果讨论

本章提出了一个基于利益相关者网络演化视角的复杂产品生产过程（见图5-2），并用该框架分析了 SM 核电站 2 号机组案例，图 5-11 总结了该案例的研究结果。研究结果表明：①不同的复杂产品生产阶段的利益相关者网络的结构是不同的，集成商和利益相关者的权利对称程度也不同；②集成商和利益相关者追求权利对称状态是利益相关者网络在不同复杂产品生产阶段演化的一种内在驱动力；③利益相关者网络治理的根本出发点，是实现利益相关者利益和权力的动态平衡。

阶段	需求分析阶段（2002—2006年）		系统设计阶段（2007—2009年）		模块开发阶段（2010—2013年）		系统集成阶段（2014年至今）	
	前期	后期	前期	后期	前期	后期	前期	后期
利益相关者网络	有核松散型网络结构；领导小组处于网络中心位置，权力远大于利益；利益相关者处于边缘位置，缺少联系，权力远小于利益；国外企业权力小于利益	有核紧密型网络结构；中国A集成商处于网络中心位置，权力大于利益；利益相关者处于边缘位置，联系较为紧密，外国政府权力大于利益，国外企业权力小于利益	无核松散型网络结构；中国A集成商处于网中心位置，权力略大于利益；利益相关者联系较少，处于边缘位置，权力普遍大于利益	有核松散型网络结构；商—美国XW公司（JPMO）处于网中心位置，权力略大于利益；利益相关者处于边缘位置，联系较少，中国D和E供应商的权力大于利益，其他利益相关者的权利趋于对称	有核松散型网络结构；商—美国XW公司（JPMO）处于网中心位置，权利基本对称；利益相关者处于边缘位置，联系较少，中国G和H供应商权力大于利益，中国D和F供应商权力大于利益	有核松散型网络结构；商—美国XW公司（JPMO）处于网中心位置，权力略小于利益；利益相关者处于边缘位置，联系较少，中国B业权力小于利益	无核紧密型网络结构；商—美国XW公司（JPMO）处于网络非中心位置，权力略小于利益；利益相关者联系较为紧密，中国B业主与C施工单位处于与中国A集成商—美国XW公司（JPMO）相似的网络位置，权利基本对称	有核紧密型网络结构；商—美国XW公司（JPMO）处于网络非中心位置，权力略小于利益；利益相关者联系紧密，美国XW公司的权利基本对称

图 5-11 基于利益相关者网络演化视角的 SM 核电站 2 号机组生产过程

（1）从利益相关者这个主体因素出发，揭示了复杂产品生产过程顺利进行的内在原因。已有研究更多关注政治、组织、技术等客观因素而对利益相关者这个主体因素缺乏考察。在 SM 核电站 2 号机组案例中，如果按照已有的研究思路，国外企业联合本国政府向领导小组施压、业主 B 越职指挥、美国 XW 公司限制关键设备供给和关键技术转让等将被归为客观因素。但是，这些客观因素只是外显部分，而利益相关者主体的利益和权力对称才是复杂产品生产过程得以顺利进行的内在根源。

（2）结合偏微观的利益相关者权利（属性）和偏宏观的社会网络结构，构建了利益相关者网络。现有利益相关者理论一般从利益相关者内在属性出发，研究利益相关者的行为规律，这种研究方式偏重微观利益相关者个体，比较忽视利益相关者所在的整体社会网络结构[1]。 社会网络结构下的行动者行为研究，把行动者视作同质而无个性的个体，强调社会网络结构的决定作用[2]。 本章把偏微观的利益相关者权利（属性）和偏宏观的社会网络结构结合起来，构建了利益相关者网络，该利益相关者网络既强调了宏观社会网络结构对利益相关者行动的影响，也强调了利益相关者内在的权利（属性）对其行为的影响，更加全面地解释了利益相关者的行为规律。

（3）分析了利益相关者网络演化的过程和内在驱动力。 在复杂产品生产网络研究方面，大多数研究刻画的是生产的某一阶段，覆盖生产全过程的还比较少，此外，大多数研究刻画的主要是以集成商为核心的分工网络，并把网络演化的原因主要归结为生产阶段的不同和工作分工的差异[3][4]。 本章在 SM 核电站 2 号机组案例研究中，共刻画了 8 个阶段的利益相关者网络图，覆盖生产全过程。 从中可以看出，生产阶段的不同和工作分工的差异只是利益相关者网络演化的部分原因，利益相关者追求权利对称状态是利益相关者网络不断演化的一种内在驱动力。

5.4.2　实践启示

（1）集成商应清醒地认识到，自身一定处于分工网络的中心位置，却未必处于利益相关者网络的中心位置。 从研究集成商的经典文献[5]（Hansen et al.，1998）及本章的调研情况看，学者和集成商普遍持有一

---

① 盛亚,李春友.利益相关者显著性的整合研究框架:主观感知与主体属性[J].商业经济与管理,2016,(1):36-42.

② BOUTILIER R G. Social capital in firm-stakeholder networks：a corporate role in community development［J］. The journal of corporate citizenship，2007（26）：121-134.

③ DITTRICH K，DUYSTERS G，DE M A P. Strategic repositioning by means of alliance networks：the case of IBM[J]. Research policy，2007，36(10)：1496-1511.

④ YAN T，CHOI T Y，KIM Y，et al. A theory of the nexus supplier：a critical supplier from a network perspective[J]. Journal of supply chain management，2015，51(1)：52-66.

⑤ HARLAND C，BRENCHLEY R，WALKER H. Risk in supply networks［J］. Journal of purchasing and supply management，2003，9(2)：51-62.

种观点，即集成商处于网络中心位置，然而从研究结果看，集成商一定处于分工网络的中心位置，如集成商 A，但是从利益相关者网络看，集成商 A 在前文划分出来 8 个生产阶段上，有 3 个阶段不处于中心位置。 这对于我国进军高端装备制造业的企业具有启示意义，处于分工网络的中心位置仅是第一步，争取早日处于利益相关者网络的中心位置才是企业做强做大的标志。

（2）集成商应高度关注利益相关者的权利状态，建立权利平衡机制。研究结果表明，当利益相关者权利处于不对称状态时，利益相关者容易实施机会主义行为，因此，企业应高度关注和定期评估利益相关者的权利对称程度。 集成商在与利益相关者签订合同前，应对各方的权利对称状态进行评估，识别权利不对称合同方，从根源上消除滋生机会主义行为的土壤。 在合同执行阶段，由于复杂产品研发时间长，集成商也要对各方的权利对称状态进行定期评估。 另外，集成商应建立权利平衡机制，一旦某个利益相关者出现权利不对称的情况，应该及时对其权力或利益进行调整，直至其回归对称或近似状态。

第 6 章　复杂产品生产的技术能力

技术能力是指能够有效使用技术知识的能力[①],通常在一定的场景下具有以下特点:①技术能力的获得具有组织性和经验性;②技术能力的提高具有积累性;③技术的进步具有网络性;④技术能力的发展具有系统性。本研究根据复杂产品生产特点将技术能力分为技术需求分析能力、技术外包与开发能力、技术集成能力和技术服务能力,运用案例分析和博弈论等方法对技术能力的不同方面进行逐一研究,认为创新是复杂产品研制过程中技术能力的核心,提出了复杂产品技术创新能力的评价内容,并对 C919、波音公司和空客公司商用飞机的技术能力进行了全面考察和比较分析。

6.1　技术需求分析能力:A350 和 ARJ21 的需求定义

技术需求分析能力是技术能力的重要组成部分。本节结合空客 A350 项目和中国中航商用飞机有限公司(以下简称“中航商飞”)ARJ21 项目两个案例,对“需求定义”进行描述性分析。

6.1.1　空客 A350 的需求定义

空客公司创建于 1970 年,是一家集法国、德国及后来加盟的西班牙与英国的公司于一体的欧洲集团,是航空、航天及相关服务领域的全球供应商。其创建的初衷是使欧洲飞机制造商能够与强大的美国对手进行有效竞争。通过克服国家间的分歧,分担研发成本,以及合作开发更大的市场份额等方式,空客公司改变了竞争格局,为航空公司、旅客和机组带来了竞争利益。2016 年,空客公司营业收入达 670 亿欧元,共有约 13.4 万名员工。空客公司为市场提供 100 座以上级别最完善的民用飞机系列

---

① KIM L. Building technological capability for industrialization: analytical frameworks and Korea's experience[J]. Industrial & corporate change, 1999,8(1):111-136.

产品。 同时，空客公司是欧洲领先的加油机、战斗机、运输机、直升机及特种任务飞机制造商[①]，也是全球领先的航天企业之一。

2004 年 4 月，空客公司的竞争对手波音公司宣布启动全新的双发远程客机 B7E7 项目（现称为 B787），B787 的各项指标直接超越了空客 330 系列。 空客公司最初认为 4 台发动机的远程飞机更有市场，对 B787 计划不予回应。 随着 B787 获得全球客户的青睐，订单数不断上升，空客公司决定改变初衷，针对 B787 开发对应竞争机型，在取得极大成功的 A330 及 A380 机型基础上采用新发动机，重新设计机翼，开发改进型的 A330 同 B787 项目竞争，并将新机型命名为 A350[②]。

A350 计划最初的设想是从现有 A330 的设计中衍生出 250—300 座双引擎宽体客机。 根据这一计划，A350 将在共享 A330 机身横截面的同时修改机翼和新发动机。 A350 受到空客公司两家大客户——国际租赁金融公司（International Lecoe Finance Corporation，ILFC）和通用电气资本航空服务公司（GECAS）的公开批评。 空客公司回应说，他们正在考虑对 A350 的改进工作以满足客户的需求。 空客公司当时的首席执行官 Gustav Humbert 表示："我们的策略并非由下一个或两个活动的需求所驱动，而是由市场的长远眼光和履行我们承诺的能力来驱动。"由于澳航和新加坡航空等主要航空公司在 A350 和 B787 中选择了 B787，Gustav Humbert 委托工程团队制定新的替代设计。 公司内部称为"1D"的这样一个提案构成了 A350 重新设计的基础。

与波音公司飞机研发制造的一个很大的不同是，空客公司在法、德、英和西班牙等国都设有工厂，每个工厂只生产飞机的一部分部件，比如 A350 飞机的机头和中机身段在法国圣纳泽尔组装，前、后机身段和垂直尾翼在德国汉堡组装，机翼在英国布劳顿制造，并在德国不来梅装配，水平尾翼在西班牙赫塔菲/伊列斯卡斯组装，发动机吊架和短舱则是在法国

---

① 百度百科.空中客车[EB/OL].https://baike.baidu.com;百度文库.空中客车图片新闻[EB/OL].(2018-08-21).https://wenku.baidu.com.

② 百度百科.客中客车[EB/OL].(2018-08-21).https://baike.baidu.com.

图卢兹组装,这些大部件组装完成之后都被运往位于图卢兹的 A350 总装线进行总装①,同时空客公司在中国、俄罗斯和其他国家的风险共担的合作伙伴参与到 A350 飞机的研发和生产中②,因此在需求设计阶段就考虑到了供应链端的问题。

空客公司发布的技术资料显示,A350 飞机有着全新的复合材料机翼和铝锂合金机身,新材料的使用比例高达 60%。 A350 飞机还拥有全新的起落架,90%采用了全新的零部件,全新的 A350 飞机是对同级别 A330和 A340 远程系列飞机的补充,为了进一步降低运营费用和生产成本,A350 飞机保持了空客远程系列飞机的操纵通用性。 全新设计的客舱还可以为远程飞行的乘客提供更佳的舒适性③。 与同级别竞争机型相比,A350 飞机的客舱座位数量要多出 12%—14%,且由于其卓越的低油耗性能和经济性,每座的运营成本比同级别竞争机型要低 8%,但是其航程比同级别机型要长 555 千米,因此,全新的 A350 飞机推出后,将会进一步巩固空客公司在全球的领先地位。 在资金需求预算方面,A350 飞机的研制最初估计需要 43.5 亿欧元(约 52.4 亿美元,后攀升一倍左右),欧盟计划以财政补贴的方式为其提供资金支持,其金额约为研制费用的 33%。据空客公司预计,未来 20 年,全球市场大约需要 3300 架像 A350 这样级别的飞机,空客公司希望拥有其中一半的市场份额④。

6.1.2 ARJ21 飞机的需求定义

ARJ21 新支线飞机是中国首次按照国际民航规章自行研制、具有自主知识产权的中短程新型涡扇支线飞机,座级 78—90 座,航程 2225—3700千米,主要用于从中心城市向周边中小城市辐射型航线。 2015 年 11 月29 日,首架 ARJ21 支线客机飞抵成都,交付成都航空有限公司,标志着

① 第一财经.探秘空客 A350 飞机制造工厂 大飞机是怎样炼成的?[EB/OL].(2016-09-26).https://www.yicai.com.
② 百度百科.空中客车[EB/OL].https://baike.baidu.com.
③ 百度百科.空中客车[EB/OL].https://baike.baidu.com.
④ 大众网.空客全球发起 A350 项目 中国将承担 5%设计和制造[EB/OL].(2006-07-18).http://www.dzwww.com.

该飞机正式进入市场运营①。 2007年9月,美国《航空周刊》撰文说,如果ARJ21-700型客机顺利投产和交付,中国将进一步生产大飞机,拓展这个被空客公司和波音公司垄断的市场。

ARJ21项目伊始就确立了坚持以客户为中心的理念,做出了一系列后来经实践检验是正确的技术决策,制定了以比较优势体现市场竞争力的总体技术方案,走完了初步设计、详细设计、全面试制和适航审定的全程。如基于对目标细分市场客户营运收入"淡季损失旺季补",以及运营70座以上喷气支线客机才能盈利情况的深入了解,选定了目前ARJ21飞机基本型的座级;为满足在低海拔平原地区航线和西部高原高温机场航线都能高效营运的要求,对全球可供选择的多种发动机进行了全面权衡分析,与潜在客户一起选定了在预期营运环境下油耗、可靠性和维修成本有全面优势,具备客户期望的推力余度和发展潜力,以及通过电调实现各额定推力有较大幅度改变而不明显影响油耗和寿命的先进成熟涡扇发动机;为满足乘客主体对舒适性的要求和航空公司"干支结合"高效营运的要求,经气动阻力和结构效率两坐标权衡优选,采用了每排"2+3"五座"支线飞机中的宽体机"客舱剖面,开启了中国喷气运输类飞机具备客舱宽敞特色的新传统,并在驾驶舱设计和性能与使用特性两方面与多数潜在用户同时营运的150座干线飞机保持了相当的共通性②。

ARJ21-700项目制造总工程师姜丽萍说,ARJ21-700的研制道路也是中国未来研制大飞机的预演和奠基。 ARJ21-700整架飞机在需求设计阶段就充分调动后期的设计者、供应链成员和生产商家参与的积极性。 整个需求分析有来自中国、巴西、西班牙、比利时和智利等国家的生产组装供应商;世界上著名的民航设备供应商,如霍尼韦尔提供飞行控制系统、罗—科提供航电设备、通用公司提供发动机设备等;飞机设计厂商——庞巴迪公司等的充分参与,这是一个相当典型的国际分工合作的项目。 而

① 金明达.南岳机场成都—衡阳—泉州昨成功首航[N].衡阳日报,2018-10-29.
② 吴兴世.向以客户为中心的观念转变:从ARJ21的设计思想谈起[J].大飞机,2015(6):34-39.

在总承包商和供应商之间,ARJ21-700 飞机采用国际上通行的风险共担和利益共享机制。 在具体分工上,中航商飞承担的工作是飞机设计试验、系统集成和飞机总装,这些工作仅占到总投入的大约 1/3,而发动机和内部设备则各占 1/3[①]。 在许多航空界专业人士看来,ARJ21-700 飞机的研制更像是一次豪赌,例如 ARJ21-700 项目从计划到样机就耗去 50 多亿元,其中 25 亿元是国家贴息贷款,其余资金由多家股东自筹,资金压力巨大[②]。

2003 年,12 家系统供应商全部选定之后,100 多人的供应商队伍与中国的工程技术人员组成了联合工作团队,来共同定义 ARJ21-700 飞机上所有的系统与设备。 他们的工作范围涉及工程、计划、采购、适航、技术保障、制造、质量、产品支援、IT 等多个专业。 从 2000 年到 2010 年,中国黄金 10 年的发展是谁也没估计到的神速进步,让原来预计的支线客机航线变成了干线客机航线[③]。

中航商飞明确表示:我们不谈技术合作,我们的原则非常明确,作为 ARJ21-700 飞机的主制造商,我们需要的是"风险合作伙伴",我们需要拥有与其他飞机制造商同等的商业地位,自己设计,自己按要求找供应商,供应商只是提供符合要求的产品的一方。 同时,这个也得到了中航 AVIC-1(中航一集团)的认同。 时任民机部部长的汪亚卫指出,大量选择美欧知名厂商成为主要系统供应商,最主要的目的就是拿到国际适航证,将中国的商用飞机卖到国际市场。 ARJ21-700 飞机取得国际适航证的意义已经超越了项目本身的意义,比如说之后选择 GE 引擎,作为回报,GE 公司帮助中航商用飞机有限公司与美国 FAA 建立了联系[④]。

但从 ARJ21 项目需求定义阶段看,还存在诸多困难。 中航商飞以上海飞机制造公司为主导,其希望以波音公司、空客公司那样的思维模式造

①　于达维. 新支线待飞[EB/OL]. (2008-02-16). http://misc. caijing. com. cn.
②　国产最大支线客机首飞推迟背后[EB/OL]. (2008-04-18). http://forex. hexun. com.
③　大飞机知识:ARJ21 项目 15 年得失[EB/OL]. (2016-08-21). www. sohu. com.
④　大飞机知识:ARJ21 项目 15 年得失[EB/OL]. (2016-08-21). www. sohu. com.

飞机,自己做设计,产品由供应商提供。 但是上海飞机制造公司的技术和经验不足,现成的经验就是靠组装 MD82 得来的,所以它希望 ARJ21 以 MD82 为基础。 而中航商飞参与建造的西安飞机工业(集团)有限公司更倾向于 B737 这样的翼挂布局。 ARJ21 从设计开始已经有争议。 其实两家取长补短是最好的事,中航商飞也是这么想的,所以最后为了解决争执,在 2003 年成立 FAI,本是想通过联合设计方式去解决争执,但是最终又演变成 FAI 和中航商飞工程部之间的争执[①]。 在中航与供应商进行联合定义工作(Joint Design/Definition Phase,JDP)时,本来业界普遍只需要半年到 1 年时间即可完成,但是 ARJ21 项目却用了 2 年零 8 个月,而且最终还是中航商飞在 2005 年强制终止 JDP 阶段,因为这个过程极度混乱,从来没有一架飞机经历过这么多的更改[②]。

6.1.3 分析结果

通过空客 A350 项目和中航商飞 ARJ21 项目的案例分析,可归纳出 4 项影响复杂产品技术需求分析能力的主要因素。

(1)项目战略因素。 无论是 A350 项目还是 ARJ21 项目,它们的项目需求分析都是以项目战略为基础的。 复杂产品研发战略为项目开展研发需求分析活动指明了方向,同时也从战略的高度体现了研发的总体概况[③]。 作为新一代中大型、中至超长程用宽体客机系列,空客 A350 项目一开始就是以弥补在空客 A380 项目上的战略失误同时对标波音 B787 客机为目的的。 我国的支线客机 ARJ21 也是基于主要用于满足从中心城市向周边小城市辐射型航线的使用要求,来进行战略定位的。 市场不确定性、政府政策和产品的复杂性驱动关键利益相关者参与项目研发过程。

(2)利益相关者特征因素。 飞机作为一种典型的复杂产品,其研发的关键利益相关者主要包括研发机构、制造企业、分包商、关键供应商、

---

① 大飞机知识:ARJ21 项目 15 年得失[EB/OL].(2016-08-21).www.sohu.com.

② 大飞机知识:ARJ21 项目 15 年得失[EB/OL].(2016 08 21).www.sohu.com.

③ 王娟茹,杨瑾. 关键干系人知识共享行为影响因素研究:基于复杂产品的研发[J]. 科学学研究,2011,29(6):900-905.

最终用户及政府管理部门等。 这些庞大的利益相关者尤其是关键利益相关者的经验知识和技术知识的共享、需求满足程度与限制性条件等都会影响复杂产品的技术需求分析。 如在飞机整体的经济性、舒适性上,既要满足潜在客户的诉求,又要考虑到战略供应商的设备生产供应能力。 空客 A350 项目为应对两家最大客户——国际租赁金融公司和通用电气资本航空服务公司的公开批评而在设计上做出改变,以及中国的 ARJ21 在项目伊始听从客户建议后进行需求分析阶段的研发设计更改都体现出这一点。 如何处理好各个利益相关者的诉求,是技术需求分析尤为关键的一步。

(3)技术因素。 技术水平的限制也会影响项目的需求分析和目标的达成。 复杂产品研发是一个涉及多技术领域的过程,具有 R&D 的依赖性、技术复杂性和研发过程的复杂性等特点,这使得研发活动很难由一个组织或企业独立完成,大多会涉及多企业和多组织共同完成。 在航空飞机研发领域,航空生产公司与设备供应商、设计商等利益相关者合作,来进行经验和知识的交流,共同促进技术的提升,而这些技术层面上的经验积累和提升会影响到技术需求分析阶段的判断。 在空客 A350 项目中,其机型是以原有的 A350 和 A380 机型为基础的机型调整和技术上的提升,并非平地而起。 而我国的 ARJ21 飞机的研制也受以前如学习组装 MD82 和 MD90 时存留的技术影响,但受制于技术实力、生产经验、研发因素等,整体项目进度明显不如 A350 项目快。 因此,技术因素也是影响技术需求分析的关键因素之一。

(4)组织驱动因素。 组织驱动因素包含组织文化、组织结构、高管支持、激励机制、组织沟通等,这些因素影响着技术需求分析阶段利益相关者进行知识交流和经验分享的效率和能力。 复杂产品项目进行技术需求分析时涉的内部和外部组织众多,其中核心企业的组织驱动因素最为重要。 在空客 A350 需求分析阶段,当 ILFC 总裁敦促空客公司采取清洁设计否则会存在失去市场份额的风险时,空客公司便适时地进行 A350 的改进以满足客户的需求,正是其组织结构的良好治理、组织内部高效率的沟通方式才使得空客 A350 项目可以快速满足大客户需求与进行供应链的调整。 ARJ21 项目则在此阶段还没有完成组织的治理,内部整合困难重重,导致项目产生拖延。

6.2 技术外包与开发能力[①]:联合研发激励机制研究

外包是指企业把一些非核心的生产环节通过合同的形式移交企业外部去完成,把企业内部资源主要集中于那些具有竞争优势的生产环节上,从而达到降低成本、提高效率、增加资本收益、增强企业竞争力和为消费者提供最大的价值和满足目的的一种经营管理模式(Prahalad et al.,1990)。 企业采取外包而不是内化(insourcing)最主要的原因可能是外包意味着公司"从一个以资本为基础的行业转向一个以信息为基础的行业",正是信息技术的发展使得外包更为经济(交易成本减少)。 当然,外包不仅仅是为了降低成本,它还意味着提高公司的竞争力,了解世界最高水平,提高供货速度,等等。

由于复杂产品的生产通常属于技术密集型和资金密集型行业,主制造商不可能一味地追求自已在所有零部件的生产环节都具有绝对竞争优势,因此通过外包的形式,让更有竞争优势的企业进入生产过程中来已经成为复杂产品生产的行业惯例。 与一般大宗商品不同的是,复杂产品的各个子系统之间的兼容性要求很高,因此在外包的过程中,不同的企业之间通常需要进行协作才能确保各子系统在集成之后能够正常运作。 因此,对于主制造商而言,做好外包商(供应商)的激励工作,在确保各子系统兼容性符合标准的前提下提升外包绩效变得尤为重要。 以中国高铁路线的建设为例,在建设过程中,高铁线路被划分为多个标段外包给不同的施工企业负责建设。 每一个标段都是一个包含桥梁、路基、隧道、电气化等子系统的大系统。 各系统之间相互包含和衔接,这对兼容性和协调性提出了非常高的要求,参与建设的单位在建设过程中不仅要重视技术研发,还要确保自已建设的部分与其他单位建设的部分能够有效对接。 做好各标

---

① 本节部分内容已公开发表[王经略,周国华. 考虑过度自信的 CoPS 联合研发激励机制研究[J]. 科学学研究,2019(10):1836-1845]。

段的管理工作不但涉及提升承包商独自工作的努力水平,也涉及提升承包商之间相互协作的努力水平。 这里以博弈论的方法分析制造商技术外包与开发过程中的能力。

6.2.1　模型假设

某业主公司(委托公司)需要定制一复杂产品,通过招投标委托公司选择了两家具备相应资质的代理公司 i、j 进行该产品的技术研发。 在研发生产过程中,每家公司不仅要完成自己的项目任务,同时也要参与到另外一家公司的工作中去联合研发,联合研发的工作包括技术支持、系统调试、接口管理等方面,目的在于使两家公司生产的部件实现良好兼容。本模型基于以下 5 个基本假设。

假设 1:令 x 表示公司完成自己项目任务(独立工作)所需要付出的努力,y 表示公司参与到另外一家公司工作中进行联合研发时所付出的努力,总的努力水平为

$$\eta_i = x_i + y_i \tag{6-1}$$

假设 2:令 a 表示公司独立工作的能力,取值越大代表公司独立工作时单位努力水平的产出越高,可知公司 i 独立工作时的产出为 ax_i。 令 r 表示代理公司之间的联合研发对产出的影响,取值越大表示该复杂产品联合研发的需求越高、需要攻克的技术难度越大。 考虑到复杂产品各子系统的兼容性要求高、集成难度大,一个子系统研发的成败不仅对该子系统的研发公司有影响,对参与复杂产品研发的其他公司也造成很大的影响,因此假设公司 j 参与到公司 i 的工作中去开展联合研发的产出为 rx_iy_j。 令 π_i 表示公司 i 的产出,可知

$$\pi_i = ax_i + rx_iy_j + \varepsilon_i \tag{6-2}$$

其中,ε_i 为自然环境变量,表示外部环境对代理公司 i 产出的影响服从均值为 0、方差为 σ^2 的正态分布,即 $\varepsilon_i \sim E(0, \sigma^2)$[①]。 为简便起见又不失一般性,假设 $a = 1$。

---

① 韩姣杰,魏杰.项目复杂团队合作中利他偏好的生存和演化[J].管理科学学报,2015,18(11):35-46.

假设 3：令 C_i 表示代理公司的努力成本。由于二次函数能够很好地模拟随着努力程度的增加边际成本也不断增加的客观情况（Baker，2002；柳瑞禹等，2015），假设

$$C_i = \frac{1}{2}(x_i^2 + y_i^2) \tag{6-3}$$

假设 4：为确保复杂产品各子系统之间的兼容性，委托公司应激励参与联合研发的代理公司与其他公司合作的积极性，α 为公司 i 从自己独立工作中得到的激励系数，β 为公司 i 从公司 j 的产出中得到的激励系数，令 $\alpha + \beta = k$，k 为委托公司给公司 i 总的激励系数，为保证激励结构的合理性，设 $0 < k < 1$，在给定的情况下，β 值越大，说明委托公司对于联合开发的鼓励程度就越高（Kretschmer et al.，2008）。S_i 为公司 i 的收入，则有

$$S_i = \alpha \pi_i + \beta \pi_j = (k - \beta) \pi_i + \beta \pi_j \tag{6-4}$$

假设 5：代理公司与委托公司均为风险中性。用 EU_i 表示公司 i 的期望效用，EV 表示委托人的期望效用，根据前述假设可知

$$EU_i = (k - \beta)(x_i + r_i y_j) + \beta(x_j + r x_j y_i) - \frac{1}{2}(x_j^2 + y_i^2) \tag{6-5}$$

$$EV = (1 - k)(\pi_i + \pi_j) = (1 - k)[x_i + x_j + r(x_i y_j + x_j y_i)] \tag{6-6}$$

当代理公司 i、j 的市场地位相同时，委托公司和两家代理公司的决策过程如图 6-1 所示。博弈开始之前，委托公司向两家代理公司介绍该复杂产品研发工作的技术要求、功能需求等相关信息，代理公司各自介绍自己对于该复杂产品定制难度、成功概率的评估。随后双方开始决策，当代理公司 i、j 的市场地位相同时，先由委托公司决定激励系数 α、β。代理公司 i、j 看到 α、β 的值之后同时决定各自在自主研发和联合研发上投入的努力水平 x_i、y_i 和 x_j、y_j，随后双方开展研发工作完成定制任务，最终得到真实效用。

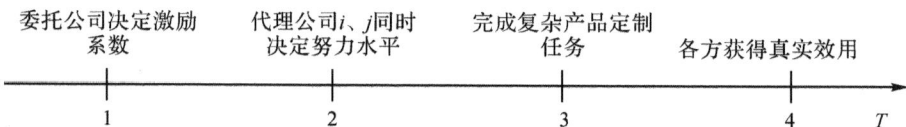

图 6-1 代理公司市场地位相同时博弈各方的决策过程

当代理公司 i、j 的市场地位不相同时,假设代理公司 i 市场地位占优,此时仍然先由委托公司决定激励系数 α、β。代理公司 i 看到 α、β 的值之后决定在自主研发和联合研发上投入的努力水平 x_i、y_i。代理公司 j 在观察到委托公司的激励系数和代理公司 i 决定的努力水平之后决定在自主研发和联合研发上投入的努力水平 x_j、y_j。决策过程如图 6-2 所示。

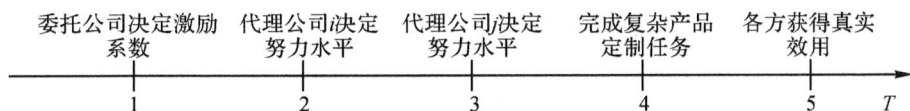

图 6-2　代理公司市场地位不同时博弈各方的决策过程

6.2.2　模型建立和计算

假设公司 i 和 j 的保留效用 $U_0 = 0$,一般而言,只要公司 i 和 j 针对委托人的激励条件 k 和 β 做出最佳反应,它们的收益都是严格的正值,因此参与约束可以不用考虑(Kretschmer et al.,2008)。建立完全理性下的联合技术研发模型如下:

$$\max_{k,\ \beta}\left\{(1-k)(\pi_i + \pi_j) = (1-k)[x_i + x_j + r(x_i y_j + x_j y_i)]\right\}$$

$$\text{s.t.}\quad \max_{x_i,\ y_i}\left\{(k-\beta)(x_i + rx_i y_j) + \beta(x_j + rx_j y_i) - \frac{1}{2}(x_i^2 + y_i^2)\right\} \quad (6\text{-}7)$$

$$\max_{x_j,\ y_j}\left\{(k-\beta)(x_j + rx_j y_i) + \beta(x_i + rx_i y_j) - \frac{1}{2}(x_j^2 + y_j^2)\right\}$$

市场结构的不同直接影响了联合研发过程中博弈双方的决策顺序。参与联合研发的两个公司市场地位相同时,它们会同时做出决策决定各自的努力水平,博弈过程遵循纳什均衡博弈;当双方的市场地位不同时,处于市场主导地位的公司往往会先发制人,提出有利于自己的策略选择,处于劣势的公司则只能跟随其后进行决策,博弈过程遵循斯坦伯格博弈。基于此可知,完全理性下的联合研发委托-代理模型计算结果如表 6-1 和表 6-2 所示。

表 6-1　完全理性下双方市场地位相同时计算结果

变量	$\bar{x_i}$	$\bar{y_i}$	$\bar{x_j}$	$\bar{y_j}$	$\bar{k}$
结果	$\dfrac{1}{4-r^2}$	$\dfrac{r^2-2}{r(4-r^2)}$	$\dfrac{1}{4-r^2}$	$\dfrac{r^2-2}{r(4-r^2)}$	$\dfrac{3r^2-4}{2r^2}$
变量	$\bar{\beta}$	$E\bar{U_i}$	$E\bar{U_j}$		$E\bar{V}$
结果	$\dfrac{r^2-2}{r^2}$	$-\dfrac{1}{2}\dfrac{r^4-9r^2+12}{r^2(r^2-4)^2}$	$-\dfrac{1}{2}\dfrac{r^4-9r^2+12}{r^2(r^2-4)^2}$		$\dfrac{2}{r^2(4-r^2)}$

表 6-2　完全理性下公司 i 市场地位占优时计算结果

变量	x_i	y_i	x_j	y_j	k
结果	$\dfrac{r^2+4}{12(2-r^2)}$	$\dfrac{7r^2-8}{6r(2-r^2)}$	$\dfrac{r^2+4}{12(2-r^2)}$	$\dfrac{7r^2-8}{12r(2-r^2)}$	$\dfrac{r^4+18r^2-16}{2r^2(r^2+4)}$
变量	β	EU_i	EU_j		EV
结果	$\dfrac{7r^2-8}{r^2(r^2+4)}$	$\dfrac{r^4+32r^2-32}{48r^2(2-r^2)}$	$\dfrac{r^6-111r^4+432r^2-320}{288r^2(2-r^2)^2}$		$\dfrac{(r^2-8)^2}{96r^2(2-r^2)}$

6.2.3　模型计算结果分析

结论 1：在满足其他招标条件的前提下，当复杂产品的定制难度较大，联合研发的需求较高时（$\sqrt{2}\leqslant r<2$），委托人应挑选市场地位相同的代理公司进行联合研发；当复杂产品的定制难度较小，联合研发的需求较小时（$\sqrt{\dfrac{8}{7}}<r<\sqrt{2}$），委托人应挑选市场地位不同的代理公司进行联合研发。

证明：根据前述假设，表 6-1 和表 6-2 中的参数均为非负，且 $0<k<1$，$0<\beta<1$，$0<k-\beta<1$。通过求解一系列不等式组可得，在双方市场地位相同时，$\sqrt{2}\leqslant r<2$；双方市场地位不同时，$\sqrt{\dfrac{8}{7}}<r<\sqrt{2}$。由于这两个区间分别代表了不同的市场结构，称这两个区间为市场地位区间。r 代表该复杂产品定制过程中对联合研发的需求和定制的难度。可知对于定制难度大、对联合研发的需求高的复杂产品，委托公司应该选择市场地位相同的两家公司进行联合研发；反之则应该选择市场地位不同的两

家代理公司进行联合研发。 这是因为，定制难度大、对联合研发的需求高的复杂产品在研发过程中技术难题数量多、攻克难度大，更需要新思维、新方法来解决。 当两家代理公司市场地位相同时，双方都有相同的发言权，在畅所欲言的环境中更能够激发创新思维。 对于定制难度较小、对联合研发的需求较低的复杂产品，选择市场地位有差异的两家公司进行联合研发，让市场地位高的公司在研发过程中起到主导作用，往往可以提高复杂产品定制生产的效率。

这一结论不仅为委托公司在复杂产品的定制过程中如何选择合适的代理公司提供了新的视角，也为委托公司设计更科学合理的复杂产品委托研发合同提供了非常实用的建议——根据产品的复杂程度，通过在招标文件中设置限定条件让代理公司的地位产生差异或保持相同以保证联合研发工作的顺利完成。

结论 2：当两家代理人市场地位相同时（$\sqrt{2} \leqslant r < 2$），$\overline{x}_i < \overline{y}_i$，$\overline{x}_j < \overline{y}_j$ 恒成立；当两家代理人市场地位不同时（$\sqrt{\dfrac{8}{7}} < r < \sqrt{2}$），$x_j < y_j$ 恒成立，且存在一个 r^*，使得当 $\sqrt{\dfrac{8}{7}} < r < r^*$ 时，$x_i > y_i$，当 $r^* < r < \sqrt{2}$ 时，$x_i < y_i$。

结论 2 说明，两家代理公司对努力水平的分配受到市场结构和复杂产品的定制难度两个因素影响。 当公司 i、j 市场地位相同时，两家公司都倾向于分配更多的努力水平在联合研发上。 当公司 i、j 的市场地位不同时，代理公司 j 在联合研发上投入的努力水平始终高于在独立工作上投入的努力水平。 而代理公司 i 在复杂产品定制难度较小时，倾向于投入更多的努力水平在独立工作上；在复杂产品定制难度较大时，倾向于投入更多的努力水平在联合研发上。 对比两种情况可以看出，复杂产品的定制难度较大时，相同的市场地位更能促进两家代理公司开展联合研发。

结论 3：委托公司的最优利润分配方案是 $\alpha = \dfrac{1}{2}$，β 的大小取决于代理公司的市场地位和复杂产品定制难度的大小。 当代理公司市场地位相同的时候，$\beta = \dfrac{r^2 - 2}{r^2}$；当代理公司市场地位不同的时候，$\beta = \dfrac{7r^2 - 8}{r^2(r^2 + 4)}$。两种情况下激励系数 β 均随着复杂产品定制难度 r 的增加而增加，但始终保持 $\alpha > \beta$。

α 和 β 作为激励系数代表了委托公司对于独立工作和联合研发这两种研发方式重要性的判断。从计算结果可知，委托公司的最优分配方案中 α 占据了整个产出的一半，并且不受到复杂产品的定制难度等因素的影响。这说明委托公司要想获得最大的收益，必须首先保证两家代理公司独立工作的完成。代理公司完成独立工作是开展联合研发的基础，完成自己分内工作是其他工作顺利开展的基石。代理公司如果没有按时按质按量完成自己分内的项目任务，不仅自己所负责的项目不能顺利达到预期效果，还会影响到与自己联合研发的另一个代理公司的工作进度和效果。因此从委托公司的角度而言，各个代理公司完成自己分内的工作是第一位的。

6.3　技术集成能力：沪东中华造船有限公司、大宇造船 LNG 船技术获取方式比较

6.3.1　技术集成能力分析

technology integration 在我国理论界的翻译包括两种：技术集成和技术整合。通过文献梳理可以看到，虽然翻译不一样，但国内学者对其本质含义的理解是一致的。

技术集成的概念是 Iansiti et al.（1997）在美国工业 R&D 体制面临结构性转变时提出来的。20 世纪八九十年代，美国工业 R&D 体制发生了巨大的变化。那时，美国企业大量削减对基础研究的投入，裁减人员甚至解散 R&D 机构，一些新型高技术企业一开始就不设立 R&D 机构（孟月，2007）。对此美国学者做了大量研究，最后得出结论：第一，在日本等新兴工业国家不断崛起的背景下，美国工业的霸主地位受到了挑战，美国企业维持基础研究的财力日渐不足；第二，随着电子信息产品的不断涌现，产品系统性的特点变得越来越明显，一个产品通常需要多个技术合并

才能正常运行,而每个公司的技术往往只能承担该产品的某一个功能,企业的专利技术被嵌套在一个复杂产品的专利网络中,单个企业对新技术知识产品的控制力降低了(孟月,2007);第三,虽然一些美国企业在基础研究上有着丰硕的成果,但这些基础研究的成果在产品开发中的运用很少,这是因为重视基础研究的技术人员对市场需求并不了解,市场需要何种产品并不是他们关注的内容。 在这种背景下,Iansiti et al.(1997)对美国计算机工业做了实证研究,把许多成功企业的产品开发方式概念化为"技术集成"模式,并提出它是企业应对技术变化的有效策略。 技术集成是一种企业 R&D 模式的革命性变化,在传统的 R&D 模式下,企业从事基础研究的团队以创造技术为己任,并在产生出足够多的知识后把通过研究而定义出来的技术可能性转移给产品开发部门,由其进行提炼和产品、工艺设计,最后把新产品和新工艺的设计转给制造部门,由其在实际生产过程中解决需要完善的问题[①]。 这种方式的根本缺陷是没有任何过程能够让人对整个开发项目具有整体观念,所以在选择技术时经常做出错误的决定。 相比之下,美国计算机工业的主导企业摈弃了传统的 R&D 模式,创造出了一个新模式:在产品开发起点就以技术及其应用环境之间的匹配为目标,通过调查、评估和提炼等活动来选择产品开发所需的技术。 Iansiti et al.(1997)把这种"以创造技术可供资源和技术应用关联环境之间的匹配为目标的调查、评估和提炼的活动集合"称为技术集成。

技术集成作为一种新兴的技术管理范式,正逐渐代替"技术引进—吸收消化—创新"的传统模式,成为自主创新和技术能力增长的重要途径(郭亮等,2013)。 一方面,技术集成要求企业对市场需求有足够的了解;另一方面,企业也需要对现存技术有哪些选项做到胸有成竹。 在市场需求和技术选项的有效匹配中,针对现实问题给出合理的解决方案。技术集成能力的构成因素包括技术构建能力、技术知识获取能力、技术整合能力、试验能力和技术检测能力等 5 个方面。

---

① 路风,慕玲.本土创新、能力发展和竞争优势:中国激光视盘播放机工业的发展及其对政府作用的政策含义[J].管理世界,2003(12):57-82.

　　复杂产品的生产过程中，客户的参与度非常高。 特别是在产品研发的初期，制造商需要与客户进行深度的访谈，有效识别客户的需求。 在此基础上，制造商需要对产品技术系统进行层次设计，正确选择产品的技术和标准，为后续供应商的选择提供充分的信息。 在这个过程中，制造商表现出来的能力就是技术构建能力。 随着所需技术逐一明确，集成商会发现一部分技术是本企业能够掌握的，但是还有一部分技术由其他企业掌控。 如何选择合适的供应商企业，并与之建立良好的合作关系是考验主制造商的另一种能力，即技术知识获取能力。 由于复杂产品涉及大量子系统，各子系统之间的兼容性问题不得不考虑。 在大多数情况下，不同子系统之间进行整合的时候往往会出现新的问题，此时集成商就需要联合相关供应商，与之共同协商解决这些问题。 这个过程中集成商需要对内外部技术资源进行有效整合，并逐渐形成自己的核心技术，即主制造商要有技术整合能力。 由于复杂产品的研制过程涉及大量的研发工作，试验成为不可或缺的环节，用先进实验室，集合一批具有核心技术知识的技术人员，将使得集成商的试验能力大幅度提升。 此外，在复杂产品的研制初期，技术检测能力也扮演着非常重要的角色。 技术检测是以科学技术信息、数据分析为基础，通过数据挖掘、信息萃取、知识发现、数据可视化处理等前沿科学技术手段，对科学技术活动进行检测、分析及评估的方法[1]。 而技术检测能力是指企业运用这些手段和方法，寻求、选择并获取外部先进技术和信息的能力[2]。 技术检测能力是技术集成能力的重要组成部分，通过提升技术检测能力，企业可以更好地协调内部各职能部门及企业外部相关技术资源，快速捕捉产品技术信息，拓展技术创新源的范围，从而提升技术选择的成功率，优化企业内部的技术平台和产品工艺制造流程，更好地实现技术集成（郭亮等，2013）。

　　复杂产品的制造过程可以大致分为产品概念构建、产品集成开发和产

① 赵建华，焦晗. 装备制造业企业技术集成能力及其构成因素分析[J]. 中国软科学，2007，22(6):75-80.
② 魏江，许庆瑞. 企业技术能力与技术创新能力的协调性研究[J]. 科学管理研究，1996(4):15-21.

品持续创新 3 个阶段。 在产品概念构建阶段,主要强调对客户需求的有效识别、对技术系统的层次构建、正确选择产品开发的技术知识及重视供应商的作用 4 个方面。 在产品集成开发阶段,企业的技术集成能力主要集中在产品技术知识的外部获取、外部与内部技术知识的有效融合及试验能力等方面。 而在产品持续创新阶段,企业则需要通过技术监测不断发现新技术,使复杂产品不断更新甚至换代。

6.3.2　对比分析

沪东中华造船有限公司是中国船舶集团有限公司下属五大造船中心之一,既从事军用船舶建造,又从事民用船舶建造,既是目前国内进行大型 LNG 船舶建造的唯一一家生产厂商,也是国际 LNG 船建造领域的重要分包商。 沪东中华造船有限公司于 1997 年开始涉足液化气船建造领域,经过多年的技术引进、消化、吸收与自主研发,于 2008 年成功完成广东 LNG 项目的首制船——"大鹏昊",这标志着我国在大型液化气船建造领域实现了零的突破。 2015 年,由沪东中华造船有限公司承建的我国第一艘自行设计、出口海外的天然气船交付用户,这不仅标志着沪东中华造船有限公司已经具备了液化气船的独立设计、建造能力,同时也证明了我国 LNG 船舶生产能力的显著提升。

在船舶建造过程中,沪东中华造船有限公司主要集中优势资源于船舶总装和相关专用机械设备研发,与船舶相关的技术则主要掌握在其下属子公司、集团企业及相关配套企业手中。 最终沪东中华造船有限公司在自主研发的巴布亚号上,泵塔、绝缘箱、殷瓦预制件等 LNG 船相关核心部件均实现了国产化,船用隔热保温材料等液化气船二级配套产品也均为国内制造。

20 世纪 70 年代,欧美国家等由于劳动力成本上升,开始将一些依靠密集劳动发展的产业向韩国、新加坡等亚洲国家进行转移,在这一历史机遇的当口,韩国政府大力出台相应政策培育本土造船企业,成就了韩国今日船舶建造的辉煌业绩,造就了大宇造船等一批世界一流的船舶建造企业[①]。 在液化气船建造领域,得益于优质的生产技术能力、先进的技术工

---

① 韩国 LNG 产业凸显集群优势[J]. 珠江水运,2015(21):1.

艺和强大的船舶配套产业,近年来,韩国船企一度包揽了全球 LNG 船建造板块 80% 的订单[①],成为 LNG 船舶建造领域当之无愧的霸主。

在液化气船相关技术配套方面,大宇造船海洋工程有限公司(简称"大宇造船")除薄膜型液化气船的货仓维护系统等相关技术向法国 GTT 公司进行专利购买外,其他专有核心技术均由集团公司内部或公司与相关高校、科研院所等合作研发。 另外,一些共性技术则分包给国内外相关配套企业,如泡沫板材料、绝热材料等分别由韩国霍尼韦尔、德国巴斯夫(合作研发)、曼恩柴油机(上海)有限公司等相关优势企业进行研发制造。

在 LNG 船建造技术集成过程中,沪东中华造船有限公司和大宇造船两家船企表现出了显著的一致性。 在专有技术方面,除船东要求的如液货舱维护系统等专利技术外,均由集团公司进行自主研发或与国内科研院所进行合作研发。 在共性技术方面,如泡沫板、绝缘材料等,当国内企业具有技术优势时,则由国内企业进行相关产品的研发制造;对于船舶动力设备等的研发制造,则让具有技术优势的外国企业承担,同时寻求适当时机转向国内寻求技术分包商。 两家造船企业的技术集成方式选择对比情况见表 6-3。

表 6-3 沪东中华造船有限公司、大宇造船技术获取方式对比

技术类型	系统名称	公司	技术获取的方式
专有技术	液货舱维护系统	沪东中华造船有限公司	专利技术购买,同时与上海交大等科研院所进行相关技术开发
		大宇造船	专利技术购买,同时加强与国内院校合作进行研发
	泵塔、殷瓦预制件、绝缘箱等相关部件	沪东中华造船有限公司	首制船建造初期,便由集团内部公司进行技术研发和产品制造,首制船就实现了 100% 国产化
		大宇造船	首制船建设初期,即由国内企业进行相关技术研发,首制船实现了 50% 国产化
	再液化设备	沪东中华造船有限公司	自主研发
		大宇造船	大宇造船海洋工程有限公司

① 韩国 LNG 产业凸显集群优势[J]. 珠江水运,2015(21):1.

续　表

技术类型	系统名称	公司	技术获取的方式
共性技术	动力设备	沪东中华造船有限公司	首制船动力设备由日本的川崎重工提供
		大宇造船	最新制造的 LNG 船舶动力设备由曼恩柴油机(上海)有限公司提供
	泡沫板材料	沪东中华造船有限公司	向霍尼韦尔或 finetec 进行购买,目前江苏雅克科技股份有限公司正在进行相关技术研发
		大宇造船	目前由已经过 GTT 公司认证的 Hankuk Carbon(霍尼韦尔)提供
	隔热材料	沪东中华造船有限公司	由浙江省德清县普森耐火材料有限公司进行研发
		大宇造船	最新产品用的材料是由大宇造船和德国巴斯夫公司合作研制的新型材料

可见无论专有技术还是共性技术,两家公司在技术集成的过程中都存在一定的相似之处。

(1)专有技术集成。 一是液货舱维护系统。 目前国际上普遍使用的液化气船基于其不同的液化气装载货仓形式,而被划分为 3 种类型——菱形舱、存储罐、薄膜型,其中薄膜型液化气船由于具有装载量多、运输平稳等诸多特点,广受船东喜爱。 到目前为止,现役液化气船中有 80% 左右都是薄膜型船只[①]。 因此,对于以市场需求为导向的各大液化气船生产厂商来说,薄膜型液化气船也就成了各企业的主打船型。 其中,液货舱维护系统作为该类型液化气船的核心技术,也成为各大产企业独立掌握液化气船生产技术的主要障碍和船市竞争的焦点。 目前此种技术只有法国 GTT 公司拥有,每年各大船企只能通过技术购买的方式来完成船舶建造订单。 同时因为该技术是该类型船舶的主要核心技术,除第三方技术源能够进行专利出售和研发指导外,同行企业均采取一种技术保护态势,拒

---

① 2013 年,据国际天然气联盟统计,薄膜型船只占比为 73%,近年来随着薄膜型 LNG 船舶的不断完工,本研究预估目前 LNG 船舶占比为 80% 左右。

绝与其他国家企业进行核心技术交流。因此，各大船企只能积极与国内高校、科研院所等相关主体进行技术研发合作，即采用一种国内研发合作的技术获取方式，以提升企业技术研发的能力和效率，在提升企业在船市竞争力的同时，以待突破国外公司的技术封锁。

二是泵塔、殷瓦预制件、绝缘箱等相关部件。泵塔、殷瓦预制件、绝缘箱等相关产品是薄膜型液化气船独有的、不可缺少的核心零部件，同时也是国产化工作的主推对象。对于该类产品，两家船企的做法是，在产品订单签订之后，组织集团内部优势企业进行相关产品技术的研发与制造，即进行自主研发。大宇造船的首制船上核心部件的国产化率是50%；沪东中华造船有限公司则更为突出，首制船"大鹏昊"上泵塔、殷瓦预制件、绝缘箱等核心部件均初步实现国产化[1]，到自主研发的巴布亚号上，部分重要配套产品也实现了国产化。本研究认为，出现此种类型的技术集成方式的原因，首先在于该类型部件属于液化气船专有部件，在两国初次涉足液化气船建造领域时，国内缺乏相关的配套企业；其次，在进军液化气船领域初期，集团企业已开始针对相关技术进行攻关，具有相应技术基础；最后，该类型部件属于液化气船核心部件，增强该类型部件的国产能力，对于增强企业市场竞争力和产品制造能力具有重要意义。因此基于市场环境、企业竞争力培育、本土产业培育战略等因素考虑，各企业均采取了自主研发的技术获取方式。

三是再液化设备。再液化设备是将液化气运输过程中因震荡产生的液化气气体进行回收的装置，通过液化气气体的回收，可将液化气重新注入液货仓或为船舶提供动力。对于液化气船船东来说，该装置的使用每年能够减少大笔额外费用。对于船舶建造商而言，该技术则属于液化气船专有新技术，相关技术的研发和应用能够为自己带来巨大的市场竞争力和潜在收益。因此在该类型技术的研发上，船舶生产厂商如大宇造船，则将该项技术外包给集团内部企业进行研发，即采用一种自主研发的方式

---

① 庞名立. 全球 LNG 运输船大盘点［EB/OL］.（2018-02-05）. http://www. hqhunt. com/huntdetail? article_id=2927.

进行产品的研发生产。 2021 年 7 月 15 日，由中国船舶集团有限公司旗下沪东中华造船有限公司自主研发设计建造的 174000 万立方米浮式液化天然气储存再汽化装置（LNG-FSRU）"TRANSGAS POWER"号正式交船[①]。

　　（2）共性技术获取方式。 共性技术是工业应用性技术开发的基础，其功能在于以概念模型或实验室产品原型的形式为后续的具有直接市场应用价值的工业开发提供技术可行性，对于未来相关技术的开发和培育具有巨大的社会价值和经济价值，也正因为如此，共性技术的研发对于整个经济社会的发展都具有非常重要的意义。 对于单个企业和企业制造的非核心业务，如果企业没有相关的技术优势，就会采用研发外包的方式，即选择已有成熟技术的分包商来进行产品生产。 而两家液化气船生产企业并没有一直依赖国际上技术成熟的分包商的产品供给，而选择在适当的时机在国内寻求产品供应商，即逐渐由国际外包转向国内外包。

　　一是泡沫板、绝热材料。 泡沫板、绝热材料分别为液化气船绝缘箱的填充材料和液货舱的保温绝热材料，同时也是陆地储气罐等其他具有保温隔热功能的产品的重要组成部分。 对于船舶生产商来说，该类材料属于非核心材料，与此对应，该类产品技术应属于非核心技术，因此针对该类型技术的获取，企业应该选择效率型外包的方式，即基于技术成熟度考虑在全球寻求技术分包商。 但两家企业在进行技术集成时，表现出了一些不一样的特性。 针对绝热保温材料，在我国进行首艘液化气船生产时，沪东中华通过一系列的筛选，最终将该项技术的研发任务外包给从事保温、隔热、防护材料研发、制造的浙江省德清县普森耐火材料有限公司，即采取一种国内创新型外包方式，最终通过相关技术攻关，实现了首艘液化气船绝热保温材料的国产化；大宇造船[②]则采取与外部优势企业进行合作的方式，即采取国际合作研发方式，进行绝热材料研发。 针对泡

---

① 沪东中华正式交付欧洲船东首艘 17.4 万立方米浮式液化天然气储存再汽化装置[EB/OL]. (2021-07-16). 搜狐，https://www.sohu.com/a/477803044_155167.

② 大宇造船属于集团产业，大宇集团中有致力于材料研发的相关子公司。

沫板材料，沪东中华目前要向霍尼韦尔和 finetec 公司进行购买，同时在国内，又将该项技术的研发任务外包给江苏雅克科技股份有限公司，即采取由国际外包逐渐转向国内外包的方式进行泡沫板材料的研发；大宇造船方面，则基于韩国传统企业的泡沫板技术优势，直接从国内进行泡沫板材料的采购。

二是动力设备。 通过对两家企业所造 LNG 船舶动力设备的相关情况进行梳理发现，中韩两国所生产液化气船的动力设备多数由国际上技术较为成熟的承包商进行产品供应，如沪东中华第一艘船舶的动力设备由日本川崎重工供应，而大宇造船最新生产的最为先进的 LNG 液化气船动力设备则由曼恩柴油机（上海）分公司（德国企业）提供。 针对该种国际外包方式，本研究认为，中韩两国在重工业方面起步晚，尤其在动力设备建造板块方面，相比传统的工业强国如美、德、日等国家，不具备技术优势，很难满足大型液化气船庞大的动力需求和船东提出的更高技术要求（如油气两用动力设备），这都将要求船舶制造集成商在世界范围内进行技术获取，即采取国际外包方式，在全球选取更加合适的设备来满足产品建造的顾客需求。

通过以上对沪东中华造船有限公司、大宇造船等企业技术获取方式的分析发现，两家船企在国产化战略下进行技术获取时表现出了以下特性：①针对专有技术，通常直接交给集团公司内部进行自主研发，或与国内高校、科研机构等进行技术研发合作。 ②针对共性技术，若国内存在技术优势企业，则外包给国内优势企业进行技术研发，即采取国内外包的方式进行技术获取；若国内不存在技术优势企业，则寻求国际分包商进行购买，同时在恰当时机将相关技术研发工作外包给国内相关企业。 大型液化气船技术获取方式特性如图 6-3 所示。

通过以上对沪东中华造船有限公司和大宇造船两家企业在国产化战略下液化气船生产过程中技术获取方式的特性进行研究发现，作为大型复杂产品的生产企业，为推动国内相关配套产业的发展和自身企业竞争力的提升，应在产品设计的基础上针对不同的技术类别，采取不同的技术获取方式，即针对专有技术，通过自主研发、国内合作研发获取；针对共性技

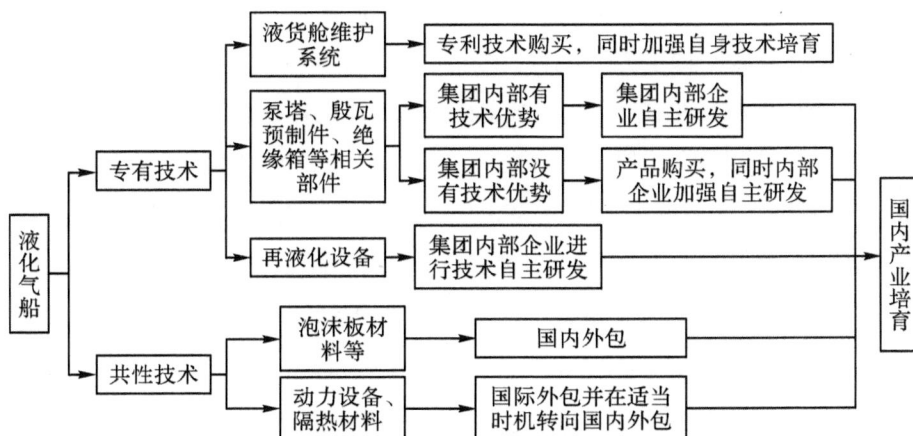

图 6-3　国产化战略下液化气船企业技术获取方式特性

术，采取国内外包、国际合作研发、国际外包、从国际外包逐渐转向国内外包等方式，这样能够快速地带动国内相关产业的发展。 复杂产品企业技术获取方式如图 6-4 所示。

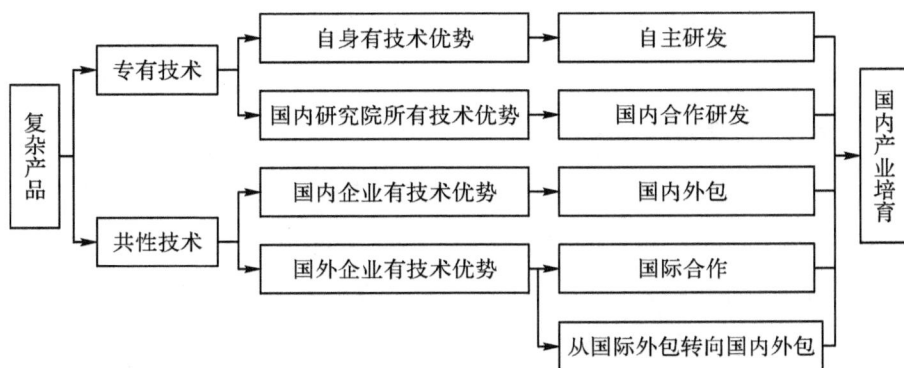

图 6-4　复杂产品企业技术获取方式

6.4　技术服务能力[①]:关键共性技术的合作研发

技术服务是指拥有技术的一方为另一方解决某一特定技术问题时所提

---

① 本节主要内容已公开发表[周国华,谭晶菁. 复杂产品装备关键共性技术合作研发模式研究[J].科技管理研究,2018(6):99-105]。

供的各种服务,如进行常规的计算、设计、测量、分析、安装、调试,以及提供技术信息、改进工艺流程、进行技术诊断等服务[①]。 技术服务能力就是一个企业在提供技术服务过程中,满足并超越用户需求的能力。 在复杂产品生产过程中,技术服务能力主要体现在共性技术对专有技术的支撑和服务上。 这不仅涉及产品是否能顺利开发,也决定着企业是否能够充分把握技术机会,在下一个创新点上占据浪潮之巅。 然而,共性技术的开发往往具有高风险、高投入、高外溢性的特点,因此越来越多的企业在共性技术的开发上踟蹰不前。 对于集成商而言,这是非常危险的,因为随着对共性技术研发投入的降低,企业在复杂产品的核心技术领域的主体地位将弱化。 同时集成商协调各供应商的能力水平将降低,对各供应商所参与的模块制造过程的技术服务能力也会不断降低。 因此,激励各企业特别是集成商在共性技术研发上的投入是提升其技术服务能力的重要手段。

针对多阶段多方参与的复杂产品关键共性技术研发,本部分引入技术弹性和扩散度,构建讨价还价动态博弈模型,并进行帕累托改进,对最优利益分配系数、研发主体最优努力水平和政府最优补贴等进行分析。

6.4.1 研究假设与模型构建

对于共性技术来说,最重要的就是它的基础性和外溢性,因此着重考虑复杂产品关键共性技术的技术弹性 α 和扩散度 n。 复杂产品关键共性技术供给中利益相关者众多,其定位和角色各不相同,根据各方的核心能力与利益诉求将参与方提炼为政府 G、共性技术研发企业 A 和专有技术研发企业 B。 企业 A 作为共性技术研发核心,率先决定自身的努力水平。企业 B 需要在吸收消化共性技术的基础上进行专有技术研发,因此企业 B 根据企业 A 的决策结果决定自身努力水平。 共性技术处于技术链前端,距离商用的专有技术还要经历漫长的二次开发,并且共性技术的研发成本非常高,所以假定共性技术研发成果不能给企业 A 带来直接收益。 技术

---

① 王明慧. 企业技术资本运营管理研究 [D]. 柳州:广西工学院,2010.

链上下游企业通过讨价还价对专有技术的收益进行分配。孙鳌[①]指出,匹配性资助是政府扶持共性技术研发最有效的政策手段,因此,在政府参与的关键共性技术合作研发模型中,政府采用为共性技术研发企业提供固定比例的成本补贴的方式介入技术研发市场。据此,提出假设并进行参数设置如下。

假设 1:共性技术研发企业不能从共性技术研发成果中获取直接收益。

假设 2:专有技术研发企业间相互独立,不存在竞合关系。

假设 3:复杂产品多为小批量定制,研发企业的努力水平很大程度上决定了复杂产品技术研发的效果和收益。着重考虑努力水平这个变量,其他变量以随机变量形式呈现。

假设 4:研发上下游企业讨价还价能力相同。

假设 5:各参与主体均为风险中性的理性经济人。技术研发企业追求自身利益最大化,政府以推动产业发展、行业总产出最大为目标。

成本函数: $C_i = \dfrac{1}{2} b_i e_i^2$ (i=A, B);

共性技术产出函数: $W_A = e_A + S_A$;

专有技术产出函数: $W_B = e_A^\alpha e_B + S_B$;

共性技术收益函数: $\pi_A = nt\left(W_B - \dfrac{1}{2} b_B e_B^2\right) - \dfrac{1}{2} b_A e_A^2$;

专有技术收益函数: $\pi_B = (1-t)\left(W_B - \dfrac{1}{2} b_B e_B^2\right)$。

其中, $e_i \geqslant 1$, i=A, B, e_A 为企业 A 在共性技术研究阶段的努力水平, e_B 为企业 B 在专有技术研究阶段的努力水平; α 为共性技术弹性 ($0 < \alpha < 1$),表示特定共性技术对后续专有技术研发产出的增量; n 为扩散度,即潜在受益的专有技术研发企业数量; b_i 为努力成本系数, $b_i > 0$, i=A, B; t 为产出分享系数, $0 \leqslant t \leqslant 1$。

(1)模型 1:企业合作模式。技术研发上下游企业通过讨价还价决定利益分配方式,分别以自身利益最大化为目标。

---

① 孙鳌. 政府在产业集群共性技术供给中的作用[J]. 南方经济,2005,23(5):40-42.

$$\max \quad \left[t\left(e_A^{\alpha} e_B - \frac{1}{2} b_B e_B^2\right) - \frac{1}{2n} b_A e_A^2\right](1-t)\left(e_A^{\alpha} e_B - \frac{1}{2} b_B e_B^2\right) \quad (6\text{-}8)$$

$$(\text{IR}) \quad t\left(e_A^{\alpha} e_B - \frac{1}{2} b_B e_B^2\right) - \frac{1}{2n} b_A e_A^2 \geqslant 0$$

$$(1-t)\left(e_A^{\alpha} e_B - \frac{1}{2} b_B e_B^2\right) \geqslant 0$$

$$(\text{IC}) \quad t\left(e_A^{*\,\alpha} e_B - \frac{1}{2} b_B e_B^2\right) - \frac{1}{2n} b_A e_A^{*\,2} \geqslant t\left(e_A^{\alpha} e_B - \frac{1}{2} b_B e_B^2\right) - \frac{1}{2n} b_A e_A^2$$

$$(1-t)\left(e_A^{\alpha} e_B^{*} - \frac{1}{2} b_B e_B^{*\,2}\right) \geqslant (1-t)\left(e_A^{\alpha} e_B - \frac{1}{2} b_B e_B^2\right)$$

（2）模型2：企业合作模式的帕累托改进。 研发上下游企业进行帕累托改进，以总收益最大为目标，同时需保证改进模式下双方各自收益不小于合作模式。

$$\max \quad e_A^{\alpha} e_B - \frac{1}{2} b_B e_B^2 - \frac{1}{2n} b_A e_A^2 \quad\quad (6\text{-}9)$$

$$(\text{IR}) \quad t\left(e_A^{\alpha} e_B - \frac{1}{2} b_B e_B^2\right) - \frac{1}{2n} b_A e_A^2 \geqslant 0$$

$$(1-t)\left(e_A^{\alpha} e_B - \frac{1}{2} b_B e_B^2\right) \geqslant 0$$

$$(\text{IC}) \quad \max \left[t\left(e_A^{\alpha} e_B - \frac{1}{2} b_B e_B^2\right) - \frac{1}{2n} b_A e_A^2 - \pi_A\right]\left[(1-t)\left(e_A^{\alpha} e_B - \frac{1}{2} b_B e_B^2\right) - \pi_B\right]$$

（3）模型3：政府参与的帕累托改进。 政府通过为关键共性技术研发企业提供固定比例的成本补贴调控技术研发市场，政府的补贴比例为 λ。 此时的目标函数为政府收益最大。

$$\max \quad n e_A^{\alpha} e_B - \frac{\lambda}{2} b_A e_A^2$$

$$(\text{IR}) \quad t\left(e_A^{\alpha} e_B - \frac{1}{2} b_B e_B^2\right) - \frac{(1-\lambda)}{2n} b_A e_A^2 \geqslant 0 \quad\quad (6\text{-}10)$$

$$(1-t)\left(e_A^{\alpha} e_B - \frac{1}{2} b_B e_B^2\right) \geqslant 0$$

$$(\text{IC}) \quad \max \quad e_A^{\alpha} e_B - \frac{1}{2} b_B e_B^2 - \frac{(1-\lambda)}{2n} b_A e_A^2$$

$$\max \left[t\left(e_A^{\alpha} e_B - \frac{1}{2} b_B e_B^2\right) - \frac{(1-\lambda)}{2n} b_A e_A^2 - \pi_A\right]\left[(1-t)\left(e_A^{\alpha} e_B - \frac{1}{2} b_B e_B^2\right) - \pi_B\right]$$

通过逆向归纳法求解得到 3 种模式下最优利益分配系数、双方最优努力水平和各方最优收益,计算结果见表 6-4。

6.4.2　模型分析与讨论

对上述均衡结果进行比较分析后可以得出以下命题。

命题 1:3 种合作研发模式下,利益分配系数均大于 0.5,技术弹性系数越大,共性技术研发主体所得利益占比越大。 相同技术弹性下,补贴系数 $t_1 \leqslant t_3 \leqslant t_2$。

证明:从表 6-4 中可知

$$t_2 - t_3 = \frac{1}{2}\left[\alpha + 1 + \frac{\alpha(1-\alpha)}{1+\alpha}\left(\frac{1+\alpha}{2}\right)^{\frac{1}{1-\alpha}}\right]$$

$$-\frac{1}{2}\left\{\alpha + 1 + \frac{\alpha(2+\alpha)(1-\alpha)}{1+\alpha}\left[\frac{1+\alpha}{2(2+\alpha)}\right]^{\frac{1}{1-\alpha}}\right\}$$

$$= \frac{1}{2}\frac{\alpha(1-\alpha)}{1+\alpha}\left(\frac{1+\alpha}{2}\right)^{\frac{1}{1-\alpha}}\left(\frac{1}{2+\alpha}\right)^{\frac{\alpha}{1-\alpha}} > 0$$

$$\frac{t_3}{t_1} = \frac{\frac{1}{2}\left\{\alpha + 1 + \frac{\alpha(2+\alpha)(1-\alpha)}{1+\alpha}\left[\frac{1+\alpha}{2(2+\alpha)}\right]^{\frac{1}{1-\alpha}}\right\}}{\frac{1}{2}(\alpha+1)} > 1$$

所以 $t_1 \leqslant t_3 \leqslant t_2$,命题 1 得证。

复杂产品关键共性技术研发主体通过讨价还价得到的最优收益分配超过总收益的一半。 共性技术虽然不能为研发企业带来直接的经济效益,但通过与下游专有技术研发企业合作,在共性技术基础上进行具有商业价值的专有技术研发,共性技术研发企业可以获得可观收益。 可见共性技术的价值不在于技术本身而在于进行二次研发后获得具有竞争力的专有技术。 一项关键共性技术的技术弹性越大,对后续研发的影响程度越深,则共性技术研发企业分得的收益就越多。 例如某项关键共性技术对相关产业内的专有技术研发起着决定性作用,共性技术的应用会导致专有技术研发效率呈指数级增长,并可能导致整个行业革新时,共性技术研发企业就掌握了绝对的话语权。 最优收益分配系数在企业合作模式下最小,在帕累托改进合作模式下最大。 相较于以自身利益最大化为目标的企业合

表6-4　3种模式下最优利益分配系数计算结果

变量	企业合作	帕累托改进	政府参与的帕累托改进
t	$\frac{1}{2}(\alpha+1)$	$\frac{1}{2}\left[\alpha+1+\frac{\alpha(1-\alpha)}{1+\alpha}\left(\frac{1+\alpha}{2}\right)^{\frac{1}{\alpha}}\right]$	$\frac{1}{2}\left\{\alpha+1+\frac{\alpha(2+\alpha)(1-\alpha)}{1+\alpha}\left[\frac{1+\alpha}{2(2+\alpha)}\right]^{\frac{1}{\alpha}}\right\}$
e_A	$\left[\frac{n\alpha(\alpha+1)}{2b_Ab_B}\right]^{\frac{1}{1-\alpha}}$	$\left(\frac{n\alpha}{b_Ab_B}\right)^{\frac{1}{1-\alpha}}$	$\left[\frac{n\alpha(\alpha+2)}{b_Ab_B}\right]^{\frac{1}{1-\alpha}}$
e_B	$\frac{1}{b_B}\left[\frac{n\alpha(\alpha+1)}{2b_Ab_B}\right]^{\frac{1}{1-\alpha}}$	$\frac{1}{b_B}\left(\frac{n\alpha}{b_Ab_B}\right)^{\frac{1}{1-\alpha}}$	$\frac{1}{b_B}\left[\frac{n\alpha(\alpha+2)}{b_Ab_B}\right]^{\frac{1}{1-\alpha}}$
π_A	$\frac{b_A}{2}\left(\frac{1-\alpha}{\alpha}\right)\left[\frac{n\alpha(\alpha+1)}{2b_Ab_B}\right]^{\frac{1}{1-\alpha}}$	$\frac{b_A}{4}\left[\frac{1-\alpha}{\alpha}+\frac{1-\alpha}{1+\alpha}\left(\frac{\alpha+1}{2}\right)^{\frac{1}{\alpha}}\right]\left(\frac{n\alpha}{2b_Ab_B}\right)^{\frac{1}{1-\alpha}}$	$\frac{b_A}{4}\left\{\frac{1-\alpha}{\alpha(\alpha+2)}+\frac{1-\alpha}{1+\alpha}\left[\frac{\alpha+1}{2(\alpha+2)}\right]^{\frac{1}{\alpha}}\right\}\left[\frac{n\alpha(\alpha+2)}{b_Ab_B}\right]^{\frac{1}{1-\alpha}}$
π_B	$\frac{b_A}{2n\alpha}\left(\frac{1-\alpha}{1+\alpha}\right)\left[\frac{n\alpha(\alpha+1)}{2b_Ab_B}\right]^{\frac{1}{1-\alpha}}$	$\frac{b_A}{4n}\left[\frac{1-\alpha}{\alpha}-\frac{1-\alpha}{1+\alpha}\left(\frac{\alpha+1}{2}\right)^{\frac{1}{\alpha}}\right]\left(\frac{n\alpha}{2b_Ab_B}\right)^{\frac{1}{1-\alpha}}$	$\frac{b_A}{4n(\alpha+2)}\left\{\frac{1-\alpha}{\alpha(\alpha+2)}-\frac{1-\alpha}{1+\alpha}\left[\frac{\alpha+1}{2(\alpha+2)}\right]^{\frac{1}{\alpha}}\right\}\left[\frac{n\alpha(\alpha+2)}{b_Ab_B}\right]^{\frac{1}{1-\alpha}}$
π_G	$\frac{2b_A}{\alpha(\alpha+1)}\left[\frac{n\alpha(\alpha+1)}{2b_Ab_B}\right]^{\frac{1}{1-\alpha}}$	$\frac{b_A}{\alpha}\left(\frac{n\alpha}{b_Ab_B}\right)^{\frac{1}{1-\alpha}}$	$\frac{b_A}{\alpha+2}\left[\frac{n\alpha(\alpha+2)}{b_Ab_B}\right]^{\frac{1}{1-\alpha}}\left(\frac{1}{\alpha}-\frac{1+\alpha}{2}\right)$

作模式,帕累托改进模式下,共性技术研发企业的努力水平提高,但增加了研发成本,需通过提高分配收益进行补偿。

命题 2:关键共性技术研发最优努力水平随技术弹性和扩散度的增长而不断提高。 相同的技术弹性和扩散度下,最优努力水平 $e_{A1} \leqslant e_{A2} \leqslant e_{A3}$。

证明: $\dfrac{\partial e_{A1}}{\partial \alpha} =$

$$\left[\frac{n\alpha(\alpha+1)}{2b_A b_B} \right]^{\frac{1}{2(1-\alpha)}} \left\{ \frac{(\alpha^2+\alpha)\ln\left[\frac{n\alpha(\alpha+1)}{2b_A b_B} - 2\alpha^2+\alpha+1 \right]}{2\alpha(\alpha+1)(\alpha-1)^2} \right\}$$

由于 $\dfrac{n\alpha(\alpha+1)}{2b_A b_B} > 1$, 可知 $\dfrac{\partial e_{A1}}{\partial \alpha} > 0$。

同时, $\dfrac{\partial e_{A1}}{\partial n} = \dfrac{1}{2n(1-\alpha)}\left[\dfrac{n\alpha(\alpha+1)}{2b_A b_B} \right]^{\frac{1}{2(1-\alpha)}} > 0$。

同理可证 $\dfrac{\partial e_{A2}}{\partial \alpha} > 0$, $\dfrac{\partial e_{A3}}{\partial \alpha} > 0$, $\dfrac{\partial e_{A2}}{\partial n} > 0$, $\dfrac{\partial e_{A3}}{\partial n} > 0$, 所以最优努力水平随技术弹性和扩散度的增长而提高。

此外, 从 $\dfrac{e_{A3}}{e_{A2}} = \dfrac{\left[\dfrac{n\alpha(\alpha+2)}{b_A b_B} \right]^{\frac{1}{2(1-\alpha)}}}{\left(\dfrac{n\alpha}{b_A b_B} \right)^{\frac{1}{2(1-\alpha)}}} = (\alpha+2)^{\frac{1}{2(1-\alpha)}} > 1$ 可知 $e_{A2} \leqslant$

e_{A3}; 从 $\dfrac{e_{A2}}{e_{A1}} = \dfrac{\left(\dfrac{n\alpha}{b_A b_B} \right)^{\frac{1}{2(1-\alpha)}}}{\left[\dfrac{n\alpha(\alpha+1)}{2b_A b_B} \right]^{\frac{1}{2(1-\alpha)}}} = \left(\dfrac{1}{\alpha+1} \right)^{\frac{1}{2(1-\alpha)}} > 1$ 可知 $e_{A1} \leqslant e_{A2}$。

所以最优共性技术研发努力水平 $e_{A1} \leqslant e_{A2} \leqslant e_{A3}$,命题 2 得证。

关键共性技术与专有技术的关联越紧密,共性技术应用前景越广阔,则共性技术研发企业投入的最优努力水平越高。 从事复杂产品关键共性技术研发的企业往往是实力雄厚的行业巨头,它们通过加大研发投入,垄断共性技术供给市场,制定行业技术标准,使得研发成果在整个产业内迅速推广,减少扩散成本,获取更大收益。 完全依靠市场对技术供给进行调节,共性技术的研发努力水平低于政府参与的情形,还可能进一步引发市场失灵。 帕累托最优是一种理想的状态,但共性技术研发主体与专有技术研发主体属于同一集团公司或者专有技术研发企业是共性技术研发企业的子公司时,上下游企业不但具有一致的利益诉求,而且通过企业间的沟通协调,可以确保帕累托最优持续稳定地存在。

命题 3:在政府参与的帕累托改进模式下,政府的最优成本补贴比例为 $\lambda = \dfrac{1+\alpha}{2+\alpha}$。不论是从政府推动产业发展的角度还是从共性技术研发企业的角度看,政府参与的帕累托改进模式都优于其他共性技术研发模式。

证明:由 $\dfrac{\pi_{G1}}{\pi_{G2}} = \dfrac{\dfrac{2b_A}{\alpha(\alpha+1)}\left[\dfrac{n\alpha(\alpha+1)}{2b_Ab_B}\right]^{\frac{1}{(1-\alpha)}}}{\dfrac{b_A}{\alpha}\left(\dfrac{n\alpha}{b_Ab_B}\right)^{\frac{1}{(1-\alpha)}}} = \left(\dfrac{\alpha+1}{2}\right)^{\frac{\alpha}{1-\alpha}} < 1$

可知 $\pi_{G1} < \pi_{G2}$;由 $\pi_{G3} - \pi_{G2} = \dfrac{b_A}{\alpha+2}\left[\dfrac{n\alpha(\alpha+2)}{b_Ab_B}\right]^{\frac{1}{(1-\alpha)}}\left(\dfrac{1}{\alpha} - \dfrac{1+\alpha}{2}\right) -$

$\dfrac{b_A}{\alpha}\left(\dfrac{n\alpha}{b_Ab_B}\right)^{\frac{1}{(1-\alpha)}} = b_A\left(\dfrac{n\alpha}{b_Ab_B}\right)^{\frac{1}{(1-\alpha)}}\left[(\alpha+2)^{\frac{\alpha}{1-\alpha}}\left(\dfrac{1}{\alpha} - \dfrac{\alpha+1}{2}\right) - \dfrac{1}{\alpha}\right] > 0$ 可知

$\pi_{G2} < \pi_{G3}$,进而有 $\pi_{G1} < \pi_{G2} < \pi_{G3}$。命题 3 得证。

政府出资超过了关键共性技术研发成本的一半,说明政府的最优决策已不仅仅是参与共性技术研发活动,而是通过资本介入来有效调控技术供给市场。关键共性技术的基础性越强,潜在价值越大,对专有技术研发的影响程度越深,政府介入和扶持的力度就越大。一方面,政府通过补贴支持共性技术研发而推动多个产业乃至整个区域经济的发展,带来巨大的正社会福利效应。另一方面,政府的有效介入可以消除在共性技术研发生命周期各个阶段可能出现的市场失灵,有利于加快关键共性技术在优势产业中的快速转化,让技术供给市场更加有序高效。因此,对于技术弹性较大的关键共性技术适宜采用以政府主导、企业为主体的研发模式。

6.4.3 算例分析

以高速列车(以下称为样本)为代表的复杂产品产业借助关键共性技术的突破,开发出了拥有完全知识产权的高铁技术,在轨道交通牵引、制动和网络控制系统上实现了完全的"中国创造"。假设现在需要研发某项铁路关键共性技术,相关参数取值 $b_A = 4$,$b_B = 1$,$n = 10$。通过算例分析得到在不同的关键共性技术弹性下利益分配系数、共性技术研发最优努力水平和各方收益的变化趋势及大小关系。

共性技术研发企业获得的最优利益分配系数与技术弹性的关系如图 6-5 所示;关键共性技术研发的最优努力水平与技术弹性的关系如图 6-6 所示。

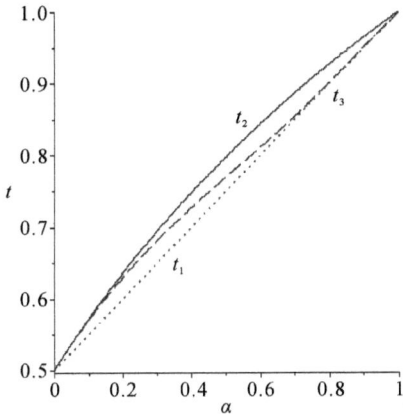

图 6-5　样本的共性技术研究企业
利益分配系数与技术弹性的关系

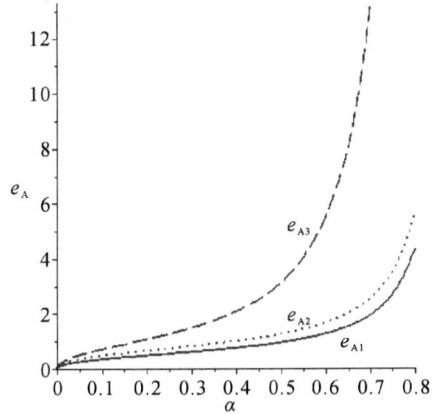

图 6-6　样本的共性技术研发最优努力
水平与技术弹性的关系

由图 6-5 可以看出,最优利益分配系数随技术弹性的增大而增大。 在相同技术弹性下,帕累托改进合作研发模式下的收益分配系数最大,企业合作模式下的收益分配系数最小,与命题 1 相符。 图 6-6 展示了共性技术研发最优努力水平随技术弹性的增大而增高,且增速越来越快。 在相同技术弹性下,政府参与的帕累托改进合作研发模式下的最优努力水平最高,企业合作模式下的最优努力水平最低,与命题 2 相符。 共性技术研发主体、专有技术研发主体和政府的收益随技术弹性的变化情况,分别如图 6-7、图 6-8 和图 6-9 所示,命题 3 也成立。

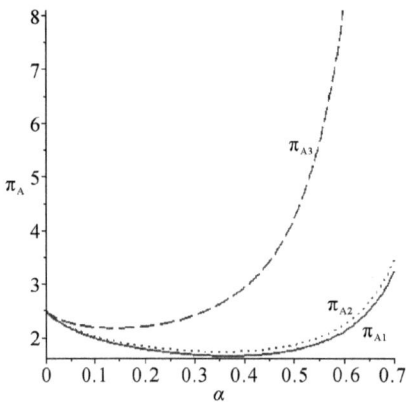

图 6-7　样本的共性技术研发企业收益
与技术弹性的关系

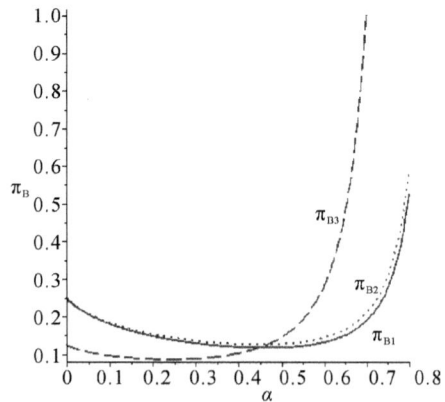

图 6-8　样本的专有技术研发企业收益
与技术弹性的关系

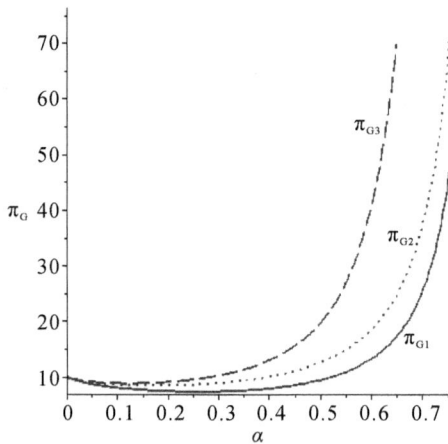

图 6-9　样本的政府收益与技术弹性的关系

　　本节采用博弈论的方法,从关键共性技术与专有技术关系的视角,创新性地引入技术弹性和扩散度,构建了三阶段讨价还价动态合作博弈模型,并进行了帕累托改进和优化,揭示了研发上下游企业利益分配的作用机理,探讨了共性技术研发努力水平的影响因素和激励机制,并从推动产业发展的角度分析了政府最优决策,等等。通过研究可以看到,关键共性技术的技术弹性是决定技术研发上下游企业利益分配的主要因素,技术弹性越大,共性技术研发主体分得的利益越多;共性技术研发最优努力水平与技术弹性和扩散度均有关,随技术弹性和扩散度的增大而增高,且增

长速度不断加快;政府补贴能有效地调动企业技术研发积极性,政府参与
有利于提高资源配置效率,最大化社会效益。

6.5　企业(产品)技术能力比较:以 C919、波音公司和空客公司商用大飞机为例

6.5.1　技术需求分析能力

大飞机是一种典型的复杂产品,制造商需要对客户（主要指航空公司）的技术需求进行分析、判断和引导。 制造商对客户技术需求的分析能力不仅体现在对客户当前技术需求的分析上,也体现在对客户未来技术需求的预判和引导上。

（1）安全性。 安全性是民用飞机极其重要的指标[①]。 为了保证民用航空运输的安全,各国政府对航空飞行器及其零部件都有适航性的要求。根据我国民用航空总局航空器适航司的定义: “民用航空器的适航性是指该航空器包括其部件及子系统整体性能和操纵特性在预期运行环境和使用限制下的安全性和物理完整性的一种品质。”这种品质要求航空器应始终处于保持符合其型号设计和始终处于安全运行状态。 适航性是保证民用飞机飞行安全的最基本条件。

由于美国和欧洲在民用飞机制造领域占主导地位,其适航认证也最具权威性。 其中,美国联邦航空局（Federal Aviation Administration, FAA）的民用飞机适航认证认可度最高。 一个国家的适航认证系统的权威性,对其商务飞机的市场认可度起着重要的作用。 市场对美国适航认证体系的高度认可,一定程度上也反映了波音公司在飞机安全性上的成功。

---

① 　10^{-9}是国际航空器适航审定的标准,代表飞机在每飞行 1 小时内由系统发生故障造成飞机灾难性事件的平均概率是 10^{-9}。对于飞机设计师来说,10^{-9}是设计出来的;对于负责航空器适航审定的局方来说,10^{-9}是验证出来的;对于公众来说,10^{-9}是选择航空出行的安全保障;对于飞机制造商来说,10^{-9}也是系统集成能力的体现。随着航空技术的飞速发展,商用飞机已经变得越来越复杂,与此同时,飞机的安全性标准也在持续提高,达到 10^{-9} 的难度也在增加(刘济美,2016)。

在安全性的技术需求上，波音公司一直在进行持续投资和不断改进。
从第一代喷气式飞机开始，为了降低事故发生率，波音公司对飞机进行了
系统的安全性试验。 在第二代客机开发时，使用了故障模式及其影响分
析（Failure Mode and Effects Analysis，FMEA），显著减低了事故的发
生率。 在开发第三代客机时，使用了功能危险性分析（Functional Hazard
Analysis，FHA）、FMEA、故障树分析（Fault Tree Analysis，FTA）等
多种方法进行安全性分析，使相关系统的事故率进一步显著降低[①]。 此
后，为了进一步提高飞机的安全性，在客机设计中考虑了人为因素，如防
错设计、更人性化的驾驶舱等，以减少因飞行员出错而引发的事故。
1995 年，波音 B777 交付使用，目前已运行了 26 年。 2013 年，韩亚航空
飞行员在操控波音 B777 降落时，由于操作上的失误，飞机冲出跑道，造
成了 3 人死亡的事故。 除此人为原因导致的致命事故外，波音 B777 一直
保持着优异的表现。 尽管近年来波音公司飞机事故不断，但其仍被认为
是史上最安全的飞机。

空客公司作为大型商务飞机的跟随者，在安全性方面也紧紧跟随波音
公司。 由于一个国家的适航认证系统的权威性，对其商务飞机的市场认
可度起着重要的作用，欧盟于 2003 年成立了欧洲航空局（European
Union Aviation Safety Agency，EASA），其在适航认证方面也发展成为
与美国联邦航空局（Federal Aviation Administration，FAA）拥有同等话
语权的组织。

通过这些年对客机安全性的持续改进，波音公司和空客公司两大民机
制造商的飞机事故发生率在不断降低。 根据国际民航组织的统计数据，
2011—2015 年期间，全球每百万飞行架次事故率分别为 4.1、3.2、2.9、
3.0 和 2.8。

（2）经济性。 对于航空公司来说，飞机性能中的经济性是影响利润
的重要因素。 因此制造商开发、使用降低飞机运营成本的新技术是航空

---

① 车程.民用飞机安全性分析方法研究及软件系统设计[D].南京:南京航空航天大
学,2008.

公司一贯的需求。 波音公司、空客公司采用先进的气动设计,降低气动阻力,提高气动效率和巡航速度;通过优化结构设计和采用新材料降低飞机的重量;采用高燃油效率动力装置提高燃油效率;采用便于维修的设计和新材料,减低维修成本;采用机型的系列化和成熟的技术控制研制成本[1]。

在复合材料的运用上,波音公司做出了开创性的创新,有效减轻了飞机的重量。 波音 B787 采用先进的整体制造技术,使飞机的复合材料总体用量由波音 B777 的 12% 跨越到 50%,机身和机翼外壳几乎都是由复合材料组成的,这减少了 1500 个零件和 4 万—5 万个连接件[2],显著地减轻了飞机重量,降低了飞机油耗及装配成本,而且使后续的维修成本节约30%。 面对波音公司的强大压力,空客公司推迟宣布 A350 客机的总体设计方案,在不懈努力下最终使 A350 的复合材料总体用量达到了 52%[3]。

在售后服务上,波音公司进一步提供相关技术帮助航空公司节约成本,如提供飞机健康管理系统(Aircraft Health Monitoring, AHM),使航空公司时时监控飞机发动机和机身系统,不仅能持续解决飞机的安全性问题,同时通过对飞机的诊断和预测分析,也可以减少飞机的延误、取消、折返等问题。 波音公司的便携式维修辅助设备,使机械师和工程师通过互动式维修软件在最短时间内解决技术问题,及时解决飞机故障。波音公司开发的综合材料管理系统,可以帮助航空公司进行维修供应链管理,降低零件成本,提高库存管理效率。

面对波音公司的激烈竞争,空客公司紧紧跟随,提供了飞机故障管理工具 AIRMAN、技术数据网络阅读器 AirN@v 等,与波音公司的 AHM、便携式维修辅助设备等进行同类竞争。 但在客户认可度上,波音公司的产品因其更好的技术更加被客户认可。

（3）舒适性。 让乘客在飞行过程有更好的体验,也是航空公司对飞

① 张康.民用飞机技术经济研究[J].科技和产业,2016,16(10):121-126.
② 曹春晓.一代材料技术,一代大型飞机[J].航空学报,2008,29(3):701-706.
③ 范平,范玉青.突破技术趋同,波音再现竞争优势:对大型飞机研制技术的战略性分析[J].航空学报,2008,29(3):707-715.

机制造商的要求。 早期喷气式客机对活塞式螺旋桨客机的全面取代，就是由于喷气式飞机能提供快速、平稳、安静的飞行体验。

目前复合材料的大量使用，有利于客舱内压力和空气湿度的增加，提高乘客的飞行舒适性。 再通过宽敞的座位和过道设计、防噪设计、照明设备设计、先进的客舱环境控制等措施，增加乘客的飞行舒适性。

波音公司提供的机载核心网络（Core Network） 硬件，不仅有连接机组人员与地面的通信和数据功能，而且可以为乘客提供通信和娱乐连接。波音公司的高速因特网服务具有提供全套电子化服务的优势，为乘客提供高速网络服务。 同时，空客公司也推出了自己的互联网服务与波音公司进行竞争。

（4）环保性。 随着人们环保意识的增强，政府对环保要求的不断提高，开发、使用更环保的技术符合人们的期望，也可以有效规避政府的相关法规。

目前，波音公司、空客公司一方面通过使用复合材料、新型材料、整体结构技术等减轻飞机的结构重量，另一方面通过优化结构设计和布局设计、升级系统设计与布置等方式，减轻飞机重量，降低油耗，使飞机更具环保性[①]。 对于飞机废气排放污染的问题，两大巨头通过积极开发新发动机技术、低油耗技术、先进燃烧室技术，使用新型能源等手段，减少二氧化碳、氮氧化物等废气的排放，降低噪音污染。

图 6-10 是波音公司发布的发展下一代民机关键技术领域，图 6-11 是空客公司未来民机发展五大战略目标，从中可以看出，它们都充分考虑到顾客对安全性、经济性、舒适性和环保性等的需求。

---

① 姜澄宇.从国外民机重大研究计划看大型民机发展的重大关键技术[C].中国航空学会 2007 年学术年会,2007.

```
                        ┌─ 气动技术 ─┬─ 降低耗油率 ─┐
                        │            ├─ 提高可靠度 ─┤
波音公司发展 ─┐         ├─ 推动技术 ─┼─ 降低维护费用─┤         ┌─ 更轻 ─┐
下一代民机关 ─┼─────────┤            ├─ 降低噪声 ──┤         ├─ 造价更低 ─┤
键技术领域   ─┘         │            └─ 减少排放物污染─┤        ├─ 维护和维修费用更低─┤
                        ├─ 材料技术 ───────────────────┼─ 定期进行结构健康检测─┘
                        │            ┌─ 飞机能源优化 ─┐
                        │            ├─ 先进飞控系统 ─┤
                        │            ├─ 电击保护 ────┤
                        └─ 系统技术 ─┼─ 非Halon防火 ──┤
                                     ├─ 系统健康检测 ─┤
                                     ├─ 未来机舱设计 ─┤
                                     ├─ 电子信息化 ──┤
                                     └─ 增强驾驶舱系统─┘
```

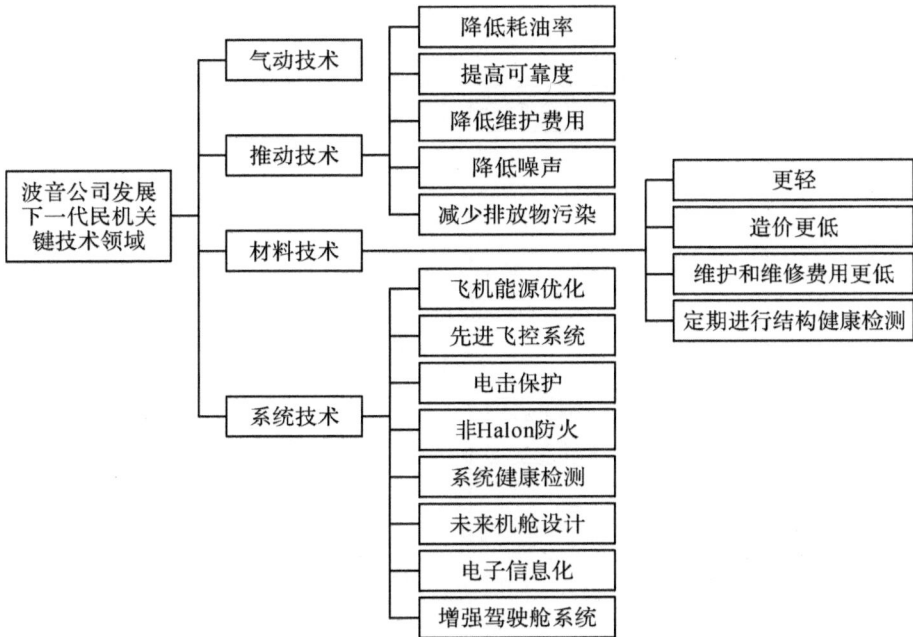

图 6-10　波音公司发展下一代民机关键技术领域

资料来源：翟晓鸣，陈晓和.全寿命周期视角下的国产大型客机成本评估指标体系研究[J].
科技管理研究，2015(4)：26-31.

　　我国在大飞机制造上是后进者，在技术需求分析上可以参考波音公司、空客公司的做法，并在此基础上做进一步的分析和考量。C919 在研制时，发挥了后发优势。针对顾客的安全性需求，C919 采取高标准的安全性定位，以国际上最新的适航标准和安全标准为准线。同时采取开门研制的方式，不仅走访各航空公司了解客户的需求，也邀请一些航空公司定期到 C919 的研发中心，让客户有一定的参与性，从而更全面、深入地了解客户的技术需求[①]。

　　在经济性上，我国的 C919 在研发、制造时也进行了系统的分析。C919 在机身结构中使用了铝锂合金，这也是 C919 的显著特色之一。铝锂合金材料性能优良，但由于成分比较复杂，在成分、工艺和性能控制等

---

① 吴光辉，孙洪康.C919：更安全的大型客机[N].解放日报，2018-08-25(007).

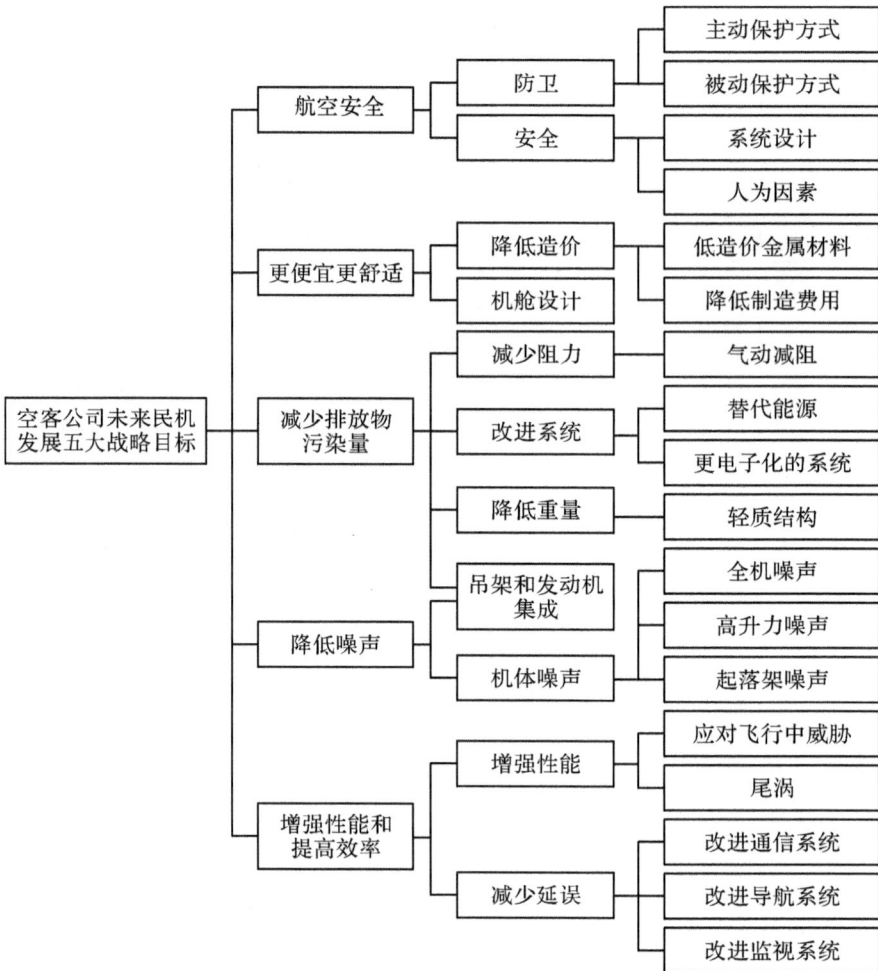

图 6-11 空客公司未来民机发展五大战略目标

资料来源：翟晓鸣，陈晓和.全寿命周期视角下的国产大型客机成本评估指标体系研究[J].科技管理研究,2015(4):26-31.

方面有很高的要求，因此铝锂合金在国外飞机制造时用得很少。 C919 在机体建造中使用了大量的第三代铝锂材料，同时也采用了高达 9.3％的钛合金材料，有效地降低了飞机质量，提高了飞机的经济性，比波音 B737、空客 A320 等竞争机型减重 5％—10％[①],实现了战略目标。 由于各种先进材料、先进工艺的使用,C919 比波音 B737、空客 A320 等竞争机型有更多的价格优势。

在机体设计上,C919 的飞行阻力比竞争机型要小 5％。 C919 采用了最新开发的 LEAP-X1C 发动机,比目前主流的 CFM56 发动机耗油量减少15％以上,二氧化碳排放量减少 16％。 另外,C919 的氮氧化合物排放量也比现有飞机要少 50％。 由于合理的设计和先进发动机的使用,C919 机舱内噪声可以降到 60dB 以下,而竞争机型的机舱噪声为 80dB。

6.5.2　技术总设计能力

飞机总体设计是一个高度复杂、综合的系统工程,通常可分为概念设计、初步设计、详细设计 3 个阶段[②]。 飞机总体设计的主要任务包括设计飞机的外形、飞机结构、气动布局、内部装置;确定发动机及其他主要设备的参数要求;确定重量、重心位置、惯性矩等参数;设计航空电子系统、控制系统、液压系统、电源系统等各子系统,并且要相互协调;确定飞机的飞行性能,并进行可靠性、维护性、寿命分析等研究。 飞机总体设计的目的是实现飞机外形、尺寸、结构强度、重量、设备、性能、可行性等诸多方面的要求,满足客户对安全性、经济性、舒适性和环保性的需求。

由此可见,飞机总体设计具有综合性、复杂性、多学科等特点,整个设计和优化过程要充分考虑到不同目标、不同子系统之间的相互影响,需要反复迭代与多轮逼近、综合权衡、全面协调。 在这样的情况下,要达到总设计的系统最优化是非常困难的。

(1)创新性。 为了能更好地满足客户安全性、经济性、舒适性等需求,使总设计更加有效,飞机制造商需要进行创新性的设计和优化。 20

---

① 王运锋,何蕾,郭薇.C919 大型客机总装下线助推我国材料产业发展[J].新材料产业,2016(1):25-31.
② 宋文滨.航空经济学及面向价值的飞机设计理论与实践[J].航空学报,2016,37(1):81-95.

世纪 30 年代，波音公司研制了航空史上第一架真正意义上的民用客机 B247。 传统的飞机设计为双翼飞机，已不多见。 现代的单翼飞机设计可以有效提高升阻比，但长条状的机翼翼端应力较大，容易发生形变，若采用加固部件又会增加飞机的气动阻力，影响飞机的性能。 在设计 B247 时，波音公司采用了硬铝表面阳极化技术，使单悬臂翼设计得到了运用。 在设计 B707 时，波音公司突破性地采用了喷气式发动机，而其他飞机制造商依然沿用螺旋桨发动机。 喷气式发动机的使用极大提高了飞机的飞行高度、飞行速度和航程，而且使飞机飞行更加平稳，提高了舒适性。 另外，为了能适应这样的高度和速度，飞机的气动设计也随之改动，波音公司采取了后掠机翼的飞机设计，同时又将发动机装置在机翼下，使飞机速度得到进一步提升，燃烧效率也更高。

在 B707 的基础上，波音公司设计 B727 时采用了涡轮喷气式发动机。 在喷气式发动机上装置涡轮，可以压缩进入发动机的空气，大大提高氧气密度，提高了燃烧效率和燃烧室温度，进一步提高了飞机速度和飞行距离。 在气动设计上，波音公司在 B727 机翼首次加装了襟翼，可以根据不同的飞行状态调整翼面的形状。 比如，在起飞时提高升力，巡航时减少阻力，降落时增大阻力，从而提高飞机的效率和安全性，缩短了飞机起降所需的距离。

在总设计时，波音公司一直都很积极且十分具有创新性地采用新材料。 在代际更新的系列飞机中，波音公司一直在减少钢材的使用量，逐渐增加铝合金、钛合金、复合材料等新材料的使用，在设计 B787 时复合材料总体用量高达 50%，而且首次在主承力结构中使用复合材料。

空客公司进入民航行业虽然比波音公司几乎晚了半个世纪，但在飞机设计上也表现优异。 20 世纪 70 年代，空客公司设计了世界上第一架双发宽体飞机 A300，这种中程双通道宽体客机的客舱宽敞、舒适感强，深受顾客的欢迎。 而同时期的波音公司采用的是单通道窄机身，因此空客公司的这种设计使其非常具有竞争力，为其此后的崛起打下了基础。 20 世纪 80 年代，空客公司推出了 A320，其改变了以前的人工操作，开创性地采用了全数字电传操纵，首次实现了客机的电传操纵，大大改善了飞机的控制性能。 A320 飞机中设计了更加方便的行李、货运装卸装置,优化了客舱布局和客舱内设计,大大提高了飞机的舒适性,从建立了舒适性的行业标准。 空客公司一直非常注重乘客的舒适性,在所有技术领域中其舱内设计专利申请数量排名世界第一[1]中,可见一斑。

在后续的 A320 系列飞机中,空客公司不断提高设计、优化的能力,如加入"客舱内部通信数据系统 (Cabin Intercommunication Data System, CIDS)",可以及时了解客舱情况,调节客舱温度和灯光照明,检查水箱、废水箱的水位高度等; 创新发展了计算流体动力学 (Computational Fluid Dynamics, CFD) 技术,使飞机巡航阻力降低 1%。 通过优异的设计,在 20 世纪 90 年代,空客公司与波音公司就势均力敌了。

2000 年,空客公司开始了 A380 的研制,并于 2005 年进行了首飞。 A380 是空客公司设计的目前唯一的双层飞机。 新的设计使 A380 有效地降低了废弃物的排放量,提高了环保性。 在降低噪声方面,与波音 B747 相比,A380 的噪声降低了一半以上,进一步提高了乘客的舒适性。

(2)高效性。 随着技术的不断发展,以及客户对飞机各方面性能需求的不断提高,飞机总设计过程日趋复杂化,导致了设计技术难度大、周期长,设计时做出的决策占整个研发决策的 75%—80%[2]。 所以,提高总设计的效率可以极大地节约时间成本和资金成本。

为了提高总设计的高效性,波音公司在设计方法上进行了一次突破式的变革。 传统的设计制造为串行模式,主要采用工程图纸、实物样机,设计时协调沟通不方便、容错性差,导致了飞机的设计周期较长、设计效率低下。

波音公司采用数字化技术,通过用三维数字模型模拟物理实体,在计算机上完成设计,包括飞机的预装配和飞行试验等也都在计算机上完成。

---

① 秦曦.波音与空客专利布局分析及其启示研究[J]. 民用飞机设计与研究,2012(2): 1-5.

② 黄俊. 大飞机总体综合设计技术[J]. 航空制造技术,2009 (11):34-38.

数字化的应用极大地便利了设计的频繁更改和协调,有效减少了后续装配中出现的问题,使整个研发过程简化到极限,研发周期缩短了50%—80%。

数字化的应用,不仅改变了波音公司的设计流程,也改变了其组织结构。传统的飞机研制是串行组织形式,遵循先设计再制造的顺序。而数字化技术的应用可以方便地运用并行工程,各种活动可以并行交叉进行。波音 B777 在研制时就采取了设计制造团队的并行组织形式,这样可以从多专业的角度评价总设计,综合不同专业意见,提前发现问题,减少返工,使设计高效、可靠、低成本。

在设计的高效性方面,空客公司的表现要落后于波音公司。当波音公司采用产品寿命周期管理(Product Lifecycle Management,PLM)软件,将数字化从飞机设计拓展到飞机制造时,空客公司才开始以 CATIA 软件为基础,进行数字化、并行交叉的设计方式。

C919 采用了目前的先进技术、成熟的产品及最新的安全标准,是全新设计的飞机[①]。比如,在气动设计中,C919 使用了目前先进的气动构型参数化快速成型技术,满足了优化设计的高目标、高精度要求,并综合运用先进的计算流体动力学、高效优化设计和试验验证等技术。C919 在气动布局、超临界机翼设计、流动控制技术等方面取得了一系列突破[②]。先进的气动布局,使 C919 比竞争机型有更好的巡航气动效率。

优良的客舱设计,增宽了中间座位,提高了行李舱的高度。先进的综合航电技术的应用,使人机界面更友好,更有效地减轻了飞行员负担,使导航性能更好。C919 设计中采用了最新开发的 LEAP-X1C 发动机,耗油量可以减少 15% 以上。在新材料的应用上,C919 使用了大量的铝锂合金和钛合金,有效地降低了飞机重量。而且在先进金属材料的使用下,通过合理的结构设计,C919 机舱内的噪音降低,提高了乘客的舒适度。

---

① 宋杰.中国大飞机踏上新征程:C919 大型客机全面试飞[J].中国经济周刊,2017(50):75-77.

② 陈迎春.C919 飞机空气动力设计[J].航空科学技术,2012(5):10-13.

6.5.3　技术外包和开发能力

民用飞机的制造商早期采取了比较封闭的制造方式,供应商仅提供原材料或零部件,整架飞机基本上完全由制造商制造、集成。 到了 20 世纪八九十年代,随着领先的飞机制造国家对民用航空业的去管制化、私有化,飞机制造商面临的竞争日益激烈①。 因此,飞机制造商纷纷开始寻求外包,把非核心业务外包给供应商以减少投资、降低成本,同时也可以专注于自己的核心业务。

大飞机具有技术和组织上的双重复杂性,所以在大飞机的外包发展过程中,逐渐从传统的外包模式,发展为模块化分解逐级外包的合作生产方式,也就是"主集成商—供应商"模式(以下简称"主供"模式)。 在这种模式下,供应商与制造商一起合作开发,风险共担、利益共享,双方属于密切的、更高层次的战略合作伙伴关系。 当然,采取这样的外包模式,对制造商也有很高的要求,如制造商要有很强的技术能力,协同供应商一起进行模块化子系统的研制;这种跨边界的合作,需要制造商有更强的管理能力,以便对供应商进行管理、协调。

(1)波音公司的外包与开发。 在开发 B787 时,波音公司采用了高度模块化的方式,通过供应链整合大幅减少了一级供应商的数量,把模块化的子系统外包给全球范围内的 23 个一级供应商。 这种外包和开发模式,首先通过高度的模块化过程,将整个飞机系统合理地分解成若干子系统(模块),并制定好模块的界面、接口、标准等。 其次,把这些子系统外包给一级供应商。 同时,波音公司转变了对供应商的管理模式,通过与一级供应商建立风险共担、知识共享的合作网络,一起开发模块化的子系统,让一级供应商负责更多的研发和子系统的集成工作,充分发挥一级供应商的专业能力和创造力,让一级供应商变成自己的设计部门和系统供

---

① SMITH D J , TRANFIELD D . Talented suppliers? strategic change and innovation in the UK aerospace industry[J]. R&D management,2010,35(1):37-49.

应商①。 最后，波音作为主集成商完成系统集成、交付工作。

按照提供产品的不同，波音公司把供应商分成不同的层级。 一级供应商为飞机提供子系统、大部件，如机身部分、机翼、机载系统、电子系统、操控系统等，一级供应商本身也是集成商，在其提供的子系统方面有一定的研发、设计能力。 二级供应商向一级供应商或主集成商提供专业化的模块产品，如舱门、机翼组合件等。 三级供应商提供原材料或标准件。 总体而言，供应商的层级越低，提供的产品技术含量也越低（张吉昌等，2007）。 通过这种有效的外包和开发模式，波音的供应商遍布全球，形成了全球供应链网络②。

这种"主供"模式实现了产品开发过程的并行设计和生产制造，大大缩短了产品的开发周期。 同时，波音公司充分利用外部资源，减少了资本投资，专注于飞机的总设计、集成、营销和服务等核心业务，降低了成本和研发风险，使产品开发过程更经济、更有效。

波音公司的早期飞机生产几乎都在自己的企业内部进行。 20 世纪 50 年代，波音 B707 机型只有约 2％的零部件外包生产。 波音 B747 制造过程中的关键技术有 200 多项，零部件数量约 600 万个，核心系统供应商数量超过 250 家，全部供应商数量近 2000 家。 2007 年，波音公司进一步加强外包和开发能力，把仅存的三大零部件生产厂出售给加拿大电子电器公司 Onex，让 Onex 作为供应商为波音提供相关的零部件。 波音公司在研发 B787 的过程中，不断优化、变革供应链管理，采取了"主供"模式。 最终，波音公司只负责总工作量 10％的尾翼生产和最后的组装工作，B787 的外包生产高达 90％。 目前，波音已成为行业内外包生产最多的公司。

（2）空客公司的外包和开发。 在全球化战略及航空业竞争不断增加的背景下，从 20 世纪 90 年代开始，空客公司也逐渐剥离零部件工厂等非核心业务，把注意力集中在飞机的总设计、集成、营销、服务等核心业务

---

① 姚雄华.基于"主—供"模式的我国民机产业发展问题分析及对策建议[J].航空制造技术,2010(3):76-81.

② 胡问鸣.世界民用飞机工业概览[M].北京:航空工业出版社,2007.

上。 因此,空客公司的外包模式从之前的"Build to Print"(按图加工)转变为"主供"模式。 空客公司与一级供应商建立风险共担、利益共享的合作伙伴方式,把子系统的设计、研发、集成等任务转移给一级供应商,并在子系统的设计、研发过程中与一级供应商密切合作,充分发挥一级供应商的知识和资源能力,形成创新、战略协同。

空客公司从 A380 研发时开始构建这种模式。 在 A380 研发的过程中,空客公司采用了全数字化的研发技术系统,以有效进行并行设计和不同技术人员的异地协同、数据共享。 针对 A380 搭建的协同工作平台,可对信息进行集成管理,促进了与供应商的沟通和协调能力。 在 A350 的研发过程中,为了能更好地专注于公司的核心业务,发挥比较优势,提高生产效率,节约生产成本,空客公司于 2007 年推出了 Power8 发展计划。该计划旨在进一步发展和完善外包与开发能力,与一级供应商建立长期的合作伙伴关系,形成一个全球化的风险共担的合作网络。 通过这种模式,A350 的外包工作量达到了 50%。

(3)我国 C919 的外包和开发。 互联网、通信、物流等技术的发展和广泛应用,大大促进了全球经济一体化。 在这样的时代背景下,负责 C919 研发的中国商飞具有更广阔的全球化视野,可以立足全球,着眼世界,是天生的国际化企业(Born Global Firms)。 从公司成立开始,中国商飞就积极利用全球资源,促进自己的成长和发展,并向全球销售产品。

在 C919 的研发过程中,通过外包与开发模式,中国商飞建立了遍布全球的供应商网络,与一级供应商建立风险合作伙伴关系,充分利用全球的知识、资源和能力。 同时,中国商飞采用了"主供"模式,专注于飞机的总设计、集成、总装制造等关键业务,在核心技术上坚持自主研发,形成拥有自主知识产权的大飞机。 在 C919 的研发过程中,中国商飞采取了全球招标的方式择优选择供应商。

自 C919 立项以来,吸引了大批国际领先的发动机制造商、机载系统供应商及中航工业集团下的诸多制造企业。 在机体部分上,中国商飞立足于国内,主要由国内供应商来承担完成。 2009 年,负责研发 C919 的中国商飞与国内 9 家机体供应商签订了备忘录。 对于机载系统,如机电系统、航电系统、飞机控制系统等，以国外供应商为主，但倾向于选择技术领先的国外供应商和国内企业的合资公司，以带动国内相关技术、产业的发展。对于材料和标准件，鼓励国内具有相应实力的各种所有制企业参加竞争。

6.5.4 技术集成能力

飞机装配是飞机制造过程的核心环节，是十分复杂的系统工程，涉及飞机的设计、工艺规划、零部件生产、大部件装配和整机的对接等诸多过程（范玉青，2006）。飞机的结构复杂、零部件数量较多，飞机的装配工作量巨大，占飞机制造总工作量的一半以上。由于飞机装配过程具有环节多、工艺要求高、技术含量高、价值增长大等特点，飞机装配一直处于产业链的高端位置。

20 世纪中期，欧美先进航空制造商在飞机装配领域投入了大量的科研经费，并取得了突破性的进步。飞机装配已从传统的手工装配，发展出现在的数字化、自动化、柔性化、模块化等先进装配技术。采用先进的装配技术可以获得以下优势：①有效提高装配的生产效率；②保证装配的质量，提高飞机结构的寿命；③实现装配的数字化（可通过装配仿真技术对装配过程进行优化，实现数字化设计、制造的一体化，有效减少返工和实物模拟，大大降低生产、装配的成本，节约装配时间）；④柔性化装配（减少工装设备的数量，降低研发成本，缩短研发时间）；⑤满足复合材料和混合结构装配的要求；⑥满足大部件装配的要求（许国康，2008）。

（1）波音公司的技术集成能力。为了改变传统的装配方法，提高装配效率和装配质量，波音公司在不断提高装配技术的过程中，使飞机装配发生了革命性变化。从早期的共性定位以减少工装，到自动化装配、柔性化装配的实现，最后形成了移动装配线。在研发 B777 时，波音首次采用了移动装配线，在装配过程中以每分钟 4.1cm 的速度，稳定地进行移动装配。这些先进装配技术的应用，使 B777 的研发周期缩短了 50%，出错返工率减少了 75%[①]，也使波音公司成了飞机装配行业的典范。

---

① 李洋，桑龙. 浅谈飞机总装自动化装配生产线[J]. 装备制造技术，2011(10)：132-134.

波音公司在研制 B787 时采用的"主供"模式使波音的供应商遍布全球各地①，但其面临的一个问题是，如何将遍布全球各地的各个大部件模块运回到装配基地。为了满足对这些大部件的运输要求，波音对 B747-400 进行了加高机舱高度、增大货舱空间等改装工作。同时，波音建立了生产集成中心（Production Integration Center, PIC），不仅可以实时跟踪飞机部件的运输情况，确保零部件按时到达装配中心，而且可以监控零部件的生产进度和产品质量。

在 B787 的集成过程中，采取了数字化装配（对整个装配过程进行了数字化模拟仿真，工作人员在虚拟实验室内，模拟飞机的装配过程，评估装配是否具有可达性及以后的可维护性问题）、模块化装配（波音 B787 采取模块化的设计和制造方式，所以其装配过程主要是各模块的集成）②和脉动式装配线③。脉动式装配线体现了波音 B787 集成时，最大限度进行并行工作的原则，实现了技术创新和管理创新的结合，是有效实现飞机批量生产的新模式（李西宁等，2016）。

（2）空客公司的技术集成能力。为了提高装配效率和质量，缩短装配的周期，空客公司充分利用计算机、激光跟踪定位等先进技术，实现了数字化、自动化、模块化等先进飞机装配模式。空客公司曾提出装配的 3 个关键技术：自动化技术、先进定位技术和简易型化与模块化（范玉青，2006）。

在飞机自动化装配中，空客也采用了先进的装配技术和理念。空客

---

① 如日本合作伙伴负责了外翼盒、中央翼等部件的研制；意大利的合作商承担了中机身等部件的研制；我国中航工业下属的多家企业也成了 B787 的供应商。

② 这些大部件的模块结构完整，相关的电缆、管路都已经安装，这样不仅可以减少传统的管路、电缆安装工作，也为脉动式装配线的应用提供了有利条件（李西宁等，2016）。

③ 由于波音 B787 大部件模块的集成，其装配线就不像波音 B737 那样采用连续生产线了。波音 B787 的脉动式装配线由 5 个离散的工作区组成，以特定的顺序进行装配工作。装配线每脉动一次，则完成相应的装配工作。整个脉动式装配线自动化程度高，分工明确细致，工作可重复性高，装配过程流畅，不易产生挤压和脱节等问题，提高了装配的效率[李金龙，杜宝瑞，王碧玲，等. 脉动装配生产线的应用与发展[J]. 航空制造技术，2013(17)：58-60]。

公司与 Eiectroimpact 公司开发了一种机器人柔性装配系统，此装配系统是空客公司机翼制造自动化集成技术的一部分，用于机翼壁板与骨架的装配（许国康，2008）。空客公司研发的系列机翼壁板柔性装配系统，可自动完成机翼的相关测量、校准和装配等工作，实现了空客 A320、A340 等机型的机翼壁板的柔性装配[①]。

为了增加自动化的水平，空客公司在装配线上不断引进智能机器人进行重复性工作。空客公司使用的轻量化单臂机器人，可以在飞机机身内部移动，实现结构支架的程序化安装。空客公司制定了增加自动化装配技术的方案，当时计划于 2020 年前完成 7 条装配线的优化[②]。

传统飞机装配采用的成套装配型架，在使用过程中会出现型架种类和数量多、效率低、柔性差等问题，无型架装配技术可以避免传统装配的上述问题，提高装配工具的柔性和可重复使用性。在 20 世纪 90 年代，空客公司在无型架装配上采用了 Renishaw HS10 发射器的激光度量系统。该系统的精度高，很好地满足了装配过程中定位和精度的要求[③]。

（3）C919 的技术集成能力。近年来，国内的飞机技术集成能力发展迅速，在先进装配技术方面取得了长足的进步。我国的上飞公司、西飞公司、洪都集团等飞机制造商在飞机装配上，已经采用了先进的激光跟踪仪测量设备，数据精确，经济效益显著。沈飞、西飞、成飞公司等制造商采用了先进的电缆自动测试系统，用于飞机的整机电缆测试[④]。中航工业西飞公司建立了我国首条总装脉动生产线，并在大部件自动化对接技术、多自由度调姿定位技术等多项关键技术上取得了突破，有效地提高了飞机装配技术和装配质量。

在我国 C919 的研发过程中，为实现装配的自动化，确保装配质量和

---

① 郭恩明. 国外飞机柔性装配技术[J]. 航空制造技术，2005(9)：28-32.
② 李晓红，高彬彬. 先进制造技术创新促进空客"未来工厂"建设[J]. 航空制造技术，2016(10)：28-31.
③ 高晓兵，陶华，丘宏俊. 飞机无型架装配技术[J]. 航空制造技术，2007(10)：68-71.
④ 季青松，陈军，范斌，等. 大型飞机自动化装配技术的应用与发展[J]. 航空制造技术，2014(1/2)：75-78.

装配效率，在自动化定位技术、数字化设计与仿真、自动化装配技术等一系列关键技术上进行了攻关研究。 中国商飞与国内外装配供应商进行广泛合作，建立了用于飞机模块、全机对接和集成总装等的 5 条装配生产线，以实现 C919 装配的数字化、自动化、柔性化[①]。

虽然，我国在 C919 大飞机集成装配上取得了较大进展，但由于我国在大飞机制造方面起步晚，与波音、空客等国际领先企业相比，在集成装配上还存在差距，需要在核心技术、设计理念、科研创新等方面进一步加强。

6.5.5　技术服务能力

全球商用飞机市场的竞争日趋激烈，为航空公司提供全方位的技术服务，已经成为影响商用飞机制造商发展的关键因素。

（1）波音公司的技术服务能力。 波音公司在技术服务方面相当系统和完善，它将技术服务贯彻于售前、售中和售后的整个销售过程。 在售前，通过将客户内部化，进而设计出满足客户需求的个性化飞机。 在售中，波音公司则根据客户的飞行计划、财务状况和发展战略等为客户设计合理的购买计划。 在售后，波音公司的客户服务部门会对客户的需求进行跟踪、分析，并集合各个领域的专家，以期为客户提供全面的服务[②]。

波音公司对早期飞机的故障诊断、发现和分析是在飞机着陆后进行的。 到波音 B747-400，波音公司引入了中央维修计算机系统，将飞机飞行中产生的各种故障信息发送给地面的工程师进行分析，及时找出故障原因并提出解决方案，以便飞机着陆后立即进行维修。 此后，这种时时监控、分析的技术能力被波音进一步发展和完善。 在 2004 年，波音公司在 B777 客机上引入健康管理系统（Health Management System，HMS），可以对飞机的 10 万个相关参数进行监控，以进行飞机的及时维修、重复

① 姜丽萍.C919 的制造技术热点及最新研制进展[J].航空制造技术，2013（22）：26-31.

② 汪晓慧，黄万香，罗金莲，等.国际航空制造商服务转型对我国的启示[J].中国管理信息化，2017，20（10）：94-95.

故障识别及性能趋势预测。 2011 年，波音 B787 投入使用，健康管理系统监控的参数进一步增加了 50%。 2017 年，波音公司开始提供名为 AnalytX 的数据分析服务，该服务聚集了本公司各个领域的专家，对飞机健康管理、油耗分析、疲劳风险管理等多个领域进行系统、全面的数据分析，为客户提供解决方案[1]。

除了提供传统的维修服务，波音的技术服务也越发全面、综合。 在 2017 年，波音公司通过整合各部门的服务资源，成立了全球服务集团（Boeing Groups of Service，BGS），提供的技术服务涉及数据分析、技术咨询、飞机改装、文档维护、培训等诸多领域。 波音公司不仅建立了实时监控和健康管理系统，实时分析飞机的状态信息，而且在多个领域提供基于全生命周期的技术服务。

（2）空客公司的技术服务能力。 空客公司在技术服务方面也有着卓越的表现。 空客公司的健康管理系统有 3 个组成部分，与波音类似。 机载中央维护系统收集飞机飞行时的各种数据，计算、处理后通过空地数据链实时传输给地面软件平台。 通过这种方式，维修人员可以在飞机着陆前分析出故障，提前做好相应的维修准备，这样有效地减少了由飞机维修造成的延误。 空客公司不断升级其健康管理系统，如实时健康监控软件（AiRTHM）可以处理空客 A380 的 25 万个参数产生的数据信息，处理空客 A350 的 40 万个参数产生的数据信息。

2017 年，空客公司推出数据开放平台"智慧天空（Skywise）"。 该数字化平台用于整合制造商、供应商、维修公司、航空公司等企业的大量数据。 平台的数据非常广泛，包括航空公司的运营中断情况、机载数据、机组报告、零件更换数据、飞机状况观测报告等。 空客公司通过对这种全面数据进行分析，为其他航空公司提供技术服务及其他类型的服务。空客公司可以通过"智慧天空"数据平台提高其维修效率，优化维修中使用的航材。 在"智慧天空"数据平台的应用下，空客公司可以从数据统计

---

① 王兆兵,高丽敏.大数据时代的民机健康管理技术革新[J].航空维修与工程,2018(5);20-25.

方面进行分析，对 70% 的不确定故障进行准确估计[①]，为客户及时排除故障，大大降低了客户的运营成本。

（3）C919 的技术服务能力。 波音公司、空客公司在技术服务方面的经验，可以为我国 C919 的技术服务提供很多有益的借鉴。 在 C919 的开发过程中，中国商飞把实时监控与健康管理系统纳入总体设计中，将该系统分为 3 个模块，分别为实时监控模块、健康趋势分析及预测模块、故障诊断与维修模块[②]。

在大数据时代的今天，中国商飞可以将飞机健康管理等技术服务与大数据、人工智能相结合，为其他航空公司提供数字化、集成化、智能化的技术服务支持。

---

① 蓝楠. 三大飞机制造商的客户服务策略走向[J]. 航空维修与工程,2018(5):28-31.
② 马小骏,左洪福,刘昕.大型客机运行监控与健康管理系统设计[J]. 交通运输工程学报,2011,11(6):119-126.

第7章　复杂产品生产的管理能力（上）

复杂产品的生产管理内容可以概括为：集成商根据客户需求与环境变化，动态规划阶段资源配置，并按照网络化形式合理地对产品进行模块化生产，最终保证复杂产品在满足客户需求、保证企业发展两方面均取得良好绩效。所以，集成商必须具有3个方面的管理能力：定制管理能力、模块管理能力及集成管理能力。本研究分上、下两部分，运用案例分析、网络分析、数值仿真等方法，对上述3个方面的具体内容逐一进行讨论，其中上部分（第7章）包括定制管理能力、模块管理能力和网络开发能力，下部分（第8章）包括网络管理能力、全生命周期管理能力和风险管理能力。

7.1　复杂产品的定制管理能力

7.1.1　复杂产品的定制类型

复杂产品通常由大量具有复杂界面且自身也是一个复杂系统的模块构成。模块与模块之间常以层次链的方式集合而成。普通商品在研发出来之后就会进入大规模生产的界面，其研发阶段与制造阶段的界限比较明显，但复杂产品的研发与制造过程通常融合在一起。由于定制的水平较高，复杂产品通常是小批量生产。然而，这并不妨碍复杂产品发挥对其周边产业的带动作用[①]。因为复杂产品的各个模块通常要根据用户的需求进行定制研发，所以从事复杂产品模块开发的企业能够获得较高的绩效。复杂产品的定制可以分为小规模定制和大规模定制两种。前者根据用户参与度的不同又可以分为全定制和半定制两种；后者根据定制时间的不同又可分为定制销售、定制装配、定制生产和定制设计4种。

---

① 喻小军，江涛. 复杂产品系统的技术创新及其风险分析[J]. 科技进步与对策，2006（9）：31-33.

（1）小规模定制。　小规模定制主要是针对复杂产品的最终产品，如飞机、高铁、船舶这类订单数量较小，定制化程度较高的产品，以及发动机这一类复杂产品的核心部件，其特点都是交付物本身就具有复杂产品的特征，且相比一般的零部件来说需求量很小。　根据客户参与定制的程度，可以将小规模定制划分为全定制与半定制。　①全定制是指客户完全参与产品的设计阶段，与制造商一同完成产品的初步设计、详细设计，在这个过程中客户对产品的设计进度十分清楚，并且能够随时根据设计的情况调整自己的需求。　②半定制指客户在一定的基础上对产品进行个性化定义，一般来说是根据现有的产品对企业提出自己的需求，企业根据客户的需求重新定义产品，再进行进一步的设计与生产。

（2）大规模定制。　大规模定制主要是针对复杂产品制造过程中所需要的一些需求量较大的零部件，如螺丝、合金等，其大规模定制的模式与一般产品相似。　根据定制时间的不同，可以将大规模定制分为定制销售、定制装配、定制生产和定制设计 4 种类型。　①定制销售。　定制销售是一种大批量生产方式。　在定制销售中，客户的订单是引发销售活动的主要原动力。　这种生产方式的主要目的在于降低库存。　因为所有的生产产量都是由用户的订单量决定的。　②定制装配。　在定制装配的生产模式下，企业的零部件是确定的，但是产品的性能、外观、质量等要求是由客户决定的。　当客户提出自己的需求之后，企业按照客户的需求把不同的零部件进行组装，以提供定制化的产品。　高级汽车、个人电脑等目前都有这种生产方式。　这种生产方式的原动力来自客户的需求。　实现这一定制方式的基础是企业进行模块化生产的能力。　③定制生产。　与定制装配不同的是，在定制生产模式下，生产企业需要根据用户的需求，对已有的模块或零部件进行重新设计、生产和装配。　这是一种定制化程度更高、难度更大的定制生产模式。　目前，在机械制品的生产过程中采用这种定制方式的比较多。　④定制设计。　在定制设计模式下，生产企业需要根据用户的需求，对模块和零部件进行重新设计，有时候甚至需要对整个产品进行重新设计。　在生产的过程中，通用模块和零部件的使用比较少，大多数模块和零部件的使用量都会受到用户需求的影响。　定制设计的原动力是用户的需求,在产品的设计、生产、装配甚至运输、销售、运维环节都需要进行定制①。 这对生产商的各项能力提出了更高的要求。

7.1.2 复杂产品定制点的分析

(1)定制点的基本概念。 定制点又称顾客需求切入点(Customer Order Postponement Decoupling Point,CODP)。 无论是在产品的设计流程、制造流程还是在产品的交付流程、维护流程,都存在两部分工作。 一部分是根据企业对产品的预测而来的;一部分是根据用户的需求而来的。 前者是企业自己对产品的理解,这部分的生产过程通常是标准化的、流程化的;后者是用户自己对产品的需求,这部分的生产过程通常是定制化的、跳跃性的。 定制点就是这两种工作的分界点(王海军等,2004)。 在分界点之前,产品的生产活动是推动式的,即根据企业自身的生产作业流程,一步一步向前推进。 在分界点之后,产品的生产活动是拉动式的,此时企业的工作重点是响应用户的需求,是用户的需求拉动企业的生产工作。

当定制点往前移时,企业将更多地满足客户的定制需求,但产品的生产成本和制造难度会随着定制内容和要求的提高而显著提升。 当定制点往后移动时,企业响应客户定制需求的程度会降低,产品的生产成本和制造难度也会随之降低。 因此,如何找到一个合适的定制点,或者适当地延迟定制点不仅仅是一门技术,也是一门艺术。

通常而言,可以根据时间和空间两个维度对定制点进行分类,即时间维客户订单分离点和空间维客户订单分离点。 前者以产品的生产周期为分析对象,考察用户下单到产品交付这一段时间。 通过分析如何在设计、生产、交付的各个环节延迟定制点来让企业充分利用其现有资源。 后者则是把产品的结果作为分析对象。 通过对不同模块和零部件进行分类,从而使产品的定制点后移。 一般而言,在成本管理、质量优化等工作中通常采用这种方式。 在空间维度上的优化通常需要对产品的性能、生

---

① 汪旭晖. 面向大规模定制的供应链管理:基于"戴尔"的案例分析[J]. 经济与管理,2007(7):42-46.

产过程、产品交付、售后维护等各个环节进行充分认识，识别不同零部件之间的区别，通过扩大相似模块的范围来对生产过程进行优化。 其目的在于以最低的成本为用户提供最优质的产品服务（王海军等，2004）。

一般而言，在产品的生产过程中，定制点会在以下位置出现①。 ①定制点处于产品的组装和销售之间。 在这种情况下，产品已经按照标准化生产方式完成生产，接下来生产商需要做的就是根据客户的不同需求对产品进行个性化的销售。 日化产品、家用电器等采用的都是这种生产模式。 ②定制点处于原材料采购和零部件加工之间。 这种定位方式通常在一些小批量定制的生产中会用到。 企业根据自己的预测采购完原材料之后，按照客户的需求，对零部件进行定制。 与①相比，这种定制的程度更高，因为这种生产模式需要对零部件和模块进行定制。 ③定制点处于设计与采购之间。 这种定制点的选择也通常是一些小批量生产的企业才会用到的。 与②不同的是，此时企业对原材料的采购并非根据自己的预测来进行，而是根据用户的需求来进行。 在用户对产品的描述中确定需要哪些原材料，企业就去采购这些原材料。 可想而知，将采购回来的原材料加工成模块和零部件的过程也是根据用户的需求而定的。 ④定制点处于设计阶段之前。 此时无论是产品设计部门、原材料采购部门还是产品生产部门，其工作都是以客户需求为导向的。 这在复杂产品的研制过程中经常出现，例如大型机电设备、船舶、智能建筑灯等会采用这种定制点的定位模式。

可见，定制点究竟应该处于哪一个位置需要根据用户的定制需求及企业自身的具体情况来确定。

（2）定制点的位置确认。 正如前述所言，定制点的确定不仅关系到企业是否能够有效地满足客户的需求，同时也关系到企业的生产和运营成本。 因此，对于生产企业而言，确定合适的定制点是最重要的战略决策之一。

---

① 钟森民. 供应链视角下 XX 公司海外 SD 地区的物流系统规划研究[D]. 成都:电子科技大学,2008.

目前，不少学者已经对定制点的确定工作展开了研究和分析[①]。总体而言，许多策略分析都离不开企业的利润和客户满意度这两个考核指标。对于企业而言，利润是进行商业活动的根本诉求，客户满意度是了解用户需求的重要方法，也是决定利润是否能够长期存在的重要因素。因此，定制点的确定离不开企业自身条件、盈利能力及客户的满意度评估（吴迪冲等，2007），如图 7-1 所示。

（3）复杂产品定制点的确定。复杂产品与一般的大批量生产的产品相比，有着产品系统复杂、子产品种类繁多、生产周期长、定制化程度高等特点。复杂产品定制点的确定方式随着复杂产品定制类型的不同而不同。对于复杂产品制造过程中需求量较大的部件而言，其定制点的确定可以参照一般的大规模定制的定制点的确定方式，即参考图 7-1 中的决策模型进行分析。对于复杂产品最终交付物及一些重要的零部件，定制点的确定还需要参考客户的知识水平及学习能力。知识水平较高的客户可能更愿意尽早参与到产品的设计中来，而对于知识水平较低的客户来说，参与过早反而会降低其满意度，同时还会增加沟通成本和设计变更成本。波音公司在对其生产系统进行再造时就选择了"客户订单分离点"的概念。通过这一概念把客户的订单进行区分，在分离点的一侧是批量化、标准化的产品，另一侧是定制化、个性化的产品。这种生产方式确保了生产过程中各种信息都能够被精确、高效地利用（刘雅轩等，2011）。

---

① 参见本书第 2 章。

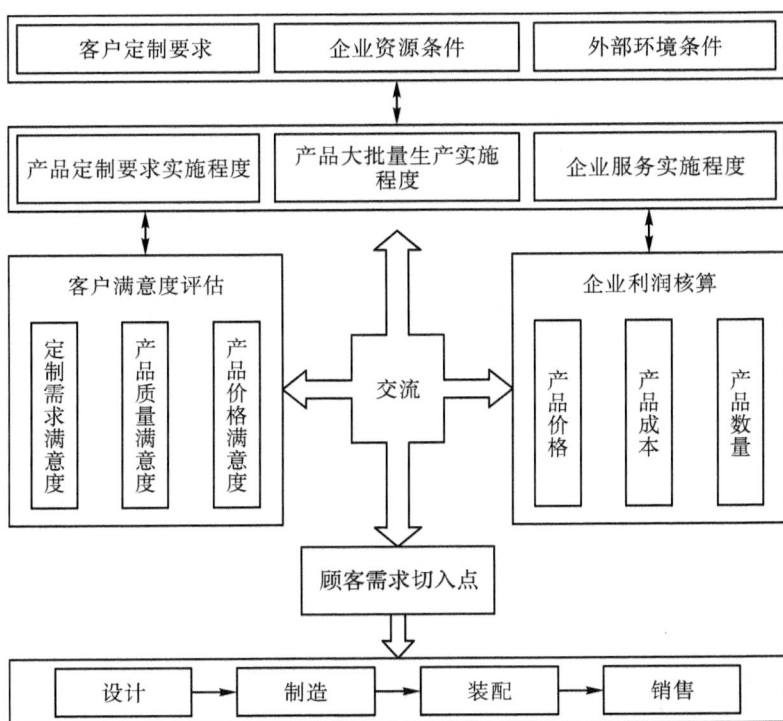

图 7-1　顾客需求切入点决策模型

资料来源:吴迪冲等(2007)。

7.1.3　复杂产品的定制条件

　　定制是企业与客户充分交换信息的过程,是为了充分满足客户的个性化需求,同时也是通过增加销量、提高价格为企业带来更高利润的生产方式。 对于一般产品来讲,首先,定制要求客户的需求在个性化的背后有一定的共性,否则在实际生产过程中由于成本与技术的限制,很难真正实现完全的客户个性化;其次,企业需要有一定的技术手段来满足客户的需求。 更重要的是,企业需要在保证自身盈利的基础上开展定制服务。 企业需要考虑由定制订单带来的收益是否能够填补由定制活动带来的成本;否则,需要考虑客户提出的定制化产品是否具有向市场推广的价值,以增加销售量的方式为企业带来盈利。

　　对于复杂产品而言,由于其复杂性,定制活动对企业和客户双方的要

187

求均比一般产品更高。 客户要对复杂产品进行定制,需要对产品进行一定的了解,包括产品的基本构造、基本功能及行业技术发展水平等,以免提出的要求过于天马行空而导致没有生产的可行性。 企业提供定制化产品所需要的条件主要包括协调能力和技术能力。 一方面,由于复杂产品模块多且关联复杂,对企业而言,理解客户的全部需求并将它们转化成产品设计中的一部分十分困难,同时企业还需要根据自身的生产能力与技术能力不断与客户进行沟通协调,平衡需求与可行性之间的关系。 这一过程需要花费企业较多的时间与精力,换句话说,会在很大程度上增加企业的成本。 如果企业没有较好的协调能力去优化这一阶段,很难实现盈利。 一般来说,企业需要有一套或多套完善的定制方法,来帮助优化定制的过程。 另一方面,企业需要拥有较高的生产技术才能开展定制活动,如在设计阶段能够尽可能地将客户的需求融合,提高客户满意程度,同时能根据不同客户的不同需求不断调整和优化后期的生产计划。 此外,企业需要熟练掌握生产技术,才能在尽可能短的时间内灵活地应对客户的各项需求。 只有对生产过程与生产技术了如指掌,才能在与客户的沟通阶段快速反应出哪些需求能满足,哪些需求不能满足。 对技术的了解也能帮助企业开发合适的定制模式。

7.1.4 复杂产品的定制原则与方法

(1)定制原则。 复杂产品定制过程的特点与一般的产品既有共性又有差别。 首先,复杂产品本身既是一类产品,同时又是各个模块的集合;既属于小批量生产的产品,又包含了一系列需要大批量制造的部件。 例如商用飞机、发动机及螺丝等一般零部件。 其次,复杂产品的研发与生产往往融合在一起,且在研发制造成功之后不需要进行大批量生产,而是直接交付产品。

一是充分满足客户的需求。 定制的本质是客户能够根据自身的需求参与到产品的设计阶段,因此充分满足客户对于产品的各项需求是定制的第一要素。 充分满足客户的需求可以分为两个方面:①给予客户表达自身需求的渠道或方式,例如通过建设产品定制平台,邀请客户参与产品创新,面向客户进行初步的市场调查等方式,主动向客户开放合作生产的大门;②需要在客户提出要求之后对其进行充分解读,并将客户的需求进一步转化成为产品设计中具有可操作性的一部分,因此在定制的过程中需要保持与客户的密切联系。

二是系统性地分解产品。 由于复杂产品由许多复杂界面及模块和模块子系统等组件组成,在定制的过程中客户很难一次性地将需求叙述完整,在产品设计阶段开始之后,客户可能对其需求进行变更。 由于复杂产品的组成部件之间的关联错综复杂,设计任务之间存在多种交互耦合的关系,局部的更改可能会影响整个设计过程。 为了减少由于漏项而产生的与客户的交流成本、设计变更成本,企业需要结合客户参与程度及一系列理论方法与实践,主动将复杂产品系统性地分解成不同的层次、不同的模块,尽可能地使客户在设计工作开始前完整地提出对产品的需求。 在这种情况下,即使后期不可避免地出现了需求变更,也能够尽早地变更模块进行响应,降低变更成本。

三是盈利。 复杂产品的生产和销售需要为企业带来盈利才能使企业稳定持续地在市场中生存下去。 很多复杂产品除了具有商品的性质外,还有公共性和社会性,能够在一定程度上获得政府的支持和补贴,甚至从产品的设计到生产都是在政府驱动下开始的,但是在客户定制产品时,企业还是需要均衡定制带来的收益与产生的成本之间的关系。 定制一方面能够提升产品与客户需求之间的契合度,从而增加销量与提高价格;另一方面,与客户沟通时产生的一系列成本及定制过程中产生的设计变更成本会降低企业的利润。 与此同时,定制行为拉长了产品的设计周期,会增加企业的机会成本。 因此,企业应该在保证自身盈利的情况下对客户开放定制服务。

(2)定制方法。 一是基准定制。 基准定制是指在一个作为模板的基准产品上,让客户通过增加或删减某些选项的定制方法,得到自己想要的最终产品。 例如机型配置,一些民用客机的定制方法是在基准飞机的基础上通过增加或减少某些功能选项来进行定制(刘雅轩等,2011)。 这种方法能够比较快速地让客户确定自己想要的最终产品,并且一般不会在生产过程中发生变更。 同时企业还能够根据自身的选项库提前考虑可能的机型组合，并且制定相应的半生产计划，或者根据以往订单不断丰富自身的经验以便应用到后续的订单之中。这种定制方法很大程度上缩短了客户定制的时间，同时也能在一定范围内满足客户的需求，但是定制的范围较小且不灵活，企业需要不断丰富加减法的选项以适应客户的不同需求。

二是菜单式定制。菜单式定制取消了基准模板，转而从产品整体的视角对产品的功能构造和生产资源配置进行新的思考，依据精益生产的原理对生产流程进行再造（刘雅轩等，2011）。也就是根据科学的分类方法将复杂产品进行分解，制定相应的定制选项，客户通过做选择题的方式对产品进行定制。如前文中提到的波音公司的 DCAC/MRM 新系统就是对生产流程的再造。菜单式定制方式与基准定制方式相比，减少了删减选项带来的工作量，同时根据选项的细分程度和丰富程度，产品更加符合客户的期望。

三是模块化定制。模块化定制是在对复杂产品的功能进行分析之后，划分出各种功能模块，客户根据自己的需求对模块进行选择和装配，并对部分功能模块进行重新设计，从而确定最终想要的产品。模块化定制比起通过选项对复杂产品进行定制更加灵活深入，多样的模块组合方式能够在功能层面充分地满足不同客户的需求。与此同时，企业也需要承担相应的成本，如划分功能模块所付出的设计成本、将不同的组合方式落实到最终产品的技术成本等。空客公司提出了一种名为 Transpose 的模块化飞机，该飞机的机舱可以拆卸，这意味着航空公司可以根据需要更改机舱内头等舱与经济舱的比例，并且该类飞机还能缩短周转时间。

四是匹配定制。匹配定制顾名思义需要建立一个复杂产品的型号库，库内是企业目前已经确认能够进行生产的各种型号的复杂产品，客户能够直接在型号库内挑选自己想要的产品。在这种定制模式下，企业不仅仅需要将过去生产过的各种复杂产品的型号放入型号库内，同时为了吸引客户，企业还需要通过市场调查，了解客户的需求动态，从而根据最新的市场需求设计一些可能的但还未推出的新型号的复杂产品供客户选择。在这种模式下，客户能够快速确定自己想要购买的产品，并向企业提交订单，大大地节省了设计阶段的时间，企业也能快速地进入生产阶段，但是前期,企业需要投入较大的市场调查成本及新型复杂产品的设计成本。

五是协作定制。 协作定制是指客户从设计到制造始终参与到复杂产品的生产活动之中,制造商与客户共同完成复杂产品的设计及相关工作。客户能够即时对产品的生产情况进行了解,并根据实时情况调整自己的需求。 参与研发过程能够使客户更加了解自己要购买的产品,从而提出更合理、更可行的要求,以及发现一些之前不了解的需求。 而企业则能通过协作与客户进行更良好的沟通,一方面能够更全面地了解客户,另一方面能够与客户建立良好的合作关系。 协作定制模式对于客户的知识水平和学习能力有一定的要求,客户需要熟悉产品的相关知识才能真正参与到设计中。 在这种模式下,生产出来的产品能够最大限度地满足客户的需求,但是相应的沟通成本、设计变更成本会增加企业的负担。

7.2　复杂产品的模块管理能力

模块化是由相对小的、可以独立进行功能设计的系统组成一个复杂产品的过程(鲍德温等,2006)。 随着科学信息技术的快速发展,模块化已经成为调整全球产业结构、促进产业升级、进行技术创新、优化企业治理的重要手段。 随着对产品模块化的研究的逐渐深入,从最初的设计模块化、产品模块化、组织模块化、流程模块化到产业组织模块化,模块化的概念逐渐在不同范围内扩展,从最初的大规模定制产品到小批量的复杂产品生产,模块化理念的应用范围也在不断扩大。 其中,复杂产品作为一种高度客户定制、技术密集程度高的产品,其对模块化的应用不同于普通的大规模定制产品,因此传统的以普通产品为研究对象的模块化理论对于复杂产品未必适用。 本节在已有文献资料的基础上结合相关案例对产品模块化、过程模块化、组织模块化等相关内容进行阐述,同时结合复杂产品模块化的相关现状,就如何提升复杂产品企业的模块化管理能力提出相应的对策建议。

7.2.1　复杂产品模块化管理

复杂产品系统所具有的技术宽度广、技术深度深等技术特点,决定了在复杂产品生产过程中不可能完全依靠复杂产品的集成商来完成所有的技术研发和产品生产工作，需要广泛地依赖外部技术源进行技术集成。 同时由于复杂产品高度客户定制的特点决定了复杂产品在生产过程中需要针对特定的功能进行专项开发，从而复杂产品在开发、生产过程中存在着巨大的技术不确定性、高额的研发投入及失败的风险。 模块化作为一种将复杂问题简化的处理思路，通过将复杂产品系统按照功能板块划分成相互独立的半自律性的子系统模块，能有效减少产品开发过程中复杂产品集成商的研发投入，分散集成商研发失败的风险。 同时通过对模块分包商在显性设计规则下进行柔性化管理，能有效地实现各产品模块的并行开发与生产，最大限度地缩短产品生产周期，并有效地利用模块分包商独特的知识、能力，以促进产品在更大程度上的创新及企业在更大程度上的发展。

（1）产品模块化的生产绩效。 随着模块化在复杂产品生产过程中的广泛应用和对模块化研究的深入，多位学者从不同的角度对产品模块化与企业产品生产及技术创新的关系进行了研究。 通过产品的模块化设计和生产，企业能达到降低成本、提高生产效率和质量，进而提升市场竞争力的目的（尹建华等，2008）。 通过产品的模块化，企业可以产生以下6个方面的益处：①产品的零部件生产易于达到规模经济；②产品的零部件不断升级换代；③只需要对相同的零部件进行不同的组合就能生产多种产品；④缩短产品生产工序；⑤易于设计、测试和易于满足消费者的多样化需求（Ulrich，1994）；⑥迅速生产满足不同需求的产品，满足客户的定制需求①。

海豹 HP1600 型高速缉私艇，作为一种特种船舶，配备了许多大型船舶才有的温控系统、燃油系统、淡水处理系统、通信导航系统、指挥系统、海水循环系统等子系统；同时，作为一种由多个子系统交互形成的典型复杂产品，海豹 HP1600 型高速缉私艇的生产创新过程涉及流体力学、结构力学、材料学、电子学、化工学等多个学科知识。 作为我国自主设计、制造的第一快艇，该缉私艇的生产厂商，深圳海斯比船艇科技发展有

---

① 胡晓鹏.产品模块化:动因、机理与系统创新[J].中国工业经济,2007,24(12):94-101.

限公司（简称"海斯比公司"）在进行产品设计和生产的过程中便采取了模块化生产的方式。 通过市场信息的搜集，该公司明确了产品客户的主要需求，并在此基础上进行了产品总体架构设计，确定了产品的总体技术参数指标，之后依据产品的主要结构，将该缉私艇划分为 13 个功能模块，并将其交由外部有着良好技术能力的生产厂商进行研发、生产。 海斯比公司通过对分包商模块开发、生产过程进行有效的协调管理，使得该缉私艇的开发时间比预期工作时间缩短了 3 个月，研发费用也节省了 10％左右，各类系统也配备了最先进的技术，使得产品获得了用户的一致好评（陈劲等，2007）。

大型液化气船作为"皇冠上的明珠"，一直以来都是各国大型优质船舶建造企业竞相争夺的对象。 作为典型的复杂产品之一，大型液化气船兼具客户定制、技术涉及范围广且深度深等显著的特点，为保障大型液化气船开发、生产工作的顺利进行，各大船企都在积极培育产业分包商，以完整的产业配套体系支撑大型液化气船的生产研发工作。 沪东中华造船有限公司作为国内第一家从事大型液化天然气船生产的厂商，早在 1997年，便开始进行 LNG 船的技术储备工作。 2004 年，借助广东 LNG 项目，沪东中华造船有限公司开始由研发转向生产。 沪东中华造船有限公司在通过与客户方的细致沟通明确了解客户需求的基础上，通过对比国外船只的性能，确立了船舶的整体架构和主要技术参数。 同时在生产过程中，为保障 LNG 船项目的顺利进行，沪东中华造船有限公司采取以中间产品为导向的生产方式，将整体船舶划分为可独立生产、集中组装的中间产品，通过非核心产品模块的外包，集中了更多优势力量专注于液货舱等液化气船核心模块的研发、生产工作，最终达到了项目首制船一次提交成功率达 99.77％的超高目标，创造了世界液化气船生产史上少有的质量奇迹。

从以上海豹 HP1600 型高速缉私艇、大型液化气船等产品的开发过程可以看出，通过实施复杂产品的模块化将复杂产品系统分解成为相互联系但又相对独立的子模块；通过产品模块的分包，既可利用模块分包商独有的资源和技能对相对独立的子系统模块进行创新，以实现产品局部功能的创新,同时产品集成商也可通过改变模块交互规则,优化模块交互设计,整体改变系统功能,以促成更大范围的创新,从而为复杂产品的研发、生产工作带来巨大的经济效益。

(2)产品模块化对集成商和分包商的能力要求。 产品模块化是模块化理论应用最广泛的领域,也是众多学者比较关注的领域。 目前关于产品模块化,多位学者认为,主要经历定义用户需求、产品架构设计、产品模块分解、模块开发、模块生产、模块集成等几个阶段,具有分割、替代、扩展、排除、归纳、移植等6种操作,而在各个阶段和各种操作中,由于不同工作的需要,复杂产品也对其主要行为主体系统集成商、模块分包商的技术能力提出了不同的要求。

一是系统集成商。 复杂产品集成商在整个复杂产品的生产过程中主要负责系统的整体架构设计、界面协调设计、模块化技术标准设计,即主要确定各模块在系统中的地位、作用和功能,描述不同模块的交互细节,确定各模块技术设计标准,因此复杂产品集成商需要具有显著的技术识别、技术集成能力。 同时复杂产品作为一种具有高度定制化特点的产品,需要格外关注用户对于产品的整体性要求和各方面的功能需求,因此,时刻注重与用户的沟通交流,明确客户需求便具有非常重要的意义,这也对复杂产品企业的沟通能力提出了更高的要求。 另外,集成商作为产品模块的最终组装企业,需要时刻关注模块分包商的模块产品开发状况,以保障功能模块的可用性和产品整体的可对接性,因此需要极强的产品开发协调能力。

二是模块分包商。 产品功能模块作为复杂产品整体结构的重要组成部分,从其自身特性来看,可视为一种半自律性的子系统或者某种功能组件。 其中,模块分包商作为产品功能模块的主要研发、生产者,需要高度关注复杂产品的显性设计规则,即在复杂产品结构、标准的框架下运用所具备的知识、技术等资源,充分发挥主观能动性和创新性,在实现功能创新的同时,满足同其他产品功能模块交互的设计要求,这就要求模块分包商具有很强的技术能力和与复杂产品集成商沟通的能力。 同时,多数情况下,复杂产品功能模块作为一种半自律性子系统,也兼具复杂产品技术涉及范围广、技术深度深等特点，此时也对产品模块分包商的技术集成能力提出了更高的要求。

7.2.2　过程（流程）模块化管理

"流程"是一组相互联系且共同将多种输入转换为对用户有价值活动的综合，在企业中主要包括生产流程和业务流程两个方面，随着市场环境的快速变化、供应商专业化程度的提高及顾客需求的增加，企业要不断改进自身的生产流程和业务流程以实现对多变商业环境的快速响应。 同时，随着模块化概念在设计、产品等领域的不断扩展，模块化作为一种能够快速整合资源的方式，而被广大企业所熟知，人们开始探讨将模块化的思维应用到企业的生产流程中，企业方面依靠流程活动之间的流依赖性和资源依赖性，通过聚类的方式来实现企业生产流程的模块化，即产生了模块化生产流程。 模块化流程是由流程模块组成的业务流程，而流程模块是业务流程活动的集合，它由一组活动和执行活动的资源组成。 流程模块提供明确的功能，流程模块之间有尽可能小的依赖，内部则相对紧密，流程模块间通过标准的接口交互，使模块功能能够在多个情境下使用[1]。Qiang et al.[2]就指出为满足复杂产品生产过程中客户不断变化的个性化需求，可以把复杂产品的制造流程模块化，通过流程模块之间的重新排序实现。 可见，模块化流程在复杂产品的生产中具有非常重要的作用。

沪东中华下属的长兴造船厂根据造船所需的业务之间的相互依赖性，将其下属部门划分为生产运行、安环保卫、加工、组立、模块、涂装、搭载、船装、机装调试等 2 个支持流程和 7 个生产组流程，并以此为基础组建了生产运行部、安环保卫部、加工部、组立部、模块部、涂装部、搭载部、船装部、机装调试部等部门。 依靠九大部门的协同运作，长兴造船厂可以针对船只建造需要，从各部门中抽调相关人手，从而可以依靠专业化

① 方丁. 模块化流程设计原理及其在面向服务分析设计中的应用[D]. 上海：复旦大学，2008.

② QIANG T, VONDEREMBSE M A, RAGU N T S, et al. Measuring modularity—based manufacturing practices and their impact on mass customization capability：a customer—driven rerspective[J]. Decision sciences, 2004, 35(02)：147-168.

资源优势，快速完成产品建造任务。 具体如图 7-2 所示。

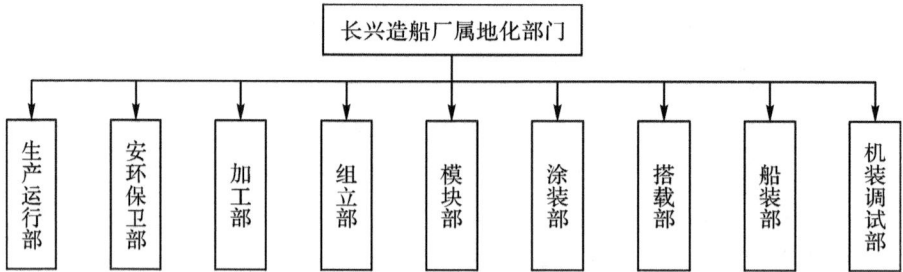

图 7-2　沪东中华造船有限公司下属长兴造船厂属地化部门

（1）全面的生产流程管理能力。 企业进行生产流程模块化的关键是对企业产品的生产制造流程进行识别，通过对业务流程活动之间的依赖关系和资源占用关系等进行识别，可以很容易地发现某种产品生产过程中业务活动之间的相互关联性，通过将各类联系紧密的业务活动进行组合，就形成了业务流程模块，之后将业务流程模块根据产品的建造需求按照一定的规则进行组合，即实现产品生产流程的模块化。 由此可见，企业对生产流程的管理能力，是企业进行流程模块化的关键。 通过良好的生产流程管理，企业可以清晰识别出各流程间的相互依赖和资源占用关系，可以更好地进行业务流程活动的归类，同时能够根据产品的建造需求实现产品模块之间快速组合，即实现生产资源的快速调用，以充分发挥企业生产流程模块化的优势。

（2）流程活动动态管理能力。 企业业务流程模块化管理以产品建造过程的实际业务需求为核心，但随着市场环境的快速变化、顾客需求多样化的提升，产品创新程度也在不断提高，由此导致产品的生产流程也在发生着变化。 为保证企业产品生产过程的顺利进行，企业应对生产流程进行变动管理，即对流程模块之间、活动之间的依赖和资源占用关系进行实时监控，以便对流程模块间的活动进行动态调整，保证模块内部活动的联系更加紧密，更加适应产品建造需求。 同时，还要对流程模块之间的交互规则进行管理，以保证产品整体生产流程的连续性和对产品需求变化做出快速响应。

7.2.3　企业组织结构模块化管理

模块化的产品设计需要企业组织模块化。随着产品模块化发展,企业会对其价值链进行拆分,之后将具有核心竞争力的能力要素保留在企业内部,价值链分拆之后,企业会进行组织的模块化,以实现组织效率的最优化,因此模块化及模块化簇群的组织形态应运而生①。企业组织结构的模块化突出的是低信息成本和单项核心能力,即将大型企业划分为小型的模块化单位。而随着市场机制的引入,组织模块间基于相互的契约关系、技能、产品服务等提出自己的竞价以供购买单位选择,从而形成一种具有自律性、灵活性、创新性的自组织经营实体。

(1)企业组织结构模块化能力。随着经济的发展和产品复杂程度的提高,纵向一体化的企业很难适应产品日益复杂的技术和客户多样化的产品需求,因此,基于平台或契约等形式的网络化组织结构开始逐步形成,但由于复杂产品市场高度垄断的特性,决定了产品集成商及供应商之间的权利不对称,网络化的组织结构开始逐步转变为一种相对稳定的模块化组织结构,其中核心企业因其所具备的"权利",从而成为整个模块化组织结构的主导者。与此同时,复杂产品生产的模块化组织结构的顺利运行,也成为其核心企业组织能力强的重要体现。

一是组织模块设计、整合能力。复杂产品企业组织模块化包含两个方面的内容:内部组织模块化和外部组织模块化。其中,内部组织模块化强调核心企业通过对自身业务、能力等相关因素的识别,将具有相互业务、功能联系的部门划分为以特定核心业务或能力为主的独立经营体,从而形成一种集团化的形式,同时借助市场化的机制,以购买、合作等手段实现企业内部模块化能力的有效集成和发展。外部组织模块化则强调基于产品模块研发、生产而进行相应的外部分包商的选择,即通过将企业核心与非核心功能模块进行划分,选取不同类型的分包商,以进行产品模块开发、生产工作。因此,在内外部组织模块化基础上,怎样结合自身能力进行组织内部模块划分,基于怎样的组合方式对内外部分包商资源进行整

---

① 夏辉.论模块化理论的演进脉络[J].经济与管理研究,2008,29(7):82-86.

合,对核心企业的组织模块结构设计能力提出了更高的要求。

二是组织治理、协调能力。产品组织模块化的基本组织单位是可独立经营、自负盈亏的法人实体。首先,市场机制的引入,使得模块化组织结构间呈现出一种松散的耦合结构态势,同时,企业隐藏信息,导致各企业间信息不对称和机会主义现象广泛存在,因此,为避免各企业的利己行为对模块化组织结构的破坏,在各自分工的基础上,明确各企业间的交互规则、加强结构治理等便显得尤为重要。其次,复杂产品多技术、多功能的特点,决定了在产品生产过程中会存在大量的模块分包商,而各企业的技术能力、管理架构、组织文化等方面均存在较大差异,需要避免各企业间由此类差异造成的对于模块化组织的不利影响。因此,对于核心企业来说,如何发挥自身协调能力,在整体产品设计框架之下,确保各企业工作协同推进,保证模块化组织结构协同、有效运行,对于保障复杂产品生产工作的顺利进行具有重要意义。

三是模块化网络管理能力。基于复杂产品多技术和多模块化的特征,企业基于自身核心技术能力承包复杂产品核心技术模块的研发、生产工作,而将非核心的产品模块进行外包,从而初步构建起了以产品结构树为核心的产品模块化组织集成结构。同时,随着各模块间相互关系的演化、联系的加强,以复杂产品集成商为核心的模块化供应网络开始逐步出现在人们的视野当中。尹建华等[①]认为,随着网络结构的演化,非核心企业间联系的逐步加强,复杂产品集成商即核心企业将逐渐失去其具有的控制、信息等网络结构优势,企业的社会资本将成为推动网络结构发展的主要力量,即企业间强弱联系的交互变化,将加快推动网络结构的演变。在此种情况下,为保证复杂产品模块化网络的健康发展,保障网络资源的充分利用,复杂产品集成商应加快培养模块化网络管理能力,利用企业自身具有的社会资本,加快与其他相关企业合作方式的转变。

四是学习、创新能力。复杂产品的多层次、多结构、多技术等特点对

---

① 尹建华,王玉荣.资源外包网络的进化:一个社会网络的分析方法[J].南开管理评论,2005(6):75-79.

复杂产品企业本身的知识能力提出了更高的要求。 为设计、开发、生产出更优质的产品,加强产品创新,提升产业竞争力,对于企业来说,如何增强企业的知识能力、加深知识储备,是首要解决的核心命题。 其次,模块化组织网络的建立是基于市场竞争与顾客需要(吴昀桥,2016)。 激烈的市场化竞争和多样化的客户需求对企业创新能力提出了更高的要求,因此,为加强企业的核心竞争力,提高复杂产品创新力度,满足顾客多样的功能化需求,企业应积极加强自身创新能力培育。

（2）企业组织模块化与生产、创新绩效关系。 组织的模块化是实现跨业务协同的重要方法,能让企业通过协调组织内各单元与资源,在动态的市场中抓住商业机会,同时兼顾成本与效率,并在面对内外环境变动时保持组织弹性。 将企业一体化的组织结构和流程进行分解、重构,形成各自独立运行的组织结构和流程模块,能够使企业更具灵活性和创新性[1]。 模块化能够帮助企业获得跨期的范围经济,即企业通过组织模块化和重新组合来获得跨期范围经济的能力,从而企业不必经过商业单元间的高度协调,就能从相关多元化中受益,企业能获得以下几方面的好处:①将大型企业组织转变成为诸多相互联系且具有独特核心竞争力的灵活的组织模块;②实现企业自身资源快速整合的同时,也可以更加快速地进行跨企业资源整合;③加速促进设计商、供应商及制造商之间的联合,加速产品创新;④加快实现企业业务、能力等的资本化[2]。

沪东中华造船有限公司作为中船工业集团下的骨干核心企业之一,拥有一个管理中枢、三大生产实体,是集造船、海洋工程、非船三大业务板块于一体的综合型产业集团,是我国大型 LNG 船、军用舰船、集装箱船、海洋工程船舶的重要生产基地。 经过 70 多年的发展与历史积淀,目前沪东中华造船有限公司围绕集团核心业务,将集团企业划分为包括沪东中华造船集团船舶配套设备有限公司（船用）、上海欣务工贸有限公司、

---

① 郝斌,任浩,ANNE-MARIE G. 组织模块化设计:基本原理与理论架构[J]. 中国工业经济,2007,24(6):80-87.

② 罗珉. 大型企业的模块化:内容、意义与方法[J]. 中国工业经济,2005,22(3):68-75.

上海沪船事业发展总公司、中国船舶电站设备有限公司、上海沪船业务管理有限公司等多个具有核心功能板块的企业独立经营个体，如图 7-3 所示。在集团公司控制下，各企业围绕自身核心业务，独立经营、自负盈亏，同时基于集团企业内外部市场化的运营，在促进自身核心业务发展的同时，也促进了集团公司整体实力的提升。

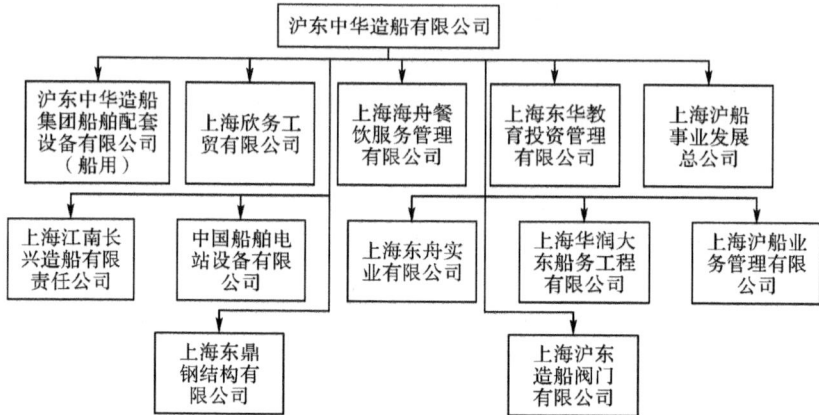

图 7-3　沪东中华集团公司结构图

从 2004 年中标广州 LNG 项目开始，沪东中华造船有限公司便致力于相关液化气船船用部件的开发、生产工作，其下属集团企业上海东鼎钢结构有限公司、中国船舶电站设备有限公司、沪东中华造船集团船舶配套设备有限公司（船用）、上海沪东造船阀门有限公司等凭借其具有的专业知识和能力，分别先后承担了液化气船泵塔、绝缘箱、殷瓦预制件、超低温阀门等相关船用部件的研发、生产工作。沪东中华 LNG 船相关产品分包情况见表 7-1。依靠集团内部公司的优质技术资源和企业间的共同努力，沪东中华生产的首艘液化气船便实现了众多核心部件的国产化，极大地增强了该企业在 LNG 船建造领域的核心竞争力。

表 7-1　沪东中华造船有限公司 LNG 船部分产品分包

部件	生产企业
泵塔（首制船）	上海东鼎钢结构有限公司（沪东中华全资子公司）
绝缘箱（首制船）	中国船舶电站设备有限公司（沪东中华全资子公司）

部件	生产企业
殷瓦预制件(首制船)	沪东中华造船集团船舶配套设备有限公司(沪东中华全资子公司)
超低温阀门(巴布亚号)	上海沪东造船阀门有限公司(沪东中华全资子公司)

7.2.4　复杂产品的模块化管理策略

（1）保障用户的及早介入。　复杂产品本身的复杂性和用户自身认识的局限性造成了在复杂产品开发前期,产品企业很难清晰定义用户需求,这也为接下来产品开发等过程埋下了巨大隐患。　同时,由于用户需求的变动性、创新过程的不可测性及产品项目的一次性等原因,保障产品完全符合客户需求,保证项目一次性成功便显得非常重要。　为避免模块生产过程中产品性能和用户需求相脱节等问题的发生,必须提早安排产品用户及早介入产品开发、生产过程。　将产品用户纳入复杂产品研发、生产、调试、运行、维护、创新的全过程,能够使企业更加清晰地了解到用户的需求,明确产品概念,同时也能充分发挥关键用户所拥有的产业前瞻性需求优势,让企业致力于开发具有方向性的产品;并且通过和关键用户的深入交流,企业可达到充分利用关键用户的知识,开发更具有创新性产品的目标。

（2）完善产品定义与设计标准。　复杂产品的模块化生产来源于复杂产品层级系统的可分解性和内部结构的相互联系,主要包括模块化分解和模块化集成两个过程。　复杂产品生产厂商作为系统结构的主要设计者,为避免后期产品功能模块功能的相互冲突和模块界面交互出现障碍,在产品开发设计初期,了解用户需求,明确产品定义,把握产品功能,确定整体系统和各层级模块的制造、装配、检验、质量保证、开发进度计划等方面的具体要求,对于保障产品开发设计、生产等过程具有重要意义。　通过对产品功能、性能、可测试性、可靠性、可制造性等方面的全局把控,能有效避免生产过程中出现的模块界面错误、模块功能错误等问题,从而保障复杂产品开发生产过程的顺利进行。

（3）加强模块协调。　随着产品、组织等模块化的深化,产品专业化分工的特点越来越突出，各模块之间的独立性也越来越强。模块化深化在促进系统中模块分离的同时，也进一步提高了模块设计自由度，使得系统对模块化控制变得越来越困难[①]。因此，在保障充分发挥模块分包商隐性设计规则下产品创新能力的同时，协调产品模块之间的界面交互，对于实现产品功能、优化产品结构具有重要意义。在此过程中，集成商应以复杂产品总体结构模型参数为基础，自上而下地对复杂产品系统的各层次结构的模块化过程进行全局控制，对模块交互界面进行重点把控，同时应以和各模块分包商的充分交流为基础，自下而上，加强模块开发工作反馈与界面协调，双管齐下以避免单个功能模块的错误引起的整个产品功能系统的失衡。

（4）建立技术、供应网络联盟。复杂产品的复杂性及具有的高技术、高投入的门槛，使得复杂产品市场存在高度的寡头垄断性，即只有少数企业才能够进行研发和生产。同时，复杂产品兼具的技术密集性和技术深度，也迫使核心企业在整个生产过程中，采取一种网络化的组织形式。因此，在此种情况下，组建一种以集成商为核心，少数技术核心企业为架构的核心型企业主导型的网络组织模式，对于保障复杂产品生产过程的顺利进行具有重要意义。同时，复杂产品生产过程一般都长达数年，风险较大，产品开发的成功与否依赖于企业间的协调合作是否顺当，因此，复杂产品企业间应以网络间的长期的组织合作为基础，建立技术、供应网络联盟，以此来进一步加深企业间的合作与默契，从而更有助于复杂产品生产过程的顺利进行。

7.3 复杂产品生产网络开发的超网络分析[②]

7.3.1 复杂产品资源—生产超网络模型构建

当代社会科学与管理科学已证明网络化的工作组织在社会生产中的普

---

① 许强,郑德叶.基于创新视角的模块化发展研究[J].科技管理研究,2012(2):7-11.
② 本节内容已公开发表[周国华,田顺年.复杂产品系统网络开发与企业生产经营:超网络分析[J].软科学,2018(12):121-126]。

遍性，特别是任意一项复杂工作均可通过网络解构的方法分解为若干简单工作的协同运行[①]。 沿此思路，近年来，已有对复杂产品生产网络（Ren et al.，2015）、经营网络[②]、知识网络（乐承毅等，2013）、物流网络[③]的解构研究，但这些研究多聚焦于复杂产品相关网络的静态特征，缺乏对复杂产品生产过程的动态描述。 也有研究尝试建立复杂产品的动态网络模型（李晓娟，2012），用以探析复杂产品网络的演化形式（马涛等，2016），但并未对造成复杂产品研发制造过程动态性的多种开发行为进行网络化分析。 所以，目前学界还未明确复杂产品研发制造过程中的开发行为与企业生产经营的动态作用关系，而这正是复杂产品生产管理领域的核心内容之一。 本节对复杂产品的资源、生产网络的特征进行分析总结，并运用复杂网络、超网络工具建立复杂产品资源—生产超网络（Resource & Production Supernetwork，RPSN）模型，为进一步研究复杂产品全生命周期的动态演化奠定基础。

近年来，对复杂产品的网络研究呈现明显的聚焦发展趋势：王聪聪等[④]研究了包括复杂产品生产组织的复杂生产集群，并分析认为其集群网络是一类具有无标度特性与小世界特性的典型复杂网络；Ren et al.（2015）基于生产制造过程的服务导向、资源集成、生产链自延展等特点提出了"云制造"的网络化生产模式；乐承毅等（2013）基于 Web2.0 平台构建了涵盖复杂产品知识、用户及组织的跨组织知识超网络模型，并认为通过建立复杂产品的超网络模型来反映复合的网络主体映射关系有利于管理者方便、准确地识别知识资源的共享关系与发挥作用路径；李晓娟

---

① 姚灿中，杨建梅. 基于复杂网络的大众生产系统稳定性研究[J]. 计算机集成制造系统，2011，17(1)：125-132.

② SHETH J N，PARVATIYAR A. The antecedents and consequences of integrated global marketing[J]. International marketing review，2013，18(1)：16-29.

③ DONG M，CHEN F F. Process modeling and analysis of manufacturing supply chain networks using object-oriented Petri nets[J]. Robotics & computer integrated manufacturing，2015，17(1)：121-129.

④ 王聪聪，蔡宁，黄纯. 产业集群多层次网络结构对集群风险扩散的影响[J]. 重庆大学学报(社会科学版)，2013，19(5)：50-55.

（2012）结合复杂机电装备的制造过程建立一类复杂产品资源—活动的协同网络，并总结出复杂产品的一般网络演化模式为网络节点、网络关系的动态增减和权重调整；马涛等（2016）研究了复杂物流网络的动态演化模型，认为物流网络的主要演化形式也表现为新节点、新关系的出现。　通过上述研究可以发现，近年来，学者们越来越聚焦于通过建立复杂产品复合集成的超网络模型来研究其动态演化特征，并趋同地将新网络主体节点、新网络主体关系的出现作为复杂产品网络动态演化的基本形式。

目前学界对于复杂产品的网络管理与动态管理领域的研究较为集中于案例研究和实证分析：谢洪明等[①]通过实证分析得出集成企业的研发制造网络密度是决定企业生产效率与技术学习创新效果的重要影响因子；学者程聪等[②]通过实证研究发现，密集且强度高的网络关系对科技型企业的研发制造成效具有显著正向效益；张红娟等[③]对企业联盟网络中企业创新绩效的网络影响因素进行研究，结果表明网络节点特征、局部关系特征及整体关系特征会对网络整体绩效产生重要影响；谭云清[④]通过实证研究发现，企业合作网络的关系广度、关系密度及关系强度是创新绩效的重要影响因素；潘秋玥等[⑤]通过案例研究指出，科技型企业的资源网络集聚性与网络关系广度是企业资源整合能力的主要评价指标，而企业资源整合能力对企业创新生产绩效起显著影响。　通过上述研究可以发现，复杂产品企业的生产经营状况均可通过自身动态化、网络化的管理得到提升，并且可以基于企业网络特征表述为网络集聚性与网络强度[⑥]。

---

① 谢洪明，赵丽，程聪. 网络密度、学习能力与技术创新的关系研究[J]. 科学学与科学技术管理，2011，32(10):57-63.

② 程聪，谢洪明，陈盈，等. 网络关系、内外部社会资本与技术创新关系研究[J]. 科研管理，2013，34(11):1-8.

③ 张红娟，谭劲松. 联盟网络与企业创新绩效:跨层次分析[J]. 管理世界，2014，29(3):163-169.

④ 谭云清. 网络嵌入特征、搜索策略对企业开放式创新的影响研究[J]. 管理学报，2015，12(12):1780-1787.

⑤ 潘秋玥，魏江，黄学. 研发网络节点关系嵌入二元拓展,资源整合与创新能力提升:鸿雁电器1981—2013年纵向案例研究[J]. 管理工程学报，2016，30(1):19-25.

⑥ 对于复杂产品企业则具体表现为生产集聚性与生产强度。

资源是复杂产品研发制造的根本,参与制造的主体则是资源传递、发挥效用的媒介。前者既包括生产所需物资资源,也包括人力、机械加工设备、组织知识、专利技术、社会服务等软性资源;后者则是复杂产品研发制造过程中形成研发、生产协同关系的全部个体。两者紧密相关,共同反映复杂产品研发制造过程中的价值流动。本节首先在建立复杂产品资源网络模型与生产网络模型的基础上,通过产品需求资源与参与制造主体间的映射关系构建 RPSN 模型,其基本框架如图 7-4 所示。

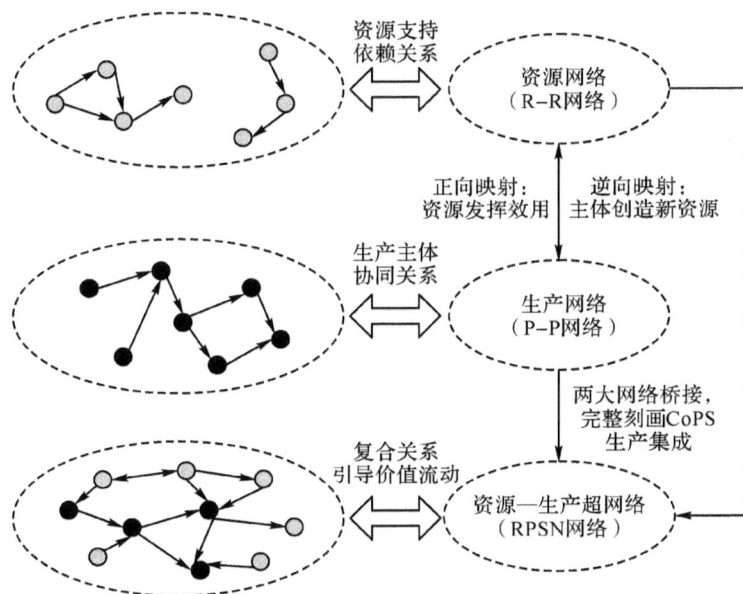

图 7-4　复杂产品系统 RPSN 基本框架

(1)资源网络(R-R网络)。一般地,复杂产品生产制造过程中的全部需求资源可按生产集成商对资源的占有关系划分为企业核心资源、企业比较优势资源、市场中性资源及其他企业核心资源,各类资源的划分及支持依赖关系如图 7-5 所示。其中,企业核心资源是指如发明专利、注册商标、企业特殊身份等生产资源的集合,其具有内聚性和外部不可复制性,是复杂产品集成企业核心竞争力的价值源泉;市场中性资源是指行业环境中的共用资源集合,包括一般生产原材、常规制造技术、一般劳动力与社会服务等,其具有典型的等值流动性,是复杂产品系统生产的基础保障;企业比较优势资源是指基于外部市场的可复制的中性资源集合，但在复杂产品集成企业内部生产中资源利用效率更高，利用方式具有明显先进性[①]，且与企业核心资源具有双向支持关系；其他企业核心资源是指复杂产品集成企业在生产过程中需求的只有少数外部企业能提供的特种资源集合。

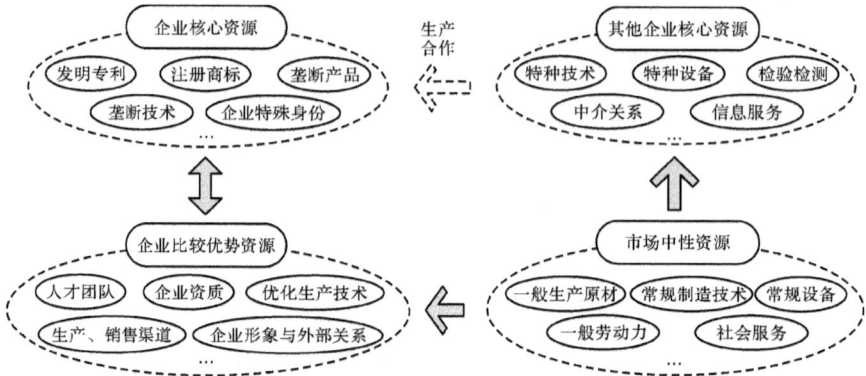

图 7-5　复杂产品系统中生产需求资源划分

复杂产品资源网络用以描述特定生产制造过程中所需要的全部资源及其相互间的支持依赖关系。其中，异质或同质但占有主体不同的各类资源成为生产资源网络中的节点（Node），各资源支持依赖关系构成边（Edge）。需要注意的是，生产资源网络中各资源节点的边不作为直接的资源转化或流动渠道，实际生产过程中资源的转化与流动需要通过生产主体进行，这也是后文中建立的复杂产品资源—生产超网络的特征之一。

故定义存有 n 项生产资源（Resource，R）网络节点的复杂产品系统资源（无权）网络表示为：

$$G_R = (R, E_{r-r}) \tag{7-1}$$

式（7-1）中，$R = \{r_1, r_2 \cdots, r_n\}$ 为资源节点集合；$E_{r-r} = \{(r_i, r_j) \mid \exists\, \theta(r_i, r_j) = 1\}$（$i, j = 1, 2, \cdots, n$）为资源依赖关系（边）集合，其中 $\theta(r_i, r_j)$ 为布尔关系变量，$\theta(r_i, r_j) = 1$ 表示资源 r_i 与资源 r_j 存在支持关系（或资源 r_j 对资源 r_i 有依赖作用），$\theta(r_i, r_j) = 0$

———————————

[①]　资源影子价格高于市场价格。

表示资源 r_i 与资源 r_j 没有直接支持依赖关系。

为便于描述资源网络中心性,对其进行加权化处理,令 $W_{r\text{-}r}$ 表示资源网络支持关系的边权集合,则:

$$W_{r\text{-}r} = \{(r_i, r_j, w_{ij}) \mid r_i, r_j \in \boldsymbol{R}, \ \theta(r_i, r_j) = 1\} \qquad (7\text{-}2)$$

式(7-2)中,w_{ij} 表示资源 r_i 对资源 r_j 的支持作用权重。 参考 Newman[①] 对组织软资源的归一化权重限定方法,提出资源支持作用的有限性假设,即限定 $0 \leqslant w_{it} \leqslant 1$,$t \in [1, n]$ 且 $w(r_i) = \sum w_{it} = 1$,其表示每个资源节点对其他资源节点的总支持能力为 1。 此时,复杂产品的加权资源网络表示为:

$$WG_R = (R, E_{r\text{-}r}, W_{r\text{-}r}) \qquad (7\text{-}3)$$

(2)生产网络(P-P 网络)。 一般地,复杂产品中的参与制造主体包含集成制造企业、承包商、供应商、合作伙伴、科研机构等,其中集成制造企业又可分为定制研发组、模块化生产组、物资采购组等主体。 每个主体都有相应的职责范围与生产任务,也就是对分工、协同及可交付物的输入输出均有相异且明确的界定。 复杂产品中的参与制造主体的基本组成结构如图 7-6 所示。

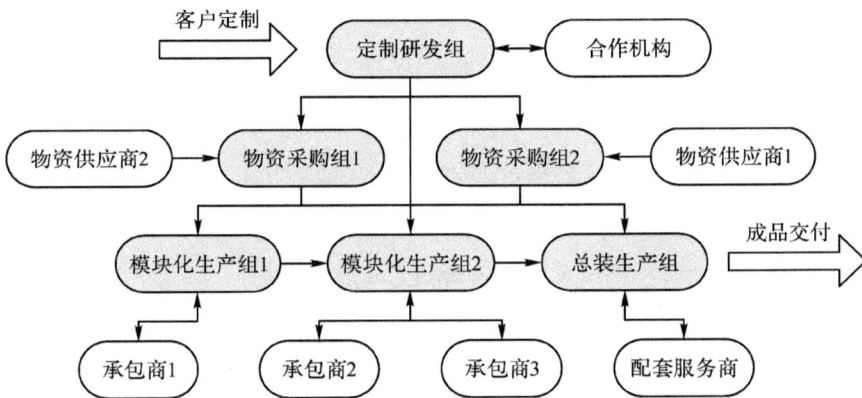

图 7-6　复杂产品系统基本生产网络结构

---

① NEWMAN M E J. Scientific collaboration networks. II. Shortest paths, weighted networks, and centrality[J]. Physical review e statistical nonlinear & soft matter physics, 2001, 64(2):016132.

复杂产品生产网络用以描绘特定生产制造过程中各参与制造主体的协同关系，而这种协同关系一般以可交付物的传递表现出来，如资源供应、共同研发、委托定制、技术合作、服务配套等。在复杂产品系统生产过程中，承担不同生产制造任务或提供不同生产需求资源的主体是网络中的基本节点，可交付物的传递关系构成边。故定义存有 m 个参与制造主体的复杂产品系统生产（无权）网络表示为：

$$G_p = (P, E_{p\text{-}p}) \tag{7-4}$$

式（7-4）中，$P = \{p_1, p_2, \cdots, p_m\}$ 为主体集合；$E_{p\text{-}p} = \{(p_i, p_j) \mid \exists\, \eta(p_i, p_j) = 1\}$（$i, j = 1, 2, \cdots, m$）为生产协同关系（边）集合，其中 $\eta(p_i, p_j)$ 为布尔关系变量，$\eta(p_i, p_j) = 1$ 表示参与制造主体 p_i 为参与制造主体 p_j 的上级生产制造主体，可能关系包括交付提供生产原材、提供中间产品、提供技术服务等，$\eta(p_i, p_j) = 0$ 表示参与制造主体 p_i 与参与制造主体 p_j 没有直接生产协作关系。

由于复杂产品生产过程中特定上级参与制造主体对下级的可交付物具有可能的多样性，同质可交付物的传递主体也具有可能的多样性，为便于进行同质可交付物的传递路径的对比，故对复杂产品生产网络进行加权化处理，令 $W_{p\text{-}p}$ 表示资源网络支持关系的边权集合，则：

$$W_{p\text{-}p} = \{(p_i, p_j, w_{ij}) \mid p_i, p_j \in P, \eta(p_i, p_j) = 1\} \tag{7-5}$$

式（7-5）中，w_{ij} 表示主体 p_i 对主体 p_j 的所有可交付物传递路径权重的总和，且对中间可交付物集合为 $A = \{a_1, a_2, \cdots, a_x\}$ 的复杂产品系统生产网络的边权重具有双重限定：

$$\begin{cases} 0 \leqslant w_{ij,\,a_x} \leqslant 1, \ w_{ij,\,A} \geqslant 0 \\ \sum w_{a_x} = 1, \ \sum w_A = x \end{cases} \tag{7-6}$$

式（7-6）中限定了生产网络中的特定可交付物传递路径总权重为 1，但放松节点主体的可交付物多样性及可交付物的路径搭配多样性，则复杂产品的加权生产网络可表示为：

$$WG_p = (P, E_{p\text{-}p}, W_{p\text{-}p}) \tag{7-7}$$

（3）资源—生产超网络（RPSN）。复杂产品的生产制造是占用资源流动和生产协同关系的动态整合过程，将复杂产品资源网络与生产网络以主体对资源的对应占有作为映射关系建立 RPSN。前文已述，复杂产品生产过程中的参与资源既包括生产原料、半成品等物质资源，也包括组织知识、市场影响力、核心技术等软资源，所以定义参与制造主体与资源的正向映射关系为"映射资源对映射制造主体实现既定生产任务产生效用的途径"；逆向映射关系为"映射制造主体对新映射资源的主动开发途径"。故定义存有需求资源集合 R、参与制造主体集合 P 的 RPSN（无权）表示为：

$$G_{\text{RPSN}} = (G_R, \ G_P, \ E_{r\text{-}p}) = (R, \ P, \ E_{r\text{-}r}, \ E_{p\text{-}p}, \ E_{r\text{-}p}) \qquad (7\text{-}8)$$

式（7-8）中，$E_{r\text{-}p}$ 表示资源与主体的映射关系集合，$E_{r\text{-}p} = \{(r_i, \ p_j) \mid \exists \, \mu(r_i, \ p_j) = 1\}$（$i = 1, \ 2, \ \cdots, \ n$; $j = 1, \ 2, \ \cdots, \ m$），其中布尔关系变量 $\mu(r_i, \ p_j) = 1$ 表示资源 r_i 对主体 p_j 产生效用或主体 p_j 对资源 r_i 存在开发行为；$\mu(r_i, \ p_j) = 0$ 则表示资源 r_i 无途径对主体 p_j 产生效用。类似于生产网络中不同主体间的可交付物传递多样性，资源与主体间的映射关系也存在多样性，如图 7-7 所示。

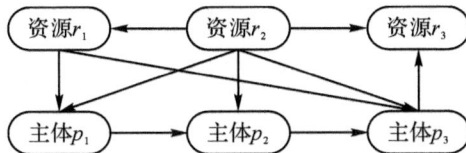

图 7-7　复杂产品系统 RPSN 映射关系示意

为了更加明确表达资源与主体间的作用关系与多样性区分，令 $W_{r\text{-}p}$ 表示 RPSN 资源—主体映射关系的边权集合，则：

$$W_{r\text{-}p} = \{(r_i, \ p_j, \ w_{ij}) \mid r_i \in R, \ p_j \in P, \ \mu(r_i, \ p_j) = 1\} \qquad (7\text{-}9)$$

式（7-9）中，w_{ij} 表示资源 r_i 对主体 p_j 产生效用途径的权重（边权），其限定仅为 $w_{ij} \leqslant 1$，这是因为，在复杂产品生产制造过程中，资源—主体的映射关系往往是动态变化的，且各个资源所发挥的效用随着客户定制要求的增加与变更而出现非线性增加，故各个资源发挥的总效用 $\sum\limits_{j}^{\mu(r_i, \ p_j) = 1} w_{aj}$ 无收敛上限。当 $-1 \leqslant w_{ij} \leqslant 0$ 时，说明主体 p_j 对资源 r_i 存在逆向映射，实际生产中表现为主体对资源的开发行为。

故可定义加权的 RPSN 为：

$$WG_{\text{RPSN}} = (R,\ P,\ E_{r-r},\ E_{p-p},\ E_{r-p},\ W_{r-r},\ W_{p-p},\ W_{r-p}) \qquad (7\text{-}10)$$

已知复杂产品集成网络的结构特征是影响其生产管理的重要因素，加之复杂产品全生产过程中面临众多的技术创新、功能创新及服务创新要求，其网络结构也相应地呈现动态演化，可以认为，复杂产品的网络化集成管理即是在厘清其网络演化规律的基础上对网络结构（关系与权重）的规划、调整。

7.3.2 复杂产品生产网络开发行为的动态演化

目前，研究学者较为一致地认为，复杂产品动态管理能力是服务于包括知识整合、组织学习及资源再配置的创新能力，且认为针对复杂产品系列创新行为的动态演化研究是一段时间内复杂产品集成管理研究的重点[①]。 基于网络化的描述，复杂产品创新行为即是为应对客户新的定制要求或适应变化的产品应用环境而进行的资源创新与资源利用关系创新，而这也将成为复杂产品企业管理者最为关注的网络演化形式。

复杂产品的研发制造是既有资源、既有生产关系的维持与新资源、新生产关系的开发两大分支过程的动态集成，在现实复杂产品企业生产中，则主要有 5 类网络开发行为，包括自主开发、吸收外部类似资源的利用式开发、通过与外部企业缔结战略合作关系的共同开发、利用外部市场优势资源的委托外包与委托中介，如图 7-8 所示。 其中自主研发、利用式开发以及战略合作共创主要用于集成企业核心资源创新开发，并主要影响集成企业内部生产集聚性和生产强度，而委托外包与委托中介则主要帮助集成企业对外部市场的中性资源或其他企业核心资源建立新流动路径。

基于网络视角，复杂产品的动态管理能力即企业管理者根据研发制造的阶段性需求，科学配置各类网络开发行为的能力。

（1）基于开发新核心资源的 3 类网络开发行为。 对于自主开发、利

---

① 林润辉，张红娟，范建红. 基于网络组织的协作创新研究综述[J]. 管理评论，2013，25(6)：31-46.

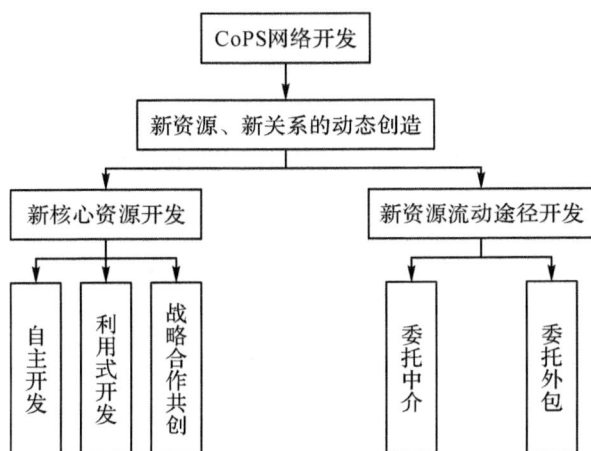

图 7-8　5 类网络开发行为

用式开发、战略合作共创 3 类创造企业新资源的过程，关注其局部 RPSN 中的集成企业 p_a 的积聚系数 $C_{w,a}$（反映生产集聚性）和节点单位强度 u_a（反映生产强度）的变化。其中，积聚系数根据 Barrat et al.[1] 提出的公式计算：

$$C_{w,i} = \frac{1}{\sum_j \omega_{ij}(k_i-1)} \sum_{j,k} \frac{\omega_{ij}+\omega_{jk}}{2} \partial(i,j)\partial(j,k)\partial(k,i) \quad (7\text{-}11)$$

式（7-11）中，k_i 表示网络中任意节点 i 周边与 i 相连的节点数；布尔变量 $\partial(i,j)$ 表示 RPSN 中任意两节点 i、j 间的连接情况，存在连接时 $\partial(i,j)=1$；ω_{ij} 表示网络两节点 i、j 之间的关系权重。积聚系数反映网络中特定节点的周边网络的集聚情况，数值越大表明集聚性越高。节点单位强度按照学者李艳萍[2] 提出的公式计算：

$$u_i = \frac{\sum_j \omega_{ij}}{k_i} \quad (7\text{-}12)$$

式（7-12）中符号含义同上。节点单位强度用以描述网络中任意节点

[1]　BARRAT A，BARTHÉLEMY M，PASTORSATORRAS R，et al. The architecture of complex weighted networks.[J]. Proceedings of the national academy of sciences of the United States of America，2004，101(11)：3747-3752.

[2]　李艳萍. 加权复杂网络中传播问题的研究[D]. 西安：西安理工大学，2008.

的链接关系处理能力[①]，数值越大则处理能力越强。

一是自主开发。当复杂产品集成企业对客户定制要求采取内部自主研发予以实现时[②]，企业内部业务资源会发生二次调配，即以临时性生产能力下降为代价保障开发工作，同时其开发周期也相对较长。其局部RPSN 演化形式如图 7-9 所示。其中，（a）阶段表示开发前，（b）阶段表示开发中，（c）阶段表示开发完成，下文其余开发模式阶段划分相同。在（a）阶段，资源 r_1、r_2 对集成企业 p_a 产生效用，初始权重分别为 w_{1a}、w_{2a} 且 w_{1a}，$w_{2a} > 0$；在（b）阶段，当集成企业 p_a 接收变化的客户需求后开始自主开发新资源 r_3，在开发阶段企业将部分生产性资源投入开发工作，企业生产能力临时性降低，新资源 r_3 与主体 p_a 呈现逆向映射，即 $0 < w^{\cdot}_{1a} + w^{\cdot}_{2a} < w_{1a} + w_{2a}$，$w^{\cdot}_{3a} < 0$；在（c）阶段，主体 p_a 完成对新资源 r_3 的开发，资源 r_1、r_2、r_3 对主体 p_a 均产生正向效用，在核心资源支持关系增多的情况下，单资源效用进一步提高，即 $w^{\cdot\cdot}_{1a}$，$w^{\cdot\cdot}_{2a}$，$w^{\cdot\cdot}_{3a} \geqslant \dfrac{w_{1a} + w_{2a}}{2}$。

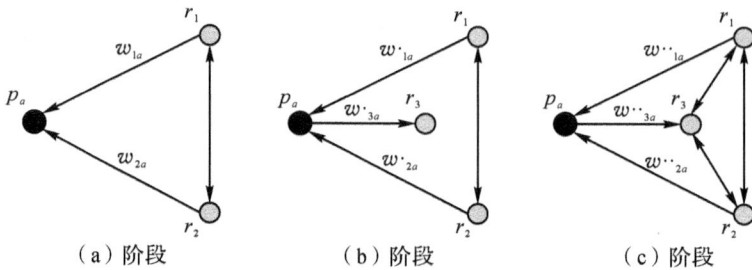

图 7-9　自主开发行为的局部 RPSN 演化模型

对于此类网络开发行为，应关注其局部 RPSN 中的主体节点 p_a 的积聚性（反映网络集成程度）和单位强度（反映生产强度）的变化，详见表 7-2。

---

① RPSN 网络中表现为生产强度。

② 一般针对企业核心资源。

表 7-2　自主开发行为下的局部 RPSN 特征指标变化情况

局部网络指标	(a)阶段	(b)阶段	(c)阶段
加权集聚系数 $C_{W,a}$	$\dfrac{w_{1a} + w_{2a} + 2}{(w_{1a} + w_{2a}) \times 2}$	$\dfrac{w'_{1a} + w'_{2a} + 2}{(w'_{1a} + w'_{2a} + \lvert w'_{3a} \rvert) \times 4}$	$\dfrac{w''_{1a} + w''_{2a} + w''_{3a} + 1.5}{(w''_{1a} + w''_{2a} + w''_{3a}) \times 2}$
节点单位强度 u_a	$\dfrac{w_{1a} + w_{2a}}{2}$	$\dfrac{w'_{1a} + w'_{2a} - \lvert w'_{3a} \rvert}{3}$	$\dfrac{w''_{1a} + w''_{2a} + w''_{3a}}{3}$

注:若无特殊说明,资源节点间的支持关系权重按照 $\overline{w}_i = 1/d_i$ 简化处理,d_i 为与资源节点 r_i 直接连接的资源节点数,其余网络开发行为分析相同。

二是利用式开发。 当复杂产品集成企业需求的新资源已被市场其他企业独立开发且完全掌握[①],集成企业常会与市场其他企业缔结技术服务协议,后者帮助前者开发需求资源且对开发资源无占用关系,服务结束后集成企业本身的资源占有情况不受影响,且相比自主研发能够大幅度缩短开发周期。 其局部 RPSN 演化形式如图 7-10 所示。 在图 7-10 中（a）阶段,集成企业 p_a 发现市场中企业 p_b 具有自身所需（类似）资源 r_1,即 $\exists w_{1b} > 0$,但企业 p_b 与企业 p_a 尚无服务关系,此外 w_{2a}、$w_{3a} > 0$。 在（b）阶段,企业 p_b 向集成企业 p_a 独家提供技术服务帮助其开发替代（改进）资源 r_{11},且因为技术服务的临时获益性,资源 r_1 对企业 p_b 的效用也有所提升,即 $w'_{1a} = 1$,$w'_{1b} > w_{1b}$,$w'_{11a} < 0$;此外,集成企业 p_a 并不需要将生产性资源过多投入替代资源 r_{11} 的开发中,所以 $w'_{2a} \approx w_{2a}$,$w'_{3a} \approx w_{3a}$。 在（c）阶段,企业 p_a 已实现对替代资源 r_{11} 的开发,企业 p_b 与企业 p_a 的技术服务关系终止,此时 $w''_{1b} = w_{1b}$,$w''_{11a} > 0$;资源 r_{11}、r_2、r_3 形成,即 w''_{1a}、w''_{2a}、$w''_{11a} \geqslant \dfrac{w_{1a} + w_{2a}}{2}$。

对于利用式开发行为,同样应关注集成企业主体 p_a 的局部网络的积聚性与单位强度的变化,详见表 7-3。

---

① 消化吸收为企业比较优势资源。

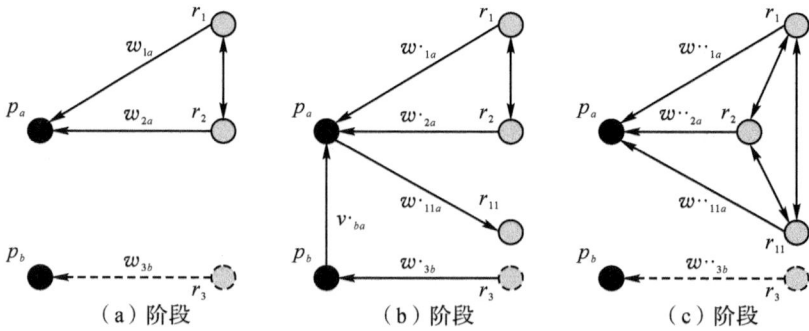

图 7-10　利用式开发行为的局部 RPSN 演化模型

表 7-3　利用式开发行为下的局部 RPSN 特征指标变化情况

局部网络指标	(a)阶段	(b)阶段	(c)阶段
加权集聚系数 $C_{w,a}$	$\dfrac{w_{2a}+w_{3a}+2}{(w_{2a}+w_{3a})\times 2}$	$\dfrac{w'_{2a}+w'_{3a}+2}{(w'_{2a}+w'_{3a}+\mid w'_{11a}\mid +1)\times 6}$	$\dfrac{w''_{2a}+w''_{3a}+w''_{11a}+1.5}{(w''_{2a}+w''_{3a}+w''_{11a})\times 2}$
节点单位强度 u_a	$\dfrac{w_{2a}+w_{3a}}{2}$	$\dfrac{w'_{1a}+w'_{2a}-\mid w'_{11a}\mid +1}{4}$	$\dfrac{w''_{2a}+w''_{3a}+w''_{11a}}{3}$

三是战略合作共创。复杂产品集成企业常通过寻求战略合作伙伴的方式提升自身的企业核心竞争力，尤其是表现为在生产过程中对合作各方均能产生效用的新资源的合作开发。这种开发行为通过长期稳定的战略合作关系及内部专职合作团队实现功能，其相比自主开发行为能在一定程度上减少企业新资源开发活动对正常生产活动带来的影响，且一般能缩短开发过程。其局部 RPSN 演化形式如图 7-11 所示。在图 7-11 中（a）阶段，集成企业 p_a 与外部企业 p_b 建立战略合作伙伴关系，各自占有资源 r_1、r_2、r_3 分别产生效用，即 w_{1a}、w_{2a}、$w_{3b}>0$；在（b）阶段，集成企业 p_a 与外部企业 p_b 合作开发新资源 r_4，各自整体生产能力遭受轻微影响，即 $w_{1a}-w'_{1a}\ll w_{1a}$，$w_{2a}-w'_{2a}\ll w_{2a}$，$w_{3b}-w'_{3b}\ll w_{3b}$ 且 w'_{4a}、$w'_{4b}<0$；在（c）阶段，新资源 r_4 开发完成，与资源 r_1、r_2、r_3 建立相互支持关系后对集成企业 p_a 与合作企业 p_b 产生效用，帮助两企业的核心资源得到扩充，即 w''_{1a}、w''_{2a}、$w''_{4a}\geq \dfrac{w_{1a}+w_{2a}}{2}$ 且 w''_{3b}，$w''_{4b}\geq w_{3b}$。

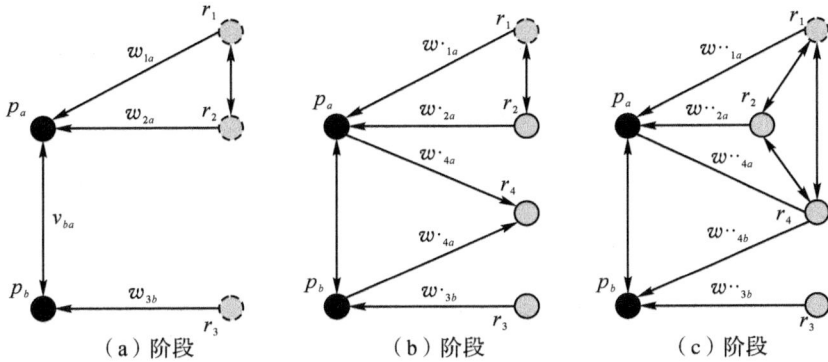

图 7-11　战略合作共创行为的局部 RPSN 演化模型

战略合作共创也是对新资源及新资源—主体映射关系的创造过程，此网络开发行为下的集成企业主体 p_a 的局部网络积聚性与单位强度变化详见表 7-4。

表 7-4　战略合作共创行为下的局部 RPSN 特征指标变化情况

局部网络指标	（a）阶段	（b）阶段	（c）阶段
加权集聚系数 $C_{w,a}$	$\dfrac{w_{1a}+w_{2a}+2}{(w_{1a}+w_{2a}+1)\times 2}$	$\dfrac{w'_{1a}+w'_{2a}+\lvert w'_{4a}\rvert+2\lvert w'_{4b}\rvert+3}{(w'_{1a}+w'_{2a}+\lvert w'_{4a}\rvert+1)\times 6}$	$\dfrac{w''_{1a}+w''_{2a}+1.5w''_{4a}+w''_{4b}+\frac{11}{6}}{(w''_{1a}+w''_{2a}+w''_{4a}+1)\times 3}$
节点单位强度 u_a	$\dfrac{w_{1a}+w_{2a}+1}{3}$	$\dfrac{w'_{1a}+w'_{2a}-\lvert w'_{4a}\rvert+1}{4}$	$\dfrac{w''_{1a}+w''_{2a}+w''_{4a}+1}{4}$

以下通过网络分析软件 Gephi 0.92 对 3 类网络开发行为的动态演化过程进行对比仿真：以自主开发行为的开发前阶段为比较基准，设定 3 类网络开发行为的 RPSN 初始权重、新资源开发权重相等（在约束范围内随机取值），全演化过程的动态权重在其约束范围内进行线性取值（软件内变化步距取 0.1），进行 50 组仿真的平均结果如图 7-12 所示。

观察加权积聚系数、节点单位强度变化曲线，可以发现，在开发全过程中，3 类网络开发行为均会造成核心企业在网络集聚性和网络强度上经历先减少后提升的倒抛物线变化过程，该现象可总结为 3 类网络开发行为与核心企业生产经营情况的共性联系。

S_1：网络开发过程中，核心企业的网络集聚性与网络强度均比研发前有所降低，其网络集聚性降幅超过50％，网络强度降幅超过40％，企业生产经营状况遭受一定程度的临时性负面影响。

S_2：网络开发完成后，核心企业的网络强度得到提升，增幅达30％—50％；网络集聚性方面，虽相比开发过程中有所回升，但依然有30％—40％的降幅。这种随网络规模扩大而集聚程度逐渐降低的特征符合马歇尔式集群网络特点，此时复杂产品核心企业的网络外部风险抵抗能力得到增强，而网络内部风险抵抗能力则会下降（Fernandes et al.，2015）。

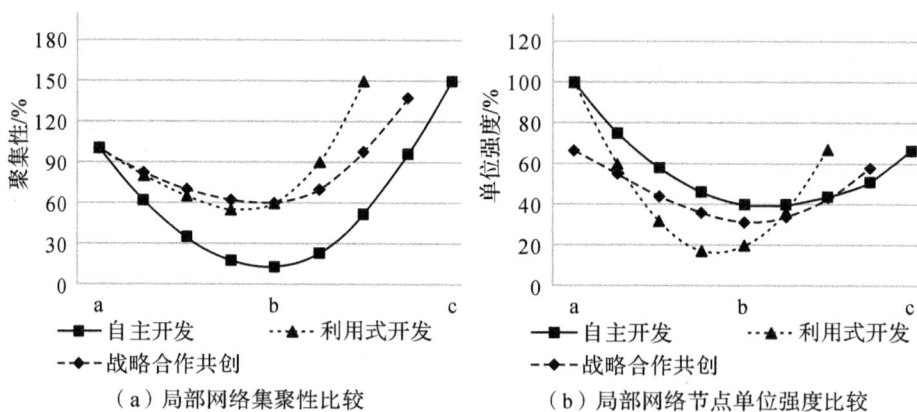

图7-12 基于核心资源创造的3种网络开发行为对比仿真

通过对比观察3类网络开发行为的网络集聚性与网络强度的变化曲线，还可发现其比较特征。

S_3：自主开发行为虽然能带给核心企业较高的后期网络强度提升及较平稳的网络集聚性变化，但其在开发过程中对核心企业网络强度的降幅影响较其余两类开发行为高出一倍。加之其开发周期相对较长，所以自主开发行为适宜在复杂产品生产任务较轻时采用。

S_4：利用式开发行为虽然能在短时间帮助核心企业实现新资源的开发，且开发后网络强度也有较为理想的增幅，但其开发过程中对核心企业网络集聚性的降幅影响较其余两类开发行为更大，会增加核心企业的集成管理难度，降低企业网络内部风险抵抗能力。故利用式开发行为适宜在核心企业内部管控集成度高或待开发资源关键度较低时采用。

S_5:战略合作共创行为相比其余两类开发行为可以保证新资源开发过程中核心企业的网络集聚性和网络强度遭受较少的负面影响,但由于新资源的共用因素,其开发完成后的企业生产强度提升幅度略低于其他两类网络开发行为。因此,战略合作共创行为的适用性更为全面,但需要核心企业具有长期稳定的战略合作伙伴,而这意味着核心企业需进行较大的先期投入。

综上分析,为权衡新资源开发下网络集聚性和网络强度两方面的效益,复杂产品核心企业应根据不同的开发需求与开发环境,针对性设计适用的网络开发行为,其间一般应考虑资源开发紧迫性、企业内部管控集成性、外部市场相似资源可得性及战略合作伙伴关系达成等因素。

(2)基于增加外部资源流入路径的两类网络开发行为。一是委托外包。复杂产品集成企业会将一些低端生产要素集中的生产任务(基础模块化产品)委托给市场其他企业完成,这类网络开发行为的典型特征是市场外部资源本身不向集成企业流动(网络资源节点不发生权移)。其局部 RPSN 演化形式如图 7-13 所示。

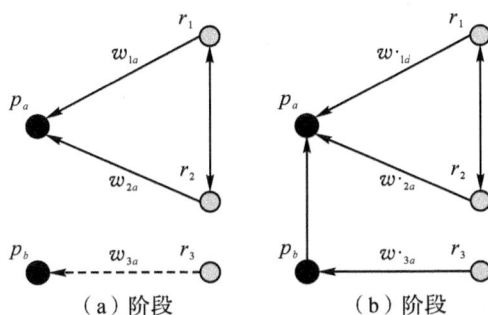

图 7-13　委托外包行为的局部 RPSN 网络演化模型

图 7-13 中的(a)阶段与利用式开发行为中的(a)阶段类似;在(b)阶段,集成企业 p_a 单独委托外部企业 p_b 承担模块化生产任务,这里 $w'_{1a} = w_{1a} > 0$,$w'_{2a} = w_{2a} > 0$,$w'_{3b} > w_{3b}$。这里外部资源 r_3 流入路径经过 E_{3-b} 和 E_{b-a},以"流动路径"的长短表达其优劣性,根据 Dijkstra 算法将

RPSN 中的关系权重进行转化[①]，则新流动路径长度为 $L = \dfrac{w'_{3b} + 1}{w'_{3b}}$。 在选择外包企业时，若外部市场有多个能提供承包方案（更短流动路径 L）的自然主体，则集成企业会选择 L 最小的承包人。

需要说明的是，单从局部 RPSN 拓扑结构演化形式上看，委托外包行为同样会降低局部网络集聚性，但实际并未影响集成企业内部的生产—资源集成情况，故不对其进行局部网络集聚系数的定量分析（委托中介亦同）。

二是委托中介。 复杂产品集成企业会始终追寻最优的资源供给路径，但单纯依靠集成企业自身时常无法实现路径最优的目标，此时便会寻求中介主体的服务。 中介主体能以相对较优的路径帮助集成企业获得急需的外部资源，如技术咨询服务公司、劳务中介公司、租赁服务公司等典型代表。 此外，在区域化的生产制造过程中，当地政府也时不时会提供中介服务，如帮助集成企业和本地供应商建立良好合作平台。 其 RPSN 局部演化形式如图 7-14 所示。

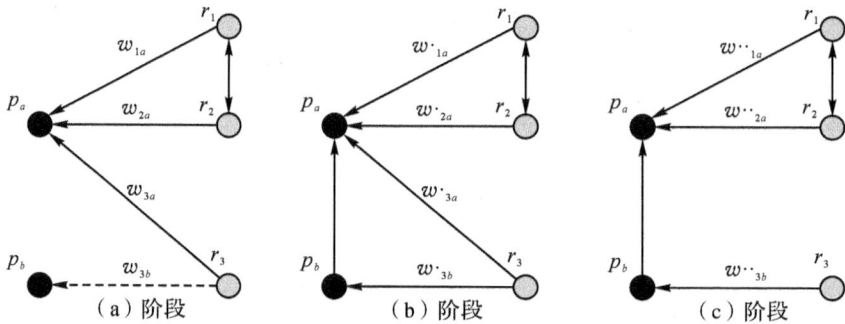

图 7-14 委托中介行为的局部 RPSN 演化模型

在图 7-14 中（a）阶段，集成企业 p_a 通过唯一路径获得资源 r_3，路径权重为 $w_{3a} > 0$（其余约束条件同利用式开发）；在（b）阶段，集成企业 p_a 通过中介主体 p_b 以更优路径获得资源 r_3，新路径获得更多权重，且集成企业 p_a 内部生产网络不受影响，即 $0 < w'_{3a} < w'_{3b} + 1$ 或 $\dfrac{1}{w'_{3a}} >$

---

① 通过对权重进行 Dijkstra 算法处理可对网络通路长短进行评估，是将网络相似权转化为相异权从而增加网络路径可比性的通行处理办法，这里取边权倒数。

$\dfrac{1}{w^{\cdot}_{3b}+1}>0$, $w^{\cdot}_{1a}=w_{1a}$, $w^{\cdot}_{2a}=w_{2a}$ ；在（c）阶段，集成企业 p_a 淘汰原有资源 r_3 获取路径，完全通过中介主体 p_b 获得，此时 $w^{\cdot\cdot}_{3b}+1>w^{\cdot}_{3b}+1>w_{3a}$ 或 $\dfrac{1}{w^{\cdot\cdot}_{3b}+1}<\dfrac{1}{w^{\cdot}_{3b}+1}<\dfrac{1}{w_{3a}}$, $w^{\cdot\cdot}_{1a}=w_{1a}$, $w^{\cdot\cdot}_{2a}=w_{2a}$ 。

综上分析，委托外包和委托中介均是复杂产品集成企业用来创造外部市场资源新的或更优的流入路径，其表现形式有所区别。

S_6：委托外包是复杂产品集成企业为了保证内部核心资源等高端生产要素的稳定投入而对一般性生产任务进行外部化的主动网络开发行为，而委托中介是集成企业对外部市场资源最优流入路径的一类自然选择行为，其通过与社会中介主体缔结协同关系实现。两种网络开发行为在复杂产品的研制生产过程中均被广泛运用。

（3）中车（原南车）株洲电力机车所（简称株机所）高铁列车研发制造案例：株机所与中国高铁列车。根据上文分析，复杂产品的 5 类网络开发行为有着不同的网络演化特点，根据实际环境科学配置合理的网络开发行为组合将是复杂产品动态管理的重要内容。中车株机所在中国高铁列车研发制造方面的经历便是典型案例。

我国高铁列车从新世纪初的"蓝箭号"到当前的"复兴号"已有 20 年的发展历程，中国高铁移动装备制造也经历了从单一自主研发向"引进、消化、吸收、再创新"的模式转变。在此过程中，株机所扮演了重要角色。目前，株机所已是我国高速铁路列车电力牵引、电装备集成、整车控制系统等方面的重要集成企业。纵观株机所近 20 年的发展历程，3 类网络开发行为贯穿始终。

第一阶段——"中华之星"列车研制。从严格意义上说，我国第一组自主研发的高铁列车（时速大于 250 千米）为株机所于 2002 年主持研发的"中华之星"号，在当时其试验时速已达 320 千米。可事情发展并非一帆风顺，眼看已在试验阶段取得重要成功的"中华之星"号却未能敲开中国高铁时代的大门。由于新机车的运行稳定性、平稳度等技术问题，"中华之星"难以在短期内实现投产，这是中国铁路无法等待的；而对于株机所自身，新列车的研制虽然帮助其摸索掌握了高速电气列车生产必需的可控硅、弹性元件等关键零件的制造技术，但企业人力、物力的过度倾注严重影响了其自身的生产业务（包括零部件加工出口），企业经营问题一时凸显。在此内外部因素影响下，"中华之星"计划最终无奈流产。

株机所在"中华之星"号列车上的研制尝试说明相对单一的自主开发模式会造成企业正常产能下降，且漫长的开发周期也会对企业造成持续的生产经营困难，此与结论 S_1 相符合。

第二阶段——和谐号列车研制。既然单纯自主开发无法帮助对国内高铁列车的研制实现快速突破，中国铁路部门在此之后便转换思路，驶上了"引进、消化、吸收、再创新"的发展超车道，而株机所作为中国和谐号高速铁路列车的研发制造排头兵，在从 CRH2 号向 CRH380A 号过渡，实现高铁列车研发制造自主化的工作中发挥了关键作用。首先，在高速列车最为核心的电气牵引系统上，株机所通过与日本川崎公司达成技术服务协议，在快速实现高速列车磁电动力系统研制技术、生产平台的单向复制后迅速实现技术自主，并在此方面与当时同类技术受制于西门子的北车集团形成鲜明对比。在 2008 年，株机所通过跨国并购英国 Dynex 公司快速实现对绝缘栅双极型晶体管（Insulated Gate Bipolar Transistor，IGBT）的国产化，并为其自身核心的大功率芯片研制技术提供强力支持，进一步巩固了企业的核心优势。其次，株机所通过与中船集团等不同领域、拥有与关键制造资源相似的资源的研发制造企业缔结战略合作关系，合作研制出包括低摩阻液动传导装置、高强转向架等高铁车辆重要装备。2010 年 9 月，CRH380A 号列车正式投入运营使用，株机所主导开发的多项核心部件（系统）也顺利地在新一代高铁列车中发挥重要作用。

可见，株机所借和谐号列车自主研制之契机实现企业快速发展，是在自主研发的基础上通过复合的网络开发行为完成的：引入吸收川崎公司等外部公司的技术资源进行利用式开发；寻求与中船工业集团等跨领域的战略合作伙伴共同开发共性资源。巧妙安排 3 类网络开发行为实现优势互补是株机所在和谐号列车研制中获得成功的关键，此与结论 S_3、S_4、S_5 相符合。

第三阶段——后和谐号新时代。如今，株机所已在高速铁路列车关键

研发制造技术上硕果累累，开发出永磁驱动系统、国内首台功率突破
10000 千瓦的 YQ-625 牵引电机等多项企业核心资源，其将继续为中国高
铁领跑世界贡献中坚力量。同时，株机所正将自身尖端装备制造核心优
势向城市轨道交通、深海探测领域延伸，企业核心竞争力还将不断攀升。

通过 3 个阶段的比较分析，可以发现，株机所通过转变单纯自主开发
的低效行为，合理构建包含多项利用式开发、战略合作共创的研发型制造网
络，持续引导外部市场优势资源向自身流入、转化，从而同时实现企业自身
核心竞争力增加与企业生产可持续这两大经营目标，此与结论 S_2 相符合。

第8章　复杂产品生产的管理能力(下)

复杂产品研发制造系统包含众多的子系统,且各子系统的种类繁多,可看作许多企业或科研机构相互协作形成的广泛的组织网络,一般包括客户、供应商、政府机构等主体。鉴于复杂产品这种网络化的集成特征,集成管理是复杂产品满足客户要求、实现复杂产品企业自身发展的重要保障。本章研究的集成管理能力主要包括网络管理能力、全生命周期管理能力和风险管理能力等内容。

8.1　复杂产品生产的网络管理能力

复杂产品生产网络包括用户、系统集成商、多个模块供应商和上游供应商,系统集成商处于网络中心,担负产品模块化、定制和最终集成,以及组织、协调、监督各个模块分包商活动的职责。集成商在网络中协调组织生产关系的能力即网络管理能力,该能力的获取和提升有利于更好地获取、配置和利用资源,达到按时完成成本最优、质量达标的生产要求的目标。

8.1.1　模型构建:网络能力—资源整合—生产绩效

复杂产品系统研发涉及众多知识和技术领域,创新过程呈现网络状。以企业间关系为界可以将网络中企业划分为核心企业、合作企业和供应商3类(Hobday,1999)。复杂产品集成商在技术领域不可避免地遭遇技术深度和宽度的限制,无法在企业内部完成所有的生产和集成工作[①],需要通过构建复杂产品创新网络实现系统工作的分解,这为集成商与模块供应商等合作伙伴提供了多组织学习的机会和平台,有助于多种互补性知识

---

① 洪勇,苏敬勤.我国复杂产品系统自主创新研究[J].公共管理学报,2008,5(1):76-83.

的交互和融合[1]。

(1)网络能力。 Hakansson[2] 最早提出网络能力的概念,即企业明确自身在网络中处于何种位置,并不断改善在网络中处理某种单个关系的能力。 自此开启了学界对网络能力的研究和探讨:①最初基于网络理论而提出的网络管理能力,依据层次标准可以划分为基于企业战略布局考虑的网络构想能力、建立网络后基于网络层面的网络管理能力、基于网络和网络内关系管理的集合管理能力、网络内与各方关系处理层面的关系管理能力 4 个维度[3];②依据网络能力运用过程可划分为两个维度,即网络管理任务执行的程度和企业中管理企业关系人员的资质情况[4];③依据网络能力的形成过程,可将网络能力划分为网络愿景能力、组合管理能力、网络管理能力和网络关系管理能力[5],其中网络关系管理能力又可解构为关系启动能力、关系发展能力和关系终止能力 3 个维度[6];④根据导向、资质和行为的逻辑解析网络能力,可以将网络能力细分为企业网络导向能力、网络管理能力和网络构建能力(朱秀梅等,2010);⑤在网络已构建的基础上将网络能力划分为基于现有网络利用网络关系的能力和借助现有网络衍生开发新网络关系的能力[7]。 可以看出,网络能力和网络管理能力是有差异的,但本节不做区分,统一采用网络能力术语。

---

① 谢洪涛.复杂产品系统创新网络的跨组织学习效应与组织治理机制[J].科技管理研究,2012(2):17-21.

② HAKANSSON H. Industrial technological development: a network approach [M]. London: Croom Helm,1987.

③ MOLLER K K,HALINEN A. Business relationships and networks: managerial challenge of network era [J]. Industrial marketing management,1999,28(5):413-427.

④ RITTER T,GEMUNDEN H G. Network competence: its impact on innovation success and its antecedents [J]. Journal of business research,2003,56:745-755.

⑤ 姜骞,王晟.绿色供应链核心企业网络能力的维度结构:基于"关系-过程-知识"多重视角的实证研究[J].技术经济,2016,35(7):19-26.

⑥ 党兴华,肖瑶.基于动态能力理论的企业网络关系能力构成及量表开发[J].科技进步与对策,2015,32(11):66-71.

⑦ 宋晶,陈菊红,孙永磊.网络能力与合作创新绩效的关系研究:文化异质性的作用[J].管理评论,2015(2):35-42.

本节将复杂产品集成商网络能力的概念定义为集成商识别环境变化和创新网络价值，构建复杂产品创新网络并有效处理和协调与网络中各模块供应商的关系，从而获取竞争优势的一种动态能力[①]（朱秀梅等，2010）。本节依据复杂产品集成商网络能力形成过程，将集成商网络能力划分为网络愿景、网络构建、网络关系管理3个子维度。

网络愿景是指构建创新网络前所需要进行的前期工作，体现在搜索合作伙伴信息并且公正地评价其能力，以确定最终纳入网络中的成员名单这样的一个过程（任胜钢，2010）。网络构建是指系统集成商在确定合适的合作伙伴后，通过一定的联系成功地将这些潜在的合作伙伴吸收成为网络下的一员。网络构建可以理解为网络的开发和联结、网络的学习和控制两项内容（任胜钢，2010）。集成商需要具备强大的关系管理能力：一方面，针对网络中这些多元主体的交流，建立基于网络的信任；另一方面，能够有效处理企业间关系，解决企业间、用户需求间、各模块供应商间的潜在矛盾，实现创新网络内部的稳定。

（2）资源整合。资源整合企业可以看作资源的集合。由于企业资源具有黏滞性和异质性的特征，当企业拥有有价值、稀缺、不可完全复制、在战略上不具有可替代性的资源时，企业就拥有了形成持续竞争优势的先决条件[②]（Barney，1991）。然而当不同的企业拥有相同的具有上述4种特质的异质性资源时，往往会产生不同的经济效果，归根究底只有企业将具备的异质性资源进行捆绑和有效组合，形成一定的能力，方能为自己带来可观的经济利益[③]。

资源整合是指企业在存续过程中具有的面向外界的搜索、获取各种类型的资源，实现将资源转化为企业自用的一种行为（马鸿佳等，2011）。

---

① 邢小强，全允桓.网络能力:概念、结构与影响因素分析[J].科学学研究，2006（S2）:558-563.

② AMIT R，SCHOEMAKER P J H. Strategic assets and organizational rent [J]. Strategic Management Journal，1993，14(1)：33-46.

③ HITT M A，IRELAND R D，HOSKISSON R E. Strategic management: competitiveness and globalization [M]. Cincinnati，OH：Southwestern College Publishing Company，2001.

具体而言,资源整合是一个复杂的动态过程,在这个过程中企业对来源于不同层次、不同结构的资源进行有效的筛选,摒弃那些无法为企业创造价值的资源,将新获取的资源与原有资源有机融合捆绑,重构企业原有的资源体系,形成新的企业资源池。 资源整合的过程也是一个不断适应和融合的过程,完全整合内化后的资源将具备企业特有的系统性和逻辑性[①]。

从资源整合的方式来划分,企业资源整合分为稳定已有资源并适当调整的方式、从外部引入资源丰富现有资源库的方式及根据现有资源体系和需求不断对外开拓搜索的方式(Sirmon et al.,2007)。 资源整合过程可以具体划分为 3 个步骤,即资源的辨别和选择、资源的获取和组合及最终环节的资源的激活与内化[②]。 资源整合方式可以划分为开拓创造和稳定调整两种。 研究发现,企业基于已有资源体系对外开拓式的资源整合方式比仅稳定已有资源体系的整合方式更为有效(Sirmon et al.,2007)。

资源整合与企业能力之间存在着因果关系。 企业可以通过基于企业间关系形成的网络获取外部互补性资源,再将这些互补性资源通过一定的方式转化为企业的能力和优势,这种能力就是企业资源整合的能力(Reynolds et al.,1992)。 资源整合过程通过对内部资源的有效调动和配置,会引起企业内部的震动和变化,并通过潜在的扩散效应提升企业绩效[③]。 借用物理学和软件工程学的概念,将资源整合划分为资源内聚和资源耦合两个细分概念,研究发现,两者对新成立企业的绩效具有显著的正向作用[④]。 企业构建联盟网络,在联盟网络内对资源进行配置、利用的活

① 董保宝,葛宝山,王侃.资源整合过程、动态能力与竞争优势:机理与路径[J]. 管理世界,2011(3):92-101.
② 饶扬德,宋红霞.基于资源整合的企业技术能力提升机理研究[J].科学管理研究,2006(6):9-12.
③ 张公一,孙晓欧.科技资源整合对企业创新绩效影响机制实证研究[J].中国软科学,2013(5):92-99.
④ 彭学兵,陈璐露,刘玥伶.创业资源整合、组织协调与新创企业绩效的关系[J].科研管理,2016(1):110-118.

动对企业建立联盟和提高绩效起到明显的中介作用[①]。

复杂产品集成商的资源整合行为是一个动态的过程,将企业获得的来源于不同背景的资源进行有效的选择,将适合和优质的互补性资源与企业原有资源进行有机融合,重新构建成为自身的一个资源库,并将这些资源用于产品生产中。本节依据资源整合的具体过程,将资源整合划分为资源获取、资源配置和资源利用3个维度(马鸿佳等,2011)。

系统集成商的资源获取是资源整合的第一步,是指企业在已明确并辨别生产所需资源后,通过内部组合或是从外部购买等方式取得这些关键资源,将所需资源纳入企业资源库中,并定期更新资源库,剔除不合适的资源以减少企业运营成本(Reynolds et al.,1992)。资源配置就是从外部获取的资源中找到适合的资源,并将该资源投入产品生产中。企业可视其为资源的集成,资源只有被合理利用才能实现自身的价值,因而资源利用也是复杂产品集成商实现产品顺利生产的关键环节。

(3)生产绩效。成本、时间、质量是生产绩效的3个基本变量。结合大型船舶产品特有属性及项目管理的相关项目绩效评价内容,以船舶制造企业能够在合同约定期限内、在预算成本之内交付给船东通过船检、船东、船级社质量认可的船舶,作为船舶制造企业的基本生产绩效,同时以专利技术、品牌声誉、市场份额和设计能力作为被解释变量(参见表8-5)。

通过问题导向与理论相结合的方式推演出复杂产品集成商"网络能力—资源整合—生产绩效"的模型,尝试打开复杂产品集成商运用网络能力来提升自身生产绩效的过程机理(见图8-1),并将复杂产品集成商网络能力具体划分为集成商网络愿景、网络构建和网络关系管理3个层次。系统集成商通过感知外界市场变化,搜寻相关信息进而组织构建复杂产品创新网络,通过自身合理组织、协调与网络内各方的关系,有效地获取网络内的资源,对资源进行合理配置,实现资源价值的充分利用,最终实现复杂产品的生产绩效。

---

① 彭伟,符正平.联盟网络、资源整合与高科技新创企业绩效关系研究[J].管理科学,2015(3):26-37.

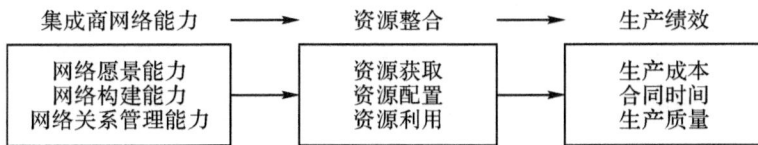

图 8-1　复杂产品集成商网络能力对绩效影响作用机理

8.1.2　案例背景和数据资料处理

（1）案例背景。 经济全球化带动了国际贸易和国际运输业的发展，国际运输业的发展又进一步推动了船舶工业的发展。 2009 年，中国造船完工量、承接新船订单、手持船舶订单量的世界份额占比分别为 34.8%、61.6% 和 38.5%，至此中国成为全球重要的船舶制造中心之一，也对日本、韩国的造船业造成了一定的冲击。 日本船舶业胜在"精益管理"，韩国船舶业胜在"技术"，中国船舶业却胜在船舶制造"数量"上。 船舶设计能力落后、创新能力不强、结构性矛盾突出、产业集中度较低、产能过剩和相关配套产业发展滞后仍是中国船舶业发展的阻力之一。 与此同时，全球金融危机滞后效应对船舶制造业带来巨大的冲击，2012 年成为中国船舶业低谷的开端，众多中小型船舶企业在这一浪潮中破产、转型。

目前船舶制造企业一般采用壳、舾、涂一体化的现代造船模式进行船舶生产，一艘船舶的生产时间长达 2—3 年，造价可达上亿元。 具体的船舶生产过程如图 8-2 所示。

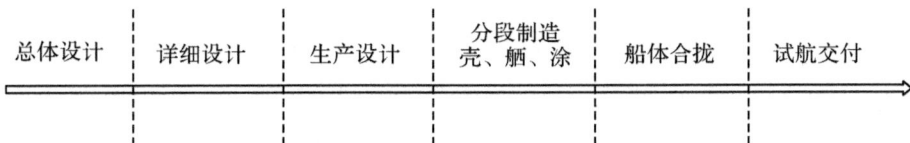

图 8-2　船舶生产过程图

当船厂接到船东造船意向后，船厂与船东就开启了长达 1 年多的前期谈判，谈判期同时也是船舶设计阶段。 船舶设计阶段可以划分为 3 个连续性的阶段：总体设计阶段、详细设计阶段和生产设计阶段。 总体设计是面向市场的前端设计，是船厂根据船东对于船舶性能、船舶线型、船舶动力等方面的要求所进行的粗浅式的性能开发设计；详细设计是将总体设计中的内容再细化到整个空间如何构造和布局及相关节点等；生产设计是面向生产，将详细设计图纸转化成为现场生产工人能够依图制造的过程，此外还涉及对整个生产过程和流程的设计，深化到每个生产过程。 生产设计结束后形成详细生产图纸再应用到具体分段制造中。

现代造船模式将造船工艺过程分解为船体分道制造、区域舾装与区域涂装三大流程阶段，在设计阶段就设置建造时间节点，规划好船舶舾装和涂装的时间。 基于设计的优化处理和流程管理的成熟运作，以船舶生产过程中的各模块产品作为搭建的桥梁，实现船舶整体生产在空间上分道进行、有序生产，各车间各部门充分调动协作，保障生产的局部与整体相统一[①]。 此外再根据每个生产车间的生产能力分配各个车间的分段任务，分段建造是按照小组立、中组立、大组立次序的工艺上的组合，零部件小组立后成为系统部件，中组立后成为多系统模块，大组立后成为分段。 在分段建造的同时并行区域舾装和涂装，再将各分段组成总段，最终进行船体合拢。 至此船厂会依次安排各主要设备的供应商和船东赴现场进行船舶调试和下水试航，试航结束且无其他问题后，船厂正式将所建船舶交付给船东。

位于浙江省的甬江船厂是一家集造船和船舶配套产品生产于一体的大型船舶制造企业，其前身是成立于1952年的一家国营企业，之后由国内大型集团投资转型成为目前纯民营性质的企业。 企业下辖六大骨干企业，4家位于舟山市（包含1家机械零部件制造公司），1家位于山东省青岛市，1家是位于上海的专业船舶设计院。 甬江船厂占地200多万平方米，总岸线长达5000多米，现拥有8万吨级船台1座，2万吨级、1.5万吨级船坞各1座，配备300吨龙门吊，等离子数控切割机、3米预处理线、室内二次处理设备等先进的造船设备，是华东地区重要的船舶制造和船舶产品出口企业之一。 目前甬江船厂可以实现年造船能力300万载重吨以上，具备自主研发船型的能力，船舶出口额在全国造船企业中名列前茅。

① 刘玉君,李艳军. 现代造船技术[M]. 大连:大连理工大学出版社,2012.

　　位于江苏省的京润船厂前身为成立于 1951 年的国营船企，是江苏省历史最悠久的船舶制造企业和江苏省第一家船舶类高新技术企业，目前拥有 5 家全资子公司（包含独立的设计公司）和 1 家境外参股的产品销售公司。 京润船厂拥有长江岸线约 700 米，占地近 50 万平方米，目前拥有 8 万吨级、2 万吨级和 5000 吨级船台各一座，此外，还拥有将近 10 万平方米的室内总装厂房。 船厂广泛采用三维设计、精度造船、智能焊接、区域涂装等先进工艺，拥有百余名专业的设计团队、2 个省级技术中心、6 个国家级新产品、26 项江苏省高新技术产品和 50 多项专利。

　　两家船厂都以修船业起家，随着船舶制造经验的不断积累，以及引进先进的三维船舶设计软件和壳舾涂一体化的现代造船模式，两家船企都在 2006—2010 年船市繁荣期间迅速发展，成为省内独当一面的造船企业。两家船舶制造企业在发展过程中有很多异同点。

　　两家船舶制造企业均在 20 世纪 50 年代成立，京润船厂是江苏省内历史最为悠久的船舶制造企业。 同时两家船企又均在 21 世纪初完成从国企走向民营企业的转变，引入壳舾涂一体化的现代造船模式，在船市繁荣期间凭借行业内的良好口碑和过硬的产品质量迅速发展成为各自省内排名前十的"名牌"船企。 同时面对后金融危机影响下萧条的船市，两家船企都勇于迎合市场，研发新船型，努力提升自身船舶生产能力，把握机会转型升级，以期成为中国骨干民营船舶制造企业。

　　甬江船厂主要生产集装箱船、大中型汽车运输船、散货船和化学品船等大中型船舶，而京润船厂生产的优势船型是体型较小的全回转拖船及衍生船型。 甬江船厂一直秉持着研发先行，努力成为国际一流船舶制造企业，而京润船厂明确自身优势，坚持差异竞争，在全回转拖船细分市场上获得全国第一的优异成绩。 此外，甬江船厂研发的 A 型汽车滚装船是基于前期类似船型生产经验和自主船型设计完成的，京润船厂承接的 B 型重吊型杂货船相对而言难度更大，需要解决船型设计等多方面的问题，更加考验船厂的组织管理能力。 甬江船厂集装箱船和汽车运输船的船东以往大多为欧洲船东，甬江船厂在德国船东社交圈内颇负盛名，而 A 型汽车滚装船的成功建造提高了其在欧洲船东社交圈内的声誉；京润船厂以全回转拖船生产为主,首次承接并成功交付的 B 型杂货船为其开辟了新的细分市场。

(2)数据资料处理。 案例研究的数据资料主要来源于以下几个方面:半结构化访谈、直接观察、调阅文档、文献等。 一手资料主要通过调研访谈获得。 通过问题导向和文献梳理相结合的方法推导出理论模型和研究问题,基于研究问题设计针对不同案例企业的访谈提纲。 之后前往调研船企进行三四次半结构化访谈,为保证调研内容有效及避免受访者过于疲惫,每次访谈时间控制在一两个小时内。 同时为方便调研数据的储存和后期资料的整理,在征得受访者同意后进行录音,后期再进行转录和编码。 具体访谈情况如表 8-1 所示。

表 8-1　访谈基本信息

时间	地点	访谈对象	被访者基本信息
2017 年 4 月 16 日	甬江船厂附近某咖啡厅	J 经理	甬江船厂分包经理
2017 年 6 月 12 日	京润船厂会议室	L 主任、W 经理	京润船厂 总办室主任和副总经理
2017 年 6 月 18 日	京润船厂会议室	S 副主任	京润船厂副主任
2017 年 7 月 30 日	甬江船厂附近某咖啡厅	J 经理、D 副院长	甬江船厂经理和设计院副院长
2017 年 8 月 4 日	电话访谈	浙江工商大学 D 副院长	甬江船厂设计院副院长

除上述通过实地调研获取资料外,还通过文献数据库查阅与两家船企相关的学术资料,如在专业的船舶业期刊例如《船舶》《船舶工程》,专门的船舶网站如"龙的船人""国际船舶网",以及两家公司的官网中搜索相关信息。 两家受访企业也提供了一些内部书面文件以供作者参阅,为二手数据的搜集提供了帮助。

对收集到的资料进行分析是案例研究的核心,主要有以下几个环节:①在每次调研结束后的 24 小时内填写调研接触单,通过描述调研情况找出记忆深刻的要点,并且在接触摘要单中对此次调研进行反思,并注明下次调研中需要注意的问题和调研的重点。 ②将录音资料进行转录,加上其他二手资料整理成文档进行编码,提取相关主题,构建初步理论框架。采取扎根理论研究方法进行编码,分为开放式编码、主轴编码及最后的选择性编码 3 个环节,同时为了提高编码结果的可信度,在团队内采取背对背编码的方式,编码内容不一致的地方由第三人再次编码确认。 ③将两个案例进行比较分析,不断深化对研究问题的理解,以总结归纳出具有理论抽样意义的结论。

8.1.3　网络能力、资源整合和生产绩效的构成要素比较

（1）集成商网络能力要素比较。 一是网络愿景。 网络愿景能力是企业在发展过程中感知到外部网络发展的价值,研判自身发展是否有必要构建网络,以及影响企业相关核心主体的能力（任胜钢,2010）。 网络愿景能力在船舶制造行业内拥有新的概念和含义。 上述两个案例中均有证据表明,在船舶市场整体低迷的情境下,船舶制造企业一改船市繁荣期被动接单的情况,选择主动搜集船市和船东需求信息,在海外建立营销公司,主动拜访船东推销自身产品,立足实际及时转变发展方向,提升自身的生产能力。 集成商的网络愿景是指船舶制造企业主动感知外部船舶市场的变化,明确自身发展路径,尝试研发新船型并寻找合适的合作伙伴。 两家船企在网络愿景能力上有所侧重,但在面临接单难的情况下均勇于开辟新市场,研发新产品,具有较强的竞争意识。 具体可细分为 3 个维度。①网络感知。 船舶制造企业主动获取外部市场的信息,在拥有充足市场信息的基础上研判未来船东的需求,提升对相关船型的设计能力,寻找潜在的合作供应商,为新船型的研发夯实基础。 ②网络识别。 船舶制造企业通过对外部合作者名单的确认及评估来确认是否可以与这些潜在合作者建立网络合作关系。 具体到船厂确定研发新船型后评估自身的生产能力及明确需要哪些外部合作伙伴,包含船舶设计部分、船体建造原材料、管道部门等。 合作关系是双向的,船企在这个阶段还要评估潜在供应商的能力。 ③网络定位。 网络定位指船舶制造企业明确建立创新网络是为了更好地组织各方利益相关者进行新船型的研发和生产,正确认识和评估船厂自身的生产能力,将自身定位为船舶制造网络中的集成者、协调者,负

责协调利益相关者各方的关系并完成船舶模块化和集成工作。 网络愿景在两家船企中的具体体现如表 8-2 所示。

表 8-2 网络愿景要素比较表

网络愿景	甬江船厂	京润船厂
网络感知	船厂营销商务部门定期拜访欧洲船东,搜集市场信息,研判船东未来需求,积极研发汽车运输船相关技术	建立新加坡营销公司用以搜集东南亚地区船市信息,转变思路,提升自身船舶设计实力
网络识别	根据详细图纸明确船舶的几大模块产品及决定模块产品是自己生产还是外购,并评估潜在合作供应商的能力	无明显依据
网络定位	无明显依据	承接 B 型杂货船,将自身定位为船舶制造的分包者和集成者,寻找潜在的合作伙伴

二是网络构建。 网络构建能力是指网络核心企业建立、组织、发展及最终控制整个网络的能力(任胜钢,2010)。 船舶制造集成商的网络构建是指船企成功构建核心船型创新网络,基于网络建立各利益相关者间的信任,进一步促进网络内各方信息、资源、技术的流动,使集成商成为创新网络实际上的掌控者。 两家船厂在网络构建能力上,都基于新船型开发了合作网络,甬江船厂则进一步确立了集成商在网络内的核心位置,并借助网络获取更多的行业信息、技术资源。 因此集成商的网络构建可以细分为两个维度。 ①网络的开发和联结。 船舶制造企业需要主动开发船舶建造网络,待成功构建外部创新网络后需要进一步配置相关营销人员(采购人员)来负责与各模块供应商的对接,落实、稳定和彼此间的合作关系,确定共同的目标,共同努力完成新船型的开发和生产。 ②网络的学习和控制。 船舶制造企业构建外部创新网络是为了获取和利用外部的各种资源,在网络关系联结起来后应加强与各模块供应商间的交流和互动,加强与供应商间的联系,加强对供应商技术、人力各方面的学习,进而成为实质意义上的网络协调者,实时掌控整个网络的动向,保证船舶的顺利生产。 网络构建概念各细化维度在上述两个案例中的体现如表 8-3 所示。

表 8-3　网络构建要素比较表

网络构建	甬江船厂	京润船厂
网络的开发和联结	船厂主动与潜在模块供应商发展合作关系并成功建立合作关系,通过合作供应商了解潜在的合作伙伴	根据供应商名单,基于价格、质量、性能三方面考核模块供应商,选择最优的合作供应商并与其建立合作关系
网络的学习和控制	船厂选派人才赴外部供应商处交流、学习,在合作中学习、消化并吸收知识、技术,不断巩固自身处于网络中心位置的优势	无明显依据

　　三是网络关系管理。 网络关系管理是指企业对于网络内多方关系的处理,当企业成为网络内实质意义上的管理者后,需要基于网络内各方的交流优化网络内的关系,以便更好地实现建立网络的初衷。 在船舶制造情境下,集成商的网络关系是指集成商居于创新网络中心,在较长的船舶建造期间内不断优化与各利益相关者间的关系,以便获取所需的资源、有效配置和利用网络内的资源。 两家船厂在网络关系处理方面大同小异,都立足于自身正确处理与各方的关系,维护和谐、稳定的网络环境。 网络关系管理可以具体划分为 3 个维度。 ①网络关系交流。 集成商开展与模块供应商、合作设计院、船东、船级社的交流,通过线上线下、邮件、电话、实地拜访等形式进一步深化与各合作伙伴间的关系,及时了解企业外部动态信息,加深基于整个创新网络的信任度。 ②网络关系优化。 集成商加深与网络内各利益相关者间的联系,深入了解各供应商的生产能力和资质,便于集成商综合考虑质量、价格、生产性能,多维度选择最为合适的供应商,淘汰不合格的供应商,保持整个创新网络的可持续合作。③网络关系协调。 集成商位于整个网络的中心位置,接受各方的信息和诉求,要摆正自身作为网络内信息、资源的中转站的位置,正确传达各方的要求,柔性解决各方诉求的不一致问题,保障网络内信息交互的畅通。网络关系管理的 3 个层次在上述两家船企中的表现如表 8-4 所示。

表 8-4　网络关系管理要素比较表

网络构建	甬江船厂	京润船厂
网络关系交流	船舶行业内定期举行的海事会为船厂提供了信息交互的平台,船厂与供应商、船东的定期回访促进彼此间信息、知识的流动	采购人员负责定期回访合作模块供应商和船东,沟通交流行业内信息和发展方向
网络关系优化	船厂每年度对供应商名单进行更新,便于船厂基于最优性价比选择合作供应商;对生产人员进行岗前培训,确保现场生产人员持岗上证,保证现场生产人员个人安全性和生产的专业性	建立供应商档案,每次回访后及时更新供应商评价和档案,并及时反馈给生产部门和管理层,基于最优原则选择合作的模块供应商
网络关系协调	对合作各方进行关系调整,采用正式或非正式的手段柔性解决船厂与模块供应商间的问题;柔性解决船厂内部营销部门和生产部门的矛盾	明确自身作为网络内各方信息交互的中转站的职责,实现网络内信息、资源的顺利流通,正确解决网络内的问题

（2）资源整合要素比较。 集成商通过构建船型创新网络获取缺乏的外部资源,通过对网络关系的管理进一步深化网络内各方的联系和信任度,确保各利益相关者释放所拥有的资源和信息。 集成商将船舶产品进行模块化,将模块产品分包至外部网络进行定制化生产,重构网络资源体系形成网络资源池,打破组织边界,实现资源端与产品端的对接,同时充分利用外部网络的资源,实现外部网络资源价值最大化。 资源整合是一个资源端与产品端不断融合、交互的动态演化过程,通过不断适应调整最终使船舶制造企业形成独特的资源优势。 甬江船厂与京润船厂在整合过程中均不断根据船舶生产过程中的实际情况进行调整,基于构建的创新网络获取外部的市场信息资源、人力资源、声誉资源、技术资源和实物资源,将上述资源充分配置到船舶生产的各阶段,保障船舶生产能够在规定时间内成功完成。 两家船厂的资源整合都从 3 个方面进行。 ①资源获取。 基于集成商前期网络愿景和网络构建准备,集成商在获得新订单后能够判断船舶生产中自身缺乏的资源及需要从外部获取的资源。 创新网络的构建为集成商搭建了蕴藏丰富的资源池,网络关系的稳定和持续发展便于集成商成功获取外部资源。 ②资源配置。 集成商分析自身生产的优

劣势,将人力资源、技术资源、实物资源等一一组合,将资源组合和模块产品端进行联结,重构资源体系。 ③资源利用。 船厂充分调动重构后的资源体系,实现智能化造船,同时运用网络内船东、船级社、各模块供应商及自身的人力资源,保证模块产品的接口一致及质量可靠,实现网络内价值的充分运用。

　　(3)生产绩效要素比较。 船舶生产绩效是船舶制造企业生产能力的直观体现之一,以往评价船舶生产绩效大多基于项目管理的视角,本部分综合上述两家船企的案例,继续深化挖掘船舶生产绩效的含义。 ①传统项目管理视角下的成本、质量、时间三维度。 保证每一艘船舶都质量可靠、性价比高及在规定时间内交付是每一家船企的目标,也是衡量船企生产绩效的基本维度。 ②设计能力。 船型设计是船舶建造的核心环节,设计自主是船企发展的一个高门槛。 京润船厂研发 B 型船,外包总体设计和详细设计费用高达几百万欧元。 船型设计自主一方面彰显船企的生产能力,另一方面可为船企节约大笔成本。 由于甬江船厂拥有自主设计新型汽车运输船的能力,从而在汽车运输船细分市场上占据市场先机。 因此船企在完成船舶生产后是否掌握设计能力是生产绩效评价标准之一。 ③专利技术。 研发新船型开辟新的细分市场是目前船企应对低迷船市的对策之一,研发新船型的过程中攻克技术难关获取技术专利将为船企赢得技术支撑和保障,为船企发展竖起一道天然技术保护屏障。 ④市场份额。 从船企擅长的船型及所占市场份额可以窥见该船企在行业内的地位和能力。 船舶产品质量过关、性价比高是船东选择船企的关键因素,也间接影响到船型市场销量。 ⑤品牌声誉。 船舶行业由于对技术、资金和人力要求较高,对外形成一个较高的行业壁垒。 甬江船厂凭借优质的技术赢得订单并成功交付,完成当前技术含量较高的 A 型汽车运输船生产;京润船厂承接 B 型杂货船并成功完成 B 型船首制船生产,开辟杂货船新的细分市场。 这两家船企纷纷在各自领域内赢得船东的认可,成为行业内的技术标杆。 两家船企生产绩效具体如表 8-5 所示。

表 8-5　船舶生产绩效要素比较表

生产绩效	甬江船厂	京润船厂
质量、时间、成本	A 型船在成本预算内、合同规定时间内下水试航并成功交付	B 型船首制船在规定成本预算内、合同规定时间内下水试航并成功交付
设计能力	在类似船型经验上成功培育 A 型船设计能力，实现自主研发，并降低成品管数量和电缆使用量，提高钢材利用率	船厂设计人员全程参与 OMT 公司的总体设计和详细设计，积累了相关设计经验
专利技术	A 型船的成功建造，表明船厂攻克了薄板技术，并取得了相关专利技术；降低了成品管数量；提高了钢材利用率；降低了电缆使用量	在 B 型船设计中利用油舱预加热技术，开发船舶在港清洗污水储备舱的新技术
市场份额	A 型船是目前汽车滚装船中运载量最大的一款船型，是甬江船厂自主研发设计的，赢得意大利船东的 10 艘订单，创下新纪录	完成全球首艘 B 型船的首制，在未来 B 型船市场上占据一定的生产优势
品牌声誉	A 型汽车滚装船的成功交付获得意大利船东的高度认可，表明甬江船厂有能力自主研发，并建造具有高附加值的船型	B 型船的首制是全球首艘该类型的杂货船，不仅可承运一般货物，部分车厢还具备承运 12 节高铁车厢的能力，在高铁车厢运输市场上占据一席之地

8.1.4　网络能力、资源整合和生产绩效之间关系的命题

（1）网络愿景与资源整合的关系。 作为集成商的船舶制造企业自我评价无法独立完成新船型的研发和生产，需要借助外部资源，因而建立起外部创新网络。 案例研究表明，船企充分运用网络能力有助于更有效地整合为生产船舶而构建的外部网络中的资源。

命题 1：船舶制造企业网络愿景有助于船企整合外部资源。

面对当下低迷的船市，船舶制造企业面临着接单难的窘况，它们化被动接单为主动迎合市场，开辟新的细分市场。 船企营销人员主动拜访船东、收集行业信息研判未来船市发展动向。 根据对外部市场信息的感知确定要研发的船型，集成商自我分析是否有足够的能力完成船舶从设计到分段制造的全过程，明确自身在船型生产中的弱势，确认船舶各模块产品是自身生产还是从外部获取，并主动寻找潜在合作供应商。 前期集成商

对企业外部市场信息资源的搜集和研判,对自身生产能力的分析,有助于其明确所需的外部资源,进而获取船舶生产过程中的外部资源。

命题 1.1:船舶制造企业的网络感知、网络识别有助于船舶制造企业获取所需的外部资源。

集成商明确自身在网络中担任的是一个组织、协调各方关系,推动整个船舶产品顺利生产的角色,即负责将船舶产品模块化,对外选择最优供应商进行分包,并对各供应商产品质量进行监督,保证各模块接口一致,最终在船厂进行模块集成,形成一艘完整的船舶。 集成商构建网络的初衷是从外部获取船舶建造所需的资源,通过船厂在整个生产过程中的组织、调整,最终为船东提供质量过关的船舶。 在网络中居于中心位置,负责协调、传递各方信息、资源的集成商网络定位促使船舶制造企业意识到自身职责,更有助于船舶制造企业在网络内组合配置相关资源,充分调动资源。

命题 1.2:船舶制造企业网络定位有助于船舶制造企业充分配置和利用外部资源。

(2)网络构建与资源整合的关系。 基于前期营销人员和采购人员对潜在合作供应商的信息收集和评价,集成商基于船舶性能要求选择适合的模块供应商。 集成商在现有创新网络内开展交流活动,促进彼此间的信息流动,加深彼此间的信任程度。 合作网络的形成只是打破了形式上的组织边界,网络间各方通过频繁回访、联系加深彼此间的了解,逐渐打破各企业间隐形的壁垒,打通各组织间的脉络,形成真正意义上的船型创新网络。 信息、资源在网络内的自由流动,网络内各方对资源的毫无保留,便于船舶制造企业从网络内获取所有需要的外部资源。 通过网络来获取许多自身所缺乏的资源,将其消化、吸收、融合,形成企业自身的优势,为企业带来一定的竞争优势(Reynolds et al.,1992)。 网络内各方摒弃彼此间的不同,为生产建造船舶的统一目标而奋斗,充分认可集成商在网络中所处的位置,便于集成商配置和利用外部资源,实现资源的价值。

命题 2:船舶制造企业网络的构建有助于船舶制造企业整合外部资源。

命题 2.1：船舶制造企业网络的开发和联结有助于船舶制造企业获取所需的外部资源。

命题 2.2：船舶制造企业网络的开发和联结有助于船舶制造企业充分配置和利用外部资源。

集成商基于创新网络配置相关人员前往各模块商处交流、学习，人力资源作为知识和信息的载体，在交流过程中实现网络内隐性知识、显现知识间的转化，最终将积累的学习经验和教训反馈给船舶制造企业，避免无谓的损失。正是通过彼此间市场信息、技术信息的沟通实现"1＋1＞2"的效果，立足自身却能获取丰富的知识和信息，一定程度上也巩固了船舶制造企业作为集成商在网络中的中心位置，有利于集成商掌控全局，充分配置和利用外部资源。

命题 2.3：船舶制造企业网络的学习和控制有助于船舶制造企业充分配置和利用外部资源。

（3）网络关系管理与资源整合的关系。网络关系管理涉及集成商如何处理与网络内各利益相关者间的关系，也是维护网络稳定性和可持续性的关键环节。集成商的网络关系可以细化为网络关系交流、网络关系优化和网络关系协调 3 个层面，层层递进加深网络内成员彼此间的信任程度。集成商采购部门定期回访供应商了解供应商的生产情况，也便于对模块产品质量进行把关，将模块产品性能需求及时反馈给供应商，获取符合船东要求的实物资源。另外，基于对供应商、船东、船级社各方需求信息的理解，集成商作为网络内信息的中转站，对信息进行过滤、消化并及时传递给信息接收者，集成商维护网络关系的稳定性有助于船舶正常生产。集成商在网络内柔性解决网络内的冲突和矛盾，实现网络的可持续发展，便于集成商在造船期内成功配置各利益相关者的人力资源、技术资源、实物资源，为集成商所用，以达到船舶创新网络构建的初衷。

命题 3：船舶制造企业的网络关系管理有助于船舶制造企业整合外部资源。

命题 3.1：船舶制造企业网络关系交流有助于船舶制造企业获取所需的外部资源。

命题 3.2：船舶制造企业网络关系优化有助于船舶制造企业充分获取和配置外部资源。

命题 3.3：船舶制造企业网络关系协调有助于船舶制造企业充分配置和利用外部资源。

（4）资源整合与船舶生产绩效的关系。集成商构建生产网络是为了获取外部资源，联合外部模块供应商共同进行船舶的设计和生产，从而让外部资源能为集成商所用。将船舶产品模块化且分包给网络内供应商，分担了集成商自身的生产压力，将资源端与产品端对接，充分调动网络内的人力资源、技术资源、产品实物资源，为船舶的最终生产交付提供了有力保障。对于集成商无法自行完成的总体设计和详细设计，选择合适的船舶设计院，船厂将外部设计院的设计技术资源和船舶制造企业自身的设计人力资源相组合，全程参与整个设计生产工作，保证船舶设计各阶段细化设计的精确性，也有助于船舶制造企业积累船型设计经验，提升设计能力。

命题 4：船舶制造企业的资源整合有助于船舶在合同规定时间内保质交付、提升设计能力、积累经验技术、赢得市场份额和建立品牌声誉。

（5）船舶制造企业生产绩效的内在关系。船舶制造企业在规定时间内向船东交付合格的船舶产品，一方面完成长达十几年的产品制造获得产品尾款，支持后续生产；另一方面，在船舶生产过程中所积累的设计层面、管理层面的经验教训都为船舶制造企业之后建造船舶提供有益的借鉴。成功研发并生产新船型更是为船舶制造企业开辟了一个全新的细分市场，让船舶制造企业赢得船东市场的认可和良好的口碑，在细分市场中占据了有利的位置。

命题 5：船舶在合同规定时间内保质交付，设计能力和经验技术的积累有助于船舶制造企业赢得市场份额和品牌声誉。

（6）生产绩效与网络能力的关系。船舶制造企业成为行业内细分市场的龙头企业，处在更高的视野，拥有更多的机会接触船东市场，行业地位的提升也为船舶制造企业在与船东、船级社、模块供应商交流的过程中赢得更多的话语权，使其更易获取优质供应商的支持。在船舶制造行业内具有较高声誉的船企也会获得更多优质供应商的主动合作和更为及时的服务。

命题6：船舶制造企业的生产绩效的提升有助于船舶制造企业网络能力的提升。

通过对上述命题的讨论，最终总结归纳出船舶制造企业网络能力的动态模型，如图8-3所示。

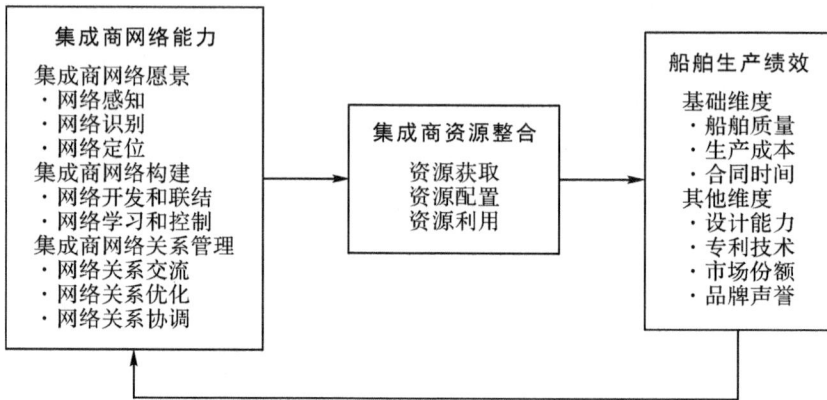

图8-3 复杂产品集成商网络能力动态模型

8.2 复杂产品生产的风险管理能力

复杂产品较高的客户定制属性、涉及多方主体与资源、动态的创新需要等因素必然为其研发制造过程带来众多风险。考虑到复杂产品重要的社会经济与企业发展意义，风险管理是复杂产品的集成管理领域中不可回避的一项内容。

8.2.1 复杂产品风险管理概述

（1）风险与风险管理。美国项目管理协会（Project Management Institute, PMI）[①]在其项目管理知识体系（Project the Body of Knowledge, PMBOK）中认为，项目风险产生的根本原因是项目信息不完

---

① 美国项目管理协会. 项目管理知识体系指南[M]. 5版. 北京：电子工业出版社，2013.

备。　戚安邦①进而定义项目风险是由于项目所处环境和条件本身的不确定性与项目相关利益主体主观上不能准确预见或控制项目风险因素,最终致使项目结果与项目相关利益主体的要求或期望产生背离,从而给项目相关利益主体带来损失或收益的某种可能性。这既关注风险的不可预见性又强调风险作用结果的不确定性,是科学且全面的风险定义。

所谓风险管理(Risk Management),是指管理者通过对风险的识别和衡量,采用合理的技术、经济手段来应对项目风险,从而以最合理的成本获得最适当的项目运行保障。项目风险管理研究起始于 20 世纪下半叶国外的工程领域,早期的研究学者们更关注风险因素的识别和评估,Hertz et al.②将项目风险管理过程界定为项目主要实施方对项目环境中不确定因素进行识别度量、评价与再评价的系统过程。PMI(2012)对单纯的项目风险评估做出补充,认为项目风险管理还包括长期线性的风险控制工作。进入 21 世纪后,伴随经济全球化和科学技术的飞速发展,各类项目面对着更多的不确定性和风险因素,传统静态的风险管理理论和单一线性的风险管理模式已不满足时代要求,涵盖项目全范围、全周期的集成风险管理理论日趋完善,适用大型复杂项目(包括复杂产品)的项目风险管理实践与研究也正不断更新③。

(2)复杂产品的复杂特性与风险因素。复杂产品项目在建设(生产)期面临诸多潜在风险因素,这些风险因素不仅与项目环境和特性高度相关,其内部的递进演化关系也十分微妙。参考王顺洪等④在"新马高铁"中运用解释结构模型拟合出的项目风险因素层次结构,本部分认为复杂产品项目的风险因素按照递进关系可依次定义为源头风险、过程风险和直接风险。复杂产品项目的源头风险来自项目环境,包括自然环境、政

① 戚安邦. 项目管理学[M]. 天津:南开大学出版社,2014.

② HERTZ D B, THOMAS H. Risk analysis: important new tool for business planning[J]. Journal of business strategy,1983,3(3):23-29.

③ JEAN B. 全球项目管理:跨国界的沟通、合作和管理[M]. 天津:南开大学出版社,2011.

④ 王顺洪,马蓉,郭强. 海外跨境高铁投资风险因素结构关系分析:以"新马高铁"为例[J]. 科技管理研究,2016,36(19):224-229.

治与政策环境、商务环境等①。 源头风险作为所有风险的根源,诱发如成本分担冲突的过程风险因素,最终导致直接风险因素的形成和发生作用,如建设冲突、运营冲突等。 直接风险因素会直接导致复杂产品成本超支、质量下降等负面结果的出现。 项目风险因素的递进演化随着项目推进而不断发生,在不同项目阶段表现出不同的特点②。

（3）复杂产品项目风险生成视角。 复杂产品具有定制化程度和创新程度高、生产范围大并且组织复杂等特点,在复杂产品项目进程中,由于创新活动密集且复杂、早期对项目内外部环境的估计可能存有偏差等因素,从而对项目环境中的不确定性因素和创新风险因素的抵御能力下降是复杂产品项目风险频发的主因③。 单一且流程化的风险管理模式侧重于风险显现后的应对,较难有的放矢地应对各种风险因素。 聚焦于复杂产品项目的源头风险因素,厘清其动态演化规律对于项目管理者采取具有针对性的事前风险预防手段与事中风险控制措施有着重要的指导意义。 对复杂产品项目风险因素生成机理的相关研究④⑤（Ren et al., 2015）相对一致地采用"风险因素—风险生成机理—风险作用结果"基本路线,在已确定风险因素和风险作用结果的基础工作上深层探究风险生成机理,并回答风险因素"如何发展""何时作用""对谁作用""怎么作用"这 4 个核心问题。 基于风险生成视角的研究是对项目环境变化、个体主动干预的

---

① 号称"中国高铁"第一单的墨西哥城至克雷塔罗市的高铁项目在 2014 年 11 月 3 日中标后不久,又被撤销,反映了复杂产品国际合作存在的政治风险和社会风险[周国华.高铁国际合作:风险管理为必修课:以墨西哥高铁招标项目为例[J].项目管理评论,2015(1):37-41]。

② KUJAWSKI E, ANGELIS D. Monitoring risk response actions for effective project risk management[J]. Systems engineering, 2010, 13(4):353-368.

③ 盛亚,王节祥,吴俊杰. 复杂产品系统创新风险生成机理研究:利益相关者权利对称性视角[J]. 研究与发展管理, 2012, 24(3):110-116.

④ ZHOU W, CHEN J, JING J. Risk generation mechanism of complex product system[C]//Management of Innovation and Technology, 2006 IEEE International Conference. IEEE, 2006, 2: 723-727.

⑤ ZOU P X W, CHEN Y, CHAN T Y. Understanding and improving your risk management capability: assessment model for construction organizations[J]. Journal of construction engineering and management, 2009, 136(8): 854-863.

综合考量, 是一种由微观到宏观的分析思路。

复杂产品的特征决定了其风险因素的多样性和动态性。 除去技术因素, 组织因素、市场因素、环境因素、资金因素都会对复杂产品的生产制造过程产生或多或少的影响。 由于这些因素之间并非相互独立的关系, 通常某一风险因素的产生会导致其他因素的发生。 这种动态的复杂环境使得从事复杂产品生产的企业必须正视风险因素存在的普遍性及环境变化的永恒性, 随时对环境中的各种风险因素施以高度的警觉性, 并能够在较短的时间里找到合理的解决方案以使损失降至最低。 事实上, 在复杂产品的生产过程中, 风险管理能力已经成为决定复杂产品最终能否成功生产的重要管理能力之一。 那些勇于 “出海”、在海外建设一个又一个复杂产品 (项目) 的中国高铁企业在实践中积累的宝贵经验是最能够说明这个问题的。

8.2.2　土耳其安伊高铁建设的风险管理

(1) 案例背景。 土耳其是经合组织和伊斯兰合作组织的创始国成员、世贸组织和 20 国集团成员、上合组织对话伙伴国, 也是欧盟第六大经济体和西亚、中东第一大经济体。 土耳其位处欧亚交界的十字路口, 其地缘战略意义极为重要。 土耳其政府规划 10 年建成横贯土耳其约 2000 千米的东西高铁, 计划投资约 300 亿美元。 土耳其东西高铁一旦建成, 就能与中国 “一带一路” 建设对接, 实现中国与中亚、西亚、东欧的全面联通。

安伊高铁连接了土耳其首都安卡拉和最大的城市伊斯坦布尔, 相当于中国的京沪高铁, 其业主是土耳其国家铁路总局。 安伊高铁全长 533 千米, 采用 EPC 工程总承包模式分 3 期建设。 2005 年, 中国机械进出口有限公司 (简称中机公司)、中国铁建股份公司及土耳其当地两家公司组成联合体竞标安伊高铁二期两个标段的工程项目。 其实早在 2002 年中机公司就开始进军土耳其市场, 在 2003 年 6 月获得了安伊高铁的项目信息; 2004 年 4 月, 中国商务部部长助理会见土耳其安伊高铁项目代表; 2004 年 11 月, 中国国务院副总理访问土耳其, 将该项目作为 “中土第一经贸项目” 列入双方高层会谈日程; 2005 年 5 月, 中国财政部部长访问土耳其,再次表示中国政府将支持中国企业参与该项目。 最终在 2005 年 10 月 13 日，中国企业联合体正式收到安伊高铁二期中标通知，中国铁建授权中国土木工程集团公司（简称中土公司）负责项目建设的组织实施，中机公司负责前期的市场营销、对外的商务联络和合作等。 安伊高铁二期工程总金额为 12.7 亿美元（第一标段为 6.6 亿美元，第二标段为 6.1 亿美元），由中国进出口银行提供 7.2 亿美元贷款，包括 5.0 亿美元优贷、2.2 亿美元商贷，其余 5.5 亿美元贷款由欧洲开发银行提供。

借助中机公司早期的市场开发和母国平台的帮助，中国企业顺利拿下了安伊高铁项目。 但由于安伊高铁项目本身和建设环境的复杂性，中方在项目中标之际就遭遇了意料之外的风险侵袭，在项目的后续建设过程中也是"麻烦"不断。

（2）风险初次生成——诉讼危机。 土耳其国家铁路总局为了保护本土施工企业的利益，要求所有竞标联合体必须有土耳其当地公司参与组成，且项目超过 50％的施工内容须由土方企业完成。 安伊高速铁路二期的竞标也非常激烈，来自中国、德国、日本等国的 24 家国际知名公司参与其中，分别与当地公司组成 8 家联合体参加投标。 在二期项目中，中方选择了两家当地的工程公司组成联合体，中土双方的投资比例分别为 40％和 60％。 由于项目融资的重要性，土耳其国家铁路总局并没有采取通常的低价中标方式，而是对各个投标联合体的商务方案、技术方案、融资方案进行了综合评价。 中国企业联合体的商务报价不是最低的，但得益于高超的技术实力和中国国内的融资支持，其综合方案和综合评价得分排名第一，从而得以在众多强手中胜出。

但在招标结果公布后，另一家未中标的联合体就以中国企业联合体报价并非最低为由在中标结果公示期间向业主提出申诉，但其申诉理由并未被采纳。 结果该联合体中的土耳其本地公司继而向当地法院递交了诉讼申请，和业主土耳其国家铁路总局打了一场持续近一年的官司。

这场围绕安伊高铁项目评标标准的诉讼着实让土耳其国家铁路总局措手不及。 仔细分析这场诉讼案的发展过程，便可辨认其源头（风险）因素。 土耳其国家铁路总局强制规定在投标联合体中土方企业负责 50％以上的建设任务,这种带以"保护主义"色彩的规定鼓励了土耳其国内众多的工程企业参与安伊高铁投标项目。 再加上土方政府对本土建设市场的其他保护政策,让土耳其的本土企业对于安伊高铁这种"小风险、大收益"的项目觊觎不已。 任何一家联合体的中标都间接地减损了其余本土企业的利益,这是安伊高铁诉讼案从酝酿到发生的直接诱因。 而关于评标标准的合理化、公正化问题只是申诉企业"强词夺理"的工具,无关问题要害。

中机公司和中土公司早在投标方案确定阶段就规划了详细的应急措施:为应对法院对投标文件中工程综合方案可能提出的澄清要求,中方准备了翔实的证据和材料对中方联合体商务方案、技术方案和融资方案的合理性、科学性和优越性做出说明。 此外,中方与合作的两家本土企业积极配合,采取了包括谈判、公开发布等多种方式把安伊高铁项目的特性及中国企业联合体投标方案的综合优越性予以公开说明,着重阐述自身的优越性和承担安伊高铁二期工程的最适宜性。 最终,土耳其法院仔细衡量后驳回了起诉要求,维持了原中标结果。 诉讼案的顺利解决也让安伊高铁二期工程正式落地,2006 年 7 月 11 日、11 月 28 日,土耳其国家铁路总局先后与中国企业联合体签订安伊高铁二期两个标段的总承包合同。

以风险生成视角全面审视整个投标诉讼案,可以发现,其风险因素生成过程及其与项目复杂特性、风险应对工作之间的联系,具体如图 8-4 所示。 对于本投标诉讼案来说,土耳其国内的政策环境、市场环境及安伊高铁项目本身的技术、管理特性作为主要复杂特性决定了土耳其铁路建设技术先天落后,从而只能靠业主本土保护性规定确保其利益和发展,这诱发了土耳其本土企业个人机会主义行为的产生。 在投标阶段,各竞标方由于源头风险因素的存在就很容易发展为利益冲突的敌对关系,这种此消彼长的竞争模式最终发展为破坏性竞争。 在本案中,综合实力更强的中方联合体虽遭到未中标联合体的质疑和反对,但还是凭借自身积极联合土方企业,进行多方、多渠道的谈判斡旋,维护了自身利益。 总的来说,中国企业联合体对投标诉讼案的应对成功地对过程风险因素和直接风险因素发挥了抑制作用,避免了项目初期商务运作失败的可能。

中方的上述应对措施不仅有效干预了竞争风险的生成与作用过程，还产生了溢出效应，帮助各项目方进一步了解了土耳其的政策环境特性和市场环境特性。而这些环境特性往往在项目前期是较为模糊且易被忽视的，这就形成了项目前期的信息缺口。随着竞争风险的产生、发展与对其的妥善应对，项目的环境特性逐渐得到阐明，信息缺口得以缩小，而项目的复杂性也在一定程度上消减。综上可以发现，在安伊高铁投标阶段，项目复杂特性、竞争风险生成、风险应对三者之间有着闭合的逻辑关系。

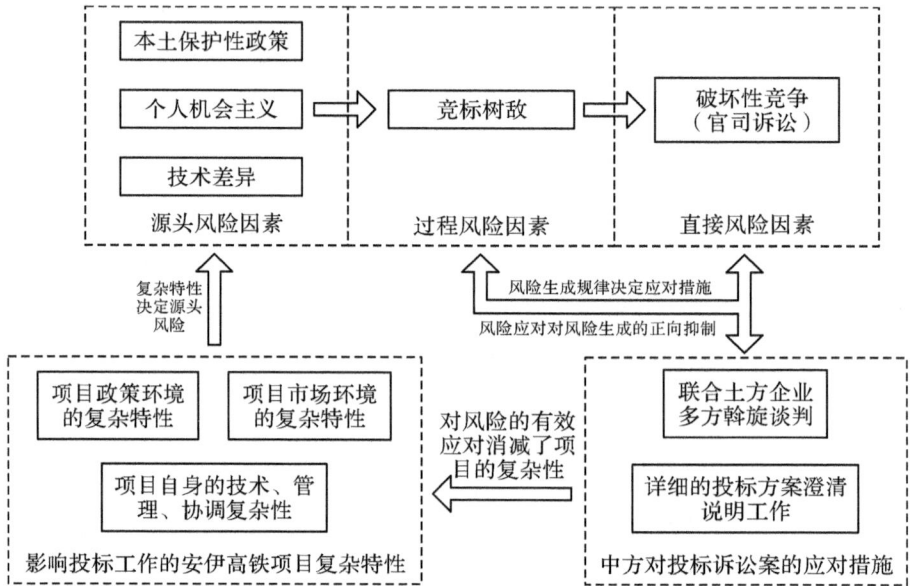

图 8-4 安伊高铁投标竞争风险生成分解图

（3）风险第二次来袭——设计反复与变更。安伊高铁二期线路全长 158 千米，设计沿线时速为 250 千米，线路从依诺努（Inonu）通至科斯科亚（Kosekoy），主要设计工作由中铁五院完成。考量项目的自然条件和标准差异后，中铁五院发现安伊高铁二期设计工作的技术难度十分突出：①项目穿越的大部分地区为花岗岩山地，地质结构复杂；②全线共有桥梁 31 座、隧道 34 座，工程桥隧占比达到 42%，很多隧道直接与桥梁连接；③全线的设计和施工都采用欧洲技术标准，这让中国企业面临了很大的挑战，因为它们需要细致地去了解欧洲的技术标准。

毫无疑问，在陌生技术标准下完成158千米复杂高铁线路的设计需要细致准确的勘察资料，而安伊高铁二期的前期地质勘探偏偏就出了问题。土耳其国家铁路总局在安伊高铁项目招标期间就统一提供了项目的前期地勘资料，但中方企业在进场之后发现，土方提供的资料与现场实际出入很大，中方不得不重新进行地质勘探工作，而项目前期也一直在边勘测、边设计、边施工的圈子里打转。在执行欧洲标准方面，中方也是所遇考验不断。首先，欧洲标准严格要求进行项目初步设计时要完成工程全部的接口设计、各专业分项工程的标准化方案及图样设计，而施工图设计仅在初步设计的基础上结合线路条件进行适应性调整，这和国内更强调施工图设计的工作习惯相比，明显地将设计工作的重心前移。所以在安伊高铁二期的初步设计阶段，中方企业就必须在勘察资料不齐全、欧洲技术规范和标准不熟的情况下进行标准化设计，其工作难度之高和工作量之大可想而知。除了对设计工作的强制性要求，欧洲标准的严苛还反映在对原料的认证方面。欧洲标准认证要求从原材料开始，一直到产品生产装备都有规定。具体来说，从信号通信设备、铁路钢轨、模具、水泥砂石甚至到钢材铁矿石都需要进行专门认证，且认证期长达6年。这意味着中方设计人员很难将自身熟悉的"中国制造"引入，只能摸索着使用"欧洲制造"。

中方设计团队面对这重重困难，采用了各种措施以应对过关。首先，整个项目设计工作的组织以总承包项目管理办公室（Project Management Office，PMO）为核心，建立内部七级设计审查制度。为了给土方业主递交高质量的设计方案，体现中方的设计实力和严谨的工作态度，中方PMO成立专门设计咨询部，对项目全部设计工作进行统一管控，并负责组织"专业工程师设计→专业负责人复核→专业项目部经理初审→中土高铁项目部经理复审→PMO设计咨询部初批→PMO副经理复批→PMO经理终批"的七级设计审查制度（高嵩等，2015）。这种将设计专员审查和施工专员审查统一的审查流程看似冗长，实质是为了在初步设计阶段实现初始方案的易实施性和标准性，减少施工图设计阶段对初设方案再次进行细部修改的可能，完全贴合了欧洲标准认证要求。 其次，中方在项目设计工作启动之初仅将工程所在国相关法律，业主要求，合同通用及专用条款，工程所在国技术标准及文件，工程所在国人文、宗教、地理状况等五大常规要素作为设计管理依据（高嵩等，2015），使设计工作落入被动局面；在和业主进行多轮次的设计沟通后，中方额外从工程适用性角度出发，有针对性地增加当地行业规定、设计习惯、常用标准，以及当地建筑风格特点、经济水平、市场条件及材料使用习惯等作为设计依据（高嵩等，2015），以准确把握和预测业主的设计要求，从而掌握设计工作的主动权，最大限度地减少了设计反复情况的发生。 最后，为了避免设计反复带来的工期滞后情况，PMO积极从内部设计分包管理、设计采购工作动态联动出发，切实保证工程总体进度按计划推进。

（4）风险第三次来袭——投资超限。 虽然中方采取了一系列措施来减少可能发生的设计变更情况，但土方前期过于粗糙的准备工作和不断提出的新设计要求还是一再增加着工程变更数量，这也造成工程造价不断上升，最终中方企业迎来投资超限这一最大风险。 根据中土双方合同，业主有40％的合同变更权，即可以追加40％的投资，总承包商应将超额的工程任务全部完成，保证项目顺利建成后离场；或者仍按原合同额进行，总承包商干满合同额即可离场，剩余超额工程业主另行招标。 对于土方来说，这两种方案并无太大差异，甚至选择后者还能增加收益。 但对于远赴土耳其的中方企业来说，如果业主选择后者，则意味着中方企业前期垫付的上亿元人民币资金就此损失。 就在业主倾向于重新招标时，中方企业代表在谈判桌上从中方的市场信誉、双方的合作关系、项目融资等方面向土方阐明利害，业主也综合考虑此前设计阶段中方企业树立的正面形象，最终心悦诚服地选择了追加投资。

2014年1月17日，安伊高铁二期主体工程顺利完工；2014年7月28日，安伊高速铁路正式投入运营。 从中国企业中标安伊高铁二期工程到顺利完工并通车运营的这将近9年时间里，中方建设者面对了众多不确定因素，消除了众多的风险，也将原本无比复杂的工程环境和项目特性一步步厘清。

（5）研究发现。 以风险生成视角对安伊高铁二期项目中的设计反复与变更事件进行整体分析，如图 8-5 所示。

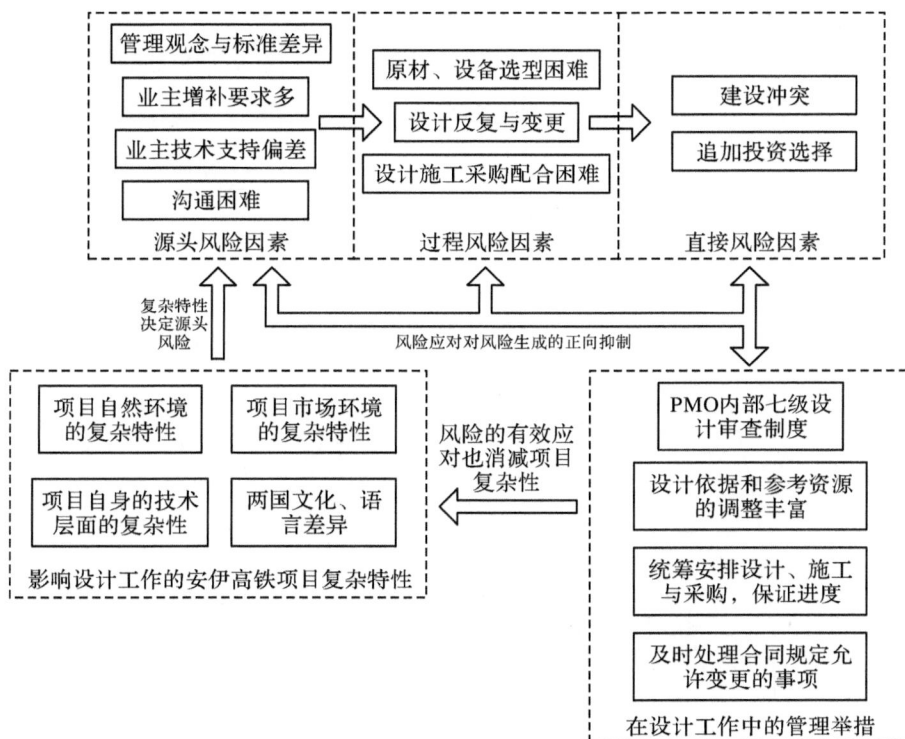

图 8-5　安伊高铁二期项目设计工作风险生成分解图

在设计阶段，项目主要的源头风险因素由项目的自然环境、市场环境、文化差异及自身内部的技术复杂性共同决定，表现为管理观念的差异、标准的差异、与业主的沟通和协商等方面。 这些源头因素作用于在欧承揽工程经验欠缺的中方企业，就让中方企业产生了设计工作中的"水土不服"。 为了快速度过适应期和磨合期、预防风险因素生成及发展，总承包 PMO 针对欧洲标准与管理观念、业主频繁提出的新要求、各类工作间的协调配合等因素制定了"一揽子"设计管理工作方针和制度，对内整合自身优势和各项资源，注重不同领域工作间的配合协调，扩大决策依据范围；对外以诚恳、敬业的专业态度积极与业主开展对话，以克服沟通交流中的障碍，同时也持续赢得业主信任。 同样地，这一系列设计风险管理范畴中的措施也对项目复杂特性的"解密"产生积极作用，在后期成功消减了因变更产生的追加投资选择风险。 项目复杂特性、竞争风险生成、风险应对三者之间的闭合逻辑关系再次得到验证。

对土耳其安伊高铁案例进一步总结发现，复杂产品项目复杂特性、风险生成和风险应对三者表现出顺次影响的关系，如图 8-6 所示。

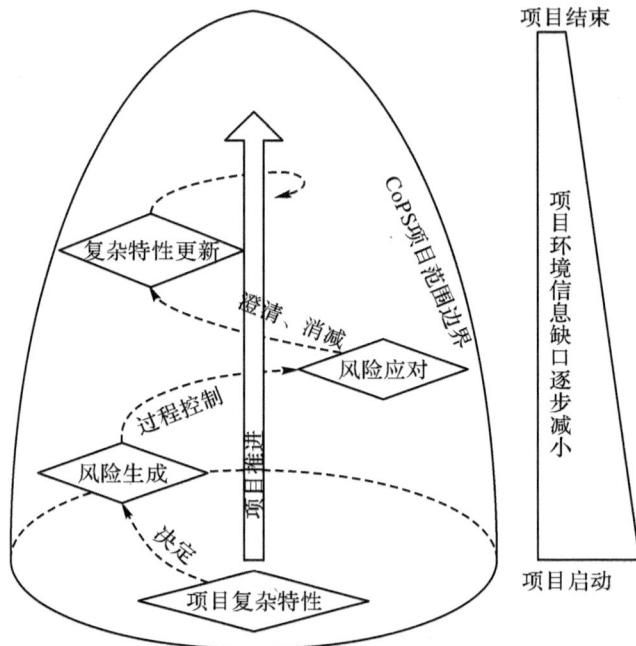

图 8-6 复杂产品项目复杂特性、风险生成、风险应对作用路径图

现代项目管理学认为，风险一般难以彻底消除，只能予以控制。 项目自身的特点与所处的内外部环境特征是复杂产品项目复杂特性的主要来源，这种复杂特性投影在项目运行过程中就成了源头风险因素，这是客观存在且无法避免的。 根源风险因素在项目过程中进一步发展演化形成过程风险因素和直接风险因素，这种风险因素的阶段性发展是风险应对工作的基础。 尽量控制根源风险因素和过程风险因素，遏止直接风险因素对项目产生破坏影响，是风险应对工作的基本方针。 所以在整个项目的推进过程中，项目复杂特性、风险生成和风险应对三者遵循着循环向上的逻辑路径，直到项目复杂特性全部被厘清或项目实施结束。

复杂产品集成商为提升自身风险管理能力,应以风险生成为控制视角,遵循复杂产品项目复杂特性、风险生成、风险应对的工作路径,加强对项目环境与风险因素的识别,瞄准风险源头,开展以控制为主的风险管理工作。

8.2.3　复杂产品生产的委托代理风险管理[①]

本小节把复杂产品风险管理特点和代理公司过度自信融入委托代理模型中。 具体而言考虑了以下两个因素:①风险是不可能完全被消除的,只能在一定程度上使其降至可控水平,因此衡量管理人员工作绩效的标准不应该是完全消除风险隐患;②过度自信不但会让代理公司高估自己的能力,也会让其低估风险事件发生的可能性。

（1）问题描述。 甲公司需要生产一复杂产品,经过可行性研究分析发现,生产该复杂产品能够给公司带来的总收益为 T,同时在生产过程中也伴随着一个无法忽视的风险因素 R。 为降低该风险因素的负面影响,甲公司（委托公司）委托具有相关专业能力的乙公司（代理公司）完成生产任务,其实质就包括委托乙公司控制风险。 在委托代理双方博弈的过程中,虽然主体是两家公司,但由于真正做出决策的是双方的管理者,管理者的过度自信必然会对公司的决策产生影响（Kretschmer et al., 2008）。

在经典委托代理理论中,代理公司的能力是真实的——委托公司在一个较为理想的环境下设计一份能有效激励代理公司的合同,如图 8-7（a）所示。 当代理公司的管理者具有过度自信时会在高估自己公司能力的同时低估风险事件发生的概率,前者使委托公司无法准确了解代理公司的真实能力水平;后者使代理公司在风险管理过程中过于冒进,道德风险的问题更加凸显,如图 8-7（b）所示。 通过模型推演和案例分析,本部分试图回答以下问题:①代理公司过度自信对代理公司的最优努力水平和委托代理双方的收益有何影响;②复杂产品生产过程中的风险分担机制、影响因

---

① 本小节研究内容已公开发表[周国华,王经略,李靖华. 过度自信对复杂产品风险管理绩效的影响[J]. 工业工程与管理,2019(1):78-84]。

素和影响机理是怎样的。

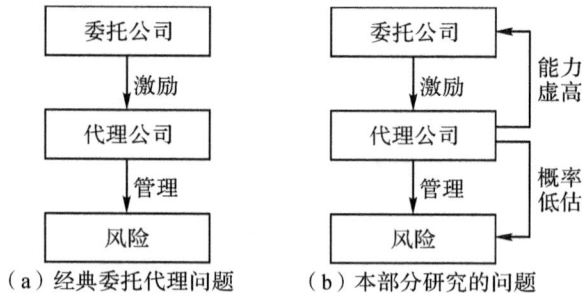

图 8-7　问题对比

（2）模型假设。　模型基于以下 5 个基本假设。

假设 1：风险因素 R 会带来 R_O 的经济损失。　在代理公司的管理下，该风险因素造成的损失能降低至 R_Z ，由于风险管理通常很难把风险因素彻底消除，只能让其降低至某一可控的状态，假设 $R_O \geqslant R_Z \geqslant 0$ 。　令 π 表示代理公司风险管理的绩效，可知 $\pi = R_O - R_Z$ 。　令 e 表示代理公司的努力水平，θ 表示该风险因素对代理公司管理绩效的影响，λ 表示代理公司单位努力带来的产出，即代理公司的能力，则有 $\pi = R_O - R_Z = \lambda e + \theta$ ，其中 $\theta \sim N(0, \sigma^2)$ 。

假设 2：委托公司具有完全理性，代理公司具有过度自信，代理公司会高估自己的能力并低估决策风险。　结合 Gervais 和 Keiber 的研究成果，假设代理公司过度自信水平为 k ，$0 \leqslant k \leqslant 1$ 。　一方面，代理公司会高估自己的能力，认为自己的能力为 $\lambda + k$ ①；另一方面，代理公司会低估风险因素 R 的波动范围，即在代理公司眼中 θ 的方差变为 $(1-k)\sigma^2$ ②。因此，对于具有完全理性的委托公司而言，$\pi_p = R_O - R_Z = \lambda e + \theta_p$ ，$\theta_p \sim N(0, \sigma^2)$ ；对于具有过度自信的代理公司而言，$\pi_a = R_O - R_Z = (\lambda + k)e + \theta_a$ ，$\theta_a \sim N[0, (1-k)\sigma^2]$ 。　为简便起见，假设 $\lambda = 1$ 。

---

① GERVAIS S, ODEAN T. Learning to be overconfident[J]. The review of financial studies, 2001, 14(1): 1-27.

② KEIBER K L. Managerial compensation contracts and overconfidence[R]. Whu Otto Beisheim Graduate School of Management, 2002.

假设 3:委托公司对代理公司采用线性合同激励机制,令 w 为代理公司的工资, α 为固定工资, β 为收益提成,则有 $w = \alpha + \beta\pi$,其中 $0 \leqslant \alpha, \beta \leqslant 1$ 。

假设 4:令 $c(e)$ 表示代理公司努力成本。 因为二次函数能够很好地模拟边际成本递增的事实(Baker,2002;柳瑞禹等,2015),假设 $c(e) = \frac{1}{2}e^2$ 。

假设 5:代理公司为风险规避,委托公司为风险中性。 代理公司的风险规避度为 ρ 。 在具有过度自信的代理公司眼里,风险成本为 $\frac{1}{2}\rho\beta^2(1-k)^2\sigma^2$;在具有完全理性的委托公司眼里,代理公司的风险成本为 $\frac{1}{2}\rho\beta^2\sigma^2$,假设 $\rho\sigma^2 \leqslant 2$[①](周国华等,2009),令 EV、EU 分别表示委托公司和代理公司的确定性收益,则有 $EV = T - R_z - w$, $EU = w - c(e) - \frac{1}{2}\rho\beta^2\sigma^2$ 。

博弈顺序如图 8-8 所示。 首先委托公司向代理公司介绍关于该风险因素的基本情况,给出假设 3 中的激励机制。 代理公司了解这一情况之后,对该风险因素的控制难度、管理成本等进行评估,确定最优努力水平。 最后代理公司开展风险管理工作,双方得到各自收益。

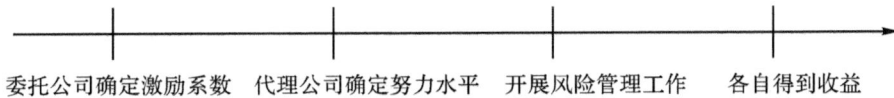

| 委托公司确定激励系数 | 代理公司确定努力水平 | 开展风险管理工作 | 各自得到收益 |

图 8-8　博弈顺序

(3)代理公司具有完全理性时的风险管理模型。 作为比较的基础,首先建立代理公司具有完全理性时的风险管理模型。 令 $\overline{\omega}$ 表示代理公司的保留效用,建立基于委托代理理论的风险管理模型如下:

---

① 华冬冬,沙凯逊,亓霞. 参与人不同风险态度组合下的委托代理模型[J]. 系统工程,2011,29(3):113-116.

$$\max_{e,\,\beta}(T - R_O + e - \alpha - \beta e) \qquad (8\text{-}1)$$

$$(\text{IR}) \quad \alpha + \beta e - \frac{1}{2}e^2 - \frac{1}{2}\rho\,\beta^2\,\sigma^2 \geqslant \overline{\omega}$$

$$(\text{IC}) \quad e_1^* = \arg\max\left(\alpha + \beta e - \frac{1}{2}e^2 - \frac{1}{2}\rho\,\beta^2\,\sigma^2\right)$$

对模型求解，得到代理公司的最优努力水平及委托公司的激励系数和收益（见表 8-6）。

表 8-6　代理公司具有完全理性时的计算结果

e_1^*	α_1^*	β_1^*	EU_1^*	EV_1^*
$\dfrac{1}{\rho\,\sigma^2 + 1}$	$\overline{\omega} + \dfrac{\rho\,\sigma^2 - 1}{2(\rho\,\sigma^2 + 1)^2}$	$\dfrac{1}{\rho\,\sigma^2 + 1}$	$\overline{\omega}$	$T - R_O - \overline{\omega} + \dfrac{1}{2(1 + \rho\,\sigma^2)}$

结论 1：代理公司的最优努力水平 e_1^* 与其风险规避度 ρ 和风险因素的方差 σ^2 呈负相关关系。

代理公司风险规避度越高，代表其越不愿意承担风险，从模型推理可见，这种特质会降低其在风险管理工作中的最优努力水平。风险因素的方差 σ^2 代表着风险可控程度，σ^2 越大就意味着风险因素的波动越大，可控程度越低，从计算结果可以看到，当风险因素的可控性变弱时，代理公司的最优努力水平会随之降低。

因此，在面对一些高风险的复杂产品生产作业时，委托公司为代理公司提供一些技术支持，让代理公司觉得风险因素的可控性在一定程度上得到提升、风险度在一定程度上得到控制，则有助于提高代理公司的工作积极性。

结论 2：项目风险应该由委托公司和代理公司一同承担，风险分担的比例由代理公司的风险规避度 ρ 和风险因素的方差 σ^2 来决定：当代理公司的风险规避度 ρ 和风险因素的方差 σ^2 较高时，委托公司承担的风险应该随之提高；当代理公司的风险规避度 ρ 和风险因素的方差 σ^2 较低时，委托公司承担的风险应该随之降低。

证明：由 $\rho\,\sigma^2 \leqslant 2$ 可知，委托公司的最优分配系数 α 随着代理公司的风险规避度 ρ 和风险因素的方差 σ^2 的增加而增加；同理可知，最优分配

系数 β 随着代理公司的风险规避度 ρ 和风险因素的方差 σ^2 的增加而减少。

ρ 代表了代理公司主观上对风险的厌恶程度,σ^2 代表了客观上风险因素的可控程度(波动越大可控性越弱)。令 $A = \rho\sigma^2$,则 A 代表了代理公司对该风险因素的感知程度(也可称之为风险感知度)。由结论 1 和结论 2 可知,代理公司的风险感知度决定了委托公司的激励机制,也决定了代理公司的最优努力水平。事实上,激励机制 $w = \alpha + \beta\pi$ 也暗含风险的分担机制:$\beta = 0$,意味着代理公司的收益与风险管理绩效无关,旱涝保收,委托公司承担了所有的风险;$\alpha = 0$,意味着代理公司的收益完全与风险管理绩效挂钩,代理公司承担所有风险。从计算结果可知:当代理公司的风险感知度较高时,代理公司无法也不愿意承担过多的风险,此时委托公司应该替代理公司承担一定程度的风险,让工资组成部分中的固定工资成分 α 多一些,如此才有利于项目的顺利进行;当代理公司风险感知度较低时,代理公司无论从心理方面还是能力方面都能够承担更多的风险,此时委托公司就可以通过增加工资组成部分中的可变成分 β,适当地少承担一些风险,这样才会使得委托公司有一个更满意的收益水平。

结论 3:代理公司的风险感知度与委托公司的收益呈负相关关系。

从表 8-6 的计算结果可以看到,委托公司的收益由两部分组成,$T - R_O$ 表示该风险因素在不进行管理的情况下带来的期望收益,$\dfrac{1}{2(1 + \rho\sigma^2)} - \overline{\omega}$ 表示代理公司的管理工作带来的额外收益。对于委托公司而言,$T - R_O$ 越高,项目的直接收益就越高。然而并不是所有的项目都是高收益低风险的。很多时候 $T - R_O$ 很低甚至为负,因此代理公司的风险管理工作就显得尤为重要,项目收益就取决于 $\dfrac{1}{2(1 + \rho\sigma^2)} - \overline{\omega}$。从表达式可知,选择保留效用和风险感知度都偏低的代理公司是很明智的选择。当然,很多时候代理公司的保留效用由市场决定,无法通过内部管理手段进行调节,但代理公司的风险感知度是可以进行干预的。从结论 3 可以看到,在风险管理工作中,通过采取培训、技术支持、安全通报等方式降低代理公司的风险感知度可以增加委托公司的收益。

（4）代理公司具有过度自信时的风险管理模型。 根据前述假设建立代理公司具有过度自信时的风险管理模型如下：

$$\max_{e,\ \beta} \quad T - R_O + (1+k)e - \alpha - \beta(1+k)e \tag{8-2}$$

$$(\text{IR}) \quad \alpha + \beta(1+k)e - \frac{1}{2}e^2 - \frac{1}{2}\rho(1-k)^2\beta^2\sigma^2 \geqslant \overline{\omega}$$

$$(\text{IC}) \quad e_2^* = \arg\max\{\alpha + \beta(1+k)e - \frac{1}{2}e^2 - \frac{1}{2}\rho(1-k)^2\beta^2\sigma^2\}$$

通过（IC）可解得代理公司的最优努力水平 $e_2^* = \beta(1+k)$。

代入 IR 可解出最优固定工资 α_2^*，把 α_2^* 代入目标函数可以解出最优可变工资水平 $\beta_2^* = \dfrac{(1+k)^2}{(1-k)^2\rho\sigma^2 + (1+k)^2}$。

解出代理公司最优努力水平 $e_2^* = \dfrac{(1+k)^3}{(1-k)^2\rho\sigma^2 + (1+k)^2}$ 和委托公司最优固定工资水平 $\alpha_2^* =$

$$\frac{1}{2}\frac{(A-1)K^6 - 4AK^5 + [2\overline{\omega}(1+A)^2 + 4A]K^4 - 16\overline{\omega}A(A+1)K^3 + 16\overline{\omega}(3A^2+A)K^2 - 64\overline{\omega}A^2K + 32\overline{\omega}A^2}{(1-k)^2A + K^2}。$$

求出委托公司的期望收益

$$EV_2^* = \frac{1}{2}\frac{k^4 + 4k^3 + (2\Omega\rho\sigma^2 + 2\Omega + 6)k^2 - (4\Omega\rho\sigma^2 - 4\Omega - 4)k + 2\Omega\rho\sigma^2 + 2\Omega + 1}{(1-k)^2A + (1+k)^2}。$$

上式中，$A = \rho\sigma^2$，$K = 1+k$，$\Omega = T - R_O - \overline{\omega}$。

由于委托公司一直把保留效用支付给代理公司，则有 $EU_2^* = \overline{\omega}$。

结论 4： 当代理公司具有过度自信时，随着代理公司过度自信水平的提高，其最优努力水平也会增加。

证明： 由于 $0 \leqslant k \leqslant 1$，

可知 $\dfrac{\partial e_2^*}{\partial k} = \dfrac{(1+k)^2[(k-1)(k-5)\rho\sigma^2 + (1+k)^2]}{[(1-k)^2\rho\sigma^2 + (1+k)^2]^2} > 0$，命题得证。

事实上，代理公司的过度自信在一定程度上缓解了由风险感知造成的负面影响。 从结论 1 可以看到，代理公司的最优努力水平会随着风险感知度的增加而逐渐减少。 当代理公司具有过度自信时，这种减少会得到"缓解"，如图 8-9 所示。 当代理公司过度自信水平较低时，其最优努力水平随着风险感知度的增加而急剧下降；当代理公司的过度自信水平较高时,其最优努力水平虽然会随着风险感知度的下降而下降,但这种下降趋势变得非常平缓。 这是因为过度自信会使代理公司高估自己的能力和风险因素的确定性,使代理公司的工作积极性提升,从而缓和了风险感知带来的负面影响。

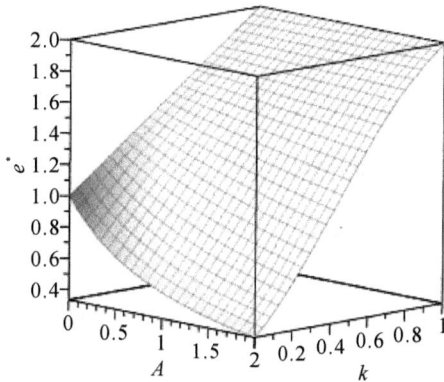

图 8-9 代理公司过度自信和风险感知度对其最优努力水平的影响

注:e^* 表示代理公司最优努力水平,A 表示代理公司风险感知度,k 表示代理公司过度自信水平

结论 5:当代理公司具有过度自信时,随其过度自信水平的提升,代理公司愿意承担更多的风险。

证明:$\dfrac{\partial \beta}{\partial k} = -\dfrac{4A(k^2-1)}{[A(1-k)^2+(k+1)^2]^2}$,由 $0 \leqslant k \leqslant 1$ 可知,$\dfrac{\partial \beta}{\partial k} > 0$。 由于 β 越大,代理公司的收益中根据绩效提成的部分占比就越高,从而代理公司愿意承担的风险就越高,命题得证。 结合结论 4 可知,委托公司增加分配系数 β,则会大大提高代理公司的工作积极性。

通过计算可得,代理公司具有过度自信时,代理公司和委托公司的收益分别为 $EU_2^* = \overline{\omega}$,

$$EV_2^* = \frac{1}{2} \frac{k^4+4k^3+(2\Omega\rho\sigma^2+2\Omega+6)k^2-(4\Omega\rho\sigma^2-4\Omega-4)k+2\Omega\rho\sigma^2+2\Omega+1}{(1-k)^2A+(1+k)^2}。$$

这是代理公司在高估自己的能力和风险可控性的情况下与委托公司协商之后得出的最优期望收入。 但事实上,代理公司的能力并没有提高,风险波动的范围并没有缩小,随着风险管理工作的推进,现实收益与预期

收益之间的差异逐渐突显。 设在该种情况下委托公司和代理公司的收益

为 $EV_3 = T - R_O + e_2^* - \alpha_2^* - \beta_2^* e_2^*$ 和 $EU_3 = \alpha_2^* + \beta_2^* e_2^* - \frac{1}{2} e^{*2}_2 -$

$\frac{1}{2} \rho \beta^{*2}_2 \sigma^2$。

结论 6:由于代理公司过度自信的影响,代理公司和委托公司的收益都
会低于预期。

通过把真实情况与预想的情况进行对比可以发现:

$EV_2^* - EV_3^* = \dfrac{Ak(1-k)^2(1+k)^3}{[A(1-k)^2 + (1+k)^2]^2} \geqslant 0$, $EU_2^* - EU_3^* =$

$-\dfrac{1}{2}\dfrac{k(1+k)^4[A(k-2)-2(k+1)]}{[A(1-k)^2 + (1+k)^2]^2} \geqslant 0 (0 \leqslant k \leqslant 1)$ 。 可知, 随 着

工作的逐渐开展直到完成,代理公司和委托公司均会发现自己的真实收益
比原来预期的要少。 通过数值模拟可以更直观地展示这种降低的趋势,
如图 8-10 和图 8-11 所示。

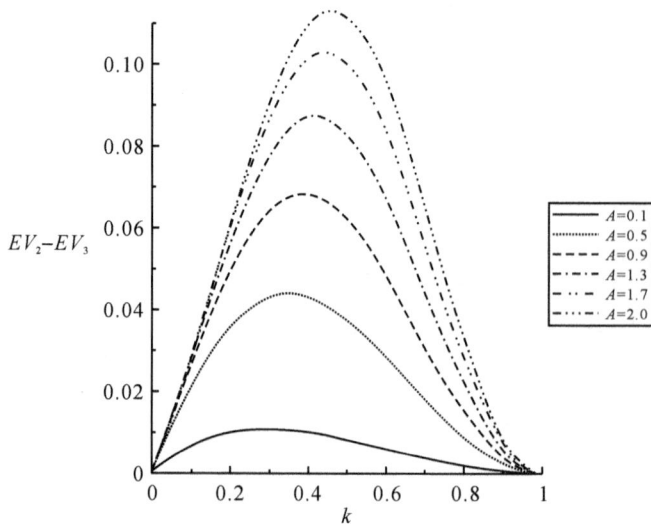

图 8-10　过度自信水平对委托公司收益的影响

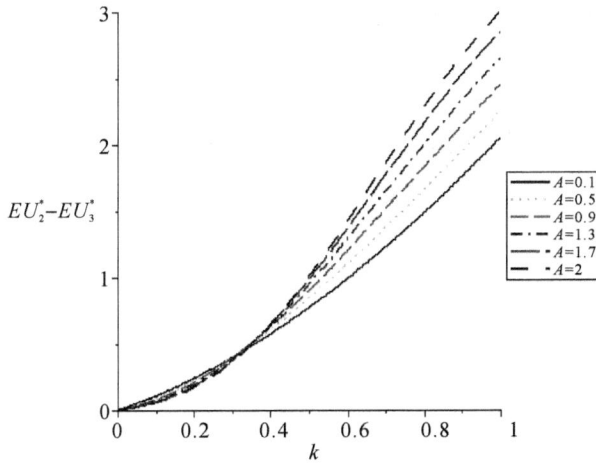

图 8-11　过度自信水平对代理公司收益的影响

　　从图中可以看到,委托公司收益减少的幅度随着代理公司过度自信水平的提升,先增加,后减少。当代理公司的过度自信水平在 0.4 附近时差值最大,该差值的大小也随代理公司风险感知度的增加而增加。对代理公司而言,其预期收益与实际收益的差值随其过度自信水平的提升不断增加,随其风险感知度 A 的增加而不断增加。因此,代理公司越了解自己在管理该风险方面的真实水平(过度自信水平越低),其选择的努力水平越靠近最优努力水平,收益也越高。当代理公司的过度自信水平处于"极端"情况下($k=0$ 或 $k=1$)时,委托公司的收益最高。因此,帮助代理公司回归自己的真实水平是委托公司的最优管理决策。综上可知,委托公司对于代理公司的风险管理主要在于"双降":通过各种技术支持和管理办法降低代理公司的风险感知度和过度自信水平。

　　(5)案例分析。兰新二线在建设过程中遇到以大风天气为代表的各种风险因素。为降低由管理人员过度自信带来的风险,落实风险管理,兰新公司在管理层面和技术层面做了大量的工作。经过两次走访调研,课题组获得了大量兰新公司风害风险管理的第一手资料。

　　兰新二线新疆段一共经过 4 个风区:烟墩风区、百里风区、三十里风区和达坂城风区。站前工程共 9 个标段均受到风区的影响。2010 年 4 月 23 日下午至 24 日,吐鲁番城区及托克逊区域范围内出现罕见大风天气,各参建单位遭受到不同程度的损失。七标段的风区占比全线最小,损失却最为严重,而风区占比较高的标段(如二、八标段)却基本未受到损失。后续的调查结果显示,存在麻痹和侥幸心理、部分领导过度自信导致对该地区大风天气危害程度认识不足、制度落实不到位是此次风险事故产生的主要原因。

各参建单位受兰新公司的委托负责各自标段的建设和风险管理工作。兰新公司对于各参建单位的激励措施正好反映了本研究的各项结论。①兰新公司内部建立大风预警机制,让参建单位与当地气象部门签订气象服务协议,让气象部门随时预报大风天气,这些措施有效地提升了大风天气风险因素的可控程度,使参建单位的工作积极性得以提升。兰新公司与各单位联合超前开展关于风害防治的科研攻关,并定期对参建单位进行培训,使其掌握更先进、更有效的风害防治方法,有效降低了参建单位的风险规避度,提升了其工作努力水平①。这些管理措施与结论1相符。虽然开展这一系列活动会增加公司的成本,但是能够确保项目的顺利进行,减少由质量安全事故造成的不必要的损失,也为后期项目运营提供充分保障。因此,降低参建单位的风险感知度确实能够提高兰新公司的收益,与结论3相符。②面对课题组成员提出的"既然已经支付酬劳让参建单位进行风险管理,为什么兰新公司还要投身到风险管理工作中去呢"这一问题,相关工作人员指出,高速铁路的建设是一个非常复杂的工程项目,一旦发生风险事故,后果是任何一个企业都无法承担的。因此,风险共担的机制在高速铁路建设领域几乎是行业惯例。具体的风险分担机制,取决于建设项目和参建单位的特点。如果参建单位的技术能力强,风险承受能力高,它们就会承担多一些风险,相反则由兰新公司承担多一些风险。可以看到,兰新公司对于风险分担方式的选择正好与结论2相符。③调研中课题组经常看到"反对蛮干"等类似的安全标语。工作人员指出,在面临大风天气时,确实有些施工人员存在"充面子"和"男子

---

① 在工程建设期间,兰新公司先后举办了29期管理及专业技术培训班,培训4000余人次。

汉"的心理,在作业过程中"贪多图大"以展示自己的胆量和能力。 这与结论 4 是相符的。 虽然在这种情况下施工人员往往会做很多额外的工作,但由于非常危险,被公司明令禁止。 事实上,在冒险行为背后是施工人员认为风险事故不会"这么巧"地发生,即便发生了可能也不会带来多大损失。 可以看到,在过度自信特质的影响下,代理公司更愿意承担更多的风险。 这些与结论 5 相符。 ④调研过程中课题组了解到,项目在可行性研究阶段就已经编制了预算,公司对项目的收益情况有大致的了解。 根据以往项目的经验,预期收益通常会高于实际情况。 对客观条件把握不透彻、对自己能力定位不准确通常会导致建设过程中对各种风险因素处理不当,从而使项目收益低于预期。 正如本案例中的七标段,其风区占比最小,由大风天气造成的损失却最大。 其原因很大一部分在于相关负责人的麻痹大意和过度自信。 这次事故也使兰新公司和参建单位的收益均低于预期。 这与结论 6 相符。

本部分通过对兰新公司安全质量管理部门管理办法的深入研究,结合复杂产品风险管理的特点,分析了代理公司过度自信和风险感知度对代理公司最优努力水平、风险分担意愿及委托代理双方收益的影响机理。 研究表明,在复杂产品风险管理过程中,代理公司的风险感知会对其最优努力水平、风险分担意愿产生负面影响,而过度自信在一定程度上能缓解这种负面影响。 此外,代理公司的过度自信会使得委托代理双方的收益均低于预期。 对兰新二线新疆段建设过程中的风险管理案例的分析验证了上述结论的适用性。

基于上述分析,本部分提出以下几点管理建议:①在复杂产品的生产过程中,应当定期对代理公司开展培训工作,帮助代理公司了解风险因素的形成机理,掌握先进、科学的风险因素应对办法,以便有效提高代理公司的工作积极性;②定期开展专项整治活动,随时给代理公司"敲警钟",并及时反馈专项整治活动的结果是降低代理公司过度自信水平的有效办法;③考虑到代理公司过度自信因素的影响,在编制项目可行性研究报告时可适当提高项目预算的弹性,在施工组织设计方案编制过程中也应做好风险预警机制和紧急预案管理工作。

8.3 复杂产品生产的全生命周期管理能力

复杂产品动态管理能力是对研发制造中为满足各阶段创新性需求而产生的 5 类网络开发行为进行统筹规划的能力，若从复杂产品完整研制周期来考量，则涉及全过程的复杂产品企业生产经营管理。 本节从网络视角出发，通过 RPSN 工具论述复杂产品企业的全生命周期管理能力。

8.3.1 全生命周期管理的内容构成

周期管理所涉及的应当不只是缩短完成某一特殊活动的时间。 把精力和成就锁定在缩短时间上，既不能为股东们提供竞争优势，也不能为他们提供足够的回报。 对周期的管理需要有系统的观点，要求对从概念到商业化的一切活动进行管理，无论是与产品、过程，还是与服务有关的活动，都要实现基于可用资源的最大效率。 它还包括对一切经营活动（包括其具体的实现形式）的管理，并遵循 3 个基本原则：效率、效益、对资源的经济利用（杰勒德，2003）。 从复杂产品企业（项目）管理者的工作内容出发，复杂产品全生命周期管理可分为以下 4 个部分内容。

（1）核心竞争力测量。 复杂产品的生产过程即是集成企业占有资源发挥效用并进一步扩张增值的过程，通过对 RPSN 中核心资源与比较优势资源的影响力进行考察，可获得对集成企业市场竞争优势的定量评估，在操作中以网络子群节点中心度呈现。

（2）生产集成度管理。 现代生产管理理论认为，集成化程度高的生产网络有利于生产型企业节本降造。 通过对内部范围的局部 RPSN 集聚性进行考察，可获得对企业资源、生产关系集成化程度的定量评估，在操作中以局部网络平均集聚系数呈现。

（3）网络路径优化。 为进行复杂产品的集成生产，需要在初始网络中不断创造新资源、新关系，从而实现资源、可交付物传递路径的持续优化。 通过对整体 RPSN 的复合关系路径规模进行测度，可帮助企业管理者发现优化生产路径的机会，在操作中以整体网络平均最短路径呈现。

（4）关键环节定位。 复杂产品生产过程具有动态变化的复杂性，对于集成企业来说，时刻掌控关键研发制造环节是其网络化管理的重要内容。　通过对 RPSN 的整体通络性进行考察，可以发现复杂产品研制过程中的关键环节，从而帮助企业管理者维护内外部协作关系的健康度，在操作中以整体网络节点介数呈现。

8.3.2　轨道交通装备制造企业的全生命周期管理能力

本部分通过对四川地区某轨道交通移动装备制造企业进行调研，选取其中的 I 类机车研发制造过程作为案例说明复杂产品生产的全生命周期管理能力。　根据企业调研情况依次建立其加权条件下的资源网络（R－R 网络）、生产网络（P－P 网络）及资源—生产超网络（RPSN），如图 8-12 所示。

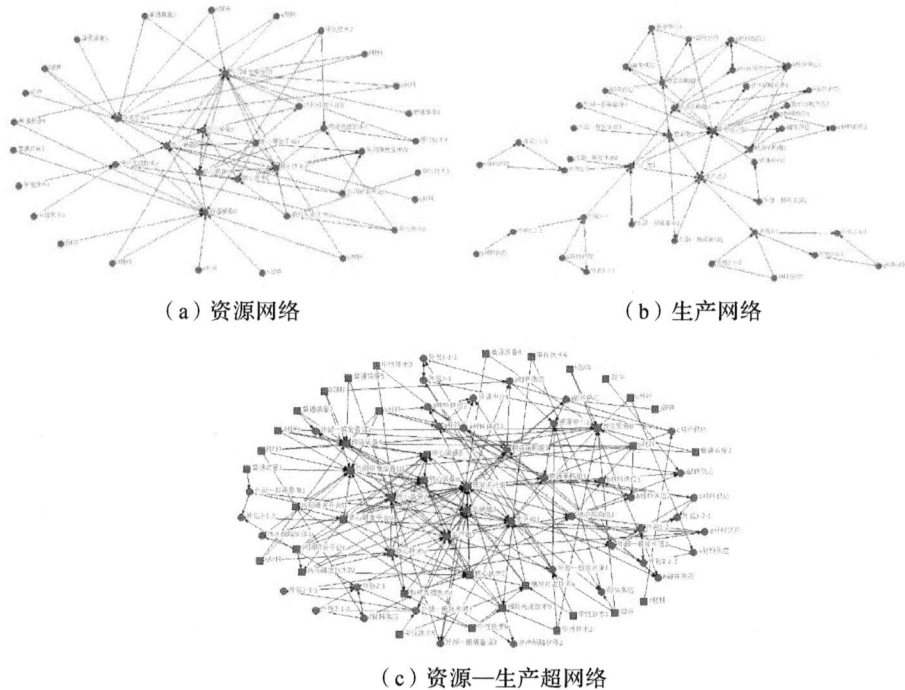

（a）资源网络　　　　　　　　　　（b）生产网络

（c）资源—生产超网络

图8-12　某移动装备制造企业 I 类机车研制的资源网络、生产网络和资源—生产超网络

由于企业保密要求，图 8-12 中的节点名称进行模糊化处理（下同）；网络模型的建立与分析通过 Ucinet6.0 软件与 Netdraw2.0 软件实现，描述该企业研发生产过程 RPSN 网络模型的基本参数见表 8-7。

表 8-7 某移动装备制造企业 RPSN 网络模型基本参数

资源节点总数	主体节点总数	资源支持 关系总数	主体协同 关系总数	资源—主体 关系总数
38	41	75	125	57

在该企业 I 类机车研发制造所需的 38 项资源中：企业核心资源 6 项，其中包含自主研发专利 1 项及利用式开发的制造技术 1 项；与 2 家战略合作伙伴共同开发新型制造平台与技术装备等 4 项资源；企业比较优势资源 5 项，包含改造制造装备 2 项与改进生产工艺 3 项；其余为中性资源，共 23 项。

在参与该企业 I 类机车研发制造过程的 41 组主体中，企业内部主体 7 组，外部承包主体 9 组，战略合作伙伴 2 组，各类中介 2 组，市场供应商 21 组。

该企业在 I 类机车研发制造过程中先后采用了自主研发、利用式开发及战略合作来创造新资源，对部分低端模块化产品予以委托外包，并对市场价格波动较大的 7 项生产资源委托社会中介予以订购，上述网络开发行为作用周期如图 8-13 所示。

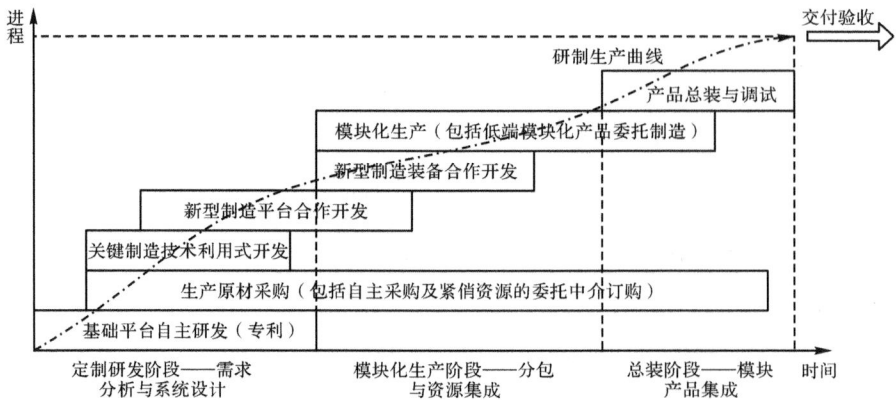

图 8-13 某移动装备制造企业 I 类机车研制进程

首先，提取 RPSN 模型中集成企业核心资源、比较优势资源的中心度数据并汇总，形成图 8-14。由图 8-14 可以发现，该企业在定制研发阶段与模块化生产阶段依次开展的自主研发、利用式开发与合作开发行为快速提高了企业自身占有资源的影响力,从而实现了自身核心竞争力的快速上升,并在模块化生产阶段尾期达到顶峰。 而在总装阶段,由于各类辅助性资源及前端生产协同关系的退出,企业核心竞争力亦有所下降。

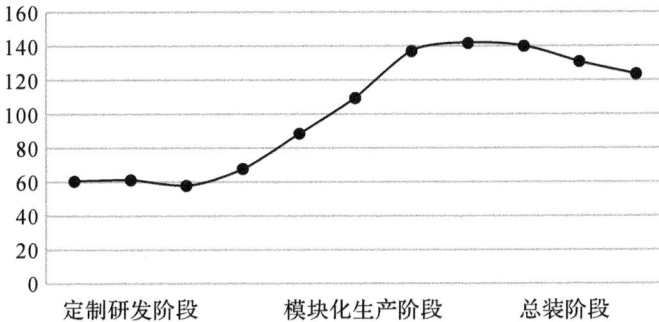

图 8-14　核心资源与比较优势资源中心度

其次,提取 RPSN 模型中集成企业局部网络的平均集聚系数数据,形成图 8-15。 由图 8-15 可以发现,该企业内部的研发生产集成化水平呈现波动上升规律:在定制研发阶段,几类核心资源创造行为造成局部集成化水平下降,这与上文分析一致;进入模块化生产阶段后,随着模块化生产关系的建立及新核心资源陆续发挥效用,企业内部的集成化水平快速提高;在模块化生产阶段中后期,伴随更多低端模块化产品的委托外包,集成企业的集成化水平临时性下降;进入总装阶段后,随着中间产品、外包产品及各类资源快速向企业总装组集聚,企业集成化水平又一次快速提升,并达到顶峰。

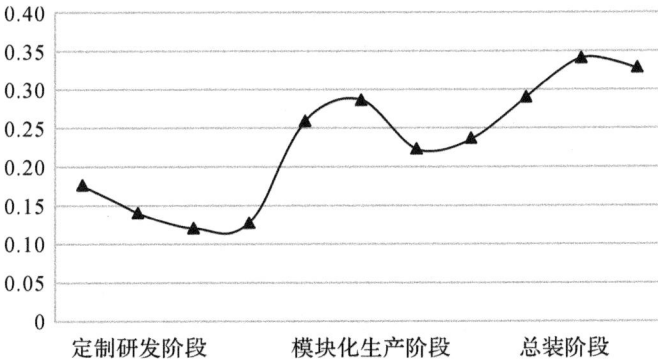

图 8-15　企业局部网络平均集聚系数

此外，根据 RPSN 中各节点介数，用图形化形式展现出不同阶段整体网络中的关键研制环节，如图 8-16 所示。

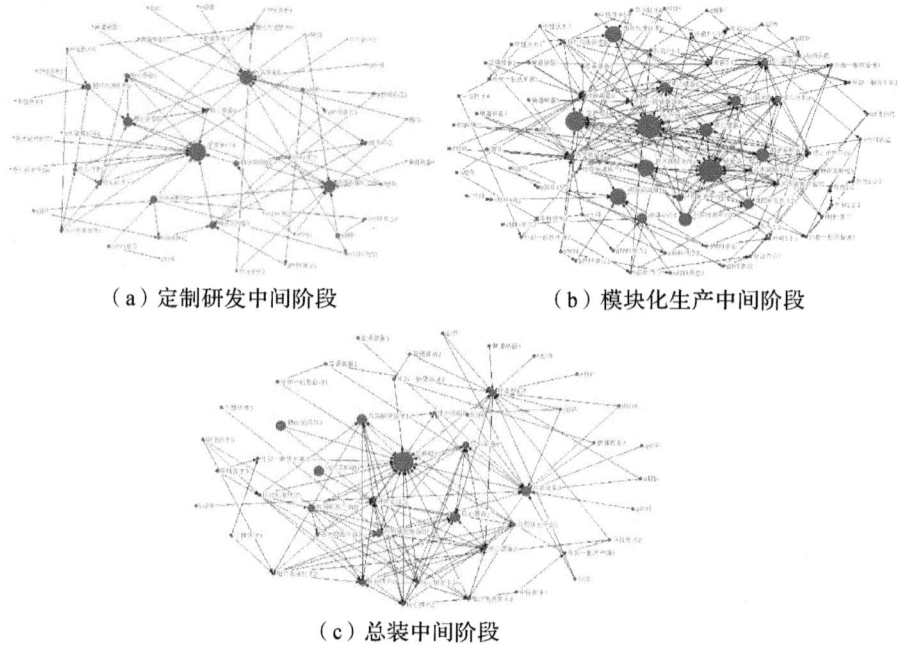

（a）定制研发中间阶段　　　　　　（b）模块化生产中间阶段

（c）总装中间阶段

图 8-16　整体网络关键（高介数）节点

注：图形中节点大小表示介数（关键性）的大小。

综上，运用 RPSN 工具对复杂产品生产全过程的核心竞争力、生产集成度、过程关键环节进行统一管理，可以帮助企业管理者高效识别企业全过程的生产经营状态变化情况，从而为其开展全生命周期管理、提升管理能力提供可靠的基础。

第 9 章　复杂产品生产过程中生产能力内在机理分析

复杂产品生产能力是在复杂产品的研制过程中获得、展现并不断发展的。 无论是技术能力还是管理能力，其在生产过程中都存在着复杂的内在关系。 本章将把技术能力、管理能力与生产过程结合起来，分析各种能力在生产过程中的具体体现，以期揭示其内在机理。

9.1　生产过程中技术能力的内在机理

9.1.1　需求分析与技术能力

复杂产品区别于大宗商品，属小批量定制产品，存在特定用户群，需求分析是复杂产品生产的第一个环节，确定用户需求是复杂产品定制成功的开始。 复杂产品的需求分析包括：①目标需求分析，即分析客户提出的有关产品的高层次目标、限定的项目范围和目标等；②业务需求分析，即分析产品必须完成的任务和工作流程等；③功能需求分析，即分析复杂产品必须实现的功能；④性能需求分析，即分析产品功能应达到的技术指标；⑤约束与限制分析，即明确开发人员在产品开发过程中的限制。 复杂产品需求分析的流程可划分为：需求获取、需求分析、需求验证、需求跟踪和需求变更管理（郑浩等，2017）。

复杂产品需求分析与技术能力的内在机理如图 9-1 所示，涉及技术需求分析能力和技术集成能力。 图 9-1 中的椭圆代表在需求界定过程中所需要的技术能力，椭圆的大小代表对该能力的要求，越大代表要求越高。具体来看，需求分析的全过程都需要制造商具备良好的技术需求能力，而在需求获取和需求分析阶段需要制造商具备一定的技术集成能力。

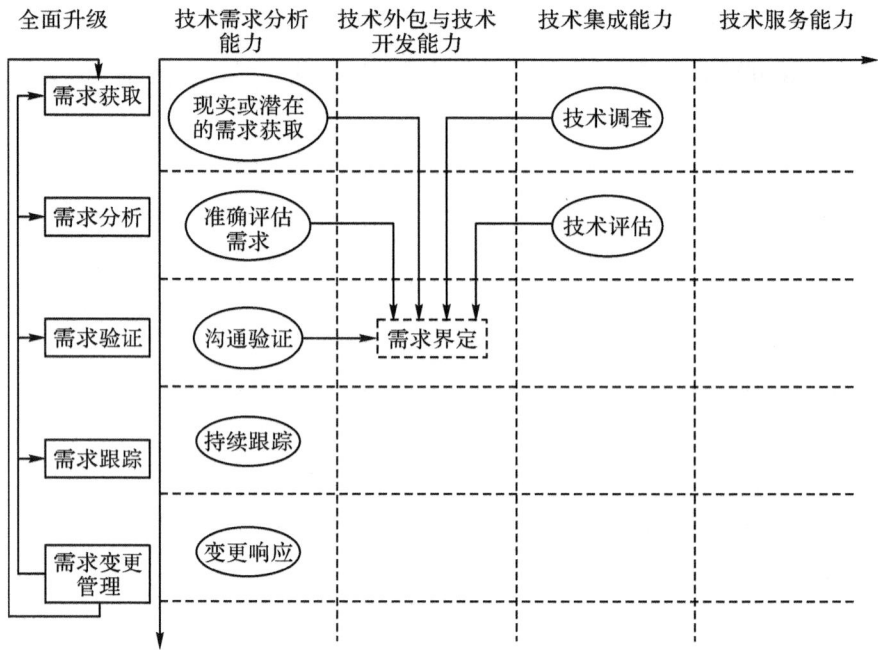

图 9-1 需求分析与技术能力

9.1.2 产品设计与技术能力

复杂产品的设计过程是将客户需求进行具体化的过程，包括明确任务、概念设计、基础设计及详细设计 4 个阶段（郑浩等，2017）。在产品设计过程中，需要将用户抽象的需求进行功能映射，形成能够进行生产的产品设计方案，具有创新性和复杂性。

产品设计的质量往往决定了最终的产品是否能够满足客户的目标性能。从复杂产品的全生命周期来看，产品设计阶段决定了产品的性能、质量、可靠性等关键特性（郑浩等，2017），并且在概念设计阶段产生的缺陷难以在以后的阶段给予弥补。因此，要求集成商在产品设计阶段能较好地将用户的现实需求进行产品求解和技术调查评估，与客户进行市场需求信息分享等，这一阶段需要良好的技术需求分析能力、技术集成能力和技术服务能力。

9.1.3 模块开发与技术能力

（1）模块划分。复杂产品不同于大批量生产的产品，它是众多子系

统和模块的集成。 设计完成后，为实现生产过程的高效化和集约化，并
对最终产品质量进行有效的控制，集成商需将复杂产品的整个系统按功能
属性进行模块化分解，实现复杂产品研发、生产任务的模块化和同步化。
复杂产品的模块划分并非一成不变，客户需求和技术进步均会导致模块划
分的演化。 如图 9-2 所示，横轴代表客户需求和技术进步，它们使复杂产
品更新和完善，并由此产生了复杂产品 1.0、复杂产品 2.0、复杂产品 3.0
和复杂产品 4.0 等。 复杂产品的演化要求既定的模块划分随之演化，纵
轴即代表模块划分的演变，即使针对同一复杂产品，如复杂产品 1.0，随
着集成商生产经验的增加，会对此前的模块划分进行细节的调整，使模块
划分会更趋合理。 当复杂产品功能发生较大改变，如由复杂产品 1.0 进
化为复杂产品 2.0 时，其模块划分将随之发生较大改变，可能以某些新模
块取代旧模块或模块间组合的方式发生改变。

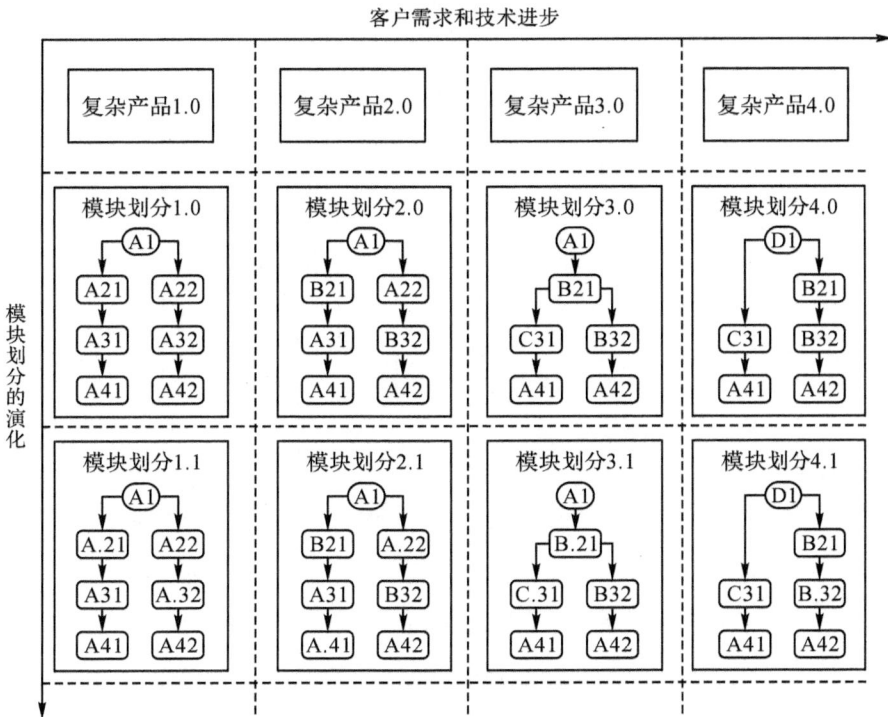

图 9-2　复杂产品模块划分随客户需求和技术进步的演化图

（2）模块供应商的评价与选择。 模块划分后，集成商需选择合格的供应商，即进行供应商的选择和评估。 图 9-3 以复杂产品 1.0 及模块划分 1.0 为例，展示了集成商如何合理选择合格的供应商。 首先，针对每个既定的模块，集成商应明确其所需的知识，如模块 A1 需要知识 A11、知识 A12 和知识 A13；其次，集成商应明确谁掌握每个模块所需的知识，若集成商具备该知识，可由集成商负责该模块的制造，若所需知识由其他供应商掌握，如模块 A41 所需知识由供应商 1 和供应商 2 掌握，集成商应从两者中选择一个或两个作为合格的供应商。

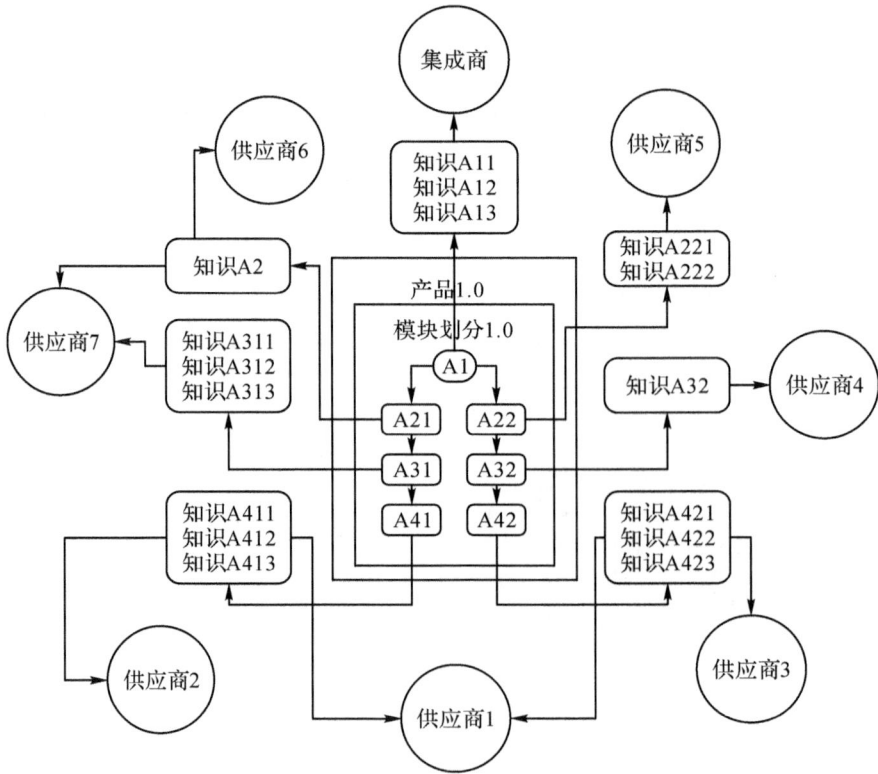

图 9-3　模块开发与技术集成能力的互动示意图

明确各个模块所需的知识并明晰知识的拥有者，反映了集成商的技术需求分析和技术集成能力。 集成商技术需求分析能力越强，越能明确技术知识的需求，从而在获取用户需求或需求变更后，迅速识别现有技术与目标技术的差距,客观评估目标技术实现的效益与成本,获取用户信任。集成商的技术集成能力越强,越能明确技术知识可以从什么地方获取,与客户需求相关的一些知识往往具有隐性属性,需要生产商不断地与之互动才能获取这部分信息。 技术集成能力越强,越能准确地进行模块划分,越能以低成本实现对技术知识的获取,如与国际知名科研机构结成技术联盟以获取关键技术,或让用户、关键供应商参与设计过程等。

（3）模块开发与模块协调。 在模块开发过程中,关键用户直接或者间接参与开发工作。 直接参与指的是用户派出技术人员与模块供应商的开发人员组成开发小组,参与实际的模块开发;间接参与主要指用户通过对研发出的模块进行测试评价并提出修改意见,让分包商对模块进行完善(陈劲等,2006)。 这时需要复杂产品系统集成商具有较好的技术外包与开发能力、技术需求分析能力,对该过程的知识进行融合、共享和创新。 外部知识很难直接为企业所用,这也正是要进行知识整合和知识创造的原因。 以船舶研发为例,知识整合主要发生在两个阶段:一是初步开发阶段,将客户的知识、国外设计公司的知识、母型产品的知识等进行整合,形成产品框架,融入《简要技术规格书》中。 二是详细设计阶段,重点涉及供应商的知识。 作为船厂,要将主机、柴油发电机、锅炉、吊车等高技术含量的关键设备的供应商的知识整合到详细设计中(陈占夺,2008)。

由于复杂产品涉及多学科知识,团队成员由不同学科的专家和技工组成,甚至可能使用多种语言,而多学科团队之间的知识传递和共享更加困难。 因此,必须分清要共享的知识性质,使用与之相适应的方法达到知识的有效共享(陈占夺,2008)。 复杂产品的知识创造主要发生在项目团队之中,知识创造包括隐性与显性之间的相互转化,参与者包括职能团队的所有成员,但关键人物是项目经理和核心层的成员。 在知识创造过程中,定期召开的小组会议、解决具体问题的会议、人与人的面对面的交流非常重要;同时只有通过实践（尝试）,才能验证新创造出来的知识的可用性，并不断修正和完善[①]。参见图 9-3。

9.1.4 集成联调与技术能力

复杂产品属技术密集型产品，在模块开发完成后，简单组装并不能使复杂产品达到预计的可使用状态，需由集成商对各模块进行集成联调。在集成联调的过程中，最主要的工作是确保各个模块能够正常地发挥各自的功能，同时，相互之间还能够有序协调地完成总体的任务。这是一项非常困难的工作，需要反复调试，不断解决调试过程中出现的问题。实际上，这也是复杂产品的生产商成长最快的一个环节，因为问题的解决往往伴随着新知识的产生。

复杂产品的集成联调可能需要较长时间，如 C919 的集成联调于 2013 年 12 月 30 日开始，至 2017 年 5 月 5 日完成，历时约 3 年半。集成联调对复杂产品集成商的技术能力要求很高。首先，在集成联调中的产品可能未达到用户需求，需进一步进行技术需求分析；其次，集成联调中各模块可能无法与其他模块协调配合，需进行模块开发完善，涉及技术外包与技术开发能力；再次，集成联调是各环节中对集成商技术集成能力要求最高的环节；最后，在产品集成联调时，还应向用户提供充分的参与机会，如用户体验等。另外，在复杂产品集成联调的过程中，可能遇到各模块间的兼容性、协调性等问题，集成商需寻根究源，找到问题来源，并合理解决问题，如通过与供应商、客户和辅助部门（如供电部门、调度部门等）建立协调小组，及时解决和处理发现的问题。若无法妥善解决调试过程中出现的问题，可能导致复杂产品最终的性能问题，并最终给集成商声誉带来严重的不良影响。以波音 737-Max 8 飞机为例，由于自动飞行系统出问题，2018 年 10 月 29 日，印度尼西亚狮子航空波音 737-Max 8 飞机发生坠机，导致 189 人遇难；2019 年 3 月 10 日，埃塞俄比亚航空波音

---

① 汪克夷，陈占夺. 装备制造业复杂产品研发的关键因素分析[J]. 科学学与科学技术管理，2006(10)：35-40.

737-Max 8 飞机发生坠机,导致 157 人遇难[①]。 5 个月内同一新机型发生两次坠机,且调查显示,两起坠机事件之间存在明显的相似性。 两次坠机引发了各国对该款飞机安全性的强烈担忧,包括中国在内的各国航空管理局已暂停使用波音 737-Max 8 飞机。 坠机事件对波音公司的声誉带来了严重的不良影响,使其股价出现较大幅度下跌。

9.1.5　交付用户跟踪服务与技术能力

交付是指复杂产品集成商通过最低的交易成本,把产品及时、便捷、高效地交付给客户,结果是将产品管理、使用等职责从一个组织实体转移到另一个组织实体。 交付服务则是复杂产品集成商围绕交付而提供的各类服务的总称。 复杂产品的交付服务包括技术培训服务、市场信息服务、体验服务、联合服务、界面服务等(王林林, 2015)。

交付服务涉及的集成商的技术能力包括技术需求分析能力和技术服务能力,如图 9-4 所示。 技术需求分析能力是指集成商在交付复杂产品的过程中,应明确客户在使用复杂产品过程中应具备的知识等。 技术服务能力是指通过经济合理的方法,如技术研讨、展示、宣讲、技术共享等方式,使用户获得复杂产品使用相关知识。 集成商的交付服务与简单产品不同,简单产品的交付服务主要是企业向客户进行单向传递,而复杂产品的交付服务过程表现出集成商与客户更强的合作特征,需要集成商与客户深度参与、高效合作,并在交付服务过程中进行知识协作,这要求集成商具备一定的技术外包与技术开发能力、技术集成能力和较强的技术需求分析能力及技术服务能力,如图 9-4 所示。 在执行交付服务与跟踪服务过程中,集成商技术能力的不足也可能导致严重的后果。 前文所述波音 737-Max 8 飞机,交付用户后,缺乏针对自动控制系统中自动俯冲相关知识的培训,当对自动俯冲系统出现误判时,飞行员难以操作飞机,并最终导致坠机。

综上所述,复杂产品生产各阶段对集成商技术能力要求各异,如图9-5

---

① 科普中国. 5 个月两次坠机,波音 737-8 有啥硬伤? 没那么简单[EB/OL]. (2019-03-11). https://tech. sina. com. cn/d/s/2019-03-11/doc-ihsxncvh1623522. shtml.

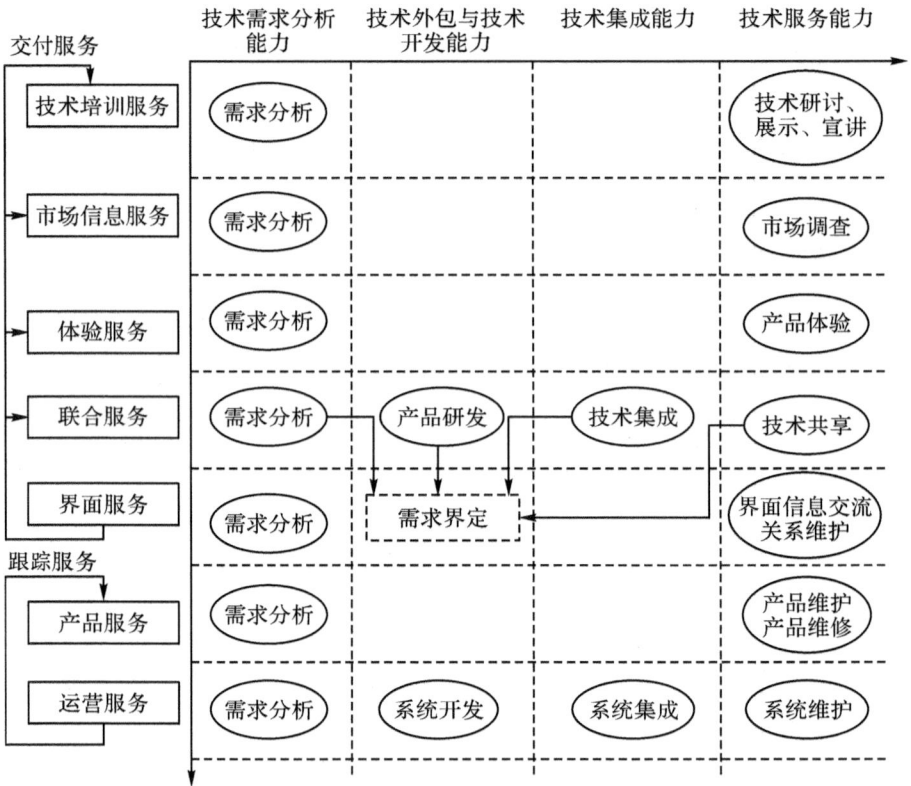

图 9-4 交付用户跟踪服务与技术能力

所示。 在需求阶段,对集成商需求分析能力要求最甚,准确界定用户需求是复杂产品生产成功的首要条件,同时也要求集成商具备一定的技术集成能力,知道满足用户需求的技术是否可实现及谁拥有该技术、该技术是否可为我所用等。 在产品设计阶段,要求集成商能较好地将用户的现实需求进行产品求解,进行技术调查评估,与客户分享市场需求信息等,即需要技术需求分析能力、技术集成能力和技术服务能力。 模块开发阶段和集成调试阶段是复杂产品生产过程中耗时较长、难度较大的阶段,对集成商技术能力的综合要求较高,技术需求分析能力、技术外包与技术开发能力、技术集成能力和技术服务能力均不可或缺。 交付用户跟踪服务阶段,对集成商技术需求分析能力和技术服务能力有较高要求,此时通过技术需求分析能发现现有产品存在不足和未满足客户需求,可在下一次产品

生产过程中加以避免或利用客户新的需求开发设计新产品。 产品交付后
的技术服务能为复杂产品带来价值增值,技术服务能力越强,获得的增加
价值越大,并能更好地与客户建立信任与长期合作关系。

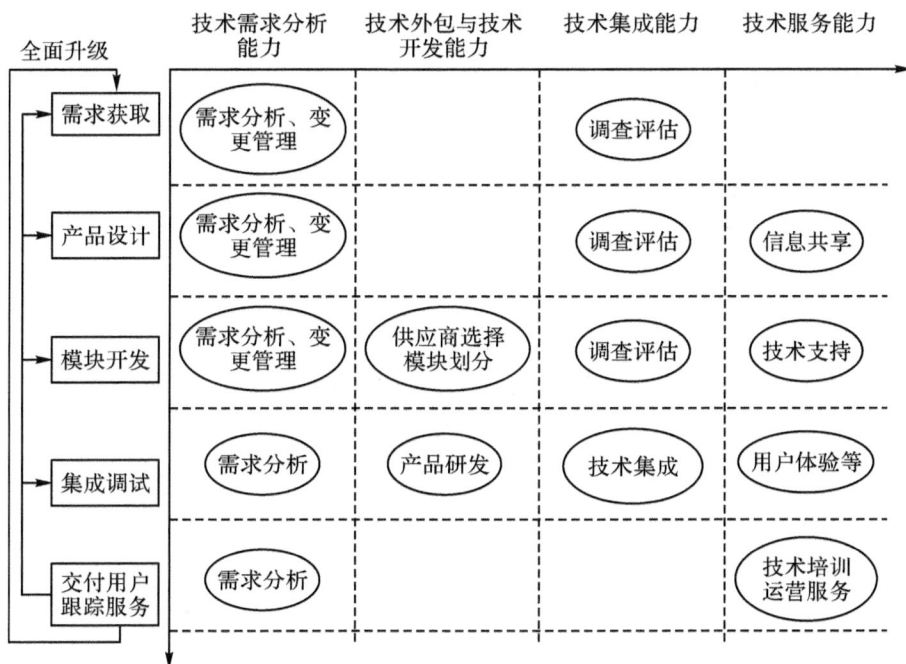

图 9-5　复杂产品生产过程中技术能力的内在机理

9.1.6　中国商飞 C919 案例分析

大型飞机重大专项是国务院发布的《国家中长期科学和技术发展规划
纲要（2006—2020 ）》中确定的 16 个重大科技专项之一,是党中央、国务
院建设创新型国家,提高我国自主创新能力和增强国家核心竞争力的重大
战略决策。 C919 是我国首架大型飞机,其生产过程可划分为需求分析—
产品设计—模块开发—集成调试—交付用户跟踪服务,详见表 9-1。

表 9-1　C919 生产过程与技术能力对照表

生产过程	时间	关键事件	技术能力
需求分析	2006 年 2 月 9 日	大型飞机重大专项被国务院发布的《国家中长期科学和技术发展规划纲要（2006—2020）》确定为 16 个重大科技专项之一，从国家层面提出了创新思想	技术需求分析
	2006 年 8 月 17 日—2007 年 8 月 30 日	《大型飞机方案论证报告》通过，大型飞机研制重大科技专项正式立项；成立大型客机项目筹备组，在全国范围进行资源整合	
	2008 年 5 月 11 日	汇聚大飞机生产资金和关键技术，国务院国资委、上海国盛、中国航空工业、中国铝业、中国宝武钢铁、中国中化共同出资成立中国商飞	
	2009 年 1 月 6 日	基于谨慎的市场调研，中国商飞"立足国内，面向国际"，正式发布首个单通道常规布局 150 座级大型客机机型代号"COMAC919"，简称"C919"	
产品设计	2009 年 5 月—2009 年 12 月	C919 机头工程样机设计制造仅用半年，开创了"设计—工艺—制造"并行的工作典范	技术需求分析、技术集成、技术服务
	2010 年 11 月 15 日	C919 1：1 展示样机在珠海航展上首次展出，获得 100 架启动订单	技术服务
模块开发	2009 年 12 月 21 日—2015 年 7 月 22 日	中国商飞与 CFM 公司正式签署 C919 动力装置战略合作意向书；首架机头在中航工业成飞民机下线；复合材料后机身部段强度研究静力疲劳试验项目完成；CFM 公司首台 CFMLEAP-1C 发动机交付。2013 年东方航空入驻项目组，参与 C919 研发工作	技术外包与技术开发、技术集成、技术服务
集成调试	2013 年 12 月 30 日	C919 铁鸟试验台正式投用，C919 项目系统验证工作正式启动；全机静力试验；首飞	技术外包与技术开发、技术集成、技术服务

（1）需求分析。2006 年 2 月至 2009 年 1 月是 C919 的需求分析阶段，集成商和用户进行需求获取、需求分析、需求验证、需求跟踪和需求变更管理。C919 的需求获取途径是用户主导的，国务院基于建设创新型国家战略，针对我国民用飞机制造水平较低的现状，从国家层面提出需

求,界定大型飞机的项目范围和目标。 2006 年 6 月通过的《大型飞机方案论证报告》是对用户需求的分析,概括论证了产品必须完成的任务和工作流程,以及必须实现的功能。 大型飞机筹备组成立,进行全国资源整合,成立中国商飞。 2009 年 1 月,中国商飞正式发布首个单通道常规布局 150 座级大型客机机型代号"COMAC919",简称"C919"。

（2）产品设计。 在 C919 的产品设计过程中,研发团队采用了目前先进的技术、成熟的产品和最新的安全标准。 比如,采用了先进的气动优化设计方法、CFD 分析和风洞试验,以及超临界机翼设计、高效增升装置设计、飞机/发动机一体化设计、尾翼设计、翼梢小翼设计和部件精细化减阻设计技术等,仅用半年多时间（2009 年 5 月至 2009 年 12 月）,就完成了 C919 大型客机机头工程样机设计制造工作,开创了"设计—工艺—制造"并行工作典范。 2010 年 11 月,C919 大型客机 1 : 1 展示样机在珠海航展上首次展出,获得 100 架启动订单。

（3）模块开发。 飞机设计研制是一项科技攻坚的大型工程,技术难度大、设计研制周期长。 2009 年 12 月至 2015 年 7 月,是 C919 模块开发阶段:研发团队实现了 102 项关键技术攻关,主要涉及气动技术、新材料、强度设计等方面;有多项重大技术突破,如超临界机翼的设计、新材料（铝锂合金）的应用。 C919 模块开发阶段的成功与集成商的如下能力密不可分。

一是技术需求分析能力,主要指客户需求分析能力、客户需求变更管理能力。 东方航空是 C919 全球首位客户,集成商中国商飞始终与东方航空保持良好的互动,让其全程参与研发,并根据其需求及时研发调整。2013 年初,东航技术（东方航空全资子公司）加入 C919 维修指导委员会工作组,直接参与飞机研究项目。 2017 年 3 月开始,东方航空就飞机技术状态、维修标准制定等多个方面提出意见,集成商依此进行了 C919 设计方案的优化。

二是技术外包与技术开发能力。 C919 的生产属大型工程,集成商不必也不能全程自主生产,需组建团队,强强联合。 从机体结构来看,C919 主要包含发动机、电源系统、机头、机身等,集成商中国商飞负责设计和总装工作，机体结构则由中航工业成飞、洪都、西飞、沈飞、哈飞和航天特种材料及工艺技术研究所、浙江西子航空工业有限公司等单位制造，见图 9-6。

（4）集成联调。 集成商中国商飞采取"主制造商—供应商"模式，最大限度聚焦国内外资源打造中国民用飞机品牌。 就 C919 而言，中航工业是我国首屈一指的防备能力、运输能力、科技能力、综合能力的提供者，为中国、亚太、欧美和非洲等 180 个国家和地区客户提供包括航空产品研发和制造、航空运输服务、新能源、重型机械、特种车辆及电子信息产品在内的众多军民领域产品和服务。 中航工业同时也是中国商飞的股东之一，供应商入股集成商，有利于集成商技术外包与技术开发能力的快速提高。 国内 22 个省市、36 所高等院校、242 家大中型企业、数十万产业工人参与 C919 大型客机研制工作，至此以上海为基地，以中国商飞为核心，辐射全国、面向全球的我国民机产业体系与产业布局初步形成[①]。

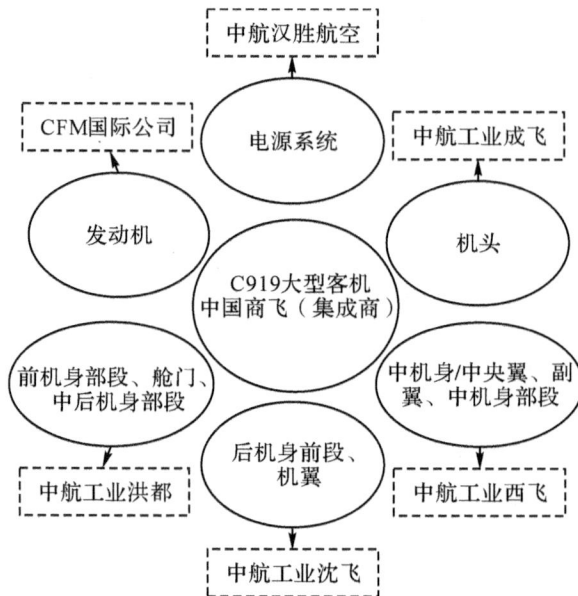

图 9-6　C919 首架机模块开发示意图

---

① 中国商用飞机有限责任公司党委.以埋头实干助推中国的大飞机翱翔蓝天[N].人民日报,2013-06-17.

9.2　生产过程中管理能力的内在机理

9.2.1　需求分析与管理能力

复杂产品的研制过程具有小批量定制的特点。 在产品的设计和制造过程中,对用户需求分析的结果将直接影响复杂产品最终的物理结构、功能属性,甚至产品外观的呈现。 可见,客户需求信息是复杂产品设计和制造的出发点,也是后续模块规划、配置设计等环节的基础。 因此,产品的需求分析是非常有必要的。 根据复杂产品的特性,可将产品的需求分析分为两部分,分别是共性需求分析与个性需求分析[①]。 共性需求分析主要涉及模块化管理能力,而个性需求分析主要涉及定制管理能力和动态管理能力。

（1）共性需求是指尽管每个客户的需求各不相同,但在某些方面是相似的或一致的,具有共性。 在共性方面,实施大规模生产,这样可以最大限度地降低生产成本和生产时间。 在对产品的共性需求进行分析时,为了确保得出的共性需求具备一定的完整性,需要将产品的各项共性需求进行划分,分成不同的模块需求,这就需要产品模块化管理能力。

（2）个性需求分析是复杂产品需求分析中比较重要的一部分,主要包括需求的多样性和多变性两个主要特征（刘献,2009）。 需求的多样性要求产品种类多、批量小,甚至是单件生产。 具体来说,产品的定制需求具有模糊性、多变性、多样性的特点（刘献,2009）。 可以看出,这是一个动态的过程,而动态管理能力是对研发制造中各阶段性创新需求而产生的 5 类网络开发行为进行统筹规划的能力,因此动态管理在此阶段发挥了很大作用。 同时,客户需求在产品定制中起到主导作用。 具体来讲,顾客需求包括下面 5 个方面的内容:①性能需求（包括性能、使用寿命、可靠性、安全性、经济性等）;②功能需求（包括主导使用功能、辅助使用功能、扩展功能等）;③外观、包装、防护需求;④外延需求（包括售前

[①]　魏巍. 定制产品智能重组设计关键技术与方法研究及其应用[D]. 杭州:浙江大学,2010.

和售后服务需求、顾客心理及文化需求等）；⑤价格需求（包括价位、性价比、价质比、价格弹性等）①。 在进行个性化需求分析时要将这些方面的需求考虑进去，这就体现了定制管理能力，即在不牺牲效率的情况下，低成本地识别和满足个性化的需求。

9.2.2 产品设计与管理能力

从概念设计到进入市场，复杂产品的设计过程需要经历长时间、多团队的合作，单独的团队或企业无法承担复杂产品研发过程的高昂成本。不难看出，在复杂产品的产品设计阶段，主要进行产品协同设计②，需要用到协同管理。 产品设计阶段在整个产品生产过程中是非常重要的，如果这一阶段没有做好，最终会导致整个项目的失败，那么在此过程中，就需要把客户的想法融合其中。 同时，在产品设计阶段所进行的管理和研究主要还有两个目标，分别是节约研究成本和减少设计时间，那么要想达到目标，就需要在产品设计阶段将产品进行模块划分，具备产品模块化管理能力尤为重要。

（1）产品模块化管理能力。 考虑到复杂产品的技术构成复杂和多样，在产品设计过程中需要将产品进行模块划分，也就是将产品设计任务进行分解。 Baldwin et al.（1997）认为，一个模块化系统由一些这样的单元（或称模块）组成，它们可以单独设计，并且可以集成在一起完成特定功能。 在分析各个子模块之间的关系时，有两类常见的建模方法：基于设计结构矩阵建立的模型和基于网络建立的模型。 首先要确定产品设计思想及目标，然后再将产品进行模块分解，这样有利于节约产品设计阶段所用的时间，同时将产品进行模块划分以后，可以更好地做到一一对应，使每一模块的产品设计更具开发性。 在这个过程中就需要用到产品模块化管理能力，使得每一个模块得到更好的设计与策划，使其可以很好衔接起来，从而完成最终的复杂产品设计。

---

① 栾志强.基于特征价格模型的汽车定价策略研究[J].北京:中国矿业大学(北京)，2009.
② 宿文,郑力.复杂协同设计过程的建模与分析[J].工业工程与管理,2017,22(6):1-6.

波音公司从 1994 年开始到 2004 年花了 10 年的时间,投入 10 亿美元,完成了 DCAC/MRM 项目,实现了模块化的飞机制造的精简运作,实现了战略革新。 公司提供 4 类选项(主模型选项、次模型选项、有效选项和定制选项)方便客户构建自己的飞机构型。 同时,通过模块化技术,将飞机结构由原来的多层结构转变为基于模块的单层结构,使飞机的构型工作从原来的基于零部件的构型,转变为基于模块的构型。 由此,可以用模块完整描述一架飞机(孔凡斌,2012)。

(2)协同管理能力。 协同管理就是通过对系统中各个子系统进行时间、空间和功能结构的重组,产生一种具有"竞争—合作—协调"的能力。 由于复杂产品具有周期长、投资大、产品设计复杂等特性,在产品设计阶段就需要团队协同设计。 协同管理能力主要应用在将产品进行模块划分之后,由多个团队协同完成整个产品的设计过程中。 从本质上来说,设计过程也就是信息交流和协调的过程[①],复杂产品协同设计的组织内部存在长期且频繁的信息交换,需要各个团队之间的相互协调与配合,最后达到"$1+1>2$"的效果,使产品的设计方案更加完美,以供客户选择。

(3)定制管理能力。 复杂产品的构型主要有 3 类:一是产品的构型完全由制造商来制订;二是客户可以通过从制造商给出的项目方式中选择对产品进行构型;三是由客户来制订产品的构型。 但在现实的竞争环境下,制造商会更多地考虑将这 3 种方式进行融合,也就是说,不但根据客户需求来设计产品,同时制造商也要提供一些定制选择,这里就需要用到定制管理。 在基准产品的设计上,让客户通过增加或删减某些选项的定制方法,得到自己想要的最终产品,并且参与到产品设计的工作中来,提供一些想法和建议。 只有客户真正参与其中,制造商根据客户提供的想法,不断将产品设计方案进行创新,最终设计出的产品才会更加符合客户

---

① YASSINE A,SHIRMOHAMMADI S. Measuring users' privacy payoff using intelligent agents[C]// IEEE International Conference on Computational Intelligence for Measurement Systems and Applications. IEEE,2013:169-174.

需求。 因此，在这个阶段主要用到的定制管理方法有基准定制、匹配定
制和协作定制。

9.2.3 模块开发与管理能力

全球化浪潮带来了复杂产品开发过程颠覆性的变化。 原有的集中
式、单一厂商独立产品开发模式已经向多个供应商共同参与、主制造商领
导的合作开发行为转型（孔凡斌，2012）。 从战略管理层面看，供应商与
主制造商紧密合作是当前及今后最主要的新产品开发方式[①]。 产品的开发
任务被分解到各个参与的合作方，作为多供应商参与的异地式多研发中心
同步开发模式，其已在众多新产品开发项目中被采用。 模块开发通过提
供并行工作的机会为企业提供协同设计的基础，并能显著厘清各项工作，
同时减少了工作的相互依存关系及子系统区分的协调复杂度（孔凡斌，
2012）。 面向客户选项的复杂产品模块开发是以客户选项为中心的开发
与提供模块化产品的动态过程，这个过程不但涵盖了产品模块开发，而且
涉及采购、制造等过程，是持续式的产品开发（孔凡斌，2012）。 在此阶
段所需要的管理能力主要有模块化管理能力及集成管理能力。

（1）模块化管理能力。 产品设计针对的对象是复杂产品本身，产品
模块开发针对的对象则是复杂产品的制造及装配过程。 产品的开发设计
阶段是复杂产品生产过程的核心环节，同时产品的模块开发过程可以作为
产品开发设计的延伸。 在产品的模块开发阶段需要用到模块化管理能
力，包括产品模块化管理及过程模块化管理能力。 同时，复杂产品的生
产制造非常复杂，如果仅仅由一个制造商来完成是完全不可能的，这就需
要将产品进行模块化处理，由主制造商根据模块功能性将生产模块分包给
不同的分包商来共同制造。

在复杂产品的生产制造过程中，子模块系统存在着相互依存的关系，
比如说嵌套型模块化制造网络。 嵌套型模块化制造网络是指针对某种复
杂产品，由大量系统集成制造商、模块供应商和模块构件供应商（通用模

---

① SOBRERO M，ROBERTS E B. Strategic management of supplier-manufacturer
relations in new product development[J]. Research policy，2002，31(1):159-182.

块供应商和专业模块供应商）组成的"模块化族群"（鲍德温等，2006），它们彼此相互关联，共同从事复杂产品的模块化设计、制造和整合工作。 在这种情况下，就需要用到过程模块化管理能力，将所有模块生产过程进行划分，找出存在联系的子模块之间的节点，进行生产制造过程的模块划分，从而真正实现协同制造。

（2）集成管理能力。 整个产品的模块开发阶段可以看作一个动态的过程，从模块设计到模块分包再到模块产品生产制造，都可以根据实际情况进行调整，在此阶段就需要动态管理能力，从而有效地掌握变化万千的商机，以及持续地建立、调适、重组其内外部的各项资源来获得竞争优势，同时协调集成制造商进行一些必要的变动。 但是要想使动态管理在模块开发过程中发挥作用，在复杂产品模块设计阶段还需要进行全生命周期管理，全生命周期管理的职责主要包括核心竞争力测量、生产集成度管理、网络路径优化及关键环节定位4项内容。 通过这些管理，产品才能在模块开发过程中始终保持在最佳水平。 同时，风险管理也被运用于整个模块开发过程中，因为复杂产品在生产期将会面临诸多潜在风险因素的作用，这些风险因素不仅与项目环境和特性高度相关，其内部的递进演化关系也十分微妙。

（3）协同管理能力。 复杂产品的供应商群体庞大，主要包括一级供应商、部件供应商和专业零件供应商。 各个供应商分布广泛且个体差异较大，如一级供应商，往往有较强的经济技术实力，而一般的零部件供应商，专业化程度比较高。 复杂产品交由全球的供应商去制造，而供应商之间在制造过程中又需要相互协同，因此，复杂产品同时具有了分散性和集聚性的特点。 在模块化制造网络中，企业不再是单个的利润实体，而是全球制造网络中的一个点。 复杂产品在研发和设计时，由复杂产品制造商确定系统的模块化结构。 复杂产品制造商对各个模块及零部件进行定义，建立共同标准和界面。 模块内各级供应商必须符合复杂产品制造商制定的规则，才能自主进行产品的开发和创新。 在复杂产品模块化的制造过程中，各级供应商之间基于共同的目标，以自身所具有的核心资源或技术为基础，通过信息共享达到相互之间的协作（王树华，2014）。 只有整个供应链网络协调统一，才能让复杂产品的生产顺利完成，各方才能获得各自的收益。

9.2.4 集成调试与管理能力

中航飞机股份有限公司（以下简称"中航飞机"）西安飞机分公司研发中心首个大系统集成类产品——航电系统集成调试项目顺利交付。按照整体规划，该研发中心承担了中航飞机所有航空整机型号项目和产品研制的发展规划研究、预先研究、型号立项论证、型号工程研制、大系统集成、技术服务保障等工作。为规范和加强大系统集成业务，2014年上半年，该研发中心组建了系统集成中心，负责飞机大系统集成、集成类航空产品的批量生产和交付，以及全生命周期技术服务保障等业务，并负责建立和完善航空产品研制、生产及售后服务体系。

从上述例子可以看出，复杂产品在经过模块化开发之后，要进行模块与模块之间的集成，但是这种集成并不是简单的组合，需要主制造商将集成制造商所负责的模块有效合理地进行集成；这种集成也不是一次就可以成功的，要经过不断调试之后才会得到最终的产品或者系统。因此在产品集成与调试阶段，主制造商所需要的管理能力主要是集成管理能力。在复杂产品各模块进行系统集成时，集成的复杂性可能会导致成本超出预算，这就要用到成本管理，主要是充分动员和组织企业全体人员，在保证产品质量的前提下，降低产品模块集成的成本。除此之外，集成的长周期还会导致工期的拖延，所以还需要进度管理能力，以确保可以在规定时间内完成产品的集成调试；同时，在联调联试过程中，要及时发现系统中存在的风险，通过不断调试改进，消除所有风险隐患。

对于在产品集成调试阶段所出现的种种问题，需要成立协调小组，负责各部门各组织的协调工作，其中包括总制造商、集成商、供应商及客户之间的协调工作。同时，根据复杂产品所具有的特性，可以看出，这是一种协同制造的产品，那么对于协同制造的产品集成，就需要以牺牲过程管理的复杂性为代价,来提高产品的开发质量,降低产品成本,提高生产效率[①]。

9.2.5　交付用户跟踪服务与管理能力

基于复杂产品的交付用户跟踪服务的过程视角,可将其所涉及的类型分为 3 点,分别是交付服务、产品服务及运营服务(王林林,2015)。

(1)交付服务。　由于复杂产品在资金、技术等方面都属于高密集型的产品,往往体量大、功能强大而且结构复杂,这些特点给复杂产品的交易过程带来了很大的影响。　在这种影响下,如果不能适当地处理复杂产品的交易过程,就会使得交易成本偏高和交易效率偏低。　因此,现在有很多的交易服务出现,包括提供服务使得营销的渠道更加快捷和便捷,也包括提供各种金融服务、物流服务使得交易的效率提升。　前者包括优化实体销售渠道、尝试电子商务渠道,或者把两种渠道相结合等;后者包括提供技术培训服务,开展展示会、宣讲会等(王林林,2015)。　简单商品的交易过程,往往是单向传递的过程,生产商把产品交付给客户就可以了。　但复杂产品的交易过程是一个双向的交易过程,生产商需要与客户进行深入的交流甚至是合作才能完成复杂产品的交易。　因此,对客户的协调能力显得尤为重要。　强大的协同能力能够使得整个交易过程低成本高效率,让复杂产品的最后一公里旅程变得更加有效率,客户也更满意。

(2)产品服务。　复杂产品在交付之后还需要长时间提供相关的服务才能使产品能够顺利的运行。　对于普通商品而言,产品服务很多时候局限于产品的维修部分,虽然对于部分普通产品,存在企业对用户进行培训的情况,但培训的内容也是非常简单的。　对于复杂产品而言,产品服务不仅仅是维修,而且维修往往不是最主要的产品服务工作,更多的是帮助客户正确地使用复杂产品,确保复杂产品能够稳定地运行。　由于复杂产品在很多时候属于生产资料的角色,一旦复杂产品在运行过程中出现问题,则会对客户的生产工作带来极大的影响。　随着信息化技术的不断进

---

① 孔建寿,张友良,汪惠芬. 面向网络化制造的产品协同开发过程管理技术研究[J].
机械科学与技术,2004,23(3):347-350.

步，实时监测、远程培训、网络诊断等手段已经开始在复杂产品的产品服务上得到运用（王林林，2015）。从这个过程可以看出，其所需要的管理能力为全生命周期管理能力，具体涉及的管理能力有质量管理能力，围绕产品的质量和稳定运行则从全生命周期的范围来进行管理。

（3）运营服务。复杂产品的销售环节、生产环节、设计环节都存在和客户交流的过程，特别是在后期的产品服务环节，客户的需求及遇到的问题都会不断地反馈给生产商。这会促进生产商加深对复杂产品的了解，从而能够提升其运营服务能力。事实证明，在很多复杂产品的销售过程中，客户虽然看重产品的质量和稳定性，但也看重复杂产品生产商的运营服务能力，因为这是确保客户能够有效获得服务的保障。因此，为了增加自身的竞争优势，提高企业的获利能力，在提供复杂产品的同时，生产商也应该积极拓展企业的运营服务能力，使得企业能够在运营服务上找到获利的增长点及业务扩大的增长点（王林林，2015）。换而言之，企业不仅要在硬技术上本领过硬，还要在软服务上让客户省心。

通过对管理能力与生产过程的内在机理进行分析，可以看出，在复杂产品生产过程中，不同的阶段所需的管理能力各不相同。在需求分析阶段，主要需要进行产品的目标分析、业务需求分析、功能需求分析及性能需求分析。同时，根据复杂产品特点，可将其所进行的需求分析分为共性需求分析与个性需求分析，因此在这个阶段所用到的管理能力有产品模块化管理能力、动态管理能力及定制管理能力。在产品设计阶段，由于产品的复杂性，需要将产品进行模块化处理，然后分给不同的团队进行设计和生产，在这个过程中还要与客户进行实时交流与沟通，确保产品的设计方案让客户满意，所需要的管理能力主要有产品模块化管理能力、定制管理能力及协同管理能力。在产品的模块开发阶段，主要可分为模块划分、分包商进行模块选择与评价及模块协同并进行过程模块化设计。复杂产品的模块开发需要的周期很长，并且在这个过程中也会出现很多困难，有很多因素需要考虑，所需要的管理能力有模块化管理能力、集成管理能力及协同管理能力。产品集成联调阶段是一个非常复杂的过程，所有模块制造完成后，复杂产品不是通过简单组装就可交付客户，需要由集

成商进行专门的模块集成,主要涉及模块之间的协调运作,这就需要系统
协同调试来完成,所需要的管理能力有集成管理能力和协同管理能力。
最后,在产品交付客户跟踪服务过程中,由于复杂产品具有复杂的生产过
程,知识与技术含量高,需要客户参与产品的生产过程。 这个过程中所
涉及的服务主要有交付服务、产品服务及运营服务,所用到的管理能力主
要有协同管理能力、全生命周期管理能力及服务与运作管理能力。 综上
所述,其内在机理如图 9-7 所示。

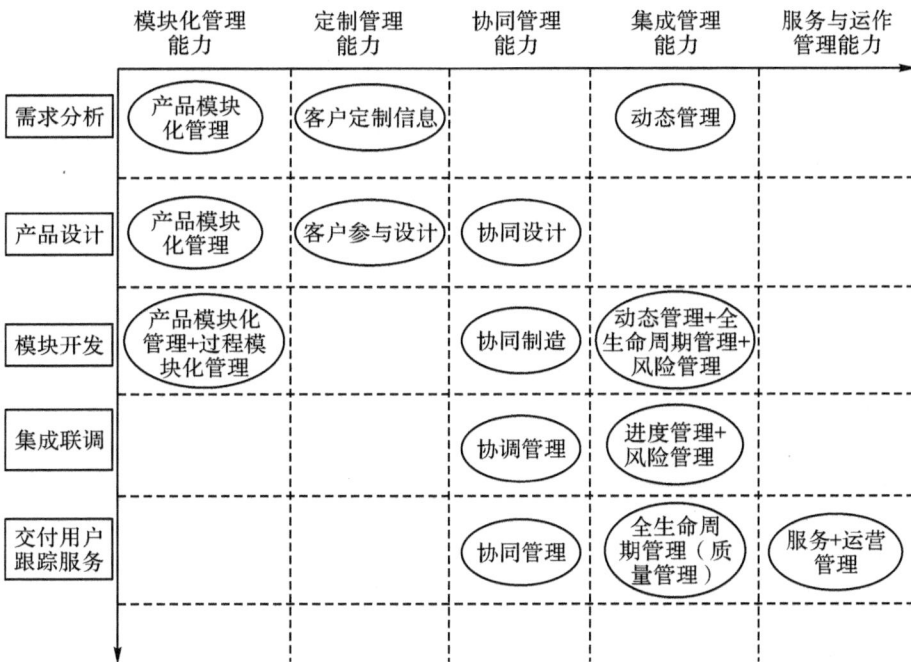

图 9-7　复杂产品生产过程中管理能力的内在机理

第 3 篇

复杂产品生产能力的产业（国家）
比较：评价研究

第 10 章　复杂产品生产能力评价指标与评价方法

第 3 篇对产业和国家层面进行复杂产品生产能力的比较。第一，在第 10 章基于理论评述和事实证据，构建体现复杂产品生产能力特点的评价指标体系，提出采用的评价方法，以此作为比较研究的理论和方法基础。第二，分别从船舶制造业（第 11 章）和航空航天制造业（第 12 章）选择典型的国家和产业进行评价、比较并对结果进行分析。

10.1　研究概述

长期以来，学界对生产能力的研究侧重于微观层次，通过建立数理模型进行测量、评估和规划，目的在于满足不同层次和类型的目前或将来的需要，其中企业或车间生产能力方面的研究成果很多，如 Mohafiqul et al.[①]为了调配多产品出口企业的生产能力而建立的生产能力规划模型；Rajagopalan[②]提出了一个在多种产品环境下，基于多种技术可供选择时的产能扩充模型；Hood et al.[③]考虑了在限定的投资约束下购买新设备，建立了一个随机整数规划模型，以满足需求的最小化成本为目标；Kazancioglu et al.[④]研究了在既满足产品质量又降低生产成本的基础上，

---

① MOHAFIQUL K，NARITA H，CHEN L Y，et al. Capacity planning to optimize the profit of an apparel manufacturer in developing country[J]. JSME international Journal，2005，48(1)：31-36.

② RAJAGOPALAN S. Flexible versus dedicated technology：a capacity expansion model[J]. International journal of flexible manufacturing systems，1993，5(2)：129-142.

③ HOOD S J，BERMON S，BARAHONA F. Capacity planning under demand uncertainty for semiconductor manufacturing [J]. Semiconductor manufacturing IEEE transactions on，2003，16(2)：273-280.

④ KAZANCIOGLU E，SAITOU K. Multi-period production capacity planning for integrated product and production system design [C]// IEEE International Conference on Automation Science and Engineering. IEEE，2007：3-8.

利用系统仿真方法对多阶段的生产能力进行规划。国内学者郑志民（2004）运用制造企业生产系统生产能力的相关理论，借助于计算机仿真方法对离散型制造企业的生产系统进行建模和仿真分析，并应用于企业的流程重组和工业工程改善过程；刘小玲等（2006）给出了一套基于算法思想快速评估车间动态生产能力的方法；张人千[1]基于能力规划模型的一般形式构建了随机市场需求和随机生产环境下的能力规划模型；张欣等[2]通过构建模型把订单选择、生产计划和交货期结合在一起，选择性地接受订单，以便于生产商所得的利润值最大化；杨洋[3]运用离散系统仿真来研究现有生产线的产出量，并依据仿真模型来确定产出量、瓶颈等问题。

10.1.1 复杂产品生产能力的构成要素

复杂产品生产能力构成要素的研究众说纷纭，要素的确认、评估体系的建立一直都未达成统一的意见（见表 10-1），但其中的一些研究可作为本节的参考。

从表 10-1 可以看出，对构成要素的研究包括 Davies et al.（2000）的定制能力、集成能力及模块外包能力，以及从技术能力的广度和深度两个视角进行的研究（Prencipe，2000）；国内学者如苏敬勤等（2014）的客户导向的感知能力、多组织协同的控制能力及交互学习能力。总之，复杂产品生产能力评价需要在产业层面和构成要素上进行更全面的统计衡量，同时要对各要素权重进行更合理的分配等（王敏，2016）。

---

① 张人千. 随机需求与随机生产环境下的综合能力规划研究[J]. 系统工程理论与实践，2007，27(1):51-59.

② 张欣，马士华. 基于有限生产能力和产出缓存的订单接受策略[J]. 工业工程与管理，2008，13(2):34-38.

③ 杨洋. 食品生产线生产能力仿真模型研究[D]. 成都:四川大学，2007.

表 10-1　复杂产品生产能力的构成要素研究

作者	观点
Davies et al.(2000)	从复杂产品生产管理特征出发,认为定制能力、集成能力及模块外包能力是生产管理能力的主要构成要素
Andrea(2000)	从广度和深度两个角度衡量飞机引擎控制系统集成商的技术能力。在广度方面,引擎制造商要通过拓展他们的能力、与高校合作等应对技术的变化;在深度方面,引擎制造商要从仅仅参与引擎控制过程扩散到参加关键部件的所有环节
陈劲等(2003)	以"核心要素—周边要素"体系为代表,从两个层次的 6 种能力要素方面考虑复杂产品。其中,信息获取、技术获取、产品创新构成核心要素,而创新战略、组织环境、资源供给构成周边要素
周永庆等①	提出影响复杂产品研制成功的五大类因素,即战略、组织、技术、资源和能力及环境
李正锋等	系统集成商在复杂产品生产过程中的核心能力由 4 个方面的要素组成:资源要素、管理要素、组织要素、战略要素
刘延松等②	在 Davies 的战略能力、职能能力、项目能力三维之外增添了技术能力和创新网络两个维度
吴运建等③	从研究集成商在复杂产品中承担的功能角度出发,将复杂产品创新能力从技术、集成、管理和服务 4 个功能进行解构
刘岩(2011)	提出以战略要素、组织要素、技术要素、资源与软能力要素及环境这 5 个要素方面构建复杂产品自主研制生产能力成熟度评价模型
苏敬勤等(2014)	通过对北车集团进行探索性案例研究,认为 CoPS 动态能力主要分为 3 个维度:客户导向的感知能力、多组织协同的控制能力及交互学习能力

资料来源:根据相关文献内容整理。

---

① 周永庆,陈劲,许冠南.中国复杂产品系统创新关键成功影响因素研究[J].研究与发展管理,2006,18(1):9-15.
② 刘延松,张宏涛.复杂产品系统创新能力的构成与管理策略[J].科学学与科学技术管理,2009,30(10):90-94.
③ 吴运建,盛亚.基于复杂产品系统的集成商创新能力研究[J].科技管理研究,2011,(5):19-23.

10.1.2 复杂产品生产能力的衡量和评价方法

尽管目前尚未发现复杂产品生产能力评价的研究，但一些研究成果特别是有关复杂产品创新能力的评价研究为本研究提供了很好的参考，如Prencipe（2000）通过构建引擎制造商技术能力的衡量标准，以技术的广度和深度（其中定量数据来自 Web of Science 数据库，定性数据来自访谈和调查问卷）对飞机引擎制造商在生产能力方面进行评价；陈劲等（2003）在界定了复杂产品创新能力构成要素的基础上，利用专家打分法对各个指标赋予权重，最后计算出一个综合值；刘岩（2011）利用模糊层次分析法设定指标权重，综合评价复杂产品自主创新能力，并把构建的复杂产品创新能力指标评价体系应用于昆明市船舶设备集团公司，以评价其自主创新能力水平；李正锋等[1]主要采用多层次灰色方法与熵技术对复杂产品系统创新能力进行评价，较好地结合了静态赋权与动态赋权方法；姚洁盛等[2]使用层次分析法和模糊综合评价法对自动化物流系统进行自主创新能力评价，其中自动化物流系统是作为复杂产品系统的研究样本，具体操作包括通过文献研究建立评价体系，通过专家访谈法确立指标权重，最后建立综合测评模型；王敏（2016）基于成熟度模型评价和研究了复杂产品系统创新能力；刘华依（2014）用主成分和因子分析法从产出角度对江苏船舶制造生产能力进行了综合评价，并从投入角度基于技术效率、纯技术效率和规模效率分析了江苏造船效率及其生产能力过剩的原因。

10.1.3 述评

（1）生产能力既是个"量"的概念，更是个"质"的概念，因此，指标选择和评价必须注意"量"和"质"的结合。本研究提出的以创新能力为核心的技术能力和管理能力就体现了"量"和"质"的统一。刘华依（2014）的研究一定程度上体现了生产能力的这种统一，但在生产能力界

---

① 李正锋，叶金福. 多层次灰色评价法在复杂产品系统创新评估中的应用研究[J]. 世界科技研究与发展，2007，29(6)：73-77.
② 姚洁盛，庄永耀，刘岩. 基于 AHP-FCE 法的复杂产品系统自主创新能力评价研究[J]. 区域经济评论，2011(4)：57-61.

定上还局限于"量"的规定，"创新能力"在评价指标选择中体现不足。

（2）中国企业的复杂产品生产能力弱不仅表现在产出绩效上，更表现在过程管理上。 复杂产品是以企业对企业（B2B）交易方式进行的、支撑生产服务的生产资料，涉及的产业链长，界面复杂，大多为系统集成，产品生命周期长，长达几十年甚至上百年[①]。 如果企业不具备很强的过程管理能力，复杂产品生产将面临很多"时间—质量—成本"等方面的风险。 研究表明，中国的系统集成商、供应商依旧按照传统产品的研发模式并结合各自在长期创新活动中积累的经验来研制复杂产品，造成了大量资金浪费（宋砚秋等，2014）。 因此，生产能力应包括技术能力和管理能力两大方面，相应地，指标选择也要很好地体现这一点。

（3）指标选择需要建立在一定的理论基础上，服从相应的指标选择准则。 已有研究要不很难体现复杂产品的特征，要不缺乏指标选择的理论基础，准则常常被有意或无意忽略。 本研究认为，一般生产过程都服从"投入—生产—产出"理论范式，但具体生产过程则要体现不同的生产特征，如复杂产品的生命周期长、用户高度参与、双寡头垄断、技术要求高、定制化、模块化和集成化等特征，并遵循独立性、完备性、层次性等准则。

10.2　基于 IPO 范式的复杂产品生产能力评价要素

本研究采用 IPO "投入—生产—产出"范式作为统一的理论分析体系。 首先涉及的理论是投入产出理论，该理论是由俄罗斯裔美国经济学家、哈佛大学教授瓦西里・列昂惕夫（Wassily Leontief）创立的。 自此国内外学者对生产力和生产分析可以进行具体定量化的分析（刘华依，2014）。

投入产出理论指出，投入即社会生产（包括货物和服务）过程中对于各种生产要素的消耗和使用，包括原材料、辅助材料等有形产品和劳动

---

① 盛亚，尹宝兴. 复杂产品系统创新的利益相关者作用机理：ERP 为例[J]. 科学学研究，2009，27（1）：154-160.

力、技术专利等无形产品。 产出即生产活动的成果及分配使用去向、流向，包括生产过程中使用的产品和当期离开生产过程被用于投资、消费和出口的产品。 生产也就是通过消耗一定量的投入，产出一定产物的过程（刘华依，2014）。 产出一定数量的产品，就必须投入一定比例的资源。这种投入产出比决定和反映了生产能力。 因此，要想研究生产能力就必须分析生产的投入产出这一过程。

投入产出分析是通过编制投入产出表来实现的，该表由投入表与产出表交叉而成。 表格中的内容由多个部门或者多种产品构成，表中每一列数据代表企业在生产中的各种投入情况，每一行数据代表产品产出后的分布情况。 前者反映各种产品的价值，包括物质消耗、劳动报酬和剩余产品；后者反映各种产品的分配使用情况（刘华依，2014）。 列昂惕夫通过建立数学模型，引入直接消耗数矩阵，从投入角度把中间产品和最终产品有机地结合在一起，最终发现企业各部门之间在经济上更深一层的数量关系。

构建国家复杂产品生产能力评价模型，必须要在指标选择上反映复杂产品的特征，本研究从"投入—生产—产出"角度，选择投入要素、支撑条件、过程管理和产出绩效 4 个指标作为准则层，并将复杂产品特征体现在相应的指标中。

10.2.1　投入要素

以投入要素为核心的生产驱动是经济可持续发展的动力源泉。 与投入要素联系最紧密的理论当属经济增长理论。 Solow 拓展了哈罗德-多玛增长模型，取消了部分前提条件，同时考虑柯布-道格拉斯生产函数、资本的边际报酬递减、要素可替代等，由此得出稳定的经济增长速率取决于独创的技术发展速度的结论（王海兵，2015）。 Lucas（1988）借鉴现代人力资本理论，结合柯布-道格拉斯生产函数，将人力资本的内在效应和外在效应融合，同时基于物质资本和人力资本积累的前提条件求解竞争性优势。 这一人力投入的外在效应表明了经济活动主体有自主倾向意识，但后人更多地认为该理论难以测评和实践。 于是，以研发活动为主体的不完全竞争模型被引入，其理念为"技术进步并非一个纯粹随机过程，而是

一个由市场力量引导的过程"[①](王海兵,2015)。 其中,国家内部研发
成果可以免费使用整体知识存量,但其生产能力最终体现在各国争夺的人
力资本的使用上。 在经济均衡增长过程中,产出增长率与人力资本、研
发投入呈正相关,其机理在于:研发内生出知识和技术,一方面能扩大产
品部门的产出(包括数量和种类);另一方面通过知识外溢效应增加知识
存量以提高研发的生产效率,进而实现经济均衡增长(王海兵,2015)。
人力、资金是基本的投入要素,本研究的资金投入侧重于科研资金投入。
以轨道交通为例说明如下。

(1)科研投入。 近年来,轨道交通国家级技术创新平台建设突飞猛
进。 截至 2019 年底,轨道交通装备制造业主要依托的行业内国家级技术
创新平台、专业实验室(中心)已有 156 个(见表 10-2),加上清华大
学、浙江大学等高校的部分实验室,已经形成较为完整的轨道交通装备关
键技术研究开发和科学实验平台体系,先后自主研制了系列高速动车组、
系列大功率交流传动机车、A 型城轨车辆和 CTCS2/3 级列控系统等产
品,取得的成果均达到国际先进水平[②],为我国轨道交通装备技术的强劲
发展夯实了基础。

(2)人力投入。 据统计,2018 年中国轨道交通业的从业人数为
350304人,占全球轨道交通从业人数的比例为 5.83%[③]。 为进一步对比世
界各国在轨道交通人力资源投入上的差异,本部分选择中国、日本、德
国、法国 4 个国家在轨道交通领域的代表性企业进行对比分析,分别是中
国中车、日本川崎重工、德国西门子和法国阿尔斯通。 截至 2018 年,中
国中车虽然在人员总数上远超其他各国,但是不论是从技术(专业)人员
构成上,还是外籍员工占比上来看,中国中车与其余各国企业都有一定差
距,如表 10-3 所示。 此外,国外企业员工平均薪酬几乎是中国的 10 倍,
这也将在一定程度上影响中国轨道交通制造业对高层次人才的吸引力。

① 格罗斯曼 G M,赫尔普曼 E. 全球经济中的创新与增长[M]. 何帆,朱勇平,唐迪,译.
北京:中国人民大学出版社,2003.
② 王俊彪. 轨道交通装备制造业发展趋势分析[J]. 中国铁道科学,2011,32(3):131-135.
③ 2018 年中国经济普查年鉴。

表 10-2 中国轨道交通装备制造业依托的国家级技术创新平台或专业实验室统计表

序号	依托单位	国家工程实验室	国家重点实验室	国家工程技术研究中心	国家技术创新服务平台	教育部工程研究中心	教育部重点实验室	省（市）重点实验室（工程技术中心）	铁道部开放实验室（工程研究中心）	国家级企业技术中心
1	中国国家铁路集团有限公司	3	2	3	2	0	0	0	42	0
2	中车青岛四方车辆研究所有限公司	0	0	0	1	0	0	0	8	0
3	中车青岛四方机车车辆股份有限公司	1	0	1	0	0	0	0	0	2
4	中车株洲电力机车有限公司	0	1	1	0	0	0	0	0	2
5	株洲时代新材料科技股份有限公司	0	0	0	0	0	0	0	0	1
6	中车资阳机车有限公司	0	0	0	0	0	0	0	0	1
7	中车眉山车辆有限公司	0	0	0	0	0	0	0	0	1
8	中车长春轨道客车股份有限公司	1	0	1	0	0	0	0	0	1
9	中车唐山机车车辆有限公司	0	0	0	0	0	0	2	0	0
10	西南交通大学	0	2	1	1	2	2	25	5	0

续　表

序号	依托单位	国家工程实验室	国家重点实验室	国家工程技术研究中心	国家技术创新服务平台	教育部工程研究中心	教育部重点实验室	省(市)重点实验室(工程技术中心)	铁道部开放实验室(工程研究中心)	国家级企业技术中心
11	北京交通大学	0	2	1	1	4	4	3	5	0
12	同济大学	0	3	0	0	1	3	1	5	0
13	中南大学	1	1	0	0	0	2	3	0	0
	合计	6	11	8	5	7	11	34	65	9

资料来源:根据相关资料整理。

299

表 10-3　中日德法四国轨道交通主要企业人力资源比较

企业	员工总数	技术(专业)人员占比	外籍员工占比	员工平均薪酬(美元)
中国中车	168600	37.72%	4.28%	6094.47
日本川崎重工	35805	44.36%	25.30%	59752.20
德国西门子	78700	57.31%	48.92%	79607.45
法国阿尔斯通	38879	53.48%	90.20%	63345.59

数据来源:各公司发布的 2018 年财务报告。

10.2.2　支撑条件

根据波特提出的著名的钻石模型,影响一个国家或某一个行业国际竞争的优势体现在以下 6 个要素:生产要素、企业战略结构和竞争对手、需求条件、相关与支持性产业 4 个基本要素及政府与机会两个辅助要素。对于复杂产品产业,支撑要素特别是高技术人才和技术创新能力要素、融资环境与国内外的市场需求、制造性产业等相关产业与支持性产业、对政府政策扶持及法律环境的把握是形成和发展的重要基础和核心要素。 同时,经济增长的制约因素可以归结为:资源约束(自然条件、劳动力素质、资本数额等)、技术约束和体制约束。 这些因素也是产业发展的推动力。 总结起来,生产要素效率(包括劳动力效率、科学技术等)与产业发展形成密切的关系;人口、政策、外部环境、自然环境等因素主要通过影响市场供需来推动产业的发展[1]。 本研究从宏观环境考察,将支撑条件分为经济、科技、国际市场和其他环境四大方面[2]。 以轨道交通为例说明如下。

(1)经济支撑。 一是建设投资额。 我国城市轨道交通建设投资额处于不断增加状态,2014 年更是达到了 33.90% 的增长率,此后增长率虽然有回落(如 2016 年),但仍处于一个较为可观的增长状态,如表 10-4 所

---

[1] 韩增林,夏雪,林晓,等. 基于集对分析的中国海洋战略性新兴产业支撑条件评价 [J]. 地理科学进展,2014,33(9):1167-1176.

[2] 国际市场和其他环境的划分因选择的产业不同而有所差异。

示。 根据中国城市轨道交通协会统计数据，得益于源源不断的建设投资，截至 2018 年底，我国共有 35 个城市开通城市轨道交通，运营线路达到 185 条，在建线路总长达 6374 千米。

表 10-4　2011—2018 年中国城市轨道交通建设投资及增长对比

时间	产值（亿元）	同比增长（%）
2011	1628	—
2012	1914	17.57
2013	2165	13.11
2014	2899	33.90
2015	3683	27.04
2016	3847	4.45
2017	4762	23.78
2018	5470	14.87

数据来源：中国城市轨道交通协会 2011—2018 年《城市轨道交通年度统计和分析报告》。

　　二是出口额及贸易竞争指数。 随着经济的快速发展，中国轨道交通装备产品贸易在规模和质量上取得了长足的进步，进出口贸易总额从 2007 年的 26.66 亿美元增长到 2018 年的 147.61 亿美元，年均增长率达到 16.83%，同期轨道交通装备产品出口额占全部货物贸易出口总额的比重虽然偶有波动，但总体维持在 0.5% 这一水平。 2007—2010 年，中国轨道交通装备产品贸易处于贸易逆差状态，2011 年开始取得 13.54 亿美元的顺差并保持良好的增长势头（参见表 10-5）。 轨道交通装备产品已经成为推动中国出口结构从低技术、低附加值产品向高端制造产品转型的重要力量。

表 10-5　2007—2018 年中国轨道交通装备产品进出口贸易

年份	进口额 （百万美元）	出口额 （百万美元）	贸易总额 （百万美元）	净出口额 （百万美元）	出口额占中国 出口贸易比重（%）
2007	1620.4	1045.2	2665.7	−575.2	0.78
2008	1653.3	1464.8	3118.1	−188.5	0.71
2009	1833.0	1519.8	3352.8	−313.2	0.24
2010	2240.5	2143.3	4383.8	−97.3	0.57
2011	2160.8	3514.5	5675.3	1353.7	0.75
2012	1361.1	5122.8	6483.9	3761.7	0.63
2013	1184.1	2769.0	3953.1	1584.8	0.50
2014	1791.8	4181.3	5973.1	2389.5	0.54
2015	1843.5	5334.9	7178.4	3491.4	0.54
2016	1169.7	7483.6	8653.3	6313.8	0.33
2017	839.3	11454.7	12294.1	10615.4	0.51
2018	879.5	13881.6	14761.0	13002.1	0.56

数据来源：根据 UN Comtrade 数据库 2007—2018 年进出口数据计算所得。

图 10-1 是 2007—2018 年中国、德国、日本的贸易竞争指数变化情况。从图中可以看出，2011 年，我国贸易竞争指数由负变正，并且增长幅度非常快，2012 年达到 0.60，2013 年和 2014 年虽然有所回落，但从 2015 年起仍恢复了稳定增长态势，并于 2016 年达到 0.73，赶超日本（0.67）和德国（0.26），此后两年更是一直保持领先。相较于中国和德国，日本的贸易竞争指数在 2007 年至 2015 年间处于三国领先位置（除 2012 年），并且常年稳定在 0.60 上下，表明其具有稳定的竞争优势，2016 年虽然被中国赶超，但其贸易竞争指数仍呈微弱增长态势。而德国前几年的贸易竞争指数一路下跌，从 2007 年的 0.44 跌至 2018 年的 0.17，仅在 2014 年和 2015 年呈现短暂上升态势。

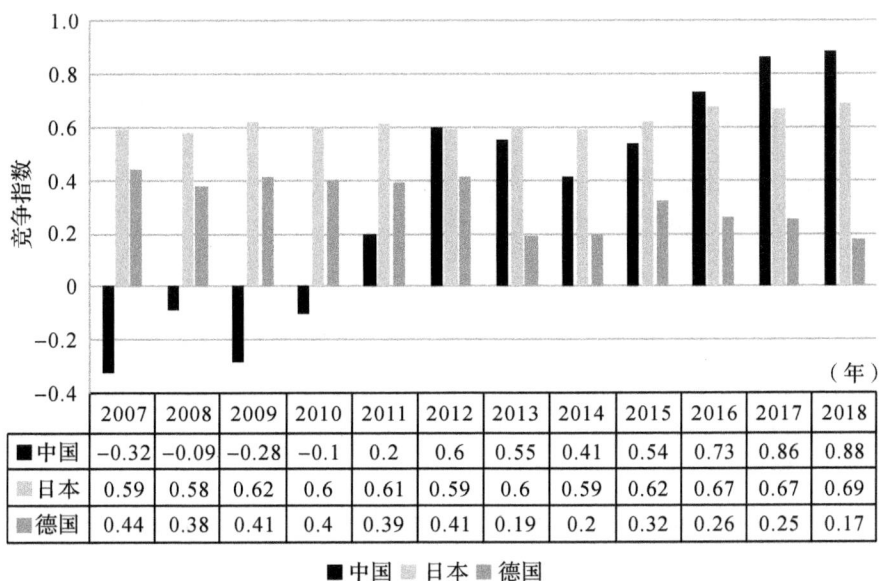

（年）	2007	2008	2009	2010	2011	2012	2013	2014	2015	2016	2017	2018
■中国	−0.32	−0.09	−0.28	−0.1	0.2	0.6	0.55	0.41	0.54	0.73	0.86	0.88
日本	0.59	0.58	0.62	0.6	0.61	0.59	0.6	0.59	0.62	0.67	0.67	0.69
■德国	0.44	0.38	0.41	0.4	0.39	0.41	0.19	0.2	0.32	0.26	0.25	0.17

■中国 日本 ■德国

图 10-1　2007—2018 年中国、德国、日本的贸易竞争指数比较

数据来源:根据 UN Comtrade 数据库 2007—2018 年进出口数据计算所得。

　　三是 RCA 指数。 通过计算得到的中日德三国轨道交通装备产品的 RCA 指数（见图 10-2）表明,中国铁路装备产品的出口贸易竞争力逐步上升,并于 2017 年正式赶超日本和德国,呈领先态势。 2007 年,中国轨道交通装备产品的 RCA 指数为 0.42,是三国中最低的;同期日本、德国的轨道交通装备产品 RCA 指数分别为 0.71、0.54,表明日德轨道交通装备产品虽有一定的竞争力,但国际竞争力仍较弱。 此后中国轨道交通装备产品的 RCA 指数持续上升,2009—2015 年一直保持在 0.68—1.15 之间,表明已经有了一定的竞争力。 自 2016 年起,中国的 RCA 指数呈较快增长态势,并于 2017 年达到 2.11,正式超过日本（1.00）和德国（1.66）,而根据日本贸易振兴协会（Japan External Trade Organization, JETRO）标准,此时中国的 RCA 指数显示出中国在轨道交通装备产品领域已然具有较强的竞争优势。

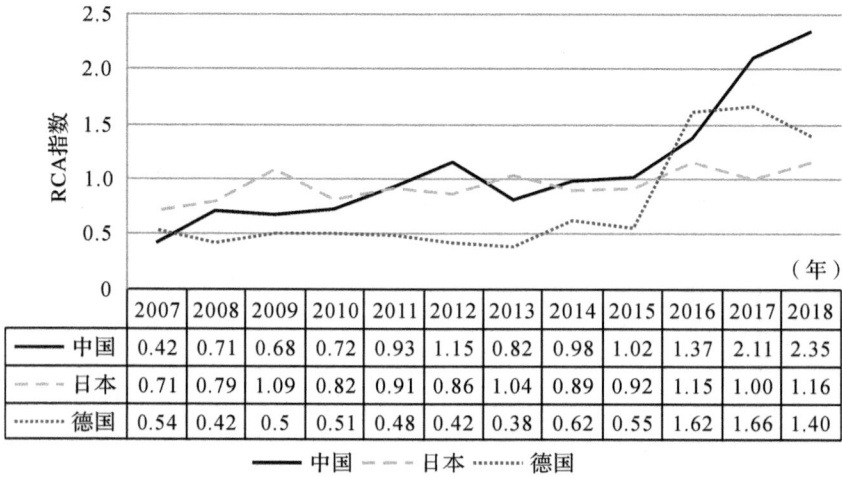

图 10-2　2007—2018 中日德三国轨道交通装备产品的 RCA 指数比较

数据来源：根据 UN Comtrade 数据库 2007—2018 年进出口数据计算所得。

（2）科技支撑。　我国轨道交通装备行业加快了技术及装备改造步伐，生产能力和技术水平都得到较大的提高，已完全掌握了动车组列车的总成、车体、转向架、牵引电机、牵引变压器、牵引变流器、牵引控制、列车网络控制和制动系统等九大关键技术及 10 项主要配套技术，使动车组的国产化程度已达到 75% 以上（于玲玲，2016）。　中国高速列车制动系统的研发和试验技术都已达到国际先进水平，但在基础专利的掌握上不具备优势，被国外企业引用的专利数量较少，未能与其他企业构成三元组的专利阻滞关系，需要对专利丛林及其中的一些专利采取一定的规避措施（冯灵等，2020）。

在技术领域，日本专注于用于检测的半导体器件，德国专注于运输装置，法国的技术领域是制动控制技术和减速装置，美国则专注于用于通信信号控制的脉冲技术。　这些都是轨道交通装备行业主导领域的前沿技术。　而我国的专利主要集中在电线电缆、介电材料等科技含量较低的线下工程方面。　这说明，从整体来看，我国不仅技术水平较低，技术领域范围也较窄，产品再创新能力不够强，关键配件、基础配件等与发达国家同行业相比，仍然存在显著劣势（于玲玲，2016）。　我国轨道交通装备行业仍需加大对具有自主知识产权的技术和产品的研制，避免部分核心技术应用、关键零部件生产仍受制于人。

（3）政策等支撑。 一是政策环境。 众所周知,政府政策促进了中国高铁产业的自主创新和我国轨道交通装备行业的发展。 表 10-6 显示了 2016 和 2017 这两年的相关政策支持情况。

表 10-6　中国轨道交通装备行业相关政策支撑

年份	政策名称	政策内容
2016	《国务院关于加快振兴装备制造业的若干意见》	以铁路客运专线、城市轨道交通等项目为依托,通过引进、消化、吸收先进技术和自主创新相结合,掌握时速 200 千米以上高速列车、新型地铁车辆等装备核心技术,使我国轨道交通装备制造业在较短时间内达到世界先进水平
2015	《国务院关于推进国际产能和装备制造合作的指导意见》和《中国制造 2025》	加强对轨道交通装备制造和技术发展的鼓励和引导,深化体制机制和投融资改革,把城际动车组、地铁、轻轨等城市综合交通体系建设作为加强城市基础设施建设、推动新型城镇化建设的重要内容和手段,把铁路基础设施建设作为调结构、促转型、助升级、扩内需、稳增长的重要举措
2017	《增强制造业核心竞争力三年行动计划（2018—2020 年）》	提高整车设计制造与试验验证能力。加强高速动车组整车技术平台和检验验证能力建设,建立覆盖产品全生命周期、全部检修服务业务的运维管理体系和质量保证体系。加快关键系统与核心零部件的开发与应用。加强轨道交通列车控制系统的自主研制、开发和工程化应用。到"十三五"末,轨道交通装备等制造业重点领域突破一批重大关键技术攻关,实现产业化,形成一批具有国际影响力的领军企业,打造一批中国制造的知名品牌,创建一批国际公认的中国标准,制造业创新能力明显提升,产品质量大幅提高,综合素质显著增强

资料来源:根据相关资料整理。

二是融资环境。 我国高铁研发与建设的资金来源主要是财政拨款、政策性银行贷款、铁路建设基金、债券等,企业投资很少,民间投资和外资基本上没有,投资主体主要有各级政府、政策性银行等,投资主体单一。 我国高铁研发与建设的融资门槛太高,据研究,中国融资机构给国外项目提供的贷款利率一般不会低于 2%,而很多西方国家能够提供

0.5%的利率，有时候是0.1%，甚至免息。例如，印度尼西亚的项目中，中方提供的贷款利率就是2%，而日本提供的贷款利率是0.1%，差距非常大，造成高铁建设长期以来负债率过高的顽疾难以化解。另外，国外轨道交通装备制造企业采用国际化经营方式，拥有国际信用评级，可以在全球范围内进行融资，甚至可以进行跨国资金的转移，以保证大批订单的顺利生产，为企业生产提供了充分的资金支持（于玲玲，2016）。所以这些都成为中国高铁"走出去"在融资方面需要解决的问题。

三是国内外需求。随着我国加快城镇化、产业升级转型，对铁路和城轨的固定资产投资逐年增加。其中城市轨道自1969年第一条成功运营以来，截至2018年底，中国城市轨道交通累计配属车辆5898列，较之2017年增长21.1%，此外，在建城轨城市已达61个，需求持续增加；在建设投资额上，2018年全年完成建设投资5470亿元，累计投资额更是达到了42688.5亿元①。显著的规模经济、雄厚的资金支持和相对廉价的劳动力，为中国在国际市场竞争中创造了明显的价格优势。如在2012年土耳其安卡拉地铁项目竞标中，南车株洲电力机车有限公司投标价为3.912亿美元，韩国现代集团和西班牙卡福集团分别报价5.111亿美元和4.256亿美元②；2015年，在美国马萨诸塞湾运输局运营的波士顿橙线和红线地铁共更换284辆地铁列车的项目中，我国投标价为5.757亿美元，现代集团铁路技术公司的报价为7.206亿美元，川崎重工报价为9.049亿美元，庞巴迪公司的竞标价格甚至高于10亿美元③。凭借价格优势、可靠质量和齐全的品种，我国轨道交通装备产品不断深入世界市场。

中国市场更为广阔，可作为中国轨道交通装备行业生产能力提升的经济支撑。2001年，中国铁路客运量为10.52亿人，货运量为14亿吨；到

---

① 中国城市轨道交通协会于2019年3月30日发布的《城市轨道交通2018年度统计和分析报告》。

② 中国商务部.中国南车集团竞标土耳其安卡拉地铁项目[OB/OL].(2012-03-08).http://istanbul.mofcom.gov.cn/articlejmxw201203/20120308005047.shtml.

③ 人民网.中国中车再次斩获美国地铁列车大单[OB/OL].(2017-01-13).http://world.people.com.cn/n1/2017/0113/c1002-290216 93.html.

2018 年，客运量增长至 33.75 亿人，货运量达 40.26 亿吨[①]。稳定且不断增长的客运和货运市场的巨大需求降低了轨道交通装备制造企业进行设备投资、新产品开发和技术创新面临的市场风险，提升了其在与跨国公司进行技术转让、合作的谈判地位，使其能以相对合理的代价引进国外先进的产品和技术[②]。国内广阔的市场空间使轨道交通装备行业"后发优势"得以发挥，凭借技术引进和二次创新，依次实现在生产、研发和出口方面对发达国家的赶超。

（4）国际市场支撑。一是销售情况收入。中国南车、中国北车（已合并，称为中国中车）作为我国两个最大的综合轨道交通装备制造企业，在全球的轨道交通装备制造企业中，其规模处于领先水平。中国南车、北车的电力机车研发基地是全世界最大的；铁路货车的研发制造基地是全亚洲最大的；高速动车组大功率内燃机车及柴油机的研发制造基地也处于全球领先地位（于玲玲，2016）。它们的市场占有率几乎可以代表中国轨道交通装备行业在世界的份额。

中国南车、北车在国内市场的营业收入占其总收入的 90%。2013年、2014 年及 2015 年，中国南车、北车来自铁路总公司的销售收入均占到当期总销售收入的 40% 以上（于玲玲，2016）。随着对海外市场的积极开拓，海外订单虽然前期呈增长态势，但 2016 年起中国中车的订单逐步回落，2018 年新增海外订单量仅为 2017 年的一半，且所占销售收入的份额依然不高，这表明海外市场有待进一步挖掘。

二是国际市场占有率。图 10-3 是 2007—2018 年中日德三国国际市场占有率，从图中可以看出近年来中国轨道交通装备产品的国际市场占有率快速上升，成为世界上主要的轨道交通装备出口国。2007 年中国轨道交通装备产品的市场份额是三国中最低的，只有 3.91%，同期日本和德国的国际市场占有率分别为 7.99%、5.01%。此后中国轨道交通装备的国际

---

①　中国交通运输部于 2019 年 4 月 12 日发布的《2018 年交通运输行业发展统计公报》。
②　周晔,李永安.中国铁路装备产品贸易竞争力的国际比较:基于国家"钻石"模型的分析[J]. 价格月刊,2016(11):86-91.

市场占有率持续上升，第二年（2008 年）开始中国首次超越了其他两国。2007 年至 2018 年期间，仅 2013 年出现短暂回落，2014 年重拾升势且呈稳定增长状态，并于 2018 年达到了 29.97％的国际市场占有率，已远超过德国、日本。 说明在轨道交通装备产业，中国的国际市场占有率得到很大提高，在中日德三国中，排名第一并且领先幅度较大，充分显示出"中国制造"出口的规模优势。

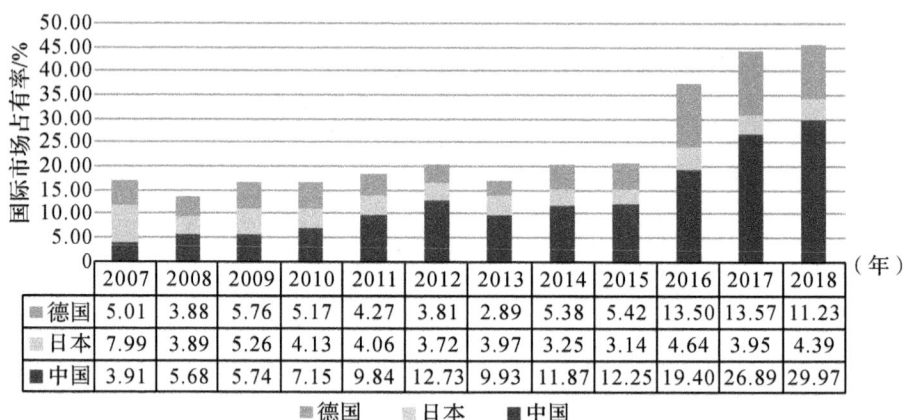

	2007	2008	2009	2010	2011	2012	2013	2014	2015	2016	2017	2018
德国	5.01	3.88	5.76	5.17	4.27	3.81	2.89	5.38	5.42	13.50	13.57	11.23
日本	7.99	3.89	5.26	4.13	4.06	3.72	3.97	3.25	3.14	4.64	3.95	4.39
中国	3.91	5.68	5.74	7.15	9.84	12.73	9.93	11.87	12.25	19.40	26.89	29.97

图 10-3　2007—2018 年中日德国际市场占有率比较

数据来源：根据 UN Comtrade 数据库 2007—2018 年进出口数据计算所得。

10.2.3　过程管理

一般认为，复杂产品的生产过程是，一个或多个用户提出购买意向，然后由某供应商总承包（Davies et al.，2005），该供应商再将该大型项目进行拆分，以合同的方式分包给多家内部或外部研发单元。 该供应商的主要任务为项目协调及项目集成，并且对项目的最终成败负责。 与大规模产品生产相比，复杂产品生产不仅在生产过程上存在很大不同，管理上更存在巨大差异，本研究在将复杂产品生产过程分为五大阶段（需求分析—系统设计—分包/模块开发—系统集成—交付使用）的基础上，重点评价定制管理、模块化管理、集成管理和服务管理。 以轨道交通为例说明如下。

（1）定制管理。 国内外高铁市场对产品的谱系、技术性能及相关的核心技术能力都提出了新的不同的需求。 为适应不同速度、运营条件、运输需求、运营模式下的需求,集成商要在快速、低成本、系列化研发、设计制造过程一体化、定制化方面下功夫[①],具体包括关注:①极端条件(在 200—380 千米/时的速度等级下,适应高温、高寒、高湿、风沙等天气);②安全性能;③经济性能(降低列车制造成本及能耗等运行成本);④环保性能;⑤舒适性能(减振降噪,对车内湿度、温度、照明度、气压波动、空间布局等进行适度研究)。

(2)模块化管理。 模块化设计非常适合轨道交通装备,但国内轨道交通装备行业的设计专业模块化应用并不十分广泛。 究其原因,在于轨道交通装备造型本身的复杂性及需求的多样化。 在车辆整体造型设计中,针对车辆整个生命周期各个目标的模块化设计方法,可用于新车型的模块化设计、非模块化产品的模块化设计,以及现有模块化车辆的改进模块化设计(张志勇,2018)。 因此,中国高铁的模块化管理还需要进一步深化,特别是作为“走出去”的名片,模块化管理必须同步跟上。 因为通过模块的组合配置,可以生产满足不同需求的产品,从而满足客户的定制需求;同时,相似性的重用,可以使整个产品生命周期中的采购、物流、制造和服务资源简化(张志勇,2018)。

(3)集成管理。 与国外的高铁技术相比,我国的高铁技术具备系统集成优势。 经过多年国内市场的培育,我国已形成全面的高铁工业基础。 由于我国的轨道交通领域以政府为主导,在轨道交通领域,从勘察设计到工程施工,从电力牵引到机车装备制造,从设备维护到运营管理的各个阶段,都可以由我国的轨道交通装备制造企业一并承揽,这种“一揽子”工程的规模优势,在其他国家是很难实现的(于玲玲,2016),体现了我国高铁集成管理的优势和特点。 但要深化高铁技术联盟的合作,促进知识和专利的共享,以避免专利丛林带来的技术创新障碍;同时要建立高铁技术标准,实现中国高铁企业的专利技术标准化(冯灵

---

① 李世涛. 中国高铁的未来:多品种、高性价比、定制化、互联互通[J]. 中国战略新兴产业,2016(7):74-75.

等，2020）。

（4）服务管理。 轨道交通装备行业的产品安装、使用和维护都具有高技术性和高复杂性的特点。 根据技术系统的构成，城市轨道交通是一个由许多具有不同的功能和技术子系统组成的复杂系统，它包括 8 个子系统：驾驶、制动、转向、电源、风扇和空调、内饰、纱门及路基。 所有产品均技术含量高，安装复杂，非常需要企业保障产品的安全性。 客户必须定期维护和检查产品，以确保其适用性和安全性。 因此，客户需要在城市轨道交通项目的建设、运营和维护过程中从制造企业获得完善的相关服务支持。 集成商要对客户提供全面的服务支持，对产品进行跟踪服务。 国家 863 计划"高速铁路动车组全生命周期数据集成管理研究与综合"课题从国家高速铁路发展战略需要出发，针对轨道交通行业的高铁运行监测、运维管理、故障诊断等问题，开展了关键技术攻关，自主研发了"高速动车组全生命周期数据集成管理平台"，首次实现了高铁的设计、制造和运维等全流程数据共享和闭环应用，示范应用效果良好。 该研究成果为保障动车组的安全运行、降低维修成本发挥了重要作用，对提升企业的产品创新和持续改进能力，助力企业从"微笑曲线"的低端"制造"型向高端"制造＋服务"型转变具有重要意义[①]。

10.2.4　产出绩效

绩效一般是指表现、行为、成就、成绩。 人们对绩效的认识过程是由最初的一维到多维的过程。 一般意义上讲，特别是从项目层次的生产管理上讲，经典的产出绩效是 T（时间）、Q（质量）、C（成本），但从中观和可测量视角出发，本研究将产出绩效界定为产业运行的整体运行效果，并最终体现为经济绩效和整体产出的质量（即创新绩效）。 以轨道交通为例说明如下。

（1）经济绩效。 图 10-4 是中国、德国、法国、日本主要轨道交通装备制造企业 2018 年的业务构成。 从图中可以看出，中国中车的主营业务

---

① 轨道世界.工业大数据推动高铁制造企业向"制造＋服务"转型[N]. RailWorld，2018-07-23。

集中在轨道交通车辆或相关装备的制造上,占据总业务的70%,而国外企业则是在轨道交通的基础上向外延伸了多种业务,例如法国阿尔斯通的服务业务占据总业务的34%。 德国西门子则是将业务重点放在数字和智能相关产业,分别占据总业务的33%和18%。 而日本川崎重工的业务更是拓展至航空航天、海洋船舶、摩托引擎等多个商业领域。

轨道交通车辆(如机车)作为高新技术产品,其所需要的成本较高,但受国际竞争加剧的影响,其利润空间也被逐渐压缩(于玲玲,2016)。 轨道交通产业走向集成化、智能化已经成为大势所趋[①]。 诸如德国西门子的服务业务已经成为机车车辆修理、改造等领域的整车供货合同的重要组成部分;日本川崎重工的服务业务更是扩展到工程设计、融资租赁、全生命周期维护保养等不同商业领域,凭借其全面的解决方案为不同国家和区域、不同市场提供服务,成为新的利润增长点。 与此同时,中国中车的服务业务占比仅为总业务的6%,仍处于起步探索阶段。

(2)创新绩效。 世界知识产权组织(World Intelectual Property Organization,WIPO)公开的全球专利数据显示(见图10-5),截至2018年底,中车青岛四方机车车辆股份有限公司以278项专利数排名第一,西门子及其关联公司以233和213项专利数紧随其后。 在排名前十的企业(部门)中有6家中国企业(部门),这一定程度上反映了中国轨道交通的创新水平。

---

① 中国城市轨道交通协会,中国城市轨道交通智慧城轨发展纲要[J].城市轨道交通,2020(4):8-23.

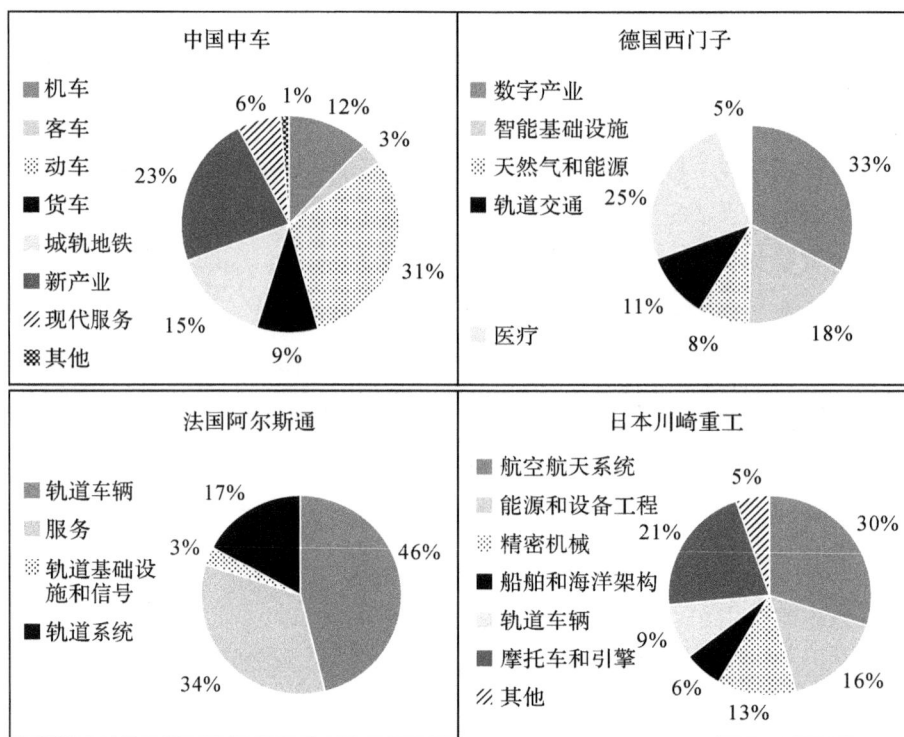

图 10-4 中德法日四国主要轨道交通装备制造企业 2018 年业务构成统计

数据来源:各公司 2018 年财务报告。

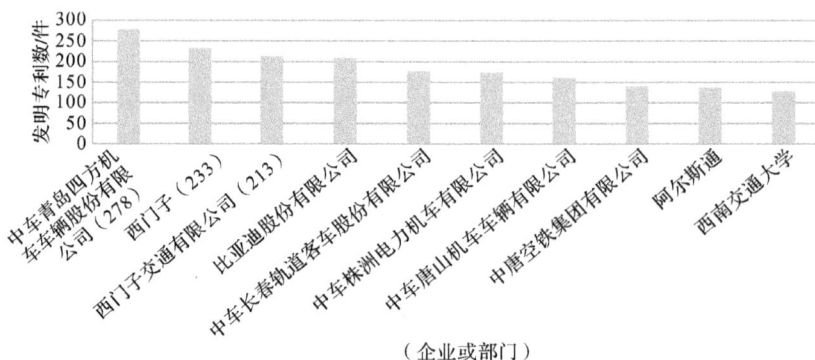

图 10-5 全球轨道交通发明专利数前十位的企业或部门

数据来源:世界知识产权组织 2018 年轨道交通相关专利统计。

10.3　复杂产品生产能力评价指标体系构建

10.3.1　构建原则

（1）系统性与代表性。 复杂产品生产能力的构成要素不仅数量众多，而且彼此之间有着紧密的关联度。 因此，在建立指标体系时，一方面，应尽可能保持选定指标的系统性，但要避免过多选择指标，否则将导致指标间的大量的重复计算和一些指标难以测量的问题；另一方面，所选取的指标要具有代表性，尽量剔除重复计算和难以测量的指标。 要结合复杂产品的特点，有针对性地选择指标，建立一个较为完整、准确的生产能力衡量系统。

（2）科学性与可操作性。 复杂产品产业是一个具有自身发展规律的高科技制造业，为便于国家间比较，应当构建一个相对独立的指标体系，对国家复杂产品生产能力进行衡量。 在衡量比较中，要考虑到数据的可获取性和操作的可行性。

（3）定性与定量相结合。 涉及复杂产品生产能力的"投入—生产—产出"因素繁多，不仅包括诸如完工量、手持订单量、新接订单量、国产化率等可定量的因素，还包括国家的产业环境及定制管理、模块分包管理情况等不可定量因素。 因此采用定性与定量相结合的方法。

指标选择还必须注意处理指标间的独立性问题，本研究通过因子分析和主成分分析方法加以解决。

依据上述原则，本研究结合前人对生产能力的相关研究，同时依据复杂产品生产的特点，从投入要素、支撑条件、过程管理和产出绩效 4 个方面衡量复杂产品生产能力，具体的细化指标共 32 项。 通过对各项指标的分析筛选，内容如表 10-7 所示。

表 10-7　复杂产品生产能力衡量指标体系

目标层	准则层	一级指标	二级指标
复杂产品生产能力	投入要素 A	科研投入 A_1	科研投入总量 A_{11}
			科研投入占 GDP 的比重 A_{12}
		人力投入 A_2	单位劳动力成本 A_{21}
			科研人员占从业人员的比重 A_{22}
			从业人员本科以上文化程度比例 A_{23}
	支撑条件 B	经济支撑 B_1	复杂产品产业生产总值 B_{11}
			贸易竞争指数 B_{12}
			RCA 指数 B_{13}
		科技支撑 B_2	复杂产品科研项目数 B_{21}
			成套装备国产化程度 B_{22}
		环境支撑 B_3	国内市场需求 B_{31}
			融资环境 B_{32}
			政策与法律环境 B_{33}
			工业生产指数 B_{34}
		国际市场支撑 B_4	完工量的市场份额 B_{41}
			新承接订单量的市场份额 B_{42}
			手持订单量的市场份额 B_{43}
			国际市场占有率 B_{44}
	过程管理 C	定制管理 C_1	消费者对定制产品的需求程度 C_{11}
			产品适合定制的程度 C_{12}
			准时生产能力 C_{13}
		模块化管理 C_2	模块化设计能力 C_{21}
			产品模块化程度 C_{22}
复杂产品生产能力	过程管理 C	集成管理 C_3	提供集成解决方案的能力 C_{31}
			集成投资的力度 C_{32}
		服务管理 C_4	客户满意度 C_{41}
			产品跟踪服务质量 C_{42}
			对客户需求的响应程度 C_{43}

续　表

目标层	准则层	一级指标	二级指标
复杂产品生产能力	产出绩效 D	创新绩效 D_1	专利授权数 D_{11}
			论文与专著数 D_{12}
		经济绩效 D_2	主营业务收入 D_{21}
			利润总额 D_{22}

注①:本指标体系在第 11 章(船舶制造业)的验证体现得比较充分,但受数据收集影响,在第 12 章(航空航天制造业)的验证体现得并不充分(主要是缺少过程管理和部分数据没有或无法获取)。指标代称也不一样。

10.3.2　投入要素

(1)科研投入。　科研投入是指一国用于研究开发复杂产品的各项费用,主要细化指标有科研投入总量和科研投入占 GDP 的比重。　①科研投入总量 A_{11} 主要包括:研究人员工资、原材料费、设备调整费及折旧、设计费、工艺规程制定费、实验费、技术图书资料费、委托其他单位进行高新技术及产品研制的费用,与复杂产品研究开发有关的其他费用等。②科研投入占 GDP 的比重 A_{12} 是指一国投入的科研总费用占整个国家 GDP 的比重。　该指标说明了科研支出在整个国民经济中占有的份额及其在社会再生产过程中的地位。　具体计算方法为:

$$A_{12} = \frac{科研投入总费用}{GDP} \times 100\% \qquad (10\text{-}1)$$

(2)人力投入。　人力投入是指为了复杂产品产业发展,在人才培养和技术训练等方面所进行的投入。　本研究主要利用单位劳动力成本、科研人员占从业人员的比重、从业人员本科以上文化程度比例 3 个细分指标对人力投入进行衡量。　①单位劳动力成本 A_{21} 指与从事复杂产品生产有关劳动的员工生产单位产量时得到的报酬(公式 10-2)。　②科研人员占从业人员的比重 A_{22}。　科研人员占从业人员的比重这个指标比较客观地反映出一国创新能力的人才投入状况(公式 10-3)。　③从业人员本科以上

---

① 根据研究工作进展,第 10—12 章的综合评价采集数据的截止时间是 2015 年底,但在本书出版时,为了说明最新情况,增加了 2015 年以后的一些数据。

文化程度比例 A_{23} 反映出复杂产品产业劳动力接受教育的程度。 一般来说，高学历人才越多，产业技术进步越大，劳动生产率越高（公式 10-4）。

$$A_{21} = \frac{单位工时劳动报酬}{劳动生产率} \tag{10-2}$$

$$A_{22} = \frac{科研人员数量}{劳动力总量} \times 100\% \tag{10-3}$$

$$A_{23} = \frac{本科以上从业人员人数}{劳动力总量} \times 100\% \tag{10-4}$$

10.3.3 支撑条件

（1）经济支撑。 复杂产品制造业是经济发展的主要产业支撑，本研究利用复杂产品产业生产总值、贸易竞争指数、RCA 指数等二级指标衡量经济支撑条件。 ①复杂产品产业生产总值 B_{11} 是指在一定时期内（一个季度或一年），一个国家的复杂产品产业中所生产出的全部最终产品和劳务的价值。 它不但可以反映一个国家复杂产品产业的经济表现，还可以反映一国复杂产品产业的生产能力。 ②贸易竞争指数 B_{12} 表示一国复杂产品进出口贸易的差额占进出口贸易总额的比重。 ③RCA 指数 B_{13} 是指某国某产品的出口额占该国产品出口总额的比重与世界该产品出口额占世界出口总额比重的比值。 国际上普遍认为：RCA 指数小于 0.80，表示该国该产品的国际竞争力较弱；RCA 在 0.80 与 1.25 之间，表示该国该产品的国际竞争力中等；RCA 在 1.25 与 2.50 之间，表示该国该产品的国际竞争力较强；RCA 大于 2.50，表示该国该产品的国际竞争力很强。

（2）科技支撑。 复杂产品产业"科技含量高，技术水平高"的特点决定了科技支撑条件的核心地位。 本研究选取成套装备国产化程度和复杂产品科研项目数来衡量科技支撑条件。 ①复杂产品科研项目数 B_{21} 是指包括由国家各级政府成立基金支撑的纵向科研项目（课题）、来自企事业单位的横向科研合作开发项目（课题）和自筹科研项目（课题）总数。 ②成套装备国产化程度 B_{22} 是衡量一国配套产业发展水平的重要指标。

（3）政策等支撑。 复杂产品产业作为高端制造业是科技化与工业化深度融合的重要体现。 近年来，复杂产品产业发展的内外部环境已发生重大变化。 在此背景下，研究环境支撑条件就显得尤为必要。 本研究选取国内市场需求、融资环境、政策与法律环境和工业生产指数衡量政府等支撑条件。 ①国内市场需求 B_{31} 是一国复杂产品市场需求状况的衡量指标。 一般而言,兴旺的贸易能够为复杂产品市场提供需求,也就是说,一国积极参与国际贸易可以为其复杂产品产业发展提供良好的交易环境。②融资环境 B_{32} 。 复杂产品产业资本密集性的性质,决定了复杂产品产业融资环境的重要性。 融资条件是否优越,在于一个国家的产业融资渠道是否顺畅,以及金融行业的发展是否能提供给复杂产品产业各种资金调配渠道。 ③政策与法律环境 B_{33} 主要反映了一个国家复杂产品产业的政策支撑和复杂产品制造领域法律制度的完善情况。 ④工业生产指数 B_{34} 是工业产品实物量指数,是用来计算和反映工业发展速度的指标。

（4）国际市场支撑。 国际市场是用来说明一国复杂产品产业在国际生产能力比较中评价生产能力高低的指标,主要反映该国复杂产品产业在国际市场上的竞争能力,本研究选择完工量的市场份额、新承接订单量的市场份额、手持订单量的市场份额、国际市场占有率对其进行衡量。①完工量市场份额 B_{41} 是指一年内,一国生产完工量占全球完工量的市场份额（公式 10-5）。 ②新承接订单量的市场份额 B_{42} 是指一年内,一国获得的未来新订单量占全球新承接订单总量的市场份额（公式 10-6）。 ③手持订单量的市场份额 B_{43} 是指一年内,一国复杂产品产业的所有企业现阶段手持订单量占现阶段全球复杂产品产业的企业手持订单总量的市场份额（公式 10-7）。 ④国际市场占有率 B_{44} 这一指标是指某国某产品出口额占全世界该产品出口总额的份额。 国际市场占有率越高,说明该国该产品出口竞争力越强,其所在产业的国际竞争力越强;国际市场占有率越低,说明该国该产品出口竞争力越弱,其所在产业的国际竞争力越弱。其中,新承接订单量和手持订单量的全球市场占有率是衡量一国复杂产品产业未来能否继续生产和获利的重要评价指标。 计算公式如下:

$$B_{41} = \frac{完工量}{全球完工量} \times 100\% \qquad (10\text{-}5)$$

$$B_{42} = \frac{新承接订单量}{全球新承接订单量} \times 100\% \qquad (10\text{-}6)$$

$$B_{43} = \frac{手持订单量}{全球手持订单量} \times 100\% \qquad (10\text{-}7)$$

10.3.4 过程管理

（1）定制管理。 定制化目的在于满足用户的个性化需求，而用户需求的个性化体现在用户向制造者表达个性化需求的意愿与参与产品设计、加工、装配、销售的程度。 本研究主要利用消费者对定制产品的需求程度、产品适合定制的程度、准时生产能力等3个细分指标来对定制管理进行衡量。 ①消费者对定制产品的需求程度 C_{11}。 对于不同的产品，消费者的个性化需求程度不同。 个性化的需求程度越高，企业越应采用定制策略，同时对该企业的技术能力要求也越高。 ②产品适合定制的程度 C_{12}。 随着技术的进步，产品定制的程度也越来越贴合客户的需求。 例如，信息通信技术、柔性制造技术等的发展，提高了企业和消费者达成一致的契合度。 ③准时生产能力 C_{13}。 准时生产能力强调行业的灵活性，同时需要充分优化产品成本、质量和交货时间，并且要适应行业面临的瞬息万变的国际市场环境，具有准时生产能力是实施复杂产品定制的先决条件。

（2）模块化管理。 模块化是把一个复杂系统分解为若干个独立的模块，各模块具有特定功能并独立完成分配的任务，各模块还可以分解为相对简单的具体活动，整个系统的功能又通过这些模块的组合得以实现（洪兆富等，2009）。 本研究用模块化设计能力和产品模块化程度作为测量指标。 ①模块化设计能力 C_{21}。 在市场预测和产品功能分析的基础上，模块化设计针对一系列常用的功能模块进行划分和设计，然后根据客户需求，选择和结合不同的功能模块，生成性能和效能不同的产品。 模块化设计有效地将产品多样化和组件标准化结合起来，充分利用规模经济效应。 ②产品模块化程度 C_{22}。 产品模块化就是将产品分成几个模块，每一部分都具有独立功能，相同种类的模块在产品族中可以重用和互换，相关模块进行排列组合后就可以形成最终产品。 产品模块化程度是用于衡量产品模块化的能力指标。

（3）集成管理。 在模块化开发过程中，虽然各个子系统模块是相互独立的，但是都与集成系统高度关联和兼容，最后由总集成商进行系统集成（尹宝兴，2008），形成动态集成能力。 本研究用提供集成解决方案的能力、集成投资的力度两个指标来衡量集成管理。 ①提供集成解决方案的能力 C_{31}。 集成服务是指复杂产品集成商充分利用产业链关系，整合产业链上下游，为客户提供融合了产品与服务的一揽子解决方案的各类服务的总称（王林林，2015）。 ②集成投资的力度 C_{32}。 集成投资是指集成商在有效地进行模块分工，分别形成各模块的协调控制机制，保证各模块有序推进，与客户在整个设计、生产、交付过程中保持互动等过程中的投入（王林林，2015）。 集成投资的力度将影响集成商的集成服务水平。

（4）服务管理。 服务管理包括对服务利润链的分析，对服务的交互过程与交互质量、服务质量管理中的信息技术、服务业产品营销与制造业产品营销的比较等，旨在增加客户对服务的满意度。 本研究用客户满意度、产品跟踪服务质量、对客户需求的响应程度等指标测量服务管理。①客户满意度 C_{41}。 在复杂产品定制环境中，客户从供应链的下游上升到供应链的上游。 由于客户的作用越来越大，客户满意程度就显得尤为重要。 ②产品跟踪服务质量 C_{42}。 有效的跟踪服务是集成商提高客户开发度和客户忠诚度的关键因素。 服务质量不仅体现在了解客户的需求信息、客户对产品和服务使用的感受与意见上，还体现在跟踪产品的售后服务情况和对客户的维持力度上。 ③对客户需求的响应程度 C_{43}，即集成商根据客户需求设计并制造的产品与客户个性化需求的吻合程度。

10.3.5　产出绩效

（1）创新绩效。 本研究主要利用专利授权数、论文与专著数这两项细分指标来对创新绩效进行衡量。 ①专利授权数 D_{11}。 专利授权数特别是发明专利授权数反映了产业的原创能力。 ②论文与专著数 D_{12}。 论文和专著是学术成果的两种主要载体形式，论文与专著的数量体现了对产业创新的基础性作用。

（2）经济绩效。 经济绩效指标用来评价一国复杂产品参与国际市场贸易所取得的经济回报。 本研究主要利用主营业务收入、利润总额这两项指标来衡量经济绩效。 ①主营业务收入 D_{21} 是指企业从事本行业生产经营活动所取得的营业收入。 ②利润总额 D_{22} 是用来衡量一个国家的复杂产品参与国际贸易时产业内单位数量的固有资产所带来的净利润总量，也就是指从事复杂产品生产经营活动所取得的利润。

10.3.6 评价方法选择

本研究基于"投入—生产—产出"范式，运用常用的主要评价方法，分别构建投入、过程和产出的指标体系。 本研究认为，对复杂产品生产能力进行评价必须先基于客观数据和事实尽可能运用现有的数据库收集完备的数据，并通过其他途径充实数据，如通过专家打分将定性事实量化。 本研究先围绕所建立的复杂产品生产能力衡量指标体系，在分别对投入要素、支撑条件、过程管理和产出绩效进行单项生产能力的国内情况分析的基础上，展开产业层次的复杂产品生产能力国家比较。 如采用层次分析法和模糊综合评价法对中日韩三国船舶制造业，以及采用主成分分析法和模糊综合评价法对中欧美三国航空航天制造业的生产能力进行综合评价和比较分析。

模糊层次分析法（Fuzzy Analytical Hierarchy Process，FAHP）是定性与定量相结合的评价模型，用层次分析法确定因素集后用模糊综合评价法确定评判结果。 模糊综合评价法的操作步骤为：首先，根据评估目标要求和对结果的要求构建指标体系结构，然后运用专家估计法、德尔菲法（即专家调查法）、层次分析法或频率分布法确立各级指标权重；其次，用模糊综合评价法构造单因素判别矩阵；最后，构建综合评价模型，确定综合评价值（黄蓉，2017）。 本研究的船舶制造业（第 11 章）采用定性和定量结合的方法确定指标权重。

专家估计法、德尔菲法确定的权重过于主观化，频率分布法虽然尽可能地减少了人为因素，但数据样本规模的差异会直接影响到实际权重的设定，并且过大的数据样本会加重统计负担。 主成分分析法在确定权重方面有着独特的优势：通过主成分分析提取出来的主成分因子是根据原始样本数据得到的，各个原始指标在主成分因子中的贡献值都可以通过分析得出，并可以采用加权法计算出各个指标的综合得分作为指标权重，且所有数值均来源于原始样本，整个分析计算过程没有人为参与，可以认为是最大可能性地避免了人为因素可能带来的误差。 因此,采用主成分分析法来确定指标权重更为科学合理(黄蓉,2017)。 本研究中的航空航天设备制造业(第 12 章)由于存在专家打分上的困难,因而采用了主成分分析法,排除了一些定性指标(过程管理指标),虽然增加了客观性,但不完备的指标势必影响评价的可信度。

第 11 章 船舶制造业的国家生产能力比较

船舶工业集劳动密集、资金密集、技术密集于一体，是关系到国防安全和国家技术水平的战略性行业，在国民经济发展中一直为国家航运运输、海洋开发和国防建设提供主要装备，是军用、民用结合的战略产业，是国际竞争的外向型产业[①]。 2007 年 5 月，我国拥有的完全独立自主知识产权的一艘 8550TEU（标准集装箱）超大型集装箱船在沪东中华造船（集团）有限公司顺利出坞。 这意味着我国成为继韩国、日本、丹麦之后第四个能够自主设计、建造超大型集装箱船的国家[②]。 本章依据第 10 章设计的生产能力衡量指标体系，对中日韩三国船舶制造业生产能力就各指标逐一进行分析，利用层次分析法对船舶产业各级指标赋予权重，模糊综合评价中日韩三国的生产能力水平，最后从专利角度对三国的技术创新能力进行评价。

11.1 中国船舶制造业生产能力分析

11.1.1 中国船舶制造业的投入要素分析

（1）科研投入。 科研投入为船舶制造业开展科技活动提供了基础，并在实现产业持续快速增长的生产能力中发挥着至关重要的作用。 作为发展中国家，中国一直努力提升船舶制造业的研发能力，由表 11-1 可见，我国对船舶制造业的科研投入在不断增长。 从 2011 年到 2016 年，研发支出增加了 120.6%，其研发强度从 2011 年的 1.78% 攀升至 2018 年的 2.14%。

---

① 刘辉,史雅娟,曾春水.中国船舶产业空间布局与发展策略[J].经济地理,2017(8)：99-107.

② 林裕荣.超大型船舶的操纵特性和相关管理技术[C]."海洋船舶安全理论与实践"学术研讨会（中国广州）,2008.

表 11-1　2011—2018 年中国船舶业科研投入总费用

年份	2011	2012	2013	2014	2015	2016	2017	2018
科研投入 (百万美元)	134443	163148	191205	211862	227538	248095	274257	296603
科研投入 占 GDP 的 比重(%)	1.78	1.91	1.99	2.02	2.07	2.10	2.23	2.14

数据来源:韩造船工业协会出版的《造船资料集》(2011—2018),http://www.koshipa.or.kr/。

（2）人力投入。 一是劳动力成本。 船厂之间劳动力成本的变化会对造船成本产生很大影响,与其他主要造船国相比,中国的劳动力成本很低。 2016 年,中国工人的平均工资是韩国的 1/7,日本的 1/9。 在过去的 10 年中,尽管中国工人工资增长了 15%,韩国增长了 7%,日本增长了 4%。 我国工资增长速度较快,但差距还是很大,人口红利作用明显。

虽然低劳动力成本是中国造船业崛起的红利,但大多数船舶制造企业往往忽视了我国技术上的劣势。 近年来,随着越来越多的外资企业入驻中国,中国部分沿海资源和配套产业均被外国投资者占有。 同时,中国劳动力的比较优势正在慢慢失去,而技术上的劣势则愈加突出。 全球高科技和高附加值的船舶订单大多被韩国席卷。 因此,我国船舶业需要将产业发展的重点转移到如何提高产业生产能力上。

二是高素质人才投入。 人力投入中的人力是指推动产业发展的人的劳动能力,包括智力、体力、知识和技能,既表现为员工的数量,更体现为员工的质量。 人力投入是诸多衡量生产能力要素中唯一具有主动性的生产能力要素。

高生产能力来源于高素质的员工。 据韩国造船工业协会出版的《造船资料集》(2006—2016)统计,我国大型造船企业中具有本科及本科以上文化程度的职工只占职工总数的 0.35%;截止到 2016 年底,我国造船业总人数中,科研人数为 28478 人,占 3.22%;技能人员为 3682 人,占 5.59%。 相比较而言,目前这一比例还不如日本 1967 年大型造船企业的同一指标高（其具有大学学历的职工占 10.2%）。 具体见图 11-1。

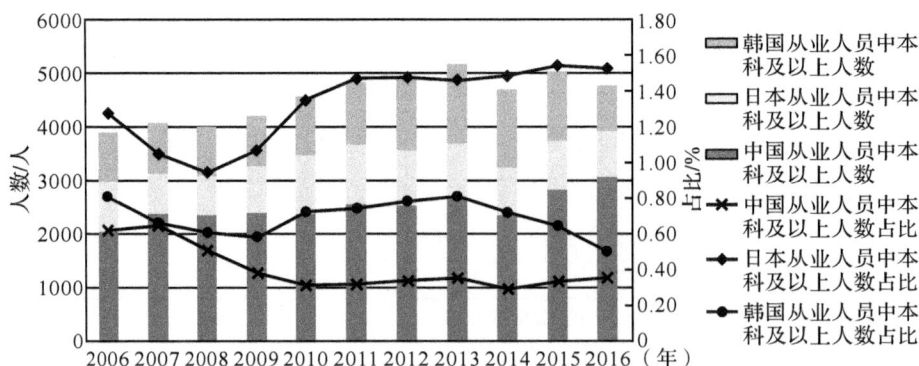

图 11-1 2006—2016 年中日韩从业人员文化水平

数据来源:韩国造船工业协会出版的《造船资料集》(2006—2016 年),见 http://www.koshipa. or.kr/。

结合图 11-2 可知,从 2006 年到 2016 年,中国的研究人员数量增加了 343.99%。 但总体而言,中国船舶产业中职工文化水平明显低于日韩两国。 虽然有 13 所高等院校直接用以培养高水平的造船人才,许多科技、工业大学开设了机械、电子、通信、电气等专业,间接培养了大批造船人才,以及 10 多所大中型专业院校和大量的船舶技术学校(几乎所有沿海和沿江省份都有船舶技术学校和各种培训课程)专门培养高层次技工人才,但我国本科以上船舶技术人才数量增长幅度较小。 而且,由于我国长期以来视船舶产业为一个劳动力密集型产业,劳动力数量的增长远超人才培养的速度。

建设一支优秀的技术人才队伍是提高国家生产能力的重要砝码。 随着传统船舶产业不断深化改造成为高技术船舶产业,以及不断引进的先进技术和设备,高技术、高素质人才已经成为不可或缺的人力资源。 船舶产业工人的整体素质决定了行业的市场竞争力和市场占有率,决定了行业的生产能力水平。

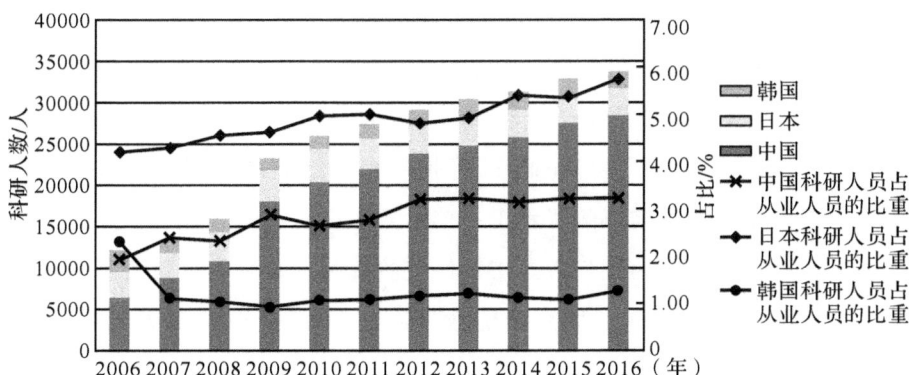

图 11-2　2006—2016 年中日韩科研人数情况

数据来源:韩国造船工业协会出版的《造船资料集》(2006—2016 年),见 http://www. koshipa. or. kr/。

11.1.2　中国船舶制造业的支撑条件分析

（1）经济支撑。 一是船舶产业的生产规模。 至 2016 年末,中国的船舶产业总产值分别是日本的 3.52 倍和韩国的 3.50 倍。 2006—2010 年,我国船舶产业总产值大幅度增长之后,一直保持在稳定水平,但 2018 年有所下降,航运市场运力总量过大、运力过剩的矛盾仍然未解决或是主要原因[①]（见表 11-2）。

表 11-2　2006—2018 年高技术船舶产业总产值

年份	2006	2007	2008	2009	2010	2011	2012
产值(单位:亿元)	1721.87	2570.59	4196.77	5656.16	6731.40	7706.73	7903.10

年份	2013	2014	2015	2016	2017	2018
产值(单位:亿元)	7575.43	8978.35	8924.37	8263.65	8696.04	7948.85

数据来源:根据《中国船舶工业年鉴》(2006—2018 年)整理。

表 11-3 数据显示,2011—2018 年间,船舶市场看似正处于繁荣时期,与 2011 年相比,2015 年主营业务收入增加了 16.22%,但 2018 年我国船

---

① 燕翔. 2018 年中国船舶制造业运行情况分析［OB/OL］. (2019-02-19). http://www. simic. net. cn/news_show. php? id=220636.

舶产业的利润降低了 81.66%,利润总额年均增长率为－21.52%。 2015
年下半年,船舶制造业的主营业务收入开始降低,回落至 2011 年的收入
水平。 2018 年,我国船舶产业的主营业务收入与 2015 年同期相比下降
45.27%,2011 年至 2018 年间的主营业务收入年均增长率为－6.26%。
可见航运市场低迷严重影响了我国高技术船舶产业的快速扩张,因此船舶
产业发展方向应调转为如何应对市场低迷的局势,如何在激烈竞争中求发
展。 2011—2018 年期间,船企单位数从最高的 1680 个缩减至 1213 个,
这表明,面对低迷的航运市场,我国船舶产业的重心不再是依靠数量来扩
张规模,而是选择注重造船企业结构的调整,通过并购实现质的提高,从
而实现造船产业发展的实质性规模效应。

表 11-3　2011—2018 年高技术船舶产业规模发展情况

年份	2011	2012	2013	2014	2015	2016	2017	2018
企业单位数(个)	1591	1650	1680	1556	1521	1520	1410	1213
主营业务收入(亿元)	7197.51	7216.30	6820.37	8252.59	8364.99	7593.13	6194.17	4577.90
利润总额(亿元)	612.38	383.47	301.41	353.65	179.92	182.20	146.80	112.30

数据来源:根据《中国船舶工业年鉴》(2011—2018 年)整理。

　　二是贸易竞争指数。 1995 年以前,中国是船舶产品净进口国,贸易
竞争力指数在－0.50 左右,生产能力相对较弱。 自 1997 年以来,贸易竞
争指数一直保持上升趋势。 2012 年后,贸易竞争力指数保持在 0.90 左右,
这表明,我国船舶产品具有较强的国际竞争力。 具体如表 11-4 所示。

表 11-4　1995—2018 年中国船舶产品贸易竞争指数

年份	1995	1997	2000	2003	2006	2009	2012	2015	2016	2017	2018
贸易竞争指数	－0.524	0.742	0.659	0.576	0.877	0.849	0.892	0.903	0.905	0.929	0.895

数据来源:根据 UN Comtrade 数据库 1995—2018 年进出口数据计算得出。

三是 RCA 指数。 由表 11-5 统计数据可以知道,自 2003 年之后,中国船舶产业 RCA 指数呈现缓慢上升的趋势。 1997—2006 年,中国船舶产业 RCA 指数均在 0.80—1.25 之间,显示出我国船舶出口的国际竞争力。 2015 年,我国船舶产业 RCA 指数首次突破 2.50,且此后 RCA 指数仍在上升,到 2018 年已达到 2.85。

表 11-5　1997—2018 年中国船舶产业 RCA 指数

年份	1997	2000	2003	2006	2009	2012	2015	2016	2017	2018
RCA 指数	1.16	1.21	0.89	0.98	2.11	2.23	2.56	2.65	2.35	2.85

数据来源:根据 UN Comtrade 数据库 1997—2018 年进出口数据计算得出。

（2）科技支撑。 一是科研活动。 科研活动主要受科研经费投入、研发人员投入、科研项目设立数等影响。 结合搜集的统计数据,2011—2018 年,我国船舶产业的科研活动情况如表 11-6 所示。

由表 11-6 可以看出,2011—2018 年,我国船舶产业的研究开发投入明显增加,其中研发人员量与科研经费增长显著,科研项目立项数虽也在增长,但增长速率较慢。 在缺乏本土高素质管理人才、技术人才,科研项目质量难以保障的情况下,我国船舶产业相关的产业顺利实现转移和承接,但跨文化经营模式的开展都将遭遇较大困难。 船舶制造企业中大量的中小型企业因缺乏创新资金的保障,自主创新、技术研发都难以真正落实。

表 11-6　2011—2018 年我国船舶产业的科研活动情况

年份	2011	2012	2013	2014	2015	2016	2017	2018
研发人员量（人/年）	24797	23790	24891	25869	27562	28478	28968	29845
科研经费（百万美元）	134443	163148	191205	211862	227538	248095	274257	296603
科研项目立项数（项）	1998	2013	2198	2557	2918	3103	3324	3570

数据来源:韩国造船工业协会出版的《造船资料集》(2011—2018 年),见 http://www.koshipa.or.kr/。

二是船舶配套产业。由表 11-7 数据可知，船舶制造与船舶修理及拆船的主营业务收入所占份额总体呈下降趋势，而船舶配套设备制造收入所占份额却在不断上升，尤其是 2013—2016 年间，份额将近 20%，但 2017—2018 年间又下降到先前水平，甚至更低。

表 11-7　主营业务收入行业结构

单位:%

年份	2011	2012	2013	2014	2015	2016	2017	2018
船舶制造	76.5	75.3	68.6	64.5	66.1	64.2	70.8	71.1
船舶配套设备制造	13.1	14.3	15.2	19.7	19.2	19.7	13.5	12.1
船舶修理及拆船	10.5	6.3	7.4	7.0	6.3	5.8	8.7	7.6

数据来源:《中国船舶工业年鉴》(2011—2018 年)。

船舶配套产业是整个船舶产业链的上游，是造船工业的重要组成部分。通常情况下，船用设备的价格占船舶总价格的 70%。可见，造船业的利润率很大一部分依赖于船舶配套产业。据资料显示，截至 2018 年，中国船用设备的国产化装船率不到 50%（见表 11-8），其中高技术高附加值船舶的国产化装船率更低，不足 30%，与日本 98%、韩国 90% 的国产化装船率水平相差甚远[①]。

表 11-8　2011—2016 年我国船用设备国产化装船率

年份	2012	2013	2014	2015	2016	2017	2018
国产化装船率(%)	48.21	48.22	48.23	48.58	48.96	49.0	49.18

数据来源:中国船舶工业行业协会官网公布统计数据,见 http://www.cansi.org.cn/。

在中国船舶工业快速发展，船舶种类和用途大量增加，以及近年来船舶结构不断升级的同时，先进技术的引进速度和船舶配套产业创新步伐却

---

① 工业和信息化部于 2016 年 3 月 7 日印发的《船舶配套产业能力提升行动计划（2016—2020 年）》。

十分缓慢。 波特认为,具有国际竞争优势的产业和产品最好由国内公司自己完全生产。 如今面对我国大部分船舶配套产业深处困境状态,我国船舶工业加快结构调整和转型升级的工作任重而道远。

(3)环境支撑。 一是需求状况。 未来 10 年被公认为是中国制造业发展的黄金时期。 近年来,欧洲海运需求的上涨增加了新船的订单量,使船舶产业成为中国最大的出口市场。 无论哪个国家,对新船的需求均取决于以下两点:①世界经济和贸易的发展;②新老船舶在国际航运市场的更替速度。 从船舶需求能力来看,受世界经济持续发展的影响。 2017 年,全球海运贸易总额为 107 亿吨海里,增速达 4.1%;2018 年增速有所下降,贸易总额为 110 亿吨海里,增速达 2.7%。 据联合国贸易和发展会议预计, 2019—2024 年,全球海运贸易额年均增长率将达到 3.4%[1]。 另外,从新旧船舶的更替增长速度来看,船舶市场的需求量潜力非常大。 经济复苏有力地推动了货运增长,刺激了对新船建设的需求。 与此同时,由于世界船舶平均使用年限过长,加之国际海事组织做出关于淘汰单壳油轮的规定,大部分旧船被迫拆解,这势必增加对新船建设的需求。

在这两种需求的驱动下,船舶市场对新船的需求将非常大。 从 2017 年到 2020 年预计的新船需求如表 11-9 所示。 预测结果显示,未来国际航运市场对新船需求量较大,2020 年将达到峰值,每年对新船的平均需求将达到 55000 百亿吨海里的水平[2]。

二是融资环境。 作为主要贸易经济体,中国在未来的造船工业发展中越来越重要。 然而中国造船业具有高度外需依赖性,中国造船市场仍然处于"国轮外造,外轮国造"的状态,这使得在短时期内我国很难形成稳定的内需市场(姜璺辉,2018)。 造成这种状况的原因之一是,中国不提供优惠的出口信贷,而日本和韩国船厂有很多外贸优惠政策,对中国船东来说,有很大的吸引力。 而国外船东被中国船舶的价格、质量和良好

---

①　联合国贸易与发展会议(UNCTAD)发布的《2019 全球海运发展评述报告》。

②　2019 年全球船市评述与 2020 年展望[OB/OL]. (2019-12-02). http://www.eworldship.com/html/2019/ship_market_observation_1202/154881.html.

声誉吸引，他们往往会选择购买中国制造的船舶。

表 11-9　世界航运市场需求总量预测

类型		2017—2020 年
油轮	1—5（万载重吨）	14.5 艘
	6—12（万载重吨）	22.1 艘
	12—20（万载重吨）	15.2 艘
	超过 20（万载重吨）	38.7 艘
	合计	90.5 艘
散货船	1—5（万载重吨）	25.3 艘
	6—10（万载重吨）	30.4 艘
	超过 10（万载重吨）	40.8 艘
	合计	96.5 艘
集装箱船（超过 5 千载重吨）		73.9 艘
货船（超过 5 千载重吨）		5 艘
LNG 船（超过 1 万立方米）		9 艘
LPG 船（超过 1 万立方米）		3 艘
总计		277.9 艘

数据来源：根据中国船舶网公开资料整理，http://www.cnshipnet.com/。

　　我国的船舶企业和航运企业的融资渠道非常狭窄，融资模式相当固化，导致航运企业的资产负债率居高不下，制约了我国船舶和航运市场的发展。目前，国内主要通过颁布政府支持性政策来为船舶融资提供便利，政府提供的优惠政策（如利息补贴、信用担保、延期偿付），以买方信贷或卖方信贷形式鼓励政策性银行给予船东低于市场利率的长期优惠贷款[1]。

　　国家扶持政策和贷款优惠政策主要偏向国有航运公司，政策实施主体主要为国家政策性银行。这意味着普通商业银行、中小船务公司和船厂

---

[1]　百度文库.国内船舶融资租赁行业研究［OB/OL］.（2012-09-13）. https://wenku. baidu. com.

难以享受所谓的优惠政策。　然而,大型国有航运公司的高负债降低了再融资能力,并限制了公司的发展空间①。　同时,船舶融资风险相对较高。在船舶抵押贷款、证券融资、船厂信贷、私募融资等双方所涉及的各种风险活动中,难以有效区分双方的风险。　幸运的是,几年前出现的融资租赁模式有效地解决了融资难和高风险的缺点。　中国进出口银行为中国造船业创造了新的基础,成为中国唯一一家能够使中国船厂更好提高生产能力的出口导向型银行。　据报道:"中国进出口银行为中国 90% 的船舶出口提供了不同类型的直接贷款和担保等金融支持,甚至可以保障支付船舶建造过程中所需的中间营运资金以防止船东撤单。"②

三是政策与法律环境。　船舶产业是国民经济及国防建设提供技术装备的战略性产业之一,也是我国实施"海洋强国"战略及"制造强国"战略的重要支撑。　在我国,制造业发展规划与海洋军工等产业规划,以及船舶产业专项规划中,都有针对船舶产业更好发展的政策内容③。

长期以来,中国政府为扶持国内造船业制定了具体、详细的政策及法规,鼓励国内船厂自主建造各类船舶,如按船舶价格提供 17% 的财政补贴,以抵消造船总价格的影响。　财务部为支持船厂建造大型油轮,向国内造船企业提供全额贴现贷款;地方政府也高度重视和支持造船业的发展,把造船业作为地方支柱性产业和区域经济增长点,积极制定相应目标和规划,如在上海、江苏、浙江、辽宁和山东等省,地方造船业在促进区域经济发展中占有重要地位。　历年来,我国制造业发展规划与海洋军工等产业规划中,都有针对性地提出相关政策(见表 11-10),以促进我国船舶产业的发展。

①　百度文库.国内船舶融资租赁行业研究[OB/OL].(2012-09-13).https://wenku.baidu.com.

②　国际船舶网.中国进出口银行助力"造船强国梦"[OB/OL].(2017-11-01).http://www.eworldship.com/html/2017/ship_finance_1101/133209.html.

③　庄佳琳.基于神经元网络的我国船舶产业竞争力研究[D].哈尔滨:哈尔滨工程大学,2017.

表 11-10　国家 5 年规划之船舶产业相关规划

规划名称	规划有效期	规划内容
"十五"规划	2001—2005 年	强调船舶产业的集群化发展,在江苏、浙江、安徽等船舶产业密集地区推出船舶产业集群化政策,给予产业集群土地资源、财税政策方面的扶持优化,带动产业集群的同时,也促进了产业资源的优化配置
"十一五"规划	2006—2010 年	关注我国船舶产业的技术装备、产品档次、生产能力、职工技术等方面的具体问题,强调在产业集聚的基础上,注重增量带动、创新发展、科技先行、市场导向等原则,注重协调远洋船舶、近海船舶、内河船舶并举,船舶制造与配套产业等的发展,健全船舶产业发展的产业链,推动产业链整合。在 2008—2010 年,船舶产业发展中,江苏等地方政府进一步推进本地船舶产业的制造及零部件产业发展,着力打造产业园区,推进区域错位竞争,鼓励企业兼并重组,培养优秀大型船舶产业企业
"十二五"规划	2011—2015 年	进一步强调船舶产业的高精尖发展,注重产业内部龙头企业培养、核心技术研发、人才扶持等。并且出台了非常详细的远洋船舶、军工等领域的船舶产业发展政策。尤其是在 2013—2014 年,国家重点关注和解决小型船舶产业企业竞争力不足的问题,鼓励小型船企并入大型企业,或者转型到零部件生产、船舶维修等上下游产业,由此健全产业链,解决产业内部环节缺失的问题
"十三五"规划	2016—2020 年	推动船舶产业的结构性供给改革、全面深入船舶产业结构调整,在船舶工业方向,提出发展智能化、现代化船舶工业。结合我国船舶产业现状,规划提出下一步我国船舶工业将加快转型升级、创新和信息化、绿色发展。重点任务包括化解造船产能过剩,促进行业军民深度融合,鼓励军工企业生产民用基础设施和"民参军";支持企业信息化建设,打造智能船厂;加强配套设备自主化建设能力;推进行业混合所有制改革,扩大对外合作和开发;等等。同时,强调提升高技术船舶、关键配套设备制造能力,并积极发展海洋工程装备产业,进而将我国逐步带入世界主要的船舶配件制造国及海洋工程装备制造的先进国家行列

资料来源:根据相关资料整理。

（4）国际市场。　一是三大造船指标。　工业和信息化部公布的数据显示,2018 年,中国新承接订单居世界第二位,完工量和手持订单量均位居第一,其中新承接订单量为 2998 万载重吨,较 2017 年下降 6.98%;造船完工量为 3471 万载重吨,同比下降 8.75%;手持船舶订单量为 8833 万载重吨,比 2017 年底手持订单量上升 0.22%。 然而产业集中度不断提高,全国前 10 家企业造船完工量占全国 69.8%,比 2017 年提高了 11.5 个百分点;新承接船舶订单前 10 家企业新承接订单量占全国新承接订单量的 76.8%,比 2017 年提高了 3.4 个百分点。 如图 11-3 所示。

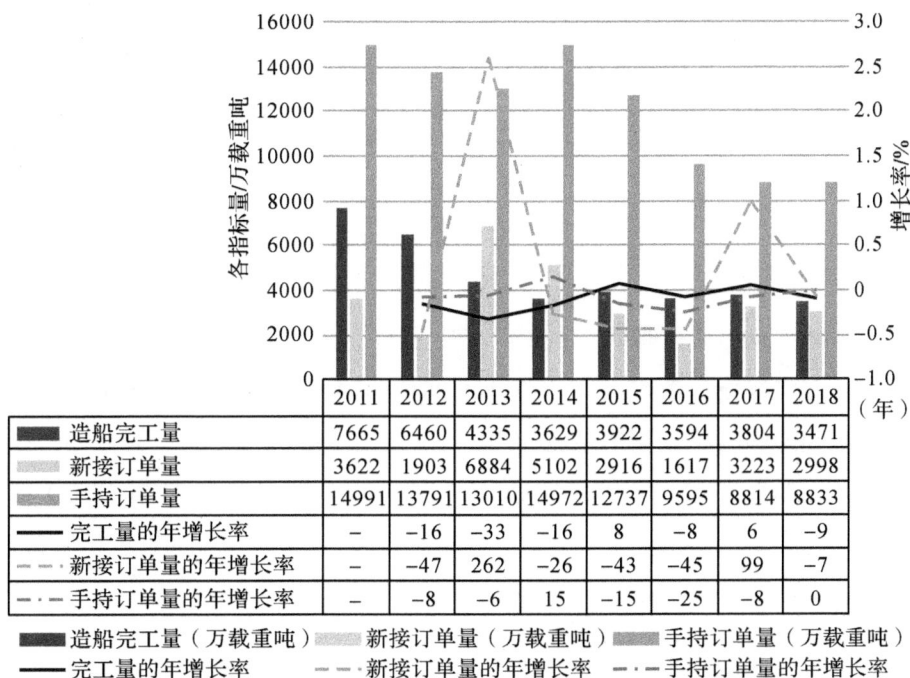

	2011	2012	2013	2014	2015	2016	2017	2018
■ 造船完工量	7665	6460	4335	3629	3922	3594	3804	3471
▨ 新接订单量	3622	1903	6884	5102	2916	1617	3223	2998
▦ 手持订单量	14991	13791	13010	14972	12737	9595	8814	8833
── 完工量的年增长率	–	-16	-33	-16	8	-8	6	-9
---- 新接订单量的年增长率	–	-47	262	-26	-43	-45	99	-7
-·-· 手持订单量的年增长率	–	-8	-6	15	-15	-25	-8	0

■ 造船完工量(万载重吨)　▨ 新接订单量(万载重吨)　▦ 手持订单量(万载重吨)
── 完工量的年增长率　---- 新接订单量的年增长率　-·-· 手持订单量的年增长率

图 11-3　2011—2018 年三大造船指标及年增长率

数据来源:根据《船舶工业统计年鉴》(2011—2018 年)整理。

近年来,中国的手持订单量和新承接订单量占国际市场的份额基本保持在 40% 以上,这说明,近年我国造船业的国际市场占有能力逐渐增强。 其中,2011—2018 年,我国造船业的新承接订单量占国际市场的份额总体呈下降趋势,平均每年下降 1.89 个百分点,造船完工量和手持订单量的国际市场占比虽然并未出现较大幅度增长,但基本上保持稳定。 就我国船舶产业近年的发展趋势来看,其在国际市场占有的份额维持现状的可能性较大,出现大幅度增长的可能性较小(参见图 11-4)。

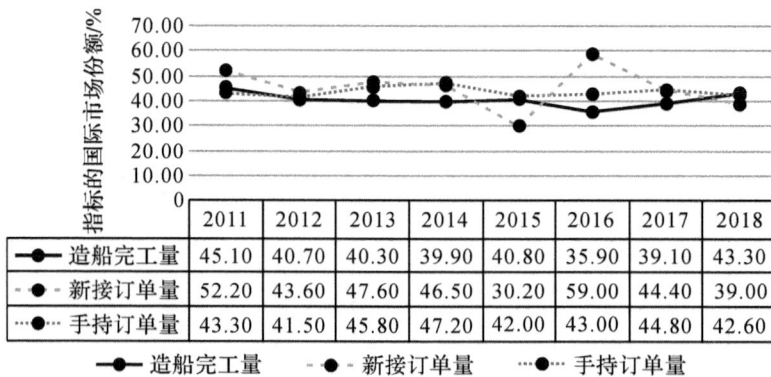

图 11-4　2011—2018 年三大造船指标国际市场份额

数据来源：根据《中国船舶工业年鉴》（2011—2018 年）整理。

二是国际市场占有率。 据表 11-11 统计，近年来，我国船舶产业的国际市场占有率处于稳定上升阶段，据 2018 年中工船舶工业年鉴分析，这可能是因为中国船舶制造企业利用国际航运市场的小幅上涨，新船市场保持活跃的契机，进而积极开拓市场。 从 1997 年在世界船舶市场上占 3.768% 的份额，到 2018 年市场占有率已经达到 36.368%，且能保持住现有的国际市场，表明我国船舶的贸易竞争力在稳步上升。

表 11-11　2011—2018 年中国船舶国际市场占有率

年份	1997	2000	2003	2006	2009	2012	2015	2016	2017	2018
国际市场占有率(%)	3.768	4.121	5.719	9.463	20.630	25.480	22.098	22.258	29.939	36.368

数据来源：根据 UN Comtrade 数据库 1997—2018 年出口额数据计算得出。

11.1.3　中国船舶制造业的过程管理分析

（1）定制管理。 定制管理首先涉及定制点的确定，这些定制点与船用条件有关。 所谓船用条件，是指出于船舶的独有特性及船舶的航行能力、承载能力、工作性能、安全性能和大小、重量等原因，不同的船东必然会提出一些不同于其他船舶的技术要求。

目前的船舶定制过程中，我国船厂能够满足的船用条件可以概括为 10

个方面（见表 11-12），船厂可根据船东提出的功能需求和外观需求，选择相应的船舶设备以满足其个性化需求。

表 11-12　船用条件

序号	船用条件	具体解释
1	船舶种类和性能	由于船舶种类和性能的不同,其原材料用量、技术复杂程度、设备配套、施工安装、调试和试验难易程度等差异较大,故船舶成本与价格也有差异。船厂在与船东谈判时,首先应弄清船舶的种类和性能,找出尽可能相似的母型船为基础,再提出细节方面的定制要求
2	航区	船舶需要满足的规范、规则和约定会随着船舶的航行区域不同而改变。在不同的航区,对救生、消防、导航信号设备、无线电通信设备、机电设备、防污染设备的要求也不尽相同。对于在有限范围内航行的船舶可以适当降低要求,如近海航区(Greater Coastal Service,GCS)、沿海航区(Coastal Servie,CS)和遮蔽航区(Sheltered Water Service,SWS)等航区
3	船舶的自动化程度	根据中国船级社(China Classification Society,CCS)的规定,自动化等级可分为以下 3 种:①推进装置由驾驶室控制站遥控,机器处所包括机舱集控室周期无人值班;②机舱集控室有人值班,并对机电设备进行监控;③推进装置由驾驶室控制站遥控,机器处所有人值班。自动化等级不同,自动化程度也就不同
4	货物冷藏装置	货物冷藏装置一般包括制冷压缩机、蒸发器、冷凝器、空气冷却器、制冷排管、隔热层材料及其他管路和辅助设备。根据船东的不同需求,船舶货物冷藏装置可以分为适于装运水果货物的冷藏装置和具有速冻能力的制冷装置等。同时,集装箱船上的冷藏装置也有不同种类,主要是存在保温集装箱的数量和集装箱的保温特性的差异
5	船体结构形式	船体结构形式有多种,如有单壳体、双壳体或抗扭箱之分;有普通舱口和大舱口(大开口)之分;有单层底和双层底之分。上层建筑有单层和多层之分。骨架有纵骨架式、横骨架式和混合骨架式之分。舱壁有水密舱壁和非水密舱壁之分,有时在水密舱壁上还设有滑动式水密门。局部加强有车辆甲板加强和重货加强之分
6	钢材等级	钢材根据屈服点的大小分为一般强度结构钢与高强度结构钢
7	设备厂商的选定	船用配套设备是船舶最重要的组成部分,其价格和技术水平也参差不齐。船东可根据自己需求和预算自行选定设备厂商或品牌商

序号	船用条件	具体解释
8	备品和备件	备件属于主机、发电机组、锅炉、各种辅助机械与设备的维修所必需的零部件,备品则是在交船时所需的各类物料。虽然备件的数量有规范规定,但船东也可提出更高的要求
9	船舶主尺度和载重量	根据船东的需求,可定制船舶主尺度和载重量
10	船舶航速	根据船东的需求,也可定制船舶航速

资料来源:作者根据相关资料整理。

（2）模块化管理。 在"二战"时期,船舶模块化设计的概念逐步形成。 当时需要建造的船舶数量众多,迫使造船业的分割施工技术大大提高,焊接技术也同样得到了发展。 中国引入这一概念是在 20 世纪 80 年代中期,并正式进入模块化造船阶段。 当前模块化设计主要包括初步设计、详细设计和生产设计 3 个阶段。 由于有着不同的考虑维度与条件,相应的每个阶段的产品数据也是不同的。 初步设计阶段要解决技术专业问题;详细设计阶段除继续优化解决技术专业问题外,还需考虑结构关联;生产设计阶段也即施工阶段,此时设计制造同步进行。

在造船过程中,模块化造船的概念已经全面覆盖船舶的设计、建造、运营和试航等环节。 其中,较重要的步骤是模块化设计。 船舶采用模块化设计方式制造的,会具有低成本、工序简单、设计周期短等优点。 模块化设计的一半工作是对船舶系统的模块化分解。

在我国拥有技术实力的造船企业中,中船集团和中船重工能够设计和建造符合国际规则和要求的现代化船舶。 除了由中船重工和中船集团建立的内部设计中心外,全国还有许多独立的研究和设计中心,提供船舶设计服务（见表 11-13）。

表 11-13　中国船舶研究和设计中心

名称	设计能力
中国船舶设计研究中心	为船舶和钻井平台建筑公司提供工程和设计服务
中船勘察设计研究院	具有船舶设计项目的工程测量、监督和咨询资格

名称	设计能力
九江精密测试技术研究所	中国船舶工业研究院专门从事精密测量、加工和计量技术的研究
中国航船及海洋工程海洋设计研究院	国家船舶设计工程研究中心
长江船舶设计院	交通运输领域最大的船舶设计研究院
广州船舶及海洋工程公司	在中船集团的领导下，其在华南地区作为工程设计和科研机构，专注于海洋工程、船舶设计、机电产品、钢结构工程和咨询等领域，并提供相关服务
中国船舶研究设计中心	中船重工的研究所，其服务涵盖国防领域，负责中国的船舶设计和研发
上海船舶工艺技术研究所	隶属于中船集团，是一家研究造船技术的研发机构
第九设计研究院	其专注于在液压和特殊工程的设计和研究领域
上海船舶研究设计院	能够设计货船、近海和军用支援船及港口工作船

资料来源：作者根据相关资料整理。

（3）集成管理。　船舶产业由于自身产品的特殊性，对集成解决方案的需求很迫切（王林林，2015）。　通过提供集成解决方案，船厂能够保持与船东更稳定的关系，更好地满足船东个性化的需求，提高船舶差异化，提高船厂的船舶生产能力。

我国船舶产业正面临产能过剩的局面，并逐渐形成了买方市场。　从全球的角度来看，船舶产业链正在经历分化和重组，传统的产品依赖型格局正在逐步改变。　研究设计、运行监控、系统集成等服务日益成为衡量生产能力的另一关键因素。　一些集成商抓住了重组产业链的机会，将服务整合为提高生产能力的重要手段，通过服务抓住产业链的制高点（王林林，2015）。　例如，中船集团是一家具有全球设计和执行能力的集成的船舶与海工方案提供商，其钻井平台和浮动设备部门为复杂项目提供了全方位的解决方案。

由于集成可以降低船东自行整合的成本，增加船东的利益，并在船东与世界船厂的竞争中获得更大的市场份额，集成商有必要提供集成服务。

然而，集成服务的提供也需要集成商投入资源，即集成商需要投入集成投资才能获得提供集成服务的能力（王林林，2015）。例如，中船重工旗下的七一一所为了满足客户高性能船舶动力系统的需求，投入巨大的人力、财力、物力研究动力系统集成，整合了全所柴油机、动力装置、传动装置、机舱自动化、减振降噪及排气治理装置等多个拳头产品。同时，其科研人员仍不断推陈出新，加速对新技术、新产品的研制和开发，为客户提供更为优质的动力系统解决方案。

（4）服务管理。一是船舶跟踪服务。船舶跟踪服务是船舶交付给船东后，船厂的责任和服务的延伸。由于船舶的特殊性，其维修保养需要一定程度的专业性。良好的跟踪服务可以及时解决客户在产品使用过程中出现的问题，保证船舶设备的正常运行。

服务管理的好坏对船企形象有着重要影响，尤其在船舶市场趋于白热化的竞争状态下，服务质量的优劣甚至决定着企业的生存。因船舶跟踪服务的专业性和技术性，要求对船舶的跟踪服务内容必须按照造船的使用手册、设备的订货合同及设备的使用说明实行，必须严格按照相关的技术规定和要求进行维修，始终将船舶的安全放在售后服务的第一位（马建伟，2017）。

由于船舶投资的成本巨大，船东总是会对所造船舶百般挑剔，一旦船舶出现问题，轻则影响成本回收计划、损失利润，重则影响航运任务的完成，涉及重额违约金的赔付。因此，对于船舶的任何问题船东都希望得到最迅速的解决。但是因船舶运输全球性的特点，船舶可能在任何一个海域或者港口有进行维修的需要。因此，在选择船舶相关的配套设备时，船舶建造企业应该对配套商的全球服务网络做出要求，这样可以在最短的时间内解决船舶出现的问题（马建伟，2017）。

二是对客户需求的响应程度。在船厂内部，组建包括营销、设计、制造、配送和售后服务的定制化流程体系，利用电子商务、供应商关系管理、计算机信息集成、企业流程再造、配送需求计划和客户关系管理等现代信息技术进行管理；在组织外部，建立精益的外部协作关系和动态企业联盟，快速整合各种优势资源，根据船东的订单，将原材料、零部件、配送至售后服务的部分或全部业务外包给合作企业，注重核心业务，从而增强对客户需求的响应程度[1]。

11.1.4　中国船舶制造业的产出绩效分析

（1）创新绩效。　一是专利授权数。　中国在船舶方面的专利活动始于1985 年，但直到 21 世纪初才有了根本性的提升，分别于 2011 年和 2015 年超过日本和韩国（见图 11-5）[2]。　图 11-5 显示了中国、日本和韩国船舶产业专利数变动的总体趋势。　日本在船舶相关技术方面的专利活动早在1985 年以前就开始了，专利活动也已趋近成熟，自 1985 年以来的专利总数没有大幅度上涨，一直处于平稳状态。　而此时的中国和韩国在船舶方面的专利活动才刚刚起步。　两国的专利总数自 2002 年以来均有大幅度增加，韩国在 2014 年的最后一个观测年度达到了历史最高点。　在 1985 年至 2017 年期间，日本获得了 42712 项专利，韩国在同一时期获得了第二多专利数34723项，中国位居第三，获得了 33292 项专利。　韩国于 2011 年超过日本，成为船舶产业专利领域最活跃的国家。

与欧美国家占据高端市场不同，亚洲国家主要占领制造领域。　世界上汽车运输船主要建造企业集中在日本和韩国，日本和韩国在该型船建造上呈绝对的垄断态势。　韩国在超大型集装箱船舶的建造上具有高度垄断性，其建造量超过了世界总量的 80％，是该船型建造市场的绝对垄断者[3]。　虽然亚洲在装备制造中处于主导地位，但在装备设计、核心技术研发等方面与欧美国家差距较大[4]。

---

① 安军玲. 大规模定制的适用性评价研究[D]. 秦皇岛:燕山大学,2010.

② 专利组合视角对中日韩三国船舶产业技术创新能力的评价详见后文(本书 11.3)。

③ 吴国凡. 中国船舶产业转型升级路径分析[J]. 航海工程, 2017(3):1671-7953.

④ 李欣,黄鲁成. 基于技术路线图的新兴产业形成路径研究[J]. 科技进步与对策,2014(1):44-49.

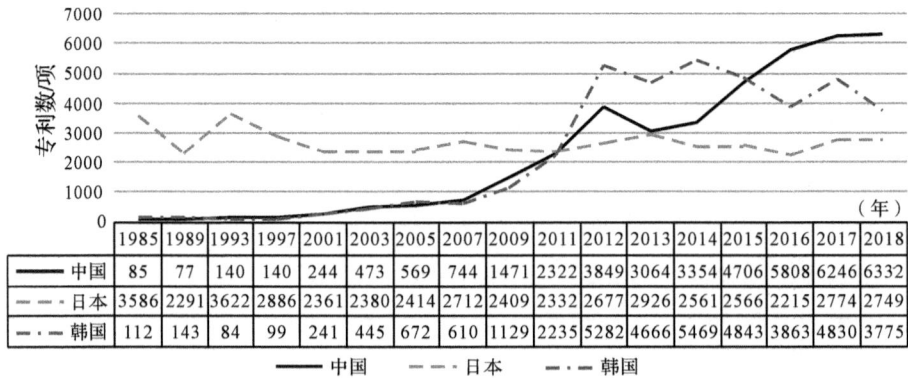

	1985	1989	1993	1997	2001	2003	2005	2007	2009	2011	2012	2013	2014	2015	2016	2017	2018
中国	85	77	140	140	244	473	569	744	1471	2322	3849	3064	3354	4706	5808	6246	6332
日本	3586	2291	3622	2886	2361	2380	2414	2712	2409	2332	2677	2926	2561	2566	2215	2774	2749
韩国	112	143	84	99	241	445	672	610	1129	2235	5282	4666	5469	4843	3863	4830	3775

图 11-5 1985—2018 年中日韩在船舶产业的专利数

数据来源:国家知识产权局专利检索系统公布的 1985—2018 年各国发明专利数。

二是论文与专著数。 将 2008—2018 年船舶产业相关论文与专著发表情况的数据进行整合,从图 11-6 可以看出,我国船舶产业在 2008—2014 年期间发表的国内外论文与专著数量一直保持稳定增长态度,并于 2014 年首次突破 2000 篇。 2014 年开始,发表的论文与专著数开始回落,但回落幅度较小。 总体而言,我国在 2008—2018 年期间的论文和专著发表数仍达到了 2.50% 的年均增长率。 每年国家对于船舶产业科研经费拨款的增加,在一定程度上促进了产业的科研产出。

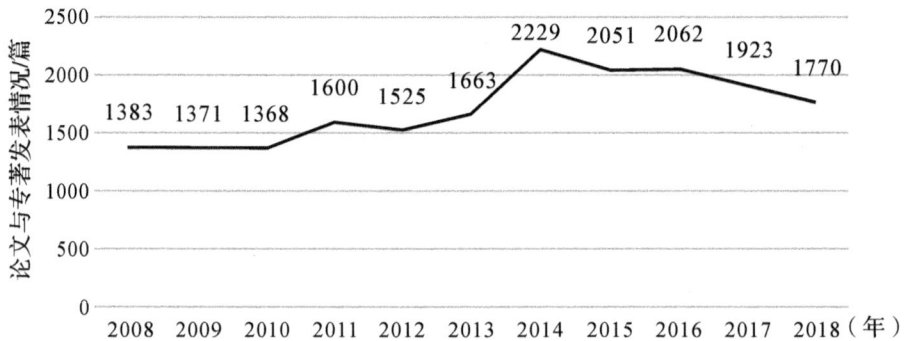

图 11-6 2008—2018 年我国船舶产业相关的论文与专著发表情况

数据来源:CNKI 数据库。

（2）经济绩效。 近年来,我国造船产业经济效益持续下跌,利润总额自 2011 年开始一路暴跌,2015 年的利润总额回落至 2007 年的水平（见

图 11-7)。 从船舶产业利润明细（见图 11-8）数据可知，我国船舶制造利润一直在下跌，即使 2014 年有小幅度上升，仍然无法改变整体下跌的趋势。

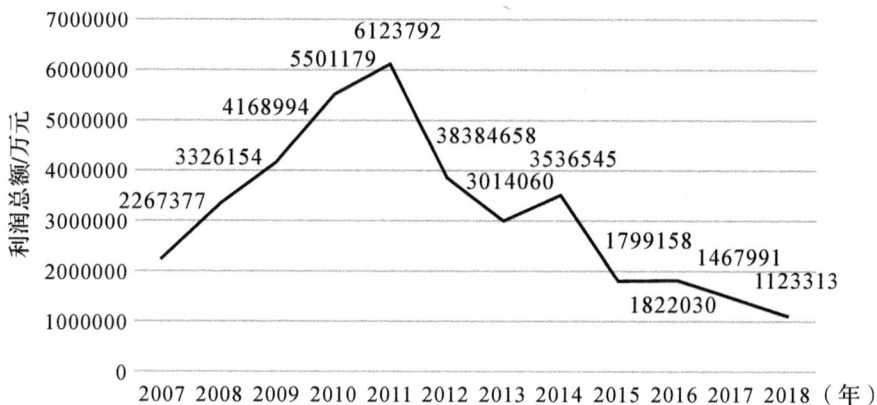

图 11-7　2007—2018 年我国造船业利润总额情况

数据来源:根据 2007—2018 年《船舶工业统计年鉴》整理。

值得注意的是，作为国家重点扶持产业，我国海洋工程专用设备制造业自 2014 年一路转盈为亏，说明我国在高端技术领域的生产能力仍然较弱。 好在 2016 年开始，海洋工程专用设备制造业开始触底反弹，利润额出现回升，2018 年达到了 149783 万元。 船用配套设备制造作为我国船舶制造业的关键组成部分，其利润额前几年基本稳定在 500000 万元左右，尤其是 2014 年，竟几乎比 2013 年的利润额翻了一倍，但 2017—2018 年的利润却开始走下坡路（见图 11-8）。

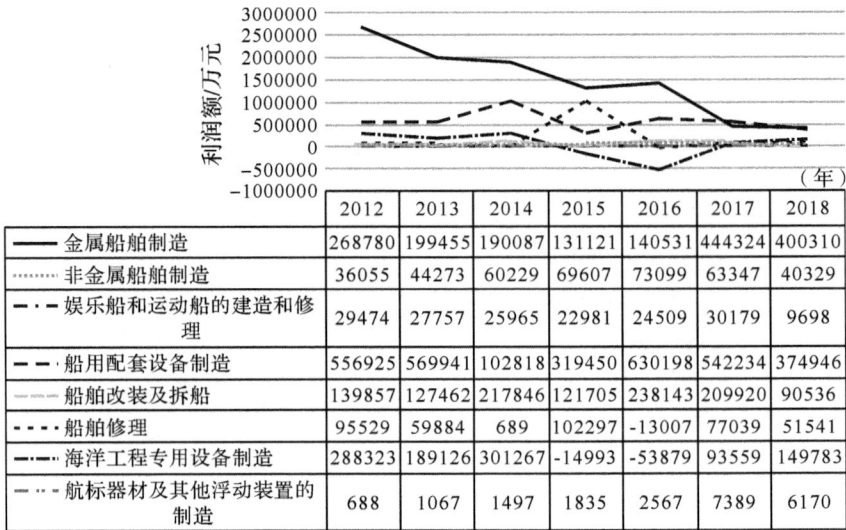

	2012	2013	2014	2015	2016	2017	2018
—— 金属船舶制造	268780	199455	190087	131121	140531	444324	400310
……… 非金属船舶制造	36055	44273	60229	69607	73099	63347	40329
—·—· 娱乐船和运动船的建造和修理	29474	27757	25965	22981	24509	30179	9698
— — 船用配套设备制造	556925	569941	102818	319450	630198	542234	374946
—···— 船舶改装及拆船	139857	127462	217846	121705	238143	209920	90536
-·-·- 船舶修理	95529	59884	689	102297	-13007	77039	51541
—··—· 海洋工程专用设备制造	288323	189126	301267	-14993	-53879	93559	149783
—··—· 航标器材及其他浮动装置的制造	688	1067	1497	1835	2567	7389	6170

图 11-8　2012—2018 年我国船舶制造业利润额明细

数据来源:根据 2012—2018 年《船舶工业统计年鉴》整理。

11.2　中日韩船舶制造业生产能力比较

11.2.1　船舶制造业生产能力指标体系权重计算

（1）建立层次结构模型。 利用层次分析法,构造递阶层次结构如表 11-14 所示。

表 11-14　船舶制造业生产能力指标体系递阶层次结构

目标层	准则层	一级指标	二级指标
船舶产品生产能力 X	投入要素 A	科研投入 A_1	科研投入总量 A_{11}
			科研投入占 GDP 的比重 A_{12}
		人力投入 A_2	单位劳动力成本 A_{21}
			科研人员占从业人员的比重 A_{22}
			从业人员本科以上文化程度比例 A_{23}

目标层	准则层	一级指标	二级指标
船舶产品生产能力 X	支撑条件 B	经济支撑 B_1	复杂产品产业生产总值 B_{11}
			贸易竞争指数 B_{12}
			RCA 指数 B_{13}
		科技支撑 B_2	复杂产品科研项目数 B_{21}
			成套装备国产化程度 B_{22}
		环境支撑 B_3	国内市场需求 B_{31}
			融资环境 B_{32}
			政策与法律环境 B_{33}
			工业生产指数 B_{34}
		国际市场支撑 B_4	完工量的市场份额 B_{41}
			新承接订单量的市场份额 B_{42}
			手持订单量的市场份额 B_{43}
			国际市场占有率 B_{44}
	过程管理 C	定制管理 C_1	消费者对定制产品的需求程度 C_{11}
			产品适合定制的程度 C_{12}
			准时生产能力 C_{13}
		模块化管理 C_2	模块化设计能力 C_{21}
			产品模块化程度 C_{22}
		集成管理 C_3	提供集成解决方案的能力 C_{31}
			集成投资的力度 C_{32}
		服务管理 C_4	客户满意度 C_{41}
			产品跟踪服务质量 C_{42}
			对客户需求的响应程度 C_{43}
	产出绩效 D	创新绩效 D_1	专利授权数 D_{11}
			论文与专著数 D_{12}
		经济绩效 D_2	主营业务收入 D_{21}
			利润总额 D_{22}

（2）各评价指标权重的测定。依据表 11-14，设计专家给调查问卷评

分。再利用 yaahp 软件计算准则层、指标层各层次评价指标权重，结果如表 11-15 所示。

表 11-15 各级指标综合权重表

目标层	准则层	权重	一级指标层	权重	综合权重	二级指标层	权重	综合权重
复杂产品生产能力 X	投入要素 A	0.341	A_1	0.534	0.182	A_{11}	0.444	0.050
						A_{12}	0.556	0.063
			A_2	0.386	0.131	A_{21}	0.169	0.008
						A_{22}	0.387	0.019
						A_{23}	0.443	0.021
	支撑条件 B	0.245	B_1	0.226	0.077	B_{11}	0.429	0.036
						B_{12}	0.286	0.024
						B_{13}	0.285	0.024
			B_2	0.292	0.100	B_{21}	0.250	0.019
						B_{22}	0.750	0.058
			B_3	0.292	0.100	B_{31}	0.418	0.042
						B_{32}	0.194	0.019
						B_{33}	0.132	0.013
						B_{34}	0.256	0.025
			B_4	0.188	0.064	B_{41}	0.223	0.018
						B_{42}	0.199	0.016
						B_{43}	0.276	0.022
						B_{44}	0.302	0.025
	过程管理 C	0.289	C_1	0.141	0.035	C_{11}	0.333	0.012
						C_{12}	0.333	0.012
						C_{13}	0.334	0.012
			C_2	0.388	0.095	C_{21}	0.667	0.063
						C_{22}	0.333	0.032
			C_3	0.330	0.081	C_{31}	0.500	0.040
						C_{32}	0.500	0.040

续　表

目标层	准则层	权重	一级指标层	权重	综合权重	二级指标层	权重	综合权重
复杂产品生产能力 X	过程管理 C	0.289	C_4	0.141	0.035	C_{41}	0.455	0.016
						C_{42}	0.347	0.012
						C_{43}	0.198	0.007
	产出绩效 D	0.125	D_1	0.556	0.133	D_{11}	0.667	0.089
						D_{12}	0.333	0.044
			D_2	0.444	0.106	D_{21}	0.400	0.042
						D_{22}	0.600	0.064

11.2.2　原始数据的采集与处理

（1）原始数据的采集。 根据构建的衡量体系,进行原始数据的确定。 其中,定量指标主要来源于 2016 年《中国船舶工业年鉴》,2016 年《中国统计年鉴》,克拉克松发布的《船舶市场研究报告》,韩国造船工业协会出版的《造船资料集》,日本的《造船统计要览》,日本、韩国各船级社的统计数据,以及中国船舶报与部分网站等。 定性指标采用专家打分法(包括科研专家和船厂工作人员),最低为 0 分,最高为 9 分,经过后期的分析统计计算各定性指标的平均值,最后完成船舶产业生产能力衡量指标体系中所包含的定性指标的数据采集,据此确定的中日韩船舶产业生产能力评价原始数据见表 11-16。

表 11-16　中日韩船舶产业生产能力原始数据

指标	中国	日本	韩国
科研投入总量 A_{11}（百万美元）	248095	153454	59819
科研投入占 GDP 的比重 A_{12}（%）	2.10	3.35	4.24
单位劳动力成本 A_{21}（美元/修正总项）	181.43	277.73	177.03
科研人员占从业人员的比重 A_{22}（%）	3.22	5.78	1.24
从业人员本科以上文化程度比例 A_{23}（%）	0.35	1.53	0.50
船舶产业生产总值 B_{11}（万元）	82636527	31545606	31691644

续　表

指标	中国	日本	韩国
贸易竞争指数 B_{12}	0.945	0.985	0.902
RCA 指数 B_{13}	2.05	3.04	9.92
船舶产业科研项目数 B_{21}（项）	3103	1412	2189
成套装备国产化程度 B_{22}（%）	48.96	98.34	93.01
国内市场需求 B_{31}	6.2	7.8	6.4
融资环境 B_{32}	7.6	7.1	7.8
政策与法律环境 B_{33}	7.3	6.2	7.5
工业生产指数 B_{34}	102.3	126.59	97.1
完工量的市场份额 B_{41}（%）	32.0	20.4	35.4
新承接订单量的市场份额 B_{42}（%）	35.8	11.6	15.6
手持订单量的市场份额 B_{43}（%）	35.4	23.3	23.1
国际市场占有率 B_{44}（%）	22.258	9.432	30.352
消费者对定制产品的需求程度 C_{11}	5.3	6.7	6.9
产品适合定制的程度 C_{12}	6.1	6.9	6.7
准时生产能力 C_{13}	5.8	8.2	8.0
模块化设计能力 C_{21}	5.5	8.4	8.7
集成投资的力度 C_{32}	4.9	8.4	8.9
客户满意度 C_{41}	7.3	7.1	6.8
产品跟踪服务质量 C_{42}	4.7	6.3	6.7
对客户需求的响应程度 C_{43}	5.4	7.2	6.5
专利授权数 D_{11}（项）	4688	1146	4259
论文与专著数 D_{12}（篇或部）	31	6	61
主营业务收入 D_{21}（万元）	75931347	24744096	23912578
利润总额 D_{22}（万元）	1822030	1379527	1195613

注：部分指标为比值和专家打分所得，没有单位。

（2）原始数据的处理。由于指标数据类别大不相同，其量纲和单位也各不相同，需要对原始数据进行无量纲处理（见表 11-17）。具体公式

为 $a'_{ij} = \dfrac{a_{ij} - \min\limits_{j} a_{ij}}{\max\limits_{j} a_{ij} - \min\limits_{j} a_{ij}}$ ，其中 $\{\min a_{ij} \leqslant a_{ij} \leqslant \max a_{ij}$ ，$0 \leqslant a_{ij} \leqslant 1$ ，$i=1$ ，2 ，$\cdots$ ，m ，$j=1$ ，2 ，$\cdots$ ，$n\}$ 。

表 11-17　中日韩船舶产业生产能力衡量的原始数据无量纲化表

指标	中国	日本	韩国
科研投入总量 A_{11}	1	0.497	0
科研投入占 GDP 的比重 A_{12}	0	0.584	1
单位劳动力成本 A_{21}	0.044	1	0
科研人员占从业人员的比重 A_{22}	0.436	1	0
从业人员本科以上文化程度比例 A_{23}	0	1	0.127
船舶产业生产总值 B_{11}	1	0	0.003
贸易竞争指数 B_{12}	0.518	1	0
RCA 指数 B_{13}	0	0.126	1
船舶产业科研项目数 B_{21}	1	0	0.459
成套装备国产化程度 B_{22}	0	1	0.892
国内市场需求 B_{31}	0	1	0.125
融资环境 B_{32}	0.714	0	1
政策与法律环境 B_{33}	0.846	0	1
工业生产指数 B_{34}	0.176	1	0
完工量的市场份额 B_{41}	0.773	0	1
新承接订单量的市场份额 B_{42}	1	0	0.165
手持订单量的市场份额 B_{43}	1	0.016	0
国际市场占有率 B_{44}	0.613	0	1
消费者对定制产品的需求程度 C_{11}	0	0.875	1
产品适合定制的程度 C_{12}	0	1	0.750
准时生产能力 C_{13}	0	1	0.917
模块化设计能力 C_{21}	0	0.906	1
产品模块化程度 C_{22}	0	1	0.824
提供集成解决方案的能力 C_{31}	0	1	0.833

指标	中国	日本	韩国
集成投资的力度 C_{32}	0	0.875	1
客户满意度 C_{41}	1	0.600	0
产品跟踪服务质量 C_{42}	0	0.800	1
对客户需求的响应程度 C_{43}	0	1	0.611
专利授权数 D_{11}	1	0	0.879
论文与专著数 D_{12}	0.455	0	1

11.2.3　数据计算

根据 $\Phi = \sum\limits_{i=1}^{n} \sum\limits_{j=1}^{n} \omega_{ij} f(x_{ij})$ 可计算出中国、日本和韩国船舶产业生产能力的综合得分，具体过程如下。

（1）由一级指标层－二级指标层 $A_i = \omega_i \times x_{ij}$ 计算可得：

$$A_1 = (0.050 \quad 0.063) \times \begin{pmatrix} 1 & 0.497 & 0 \\ 0 & 0.584 & 1 \end{pmatrix} = (0.0500 \quad 0.0616 \quad 0.0630)$$

$$A_2 = (0.008 \quad 0.019 \quad 0.021) \times \begin{pmatrix} 0.044 & 1 & 0 \\ 0.436 & 1 & 0 \\ 0 & 1 & 0.127 \end{pmatrix}$$

$$= (0.0086 \quad 0.0480 \quad 0.0027)$$

$$B_1 = (0.036 \quad 0.024 \quad 0.024) \times \begin{pmatrix} 1 & 0 & 0.003 \\ 0.518 & 1 & 0 \\ 0 & 0.126 & 1 \end{pmatrix}$$

$$= (0.0484 \quad 0.0270 \quad 0.0241)$$

$$B_2 = (0.019 \quad 0.058) \times \begin{pmatrix} 1 & 0 & 0.459 \\ 0 & 1 & 0.892 \end{pmatrix} = (0.0190 \quad 0.0580 \quad 0.0605)$$

$$B_3 = (0.042 \quad 0.019 \quad 0.013 \quad 0.025) \times \begin{pmatrix} 0 & 1 & 0.125 \\ 0.714 & 0 & 1 \\ 0.846 & 0 & 1 \\ 0.176 & 1 & 0 \end{pmatrix}$$

$$= (0.0290 \quad 0.0670 \quad 0.0372)$$

$$B_4 = (0.018 \quad 0.016 \quad 0.022 \quad 0.025) \times \begin{pmatrix} 0.773 & 0 & 1 \\ 1 & 0 & 0.165 \\ 1 & 0.016 & 0 \\ 0.613 & 0 & 1 \end{pmatrix}$$

$$= (0.0672 \quad 0.0004 \quad 0.0456)$$

$$C_1 = (0.012 \quad 0.012 \quad 0.012) \times \begin{pmatrix} 0 & 0.875 & 1 \\ 0 & 1 & 0.750 \\ 0 & 1 & 0.917 \end{pmatrix} = (0.0000 \quad 0.0345 \quad 0.0320)$$

$$C_2 = (0.063 \quad 0.032) \times \begin{pmatrix} 0 & 0.906 & 1 \\ 0 & 1 & 0.824 \end{pmatrix} = (0 \quad 0.0891 \quad 0.0894)$$

$$C_3 = (0.040 \quad 0.040) \times \begin{pmatrix} 0 & 1 & 0.833 \\ 0 & 0.875 & 1 \end{pmatrix} = (0 \quad 0.0750 \quad 0.0733)$$

$$C_4 = (0.016 \quad 0.012 \quad 0.007) \times \begin{pmatrix} 1 & 0.600 & 0 \\ 0 & 0.800 & 1 \\ 0 & 1 & 0.611 \end{pmatrix} = (0.0160 \quad 0.0262 \quad 0.0163)$$

$$D_1 = (0.089 \quad 0.044) \times \begin{pmatrix} 1 & 0 & 0.879 \\ 0.455 & 0 & 1 \end{pmatrix} = (0.1090 \quad 0.0000 \quad 0.1222)$$

$$D_2 = (0.042 \quad 0.064) \times \begin{pmatrix} 1 & 0.016 & 0 \\ 1 & 0.294 & 0 \end{pmatrix} = (0.1060 \quad 0.0195 \quad 0.000)$$

（2）由准则层－一级指标层计算可得：

$$A = (0.182 \quad 0.131) \begin{pmatrix} 0.0500 & 0.0616 & 0.0630 \\ 0.0086 & 0.0480 & 0.0027 \end{pmatrix} = (0.0063 \quad 0.0093 \quad 0.0073)$$

$$B = (0.077 \quad 0.100 \quad 0.100 \quad 0.064) \times \begin{pmatrix} 0.0484 & 0.0270 & 0.0241 \\ 0.0190 & 0.0580 & 0.0605 \\ 0.0290 & 0.0670 & 0.0372 \\ 0.0672 & 0.0004 & 0.0456 \end{pmatrix}$$

$$= (0.0128 \quad 0.0146 \quad 0.0145)$$

$$C = (0.035 \quad 0.095 \quad 0.081 \quad 0.035) \times \begin{pmatrix} 0 & 0.0345 & 0.0320 \\ 0 & 0.0891 & 0.0894 \\ 0 & 0.0750 & 0.0733 \\ 0.0160 & 0.0262 & 0.0163 \end{pmatrix}$$

$$= (0.0006 \quad 0.0167 \quad 0.0161)$$

$$D = (0.133 \quad 0.106) \times \begin{pmatrix} 0.1090 & 0 & 0.1222 \\ 0 & 0.1060 & 0.0195 \end{pmatrix} = (0.0145 \quad 0.0112 \quad 0.0183)$$

（3）由目标层－准则层计算可得：

中日韩船舶产业的生产能力（X）总得分为：

$$X = (0.341 \quad 0.245 \quad 0.289 \quad 0.125) \times \begin{pmatrix} 0.0063 & 0.0093 & 0.0073 \\ 0.0128 & 0.0146 & 0.0145 \\ 0.0006 & 0.0167 & 0.0161 \\ 0.0145 & 0.0112 & 0.0183 \end{pmatrix}$$

$$= (0.0073 \quad 0.0136 \quad 0.0130)$$

11.2.4　结果比较分析

（1）中国船舶制造业生产能力在三国中最弱，但一些指标强于日韩。根据层次分析法所得权重，再经过上述计算过程，得出中国、日本、韩国在各单项指标上的分数及排序（如表 11-18 和表 11-19 所示），中日韩三国在投入要素、支撑条件、过程管理、产出绩效四方面能力得分及最终总体得分和排序（如表 11-20 和表 11-21 所示）。可以看出，与日韩相比，中国船舶产业生产能力在经济支撑、国际市场支撑、经济绩效方面强于日本、韩国；人力投入、创新绩效这两项单项指标处于中间水平；科研投入、科技支撑、环境支撑及过程管理这一准则层下的 4 项指标都与日韩存在较大差距。从图 11-9 可以明显看出，中国的研发总支出占 GDP 的份额最低。

表 11-18　中日韩船舶产业生产能力一级指标得分表

一级指标	中国	日本	韩国
科研投入	0.0500	0.0616	0.0630
人力投入	0.0086	0.0480	0.0027
经济支撑	0.0484	0.0270	0.0241
科技支撑	0.0190	0.0580	0.0605
环境支撑	0.0290	0.0670	0.0372
国际市场支撑	0.0672	0.0004	0.0456
定制管理	0.0000	0.0345	0.0320
模块化管理	0.0000	0.0891	0.0894
集成管理	0.0000	0.0750	0.0733
服务管理	0.0160	0.0262	0.0163
创新绩效	0.1090	0.098	0.1222
经济绩效	0.1060	0.0195	0.0147

表 11-19　中日韩船舶产业生产能力单项指标得分排序

一级指标	中国	日本	韩国
科研投入	3	2	1
人力投入	2	1	3
经济支撑	1	2	3
科技支撑	3	2	1
环境支撑	3	1	2
国际市场支撑	1	3	2
定制管理	3	1	2
模块化管理	3	2	1
集成管理	3	1	2
服务管理	3	1	2
创新绩效	2	3	1
经济绩效	1	2	3

表 11-20　中日韩船舶产业生产能力的总体得分

准则层	中国	日本	韩国
投入要素	0.0073	0.0093	0.0063
支撑条件	0.0128	0.0146	0.0145
过程管理	0.0006	0.0167	0.0161
产出绩效	0.0145	0.0112	0.0183
总体得分	0.0073	0.0136	0.0130

表 11-21　中日韩船舶产业生产能力的总分排序

准则层	中国	日本	韩国
投入要素	2	1	3
支撑条件	3	1	2
过程管理	3	1	2
产出绩效	2	3	1
总体得分	3	1	2

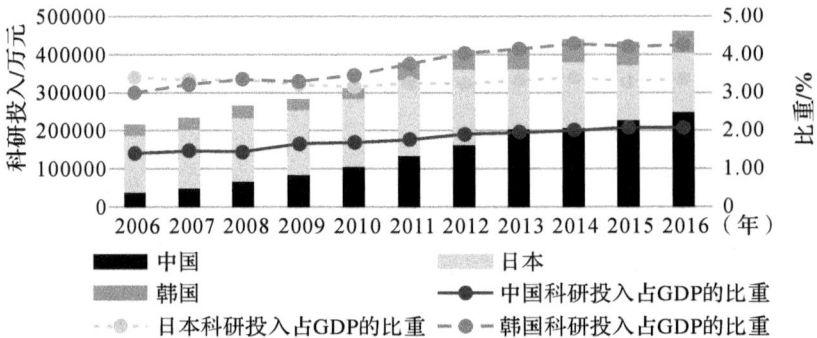

图 11-9　2006—2016 年中日韩科研投入情况

数据来源:根据 2006—2016 年《中国船舶工业统计年鉴》整理。

综上所述,近几年,中国在投入要素、支撑条件和产出绩效方面做得颇有成绩,与首位相差不是很大。 单从这 12 个指标方面看,日韩分别有 5 项和 4 项处于首位,也各有 2 项和 3 项处于末位。 中国分别有 3 项和 7 项处于首位和末位(参见表 11-19),处于末位中的指标属于管理能力方面的多达 4 项，严重拉低了中国船舶产业的整个生产能力（见图 11-10）。因此，提高管理能力即定制管理、模块化管理、集成管理和服务管理能力，是重中之重。

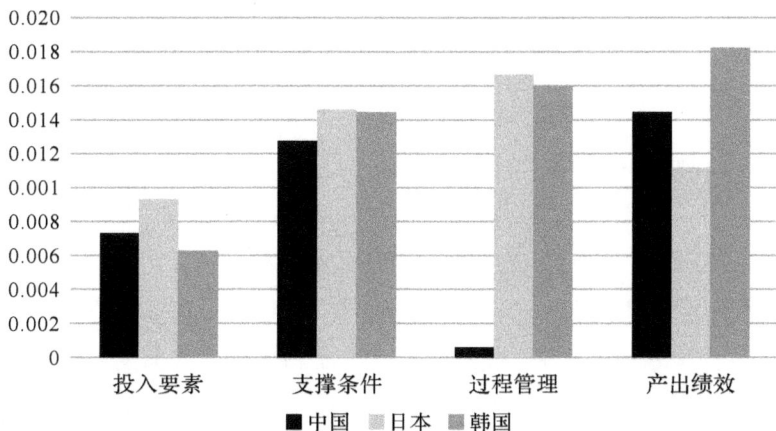

图 11-10 中日韩船舶产业生产能力单项能力比较

中国船舶产业的支撑条件日益改善，得益于我国船舶产品的国际市场占有能力快速提高，同时日本的市场份额全面下跌，但这种基于成本优势的市场占有率会因为受技术瓶颈的严重制约而逐渐失去竞争优势。 因此，虽然我国船舶产业凭借低廉的成本优势获得了市场占有率的大幅提高，但日韩船舶制造业却用高附加值船舶及海洋工程装备领域的生产优势弥补了其造船成本上的不足。 综合考虑船舶产业的各影响因素之后，日本凭借先进的造船技术水平、良好的产业发展环境及政府积极的"低碳"策略（王志玲，2013），使其船舶制造业生产能力的"质量"处于首位；同时，韩国也凭借占据高技术船舶领域，使得其船舶产业的综合发展水平高于我国。

中国船企在散货船和支线型箱船领域优势明显，但据英国克拉克松研究公司统计，针对 2018 年热门船型，中国船企接单份额不足 6%。 2018年全球 65 艘大型液化天然气船、35 艘超大型集装箱船（14000TEU 及以上）的订单均被韩国三大船企包揽。 据粗略统计，热门船型订单总金额约为 230 亿美元，中国船企接单金额约为 13 亿美元（占比 6%）[①]。 韩国船舶制造企业在大型液化天然气船市场的优势来自其技术和服务标准及对研发的投资[②]。

当然，中国高端船舶制造也屡屡获得尖端技术的突破。 据报道，在全力抗疫、有序复工的过程中，中船集团科技攻关力度不减，在科研人员的努力下，一些技术壁垒被打破，核心技术被攻克，创新成果又"上新"，为"提质增效"注入强大动力[③]。

（2）中国船舶制造业劳动生产力成本上升的主要原因是生产率低下，这应引起足够重视。 值得注意的是，实际在分析人力投入时，考虑劳动生产率至关重要。 换句话说，工资必须根据每个国家的劳动生产率进行调整。 这里使用人均每小时的修正总吨（CGT）来表示造船生产率。表11-22数据显示，2016 年中国的生产率水平与日韩两国差距甚大，仅为每人每小时 0.021CGT，仍停留在韩国 20 世纪 90 年代的生产率水平。 可见，中国在船舶制造的生产率方面远远落后于日本和韩国。

---

① 复盘 2018 年船市：中国船厂原来输在了这儿！[N].中国船舶报，2019-01-09.

② 韩国船舶制造企业研发了完全再液化系统（FRS），能够使所有在运输过程中因气化而消失的 LNG 全部恢复到液态，因此 LNG 损失率几乎为零，大大降低了 LNG 船的运营成本。2018 年，韩国船舶制造企业部分 17 万立方米级 LNG 船造价低至 1.75 亿美元，而日本船舶制造企业和中国船舶制造企业造价则超过 2 亿美元。（今日头条."通杀"中国造船业?！韩国船企包揽 2018 年大型 LNG 船订单[EB/OL].（2019-01-03）.www.toutiao.com.）。

③ 新型"G4＋长辉"系列 LNG 船促成中国迄今最大造船出口订单，此次签约项目中的 LNG 船型是沪东中华自主研发设计的 17.4 万立方米新型"G4＋长辉"系列 LNG 船。该型船的能耗指标、环保性能及可靠性要求，均达到世界顶尖水平。此外还有 3500 吨级地球物理综合科考船、中国万米载人潜水器，以及 6 项国际标准：《船舶与海洋技术 油船护航倒拖装置》《船舶与海洋技术 深海系泊组合索具》《船舶与海洋技术 A 型门架系统》《船舶与海洋技术 锚绞机试验程序与方法》《船舶与海洋技术 打桩船用绞车》《船舶与海洋技术 平台升降装置一般要求》）。（中国新闻网.边战疫边创新 中央企业攻下这些关键核心技术！[EB/OL].（2020-04-25）.www.chinanews.com.）

表 11-22　中日韩工业人员平均工资和造船生产率

年份	中国		韩国		日本	
	工资 ($/工时)	生产率 (CGT/工时)	工资 ($/工时)	生产率 (CGT/工时)	工资 ($/工时)	生产率 (CGT/工时)
2007	1.35	0.015	19.44	0.067	18.74	0.110
2008	1.65	0.015	19.94	0.071	19.46	0.116
2009	1.97	0.016	21.29	0.074	20.24	0.121
2010	2.22	0.016	21.65	0.077	21.81	0.126
2011	2.52	0.017	22.44	0.080	22.90	0.131
2012	2.76	0.018	23.92	0.083	22.71	0.136
2013	3.12	0.018	24.35	0.087	23.74	0.141
2014	3.33	0.019	25.55	0.091	24.73	0.145
2015	3.61	0.020	26.34	0.094	25.96	0.151
2016	3.81	0.021	26.94	0.097	27.44	0.155

数据来源:联合国工业发展组织数据库公布的 2007—2016 年数据(https://www.unido.org/)。

按定义,单位劳动力成本为单位工时劳动报酬($/工时)除以造船生产率(CGT/工时)。从 2007 年到 2016 年,中国的单位劳动力成本上升明显。同期,由于生产率的提高,日本和韩国的单位劳动力成本都在逐渐下降。2016 年,中国单位劳动力成本约为韩国的 3/5,远小于两国工资水平之间的差距。且自 2013 年起,中国单位劳动力成本已超越日本。因此,中国的工资优势在一定程度上已被其劳动生产率低下所抵消。可见,提高劳动生产率是面对人口红利消失和提高生产能力的根本出路。

总之,正像中国船舶工业综合技术经济研究院副院长包张静在 2018 年 12 月 6 日第八届广州国际海事展中的第三届海洋科技发展(广州)论坛上所指出的,"中国造船企业要正视自身的五大短板:关键前瞻性、颠覆性技术落后；效益较低；劳动力成本也并不比韩国和日本低[①]；品牌认知度低；产品结构多为附加值不高的散货船。"这些问题都需要在战略和政策层面上加以解决。

11.3　中日韩船舶业技术创新能力比较：专利组合视角

专利数据作为技术创新能力指标已被广泛认可，特别是在高新技术产业。作为竞争对手的日本和韩国船舶企业必定会通过战略性专利活动，投入大量精力来增强自己的技术能力[②]。

本节根据国家知识产权局（China National Intellectual Property Administration, CIPA）数据，运用包括相对发展增长率（Relative Development Grouth Rate, RDGR）、相对专利位置（Relative Patent Position, RPP）和相对专利优势（Relative Patent Advantage, RPA）3 个专利组合指标分析中日韩三国船舶产业技术创新能力，以期从专利背后挖掘出我国船舶产业创新状况，为提升我国船舶产业技术创新能力提供支持。

11.3.1　技术创新能力的专利组合分析指标

专利组合概念是由德国学者 Brockhoff（1991）提出的，指通过建立能够衡量专利潜在价值的一系列定性和定量指标，客观、科学地对专利技术的技术位置和市场位置进行组合分析。Ernst（1998）进一步对专利组合进行了拓展，引入了两种类型的专利组合模型用于企业战略性技术管理：一种是企业层面的专利组合；另一种是技术领域层面的专利组合，也就是基于专利的技术领域。他于 2003 年全面总结了专利组合在竞争对手监控与技术评价、企业间并购管理、人力资源管理方面的作用，并分别提出可

---

① 因为中国劳动力效率较低，对比每修整总吨工时，韩国在 10 以内，日本在 10 左右，而中国主要船厂在 20—30 之间；船舶配套国产化水平平均只有 60%，而日韩达 90% 以上（包张静的讲话）。

② 李金慧. 后金融危机时期中韩船舶产业国际竞争力比较研究[D]. 青岛：中国海洋大学，2013.

行的专利组合实证分析框架和指标体系[①]。

本节使用的专利组合分析包括专利数量和一个三维技术领域(即技术领域层面的专利组合)。专利数量指标用发明专利申请量来衡量,技术领域指标用技术吸引力、相对专利位置和相对专利优势来衡量(郭磊等,2013)。

(1)技术吸引力用相对发展增长率 RDGR 来衡量。RDGR 反映某一技术领域本身前后发展的变化,可将目标时期均分成前后两个时间段来计算,即某一技术领域前一阶段专利申请量的平均增长率与后一阶段专利申请量平均增长率的比值(郭磊等,2013)。特定技术平台的 RDGR 较高,说明其专利增长率较高,这意味着有较多的 R&D 投入,以及该行业这一技术领域的技术吸引力较强。

(2)RPP 作为专利指标用以指导公司的研发战略制定。特定产业中某一企业的创新规模和强度,可用于评估与最强竞争对手的技术差距(Brockhoff,1991;Ernst,1998)。一个企业在某一技术领域 RPP 的计算依据是,这个企业的专利拥有量与此技术领域内最多的竞争性企业的专利拥有量之比。也就是说,以专利拥有量最多的专利权人为标杆,这样每一技术领域 RPP 的最大值就为 1[②]。

(3)将 RPA 用于衡量公司或国家层面的技术创新能力。RPA 用相对专业化的技术来评估一个国家在出口方面的比较优势[③]。RPA 在一个国家某一技术领域内的价值越高,技术专业化水平越高。因此,RPA 代表了一个国家相对于其技术领域的相对技术效率。这里采用 RPA 来衡量

① ERNST H. Patent information for strategic technology management [J]. World patent information,2003(25):233-242.

② FAN X,LIU W J,ZHU G L. Scientific linkage and technological innovation capabilities:international comparisons of patenting in the solar energy industry [J]. Scientometrics,2017(111):117-138.

③ WU C Y,HU M C. The development trajectory and technological innovation capabilities in the global renewable energy industry [C]. Portland international conference on management of engineering and technology (PICMET),2015:2574-2580.

各国在不同技术领域内的相对实力，代表一个国家相对于特定技术领域的相对技术效率。 RPA 被定义为以下公式：

$$\text{RPA}_{ij} = 100 \times \tanh\left[\ln\left(\frac{\frac{P_{ij}}{\sum_i P_{ij}}}{\frac{\sum_j P_{ij}}{\sum_{ij} P_{ij}}}\right)\right] \tag{11-1}$$

式中：P_{ij} 表示企业 i 在技术领域 j 的专利申请量。 当 RPA_{ij} 大于 0，则表明企业 i 在技术领域 j 内具有技术比较优势，技术领域 j 是企业 i 的研发重点（郭磊等，2013）。

11.3.2 数据处理与来源

国家知识产权局于 2016 年在提出的《国际专利分类表》将船舶或其他水上船及与船有关的设备的相关技术所涉及的国际专利分类号（International Patent Classification，IPC）小类确定为 B63B、B63C、B63G、B63H 和 B63J，合计 5 个。 但是，这 5 个 IPC 小类下仍可延伸出上百个 IPC 小类，因此为使研究结果更具针对性，这里选取 10 个具有代表性的 IPC 小类用以研究。 同时，选取了中国、韩国、日本、美国、巴西、英国、法国、荷兰、新加坡等国家，搜索各国从 2017 年 1 月 1 日到 2017 年 12 月 31 日在 IPC 分类号下的专利申请量，并选取专利数量排名前十的 10 个 IPC 分类号。 具体见图 11-11。

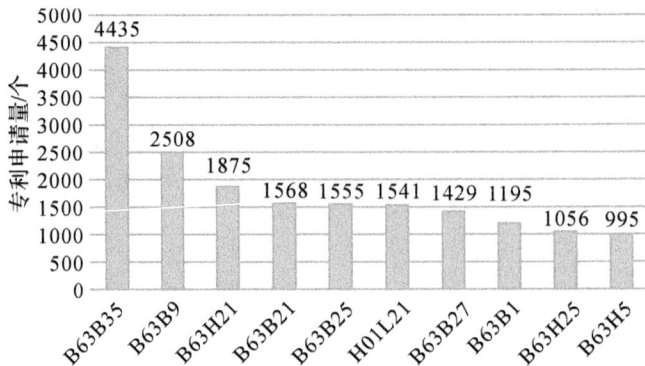

图 11-11　排名前十的 IPC 分类号下的专利申请量

将 10 个 IPC 分类号所代表的技术默认为船舶产业的核心技术领域，以此来确定该产业技术领域中我国的基础技术、重点技术和弱势技术。

依据船舶各部分的功能和作用，可以归纳概括为船体结构、船舶动力装置、船舶舾装及其他辅助设备三大部分[①]。因此，将确定的 10 个 IPC 分类号按其技术属性分为 3 个技术领域。这 3 个技术领域分别为：①技术领域 1——船体结构，统称 TP1，包括 2 个 IPC，即 B63B35、B63B9，它们与主船体、上层建筑有关[②]；②技术领域 2——船舶动力装置，统称 TP2，包括 5 个 IPC，即 B63B1、B63H21、B63H25、B63H5、B63B21，它们与船舶主机、船舶推进器、传动设备、船舶轴系、副锅炉、液压动力装置、发电机组有关[③]；③技术领域 3——船舶舾装及其他辅助设备，统称 TP3，包括 3 个 IPC，即 H01L21、B63B27、B63B25，它们与船舶甲板设备、管路系统、全船系统、信号或照明设备、航海仪器或导航设备、船舶防御攻击设备、船舶辅助设备有关[④]。

本节所采集的发明专利申请数据来源于国家知识产权局。数据检索和下载时间集中在 2018 年 3 月至 4 月，搜集了中日韩三国 1985—2017 年申请的 10 个 IPC 分类号下的发明专利数据。

11.3.3　中日韩船舶产业技术发明专利的三大领域比较

（1）中日韩船舶产业专利总体趋势。表 11-23 显示了中国、日本和韩国的核心技术领域（10 个选定的 IPC 分类号）发展的多样性。韩国和中国在 IPC B63B35（浮动结构）和 B63B9（船只设计、建造、维修、改造、重组、测定性能的方法）中，即 TP1 中的专利数，分别占中韩两国总专利数的 45％和 42％。而日本在动力装置（TP2）中的专利数占 51％，这表明中国和韩国在船舶产业的创新能力正集中在船体结构制造技术上，而日本已将创新能力转移至船舶动力装置技术上。

----

① 李艳.基于专利分析的技术生态位的测度与评价研究[D].镇江：江苏大学，2017.
② 王忠.船舶结构与设备[M].大连：大连海事大学出版社，2007.
③ 李冬梅.船舶动力装置安装[M].北京：北京理工大学出版社，2014.
④ 王杰德，杨永谦.船体强度与结构设计[M].北京：国防工业出版社，1995.

表 11-23　1985—2017 年中日韩在 10 个 IPC 分类号下的专利数

技术领域	IPC	中国	韩国	日本
TP1	B63B35	7471	7850	8482
	B63B9	2784	6975	1668
TP2	B63B1	1848	1577	2737
	B63H21	2582	3394	5609
	B63H25	1370	1693	3731
	B63H5	1446	1702	2196
	B63B21	2380	1895	2619
TP3	H01L21	130	762	549
	B63B25	1444	6361	3758
	B63B27	1514	2728	1801

（2）中日韩三大技术领域专利组合比较。 根据图 11-12，中国船舶产业专利活动在 2013 年开始激增。 有趣的是，自从 2013 年以来，中国三大船舶制造技术领域几乎同时都在不断壮大。 自 21 世纪初开始，除船舶舾装及其他辅助设备（TP3）的专利数仍持续缓慢增长外，中国船舶产业的创新活动自 2009 年起陆续转向相关的船体结构制造（TP1）和船舶动力装置技术（TP2），两个技术领域的创新态势齐头并进，迅猛崛起。

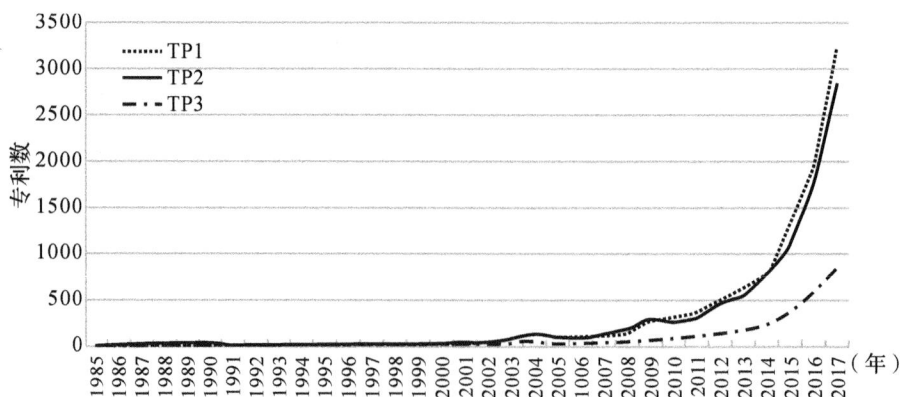

图 11-12　1985—2017 年中国在三大技术领域中的发明专利数

与中国一样，韩国的船舶专利活动主要集中在船体结构（TP1）制造上,如图 11-13 所示。 同时,船舶动力装置(TP2)技术和船舶舾装及其他辅助设备(TP3)技术方面的专利活动自 2007 年以后也紧追其上;2013年以后,TP1 领域的专利活动有衰退趋势,而在 TP3 领域的发展速度仍在增长,不出意外在若干年后,TP3 将会超越 TP1,成为提升韩国船舶产业技术创新能力的重中之重。 值得一提的是,2013 年均是韩国和中国船舶产业专利活动的一个转折点。 韩国的三大技术领域的专利活动自 2013 年后均呈现衰退之势,尤其是船体结构(TP1)领域最为明显。 与之相反的是,中国的三大技术领域的专利数自 2013 年后一直保持大幅上涨的趋势。

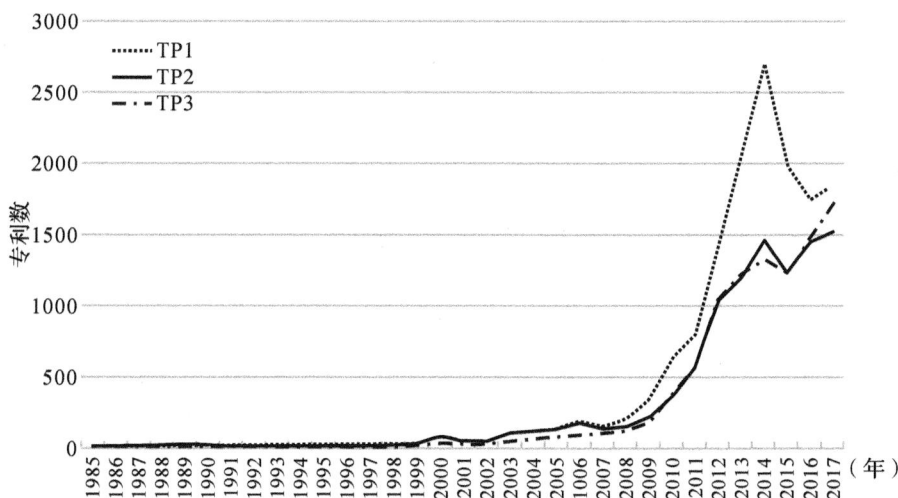

图 11-13　1985—2017 年韩国在三大技术领域中的专利数

如图 11-14 所示,日本在三大技术领域的专利活动情况完全异于中国和韩国。 凭借过硬的技术能力,日本在 1956 年便首次超过英国,成为世界第一造船国[①]。 到 1985 年,日本在船舶产业的专利活动已趋稳定。 基于强大的创新能力,近年来日本船舶制造技术的发展绝大部分集中在船舶动力装置(TP2)上,其次是船体结构(TP1),而 TP2 正是船舶配套设

---

① 范维,许攸.日本率先拉开"智能船舶"国际标准化战略序幕[J].船舶标准化与质量,
2015(4):39-40.

备中极其重要的一部分。

船舶舾装及其他辅助设备（TP3）领域已经成为韩国和日本的新兴利基产业，而中国在这一领域的技术创新能力虽在不断提高，但仍存在明显差距。事实上，日韩两国都在转移船舶制造技术重心，日本已逐渐将技术重心从 TP2 向 TP3 领域转移，韩国则从 TP1 领域同时向 TP2 与 TP3 领域转移。由于起步较晚，中国选择齐头并进，同时发展 3 个领域的技术能力。自 2006 年以来，中国的专利活动持续增多，至 2015 年，中国在专利数量方面超过了日本和韩国。

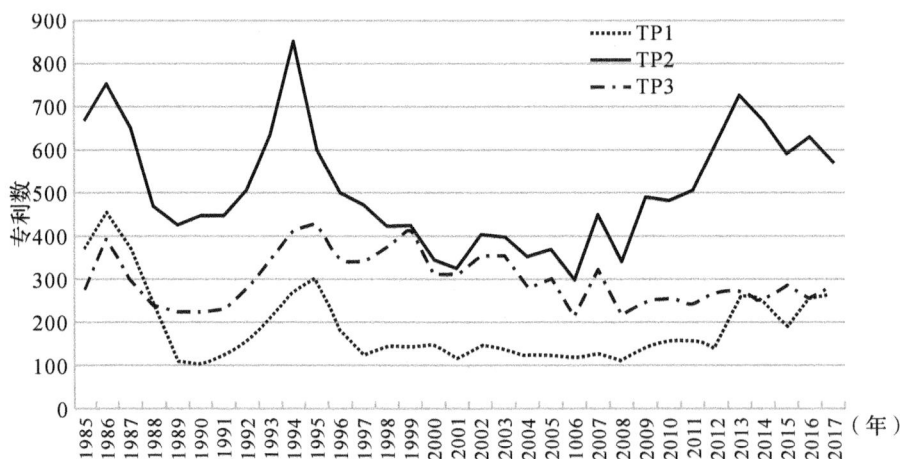

图 11-14　1985—2017 年日本在三大技术领域中的专利数

11.3.4　中日韩船舶产业技术创新能力的 3 个指标比较

与已有研究一致（郭磊等，2013），本节利用一个三维度的技术领域以进一步探索中日韩在船舶制造业 3 个核心技术领域的差异，即 TP1、TP2、TP3 的技术创新能力。RDGR、RPP 和 RPA 的计算结果如表 11-24所示。需要说明的是，RDGR 的计算期是从 2006 年中韩在 3 个核心技术领域的专利数有较大突破开始，这里的 RDGR 是指每一核心技术领域 2012—2017 年专利申请量平均增长率与 2006—2011 年专利申请量平均增长率的比值。而 RPP 与 RPA 则利用了 1985—2017 年的全部数据，用公式进行计算得到指标值。在 1985—2017 年这 33 年调查期间，由

表 11-24 的 RDGR 可见,在船舶产业 3 个核心技术领域中,TP1、TP2、TP3 在近 6 年来(2012—2017 年)的成长都非常迅速。 考虑到 3 个国家共同的 RDGR 数据过于相近,难以进行比较分析,故对 3 个国家的 3 个技术领域的 RDGR 分别做了计算。

表 11-24　三大技术领域的 3 个指标比较(2012—2017 年)

产业(RDGR)	RDGR	TP1	TP2	TP3
		1.39	1.38	1.28
RDGR	中国	1.87	1.92	1.90
	韩国	0.93	1.08	1.10
	日本	1.82	−1.12	2.41
	均值	1.32		
RPP	中国	0.69	0.57	0.31
	韩国	1	0.61	1
	日本	0.68	1	0.62
	均值	0.72		
RPA	中国	14.22	3.69	−41.53
	韩国	9.21	−30.83	29
	日本	22.98	22.83	12.62
	均值	4.69		

图 11-15 为中日韩在船舶制造业 3 个核心技术领域的专利组合图,其中 X 轴代表 RDGR,Y 轴代表 RPP,RPA 的大小体现在圆圈的大小上,RPA 越大则圆圈越大,反之,则圆圈越小。 若 RPA<0,则圆圈不显示在图上。 每一种形状代表一个国家,每一种颜色代表一个核心技术领域。 综合表 11-24 和图 11-15 结果,不难发现,日本、韩国和中国的技术创新特征存在显著差异。

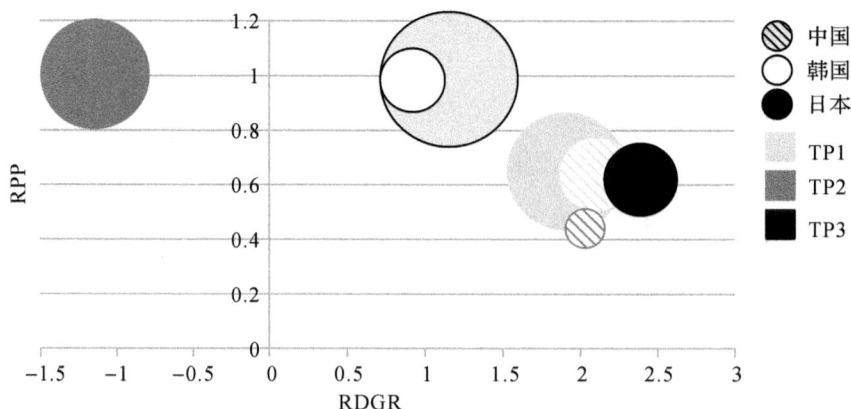

图 11-15 中日韩专利组合图

注:指标分类如下,以均值作为标准,则每个等级在维度上可以分为高 RDGR、高 RPP、高 RPA（平均值以上）或低 RDGR、低 RPP、低 RPA（平均值以下）。

（1）日本：传统优势弱化，注重研发未来。 在计算出 RPA 的平均值（4.69）后，不难发现，日本三大技术领域均位于高 RPA 维度。 具体分析日本的技术领域 TP2 时，其特征不仅在于有较高的 RPA，同时还有最高的 RPP，这意味着其技术领域 TP2 的技术创新能力强。 但其 RDGR 竟罕见地呈现负增长状态，这主要是由于日本船舶制造技术发展的悠久历史及其创新模式的局限性。

对于世界船舶业而言，日本成功通过技术利基战略实现了对 TP2 领域的强有力控制，进而确保其在动力装置领域牢牢占据一席之地。 但总体而言，这一现象也预示着日本在 TP2 方面的技术近年来已趋于成熟及技术研发进入瓶颈期，开发潜力受限。 截至 2015 年日本船舶配套设备国产化率更是达到 97％以上[①]，这也进一步证实了日本 TP2 技术发展的成熟性，即注重提高核心技术能力，而不是专利数量。 日本在 TP3 领域中的 RDGR 在 3 个技术领域中保持最高，显示出其对研发投资和创新战略的偏好。

---

① 黄宏彬.基于产业融合自主创新和协同创新新模式研究:以中国船舶制造业为例[J].科学管理研究,2016（34）:42-45.

近年来，海外项目的失利导致日本船舶制造业整体业绩严重下滑，同时散货船市场低迷、日元持续升值、劳动力不足、部分企业盲目挺进建造高技术船舶市场等一系列问题都在制约着日本造船业的发展[①]。且随着中韩两国船舶制造业的崛起，日本造船业的传统优势逐渐弱化。为改变这一现状，日本必须在硬件上有所提升，否则日本船舶制造业就没有能力与优势去抢夺超大型集装箱船订单（吴佳伟，2014）。"硬件提升更大的意义是放大了以往日本原有的船体分段建造优势。以今治造船为例，串联法的应用将在很大程度上提高其造船效率。新配备的 3 台巨型起重机将使其总起重能力达到 3600 吨。巨大的起重能力可以有效帮助今治造船建造更大的船体分段，并且缩减船坞内的装配时间。"[②]不仅限于今治造船，2016 年，日本联合造船计划也向广岛县吴市造船厂投资 30 亿日元用以增设涂装设施并安装船体分段起重机。这些硬件提升将使其大型集装箱船年产能提升 40％。而起重机等装备便是属于船舶舾装及其他辅助设备（TP3）的技术领域。这也证实了在日本，TP3 是近年来船舶产业最具发展潜力的技术领域，也很可能是未来世界各国船舶技术竞争的战略制高点。

（2）韩国：注重均衡研发，发展高端产品。韩国在 TP1 与 TP3 两个核心技术领域都占有最高的 RPP，且在计算得出 RPP 的平均值（0.72）之后，不难得出韩国采取的是扩大研发规模的技术创新战略。韩国在 TP2 领域的 RPP 值也只仅次于日本，说明韩国在不同核心领域的船舶制造技术发展得较为均衡全面，同时致力于满足船舶业各领域技术需求，也进一步证实了其在产业内的地位。然而，RPA 显示，韩国只在 TP1 和 TP3 两个领域具备技术比较优势，且在 TP1 领域的优势并不十分明显，可见 TP1 和 TP3 虽同为韩国的传统优势技术领域，但 TP3 更是韩国未来的研发重点与保持船舶制造领域优势的关键。韩国的船舶配套设备国产化

①　日本造船业的沉浮与转型［EB/OL］.（2017-03-21）. http://www.360doc.com/content/17/0321/08/30123241_638656839.shtml.

②　刘萧.日本造船业的 2016［J］.中国船检,2017(2):66-68.

率虽不及日本,但也达到 87％以上①。

随着韩国船舶制造业进入成熟阶段,基于拥有较多的应用知识和现有技术,在没有新的科学发现等外部创新情况下,其技术创新能力趋于饱和②。尽管拥有大量的专利,但这一趋势逐渐减缓。韩国能否维持其在 TP1 和 TP3 技术领域的竞争优势地位取决于何时出现突破,这在很大程度上依赖于新的科学发现。

(3)中国:加快研发步伐,显示比较优势。作为后来者的中国,三大技术领域的 RDGR 值均落于高 RDGR 维度,说明中国侧重于加快技术的研发速度,以提高其技术创新能力。中国虽然在 3 个核心技术领域的 RPA 值均较低,但是在技术创新资源有限,面对技术壁垒的情况下,在 TP1 和 TP2 领域利用技术专业化打造了属于自己的技术比较优势(由 RPA 值可知),试图形成自身的技术能力,构筑在世界船舶产业中的竞争优势。中国在 TP1 和 TP2 的 RPP 值虽然不高,但逼近甚至超越了同一领域的韩国和日本。值得一提的是,中国在 3 个核心技术领域的 RDGR 值都非常高,其中在 TP1 与 TP2 领域都超越了日本和韩国,在 TP3 领域以微弱的劣势屈居第二。因此不难看出,与韩国类似,中国的技术布局也相当全面和均衡,且发展速度势如破竹,理所当然地成为日韩最直接的竞争对手。考虑到技术吸引力,为保持竞争优势,向国际造船强国看齐,提升本国技术创新能力③,中国应该在未来将研发重心从 TP1 领域转移至 TP2 和 TP3 领域。

中国、韩国和日本的船舶制造业的技术优势是不同的。与日本和中国相比,韩国在 TP1 和 TP3 领域中同时获得了最高的 RPP 且 RPA＞0 (分别代表研发规模和研发效率),这意味着韩国在该领域具有较强的技

---

① HONG S Y. 韩国造船业的全球性竞争及差别化战略[J]. 大韩造船学会刊,2008 (7):23-26.

② 高锡荣,张自欣,何洁. 基于韩国经验的国家创新转型动力学模型体系构建[J]. 研究与发展管理,2016 (28):12-22.

③ 徐海亮. 后金融危机时代福建船舶产业竞争优势分析[J]. 改革与战略,2015(4): 149-152.

术创新能力,显示出韩国通过大规模研发投入的效果。 在 TP2 领域中,日本的 RPP 值最高,表明在研发资源方面,日本以发动机装置(TP2)为核心的技术领域已经形成了成熟完善的经济规模。 相比之下,中国在 3 个技术领域中的 RPP 值最低,表明中国船舶制造技术创新能力(就专利率而言)较弱。 不过,中国的发展速度惊人,RDGR 值是三国中各技术领域内最高的,昭示着中国的不甘落后与奋勇追赶。

11.3.5　研究结论

基于一个较全面的船舶制造技术专利数据集,通过构建 3 个技术领域对中日韩船舶产业技术创新能力三大指标(RDGR、RPP 和 RPA)进行比较分析,得出以下主要结论。

(1)中国船舶制造业在 3 个细分核心技术领域的专利数变化趋势表明,虽船舶产业技术创新活动起步于 20 世纪 80 年代中期,但实质性成长却是在 2003 年以后,其演进过程印证了我国船舶产业改革发展的过程。从专利数量在各船舶制造技术领域的分布可看出,船舶产业在这 30 多年的技术积累中较为注重 TP1 和 TP2 技术领域的研发。

(2)对亚洲地区 3 个具代表性国家——中日韩进行了三维技术领域分析,由 RPA 可以直接看出中国对 TP3 领域的重视度不够,反映出中国船舶产业的配套技术落后,需要重新考虑技术突破方向,及时将技术重心从 TP1 领域向 TP2 和 TP3 领域转移,尤其是对 TP3 领域,需加快转移速度。 由相对专利位置显而易见,中国与日韩两国之间的技术能力差距悬殊,韩国以绝对优势位于专利位置的第一梯队,能与之比肩的是日本,这种差距悬殊的形势必造成中国船舶产业技术创新能力受到这两国的压制。

(3)结合对 RPP 和 RPA 的分析,日韩两国分别专攻 TP2 与 TP3 技术领域,以此来打造自身的技术比较优势。 在多样化的船舶制造技术面前,为了快速获取竞争优势,大多数造船强国采取了以专业化为主的技术战略,未来产业需要向规模密集型乃至知识密集型研发阶段逐渐渗透,产业技术创新也会由当前的初级阶段向高级阶段继续演进①。

（4）通过对中日韩船舶产业核心技术领域的专利数进行归纳，以及整理各国船舶发展史发现，各国在船舶产业的技术能力差别较大，核心技术相对集中于日韩两国。 但从专利活动和政策环境来看，日韩两国多年来的专利积累带动了整个亚洲船舶产业的专利发展，也就是说，它们的创新行为左右了亚洲地区船舶制造业技术创新能力的构建与演进过程（吴佳伟，2014）。 从这个角度看，中国是技术溢出效应的受益者。

---

① 李后建,张宗益.金融发展、知识产权保护与技术创新效率:金融市场化的作用[J].
科研管理,2014(12):68-82.

第 12 章　航空航天制造业的国家生产能力比较

经过几代人的努力，我国已建立起较为完整的航空技术体系、产品谱系和产业体系，中国民用大飞机在走过了曲折漫长的探索道路①之后，终于再次飞上蓝天，尽管离正式商业运营还有一段艰难的路程②，但截止到 2017 年 12 月，中国 C919 大飞机的订单已达 785 架（赵忆宁，2018），值得期待。研究表明，我国航空航天制造业的创新投入与产出之间虽然具有高度相关性，但并不存在明显的格兰杰因果关系，说明我国航空航天制造业创新投入与产出之间还未形成良性互动关系（黄鲁成等，2017）。本章首先对中国航空航天制造业生产能力从投入、过程到产出进行分析，然后通过指标选取，评价和比较中国、美国、欧洲的生产能力。

12.1　中国航空航天制造业生产能力分析

12.1.1　中国航空航天制造业的投入要素

（1）科研投入。由表 12-1 可知，中国航空航天产业在 2010—2016 年间，科研经费和科研活动人员的投入总体上均呈稳健、持续上升态势。这期间，科研人员数的最高增长率为 33.23%，虽然 2014 年科研人员数出现了负增长，但 2015 年和 2016 年都出现了较大程度的增加。科研经费在保持稳定增长的同时，更是在 2016 年实现了翻番，达到了 165.18% 的

---

① 1985 年运十下马（相继下马的航空工业大国重器还有远程大型运输机和远程大型轰炸机），1997 年与麦道合作搁浅，2015 年 ARJ21-700 飞机正式交付商用，这一年的 11 月 2 日，C919 国产大型客机总装下线。ARJ21-700 飞机的研制为我国生产大飞机探索形成了一条"自主研制、国际合作、国际标准"的民机技术路线。

② 仅适航审定，ARJ21-700 就用了长达 11 年 3 个月的时间。原上海飞机设计研究所总设计师吴兴世说："运十飞机的研制打开了中国商用飞机产业发展的'三条金光大道'——以运十飞机为平台向大型远程商用飞机、大型军用特种飞机、中短程商用飞机方向发展。这种'一个平台、军民融合、系列发展'的发展模式，完全符合世界各国商用飞机发展的普遍规律。"（刘济美，2016）

增长率，首次突破 180 亿元大关。 综合来看，科研的投入费用并未随着人员投入量的减少而减少，反之，仍然有较小幅度的上升。

表 12-1　2010—2016 年航空航天产业科研经费和科研人员投入情况

年份	2010	2011	2012	2013	2014	2015	2016
科研人员(个)	28249	32329	43071	44440	41043	45832	50408
科研人员增长率(%)	13.74	14.44	33.23	3.18	−7.64	11.67	9.98
科研经费(万元)	382422	424456	562922	569439	581369	679990	1803214
科研经费增长率(%)	15.3%	10.99%	32.62%	1.16%	2.10%	16.96%	165.18%

数据来源：2010—2016 年《中国高技术产业统计年鉴》。

（2）人力投入。 由图 12-1 可知，2008—2016 年间，我国航空航天产业从业人员数呈小幅度稳定上升态势，2016 年底已达到 40 万人，达到历史新高，占全部制造业从业人员的比重为 0.96%。 2012 年，我国航空航天业科研人员超越 4 万人，在此之后，科研人员数一直稳定在 4 万人以上。 2008—2016 年，科研人员占从业人员的比重一路上涨，2013 年达到了 13.09%，此后份额虽有下降，但仍保持在 11% 以上。

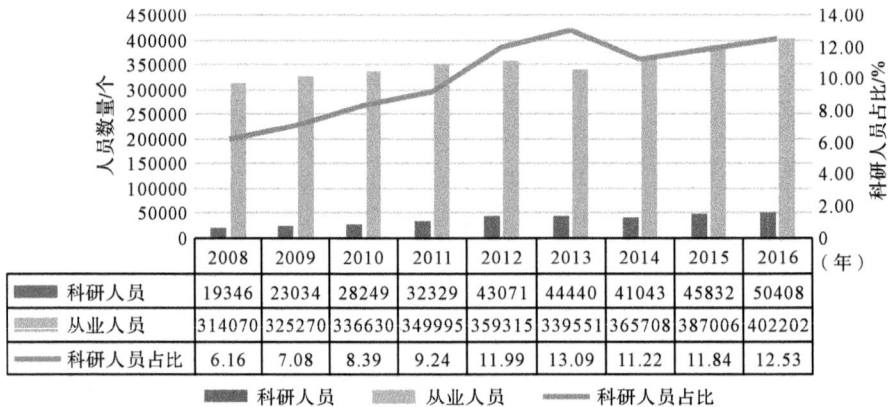

	2008	2009	2010	2011	2012	2013	2014	2015	2016
科研人员	19346	23034	28249	32329	43071	44440	41043	45832	50408
从业人员	314070	325270	336630	349995	359315	339551	365708	387006	402202
科研人员占比	6.16	7.08	8.39	9.24	11.99	13.09	11.22	11.84	12.53

图 12-1　2008—2016 我国航天航空产业科研人员情况

数据来源：根据 2008—2016 年《中国高技术产业统计年鉴》整理。

2015 年世界各国航空航天从业人员在 100 万人以上，其中制造业工人、科学家、工程师和其他技术人员所占比例较大。 美国的航空航天产业从业人员达到 12 万多人,其中科研人员和技术人员占总数的 50% 左右。 法国航空航天产业的从业人员自 20 世纪 90 年代以来平均每年以 8% 的速度递增,2015 在 2.2 万人以上。 从图 12-2 可以看出,中国虽然在航空航天产业人力数量上的优势突出,但人员结构中,科研人员的份额不到 12%,远远低于美国的 50% 和法国的 37%。

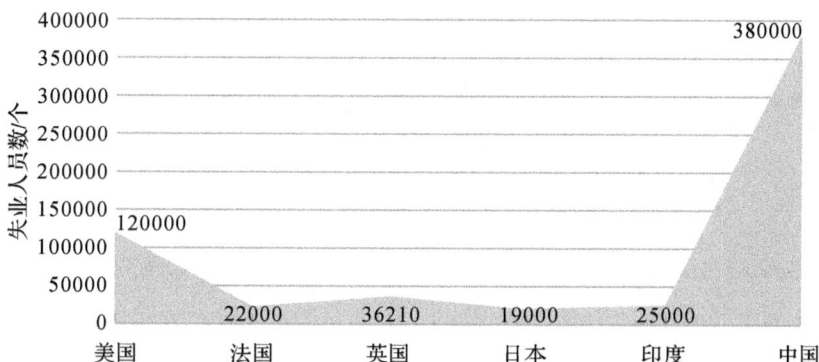

图 12-2　2015 年世界各国航空航天产业从业人员数

数据来源:根据 2015 年《中国高技术产业统计年鉴》整理。

12.1.2　中国航空航天制造业的支撑条件

(1)经济支撑。 一是产业规模。 由图 12-3 可知,2008—2016 年,我国航空航天产业总产值由 2737.8 亿元增加到 5986.4 亿元,年均增长率为 10.3%;航空航天产业新增固定资产由 2008 年的 44 亿元增加到 2015 年的 605 亿元,年均增长率为 45.41%,但 2016 年出现回落;主营业务收入由 1162.0 亿元增加到 3801.7 亿元,年均增长率为 16.0%。 航空航天产业规模年均增长速度高达 27%,航空航天产业总产值占制造业的份额已经达到 0.8%;2016 年规模以上的航空航天产业企业实现销售产值 486.3 亿元,是 2008 年的 8.6 倍。

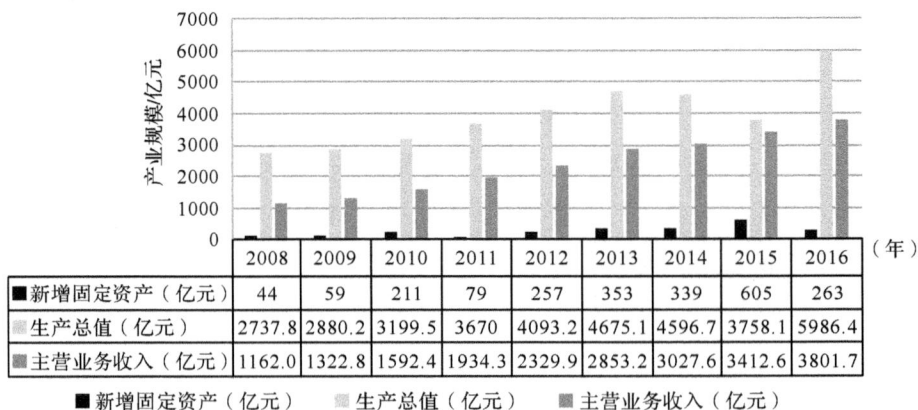

	2008	2009	2010	2011	2012	2013	2014	2015	2016
■新增固定资产（亿元）	44	59	211	79	257	353	339	605	263
生产总值（亿元）	2737.8	2880.2	3199.5	3670	4093.2	4675.1	4596.7	3758.1	5986.4
主营业务收入（亿元）	1162.0	1322.8	1592.4	1934.3	2329.9	2853.2	3027.6	3412.6	3801.7

■新增固定资产（亿元）　　生产总值（亿元）　　主营业务收入（亿元）

图 12-3　航空航天产业规模情况

数据来源：根据 2008—2016 年《高技术产业统计年鉴》整理。

二是进出口额和贸易竞争指数。 衡量复杂产品产业成熟度及产业生产能力大小的指标之一是产业进出口状况，进出口贸易量及贸易差额是评价的最直接指标。 由表 12-2 可见，我国航空航天产业技术产品的出口额和进口额呈现持续的高速增长态势，2007—2018 年期间，出口额年均增长率达到 12.4%，2015 年起技术产品出口额正式突破 70 亿美元，2018 年更是突破 90 亿美元大关。 我国航空航天产业技术产品进口额在 2007—2018 年间的年均增长率为 10.9%，自 2014 年起更是保持年均 310 亿美元以上的进口额。

但我国航空航天产业技术产品的实际生产能力并不高，贸易竞争指数可以间接衡量产业生产能力的高低。 该系数等于出口与进口的差额除以进出口总额。 贸易竞争指数的值在 -1 和 1 之间，当贸易竞争指数等于 1 时，表示产品完全出口化，产业生产能力高；反之，若等于 -1，则表示产品完全进口化，产品全部依赖进口，产业生产能力低。 从 2007—2018 年间，航空航天产业技术产品的贸易竞争指数一直在 -0.65 上下浮动。 虽然我国航空航天产业技术产品出口额不断上涨，但进口额远大于出口额，这表明我国航空航天产业技术产品在很大程度上仍然依赖国外进口。

表 12-2　2007—2018 年我国航空航天产业技术产品贸易表

年份	出口额 (亿美元)	进口额 (亿美元)	贸易总额 (亿美元)	净出口额 (亿美元)	贸易竞争 指数
2007	25.18	129.16	154.34	−103.98	−0.67
2008	32.13	132.38	164.51	−100.25	−0.61
2009	26.84	140.35	167.19	−113.51	−0.68
2010	34.94	166.99	201.93	−132.05	−0.65
2011	45.99	190.15	236.14	−144.16	−0.61
2012	44.37	242.07	286.45	−197.70	−0.69
2013	51.12	301.90	353.02	−250.78	−0.71
2014	65.47	357.62	423.09	−292.15	−0.69
2015	73.26	349.72	422.98	−276.46	−0.65
2016	71.58	311.44	383.91	−239.86	−0.62
2017	72.59	351.39	423.98	−278.80	−0.66
2018	91.46	404.53	495.99	−313.07	−0.63

数据来源:2007—2018 年《中国科技统计年鉴》。

（2）科技支撑。　在市场调节和宏观调控的双重作用下,我国航空航天产业大刀阔斧地推进着技术创新工作,不论是产能还是技术水平,都有了极大提升。　在许多关键性领域,有了重大的突破和进展,自主研发能力也今非昔比。　同时,应该清楚地认识到,我国航空航天产业仍存在较为明显的弱点——自主研发产品严重缺乏和核心技术高度依赖外购。

（3）政策支撑。　2011 年,中国航天器发射次数首次超越美国,仅次于俄罗斯,排全球第二。　2008 年,中国商飞的成立,新舟 60 和 ARJ21 的研制成功,使中国航空航天制造业再一次成为舆论的焦点。　目前,中国航空业已形成上海、沈阳、西安和成都四大产品生产基地。　在经历的 3 个阶段（仿制生产、模仿创新、自主研发）中,其技术政策带来的产业成果还是很明显的（见表 12-3）。　在缺少风险投资和发展基金的情况下,早期中国航空航天产业的发展主要得益于国家政策的支持（洪进等,2015）。

表 12-3　我国航空产业技术政策带来的产业成果

年份	技术政策战略指导	政府作用	产业成果	主管部门
1951—1978	仿制生产	政府引进吸收创新	引进 7 种飞机、9 种航空发动机;仿造初教-5;制成运-5,自行设计初教-6、歼-6;仿制歼-7、轰-5 和轰-6;自主设计强-5、歼-8、运-7、运-8	航空工业局第三机械工业部
1979—2005	合作研发模仿创新	政府主导自主创新	自主设计制造"运十";自主研制"歼-10";中美合作试运阶段生产制造 MD-90-30;新舟 60(MA60)	航空工业部;航空航天工业部,航空工业总公司,航空第一、二集团公司
2006 年至今	自主研发	市场主导政府引导	ARJ21-700 新支线飞机;新舟 600;运-20;C919 大型客机	中国航空工业集团

资料来源:根据相关资料整理。

　　为支持航空产业发展,我国政府出台了一系列支持政策。 如 2011 年的《中国航天计划发展规划》描绘了中国航天的发展蓝图和详尽的实施步骤。 中国将逐步建成具有多种功能、覆盖多种轨道,包括遥感、导航定位、通信、跟踪与数据中继等多种卫星系统的空间基础设施,建立天地统筹的卫星地面应用系统,形成能够长期稳定运行的,实施全天候、全天时、全立体观测的天地一体化网络系统,使空间信息资源最大限度地满足国民经济建设和国防建设的需要。 再如 2016 年 5 月 13 日《国务院办公厅关于促进通用航空业发展的指导意见》明确提出"放管结合,以放为主,分类管理"的通航监管新思路,着力改善通用航空的经营和运行环境,完善通用航空的法规体系建设,促进通用航空健康发展。 《2016 中国的航天》白皮书描述了未来 5 年重大工程和关键前沿技术的发展方向。[①] 表

---

① 　未来 5 年,中国将加快航天强国建设步伐,持续提升航天工业基础能力,加强关键技术攻关和前沿技术研究,继续实施载人航天、月球探测、北斗卫星导航系统、高分辨率对地观测系统、新一代运载火箭等重大工程,启动实施一批新的重大科技项目和重大工程,基本建成空间基础设施体系,拓展空间应用深度和广度,深入开展空间科学研究,推动空间科学、空间技术、空间应用全面发展。

12-4 显示了 2017 年的《通用航空发展"十三五"规划》《关于建设通用航空产业综合示范区的实施意见》《中华人民共和国民用航空法》等的主要内容。 可以期待,我国航空业释放的巨大政策红利将迎来资本市场的广泛关注,资本注入将有力推动我国航空运营和保障业务的开展,航空业即将迎来产业发展的黄金十年[①]。 如表 12-4 所示。

表 12-4　2017 年中国航空产业相关政策法律支撑

时间	政策	内容
2017 年 1 月 4 日	《关于建设通过航空产业综合示范区的实施意见》	设立通用航空发展示范区,聚集政策与行业资源,先行先试,尽快形成产业发展形态与产业规模,示范性地推动我国通用航空发展
2017 年 2 月 15 日	《通用航空发展"十三五"规划》	推动航空基础设施建设,降低航空市场准入门槛,拉动市场消费等诸多领域,既有实实在在的企业运营和机场设施补贴政策,又有促进产业可持续发展的基础设施建设和体制机制改革
2017 年 11 月 4 日	《中华人民共和国民用航空法》	通用航空企业办理工商登记不需要再前置审批

资料来源:根据相关资料整理。

与航空业相比,航天领域与国家安全关联更大,战略意义更强,国际竞争和封锁也更加严峻,因此,受国家支持和干预也更多(洪进等,2015)。 从表 12-5 可以看出,在中国航天领域,基于自主创新的技术领先一直是中国航天产业发展的主要目标,政府主导的自主创新一直主导着该领域的技术创新发展。

(4)国际市场支撑。 航空航天产业是世界各国重要的先导产业,关系国家的政治和经济地位,我国航空航天产业要面对国际航空航天市场严酷的竞争。 美国航天产业经费的投入在全球居于绝对的垄断地位。 如图 12-4 所示,2018 年美国航天经费占全球航天产业经费的 56.60%,而我国仅占 8.20%,与美国相距甚远。

[①]　王文芳. 我国通用航空政策法规发展趋势及对通用航空发展的影响分析[J]. 中国管理信息化,2018,21(16):172-173.

表 12-5　我国航天产业技术政策带来的产业成果

年份	技术政策战略指导	政府作用	产业成果	主管部门
1951—1969	仿制生产	政府引进吸收创新	仿制"P-2"导弹；"和平二号"固体燃料气象火箭	国防部第五研究院、航空工业委员会、第七机械工业部
1970年至今	自主研发	政府主导自主创新	"东方红一号"（1970年至今）	航天工业部
			自主研发气象卫星"风云一号"；气象探空"织女一号""织女三号"火箭；运载火箭"长征二号""长征三号""长二丙"等（1987年至今）	航空航天工业部、国家航天局和航天工业总公司
			神舟系列（1999年至今）	国家航天局、航天工业总公司
			嫦娥工程、长征系列运载火箭、北斗卫星导航系统（2007年至今）	国家航天局和航天工业总公司、航天一院、航天五院、航天八院

资料来源：根据相关资料整理。

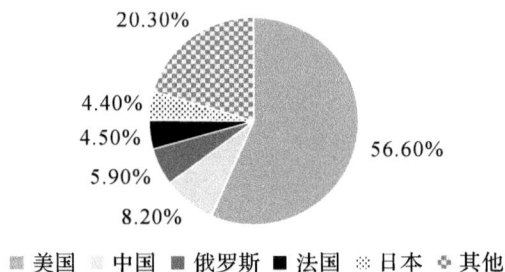

图 12-4　2018 年世界各国航天产业经费全球份额

数据来源：欧洲咨询公司 Euroconsult《卫星价值链：2018 年行业快照》，因数据为约数，相加后约为 100%，以下同。

　　据相关数据统计，在 2018 年世界航天发射市场中，中国、美国、俄罗斯三国形成了明显的垄断优势（见图 12-5），其中中国以 39 次发射次数，占 34.21%，位居第一；美国紧随其后，以 34 次发射次数，占 29.82%，位居第二。2019 年，全球航天产业继续保持稳健的发展态势，共进行了

103 次航天发射（包括失败发射），较之 2018 年的 114 次略有下降。 其中，中国约占 1/3，达到 34 次，而俄罗斯以 25 次位居第二并赶超美国，美国以 21 次航天发射排名第三[①]。

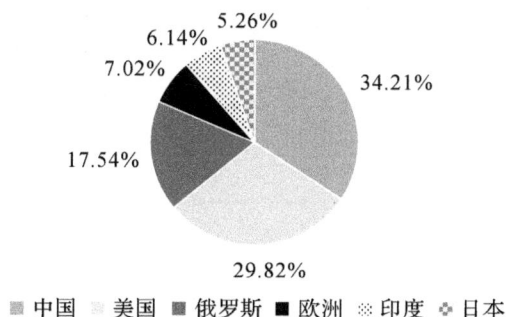

5.26%
6.14%
7.02%
34.21%
17.54%
29.82%

■中国　美国　■俄罗斯　■欧洲　▨印度　✦日本

图 12-5　2018 年世界各国发射次数全球份额

数据来源:USA Satellite Database 公布的 2018 年航天发射统计。

但在发射有效载荷的对比中，美国以 41.43% 的份额位居第一，中国以 22.78% 的比例位居第二（见图 12-6）。 虽然在发射次数上，中国超过美国居于第一，然而在发射的有效载荷上与美国仍有较大差距。 平均而言，美国发射一次便能达到 5.6 的有效载荷，而中国发射一次的有效载荷仅为 2.7。

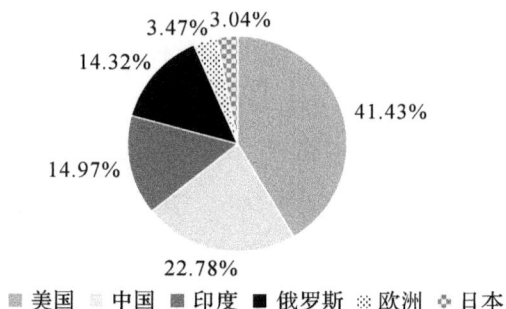

3.47% 3.04%
14.32%
41.43%
14.97%
22.78%

■美国　中国　■印度　■俄罗斯　▨欧洲　✦日本

图 12-6　2018 年世界发射有效载荷市场份额

数据来源:根据 Gunter Space(https://space.skyrocket.de/)、Space Flight(https://spaceflight now.com/)公开信息整理。

———————————

① 周伟. 2019 年世界航天产业发展综述［EB/OL］.（2020-06-15）. https://www. antpedia.com/wxarticle/index.php? id=491781.

卫星运营上，则由欧、美两方占据绝对优势，其他的地区和国家，几乎无法与其抗衡，具体数据如表 12-6 所示。仅仅从主要的固定性卫星公司盈利方面来比较，欧美企业占到了全球的 45％以上[①]。

表 12-6 全球主要固定卫星公司收入情况

单位：亿美元

年份	美国	欧洲	日本	加拿大	中国	沙特
2013	26.40	25.60	5.95	8.39	2.30	3.41
2014	24.70	23.30	4.46	7.94	2.60	3.50
2015	23.53	17.58	5.38	7.19	3.84	——
2016	21.88	18.72	6.62	7.27	3.73	——
2017	21.49	18.03	7.85	7.12	3.88	——
2018	21.61	17.02	5.74	6.88	4.07	——

数据来源：美国航天新闻网站（https://spacenews.com/segmentnews）发布的主要固定卫星公司排行；相关公司官网公布的 2013—2018 年财报。

在航空领域，虽然中国近年来通用航空器规模总体呈上涨趋势（见图 12-7），然而对标发达国家仍有较大差距。

通用航空制造商协会（The General Aviation Manufacturers Association, GAMA）统计数据显示（见图 12-8），2018 年通用航空市场主要集中在美国、加拿大、法国、巴西等国家，其中美国通用航空器数量为 21.1 万架，占全球通用航空市场 47.31％的份额，远超世界各国。而加拿大、法国、巴西等国的通用航空器数量也均在 2 万架以上，而中国仅有 2495 架。究其原因可能有两点：第一，中国通用航空市场主要集中在工农业和社会公共服务业，美国、加拿大等国家则聚焦于公务飞行、私人飞行等消费型应用，通过消费带动产业发展；第二，中国大部分低空领域并未开放，在有限空余时间内的管制也较为严格，不似欧美国家，其低空

① 在 2018 年全球航天产业规模 3600 亿美元的基础上，当时估计 2019 年的这一数据能达到 4000 亿美元或者更多。到 2040 年，预计航天产业经济规模将增长到约 1.1 万亿美元（周伟. 2019 年世界航天产业发展综述［EB/OL］.（2020-06-15）. http://www.360doc.com/content/20/0615/07/46458623_918530042.shtml）。

领域较为开放[①]。

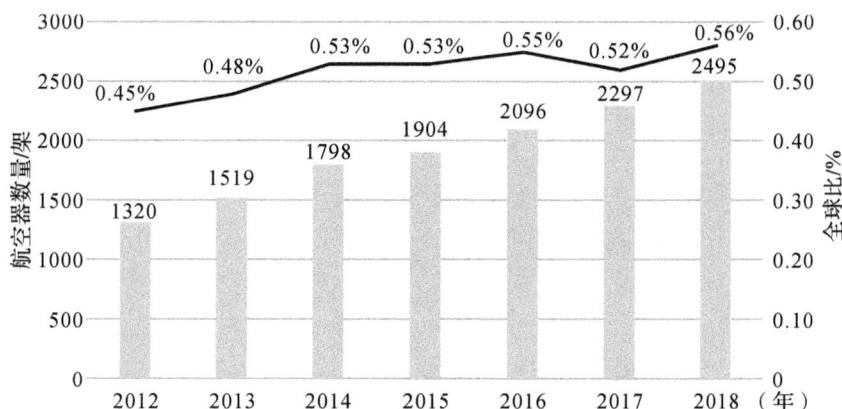

图 12-7　2012—2018 年中国通用航空器数量(架)及全球占比

数据来源:中国民航局 2012—2018 年《民航行业发展统计公报》;通用航空制造商协会(GAMA)发布的 2012—2018 年《通用航空统计手册及产业展望》。

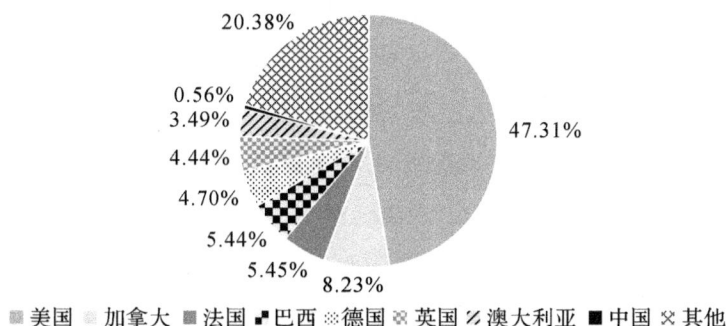

■美国 ▨加拿大 ▨法国 ▪巴西 ▨德国 ▨英国 ▨澳大利亚 ■中国 ▨其他

图 12-8　2018 年全球各国通用航空器规模份额

数据来源:通用航空制造商协会发布的 2018 年《通用航空统计手册及产业展望》。

从军用航空上看,全球军用航空市场增幅较为缓慢,军用航空器数量从 2012 年的 51872 架增加至 2018 年的 53935 架,平均年增长率仅为 0.65％。 中国增长速度却较为可观,年均增长率达到 3.68％[②],但中国发

——————————

① 前瞻产业研究院发布的《2021—2026 中国通用航空行业战略规划和企业战略咨询报告》。

② Flight Global 发布的 2012—2019 年 *World Air Force* 报告。

展水平距离美国仍有较大差距。 如图 12-9 所示，2018 年，中国军用航空器数量占全球市场的份额为 5.91%，位居第四，但美国和俄罗斯以 24.83% 和 7.56% 的份额位居第二和第三，其中美国军用航空器数量为 13392 架。

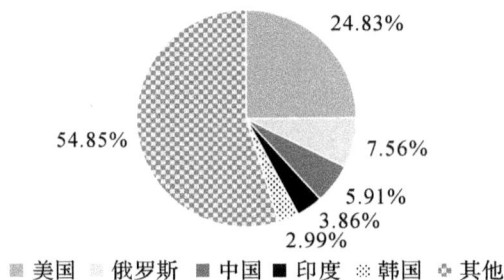

图 12-9　2018 年全球各国军用航空器规模份额

数据来源：Flight Global 发布的《2019 年 World Air Force》报告。

12.1.3　中国航空航天制造业的过程管理：兼与波音公司和空客公司的比较

从定制管理、模块化管理和集成/服务管理三方面，通过与波音公司和空客公司的比较，分析航空航天制造业的过程管理[①]。

（1）定制管理。 随着航空航天制造业的竞争日趋激烈，如何满足用户对飞机的多样化需求，对飞机制造商而言日益重要。 通常一个型号的飞机，每架参数可能都有不同，主流机型日益难以满足客户需求。 通常，飞机设计基本定型后，还会有大量的改进，以衍生出系列化的产品。 因为客户有不同的需求，便必然会带来飞机研制过程中构型的不断变化，而新构型一方面沿袭产品的大部分成果，另一方面因飞机零部件数量巨大，会造成飞机数据管理的复杂化。 如何以短时间、低成本，有效满足客户的多样化需求，且保证飞机数据的完整性和前后一致性，是飞机制造商定

---

① 对航空业来说：适航审定管理也是过程管理重要的组成部分。原中国民航航空局适航司司长张红鹰说："只有拥有强大的航空制造业，才会催生出权威的适航审定体系和审定能力；也只有飞机制造商不断使用新材料与新技术，不断地推出新机型，才会迫使局方不断提高自身的能力来满足工业方以及公共安全的需求（刘济美，2016）。"我国航空业在这方面与欧美国家相比，差距太大。

制管理能力的体现①。

波音公司在研制 B777 飞机时,开始使用数字化设计,这是对以往以图纸为中心的设计方法的重大革新。 通过工程重组和流程重构,波音公司简化了构型定义和生产流程,建立了模块化管理系统(左怀亮,2012)。 一架波音飞机在选型上采用"只加操作",在执行构型定义与管理计划时,将选型分为 4 类:标准类(基本不变的部分,作为构型基本类的主模型)、次模型(根据不同的用途而选装不同系统的类型)、选装类(为用户特殊定制的选装模块)和更改类(可在基本型上更改的设计)。在客户定制飞机时,以上选型不需修改,仅在此基础上增加针对用户特殊需求的专门设计。

通过选型以满足客户的不同需求,是波音公司对以往传统制造业构型技术的一大创新。 通过数字技术和构型管理,客户参与飞机制作,波音公司可以更好地满足客户的多样化需求(左怀亮,2012)。 全面实施数字化制造技术的波音公司,不仅有效满足了客户的定制需求,且大大缩短了飞机的研制周期,降低了生产成本。 如 B777 飞机的研制周期缩短了50%,出错返工率减少了 75%,成本降低了 25%,从根本上改变了传统的飞机制造与设计方式,提高了飞机制造水平②③。

除波音公司外,空客公司也进行了深刻的工程重组,完成了从传统生产方式向数字化生产的转变。 如在研制 A350 时,空客公司对构型管理进行大幅度革新,深入探索飞机构型及其子项目,以构型为中心,以模块为基础,完美结合了模块化与构型管理。 与波音公司类似,在飞机构型时,空客公司采用了"可加可减"的方式,在基本构型和特定构型的组合下,将飞机的基础机型与客户的特殊选择相结合,即在基本构型的基础上根据客户意见删改增修,使客户参与飞机设计。 除此之外,客户新设计的项

---

① 于勇,范玉青.飞机构型管理研究与应用[J].北京航空航天大学学报,2005,31(3):278-283.

② 邹方,薛汉杰,周万勇.飞机数字化柔性装配关键技术及其发展[J].航空制造技术,2006(9):30-35.

③ 李薇.数字化技术在飞机装配中的应用研究[J].航空制造技术,2004(8):24-29.

目,最终加入空客公司的构型库,大大丰富了空客公司的飞机构型库(左怀亮,2012)。

由上可见,波音公司和空客公司的定制管理主要由飞机基本构型加客户特殊选型组成。 波音公司提供了以标准类、次模型、选装类和更改类为选型的产品构型模式,客户可通过选择特定项目来表达需求,参与产品构型。 而空客公司一方面采用"可加可减"的方式为客户提供个性化定制,同时以客户需求为指引,不断更新飞机构型库,使得空客公司的定制管理日趋完善。

航空航天制造业是当前我国高新技术产业的代表,对我国提高制造水平、增强国防力量有着举足轻重的作用。 然而由于飞机制造业工艺多样、结构复杂等特点,当前制造阶段复杂调度问题难以解决,制造过程人员加工缓慢、效率低下[①],制约着我国飞机制造业的发展,更成为提升定制管理能力的主要障碍。 要提升国内飞机制造业的定制管理能力,首先要解决数字化水平低、生产效率不高等关键问题。 国内飞机装配半自动化模式正逐步发展为当今的自动化装配模式,同时通过应用国外无型架装配技术和数字化技术,国内的飞机装配在一定程度上实现了自动化与数字化。 因此,如何提升飞机制造业的数字化、自动化水平,进而根据市场环境变化和客户需求,研制研发个性化产品,不断调整飞机构型管理,实现飞机构型控制的准确性和及时性,成为提升我国飞机制造业定制管理能力的重要努力方向。

(2)模块化管理。 根据我国航空航天设备装备的共性问题,可以在设计阶段就考虑模块化问题。 如根据航空航天系统特点,把通常涉及的尺寸、大小变化的部件选取出来进行研究设计,而保留其他通用部分的子结构[②]。 作为高尖端的复杂产品,飞机还有设计与制造并行、专用设备多、定制件多等特点,这都对研制过程提出了严苛的要求。 "主供"模式

---

① 干一宏.面向航天制造企业的车间作业调度与指导技术研究[D].南京:南京理工大学,2015.

② 张黎明.航天地面设备工装典型零组件的模块化设计与工艺研究[D].哈尔滨:哈尔滨工业大学,2016.

如何协调处理众多制造商和供应商的生产过程，保证产品生产的可靠高效，保障信息流通顺畅，是飞机制造商面临的重要问题，而提升模块化管理能力，是解决上述问题的关键（王琛，2013）。解构飞机的生产过程，以模块化为基础，充分利用不同供应商的核心竞争力，以合作方式共同参与研制，模块化研制模式提升了飞机制造业的工作效率；但也因贯穿设计、研发与制造过程的模块化工作方式，飞机生产过程具有分散性。如何统筹管理，协调运营，不断提升模块化管理手段，便显得十分重要。

作为飞机制造的龙头企业，波音公司以自身先进的质量管理体系为标准，制订了严格的供应商筛选程序，包括对供应商的评估、波音公司后续调查等。在成为波音公司的供应商后，要完成波音公司的绩效考核，内容包括质量、交付时间和总体绩效三方面[1]。通过对供应商的严格筛选和后续监管，波音公司严格控制了分散的不同供应商的生产过程与生产产品，使模块化管理能力大幅提升。同时，波音公司重视生产过程中的信息共享与实时交流，建立了完备的信息管理系统，通过网络对各级供应商进行监管，从而可以及时发现生产过程中的不合格情况，迅速进行响应指导。

波音公司建立了包括供应商管理、物料管理在内的先进质量管理体系。其重视生产过程中的波动管理（王琛，2013），采用国际通行的AS9100 管理系统[2]，并不断探索更完善的模块化管理方式，在融合国际标准和结合自身基础的情况下，最终形成了适用于自身的先进质量管理体系（Advanced Quality System，AQS），并将此管理体系贯彻到各级供应商中，使模块化的生产过程有统一的质量标准，从而有效地管理分散的模块

---

[1]　范艳清.波音公司对供应商的管理[EB/OL].（2010-09-01）.https://wenku.baidu.comview7ef721d380eb6294dd886ce0.html.

[2]　AS9100 是一份在 ISO 9001 质量体系要求基础上开发的航空航天标准,其中加入了航空航天行业所建立的有关质量体系的附件要求,以满足 DOD、NASA 及 FAA 等监管机构的质量要求。此标准旨在为航空航天行业建立统一的质量管理体系要求。（360 百科,https://baike.so.com/doc/120827-127579.html）

化生产过程[①]。 空客公司与波音公司类似,逐步推广模块化管理模式,通过设计和制造工作的外包与构型管理的分散管理,及时满足不同客户的不同需求(许松林等,2013)。

通过"主供"模式,波音公司将复杂的生产过程进行分散,同时严格控制供应商的生产质量、交付时间,并在生产过程中予以严密监督,使其模块化集成能力大幅提升,空客公司的生产模式与之类似。 但要注意,这种模块化、分散化的生产过程,使飞机制造商面临协同管理的巨大挑战。 波音在 B787 生产中首次采用"全球供应链"模式,将飞机设计、研发与制造的诸多环节大量外包。 这种做法在提升波音生产效率、分散经营风险的同时,也带来了诸多弊端,如因无法统筹各供应商的进度,波音公司在向日本全日空公司交付首批 B787 飞机的时间,推迟了 3 年之久。最为严重的是 B787 飞机质量问题频发,从刹车系统到计算机,都出现了不同程度的故障[②③]。 以上问题都表明,如何协调供应商的生产进度、保障分散的生产过程有统一的质量标准,提升公司的模块化管理能力,成为航空公司的关注点。

在国际飞机制造业的"主供"模式下,我国也积极参与并承担了市场营销、项目管理、采购与供应商管理、生产制造、工装设计与制造、产品支援与服务、工业工程、企业运营等业务(王琛,2013)。 在 20 世纪 90年代,模块化思想已在飞机设计、生产制造中有所应用,从波音公司、空客公司的转包生产,到中欧合作研发的小型直升机,我国飞机制造业逐步采用了模块化管理方式。 通过对模块化思想的接收与应用,我国飞机研制能力大大提高(许松林等,2013)。 当然,加强企业内部供应链整合[④],通过信息技术建立企业供应链管理系统,从研发、生产、产品质

---

① 范艳清,曹秀玲.浅谈波音公司质量管理模式[OB/OL].(2012-04-13),https://wenku.baidu.comviewaa0d7d482b160b4e767fcf5d.html.

② 孟岩峰,肖夏.波音 787 十天七事故 内忧外患并发[N].21 世纪经济报道,2013-01-18(019).

③ 张征.波音 787 全球停飞引发的思考[J].中国民用航空,2013(2):53-54.

④ 齐长贵,刘振中,王怀宇.航空制造企业内部供应链管理研究[J].航空制造技术,2012(6):68-72.

量、人力资源、设施管理、决策制定等方面，强化模块化管理与能力，借鉴国外先进的管理技术，引进先进的生产设备和模块化管理理念，不断提升我国模块化管理能力，仍任重道远。

（3）集成/服务管理。 在分散的模块化开发过程中，虽然生产流程中的各个子系统模块相互独立，但都与集成系统高度关联，最终由总集成商进行系统集成（盛亚等，2011）。 集成管理是一种以集合而成、模块效应为基本特质的管理手段，因其生产过程因素的多样化、生产过程复杂化等特质，企业在组织管理和制造产品中面临巨大挑战。 如何充分利用现有资源，最大限度地发挥组织效率，以实现产品生产过程中技术应用在分散模块化下的高度集成，从而快速、高效地制造产品，都需要制造业企业深入思考，不断提升自身的集成管理能力[①]。 新技术的集成与综合能力带给飞机制造商的挑战远远大于单项技术创新，波音公司总裁费尔·康迪特曾将波音的"核心竞争力"定义为"成功地成为一个大规模的系统集成商"（刘济美，2016）。

对于波音公司来说，梦幻客机 B787 代表了一种设计和制造航空飞机的新方式，集中体现了波音的集成管理能力。 在 B787 项目之前，波音公司采用了一种按图生产制造的模式。 波音公司在供应链中提供了详细的零件规格，直到设计和开发过程的最后，制造商和供应商才参与进来。在研制 B787 客机时，波音公司主要负责 B787 的总体设计、系统集成工作，详细的设计工作已经转移到全球合作伙伴的网络中。 新机型代表了波音公司飞机设计和制造方式的彻底改变，大部分制造工序将在波音公司合作伙伴的工厂进行。 波音公司供应链中的供应商已转型为合作伙伴，在研制的早期阶段就参与了飞机的设计。 合作伙伴参与飞机的设计，使波音公司可以将合作伙伴的专长与自己的专长结合而获益。 这种合作伙伴关系使波音分散了风险，同时也增加了波音的设计团队规模。 这样，相当部分的开发成本和相关投资便转移给其他公司，为波音公司带来了更多的利润。

---

① 张发平.数字化生产准备技术与实现[M].北京:北京理工大学出版社,2015.

在埃弗雷特，波音公司已经建立了一个全球合作中心（Global Cooperation Center，GCC），作为一个全球网络的核心节点，将各种设计输入 B787 项目。 B787 的设计团队使用了虚拟 3D 设计软件——Catia，工程师们可以通过全球内部网络共享设计文件。 Catia 实现了 B787 设计团队的无缝协作，包括产品的定义、创新和集成。 全球合作中心使得位于华盛顿的总工程师与在威奇托、澳大利亚、日本、意大利、加拿大、莫斯科、中国和美国等其他中心的工程师共同设计 B787 客机。 该技术可以对飞机进行实时设计，这种协同技术为 B787 在空间上的分散设计提供了一个虚拟的集体工作空间。 作为这一战略的主体组成部分，波音公司建立了位于莫斯科的波音设计中心。 该中心雇用了 140 名工程师，提供设计支持，把 B747 客机改造成大型货机，以从世界各地运输 B787 部件[①]。

通过对供应商—制造商的集成管理，合作伙伴实现了基于虚拟设计软件的工作空间的统一，波音公司的设计师可与全球的工程师进行无缝协作，从而通过对整个生产流程，包括飞机设计、生产制造的控制，将分散的模块化生产活动高度集成，最大限度地发挥组织效率，快速、高效地完成对飞机的研制。

当然，这种模式如前文所述也面临着巨大风险，如何完善，是那些领先者，更是那些追随者在模式学习中需要注意的，如：①如何有效管理飞机制造过程的各个模块，使信息沟通畅行无阻，保证研制过程的高效，实现模块间的协调调度，将复杂的制造过程统筹于高效的集成管理思想下，是我国当前飞机制造业集成管理的一大难点；②配套技术不成熟，多沿袭传统的手工装配，出错率较高，制约了我国飞机制造业的大规模、批量化生产，更是提升集成管理能力首要解决的问题；③生产各环节之间信息沟通不畅，数字化技术应用面窄，数据传输难以打通，无法协调企业之间的工作进度，难以实现信息和产品的有效交流，是我国飞机制造业集成管理

---

① JOHN R B，GRETE R. Transnational corporations and spatial divisions of 'service' expertise as a competitive strategy：the example of 3M and boeing［J］. Service industries journal，2008，28（3）：307-323.

的一大瓶颈；④生产各环节之间存在信息孤岛，飞机设计制造生产线的各个流程未能打通，难以实现数据和生产的集中管理，未能充分实现设计、工装的并行等[①]。

12.1.4　中国航空航天制造业的产出绩效

（1）创新绩效。　中国航空航天产业的专利申请数如表 12-7 所示。中国航空航天产业的专利申请数从 2010 年的 2000 多项快速增长到 2016 年的 7897 项，反映了我国航空航天产业的技术水平有显著提升。　对比有效发明专利数量发现，在 2013 年以前，我国航空航天产业的有效发明专利率[②]不高，甚至未超过 55％。　但自 2013 年之后，我国有效发明专利率一路飙升，2015 年更是创下 95％的高效率，说明我国航空航天产业所取得的科研技术成果非常突出。

表 12-7　2010—2016 年中国航空航天产业专利申请数

年份	2010	2011	2012	2013	2014	2015	2016
发明专利申请数（个）	2172	2414	3415	3828	4772	5276	7897
增长率（％）	44.41	11.14	41.47	12.09	24.66	10.56	49.68
有效发明专利数（个）	700	1277	1770	2778	3485	5035	6852
增长率（％）	23.89	82.4	38.61	56.95	25.45	44.48	36.09

数据来源:2011—2016 年《中国高技术产业统计年鉴》。

新研发产品的销售收入从 2012 年的 639.13 亿元逐年上升到 2016 年的 1533.66 亿元，说明其研发结果转化率在稳步提升，意味着我国航空航天产业的科研投入是有效的（见表 12-8）。

---

① 郑思渊.基于任务调度的飞机翼身交点孔、面精加工系统集成[D].杭州:浙江大学，2012.

② 有效发明专利率＝有效发明专利数/发明专利申请量。

表 12-8　航空航天产业新研发产品销售情况

年份	2012	2013	2014	2015	2016
新研发产品销售收入（亿元）	639.13	756.61	1118.51	1380.13	1533.66
增长率（%）	21.27	18.38	47.83	23.39	11.12

数据来源：2011—2016 年《中国科技统计年鉴》。

（2）经济绩效。 由图 12-10 可知，中国航空航天产业从 2000 年到 2016 年，整体保持着上升的良好姿态，利润总额在 2011 年第一次打破了 100 亿元的瓶颈，2016 年更是突破 200 亿元大关，达到 224.40 亿元，年增长率虽然有一定起伏，但是 2009—2016 年的年均增长率仍达到了 14.00%，2010 年到 2016 年的利润总额一直在小幅度上涨。

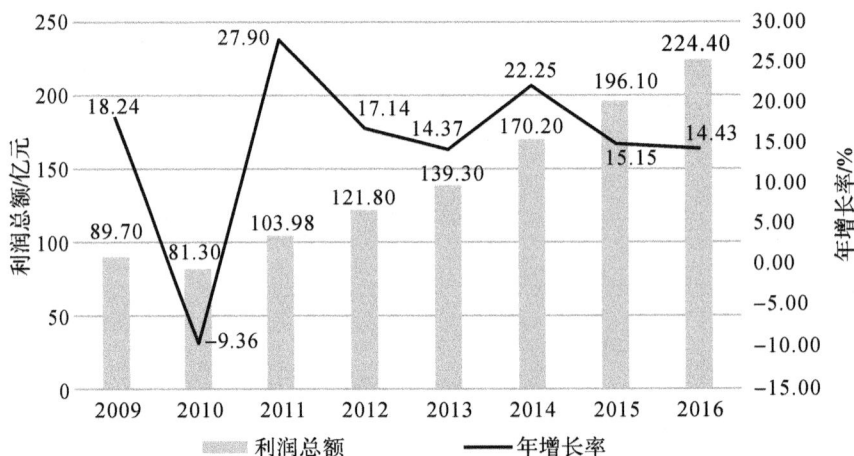

图 12-10　2009—2016 年中国航空航天产业利润总额及增长率

数据来源：根据 2009—2016 年《高技术产业统计年鉴》整理。

12.2　中美欧航空航天设备制造业生产能力比较

12.2.1　基于主成分分析法的指标权重确定步骤

（1）确定评价对象及评价指标体系。 确定评价对象 P，并设定 P 的评价指标集 $U = \{u_1, u_2, \cdots, u_n\}$，$n$ 是评价因素的个数，$u_i(i = 1, 2, \cdots, n)$ 为各项指标对应的值，对指标集进行分类确定指标体系结构。

（2）搜集样本数据及进行数据预处理。 对原始样本数据进行筛选、去重、剔除无效数据、量化非数值型的指标变量等操作后，对样本数据做标准化处理，主要从无量纲化处理和逆向指标问题这两方面进行。 采用Z-score进行无量纲标准化处理，这是主成分分析和统计分析软件 SPSS 中默认的主成分分析标准化方法。 这种方法能够充分利用样本信息，标准值的确定也比较客观，具体处理过程如下所示（黄蓉，2017）：

标准化之后的样本矩阵用 $\boldsymbol{Z}$ 表示，如下所示：

$$\boldsymbol{Z}_{ij} = \frac{x_{ij} - \overline{x}_j}{\sqrt{\mathrm{Var}(x_j)}} (i = 1, 2, \cdots, m; j = 1, 2, \cdots, n) \quad (12\text{-}1)$$

样本指标数据均值为：

$$\overline{x}_j = \frac{1}{m} \sum_{i=1}^{m} x_{ij} \quad (12\text{-}2)$$

样本指标数据方差为：

$$\mathrm{Var}(x_j) = \frac{1}{m-1} \sum_{i=1}^{m} (x_{ij} - \overline{x}_j)^2 \quad (12\text{-}3)$$

标准化处理后变量值会分布在 0 左右，变量值大于 0 的说明此样本数值高于平均水平，变量值小于 0 的表明此样本数值低于平均水平。

（3）对样本数据进行主成分分析，完成对指标权重向量的确定。 首先，计算出主成分得分矩阵 $\boldsymbol{F}$ 和主成分因子的权系数 B；其次，计算各指标综合得分作为各指标权重；最后，对各指标权重进行归一化处理后，得到指标权重向量 $\boldsymbol{A} = (a_1, a_2, \cdots, a_n)$，满足 $\sum_{i=1}^{n} a_i = 1$，其代表了各个评价指标的相对重要程度。

12.2.2　航空航天制造业生产能力指标体系权重计算

由于难以得到航空航天专家的打分，为了便于数据收集和量化评价比较，这里将指标压缩到 14 个（剔除"过程管理"的定性指标），如表 12-9所示。

表 12-9　航空航天产业生产能力衡量指标体系

目标层	准则层	一级指标
航空航天产业 生产能力	投入要素	科研投入总量 A_1
		科研投入占 GDP 的比重 A_2
		单位劳动力成本 A_3
		科研人员占从业人员的比重 A_4
		从业人员本科以上文化程度比例 A_5
	支撑条件	航空航天产业生产总值 B_1
		贸易竞争指数 B_2
		RCA 指数 B_3
		工业生产指数 B_4
		国际市场占有率 B_5
航空航天产业 生产能力	产出绩效	专利授权数 C_1
		论文与专著数 C_2
		主营业务收入 C_3
		利润总额 C_4

本部分以 2000—2016 年《中国高技术产业统计年鉴》、《中国科技统计年鉴》、联合国商品贸易数据库、国际统计局为研究数据来源。经过筛选、量化后的样本数据见表 12-10。

表 12-10(a)　2000—2016 年中国航空航天产业相关数据

年份	科研投入总量（万元）	科研投入占 GDP 的比（%）	单位劳动力成本（美元/单位周转量）	科研人员占从业人员的比重（%）	从业人员本科以上文化程度比例（%）	航空航天产业生产总值（亿元）	贸易竞争指数
2000	137932	0.05	81	6.75	22.41	845.9	−0.87
2001	159875	0.07	85	7.03	23.41	886.4	−0.88
2002	194569	0.07	90	7.81	24.45	905.2	−0.82
2003	204874	0.09	92	8.12	25.34	924.8	−0.84
2004	224778	0.11	92	8.43	26.42	943.3	−0.81
2005	277969	0.13	97	9.80	26.78	972.6	−0.83

续　表

年份	科研投入总量（万元）	科研投入占GDP的比(%)	单位劳动力成本（美元/单位周转量）	科研人员占从业人员的比重(%)	从业人员本科以上文化程度比例(%)	航空航天产业生产总值(亿元)	贸易竞争指数
2006	357568	0.15	101	7.24	27.04	962.1	−0.82
2007	467484	0.16	105	6.03	27.43	985.5	−0.8
2008	515890	0.16	110	6.16	27.89	991.1	−0.79
2009	649429	0.19	123.13	7.08	28.02	1139.5	−0.76
2010	912701	0.22	138.75	8.39	28.78	1332.2	−0.72
2011	1417420	0.29	148.24	9.24	28.90	1496.5	−0.84
2012	1586828	0.29	153.33	10.50	29.10	4093.2	−0.83
2013	1671450	0.28	173.33	13.08	29.00	4675.1	−0.82
2014	1847872	0.29	175.26	9.91	29.40	4596.7	−0.8
2015	1680023	0.24	180.5	10.88	30.00	5136.9	−0.77
2016	1803214	0.24	190.5	12.53	30.59	5986.4	−0.06

表 12-10(b)　2000—2016 年中国航空航天产业相关数据

年份	RCA指数	工业生产指数	国际市场占有率	专利授权数（项）	论文与专著数（篇或部）	主营业务收入（亿元）	利润（亿元）
2000	0.11	94.1	0.77	139	235	377.8	3.8
2001	0.12	95.8	0.78	153	249	425.6	10.6
2002	0.12	96.3	0.75	168	267	528.2	18.6
2003	0.09	97.4	0.73	174	284	602.8	20.5
2004	0.10	98.2	0.75	189	295	643.5	28.6
2005	0.11	99.4	0.77	192	305	781.4	32.4
2006	0.13	100.3	0.78	238	318	1052.3	48.6
2007	0.11	99.4	0.79	304	331	1254.5	53.1
2008	0.10	99.5	0.80	339	327	1945.6	72.5
2009	0.09	100.1	0.77	565	341	2001.5	76.2
2010	0.09	101.5	0.84	692	379	2016.2	89.5

年份	RCA 指数	工业生产指数	国际市场占有率	专利授权数（项）	论文与专著数（篇或部）	主营业务收入（亿元）	利润（亿元）
2011	0.08	99.9	0.74	1276	321	2043.4	104.5
2012	0.08	100.3	0.99	1770	389	2329.9	121.8
2013	0.07	100.4	1.01	2778	401	2853.2	139.3
2014	0.08	99.5	1.03	3485	478	3027.6	170.3
2015	0.07	99.3	1.05	5535	510	3412.6	196.1
2016	0.06	99.7	1.00	6852	616	3801.7	224.4

借助 SPSS 软件，对中国 2000—2016 年间航空航天产业生产能力衡量指标数据进行主成分分析，完成指标权重向量的确定，之后按照模糊综合评价思路完成中美欧航空航天产业生产能力的评价工作。

（1）相关矩阵和 KMO。 对原始数据进行标准化处理后，计算各个指标值之间相关性，得出相关矩阵（黄蓉，2017）。 将表 12-10 中样本数据导入 SPSS 数据分析软件中，计算出指标相关系数矩阵，如表 12-11 所示。 由表 12-11 可以看出，许多指标之间存在较强的相关性，表明它们之间包含重复或重叠性信息。

（2）公因子方差表。 公因子方差表即共同度表，表示通过主成分提取出的各因子比例，可以反映所选主成分因子的合理性，各个指标所提取出的共同度越高，则主成分分析对原变量的解释程度越强（黄蓉，2017）。 本部分用主成分分析默认提取了 4 个主成分，得到公因子方差如表 12-12 所示。 所有指标提取比例均大于 0.8，表示能够在很大程度上解释原变量。

表 12-11　样本数据的相关系数矩阵

指标	科研投入总量	科研投入占GDP的比重	单位劳动力成本	科研人员占从业人员的比重	从业人员本科以上文化程度比例	航空航天产业生产总值	贸易竞争指数	RCA指数	工业生产指数	国际市场占有率	专利授权数	论文与专著数	主营业务收入	利润
科研投入总量	1.000	0.901	0.954	0.871	0.883	0.884	-0.504	-0.890	-0.221	0.781	0.781	0.703	0.912	0.859
科研投入占GDP的比重	0.901	1.000	0.771	0.780	0.679	0.635	-0.631	-0.758	0.014	0.500	0.448	0.362	0.649	0.557
单位劳动力成本	0.954	0.771	1.000	0.889	0.930	0.913	-0.275	-0.932	-0.184	0.833	0.886	0.826	0.962	0.925
科研人员占从业人员的比重	0.871	0.780	0.889	1.000	0.743	0.849	-0.422	-0.936	0.036	0.757	0.678	0.563	0.836	0.737
从业人员本科以上文化程度比例	0.883	0.679	0.930	0.743	1.000	0.835	-0.150	-0.841	-0.199	0.778	0.901	0.857	0.905	0.904
产业生产总值	0.884	0.635	0.913	0.849	0.835	1.000	-0.320	-0.843	-0.308	0.966	0.882	0.851	0.978	0.953
贸易竞争指数	-0.504	-0.631	-0.275	-0.422	-0.150	-0.320	1.000	0.387	0.407	-0.146	-0.112	0.127	-0.278	-0.191

续表

指标	科研投入总量	科研投入占GDP的比重	单位劳动力成本	科研人员占从业人员的比重	从业人员本科以上文化程度比例	航空航天产业生产总值	贸易竞争指数	RCA指数	工业生产指数	国际市场占有率	专利授权数	论文与专著数	主营业务收入	利润
RCA指数	-0.890	-0.758	-0.932	-0.936	-0.841	-0.843	0.387	1.000	0.152	-0.706	-0.809	-0.646	-0.880	-0.817
工业生产指数	-0.221	0.014	-0.184	0.036	-0.199	-0.308	0.407	0.152	1.000	-0.217	-0.476	-0.318	-0.351	-0.431
国际市场占有率	0.781	0.500	0.833	0.757	0.778	0.966	-0.146	-0.706	-0.217	1.000	0.829	0.882	0.924	0.914
专利授权数	0.781	0.448	0.886	0.678	0.901	0.882	-0.112	-0.809	-0.476	0.829	1.000	0.926	0.946	0.974
论文与专著数	0.703	0.362	0.826	0.563	0.857	0.851	0.127	-0.646	-0.318	0.882	0.926	1.000	0.893	0.942
主营业务收入	0.912	0.649	0.962	0.836	0.905	0.978	-0.278	-0.880	-0.351	0.924	0.946	0.893	1.000	0.986
利润	0.859	0.557	0.925	0.737	0.904	0.953	-0.191	-0.817	-0.431	0.914	0.974	0.942	0.986	1.000

表 12-12 提取 4 个主成分的公因子方差表

指标	初始	提取
科研投入总量	1.000	0.973
科研投入占 GDP 的比重	1.000	0.919
单位劳动力成本	1.000	0.978
科研人员占从业人员的比重	1.000	0.920
从业人员本科以上文化程度比例	1.000	0.884
航空航天产业生产总值	1.000	0.939
贸易竞争指数	1.000	0.979
RCA 指数	1.000	0.890
工业生产指数	1.000	0.991
国际市场占有率	1.000	0.854
专利授权数	1.000	0.968
论文与专著数	1.000	0.981
主营业务收入	1.000	0.996
利润	1.000	0.999

（3）解释度方差表。 解释的总方差也叫因子的方差贡献,因子的方差贡献和方差贡献率是衡量各个因子相对重要程度的指标,用于反应提取出来的各个因子对原有指标方差的解释程度,因子方差的贡献值越高,表明该因子越重要（黄蓉,2017）。 分析得到的解释度方差情况如表 12-13 所示。

表 12-13 解释度方差表

成份	初始特征值			提取平方和载入		
	合计	方差的解释度（%）	累积的解释度（%）	合计	方差的解释度（%）	累积的解释度（%）
1	10.285	73.467	73.467	10.285	73.467	73.467
2	1.704	12.171	85.638	1.704	12.171	85.638
3	1.280	9.142	94.780	1.280	9.142	94.780
4	0.380	2.714	97.494			

成份	初始特征值			提取平方和载入		
	合计	方差的解释度(%)	累积的解释度(%)	合计	方差的解释度(%)	累积的解释度(%)
5	0.272	1.942	99.436			
6	0.060	0.430	99.866			
7	0.019	0.134	100.000			
8	5.744	4.103	100.000			
9	4.524	3.231	100.000			
10	1.703	1.216	100.000			
11	1.651	1.179	100.000			
12	−6.436	−4.597	100.000			
13	−2.406	−1.719	100.000			
14	−6.133	−4.381	100.000			

特征根较大的 3 个因子被提取为主成分，且这 3 个主成分的特征值方差贡献率相对较大，累计方差贡献率达到了 94.780%，能够很大程度地反映原始指标信息，即这 3 个主成分已经包含了原来 14 项指标的大部分信息，3 个主成分的提取较为合理。

（4）碎石图。 碎石图是进行主成分分析时，在确定提取主成分因子个数时做参考用的。 碎石图是各个主成分特征根按大小排列的散列点，通常与解释度方差表结合来确定要抽取的主成分因子个数（黄蓉，2017）。 从图 12-11 可以看出，从第 4 个主成分开始的特征值接近于 0，这样也从侧面反映了前 3 个主成分提取的合理性。

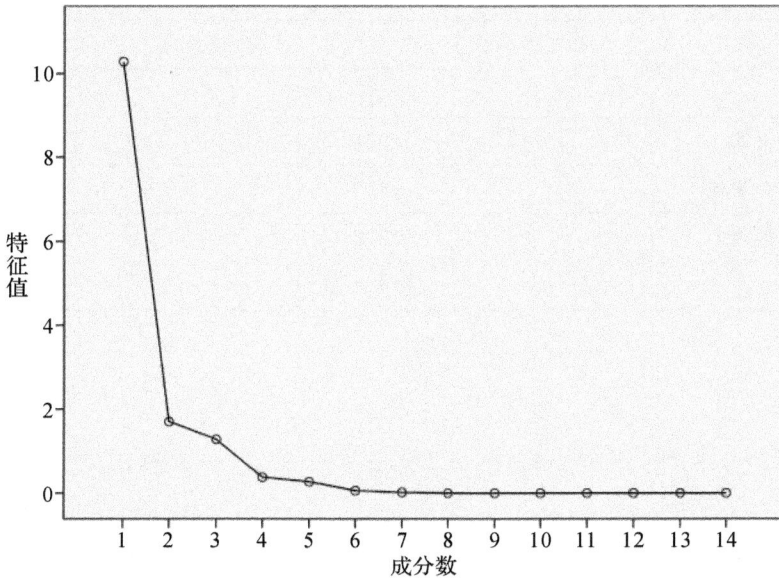

图 12-11　主成分分析碎石图

根据选定的 3 个主成分因子，分析计算出成分得分系数矩阵，各成分因子的得分如表 12-14 所示。

表 12-14　成分得分系数矩阵表

指标	成分		
	1	2	3
科研投入总量	0.951	−0.263	0.014
科研投入占 GDP 的比重	0.731	−0.607	0.126
单位劳动力成本	0.980	−0.040	0.122
科研人员占从业人员的比重	0.871	−0.314	0.249
从业人员本科以上文化程度比例	0.927	0.103	0.117
航空航天产业生产总值	0.967	0.059	−0.029
贸易竞争指数	−0.332	0.778	0.512
RCA 指数	−0.914	0.206	−0.109
工业生产指数	−0.299	−0.199	0.928
国际市场占有率	0.896	0.218	0.064

续　表

指标	成分		
	1	2	3
专利授权数	0.981	0.320	−0.135
论文与专著数	0.854	0.500	0.038
主营业务收入	0.972	0.099	−0.040
利润	0.966	0.234	−0.103

各个主成分因子的表达式如下所示：

$$F_1 = 0.951x_1 + 0.731x_2 + 0.980x_3 + 0.871x_4 + 0.927x_5 + 0.967x_6$$
$$- 0.332x_7 - 0.914x_8 - 0.299x_9 + 0.896x_{10} + 0.981x_{11} + 0.854x_{12}$$
$$+ 0.972x_{13} + 0.966x_{14}$$

$$F_2 = - 0.263x_1 - 0.607x_2 - 0.040x_3 - 0.314x_4 + 0.103x_5 + 0.059x_6$$
$$+ 0.778x_7 + 0.206x_8 - 0.199x_9 + 0.218x_{10} + 0.320x_{11} + 0.500x_{12}$$
$$+ 0.099x_{13} + 0.234x_{14}$$

$$F_3 = 0.014x_1 + 0.126x_2 + 0.122x_3 + 0.249x_4 + 0.117x_5 - 0.029x_6$$
$$+ 0.512x_7 - 0.109x_8 + 0.928x_9 + 0.064x_{10} - 0.135x_{11} + 0.038x_{12}$$
$$- 0.040x_{13} - 0.103x_{14}$$

（5）权重计算。 计算各指标综合得分作为各个指标的权重，再根据解释度方差表计算主成分得分系数，即

$$B = \begin{bmatrix} b_1 & b_2 & \cdots & b_k \end{bmatrix} \qquad (12\text{-}4)$$

$$b_i = \lambda_i \Big/ \sum_{i=1}^{k} \lambda_i \qquad (12\text{-}5)$$

其中，B 表示主成分因子的权系数。

根据"每个方差贡献值/3 个主成分的方差累计贡献值"，计算出的 3 个值就是主成分得分系数，分别为：10.285/94.780 = 0.1085，1.704/94.780 = 0.0179，1.280/94.780 = 0.0135。 再根据公式

$$A_i = \sum_{j=1}^{k} B_j \cdot F_{ij} (i = 1, 2, \cdots, n; j = 1, 2, \cdots, k) \quad (12\text{-}6)$$

计算各指标综合得分矩阵 W，得：

$$W = (- 0.0055, \ - 0.0094, \ 0.0053, \ 0.0039, \ 0.0087, \ 0.0009,$$

0.0435, —0.0003, 0.0373, 0.0092, 0.0028, 0.0153, 0.0014, 0.0020)

此时,通过主成分分析得到的各指标综合得分中出现了负数,这是因为在进行主成分分析之前对原始数据进行了标准化处理。为了避免负数对之后的加权运算造成误差,根据统计学中的 3σ 原则,运用如下公式进行坐标平移以消除负数影响(黄蓉,2017)。

$$Y_{ti} = H + 100 \times \mathrm{Var}(Y_{ti}) \tag{12-7}$$

其中,Y_{ti} 为坐标平移标准化后的结果,H 为原始数据集,$\mathrm{Var}(Y_{ti})$ 为原数据集对应的标准差。经过上述方法进行平移转换后,各指标综合得分的值如下所示:

$Y =$ (0.0133, 0.0218, 0.0061, 0.0058, 0.0087, 0.0063, 0.1680, 0.0070, 0.1219, 0.0093, 0.0057, 0.0204, 0.0060, 0.0059)

根据公式

$$W_i = W_i / \sum_{i=1}^{n} A_i \tag{12-8}$$

对该结果进行归一化处理,得:

$W =$ (0.0328, 0.0536, 0.0151, 0.0142, 0.0215, 0.0154, 0.4135, 0.0172, 0.3000, 0.0230, 0.0141, 0.0502, 0.0149, 0.0144)

12.2.3　原始数据的采集与处理

(1)原始数据的采集。根据构建的复杂产品生产能力衡量体系,进行原始数据的收集,数据主要来源于 2016 年《中国高技术产业统计年鉴》、2016 年《中国统计年鉴》、欧洲航天局(http://www.esa.int/ESA)、美国航空航天局(https://www.nasa.gov/)、联合国商品贸易数据库、欧洲专利局和 OECD 数据库等。得到的中欧美航空航天产业生产能力评价原始数据如表 12-15 所示。

表 12-15   中欧美航空航天产业生产能力评价原始数据

指标	中国	美国	欧洲
科研投入总量 A_1（亿元）	29.8	361.26	139.78
科研投入占 GDP 的比重 A_2（%）	0.04	0.18	0.12
单位劳动力成本 A_3（美元/单位周转量）	180.5	277.73	287.03
科研人员占从业人员的比重 A_4（%）	11.84	50	37
从业人员本科以上文化程度比例 A_5（%）	30	65	55
航空航天产业生产总值 B_1（亿元）	1440	1803.32	1387.89
贸易竞争指数 B_2	-0.25	0.44	0.31
RCA 指数 B_3	0.08	0.65	0.57
工业生产指数 B_4	102	105	115
国际市场占有率 B_5（%）	0.99	51.78	36.43
专利授权数 C_1（项）	6234	10585	6106
论文与专著数 C_2（篇或部）	510	686	506
主营业务收入 C_3（亿元）	3412.6	16120	7341
利润总额 C_4（亿元）	196.1	1045.1	548.08

（2）原始数据的无量纲化处理，如表 12-16 所示。 可以看出，原始数据无量纲化，除了航空航天产业生产总值、专利授权数和论文与专著数外，中国的其他数据均为零，与美国和欧洲相比差距很大。

表 12-16   中美欧航空航天产业生产能力衡量原始数据无量纲化表

指标	中国	美国	欧洲
科研投入总量 A_1	0	1	0.3318
科研投入占 GDP 的比重 A_2	0	1	0.5714
单位劳动力成本 A_3	0	0.9127	1
科研人员占从业人员的比重 A_4	0	1	0.6593
从业人员本科以上文化程度比例 A_5	0	1	0.7145
航空航天产业生产总值 B_1	0.1254	1	0
贸易竞争指数 B_2	0	1	0.8116

续　表

指标	中国	美国	欧洲
RCA 指数 B_3	0	1	0.8596
工业生产指数 B_4	0	0.2308	1
国际市场占有率 B_5	0	1	0.6978
专利授权数 C_1	0.0286	1	0
论文与专著数 C_2	0.0222	1	0
主营业务收入 C_3	0	1	0.3091
利润总额 C_4	0	1	0.4146

12.2.4　数据计算

计算公式为:

$$A_j = \sum_{i=1}^{n} \omega_i x_{ij} \tag{12-9}$$

其中, A_j 表示 j 国综合得分, ω_i 表示 i 指标权重, x_{ij} 表示 j 国 i 指标值。由表 12-17 可以看出,中国与美国、欧洲相比,差距极大,只相当于美国和欧洲的两百多分之一。

表 12-17　中美欧航空航天产业生产能力的总体得分

生产能力得分	中国	美国	欧洲
总体得分	0.0034	0.7679	0.7584

12.2.5　结果比较分析

(1)与欧美相比,我国航空航天的生产能力差距明显。通过对三者的航空航天制造业生产能力进行综合评价,得出我国航空航天制造业生产能力在三者之中列末位,特别是航空产业,飞机、航天器及相关设备领域。2016 年美国贸易顺差超过 1000 亿美元(出口 1347 亿美元、进口 310 亿美元),传统工业强国德国也存在较大顺差(出口 444 亿美元、进口 197 亿美元),中国则存在较大逆差(出口 34 亿美元、进口 228 亿美元)。相比 2010 年,2016 年中国在航空航天领域的逆差金额增长了接近一倍,美国的顺差同时大幅增加。航空航天及集成电路已经成为中国迈向科技强国急需提升的技术领域①，航空产业在结冰条件下进行短枪防冰地面试验的气象实验室建设也迫在眉睫。对追求高技术领先的航空产业而言，只有核心技术的控制权能够决定一个企业在这个产业链中的地位，只有具备了自主知识产权和品牌产品市场开发主动权的飞机制造商，才能成为世界商用飞机领域的实力派（刘济美，2016）。

（2）在航空航天制造业人才投入及研发经费的投入、经济支撑等方面，我国与欧美相比差距仍然较大。因此，要加大对我国航空航天器制造业创新投入的力度，避免盲目的投入，并且应该采用适度性和针对性原则对相关项目加大投入，既突出重点，又兼顾全局（黄鲁成等，2017）。这些年，中国商飞以"广纳天下英才，共创民机伟业，成就精彩人生"的人才观和"依靠人才发展项目，依托项目培养人才"的人才理念，挖掘人才，培养人才。目前已形成了以吴光辉院士为代表的科技领军人才队伍，以C919大型客机首飞机长蔡俊为代表的试验试飞人才队伍，以"大国工匠"胡双钱、王伟为代表的技能人才队伍，以李东升、巴里为代表的海外人才队伍（李佳师，2018）。但实证研究表明，我国航空产业的研发研究人员占总从业人员的比重对产业链升级的影响并不显著，甚至是负值，产生这一现象的原因可能是企业在创新活动中的人力资本投入结构不合理、高级人力资源利用率低下等（段婕等，2016）。总之，表12-16显示，我国与欧美相比，14个指标中，11个指标得分为零，另外3个指标得分也很低，足以表明中国航空航天产业发展空间巨大，任务艰巨。

（3）与欧美相比，中国航空航天产业生产能力在产业生产总值、专利授权数、论文与专著数方面虽然位列第二，但与美国差距仍很大，因此要加强基础应用研究，尤其要重视专利质量，提高专利的技术含量，防止过度关注专利申请数量，从而推动专利转化和产业化，形成新产品，提高销售收入，增加利润（黄鲁成等，2017）。

（4）过程管理虽然没有被纳入评价中，但从与波音公司和空客公司

---

① 任泽平. 中美科技实力对比：全球视角［EB/OL］. （2020-02-15）. http://www.weixinso.com/article/26212561.html.

的比较中，可见一斑。 相对于量化指标的比较，定制化管理、模块化管理和集成/服务管理是隐藏在量化显性指标背后的隐形力量。 如中国商飞为了最大限度地利用好国内外一切可以利用的资源，采取模块化组织，实行"主供"模式，重点加强飞机设计集成、总装制造、市场营销、客户服务和适航取证等能力，将众多零部件转包给其他供应商，告别了过去合作生产受制于人的被动状况，逐步实现从"中国制造"向"中国创造"过渡，确立了自主集成创新之路（吴昀桥，2016）。 总之，中国航天航空产业的生产能力提升，不仅要在以创新为核心的技术能力上花大力气，解决"核高基"等卡脖子问题，还要在促进技术创新和技术能力提升，不断在管理创新上下大功夫，做到有的放矢，即在培养和加强自主创新能力时，技术创新和管理创新两手都要硬。 实践表明，仅仅依靠发展转包生产或与国家寡头进行合作来完成产业升级几乎是不可能的（段婕等，2016）。

第 4 篇

国家复杂产品生产能力提升战略与政策研究

第 13 章 我国复杂产品生产能力的提升战略:路径与选择

复杂产品生产能力的核心是创新能力,而创新能力又贯穿并体现在"核心能力—核心技术—产品技术—产品系列—竞争力"的全过程。本章首先以中国高铁为例讨论复杂产品的技术追赶影响因素、方式及其战略选择,其次基于数控机床产业竞争力的国际比较,提出我国产业升级的战略路径选择,最后围绕着两个基本路径(价值链路径和平台路径),基于能力观的战略理论,提出技术能力、管理能力和平台能力的构建和提升策略,并对复杂产品生产能力提升的创新战略、合作战略和平台战略的相关论题进行讨论。

13.1 复杂产品的技术追赶:以中国高铁为例

自 2004 年技术引进以来,我国高铁实现了技术追赶,成为世界上少数几个能够自主生产高铁的国家之一。追赶是国家缩小与领先国家的生产率和收入差距的一种能力[①],已有研究大致将其分为两类:一是后发国家沿着先发国家的技术发展轨迹一步一步地追赶,利用后发优势缩短各阶段学习的周期,达到技术追赶的目的,这是一种技术发展路径的跟踪方式;二是强调在技术追赶过程中的跳跃式发展,抓住机会窗口实现对先发国家的技术赶超,这是一种技术跳跃的追赶方式。

在技术追赶过程中,企业是技术追赶的主体,复杂产品的技术和行业特征会影响主体的战略选择,政府的政策在企业的战略选择中起到了重要的助推作用。技术追赶的结果当然由市场来检验,当复杂产品追赶国家可以将复杂产品输出到其他国家,能够与追赶对象进行正面竞争时,意味

---

① FAGERBERG J, GODINHO M. Innovation and catching-up [M]// FAGERBERG J, MOWERY D, NDLSON R. (Eds.) Oxford Handbook of Innovation, Oxford: Oxford University Press, 2005.

着技术追赶过程的完成。

13.1.1 不同时期中国的高铁技术追赶

从高铁技术发展的角度看，我国高铁发展历程可分为 3 个时期：一是技术积累时期（2004 年以前），二是技术引进时期（2004—2008 年），三是自主创新时期（2009 年至今）。

（1）技术积累时期。 该时期又称为独立研发时期（黄阳华等，2020）。 在这一时期，我国确定了以轮轨技术大规模发展中国高铁的道路，因为针对轮轨技术有了大量的储备和积累。 在技术来源上，以自主研发为主，几乎所有的车型都是中国机车车辆企业自主系统集成的。 不过，不同产品的关键部件要从国外厂家采购。 虽然在这一时期中国自主研发的高速动车组还不够成熟可靠，但相关企业已形成了一定的技术能力和积累了一定的技能知识，为后来的引进吸收和自主创新奠定了基础。

（2）技术引进时期。 鉴于中国经济社会发展的迫切需要，中国在高铁上的技术现状及世界高速列车发展的技术趋势，中国高铁面临 3 种策略选择：①沿用独立研发模式，逐步解决本土技术缺陷，但时间成本高；②采用"市场换技术"，直接进口国外成熟高铁装备，时间成本低，但不掌握核心技术和关键零部件，本土技术和产业链难以发展起来；③采取介于两种策略之间的自主创新导向的引进消化吸收策略（黄阳华等，2020）。中国高铁方最终选择了第三种策略。 在技术系统上放弃了大规模使用自主研制的"中华之星号"动力集中型动车组，从国外引进了成熟的动力分散性产品平台，显著降低了技术路线的风险。 而且，在对引进动车组的适应性改进和演进车型的自主开发过程中，中国企业在新的起点上开启了自主创新的伟大征程。 总结起来，中国高铁的技术引进既以弥补国内制造技术短板为目的，同时又是完善本土产业创新体系的手段。 这种以自主创新为导向的技术引进，是中国高铁跳出"引进—落后—再引进"追随者陷阱的关键（黄阳华等，2020）。

（3）自主创新时期。 在引进消化吸收再创新已取得重大阶段性成果的基础上，围绕京沪高铁，中国企业和政府决定自主研制时速 350 千米及以上的高速列车。 中国高速列车研制开始进入全面自主创新阶段，在关键技术领域上基本实现系列化。 特别是具有完全自主知识产权的中国标准动车组的下线标志着中国已完全具备了高速列车自主研发设计的能力，跻身高速列车技术世界领先水平行列。 核心技术的自主化不仅意味着中国高速列车实现了由"中国制造"向"中国创造"的历史性跨越，也大大提升了中国高铁"走出去"的竞争力。

13.1.2　技术追赶中的中国企业策略

在技术追赶中，真正的主体还是复杂产品生产企业。 国家政策的指引更多的是一种资源的整合，而技术追赶成功与否在于复杂产品生产企业自身，复杂产品的市场和技术特征会影响生产企业技术追赶路径的选择。

（1）路径跟踪的追赶方式[①]。 通过回顾我国高铁的技术追赶进程，可以明显发现，我国高铁技术追赶是沿着路径追踪的方式进行的。 在高铁发展的几十年里，并没有出现颠覆性的变革，先发者首先进行基础研究，推出时速达 200 千米的动车，然后通过技术的不断改进，逐渐提高高铁的运行时速。 我国也是沿着这一路径追赶的：技术积累—技术引进—自主生产—自有技术。 高铁时速从 200 千米提升到 350 千米，实现了对先发者的技术追赶。 总体来说，我国高铁的技术追赶采用的是路径跟踪方式，但可能在某些配件上出现阶段跳跃型追赶。 比如，中国研制的新型动车组普遍采用先进的列车通信网络技术，并已进入实用化阶段，实现了国产动车组 WTB 与 MVB 构成模式。 这一时期研制的高速电力动车组大多采用包含 IGBT 和 IPM 等组件的先进交流电力传动系统，跨越了国际上多数国家经历的几代方式，直接进入水冷变流器和交流异步电机传动方式并实现了工程化[②]。

（2）技术积累与技术引进相结合。 在技术追赶初期，我国的技术追赶方针是自主研制。 虽然这一时期中国设计研制的动车组产品，大多为

---

① 李根认为，后发国家的追赶有路径追随、路径跳跃和路径创造 3 种不同方式，技术轨道发生非连续性变化的时候（出现新技术范式），是后来者完成跨越式追赶的最佳时机（转引自杨志刚，2008）。跨越式追赶即现在的一个流行语——弯道超车。

② 乔英忍.我国铁路动车和动车组的发展（上）[J].内燃机车,2006(1):25-33.

时速 200 千米以下的内燃动车组，但设计时速在 200 千米以上的电力动车组也达 5 种之多（"先锋号""长白山号""大白鲨号""蓝箭号""中华之星号"）。 而且，经过深入研究、反复试验，交流电力传动系统、列车网络控制系统、高速转向架、铝合金车体、复合制动、列车可靠性和舒适性等方面的技术水平得到了全面提高。 这一时期，中国在动车组的研制上以自主创新为主，但并不排除对国外技术的学习和引进[①]。 2004 年，高铁转变发展方向后，我国从高速动车组最发达的 4 个国家分别引进了 4 种产品平台。 但这 4 种产品平台在技术系统上存在很大差异，如规格、转向架设计和悬挂方式、列车网络控制系统、空调系统和辅助供电系统等。通过消化吸收不同产品平台的技术特点，中国在引进车型的基础上开发了演进的车型，其中基于 CRH2A 演进开发的 CRH2C 充分体现了在引进消化吸收基础上的系统集成能力的提升[②]。

技术追赶的最后阶段，我国高铁生产企业开始不断攻克核心技术问题，努力形成自主系统集成能力。 CRH380 系列动车组是中国企业在技术平台上自主系统集成的代表性作品，最高运营时速达 380 千米。 在 2015 年 6 月，时速 350 千米的中国标准动车组正式下线。 这次下线的中国标准动车组的重要标准涵盖了动车组基础通用、车体、走形装置、司机室布置及设备、牵引电气、制动及供风、列车网络标准、运用维护等 13 个方面。 这一时期，中国在高速列车设计制造上基本实现了技术来源的自主化，建立了自主正向设计的产品开发平台，在关键技术系统上具有自主知识产权。

在中国高铁的技术追赶过程中，我国高铁生产的自主集成能力也在不断提高。 在技术追赶初期，我国采用的是自主研发的技术追赶路线，这

---

① 1988 年从瑞典 ADtranz 公司租赁了一列 X2000 列车，最高运营时速为 200 千米。X2000 列车对中国研发动力集中型动车组和摆式动车组（动力分散型）有一定的借鉴意义。

② CRH2C 最大的变化就是速度等级上的提高。速度等级的提高会对整个列车的系统提出更高的要求，需要重新设计各系统的参数，而这个改进过程也是实现系统集成的过程。

一时期相关企业掌握了一定的高速列车方面的系统集成能力，并进行了核心技术的探索。 这一阶段总体的高铁系统不稳定，整体的运营速度并不能达到高铁的标准，但这一时期积累的宝贵经验为自主系统集成能力的提升提供了原始的技术积累。 在自主研发不能满足市场需求的情况下，引进外国技术成了必然选择。 在这一阶段，我国企业通过对国外技术的吸收，将国外技术转化为适合我国环境的技术，并对整车进行反向工程的学习，掌握针对成熟高铁的系统集成能力。 但要实现自主系统集成，需要在系统集成的基础上掌握高铁的核心技术。 因此，技术追赶的最后一阶段，我国将技术追赶的重心又转移到国内来。 高铁生产商在引进吸收的基础上进行了再创新，通过坚持不懈的自主研发，在 2015 年基本掌握了高铁的核心技术，掌握了高铁的自主系统集成能力。

13.1.3　技术追赶中的中国政府作用

铁路作为具有强大公益性的交通设施，是一个资本与技术密集的产业，世界上铁路的发展无一不是与政府有关的，中国政府在高铁的技术追赶过程中确实发挥着重大的作用。 高铁创新体系由长期保持的行业内"市场—产业"二元制，拓展为开放的"市场—产业—科技"体系，有效解决了我国相当一部分行业存在的产业与市场脱节、科技与产业"两张皮"的问题。 这种跨部门的政策协同，意味着高铁创新超出了部门之阀而上升为国家战略，此后的高铁创新体制常被称作"举国体制"（黄阳华等，2020）。 这种举国体制似乎推翻了古典经济学的观点（李新剑，2019）。

（1）政府打造的"竞合"运行机制，加快了高铁技术追赶的进程。 在高铁的技术追赶过程中，政府需要对其技术追赶过程进行方向上的引导，以防出现市场被他人占领，而技术却没学到的尴尬局面。 我国高铁在技术追赶的过程中，政府积极通过政策对技术追赶的方式方法进行引导，始终掌握着主动权。

在中国高铁技术追赶的 3 个不同时期，在以铁道部（2013 年更名为中国铁路总公司）为代表的行业主管部门及相关部委的配合推动下，围绕高铁创新，形成了一种竞合关系的良性运行机制。 这一运行机制最大限度地保证了中国高铁在短时间内实现技术追赶。

在技术积累时期，政府确定了通过自主研发实现中国铁路扩能提速的目标，推动实行部、局分级管理制度。 一方面铁道部作为行业主导部门，利用网运合一、政企不分的管理体制，集中路内力量，通过产学研合作论证发展高铁的可行性，组织筹划研发中国自主高速列车。 另一方面，顺应"放权让利"改革潮流，试点网运分离政策，将小额采购权下放给路局，扩大路局自主权，以路局需求激发各主机厂的创新活力，推动新产品研发。

在技术引进时期，政府颁布路网规划，激发市场需求，并利用市场换技术手段，旨在实现中国铁路机车车辆制造技术的跨越式发展。 铁道部一方面利用网运合一的体制优势，设立市场准入门槛，力保国内机车制造企业以低价引进高速列车制造的核心技术；另一方面利用政企不分的管理体制，通过调控产业内竞争主体的数量，打造由 4 家企业技术平台组成的寡占竞争格局，既保持创新活力又防止过度竞争。

在自主创新时期，通过全面自主创新打造中国标准成为产业政策的目标和手段。 以原铁道部和科技部为首的行业主管部门进一步整合路内外资源，构建开放的政产学研合作创新系统，并进一步扶持已经做大做强的两大主机车厂——南车、北车集团。

（2）政府在不同阶段的资金投向重点有所侧重。 在技术追赶初期，铁路机车行业企业盈利能力普遍较差，主要依赖政府资金进行固定资产投资和技术的更新改造。 政府研发投入是高铁机车车辆技术创新的主要资金来源。 因此，当出现高速列车研发任务时，铁道部就可以利用其行业主管部门地位和企业对其资金的依赖性，通过行政力量主导企业和高校间的产学研合作。 具体到铁路机车车辆行业而言，《中国南车年鉴》数据显示，铁道部在"九五"期间共计向南车集团投入 29.92 亿元用于技术改造，同时还向南车进行基建投资，2001 年共安排资金近 5 亿元。 在这一时期，以机车、客车和货车为主营业务的中国铁路机车车辆工业盈利能力差，《中国铁道年鉴》（1999—2006）显示，1997 年中车公司的利润总额仅为 1560.5 万元，到 2000 年也仅为 13955.4 万元，则单靠企业自身利润形成的资本积累无法满足技术追赶的需求，因此主要的资金来源还是政府。

　　技术引进时期，政府资金主要是对引进动车组关键技术消化吸收的重点资助。从 2004 年起，原铁道部全面停止了技术积累时期对各个动车组型号的研发，开始直接引进国外高速列车技术平台。因此，技术引进时期中国高速列车技术追赶的重点是对各种引进的动车组进行消化吸收和再创新。虽然这一时期主机企业技术有所提升，但是国外高速列车技术系统的复杂程度致使对其进行完全消化吸收超出了我国企业自身能力的范围，因此政府资金投入的重点转向了科研立项方面。

　　在自主创新时期，随着企业盈利能力的增强，企业自有资金的研发支出占据主导地位。政府资金仍然是投向关键技术和基础研究等方面的重点资助。2008 年 2 月 26 日，原铁道部和科技部共同签署《中国高速列车自主创新联合行动计划合作协议》。在这一联合行动计划下，科技部设置了科技支撑计划有史以来的资金额度最大的资助项目——"中国高速列车关键技术研究及装备研制"重大项目。在该项目下，政府出资 10 亿元设置了共 10 个子课题来支持新一代高速动车组的自主研发（即 CRH380 系列）。其后，科技部还设置了一系列其他的科技支撑计划和 863 计划来资助高速列车技术追赶。

　　总之，在中国高铁技术追赶的过程中，政府资金投入发挥着重要的基础和引导作用。政府通过对高校和科研院所的科研项目的支持来提高针对高铁在技术研究方面的技术能力，同时又通过对企业研发投入的科技资助和税收优惠等来拉动企业增加研发投入。尤其需要指出的是，政府能够审时度势，根据不同高铁技术追赶阶段的不同技术需求和技术复杂程度，选择和调整相应的资助领域，缩短了我国高铁的技术追赶进程。

13.1.4　基本结论

　　（1）复杂产品的技术追赶要坚持"自主研发＋技术引进"的道路。坚持自主的方针，并做好长期技术积累的思想准备，其中路径跟踪方式是追赶的常态。控制好技术追赶的节奏和速度，并善于利用技术发展中涌现出的机会窗口实现弯道超车（李新剑，2019）。这种机会窗口一般出现在主导设计形成期，如以专利数量作为衡量标准，中国 35.5％的专利占比份额超过了日本（23.4％）和欧洲（18.1％）。中国高铁在主导设计的形成期（2009—2012）实现了赶超，显性技术优势指数分析也证明了这一点（黄永春等，2017）。

（2）复杂产品的技术追赶靠单一主体是无法实现的。复杂产品双寡头的市场特征和高技术含量的特征决定了其技术追赶需要依靠多方力量，其中政府需要明确产业政策指导，加强资源调配的统一，以及注重对引进技术的消化吸收和再创新。但不能局限于将高铁技术追赶归因于"集中力量办大事"的自主创新制度安排，更需要解释政府为何"有能力"做出正确的制度安排并协调市场主体，以及特定制度框架下的政企互动何以推动技术进步（江鸿等，2019）。不能将经验照搬到其他行业，不应过分夸大政府的作用，在垄断性较强的高铁、大飞机等产业选择政府牵头整合国内研发资源的"举国体制"，而其他竞争性较强的行业，则应该以企业为主体组织创新活动以实现技术追赶（李新剑，2019）。

（3）后发国家复杂产品技术追赶的过程中，市场保护至关重要，特别是对具有广阔市场空间的国家而言。因为市场是吸引先发者的有力筹码，市场保护也是将技术追赶主动权掌握在自己手里的方式。既不能引起国内企业之间的恶性竞争，造成重复投资和资本的浪费，也不能造成封闭的市场垄断。但应根据产业发展不同阶段的技术风险特征，处理好政府与市场的关系，避免公共资源的浪费和损害市场的资源配置功能（黄阳华等，2020）。

（4）在提供硬实力（技术和工程）的同时，要不断提高软实力（如金融服务、政策细化、准则合规和文化认同），逐步完善中国复杂产品"走出去"的实力。在现阶段，尤其是在"一带一路"的背景下，我国大型建设承包集团与高铁制造企业通过组成联营体，采用投资、设计、建设（运营）一体化的方式实现基础设施建设与设备输出的"集成输出"，这是开拓海外高铁市场的有效方式和路径（路铁军，2016）。

13.2　生产能力提升的两个基本路径:基于数控机床产业竞争力比较[①]

数控机床产业是关系到国家战略地位和体现综合国力的重要基础性产业。高技术领域一旦发生"卡脖子"的贸易战,将给整个制造体系带来系统性冲击。本节先量化呈现我国数控机床产业的国际竞争力现状,基于数据搜寻数控机床产业竞争力提升的轨迹,以此选取出对标国意大利和瑞士。再结合两国在政府、产业与企业层面为提升数控机床产业竞争力所做的措施,本研究最终提炼出数控机床产业升级的战略路径,明晰两条路径的适用情境和相应策略,从而为我国数控机床产业升级提供启示。

13.2.1　文献综述

(1)产业国际竞争力的内涵与评价。对于产业层次上的国际竞争力如何定义,不同学者和机构之间存在着较大的争论,归纳起来主要从以下几个角度出发来定义,参见表 13-1。第一种定义强调比较生产率;第二种利润观则关注盈利能力;第三种从有效供给能力的观点出发,强调在合理、公正的市场条件下,一国能够提供有效产品和服务的能力;第四种综合观则从生产市场、利润、创新等多个方面考虑产业国际竞争力,更加全面,因此本节也借鉴综合观来定义产业国际竞争力,认为产业国际竞争力需要从多个角度考虑。

对国际竞争力评价方法的研究,是经济与管理领域最具深入价值与发展潜力的内容之一[②]。虽然世界经济论坛(World Economic Forum,WEF)和瑞士洛桑国际管理发展研究院(International Institute for Management Development,IMD)给出了大量的评价指标,但这些指标有的是从国家这一宏观范围进行评价的,有的是从企业或产品微观层次进行评价的,而且这些评价指标涉及的太多,较难在产业国际竞争力评价中准

[①]　本节内容已公开发表[王节祥,王雅敏,李春友,等.中国数控机床产业国际竞争力比较研究:兼谈产业竞争力提升的价值链路径与平台路径[J].经济地理,2019(7):106-118.]。

[②]　陈立敏,谭立文.产业国际竞争力的评价方法研究:兼论波特体系的内在矛盾[J].经济管理,2003(24):4-11.

确应用，也较难准确反映产业国际竞争力。因此，一些学者又从其他可操作的角度提出了产业国际竞争力的评价指标。国内外产业竞争力评价主要有3类评价方法，参见表13-2。

表 13-1　产业国际竞争力的定义

角度	提出者	定义
生产率	Porter①	国际竞争力是指一国特定产业通过在国际市场上销售其产品所反映出来的生产率
	Krugman②	一国的竞争问题其实是纯粹的国内生产率问题
利润观	1994年《国际竞争力报告》	一国一公司在世界市场上均衡地生产出比其竞争对手更多财富的能力③
有效供给能力	1985年世界经济论坛的《关于竞争力的报告》	企业主目前和未来在各自的环境中以比它们国内和国外的竞争者更有吸引力的价格和质量来进行设计、生产并销售货物及提供服务的能力和机会
	《关于工业竞争力的总统委员会报告》	国际竞争力是在自由良好的市场条件下，能够在国际市场上提供好的产品、好的服务，同时又能提高本国人民生活水平的能力④
综合观	张超⑤	产业竞争力是指属于不同国家的同类产业之间的效率、生产能力和创新能力的比较，以及在国际自由贸易条件下各国同类产业最终在产品市场上的竞争能力
	金碚⑥	在国际自由贸易条件下（或在排除了贸易壁垒因素的假设条件下），一国某特定产业的产出品所具有的开拓市场、占据市场并以此获得利润的能力，就国际竞争而言，国际竞争力的核心就是比较生产力

资料来源：根据相关资料整理。

---

① PORTER M E. The competitive advantage of nations[M]. London: Macmillan, 1990.
② KRUGMAN P. Competitiveness: a dangerous obsession[J]. Foreign affairs, 1994, 73(2):28-44.
③ 曹远征，孙安琴. 国际竞争力比较[J]. 经济学动态，1995(11):63-67.
④ 狄昂照，等. 国际竞争力[M]. 北京：改革出版社，1992.
⑤ 张超. 提升产业竞争力的理论与对策探微[J]. 宏观经济研究，2002(5):51-54.
⑥ 金碚. 中国工业国际竞争力：理论、方法与实证研究[M]. 北京：经济管理出版社，1997.

表 13-2　产业国际竞争力评价方法及指标

评价方法	评价指标
贸易数据	显示性比较优势指数、贸易竞争力指数、国际市场占有率、价格比率、显示性竞争优势
生产率法	生产法：产业产出的购买力评价
	支出法：产业产出的购买力评价、投入要素的购买力评价
多因素综合评价	要素条件、需求状况、支持性产业和相关产业、企业战略结构与竞争、机遇、政府作用（波特钻石模型）
	竞争实力、竞争潜力、竞争环境、竞争态势
	产业竞争力的来源、实质、表现、结果

资料来源：根据相关资料整理。

　　第一类评价方法是基于进出口商品国际贸易数据进行产业国际竞争力比较的。 Karaalp et al.[①]利用显示性比较优势指数和 1988—2008 年 Vollrath 在扩大的欧盟市场上的竞争优势指数，分析了土耳其在纺织服装行业的比较优势和竞争力。 《2013 欧盟产业结构报告》采用显示性比较优势指数和国际市场占有率，对欧盟、美国、日本及金砖国家的制造业和服务业竞争力进行分析。 金碚等[②]利用联合国商品贸易统计数据库（unComtrade）数据，根据显示性比较优势指数，计算了按《国际贸易标准分类》（修订 4）分类的 2001—2011 年中国 4 个部门总计 35 类工业制成品的比较优势。 郭京京等（2018）综合运用国际市场占有率、显示性比较优势指数、贸易竞争力指数和价格比率，对 2000—2015 年中国产业国际竞争力演变态势进行定量分析，揭示中国产业国际竞争力的现状及变化特征。 无论是从盈利能力角度还是从市场占有率角度来看，出口情况都是反映一国国际竞争力的非常重要的指标（张金昌，2001），同时出口数

①　KARAALP H S, YILMAZ N D. Assessment of trends in the comparative advantage and competitiveness of the Turkish Textile and clothing industry in the Enlarged EU Market[J]. Fibres & Textiles in Eastern Europe，2012，2(3):8-11.

②　金碚，李鹏飞，廖建辉. 中国产业国际竞争力现状及演变趋势——基于出口商品的分析[J]. 中国工业经济，2013(5):5-17.

据较易获得且较为客观，因此本节也选取此种评价方式。

第二类评价方法是以生产率法测量一国的产业竞争力，原理是基于购买力评价法，通过对两个国家产业产出进行比较来确定产业国际竞争力。具体操作主要有两种方法：一种是荷兰格林根大学的产出与生产率国际比较（International Comparison of Output and Productivity，ICOP）项目组提出的"生产法"，以 Vanark[①] 与 Wagner et al.[②]为代表人物。 另一种是以 Jorgenson et al.[③]为代表提出的"支出法"，方法更复杂，还能计算出投入要素的购买力评价值。 国内学者任若恩[④⑤]采用生产率法对中国和美国制造业各行业的生产率及其决定因素进行了对比分析。

第三类评价方法为多因素综合评价法，是对多种影响产业国际竞争力的因素进行评定。 波特（1990）在其《国家竞争优势》一书中，认为要素条件、需求状况、支持性产业和相关产业、企业战略结构与竞争、机遇、政府作用等六大因素，影响各国产业国际竞争力，这些因素对于产业竞争力评价方法研究具有重要参考价值。 穆荣平[⑥]从竞争实力、竞争潜力、竞争环境、竞争态势 4 个方面，构建中国高技术产业国际竞争力评价指标体系。 陈立敏等[⑦]采用由竞争力的来源——产业环境，竞争力的本质——生产率，竞争力的表现——市场份额，竞争力的结果——产业利润组成的多层次指标，对中国与美国的制造业国际竞争力进行比较。

---

① VANARK B. Productivity and competitiveness in manufacturing：a comparison of Europe，Japan and the United State[M]. Elsevier，Amsterdam ，1996.

② WAGNER K. International productivity differences[M]. Elsevier，Amsterdam ，1996.

③ JORGENSON D W，KURODA M. Productivity and international competitiveness in Japan and the United States，1960—1985[J]. Economic studies quarterly，1991，43（11）：2237-2246.

④ 任若恩. 关于中国制造业国际竞争力的初步研究[J]. 中国软科学，1996(9)：74-82.

⑤ 任若恩. 关于中国制造业国际竞争力的进一步研究[J]. 经济研究，1998(2)：3-13.

⑥ 穆荣平. 高技术产业国际竞争力评价方法初步研究[J]. 科研管理，2000，21(1)：50-57.

⑦ 陈立敏，王璇，饶思源. 中美制造业国际竞争力比较：基于产业竞争力层次观点的实证分析[J]. 中国工业经济，2009(6)：57-66.

（2）数控机床产业国际竞争力研究。关于数控机床产业国际竞争力的研究主要包括 3 个方面：数控机床产业国际竞争力的评价、影响数控机床产业国际竞争力的因素及提高数控机床产业国际竞争力的路径与措施。一是对数控机床产业的竞争力进行评价，不同学者从不同角度对数控机床产业国际竞争力进行评价。一些学者从数控机床产业环境进行评价。Marpaung[1] 运用定量 SWOT 方法来分析日本数控机床产业的优劣势、机会和威胁，从而实现成功的机床产业竞争战略规划。郭玉琼[2]借助钻石模型理论，基于陕西数控机床行业的发展现状，着重从生产要素、需求状况、相关支持产业、企业战略、结构和同业竞争及政策机遇这 6 个方面分析了陕西数控机床的行业竞争力。一些则从技术角度出发，对数控机床产业国际竞争力进行评价。刘立等[3]以德温特创新专利索引为数据来源，借助专利情报分析方法，对数控机床产业专利信息进行分析，研究发现，日本基本拥有了所有数控系统领域的优势，德国在机身设计上具有一定优势。我国专利方面近年来迅猛发展，在这几个领域也占有一定的份额，但专利数快速增长背后的原因和所申请的专利质量的差别还有待进一步研究。黄晓莉等[4]通过对比日本、美国和德国的专利信息情况，分别从专利整体产出情况、重点研发技术领域和研发机构专利布局等角度揭示出我国数控产业的发展变化。还有一些基于进出口贸易数据对数控机床产业竞争力进行分析。Kalafsky et al.[5]利用出口数据计算贸易竞争力指数对美国机床行业竞争力进行分析。

[1]　MARPAUNG S. Quantitative SWOT analysis on global competitiveness of machine tool industry[J]. Journal of engineering design, 2006, 17(3):251-258.

[2]　郭玉琼. 陕西数控机床行业竞争力与政策研究[J]. 制造技术与机床, 2010(11): 101-103.

[3]　刘立, 王博. 基于专利情报分析的数控机床产业研究[J]. 科技管理研究, 2010, 30 (15):149-152.

[4]　黄晓莉, 郑佳, 王莹, 等. 基于专利情报分析的中国数控机床产业研究[J]. 情报杂志, 2012(9):25-29.

[5]　KALAFSKY R V, MACPHERSON A D. Recent trends in the export performance of US machine tool companies[J]. Technovation, 2001, 21(11):709-717.

二是对影响国家数控机床产业竞争力的因素进行了探讨。 Kalafsky et al.[①]认为，美国数控机床产业的复苏是由多个因素共同推动的，这些因素包括积极的出口参与、改善的客户支持和更好的产品设计。 丁卓[②]将我国数控机床行业关键成功因素总结为政策支持、迅速增长的国内需求、需求的层次机构、数控机床结构和制造链的可分性、后发优势、企业制度转变、贴近用户、低成本等 8 个因素，并采用问卷的方式对这几个因素进行验证性调研。 张欣等[③]提出我国数控机床产业竞争力不足的关键因素是缺乏核心技术、技术人才及许多重要的功能部件，如自动化刀具、数控系统仍依靠国外技术支撑，不能独立发展。

三是提出了提升我国数控机床产业国际竞争力的路径与对策建议。王乃静等[④]认为，自主创新是我国数控机床企业提高核心能力和参与国际竞争的战略性选择。

可以看出，学界利用贸易数据对我国数控机床产业国际竞争力进行的定量实证评价还较缺乏，同时对数控机床产业国际竞争力的现状分析与如何提升数控机床产业国际竞争力的研究存在"两张皮"的现象：学者分析了我国数控机床产业国际竞争力而未提出提升策略或未基于评价提出提升我国数控机床产业国际竞争力的路径措施，并且在研究我国数控机床产业国际竞争力时大多选取德国、日本作为对标国，缺乏对其他数控机床强国发展数控机床产业经验及路径的研究。

（3）产业竞争力提升路径研究。 如何提升产业竞争力的研究概括起来主要有两个方面：基于全球价值链和基于学习效应的产业国际竞争力提升路径。 一是基于全球价值链的产业国际竞争力提升路径。 许多学者认

① KALAFSKY R V, MACPHERSON A D. The competitive characteristics of U. S manufacturers in the machine tool industry[J]. Small business economics, 2002, 19 (4):355-369.
② 丁卓. 我国数控机床行业关键成功因素分析[D]. 北京:清华大学, 2009.
③ 张欣, 路漫. 把脉我国数控机床产业[J]. 中国经贸, 2010(10):82-83.
④ 王乃静, 张炳清, 张华胜. 中国数控机床产业自主创新发展战略研究:基于济南二机床自主创新的分析[J]. 中国软科学, 2005(4):23-29.

为，发展中国家可以提高对全球价值链的参与度，从而提高产业国际竞争力[1][2]。王发明[3]以我国光伏产业为例，重点分析了全球价值链视阈下我国光伏产业升级，提升产业国际竞争力的条件、路径和方式。针对全球价值链的攀升，有"微笑曲线"与"武藏曲线"两种观点。施振荣[4]认为，经济主体应注重附加值高的研发和营销环节，向"微笑曲线"两端转移。Rungi et al.[5]分析了欧盟 200 多万家公司样本中供应链价值的增加点，其中顶部和底部的任务显示出更高的附加值，研究结果与"微笑曲线"的假设一致。然而"武藏曲线"认为，无论是研发还是营销，本身并不创造价值，而只有制造过程才能创造价值。"武藏曲线"论者把制造分成两类：一类是简单加工；另一类是高度制造，并指出高度制造创造高附加值和高额利润[6]。

二是基于学习效应的产业国际竞争力提升路径。产业集群是我国培育产业竞争力的一个重要方向[7]，因为产业集群具有发挥集群学习效应、凝聚效应等优势[8]，从而形成真正的产业竞争力。Bathelt et al.（2004）认为，产业集群通过外部联系所获得的知识，可以通过集群的本地联系在集群内部迅速扩散，最终提高本地联系中所携带知识的量和质。向一波等[9]提出要构建基于产业链的装备制造产业集群，通过创造集群创新环境来提高我国装备制造业的产业竞争力。另外，中国企业对外直接投资的

① HUMPHREY J，SCHMITZ H. How does insertion in global value chains affect upgrading in industrial clusters？ [J]. Regional studies，2002，36(9):1017-1027.
② TAGLIONI D，WINKLER D. Making global value chains work for development [J]. World bank other operational studies，2014(143):1-10.
③ 王发明. 全球价值链下的产业升级：以我国光伏产业为例[J]. 经济管理，2009(11):55-61.
④ 施振荣. 微笑曲线：缔造永续企业的王道[M]. 上海：复旦大学出版社，2014.
⑤ RUNGI A，PRETE D D. The smile curve at the firm level：where value is added along supply chains[J]. Economics letters，2018，164:38-42.
⑥ 朱志砺. 微笑曲线，还是武藏曲线？ [J]. 董事会，2005(7):96-97.
⑦ 徐康宁. 开放经济中的产业集群与竞争力[J]. 中国工业经济，2001(11):22-27.
⑧ 张敏. 产业集群生成与发展的动力机制分析[J]. 商业经济研究，2011(1):99-101.
⑨ 向一波，郑春芳. 提高我国装备制造业国际竞争力的对策[J]. 经济纵横，2013(4):74-76.

学习效应不仅影响企业自身的可持续发展，也关系到中国宏观经济的发展及国际竞争力的增强[①]。

已经有很多学者探讨了基于全球价值链、产业集群和对外投资的产业国际竞争力提升的内在机理，意识到了全球价值攀升与学习效益对于提升产业竞争力的正面作用。但是较少有学者研究基于具体产业提升其竞争力的实践方法，特别是在数控机床产业方面的研究，更是寥寥无几。

13.2.2 中国数控机床产业国际竞争力现状比较

（1）指标说明。遵照产业国际竞争力分析的惯例（郭京京等，2018），本节采用三大指标分析数控机床产业国际竞争力，分别代表规模水平、相对竞争力水平和附加值水平（见表13-3）。国际市场占有率可反映一国某产业或产品的出口在国际市场上的比重，比例越高说明该国该产业或产品的出口规模越大。贸易竞争力指数可反映一国某产业或产品的相对国际竞争力，可测量出一个国家就某一产业或产品而言是净出口国还是净进口国。该指数的优点是剔除了通货膨胀、汇率变动等宏观总量方面波动的影响，是贸易总额的相对值（张金昌，2001）。为表明 i 国 j 类产品的生产效率高于国际水平，对于世界市场来说，i 国是 j 产品的净供应国，具有较强的出口竞争力。指数介于 -1 和 1 之间，贸易竞争力指数为负则表明 i 国 j 类产品的生产效率低于国际水平，出口竞争力较弱。价格比率可反映出一国产品的附加价值（质量）的差别[②]。价格比率大于1，说明产品附加值高；价格比率小于1，则产品附加值低。

表 13-3 产业国际竞争力测量指标

指标	定义	公式
国际市场占有率	某国某产品的出口额占世界该产品的出口总额的比率	$MS_{ij} = X_{ij}/M_{wj}$（X_{ij} 为 i 国 j 产品的出口总额，M_{wj} 为世界 j 产品的出口总额）

① 肖慧敏，刘辉煌.中国企业对外直接投资的学习效应研究[J].财经研究，2014，40（4）:42-55.
② 郑明身，田兰章，王俊杰.中国IT制造业国际竞争力的实证研究[J].管理世界，25(2):68-76.

续　表

指标	定义	公式
贸易竞争力指数	一个国家某一产业或产品净出口与该产品贸易总额之比[1]	$TCI_{ij} = (X_{ij} - M_{ij})/(X_{ij} + M_{ij})$（$X_{ij}$ 为 i 国 j 产品的出口额，M_{ij} 为 i 国 j 产品的进口额）
价格比率	一个国家同类产品出口价格与进口价格比较	$PR_{ij} = \left(\dfrac{X_{ij}}{XN_{ij}}\right)\Big/\left(\dfrac{M_{ij}}{MN_{ij}}\right)$（$X_{ij}$ 为 i 国 j 产品的出口额，XN_{ij} 为 i 国 j 产品的出口数量，M_{ij} 为 i 国 j 产品的进口额，MN_{ij} 为 i 国 j 产品的进口数量）

资料来源：根据相关资料整理。

（2）数据来源。　在国际贸易统计中，没有根据行业划分的进出口贸易数据，只有根据商品类别划分的进出口贸易数据[2]。　因此，本节通过联合国商品贸易统计数据库（由各国海关提供的各类产品海关数据的详细汇总），采用海关合作理事会（Customs Co-operation Council，CCC）制定的《商品名称和编码协调制度》（HS1996）所确定的 6 位分类目录并按照目录选择了编码为 8456、8457、8458、8459、8460、8461、8462 及 8463[3] 的 21 种数控机床产品（见表 13-4），详细分析数控机床产业产品的国际竞争力情况。　本节利用数据计算得到的产品的国际市场占有率、贸易竞争力指数和价格比率分析中国数控机床产业国际竞争力的现状，并与主要数控机床强国（德国、意大利、日本、瑞士）进行比较，分析我国数控机床产业产品领域的国际竞争优势与劣势。

---

[1]　GRUBEL H G，LLOYD P J. Intra-industry trade：the theory and measurement of international trade in differentiated products [J]. Journal of international economics，1975，6(3)：312-314.

[2]　陈虹，章国荣. 中国服务贸易国际竞争力的实证研究[J]. 管理世界，2010(10)：13-23.

[3]　下文研究中不包括 8463。

表 13-4 分析数控机床产业国际竞争力所选择的产品

编码 1	编码 2	产品描述
8456	845610	用激光或其他光或光子束处理各种材料的加工机床
	845620	用超声波处理各种材料的加工机床
8457	845710	加工中心
8458	845811	切割金属的卧式数控车床
	845891	切割金属的立式数控车床
8459	845921	切削金属的数控钻床
	845931	切割金属的数控镗铣机床
	845951	切割金属的升降台式数控铣床
	845961	切割金属的数控铣床(非升降台式)
8460	846011	加工金属的数控平面磨床(任一坐标定位精度至少为 0.01 毫米)
	846021	加工金属的数控磨床(非平面,任一坐标定位精度至少为 0.01 毫米)
	846031	加工金属的数控刃磨机床
8461	846120	切割金属或金属陶瓷的插床
	846130	切割金属或金属陶瓷的拉床
	846140	切割金属或金属陶瓷的切齿机、齿轮磨床或齿轮精加工机床
	846150	切割金属或金属陶瓷的锯床、切断机
8462	846221	加工金属的数控矫直、弯曲、折叠或矫平机床(包括压力机)
	846231	加工金属的数控剪切机(包括压力机)
	846241	加工金属的数控冲孔或开槽机床(包括压力机,冲剪两用机)
8463	846310	加工金属、烧结金属碳化物或金属陶瓷的非切削机床,用于棒材、管材、型材、线材等拉伸的工作台
	846390	其他 8463 品目下的机床

资料来源:根据相关资料整理。

（3）数控机床产业国际竞争力比较结果。 一是产业规模。 从国际市场占有率来看,我国数控机床产品在国际市场上已占有一席之地,我国已经成为一个数控机床规模大国。 从图 13-1 可以看出,2016 年,我国数控机床产业一些产品的国际市场占有率已经可与数控机床强国相比肩。 其中,"切割金属或金属陶瓷的锯床、切断机(846150)"和"加工金属的数控剪切机(包括压力机)(846231)"两种产品的国际市场占有率已经超过其他数控机床强国,分别为 21.2% 和 27.5%。

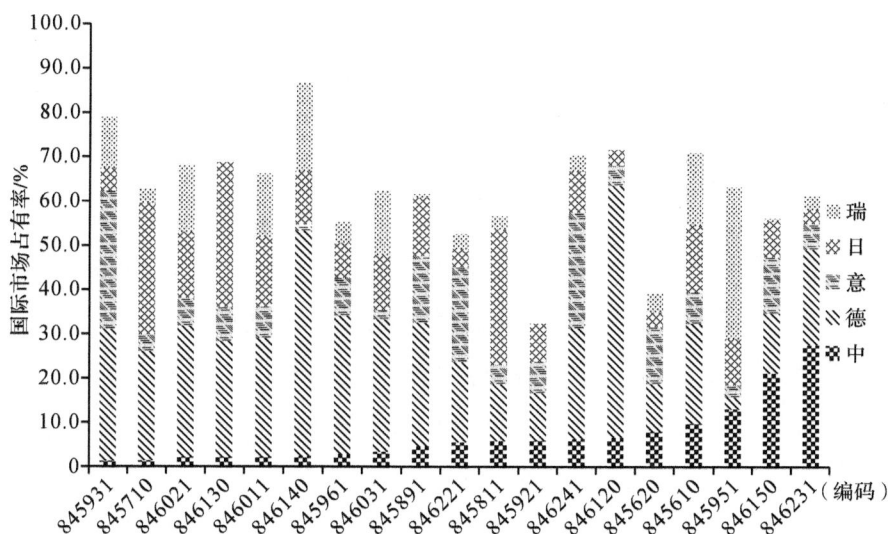

图 13-1　2016 年中国与其他数控机床强国的国际市场占有率比较

资料来源:根据相关资料整理。

二是产业相对竞争力。 从贸易竞争力指数来看,我国大部分数控机床产品的国际竞争力很弱,与数控机床强国的差距较大,只有少数几种数控机床具有较强的国际竞争力。 从图 13-2 可知,19 种数控机床产品中我国大部分产品的 TCI 为负数,而德国、意大利、瑞士的大部分产品的 TCI 大于 0,日本的 19 种数控机床产品的 TCI 全为正值,这表明我国数控机床的国际竞争力与数控机床强国的差距还较大。 845710、845931、846130、846140、846011、846021、846031 的 TCI 接近 -1,表明我国数控机床产业中这几类产品的生产效率低于国际水平,国际竞争力非常弱。 但我国有 3 种产品(845951、846120、846150)的 TCI 为正,说明这 3 种产品的生产效率高于国际水平，对于世界市场来说，我国是这 3 种产品的净供应国，具有较强的竞争力。

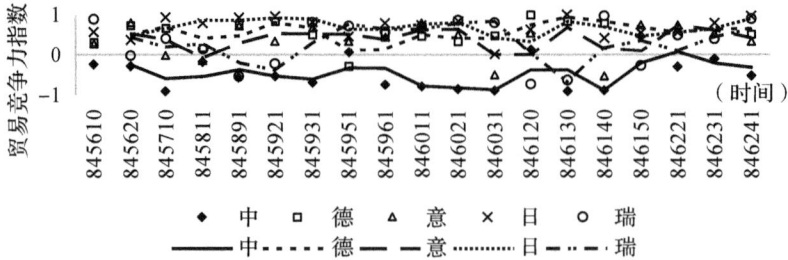

图 13-2 2016 年中国与其他数控机床强国的贸易竞争力指数比较

资料来源：根据相关资料整理。

三是产业附加值。 从价格比率来看，我国数控机床产品的质量与附加值较低，处于全球价值链的低端环节。 在图 13-3 中，我国数控机床产品的价格比率都小于 1，表明我国数控机床产品的附加价值较低。 相反，瑞士与意大利的大部分数控机床产品的价格比率都在 1 以上，说明瑞士和意大利大部分数控机床产品的质量与附加值较高。 其中，瑞士和意大利都具有附加值非常高的数控机场产品。 例如，瑞士的"切割金属或金属陶瓷的切齿机、齿轮磨床或齿轮精加工机床"（846140）和意大利的"用超声波处理各种材料的加工机床"（845620）的价格比率都高达 10 以上。

（4）中国数控机床产品竞争力现状定位。 为进一步分析我国各数控机床产品的国际竞争力，本部分以国际竞争力（贸易竞争力指数作为测度）为横轴，以产品相对附加值（价格比率作为测度）为纵轴，直观呈现我国数控机床产品的国际竞争力情况，结果参见图 13-4。 总体来看，我国 19 种数控机床产品都位于第三、四象限，说明数控机床的附加值和国际竞争力都较低。 具体而言，一方面，我国国际竞争力较强的数控机床产品主要依靠价格在国际市场上获得竞争优势。 由图 13-4 可知，3 种数控机床产品（845951、846120、846150）处于第四象限，说明这 3 种数控机床产品的国际竞争力较强，并且附加值都较低，即这 3 种产品在国际市

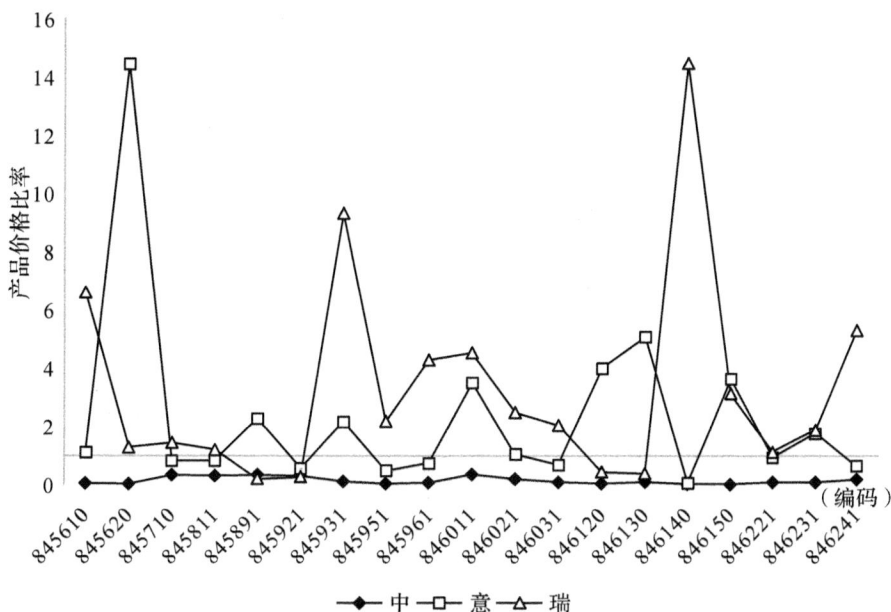

图 13-3　中国与意大利瑞士数控机床产品价格比率比较

资料来源:根据相关资料整理。

场上的竞争主要依靠价格优势[①]。 另一方面,我国国际竞争力强的数控机床产品都属于加工精度不高、技术含量不高的数控机床品种。 由分布图可知,中国以下几类数控机床产品的国际竞争力较强:"切割金属的升降台式数控铣床"(845951)、"切割金属或金属陶瓷的插床"(846120)和"切割金属或金属陶瓷的锯床、切断机"(846150)。 通过对这 3 种数控机床的属性、功能进行分析可知,这 3 种数控机床的加工精度不高,都属于技术含量要求不高的数控机床机种。 ①"切割金属的升降台式数控铣床"(845951):升降台式数控铣床有万能式、卧式和立式等,主要用于加工中小型零件,一般规格较小,是应用最广的铣床。 ②"切割金属或金属陶瓷的插床"(846120):插床是一种金属切削机床,用来加工槽类特征。 插床的生产率和精度都较低,多用于单件或小批量生产中加工内孔键槽或花键孔,也可以加工平面、方孔或多边形孔等,在批量生产中常

---

① 金碚.产业国际竞争力研究[J].经济研究,1996(11):39-44,59.

被铣床或拉床代替。 但在加工不通孔或有障碍台肩的内孔键槽时，就只能使用插床。 ③"切割金属或金属陶瓷的锯床、切断机"（846150）：锯床以圆锯片、锯带或锯条等为刀具，锯切金属圆料、方料、管料和型材等的机床。 锯床的加工精度一般都不是很高，多用于切断各种棒料、管料等型材。

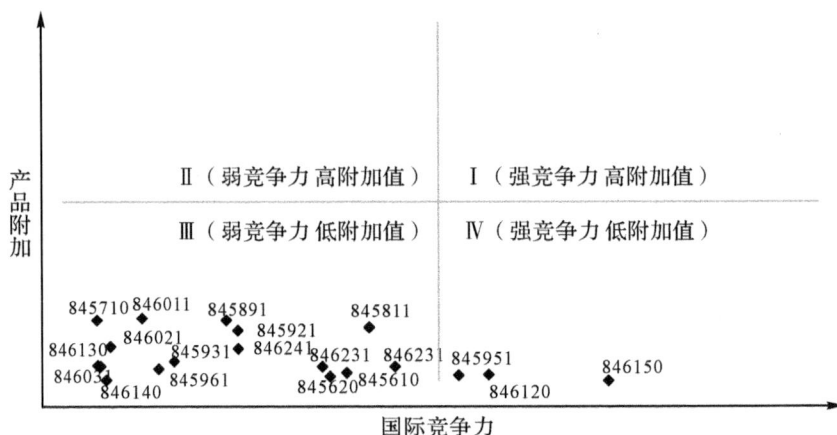

图 13-4　中国 2016 年数控机床产品国际竞争力与附加值分布图

资料来源：根据相关资料整理。

13.2.3　对标国选取与发展路径提炼

（1）对标国选取。 本部分进行对标国选取的目的是希望从量化数据中找出我国数控机床产业竞争力提升可以参考的对象，以此探究对标国是如何发展数控机床的，从而为我国数控机床产品发展方向提供启示。 基于数据库可得数据，本研究对数控机床产业强国进行了多次迭代摸索，期望寻找到产业竞争力成功从第三、四象限向第一象限演进的国家，最终发现意大利和瑞士具有类似的轨迹演进，而德日从产业发展的早期就占据了第一象限位置，因此其发展策略的参考价值有限。 通过分析意大利 1995年、2006 年和 2016 年的数控机床产业竞争力及瑞士 1990 年、1999 年和

2016 年数控机床产业竞争力[①]，可以得出两国数控机床产品国际竞争力与附加价值分布演变轨迹，具体如图 13-5 和图 13-6 所示。 不难发现，意大利与瑞士数控机床产品的国际竞争力与附加值的演变轨迹具有差异。

意大利数控机床产品的发展轨迹是从最初的低附加值弱竞争力向低附加值强竞争力再向高附加值强竞争力转变，参见图 13-5。 从图中可以清晰地看出意大利 1995 年编码为 845610、846011、845620、845931、846231、846150 的数控机床产品都位于低附加值象限，至 2006 年部分数控机床产品已转移至高附加值强竞争力象限，到 2016 年这 6 种产品已经全部位于高附加值强竞争力象限。

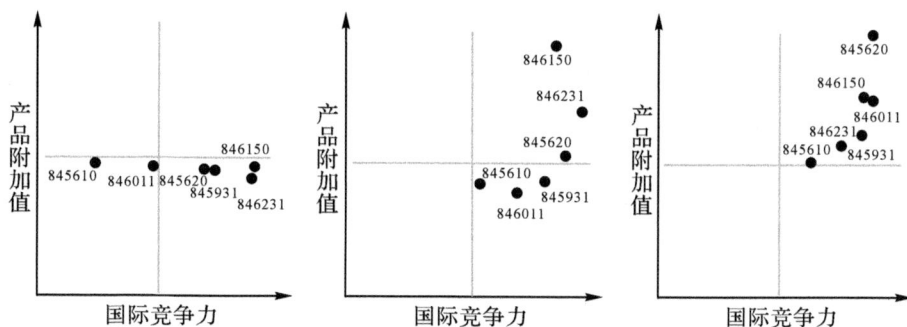

图 13-5　意大利数控机床产品国际竞争力与附加值发展轨迹图

资料来源:根据相关资料整理。

瑞士数控机床产品的发展轨迹为从高附加值弱竞争力向高附加值强竞争力转变，参见图 13-6。 数据库中所能获得的最早的（1990 年）数据就显示出瑞士有数控机床产品（845710、845811、845961、846231）位于高附加值象限，这与众所周知的瑞士从一开始就选择走具有高附加价值制造的富国之路不谋而合，但是 1990 年瑞士数控机床产品还缺乏国际竞争力。 经历从弱竞争力向强竞争力的过渡，至 2016 年这几种数控机床产品已经全位于高附加值强竞争力象限。

[①]　由于瑞士较意大利更早发展数控机床产业,数据库中有瑞士 1990 年的数据而缺少意大利 1995 年前的数据。

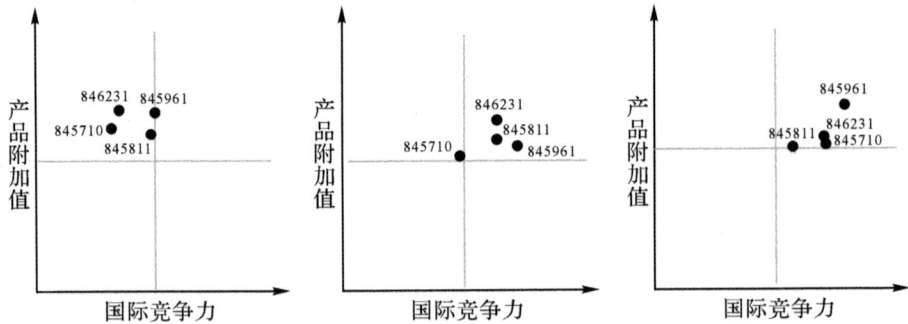

图 13-6 瑞士数控机床产品国际竞争力与附加值发展轨迹图

资料来源:根据相关资料整理。

（2）对标国数控机床产业发展措施。 一国产业竞争力的提高需要个体努力、集体努力及公共政策的支持[①]，本部分梳理了意大利、瑞士的政府、产业与企业对促进本国数控机床产业发展实施的措施，从而验证和完善意大利和瑞士两国数控机床产业产品发展轨迹，并为提炼两国数控机床产业的发展路径奠定基础，也能为我国提升数控机床产业发展水平带来启示。

对意大利政府、产业和企业为数控机床发展所实施的举措进行梳理后得出（见表 13-5），意大利数控机床产业的发展主要得益于以下几方面的举措。 ①专业分包商企业队伍。 意大利的机床厂一般只进行主机装配、调试和关键零部件及某些关键工序的生产加工，而其他许多零部件及粗加工工序分别承包给专业分包厂来进行加工或外购。 ②本土制造与代加工结合模式。 意大利机床企业在进行跨国经营时，也采取意大利本土制造和代加工结合的制造模式。 除最复杂、尖端的机床仍然在意大利进行制造，其余交给国外工厂。 ③注重研发。 在研发方面，意大利制造商不仅致力于对现有机床的不断优化创新，更关注新型机床的开发。 如今意大利机床制造商致力于除金属切割机床、成形机床之外的第三类技术——增材制造技术的开发。 ④强调机床的设计。 意大利机床设计不仅充分应用

---

① 张向阳，朱有为. 基于全球价值链视角的产业升级研究[J]. 外国经济与管理，2005，27（5）:21-27.

人体工程学原理，考虑舒适、简便、宜人性，还将工艺性能最大化，具有创新性。⑤产品推广与优质服务。意大利机床制造商在推销自己的产品上不遗余力，开展了很多意大利机床产品的推广、推介活动。比如在一些重要展览会上设立专属展位，积极组织各种座谈会，在全球市场深入推广意大利机床产品。意大利举办了一些全欧洲乃至全世界范围知名的机床展览会，这些展览会是展示意大利机床技术的很好窗口。另外，意大利机床制造商具有良好的售后服务，采取本地化运营、本地服务团队、本地备件库存策略，能够及时响应客户的要求，为客户提供及时服务。⑥品牌维护。为保证数控机床的品质，维持企业良好形象，意大利机床协会于2011年开展了UCIMU认证。通过严格测试的机床制造商，才能获颁蓝色的UCIMU认证商标。意大利机床协会还开展了"blue philosophy"绿色达标认证工作，除了考察企业的商业信誉、财务状况，重点考察企业产品的安全性、功能性，以及客户服务等指标。

瑞士从一开始就选择走发展高附加值加工制造业的富国之路，如表13-6所示。瑞士70%的机床都是出口的，所以瑞士特别注重数控机床在国际市场上的竞争力。瑞士数控机床产业的发展主要得益于：①瑞士机床定制模式。瑞士数控机床制造商接受为用户定制机床，称之为"Made-to-measure Solutions"服务，为用户提供解决问题的方法、技术、装备和生产系统。客户直接定制，交货周期快，加快了制造商资金周转，所以瑞士机床业的资金流动率居世界第一。②瑞士设立的开发中心与技术中心为机床行业发展提供了技术支持。瑞士联邦经济事务部和技术革新委员会制定的"WZMO（机床）计划"确立了行业之间的密切合作关系。该计划的目标之一是在大学和技术院校中建立开发中心，以满足行业的需求。由联邦政府资助，瑞士联合技术公司和瑞士苏黎世联邦理工学院（Eidgenössische Technische Hochschule Zürich，ETH）共同创建的技术能力中心——Inspire AG，是一直以来向瑞士机械和电气工程行业转让技术的领先瑞士技术中心。Inspire AG汇集业内最佳合作伙伴和高校合作项目，并具有将思想成功转化为创新的知识和经验。在需要探索新的领域的时候，技术或项目执行中的准时能力缺失，Inspire AG可以提供解决方案。 ③技术与知识转移战略。 为给企业尤其是中小企业与公共研究机构的创新合作提供高效的合作平台和长期的持续支持，瑞士在 2013 年提出技术与知识转移新战略。 政府开通国家主题网络，将创新主题发送给企业，构建企业和科技机构合作关系桥梁，并且搭建基于 Web 的物理网络平台。 企业和科技人士可在平台上展开互动。 ④瑞士机械和电气工程行业协会及"机床业集团"的支撑。 瑞士机械和电气工程行业协会是瑞士机械和电气工程行业及相关技术领域的中小企业和大型公司的领先协会，拥有许多强大的网络：27 个专家小组，各种经验分享小组和论坛为成员公司提供了就技术问题进行对话或共同项目工作的机会，帮助成员公司评估和定义研发项目，为成员提供与研究机构或者行业伙伴合作的机会。由瑞士 79 家最主要的机床制造商联合成立的机床业集团，每年向瑞士联邦技术研究机构提供有关机床设计和制造技术的研究任务，并负责组织瑞士和国外有关机床的技术展览会。 ⑤瑞士国家基金会、科技与创新委员会及瑞士科学院联盟。 瑞士国家基金会促进以知识为基础的科学研究，瑞士国家科技与创新委员会促进以科学为基础的创新，由瑞士思想和社会科学院、瑞士技术科学院等组成的瑞士科学院联盟则推动学界和社会对话并提供咨询。

表 13-5　意大利促进数控机床产业发展的战略措施(政府—产业—企业)

主体	措施		
政府	实施Sabatini法第1329/65条条款，给予中小企业购买机床的优惠	第1089/68号法设立研发（FAR）基金，鼓励国家科研机构和企业联合进行科研开发	
	1923　　　　　　　1994　　　　　2016		
	1965　　　　　1998　　　　　时间		
	意大利对外贸易委员会成立，致力于促进机床出口	出台了税收扶持的Tremonti-Ter政策，促进制造业投资	意大利经济发展部公布了意大利版的"工业4.0"计划

续　表

主体	措施		
产业	1945 年,意大利机床制造协会(UCIMU)成立 1956 年,UCIMU 开始举办两年一度的 BI-MU 展会 1990 年,UCIMU 开始举办意大利国际自动化工厂展 1995 年,UCIMU 制定全球战略,瞄准潜在的汽车大国 1996 年,UCIMU 开始举办 SFORTEC 展览,为机床制造商提供技术分包服务 2011 年,UCIMU 开展了 UCIMU 制造系统认证和"blue philosophy"绿色达标认证工作		
企业	1979年,Prima开发出第一台3D激光机 1993年,Prima通过收购LASERWORK AG进入2D激光市场 2014年,Prima使用最先进的国际标准管理其销售组织	845610 846011	1991年,Favrett开始发展磨床系列模块化的特点 1995年起,麦克诺朵拉磨床公司以ISO 9001标准为依据制定品质工程 2005年,磨床巨头ROSA设计出外观变化多样,颜色艳丽的平磨 2013年,ROSA 公司准备积极开发包括中国在内的远东市场
	1975年开始,LAZZATI研发静压导轨技术以应用于制造最先进的卧式镗铣床 1999年,PAMA公司的质量系统通过了ISO9001验证 2010年,Camozzi借助通信业务"ePs网络服务系统",可对设备进行远程干预 2011年,camozzi针对风能、船舶行业分别开发了专用的镗铣机床	845931 846231	1999年,格斯柏灵尼公司开发出新型数控中厚板剪板机 2000年,Gasparini S.p.a生产出配备综合远程服务系统的生产线 2001年,曼佐尼集团推出新型"Speed Link"驱动式闭式压力机 2012年,Gasparini S.p.a在中国成立销售中心
	1999年开始,意大利MEP公司每年参加IMTS,EMO,CIMT等国际锯床展览会 2005年,ADIGE研发出高速锯床,有25种切割长度 2008年,MEP锯床在北美市场实现占有率和销量第一	846150 845620	1993年,MARPOSS马波斯开发出AE系列超声波传感器。 2001年,意大利SONOWAVE超声波设备进入纺织切割和塑料焊接领域 2014年,DATALOGIC推出新型US18超声波传感器,实现最大应用灵活性

资料来源:根据相关资料整理。

表 13-6 瑞士促进数控机床产业发展的战略措施(政府—产业—企业)

主体	措施
政府	
产业	1960 年,瑞士机械和电气工程行业协会下的机床业集团成立 1963 年,瑞士机械和电气工程行业协会成立专家小组,为成员公司提供了就技术问题进行对话或共同项目工作的机会 1999 年,瑞士机械和电气工程行业协会组织学生参与瑞士技术的活动 2005 年,瑞士机械和电气工程行业协会成立"寻找你的未来"瑞士技术领域最大的培训和工作平台 2006 年,瑞士机械和电气工程行业协会开始与联邦理工学院(ETH、EPFL、PSI、Empa)合作,帮助协会成员研发创新
企业	

资料来源:根据相关资料整理。

434

（3）对标国发展路径提炼。 结合意大利和瑞士数控机床产业的发展轨迹与两国对促进本国数控机床产业发展所采取的措施，本部分提炼出两国数控机床产业的发展路径（见表 13-7）。 意大利数控机床产业发展走的是价值链攀升路径，通过注重发展价值链中高附加值的环节（研发、设计、营销和品牌），不断提高数控机床的附加值。 瑞士数控机床产业的发展则主要得益于瑞士建立的各种平台（研究中心、技术转移中心、创新园及连接各机床制造商的瑞士机械和电气工程行业协会等）。

表 13-7　对标国数控机床产业发展措施、轨迹与路径

国家	维度	措施	轨迹	路径
意大利	研发	注重产品研发		价值链路径
		强调机床设计		
	制造	本土制造与代加工结合		
		强大的专业分包商企业队伍		
	品牌	开展品牌达标认证		
		本地化运营和展览会推广		
瑞士	创新平台	建立开发中心和研究中心		平台路径
		知识与技术应用平台		
	定制平台	"Made-to-measure Solutions"定制服务		
		制造体系分工协作网络		
	产业平台	机械制造业协会的强大支撑		
		国家基金会、科技与创新委员会及瑞士科学院联盟		

资料来源：根据相关资料整理。

13.2.4　战略路径与策略选择

（1）战略路径。 我国已经是一个数控机床制造大国，在国际市场上占有一席之地。 但是我国大部分数控机床产品国际竞争力还较弱，少数国际竞争力较强的数控机床产品也主要依靠价格获得竞争优势。 并且我

国数控机床产品的附加值都较低，处于全球价值链的低端环节。综上所述，提升我国数控机床产业生产能力有两条发展路径：价值链路径和平台路径（参见表13-8）。

表 13-8　提升我国数控机床产业竞争力的战略路径

路径	适用情境	路径内涵
价值链路径	低附加值向高附加值攀升 （845951、846120、846150 等等）	依托"微笑曲线"，产品附加值向研发和品牌两端攀升
		依托"武藏曲线"，高水平制造实现附加值的倒 U 形反转
平台路径	弱竞争力向强竞争力转变 （845710、845811、845961 等等）	依托平台架构共享效应，降低企业交易和创新成本
		依托平台架构集聚效应，促进产业生态系统式发展

价值链路径强调基于分工效率的渐进提升，适用于由附加值低向附加值高攀升的产品。一是可依托"微笑曲线"，实现产品附加值向全球价值链两端攀升。发展中国家可以抓住核心要点，通过自主研发、并购等途径攀向"微笑曲线"的高处，实现数控机床产业升级①②。二是可依托"武藏曲线"，实现制造业附加值倒 U 形反转。当前方兴未艾的第三次工业革命是以数字制造和智能制造为代表的制造业技术改革，可实现生产制造的综合优化和运营效率的大幅提升③，使得原来处于 GVC 低端的生产制造和加工组装环节位势得以提升。

平台路径强调基于架构创新的突破发展，可实现产品由弱竞争力向强

---

① 俞荣建. 全球价值链升级视角下长三角国际代工产业自主价值体系构建[J]. 商业经济与管理，2009(11)：53-58.
② 张劲辉. 全球价值链下中国装备制造业转型升级路径研究[D]. 南京：南京大学，2017.
③ 黄群慧，贺俊. "第三次工业革命"与中国经济发展战略调整：技术经济范式转变的视角[J]. 中国工业经济，2013(1)：5-18.

竞争力的根本转变。 平台本质是一种扮演基石作用建构区块的混合型组织[①]，而建构区块的核心则是基础共享式资源。 随着平台集聚的企业数量增加，平台就类似于产业集群形成过程中的"热点区"，依托平台架构的共享效应，可降低企业间交易成本，促进知识溢出与吸收，减少创新成本。 依托平台架构聚集效应，大量具有技术、组织、产品关联的企业可据以分工、衍生、竞争和合作，形成一个可以整合系统产品和服务供给、增强机体创新能力的"产业生态系统"[②]，从而提高整个集聚区的创新性和生产力水平[③]。 这一路径不仅体现在瑞士数控机床发展中，日本于 1976 年开展的超大规模集成电路（Very Large Scale Integrated circuits，VLSI）计划也是如此。 日本政府建立了共性研究平台，激励和组织企业间开展创造性合作研究，这一计划使得日本半导体产业飞速发展，成功追赶美国。

（2）策略选择。 一是宏观政策层面需认清形势。 我国成为数控机床产业强国任重道远，短期内应加强多边合作，优化贸易结构，避免单向过度依赖。 我国已是全球第一制造业大国，具有"世界工厂"的称号，但是低附加值一直是我国制造业的现状。 一国如若长期被锁定在国际分工体系的低附加值环节，难以摆脱向下竞争（Race to the Bottom）的格局，那么就会沦落为全球化的牺牲品。 未来我国在数据机床产业政策制定上，要充分贯彻加大开放力度的精神，积极同多个国家和地区合作，避免同某一数控机床强国的过度依赖性合作，而应在多边贸易合作中建立起自身的议价能力（Bargain Power），从而提升中国在数控机床产业创新体系中的地位。

二是产业发展层面需要"梯度思维"，理性认识与日本和德国等数控

① GAWER A. Platforms, markets and innovation [M]. Cheltenham U K. Northampton, M A. US:Edward Elgar Publishing Limited，2009.
② GAWER A, CUSUMANO M A. Industry platforms and ecosystem innovation [J]. Journal of product innovation management，2014. 31(3)：417-433.
③ 王节祥，蔡宁，盛亚. 龙头企业跨界创业、双平台架构与产业集群生态升级：基于江苏宜兴"环境医院"模式的案例研究[J]. 中国工业经济，2018(2):157-175.

机床产业超级强国的差距，意大利和瑞士等"第二方阵"国家的发展举措或许更具参考价值。产业发展起点不同，内在动力、发展速度也具有差异性。我国数控机床产业国际竞争力与德国和日本相比还有较大差距，实现我国数控机床产业国际竞争力的大幅提升不能一蹴而就，产业升级需要一定的技术和市场梯度[①]。因此，对标其他国家如意大利和瑞士数控机床产业的政策，或许对我国数控机床产业发展更富有启示与参考价值。

三是企业实践层面需要适应"互联网＋"向产业纵深推进的趋势，注意采用平台架构和生态系统思维，实现开放创新、智能定制和精准服务。"互联网＋"背景下的经济具有平台经济特性，我国数控机床企业的发展也应参考平台模式。通过构建共生依赖的平台生态系统，促进系统内互补创新；解构用户个性化需求"黑箱"，实现大规模智能定制；基于网络协同和数据智能双螺旋的有机结合，打造资源共享平台，从而提供精准服务。

13.3 我国复杂产品生产能力的提升战略

竞争力是生产能力的结果表现，表13-7描述了数控机床产业竞争力提升的战略路径——价值链路径和平台路径，是结果的战略溯源，也为生产能力的提升提供了战略选择。结合前文研究结果，本节认为，无论是价值链条上的战略选择（向 U 形两端攀升或倒 U 形反转），还是通过平台在产业生态系统上的准确定位，都涉及复杂产品生产能力提升的战略选择。本节聚焦于创新战略，实施复杂产品特有的"主供"模式合作战略，以及借助于破解"模块创新"与"集成管理"效率困境的平台战略。

13.3.1 创新战略：三维度的解构

唯有创新，才能够实现我国复杂产品向价值链两端攀升和倒 U 形反转，由平台跟随者转变为平台领导者，从而在产业生态系统中找到最佳位置。创新战略有资源观、能力观和知识观，本节基于能力观，即从战略层

---

① 陈晓玲，郭斌，郭京京，等. 技术梯度、市场梯度与制造业产业追赶绩效[J]. 科学学研究，2017(7)：982-994.

次聚集于创新能力。根据 Prahalad et al.（1990）的核心能力战略观——
"优势的真正来源在于管理能力，即将企业内部技术和生产技能与使单一
企业尽快适应不断变化的机会的能力相结合"，其中特有的技术能力[①]积
累是企业战略议程的核心。李显君等（2020）以中国高铁产业核心技术
突破为案例进行的最新研究认为，核心技术由 3 个内在单元构成：功能性
核心技术（Function Core Technology，FCT）、性能性核心技术
（Performance Core Technology，PCT）、可靠性核心技术（Reliability
Core Technology，RCT）。三者的"黑箱度"，即突破难度依次提高。
核心技术突破遵循"FCT—PCT—RCT"路径。

　　复杂产品创新能力有 3 种成长路径：一是从核心技术创新能力到系统
技术创新能力，再到产业链创新能力；二是从系统技术创新能力到核心技
术创新能力和产业链创新能力；三是从系统技术创新能力和核心技术创新
能力到产业链创新能力。而市场特性、技术特性和企业组织特性是我国
企业复杂技术创新能力成长路径的驱动因素，这些因素的组合决定了企业
复杂技术创新能力成长的起点、速度与深度（王毅，2011）。从模块化理
论看，这 3 种能力的提升涉及产业链上系统集成商和模块供应商的创新能
力，进而决定了分工与协调。一般来说，系统集成商更多专注于系统技
术创新能力，而模块供应商更多专注于核心技术创新能力，两者在分工基
础上的协调才能够真正体现产业链创新能力。如果协调机制没有得到及
时的改进，最终有可能因为模块之间协调不畅导致模块化生产与集成陷入
僵局（胡晓鹏，2009）。还需要强调的是，即便"在实际所发生的创新成
果中，系统技术创新大多数是集成创新，而不是模块化理论所推崇的子模
块创新。无论模块有多么进步，都无法超越体系本身的限制"（胡晓鹏，
2009），但系统集成商进行的集成创新如果不是建立在"核高基"技术基
础上的创新，且超越系统限制时不能及时进行规则和标准创新，就会将主

---

① 企业获取技术能力的过程即技术学习，是指后发国家的企业通过主动的技术努力获
取技术能力的过程，是获取和产生线性及隐性知识的行为，包括获取、吸收和改进 3
个阶段（杨志刚，2008）。

动权拱手让给模块供应商[①]。 复杂产品创新战略可以从多方面进行解读[②]，下文结合模块思想，从系统技术创新能力、核心技术创新能力、产业链创新能力 3 个维度来解读。

（1）着力于系统技术创新，成为复杂产品的系统集成商、旗舰企业和平台领导者。 我国经济强国目标的真正实现需要有在全球名列前茅的复杂技术产业，改变中国制造"低端大量出口，高端大量进口"的尴尬局面。 未来最重要的技术都是复杂的，中国等国家都会面对复杂技术挑战[③]。 虽然近年来我国在一些复杂技术产业领域取得了局部突破，在国际或国内市场上取得了追赶成就，例如通信系统设备、高铁[④]和造船领域（王毅，2011），但不可否认的事实是，我国的复杂产品制造商还没有真正成为系统集成商、旗舰企业和平台领导者。 之所以做出这个判断，是因为即便是通信系统设备、高铁和造船行业，我国企业也没有真正成为"显性"的系统规则、标准和界面的设计者。

系统技术创新能力的提升需要经历积累和成长过程。 技术能力成长的常用方式是在引进基础上的改进和创新、技术合作、并购整合等，但培养企业自身能力是获得核心能力的基础和基本途径（吴贵生等，2013），因而形成了"后发国家企业技术创新能力的成长遵从'复制模仿—创造性模仿—自主创新'路径"的基本观点；Rycroft et al.[⑤]深化了不同模式的演

---

① 子（隐）模块的创新竞赛可能会引起系统显规则的修改和创新。这时系统集成商的系统创新能力及旗舰和领导者的作用也就得到了展现。需要注意的是，子（隐）模块制造商有可能威胁甚至取代系统集成商的地位。"技术拥有者是产品供应链的主导，系统集成商则不再能控制最终的产品，关键模块的供应商也变得举足轻重，甚至有权制定模块的设计规则。"（徐宏玲，2006）

② 从模块角度解读，也可从下四个方面展开：模块创新、标准创新、界面创新和结构创新（胡晓鹏，2009）。

③ KASH D E. Technological innovation and culture：research needed for China and other countries[J]. Journal of science and technology policy in China，2010，1（2）：100-115.

④ 系统层次的创新是保持中国高铁领先的关键（路风，2019）。

⑤ RYCROFT R W，KASH D E . The complexity challenge：technological innovation for the 21st century [M]. London：Pinter Publishers，1999.

化路径，提出了常规模式、过渡模式到变革模式的演化路径。但围绕着线性模式还是跳跃模式存在着较大争议，如吸收能力的习得性、累积性、嵌入性、耦合性和非获得性，决定了其不能通过市场交易方式获得（吴贵生等，2013），特别是对复杂技术而言。本研究再次强调，除非出现了技术窗口和跨越机会，常规和过渡模式是常态。事实上，即便有了技术窗口和跨越机会，技术积累也是必要的前提。

要提高模块化设计能力首先必备3个前提条件：可明确性、可证实性和可预测性[①]。对具有可分解的系统的各部分联系规则进行创造性的分解和再整合，才能实现复杂系统的创新。虽然中国船舶企业先通过长期积累在三大主流船型制造方面实现了创新能力的提升，从低端的主流船舶系统技术创新能力提升到高端船舶系统技术创新能力，然后再重点突破高技术船舶的创新，使系统技术创新能力接近世界先进水平（王毅，2011），但高端船舶和价值链高端仍是需要突破的瓶颈，同时，我国企业也没有成为旗舰企业和领导者。我国高铁、大飞机的系统技术创新能力提升走的是同样的路径。中国商飞通过组织设计能力、组织整合能力、组织治理能力、组织协调能力、组织学习能力和组织创新能力等核心能力体系建设，确立了自主集成创新之路（吴昀桥，2016）。高铁更引人注目，但在国际上的话语权还有待检验。目前中国是世界上唯一进行特高压输电商业化运营的国家，在当今世界上没有特高压输电的成熟技术和设备，关键参数和技术特性的获取立足于自主创新，虽然实现了跨越式发展（赵忆宁，2018），但是否达到了希望达到的高度，成为规则设计者，还有待观察和研究。

（2）实现核心技术创新能力的突破，成为复杂产品系统的子（隐）模

[①] 可明确性：管理者需要知道哪些东西是应该明确的，有哪些属性是至关重要的，哪些是无关紧要的。可证实性：管理者必须能对这些属性进行衡量，以证实他们得到的确实是他们想要的。可预测性：子系统之间不允许有任何无法预测的相互依赖关系，管理者需要了解子系统如何与系统的其他部分一起运行，才能在使用时收到预期的效果。克莱顿·克里斯滕森,迈克尔·雷纳.滑向未来的利润源[J].哈佛商业评论,2004(1):88-98,20.

块供应商。 我国高端装备上（从航母到高铁、从汽车到摩托）几乎所有的高端螺栓都需要进口，未来20年中国的航空公司还需购买2300架共价值2000亿美元的飞机——一架1.5亿美元的波音747，给波音公司带来的利润是3000万美元，中国大飞机领域的技术能力与美欧的差距在过去20年间越拉越大（赵忆宁，2018）。 这种差距的拉大很大程度上是子（隐）模块的核心技术创新能力引起的，因为复杂产品的系统创新能力主要体现在系统显规则下子（隐）模块"背对背竞争"引发的创新竞赛上①。 核心技术创新能力是指企业在主要产品系统的核心零部件（例如船舶的低速机和电子导航系统）和主要工艺系统的核心工艺（例如高速动车组生产的铝合金焊接工艺等）环节的创新能力（王毅，2011），可以体现在产业链的任何一端②。

有些核心子系统会影响核心技术创新。 核心子系统对系统性能的实现很关键，甚至会成为战略瓶颈，如航母和军用飞机上的高端螺钉，再如作为系统技术产品的大飞机的制造时间是20年，而形成其核心技术的航空发动机要50年（赵忆宁，2018）。 船舶的核心技术体现在主机（即船用低速柴油机）和电子导航系统方面。 基于大批量的整船设计和制造，中国船舶主要在主机制造和内河航行船舶电子导航系统方面有进展，已经有所突破，但还处于价值链低端和市场低端。 中国船舶虽然以系统技术创新能力为基础，但也不放弃核心技术创新能力的进一步提升，以期取得重大突破（王毅，2011），如我国首次主导制定的LNG船用设备国际标准《船舶和海上技术低温球阀设计和试验要求》（ISO 21157：2018）、《船舶和海上技术低温蝶阀设计和试验要求》（ISO 21159：2018）于2018年11月由国际标准化组织（ISO）正式发布，标志着我国在高技术船舶国

---

① 这种"背对背竞争"尽管有"允许浪费系统"的存在，但也有两方面的正效应：一是适应了复杂产品系统开发的需求，独立的同种功能模块的研发，能够增加集成商的可选择性，同时还能预留一些选择的余地来对付未来的不确定性；二是由于成功的企业可以获得全部的模块价值，从而激发研发主体研发出符合理想界面标准和绩效标准的模块产品，使得模块竞争更激烈和有效（张其仔等，2008）。

② 产业链的高低端划分是从附加值角度考虑的，但创新的本意就是通过新的要素组合实现价值增值。

际标准制定领域取得了重要突破①。港珠澳大桥岛隧工程的关键技术是海底隧道管节的水下安装。港珠澳大桥岛隧工程项目方最初与欧洲知名轨道交通企业、拥有多项专利的荷兰施泰克公司商谈合作，施泰克公司开出的合作条件是，将派 26 个专家到港珠澳大桥工地，但不负责安装，也不提供设备，只做咨询，开价 1.5 亿欧元，按当时汇率等相当于 15 亿元人民币，而整个沉管隧道安装工程的预算只有 5 亿—6 亿元人民币（包括所有的安装设备）。只好放弃合作，项目方通过不断克服技术难题，最终完成这个项目（大桥岛隧工程取得近 200 项专利技术），其间直逼技术极限，创造多个第一（赵忆宁，2018）。

因此，复杂产品技术创新必须坚持自主研发，在引进外部技术资源时，提高学习能力，增加技术积累。当创新是系统型的，即使外部存在所需要的知识，为了在竞争中获得优势，集成商也应当在内部进行创新或与其他模块商进行谨慎的结盟（胡晓鹏，2009）。因为模块化造成的创新的分散可能导致集成商丧失行业领导者的地位。如何有效地利用模块化设计和生产，关键是要看创新的类型（是系统技术创新还是核心技术创新），并根据不同的创新类型选择适当的组织模式。1988 年 10 月，中方在波音公司拒绝对现有 737、757 飞机进行改型时，转而提出合作生产 150 架波音 737 飞机，同样遭到无理拒绝，最终于 1992 年 3 月与麦道公司合作，后者同意将 MD90-30 飞机的 2 轮起落架改装成 4 轮起落架的要求，这既达到了中国民航局提出的"提高中国国内机场的起降能力"的要求，又满足了原中国航空工业部"牢牢抓住设计主动权"的要求（刘济美，2016），但终因波音公司于 1996 年合并了麦道公司而草草收场②。而且，在复杂产品的技术转移方式上，跨国公司倾向于采用内部化技术转移的方式，即通过自己控制合资或独资公司的方式在公司内部进行转移，维

---

① 首次由我国主导制定的 LNG 船用设备国际标准正式发布[J]. 船舶标准化与质量，2018(6):1.

② 这次合作带给中国航空工业最大的收获是飞机制造技术上的突破，掌握了很多生产技术与项目管理技术，包括如何制定关键的生产节点，制定详细的生产计划，但完全没有"实现商业成功"的最初诉求（刘济美，2016）。

持自己的技术垄断地位。 长期来看,合资的外方对合资企业在创新能力上的有意限制,是制约合资企业技术能力,尤其是创新能力提高的主要原因之一(杨志刚,2008)。

需要指出的是,学习既受知识的制约,也存在着能力的制约,即存在着路径依赖性。 企业试图从一条学习路径转到另外一条学习路径要付出很大的代价,甚至不能仅仅通过招聘具备所需能力的员工,而轻易地从一条主要的学习路径转到另外一条主要的学习路径上,这就是企业会在内部完成大多数创新活动的原因。 当企业根据自身的需要从外部获取某些技术能力时,由于存在不同的实践和认知结构,要将这些技术能力转化为企业能力的一部分,必须付出极高的代价,或者根本上不可能将这些外部资源转化为企业的能力(玖·笛德等,2004)。 对系统技术和核心技术而言,更是如此。 罗尔斯-罗伊斯公司的飞机发动机设计所累积的隐性知识很难被学习,波音公司和空客公司至今还没有受到模仿的威胁,这是因为大型民用飞机的模仿成本极高,而且研制时间很长。 产品的复杂性是对抗模仿的有效壁垒(玖·笛德等,2004),因此,不可忽视内部研发的重要性。 李显君等(2020)研究指出,核心技术突破过程中,逆向学习和正向学习都发挥了重要作用;其中,功能性核心技术(FCT)和性能性核心技术(PCT)的突破依赖于先逆向学习再正向学习,可靠性核心技术(RCT)突破主要依赖于持续的正向学习。 不同核心技术单元的学习主体存在差异。 FCT 的突破以大学或研究机构为主、焦点企业为辅,PCT以焦点企业为主、大学或研究机构为辅,而 RCT 的突破以焦点企业为主。

(3)无论是系统创新还是模块创新,都是在产业链条上循着"微笑曲线"向两端爬升,或通过"武藏曲线"的高端制造①来实现的。 一个国家

————————

① 高端制造可以实现高附加值,英国 Livesey 教授于 2006 年在报告 *Defining High Value Manufacturing* 中提出,高附加制造(High Value Manufacturing,HVM)的企业是指那些"依靠高技能人才和知识密集型制造过程从而获得独特价值和创新的企业",高附加制造企业不但有着卓越的经济绩效,还具备重要的战略价值。

范围内的技术创新能力最终要落实到产业链上[①]，对复杂产品而言，即落实到模块化产业链上，其中主制造商和模块供应商在链条上承担各自的责任。这里重点围绕"微笑曲线"和"武藏曲线"展开分析。

向"微笑曲线"两端爬升已成经典，从贴膜生产到原始设计制造再到经营自有品牌就是沿产业链攀升的一条路径，但对不发达国家的产业而言，不仅难以向两端爬升，甚至会被"低端锁定"。因此，反转"微笑曲线"，实现"武藏曲线"的高端制造，成为摆脱"低端锁定"的另一种选择。而且在所有行业中，专利对产品创新的保护都比对工艺创新的保护更有效，也为实现高端制造、摆脱"低端锁定"提供了可能。日本汽车产业找到和赶超部门的最佳行为，催生出与大规模生产相对应的精益生产，后来居上，就是经典案例。进行路径选择并不容易，是"微笑曲线"攀升或是"武藏曲线"的高端制造，还是突破路径？例如，随着产业竞争基础发生变化，英特尔公司在复杂半导体产品设计方面的独特能力与之不再一致，此时只有两种选择才能使公司继续发展：一是发展与日本公司一样的制造能力；二是放弃 DRAM 业务，转向与自己独特能力相一致的新兴的微处理器业务。英特尔公司选择了后者，成功实现了转型。日本新进入者则运用它们的大规模精密制造技能，在新一代 DRAM 出现初期就获得高成品率，从而超越制造技能弱的英特尔公司（吴贵生等，2013）。中车大量机车则是通过"接受定义—合作定义—自主定义"实现了低端突破（苏敬勤，高昕，2019）

陈劲等（2018）引入了具有战略意义的制造业创新战略概念"高附加值制造"，提出了符合中国国情的"高附加制造"战略，即通过面向制造业全价值链的整合式创新[②]战略规划，将研发设计驱动和新技术跨界应用相结合，综合应用技术创新、商业模式创新打造制造业企业核心竞争力，

---

① 高旭东. 对建立"自主技术创新国家工程"的理论思考[J]，工程研究，2009，1（2）：125-132.

② 整合式创新（Holistic Innovation，HI），即"战略驱动下的开放创新、协同创新与全面创新"，强调通过战略引导下的开放、协同、全面创新，有效配置和利用创新活动所需资源，以实现创新成果的产出（吴欣桐等，2020）。

提升制造业附加值，加速制造业强国建设，实现可持续发展。并进一步提出实施中国高附加制造战略的 5 个要点：①战略创新引领，科学谋划加快世界科技强国建设；②研发设计驱动，打造基于核心能力的企业创新系统；③"互联网＋"新技术应用，加速智能制造发展；④加强知识管理，面向复杂产品系统管理实现核心能力提升；⑤采用整合式创新战略，双"核"驱动助力打造世界一流制造企业，构建和打造企业的技术能力与管理能力（陈劲等，2018）。中国高铁产业创新的重大创新活动实践充分体现了"整合式创新"的有效应用（吴欣桐等，2020）："战略"作为创新活动的方向选择，"开放"划定获取资源的范围与知识流动的边界；"协同"提供创新主体关系联结和协调的分析基础；"全面"阐释创新管理过程中的要素、人员与时空的统一；"中国情境"作为一种创新活动的价值观嵌入等，都提供整合式创新框架的解释意义。

不同复杂产品行业或企业，上述战略的实施应有不同选择，如青岛红领服饰与佛山维尚家具在"互联网＋"新技术应用加速智能制造上做得比较成功：一方面在于达到了个性化定制和大规模标准化生产之间的无缝衔接；另一方面在于平台、利基的新二元战略定位，面向消费终端完美体验的"跨界"服务能力培育等也是关键①。中国商飞除了对生产线的智能化改造，还引入增强现实装备（AR/VR）、智能工具箱、摄影测量系统等设备，实现了多种智能工具在实际生产上的应用，并将进一步优化智能设计、智能管理、智能生产和智能服务，加快智慧园区建设。在充分发挥主制造商示范引领作用的同时，不断提升民用飞机关键零部件研制攻关能力，将先进技术用于大飞机制造，助推飞机批产提速，加快民用飞机制造向"智造"转型，打造智能型民用飞机总装制造中心（李佳师，2018）。当然，"工匠精神"和"小而美"的中小企业应在高端制造中大放光彩。对置身于世界市场的中国产业来说，要想在日益复杂的产品系统方面获得竞争力，就需要有更少集中、更灵活的方式整合来自底层的创新和竞争

① 吴义爽,盛亚,蔡宁.基于互联网＋的大规模智能定制研究：青岛红领服饰与佛山维尚家具案例[J].中国工业经济,2016(4):127-143.

（鲍德温等，2006）。

本研究支持了"应该站在哲学角度思考创新问题"的观点。正确处理好自主创新与技术引进、政府与市场、市场开发与市场保护、大企业与小企业、企业家精神与制度安排之间的辩证关系，把握好这种既矛盾又统一之间关系的转化条件[①]，是复杂产品创新战略制定中必须正视和认真处理的问题。自主创新是系统技术创新、核心技术创新和摆脱产业链低端锁定的不二选择，尽管它不排斥引进消化吸收，尽管它步履艰难。市场发挥资源配置的决定性作用也是不二选择，尽管政府在其中（特别是复杂产品）发挥着重要作用，尽管国内市场还很不成熟。无论是核心技术创新还是系统技术创新，最终都要落实到产业链和价值链上，尽管路径选择有差异，尽管主观认知存在局限。

13.3.2　合作战略："主制造商＋供应商"模式

复杂产品特别是像商用飞机、大型船舶和高铁这样典型的复杂产品，其模块化生产网络[②]和集群[③]的形成，促使其必须采取合作生产方式。如中国船舶集团和劳氏集团充分运用各自资源，如设施、技术、市场经验等，致力于新技术、新产品的研究开发，并共同开拓国际船舶与海工市场，促进双方共同发展[④]。又如我国的 C919 机体部件主要由国内供应商承制，包括雷达罩、机头、机身、机翼等，发动机及主要记载系统则要求国外供应商同国内相关企业开展合资或合作，以期提升自产比例，最终成立了 16 家合资企业，涉及航电、飞控、电源、燃油和液压系统等，在这 16 家合资企业中，有两家是与中国商飞的企业直接合作，另外 14 家合资公司分别是与中国航空工业集团有限公司、中国电子科技集团有限公司及湖

---

① 高旭东. 创新需要哲学思想的指导[J]. 瞭望中国,2018-12-05.
② 模块化生产网络是以产品的可模块化为前提的,用关系将生产和组装模块的企业连接起来形成的开放式网络组织（徐宏玲,2006）。
③ 模块化集群是指在模块化设计演进中发挥主导作用的一族企业和市场（鲍德温,克拉克,2006）。
④ 中国船舶集团与劳氏船级社集团签订战略合作备忘录[OB/OL]. (2019-12-02). 2019-12-02,http://www. shipoe. comnewsshow-31060. html.

南博云新材料股份有限公司（一家民营企业）合作（赵忆宁，2018）。
"主制造商＋供应商"模式（Main Manufacturer-Supplier，M-S，以下简称"主供"模式）是合作的典型模式。在 ARJ21 项目中，中国飞机制造商的身份从长期的航空零部件供应商变成了系统主制造商，由配角变成主角（刘济美，2016）。但这个主角不好当，因为"主供"模式在实际运作中有多种形式，如中国商飞与波音公司采取的"主供"模式有本质的差异，波音公司有能力自己生产全部配件，而中国商飞并未掌握大多数机载设备的技术[①]。波音和空客这两家公司从没有像中国商飞一样，为一个型号飞机的研制成立过 16 家合资公司（赵忆宁，2018）。另一个需要吸取的教训是，IBM 公司将操作系统授权给微软，以及将芯片的强势设计和创制授权给英特尔，使 IBM 相对于这些模块供应商的市场地位受到了极大的削弱，从而酿成"世纪性的外包大错"（马克·格兰诺维特，2019）。

船舶配套产品的价值约占船舶总价值的 2/3，我国船舶配套业在 20 世纪 80 年代曾经得到较大发展，但 90 年代以后受"重造船、轻配套"思想的影响，船舶配套产业发展不足，使得配套问题成为多年"顽疾"，甚至成为船舶产业发展的瓶颈。我国船舶配套设备本土化率在 20 世纪 80 年代末达到 70% 的高点后，开始逐渐下降，最低时不到 30%（胡颖等，2010）。如何发展船舶配套业，首先涉及战略层次上的合作问题，当然从合作内容看，既有技术合作，也有其他方面的合作。建立跨组织的合作并不是一件容易的事，缺乏信任、难以培育责任感、对组织边界过于执着、合作项目的复杂性及文化的差异性是成功构建一个跨组织合作网络最常见的障碍[②]。

合作是一种联合行动的方式，就本质而言，合作方具有平等的法人地位，在自愿、互利的基础上实行不同程度的联合。跨组织联合的本质是，各个合法存在的组织通过交换关系和一致或互补的目标及相互合作和社会

---

① 国产大客机未下线获大量订单[N].21 世纪经济报道，2015-11-02.

② DAS K，TENG B S. Between trust and control：developing confidence in partner cooperation in alliances[J]. Academy of management review，1998，23(3)：491-512.

关系而链接在一起。 而且这种链接的持续很大程度上是由各企业对未来合作收益的预期所决定的（Williams，2005）。 只有当企业真正投入合作关系中，那些隐性的、专有的知识才有可能在企业之间交换传播（Uzzi，1997）[①]。 如果企业寻求合作的目标是减少成本和风险，那么它寻找的合作伙伴就是拥有类似创新资源的企业（如竞争对手）；如果企业寻求合作的目标是更有效地调整技术集中度和依赖性，那么它寻找的合作伙伴就是拥有互补创新资源的单位（如大学和公共科研机构）（Miotti et al.，2003）。 与竞争对手的合作、与供应商的合作主要发生在渐进性创新领域，并体现在生产率的提高上；与客户合作、与大学等公共科研机构的合作则是企业在突破性创新中的重要知识来源，结果主要体现在新产品销售的增加上[②]。

　　实行不同程度的联合意味着合作战略有多种模式的选择，如战略联盟、合作伙伴、合资企业、交易行会、分销渠道、卡特尔协议、业务外包、资源共享协议，甚至政府间的合作计划等（陈劲等，2008）。 这里将合作战略聚焦于复杂产品生产的"主供"合作模式。 复杂产品的复杂性及具有的高技术、高投入的门槛，使得复杂产品市场中存在高度的寡头垄断性，即只有少数企业才能够进行研发和生产；同时，复杂产品兼具的技术密集性和技术深度，也在迫使核心企业（主制造商）在整个生产过程中采取一种网络化的组织形式。 因此，组建一种由主制造商为核心，少数技术核心企业为架构的核心型企业主导型的网络组织模式（即"主供"模式），并形成长期合作关系，对于保障复杂产品生产过程的顺利进行具有重要意义。

[①] 当然在复杂产品生产的合作中，子模块特别是隐模块供应商保留并允许拥有隐性的、专有知识的权利。这是就"背对背竞争"而进行创新竞赛的特征和优势所在。"背对背竞争"随着模块化进程会出现信息包裹（Information Encapsulation）现象，即强化个别模块之中的信息而弱化模块之间的界面信息（张其仔等，2008）。信息包裹能灵活地重新组合各创新项目不断改进的模块产品，其从一种相对简单的初始系统到一种复杂系统的演化可以变得非常迅速（青木昌彦，2001）。

[②] BELDERBOS R，CARREE M，LOKSHIN B. Cooperative R&D and firm performance [J]. Research policy，2004(33)：1477-1492.

（1）产业链创新视角下的"主供"模式。产业链的实质就是产业关联，即各产业相互之间的供给与需求、投入与产出的关系。《中国制造2025》报告提出明确的信息，力争用10年时间使中国从制造大国迈入制造强国的行列，重点任务之一就是"围绕产业链部署创新链，围绕创新链配置资源链"。"主供"模式是实现这一任务的一种模式选择。产业链创新能力包括两个方面：一是企业协调产业链上游供应商、下游用户，实现主要产品系统创新的能力；二是企业影响产业链上各个参与者价值分配的能力（王毅，2011）。前者是产业链创新的"主制造商"，依据能力大小，也可称为系统集成商、旗舰企业和平台领导者[①]，后者是产业链创新的"供应商"，根据能力大小，也有不同的称谓。当然谁为主导，要视是否存在旗舰企业而定，对于有旗舰企业的产业来说，旗舰企业的产业链创新能力可以在一定程度上主导整个产业的发展。王毅（2011）研究指出，产业链创新能力的可能主导方式有：系统技术和核心技术共同主导、核心技术主导、系统技术和强势品牌主导、系统技术主导等。一般的主机厂商会对部分供应商产生主导作用，例如：船舶制造企业对钢材供应商的主导，对一般零部件供应商的主导，实现了对上游钢铁等材料供应商的带动作用；在核心部件如导航、低速机等的采用时拥有技术决策权，便可以在不同国家供应商之间选择。

产业链分垂直的供需链和横向的协作链，因此产业链整合也就包括纵向整合和横向整合两个维度，产业链纵向整合是在产业链旗舰企业的牵头下，位于产业链不同环节的关联企业通过契约或其他约束，形成一种垂直合作关系[②]。以船舶产业为例，常见的船舶产业链纵向整合模式有联合投资、股权并购、战略联盟、产业集群式整合等[③]。产业链横向整合表现为位于产业链同一环节从事相似业务的企业借助某种形式的合作形成产业链

[①] 在大型技术系统层次上，也可以是政府机构，如中国高铁的系统集成者是铁道部（路风，2019）。
[②] 郑大庆，张赟.产业链整合理论探讨[J].科技进步与对策,2011,(2):64-68.
[③] 周勤，吴利华.中国钢铁行业上市公司纵向整合的模式选择[J].中国工业经济,2007(7):111-116.

环节活动的集中，在旗舰企业的带领下，以整体组织形式发挥规模经济效应，共同应对市场竞争。　横向整合的主要模式有横向合并、横向联盟等，如日本船舶工业 20 世纪主要采用集团化、多元化战略来避免国际市场的冲击。　而韩国造船业最突出的竞争优势在于产业集中度高，高端船舶制造能力强，这源于政府导向、企业技术联合等因素的深厚积淀。　韩国船舶产业采取的整合模式主要有并购重组、战略联盟和全球价值链模式[①]。在垂直链条和水平链条双重维度下的复合路径选择是中国制造企业实现低端突破的关键所在（苏敬勤等，2019）。

　　产业链是一个价值链、供应链、创新链等的复合链，模块化产业链从技术角度看，即在技术可分性基础上形成的产业链。　模块化产业链有助于发展中国家企业的产品升级和过程升级，但却阻碍了其功能升级和链升级，甚至会出现被"锁定"的状态（张其仔等，2008）。　从产业链创新视角给"主供"模式带来的启示：①为满足复杂产品生产需要，主制造商应在产业链上加强战略合作，以模块化组织（一种大而灵活的组织）实现协同作战。　②根据系统技术创新和核心技术创新之间的关系，主供各方应在复杂产品生产的模块和集成的技术分工中，加强前沿、核心技术研发，促进主制造商和供应商企业的技术合作。　③主供各方形成集群化发展是产业链整合的一种途径和目标。　思路是基于模块化的产业集群发展模式，即模块化集群[②]。　④中国大型复杂产品制造业无法像一般制造业那样采用"以市场换技术"的模式嵌入全球价值链进行产业升级，技术引进的"天花板"效应逐步显现（杨瑾，2017）。　因此，需要在全球价值链上选择合适的升级方式——嵌入升级、自主升级、根植升级[③]，其中嵌入升级又表现出"单一嵌入—合作嵌入—系统嵌入"的深化过程（苏敬勤等，

---

① 杨慧力，王凯华. 中国船舶产业链整合模式选择[J]. 中国科技论坛，2015(8)：71-77.

② 模块化集群具有更强劲持续的创新优势，它与传统产业集群"下包制"模式不同。"下包制"模式主要是计划、命令、契约等企业科层制方式，缺乏市场手段；模块化模式则主要依靠市场方式，简化了企业之间的关系，提高了效率（胡晓鹏，2009）。

③ 俞荣建，项丽瑶. 根植升级：全球价值链升级新路径[J]. 福建农林大学学报（哲社版），2016(5)：48-54.

2019）。⑤政府要提供支持引导政策，创造条件，积极推动"主供"模式的形成、运作和发展。当然，"主供"模式的选择需要注意与统一性的关系，"一种统一性的生产系统意味着每个部分都与其他主体部分相互依存，并且必须与其他主体部分一起设计"（马克·格兰诺维特，2019）。换句话说，这种模式的有效性取决于产品的模块内及模块间的依赖性，以及其跨模块互动形成的密切关系和信任程度。

（2）"主供"模式的运作。对于主制造商而言，复杂产品的资源整合是一个涵括资源识别、获取与配置的行为总和，主制造商需要剖析复杂产品的研制特性，充分考虑供应商之间创新协同的关联性，有计划地整合各类供应商的可用资源，以最大限度地激发供应商群体对优势资源的整合效益，并最终寻找到实现复杂产品技术创新水平高效率提升的最优资源整合策略（程永波等，2016）。为此，主制造商注意以下几点。

一是将走合资合作道路作为选择供应商的必要条件。虽然路风教授在 2004 年完成的研究报告《中国汽车工业自主开发的现状与对策》的核心观点是中国汽车工业 20 年以来的合资模式是错误的，必须要靠自己，要走自主开发的道路（赵忆宁，2018），让人们以为他否认"合资"，但很明显，他不是否定"合资"本身，而是否定在合资中失去自主开发能力，失去自主知识产权。中国的商用大飞机曾经的合资合作既有这种惨痛教训，也有一些经验积累和学习所得[①]。如 1988 年与德国 MBB 公司合作的 MPC-75 项目使正处在由模仿向自主设计进行过渡时期的国内设计师第一次触及"现代民机设计思路"[②]，在之后与波音公司和空客公司合作的 AE-100 项目中，我们的设计人员能够与波音和空客的设计人员按照现代商用飞机的设计理念进行对话（刘济美，2016）。中国商飞选择霍尼韦

---

① 2003 年，美国《航空周刊》对 ARJ21 项目发表评论时指出，意义不在于其商业潜力，而在于中国正在开始学习，学习如何开发完全符合西方标准且拥有自主知识产权的商用飞机；如何通过与众多的供应商合作从美国联邦航空局获得认证；如何建立起全球营销网络；更重要的是，证明其有能力提供各种售后服务（刘济美，2016）。

② 通过合作了解了研制阶段的任何重大技术决策都受到用户要求、竞争能力、飞机价格、适航审定、产品服务等因素的制约（刘济美，2016）。

尔公司作为 C919 主飞控系统供应商而不是以合资公司（鸿翔飞控公司）作为一级供应商，是明确合同责任主体的合适方式（赵忆宁，2018）。

二是充分认识到"主供"模式运作的多样性。 "主供"模式在实际运作中又可根据不同角度划分为多种模式，如联盟模式、协作模式和共谋模式，串行参与模式、部分重叠参与模式和并行参与模式等（程永波等，2017），并可根据供应商类型分层次展开。 如按照提供产品的不同，波音公司把供应商分成不同的层级：一级供应商为飞机提供子系统、大部件，如机身部分、机翼、机载系统、电子系统、操控系统等，它们自身也可能是集成商，在其提供的子系统方面有一定的研发、设计能力；二级供应商向一级供应商或主集成商提供专业化的模块产品，如舱门、机翼组合件等；三级供应商不参与飞机研制，只提供原材料或标准件等，有些可能要做小的变动。 总体而言，供应商的层级越低，提供的产品技术含量相对越低（张吉昌等，2007；赵忆宁，2018）。

三是要充分考虑到项目风险的管控和分摊。 分摊项目的研制风险和相关的研制费用，即分担风险、分享利润，这是"主供"模式核心内容。波音公司曾经什么都做，但是后来很多型号配件的生产转包给供应商，转包生产的部件达到 65% 左右，特别是在波音 787 项目上。 波音 777 和波音 767 的整个机身是在日本不同的工厂制造的，有的发动机是在法国制造的，大部分飞机操作系统、前缘装置、电气和液压系统是在北美生产的[①]（赵忆宁，2018）。 中国高铁、大飞机等复杂产品产业发展的经验表明，逆向外包（Reverse Outsourcing）是主制造商避免锁定风险的一种很好的选择[②]，但正如前文所指出的，可能会存在着新的风险，所以管控风险是主制造商需要密切关注的问题。 管控风险实际上是处理好主供各方的权

---

① 路风说，虽然波音公司把一些研发甩给日本等国，但是能力没有失去，只是出于成本原因现在不做了。它们有技术和能力去协调供应链（赵忆宁，2018）。

② 逆向外包是指新兴发展中国家的企业主动向位于全球价值链高端的发达国家企业发包，采购其中间产品，或通过联合研发等将专业技术服务外包至发达国家的企业或研发机构，从而获取自身升级发展所需的互补资源、竞争性技术和先进知识（杨瑾，2017）。

利关系，因为不同的复杂产品生产阶段的主供网络结构和相关的权利关系是不同的，要将追求权利对称作为合作网络在不同复杂生产阶段上演化的一种内在驱动力，慎重处理好模块化带来的权利冲突。 为激励供应商提前参与，主制造商有必要设计一定的利益分配机制，对供应商进行补偿，以便供应商选择合适的参与时间和交流次数（程永波等，2017）。

四是注意处理好共生的产品构架与模块的产品构架之间的关系。 产品的"架构"决定了子系统组建的构成情况和互动关系，所面临的问题是，企业如何在合并与外包上做出选择，即根据具体情境选择正确的产品架构策略，"在正确的时间选择正确的定位"[①]。 从资源配置角度看，当产品的专用性程度[②]较低时，纯粹的市场是最佳的资源配置方式；当产品的专用性程度较高时，完全的纵向一体化企业形式将是最佳的资源配置方式；而当产品的专用性程度高于判断市场与企业选择的临界点且低于某一较高的专用性水平时，企业模块化才能够产生（见图 13-7）（胡晓鹏，2009）。 需要注意的是模块化的锁定效应，即产品一旦采用模块化操作，就很难逆转[③]。 例如，近年来中国在航空、航海和高铁等大型复杂产品制造领域取得了举世瞩目的成就，但是发动机、导航系统、轮毂等关键核心部件的使用仍然受制于发达国家，这严重制约了中国大型复杂产品制造业的发展和升级（杨瑾，2017）。

（3）加强供应商管理能力。 无论哪个层次的供应商，特别是第一和第二层次的供应商，提供的产品一般是模块化产品，随着产品、组织等模块化的深入，产品专业化分工的特点越来越突出，各模块之间的独立性也越来越强。 对于主制造商而言，复杂产品的资源整合是一个涵盖资源识别、获取与配置的行为总和，在进行创新时要遵从市场价格机制配置资

---

① 克莱顿·克里斯坦森，迈克尔·雷纳.创新者的解答[M].北京：中信出版社，2010.
② 关于专用和专有的区别参见徐宏玲（2006），这里不再赘述。
③ 模块化的产品架构在短期内是一种刚性结构，很难轻易发生变化，即使从长期看，其原来的架构被打破，充其量只是新的架构取代旧的架构，锁定效应依然存在（胡晓鹏，2009）。青木昌彦认为，日本的汽车产业不应该急于推进以优势为代价的"为了模块化的模块化"，而是要回归到"最大限度地扩展有优势的领域，在处于劣势的领域则谦虚地向最优实践经验学习"这一"两面战略"（青木昌彦等，2003）。

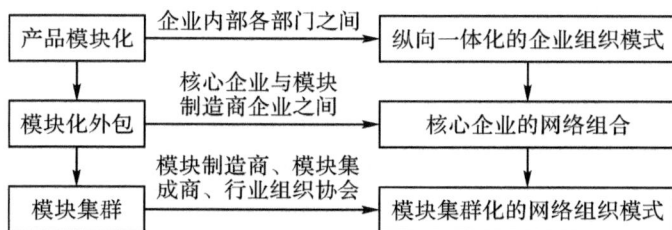

图 13-7　模块化对产业组织的影响

资料来源:胡晓鹏(2009)。

源,这时配置资源的主体不仅仅是主制造商本身,也包括了生产机制受到一定程度控制的模块供应商,这样可以有效地将技术风险稀释在供应商的生产中,有效解决垂直一体化企业通过内部转移价格实施生产控制而进行大量考核、评估、监督,增加总成本和降低创新价值等问题[①]（徐宏玲,2006）。

　　因此,需要充分考虑供应商协同创新的关联性,进行研发任务的模块划分和任务分解,发挥主制造商的主动控制权来协调供应商的行为[②],需要做的工作包括搭建平台、提升建设渠道的能力等,并融入主制造商工程研发能力、质量管理能力、采购管理能力,以及与大飞机适航管理能力类似的能力等（赵忆宁,2018）。同时注意处理好合作中的竞争关系,这里的竞争关系既有主制造商与供应商的竞争关系,也有供应商之间的竞争关系（如将核心工作外包给供应商可能导致的灾难性问题）。前者关系前文已经讨论过,后者关系包括面对面的"显性竞争"（如供应商核心地位的竞争、界面标准的竞争等）和背对背的"隐性竞争"（如隐模块的竞

[①]　必须遵从国际公认的利润归属原则来制定组织之间内部转移价格的思想。也就是说,每一个组织间内部市场交易主体在经济交易中的支付不得高于无关系企业的正常交易价格,收入不得低于无关系企业的正常交易价格,其核心在于强化组织间关系,以推动组织间关系从公平交易关系转向合作与协调关系,从市场交换转向关系交换（徐宏玲,2006）。

[②]　程永波,宋露露,陈洪转,等.复杂产品多主体协同创新最优资源整合策略[J].系统工程理论与实践,2016,36(11):2867-2878.

争、模块生产的竞争等）[1]。

网络结构是"主供"模式的一种理论分析工具，可参照表13-9重点处理好其中的8个关键环节：网络结构的建立、决策、争端的解决、信息处理、知识的获取、激励/承诺、风险/利益共担和整合。 本质上讲，网络型组织结构不是依靠合同、授权、资本运作等方式形成的，它所依靠的是设计规则的吸引力，并且这种设计规则在广义层面上包括技术标准、文化认同等。 对设计规则的认同和信任是网络型组织运作的规范基础，也是其获得高绩效的必要条件（胡晓鹏，2009），体现在依靠这些规则解决复杂问题的能力和对市场竞争强有力的适应能力（Brusoni et al.，2011）。 可以根据交易的复杂程度、识别交易的能力、供应能力和外在协调或权利不对称程度的高低，将网络治理的类型分为市场型、模块型、关系型、控制型和科层型，其中模块型、关系型和控制型是介于市场型和科层型之间的网络治理模式[2]。 "主供"模式的组织间网络治理类型和管理方式，需要根据与供应商的关系做出合适的选择（包括治理形式、治理主体、治理对象、治理手段、控制程度和激励程度等的选择）。

表 13-9　组织间网络结构中的关键管理环节

管理环节	潜在的问题
网络结构的建立	成员的确定与维系
决策	决策如何、在哪个层次、什么时候、由谁做出等
争端的解决	争端如何解决
信息处理	信息如何流通和管理
知识的获取	知识整合，并为整个网络的成员所获取和共享
激励/承诺	如何激励成员参加网络和留在网络中——例如可以通过共享发展成果来实现

---

[1]　可以归纳为模块设计竞争、标准竞争和模块生产的竞争。余东华. 模块化企业价值网络[M]. 上海：格致出版社，上海人民出版社，2008.

[2]　转引自张其仔等（2008）。

管理环节	潜在的问题
风险/利益共担	如何共同承担风险和共同分享利益
整合	网络结构中各个成员的代表如何选出和维护相互之间的关系

资料来源：BESSANT J G, TSEKOURAS G. Developing learning networks[J]. A. I. and Society，2001,15(2)：82-98.

13.3.3　平台战略：工业互联网赋能①

从"制造大国"走向"制造强国"是中国经济的重要一跳。以轨道交通、高端船舶和大飞机为代表的复杂产品，日益成为现代国家经济实力的象征，也是建设制造强国的关键突破口。复杂产品生产能力提升的难点不仅体现在技术创新能力和制造能力上，更体现在对定制需求的集成管理能力方面。平台赋能或将为破解"模块创新"与"集成管理"之间的效率困境提供新思路。平台赋能是指由核心企业集聚研发能力、生产经验和产业资源，搭建基础区块（Building Block），依托这一基础区块（即平台）的共享输出，对平台供需双边用户进行"赋能"。赋能过程包括资源输出、数据支撑、运营辅导和模式优化等多种形式。对应到复杂产品领域，平台赋能是指由龙头型复杂产品集成商搭建平台，实现更多复杂产品集成商与模块分包商的供需对接。平台赋能在促进集成商和分包商互补创新的同时，依托有效的平台界面治理，极大提升了复杂产品的集成管理效率。

（1）从"单兵作战"走向"战略协作"。在平台赋能方面，"航天云网"工业互联网平台是一个典型案例。2015 年，"航天云网"工业互联网平台正式上线运行。该平台依托中国航天科工集团公司（以下简称"航天科工"）的科研创新和生产制造资源，广泛整合社会资源，构建"互联网＋智能制造"服务体系。其核心是供给方把资源虚拟化后"拽"到"云池"，需求方再将其"拽"出来，实现产品和服务的直接交易和价

---

① 本节在已公开发表文章的基础上进行了修改[王节祥,盛亚.平台赋能：提升复杂产品生产能力[N].中国社会科学报,2017-09-13.]。

值共创。 "航天云网"工业互联网平台的核心价值是建立完善的平台生态系统：让散落在社会各界的创新创业者方便地找到所需的资源；让固化于企业的同质资源在网上横向整合，挖掘资源的利用潜力；让有志于垂直整合的行业领军企业找到心仪的合作对象。 截至 2018 年 9 月中旬，INDICS 云制造平台上共注册企业超过 198 万家，已发布需求 19 万多条，已上架单品超过 550 万个；接入设备（互联网）近 9 万台；已处理工业大数据超过 7400TB；发布制造能力需求 13100 多条，发布协作任务需求近127600 条，已成交需求超过 32000 条；云市场应用总数为 717 个，云制造软件产品数量达 135 款[①]。

上述案例表明，传统产品开发平台正在走向产业赋能平台，依靠平台赋能的方式促进模块创新并提升集成管理效率。 为解决定制管理与集成管理之间的矛盾，搭建产品开发平台的做法早已有之，如汽车产业大量存在的同平台产品。 "航天云网"工业互联网平台与传统产品开发平台的根本差异在于，前者改变了模块创新和集成管理的模式。 产品开发平台是企业内的资源集约，"航天云网"工业互联网平台则是在产业层面优化资源配置，其效率提升主要来自两个方面。 一是模块创新效率的提升。"航天云网"工业互联网平台依托航天科工的资源和能力积累，搭建起基础区块。 依托这一区块，"航天云网"工业互联网平台可以实现对平台参与者的"赋能"，输出制造能力和创新资源，从而有利于复杂产品集成商和分包商的创新活动推进，提升其创新效率。 二是集成管理效率的提升。 "航天云网"工业互联网平台采用了"双边市场"架构，以市场化匹配机制实现供需资源的快速有效对接，降低交易成本，这极大提升了复杂产品集成商的生产效率。 与此同时，"航天云网"工业互联网平台依托平台界面治理机制，实现对复杂产品集成商和分包商的有效管理，促进了双边用户的互利共生。 例如，通过界面开放度治理，合理平衡平台参与者多样性和过度竞争的矛盾，通过界面评价机制促进信任建立和长期合作，

---

① 李小丽,齐莹菲.工业 4.0 产业现状典型案例研究(二)：横向集成[EB/OL].(2018-12-20). http://www.yidianzixun.com/article/0Kt6keBT.

等等。平台参与者通过合作追求互惠互补的利益，而不是为了投机。所以，复杂产品集成商通过搭建赋能平台，既能促进其他复杂产品集成商与分包商的互补创新，亦能提升复杂产品集成管理效率。长远看，平台运营商（这里即复杂产品集成商）在服务平台参与者的同时，亦能接受参与者的资源、能力和数据"反哺"，从而实现"赋能—反哺—再赋能"的良性循环。

（2）"三步走"提升复杂产品生产能力。依靠平台赋能模式提升复杂产品生产能力，需经历平台搭建、平台赋能和平台生态化发展 3 个阶段。集聚资源和能力搭建复杂产品赋能平台是基础；依靠平台赋能促进模块创新是关键；围绕赋能平台实施有效治理，提升集成效率、实现平台生态可持续发展是最终目标。

第一，复杂产品赋能平台搭建。以复杂产品系统集成商或行业内龙头企业为主导，利用其长期积累的资源和能力，搭建平台基础区块。基础区块的搭建要把握两个原则：一是立足共性，边界不宜过大。平台是可跨情境应用的资源和能力的集合，对于情境化的资源和能力不宜由平台提供，以免影响外部主体进入的积极性。二是界面合理开放，许可外部主体进入。平台应采用开放的架构和界面设计，作为产品供给方应该能够吸纳外部服务商，作为需求方也应面向广泛的厂商用户群体。总体而言，基础区块虽由平台运营商掌控，但必须立足于开放性，以服务更大的群体。基础区块的搭建以工业大数据应用为前提，为此需要：①深入探究各类工业数据库（嵌入型与关系型等）、应用软件及数据集成平台，提升系统整体运算能力；②定标规划产品全产业链条及全生命周期的所有数据应用，贯穿研发设计、加工制造、物流仓储及售后服务等环节；③梳理大数据应用中涉及的技术使用、产业安全及运营管理等多项内容的标准；④在融入移动互联网、云计算和物联网等先进技术后，推广引导企业应用，并带动相关领域企业加入使用，完成传统装备制造业向先进化、智能化方向转型升级（姜博等，2019），其中加强政产学研用的协同创新尤为重要。

第二，复杂产品赋能平台实施。以平台基础区块的能力为基础，利用网络效应吸引外部厂商快速加入平台。 以具备一定生产能力的复杂产品系统生产商或模块供应商为突破口，进行平台赋能，具体包括设备输出、系统输出、管理输出、智能工厂改造和技术咨询等多种形式。 利用集成商的管理和传导效应，将平台的能量传导到中小厂商群体，从而协同提升整个复杂产品系统的生产能力，并借助平台向国内外高端用户进行推介。 早期赋能主要是提升生产效率，后期则应立足于复杂产品模块创新，促进创新的范围扩大和速度提升。

第三，复杂产品赋能平台生态化发展。 从长远来看，单纯依靠平台赋能难以实现持续发展，必须构建起"能量循环递增"的动力机制。 对于复杂产品生产而言，既包括成熟模块的交易，也包括非成熟模块的开发，理想的动力机制是要形成交易和创新平台的"双轮驱动"。 交易平台可以实现厂商之间就特定成熟产品和服务需求的直接交易，扩大交易范围，并将大量散落的产业资源集约利用，从而提升交易效率。 创新平台则需要构建起生态创新架构，立足用户需求，以便大量生态互补者协同推进特定对模块的开发。 平台主导者与参与者自主性的结合，将有力解决传统复杂产品集成创新模式的固化弊病。 交易和创新平台相互交叉，协同推进复杂产品生产能力的整体提升。

（3）平台参与者合理选择"生态位"。 基于前文分析，推进"平台赋能"需注意平台推进主体、功能目标和分工定位等问题。 首先，复杂产品赋能平台的搭建应从"政府主导"逐步走向"企业主导"，利用好"军民融合"的战略契机。 国际经验表明，政府在复杂产品生产和创新中发挥着重要作用，但这种作用具有阶段性特征。 在早期起步阶段，由于复杂产品投入大、见效慢，必须依靠政府扶持；进入高速增长阶段后，应逐步推动由"政府主导"向"企业主导"的过渡。 "航天云网"工业互联网平台的构建过程为这一过渡提供了可借鉴路径。 下一步，应以国家大力实施的"军民融合"战略为契机，推动国有军工企业和民营企业合作，携手打造赋能平台及其"生态系统"，从而提升国家复杂产品生产能力和创新能力。

其次，发挥复杂产品赋能平台跨产业资源配置的功能，有效推动供给侧结构性改革。 复杂产品赋能平台不再是在单一领域或产业内进行资源配置，而是跨产业、跨领域的资源配置。 这不仅能提高直接交易的效率，扩大知识和能力的来源范围，有利于突破性创新的涌现，更能依托平台机制实现集成管理效率的大幅提升。 当企业从事高成本的、风险大的复杂产品生产时，必须寻求外部的合作，将不同组织的互补性资产整合起来（Hobday et al.，2000；Williams，2005），以获取对关键性资源的控制。"赋能平台"以用户需求为第一拉动力，倒逼供给侧结构性改革，破除不利于复杂产品生产能力提升的制度设计，并且将原本闲置或浪费的产业资源加以有效利用。 可见，以"航天云网"工业互联网平台为代表的平台赋能模式是推动供给侧结构性改革的一种有效形式。

最后，复杂产品赋能平台的运营商与参与者要合理定位，促进生态互补创新；大力倡导生态协作的发展战略，改变各类主体的竞争和自我保护意识。 大量平台产业的实践表明，平台运营商和参与者是共生依赖的关系，能够实现互利共赢。 平台运营商和参与者都应认清自身能力，合理选择"生态位"。 平台运营商需具备"赋能"属性，以快速实现平台的"冷启动"。 未来产业间的竞争将越来越表现为平台生态系统之间的竞争，中小厂商必须加入相应平台。 平台参与者的不断"反哺"，也是实现平台生态可持续发展的重要保证。

第14章　我国复杂产品生产能力提升的政策研究

由于复杂产品的产业特征，各国都在其发展过程中采用不同的经济政策和产业政策予以支持。目前，我国复杂产品的产业发展水平与发达国家相比还落后很大一段距离，这不仅仅是技术和管理问题，也是一个政策问题。总体而言，我国政府关于复杂产品领域的政策制定处在第一阶段的直接干预与第二阶段的间接干预相结合和过渡的时期（陈劲，2007），但逐步减少直接干预政策势在必行。本章首先通过对中德美三国的"互联网＋制造"产业政策进行比较，给出相应的产业政策启示，并在此基础上，结合前文研究结果，提出我国复杂产品生产能力提升的若干政策建议。

14.1　中德美三国"互联网＋制造"产业政策比较①

互联网作为信息高速共享的媒介，通过与社会、经济、技术各领域的充分融合，推动产业技术创新能力和生产能力提升、组织重构和绩效改进，正成为制造业转型升级的重要推动力，其间形成了以互联网为基础设施的制造新模式——"互联网＋制造"模式。在这种新模式下，传统清晰的产业边界逐渐模糊不清，熟悉的价值网络变得错综复杂，适合于传统制造的产业政策在"互联网＋制造"模式下显得无力。中国制造业产业政策需要重新定位发力点，以满足新制造模式的政策需求。当前，德国制造业全球领先，美国互联网技术发达，这两个国家在"互联网＋制造"模式下的政策体系值得借鉴。鉴于此，本研究运用 Rothwell et al.（1981）的政策工具，对中国、德国、美国出台的与"互联网＋制造"相关的政策

---

① 14.1 和 14.2 的部分内容在已公开发表论文的基础上进行了修改［盛亚，戴建新."互联网＋制造"模式下产业政策比较研究：以中国、德国、美国为例［J］.科技进步与对策，2019(17)：114-121.］。

进行比较分析，寻找 3 个国家政策体系的特点，旨在为"互联网＋制造"模式下的中国产业政策制定和实施提供借鉴。

14.1.1　理论基础

"互联网＋"发展促进了制造业变革，"互联网＋制造"模式将是未来制造业发展的方向。

（1）"互联网＋制造"模式。"互联网＋"是由我国产业界率先提出的新概念。2015 年，李克强总理在两会上所做的《政府工作报告》中正式提出"互联网＋"行动计划。习近平总书记在中国乌镇世界互联网大会上重申了"互联网＋"国家级行动计划，认为"互联网＋"是推动经济和社会发展的新范式。"互联网＋"实质上是传统制造业的数据化、柔性化、可视化、在线化，主要是通过推进传统产业改造，促进商品制造、物流与使用等节点变革，推进商业模式革新[1]，推动技术经济范式调整，改变整个经济生产模式，进而实现经济发展中虚拟与实体嵌入融合的经济发展新模式。

"互联网＋制造"模式是针对多重价值与复杂成本间矛盾而提供的解决方案，实现了"互联网＋"信息化与"制造"资产化的嵌入式结合，提供了"高价值化、低复杂化""高智能化、低商业复杂性"的解决方案，打破了实体制造业的"信息孤岛"，实现了虚拟信息和物理实体数字化与智能化的完美结合。各国政府政策举措直接影响"互联网＋制造"模式的实施效果，哪个国家能率先理解其实质，有针对性地提供产业支持政策，哪个国家将对"互联网＋制造"模式产生积极影响。

"互联网＋制造"模式实质上是以互联网为基础设施及实现手段的经济发展新形态。多国政府已经洞察到这一轮经济发展"风口"，积极通过国家政策推进"互联网＋制造"模式。"互联网＋制造"模式是从工业化向信息化的转型，是促进制造业转型升级的新动力。中国、德国、美国 3 个国家的最优制造结构节点各有不同，且存在显著差异（见图 14-1）。从

---

① 辜胜阻,曹冬梅,李睿. 让"互联网＋"行动计划引领新一轮创业浪潮[J]. 科学学研究，2016,34(2)：161-165.

中可见，中国优势体现在市场创新上，德国优势体现在制造业中间环节，美国优势体现在技术创新上[1]。

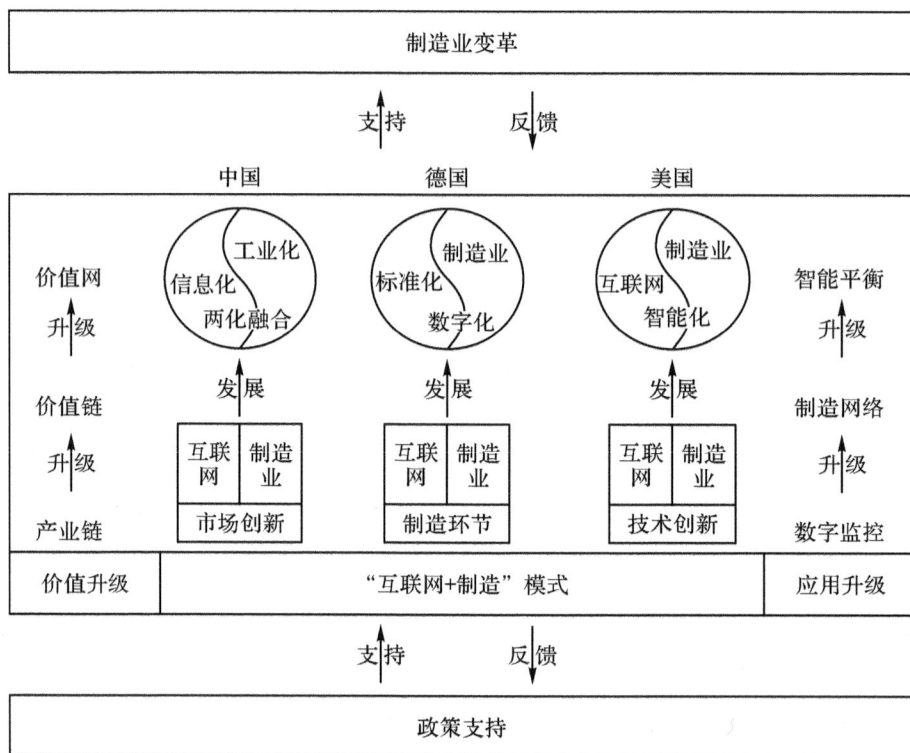

图 14-1 "互联网＋制造"模式

中国"互联网＋制造"模式是信息化与工业化两化融合的结果[2]，展示出非常强大的创新潜力（张伯旭等，2017），成为推进中国制造业发展的有力工具。在"互联网＋"大背景下，互联网平台与信息通信技术融合嵌入制造业全生命周期，实现了制造业系统创新能力提升、生产效率提高和资源利用率升级，推动了智能制造与绿色制造普及，最终以新产品、新形态和新商业模式等理念构建成现代制造业体系。

---

① 姜奇平. "互联网＋"与中国经济的未来形态[J]. 人民论坛·学术前沿，2015(10)：52-63.

② 肖彬，郭颖. 两化融合背景下企业管理创新的理论框架研究[J]. 科研管理，2015，36（S1）：54-60.

德国 "互联网＋制造" 模式被认为是决定德国工业命运的战略[①]。围绕 "互联网＋制造" 模式，德国于 2011 年提出 "工业 4.0" 战略（张伯旭等，2017）。以智能制造为核心的第四次工业革命，通过网络展现了许多创新功能，建立了新商业模式、工作流程和开发方法（Jazd，2014），对社会和消费者产生了巨大的影响。战略、运营、环境和国家政策正向激励 "工业 4.0" 战略的实施，并通过生产和过程建立客户服务生产系统（Julian，2018；Daniel et al.，2017）。德国 "互联网＋制造" 模式横向贯穿了从供应商到客户的产品全生命周期，涉及产品设计和开发、生产和计划、生产追溯和管理、物流、销售和分销等环节；纵向整合企业中所有层次，涉及企业计划、企业管理、过程管理和操作（接口等环节）（Wladimir，2017），实现了系统结构的同步联动。

美国先进的互联网技术有利于 "互联网＋制造" 模式的快速发展，其典型代表为通用电气发起的工业互联网模式。工业互联网通过软硬件、数据及智能互通网络形成智能化决策模型，提高生产率、减少浪费[②]，对美国国内制造业发展进行全方位调整，这对全世界制造业结构重组具有重要战略意义[③]。工业互联网基于其更智能和更高效的工业产品潜力，在工业部门备受关注。在 "互联网＋制造" 模式下，美国广泛采用有线网络或无线网络支持各种智能设备，实时和延迟信号并存[④]，建立机器与设备间的联系，实现这些对象间的交互和协作，并收集和分析数据，以更好地为

①　PFEIFFER S P S. The vision of "Industrie 4.0" in the making-a case of future told，tamed，and Traded [J]. NanoEthics，2017，11(1)：107-121.

②　WANG K，WANG Y，SUN Y，et al. Green industrial internet of things architecture：an energy-efficient perspective[J]. IEEE communications magazine，2016，54(12)：48-54.

③　GAN C，ZHENG R，YU D. An empirical study on the effects of industrial structure on economic growth and fluctuations in China[J]. Economic research journal，2011，21(1)：85-100.

④　WAN J，TANG S，SHU Z，et al. Software-defined industrial internet of things in the context of industry 4.0[J]. IEEE sensors journal，2016，16(20)：7373-7380.

客户提供服务①。 随着智能设备、智能系统的融合及最新信息技术的普及，工业互联网将有利于使整个工业经济提高生产率、降低成本和减少浪费。 美国"互联网＋制造"模式侧重于"软"服务方面，希望用"互联网＋"激活传统工业，保持制造业的长期竞争力。

（2）产业政策与类型。 产业政策是产业/行业特定的政策②，其最早可追溯到 18 世纪。 作为一项政府战略，其是经济发展成功的必要性条件③及国家普遍实施的公共性调节政策。 产业政策作为政府的重要职能杠杆，维系、影响国内发展及国际竞争力、国家信息处理能力、国家策略能力，是对鼓励部分或全部制造业及其他经济部门发展和增长等政策措施的统称④。 从本质上讲，产业政策是实现政策目标的路径和机制；从技术上讲，产业政策是指政府运用多种混合治理技术的统称。 产业政策能够引导企业和政府部门克服路径依赖⑤，解决外部性及软硬设施不完善等问题，提高产业内部企业间资源重配效率⑥，并消除阻碍制度公平竞争的障碍。 例如，美国奥巴马政府通过实施强有力的扶持政策，全面推动先进制造业发展，并运用科技创新法律法规，确保政策连续性和有效性⑦，促进经济增长，创造就业机会⑧，推动国家经济整体发展，有效扭转了美国

① LAKHANI K R，LANSITI M，HERMAN K. GE and the industrial internet[J]. Harvard business school，2014:1.

② 唐晓华，张欣钰，陈阳. 中国制造业产业政策实施有效性评价[J]. 科技进步与对策，2017，34(10):60-68.

③ 林毅夫. 产业政策与我国经济的发展:新结构经济学的视角[J]. 复旦学报(社会科学版)，2017，59(2):148-153.

④ KOSACOFF B，RAMOS A. The industrial policy debate[J]. CEPAL Review，1999:35-60.

⑤ VEUGELERS R. Which policy instruments to induce clean innovating? [J]. Research Policy，2012，41(10):1770-1778.

⑥ 宋凌云，王贤彬. 重点产业政策、资源重置与产业生产率[J]. 管理世界，2013(12):63-77.

⑦ 袁永，张宏丽，李妃养. 奥巴马政府科技创新政策研究[J]. 中国科技论坛，2017(4):178-185.

⑧ MAZZUCATO M，CIMOLI M，DOSI G，et al. Which industrial policy does Europe need? [J]. Intereconomics，2015，50(3):120-155.

经济发展颓势。 无论对产业政策的看法如何,我们都必须设法使这些项目尽可能成功,并承认我们对产业政策的理解还在深化(让·梯若尔,2020)。

为准确理解产业政策,有学者按照指导性和执行性[1][2][3]两个层次对其进行分类,也有学者按照鼓励性和禁止性[4][5][6]两个维度分类。 本部分综合两个层次和两个维度,将产业政策分为指导性鼓励、执行性鼓励、指导性禁止和执行性禁止 4 种类型。 其中,指导性鼓励是指从政策上给予支持,但没有细化到可以参考执行,需要进一步理解;执行性鼓励是指从政策上支持,同时已经进行了细化,能在一定程度上直接执行;指导性禁止是指政策上不允许,但没有细化到可以执行,需要进一步理解具体不允许执行的范围;执行性禁止是指政策上不允许,且细化到可以参考执行。

(3)政策分析工具。 常用的政策分析工具研究模型包括二维模型[7]和三维模型(Rothwell et al.,1981)两种。 其中,Rothwell et al.(1981)采用的由供给性政策工具、环境性政策工具和需求性政策工具组成的三维分析模型得到国内外学者广泛认可。 李良成(2016)结合中国创新驱动发展战略,认为供给性政策工具主要体现为一种推动力,通过鼓励科学技术发展,重视教育发展,以及人才培养等活动推动创新;需求性政策工具主要表现为一种拉力,通过政府采购、公共产品和服务提供、进

---

① 张浪. 论行政规定的法律渊源属性[J]. 学海,2010(5):191-195.
② 韩际平. 关于杭州市历史文化街区和历史建筑保护的探讨:实施与管理的现状分析及对策研究[D]. 西安:西安建筑科技大学,2014.
③ 尼玛卓玛,张杰,赵君黎. 公路桥隧工程设计安全风险评估指南试行现状和问题[J]. 公路交通科技(应用技术版),2011(12):38-41.
④ 刘笋. 外资准入法律管制的放松及其影响结合 WTO 和中国入世进行研究[J]. 中外法学,2001(5):567-585.
⑤ 张庆.《外商投资产业指导目录(2007 年修订)》对禁止、限制、鼓励外商投资有色金属采矿业、冶炼及压延加工业产业目录作政策性调整[J]. 中国金属通报,2007(46):1-1.
⑥ 徐明. 论生命科技的挑战与立法应对[J]. 科技进步与对策,2013,30(5):106-110.
⑦ ERGAS H. The importance of technology policy [M]. Cambridge:Cambridge university press,1987.

出口管制等活动拉动创新和经济发展；环境性政策工具是进行创新的重要
外部条件，政府通过法律法规规范市场环境，为企业开展创新活动提供财
政和税收优惠，制定鼓励和激励性政策指导市场的创新活动，使各创新主
体能够在市场经济中竞相迸发出积极性和活力。Rothwell et al.（1981）
认为，每类政策工具又可进一步划分为多种操作性层面的具体工具。其
中，供给性政策工具包括人才培养、信息支持、技术支持、资金支持、公
共服务；环境性政策工具包括目标规划、财务金融、税收优惠、法规管
制、策略性措施；需求性政策工具包括政府采购、服务外包、贸易管制、
海外机构，具体如图 14-2 所示。

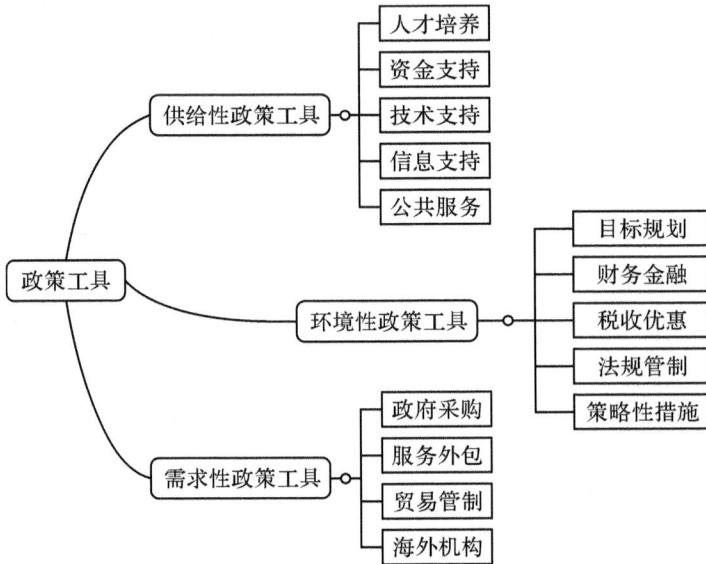

图 14-2 Rothwell 和 Zegveld 的政策分析模型

14.1.2 研究设计

（1）政策文本。中国"互联网＋制造"模式的典型政策支持以 2015
年以后陆续出台的《中国制造 2025》《关于积极推进"互联网＋"行动的
指导意见》《国务院关于深化制造业与互联网融合发展的指导意见》《智
能制造发展规划》（2016—2020）等政策和计划为基础，用以指导运用
"互联网＋制造"模式促进中国制造业创新能力全面提升，并进一步推动

制造业做大做强。 德国"互联网＋制造"模式的典型政策支持以 2013 年起陆续出台的《保障德国制造业未来：关于实施工业 4.0 战略的建议》《数字议程（2014—2017）》《数字化战略 2025》等计划和政策为载体，旨在提升"互联网＋制造"模式下的制造业竞争力，提高就业水平，促进国家经济发展。 美国"互联网＋制造"模式的典型政策支持以自 2012 年陆续出台的《先进制造业国家战略计划》《国家制造业创新网络初步设计》《国家制造创新网络战略计划》《美国人工智能研究与发展战略计划》等政策和计划为着力点，推进制造业发展。 本部分以这 11 项政策为研究文本，对比各国政策条款，识别各国政策间差异。 各国政策出台顺序如表 14-1 所示。

表 14-1　三国政策出台列表

国家	2012 年	2013 年	2014 年	2015 年	2016 年
德国	—	《保障德国制造业未来:关于实施工业 4.0 战略的建议》	《数字议程2014—2017》	—	《数字化战略2025》
美国	《先进制造业国家战略计划》	《国家制造业创新网络初步设计》	—	—	《国家制造创新网络战略计划》《美国人工智能研究与发展战略计划》
中国	—	—	—	《中国制造 2025》《关于积极推进"互联网＋"行动的指导意见》	《国务院关于深化制造业与互联网融合发展的指导意见》《智能制造发展规划》（2016—2020）

（2）研究方法。 本部分以具体政策条款作为基本分析单元，按照每条政策直接显示的内容，根据政策工具类型进行编码（见表 14-2），在剔除无效条款后，对政策条款进行量化和分类统计，进而进行 3 个国家间的政策对比。

表 14-2　编码情况

工具类型	具体工具	主旨词汇
供给性政策工具	人才培养	增强意识、宣传活动、培训、培训系统、教学方法、职业教育、学历教育、进修、开发培训、学习方法、学习辅助系统、培训策略、基本知识、在职培训、数字化培训、培训课程、专业培训
	资金支持	投资基金、风险基金、成长基金、投资项目、扶持项目、资金扶持、政府补助、国家拨款
	技术支持	基础设施建设、辅助系统、数字化基础设施、扩建、建设高校数字化、科研数据库
	信息支持	智能化联网、高速网络、数据处理、数据连接、网络容量、通信量、提供移动服务、全球漫游、仿真模拟、动态化网络
	公共服务	深化服务、试点扩大、调解争端、联络和协调、简化审批程序、公共特许服务、提供行政管理服务、提供平等机会、机构认证
环境性政策工具	目标规划	品牌、促进创新、支持帮助、推动革新、竞争力、高扩展性、高性价比、加强竞争力、领导地位
	财务金融	法律和税率框架
	税收优惠	营业税、税收减免
	法规管制	相关规定、安全问题、安全措施、知识产权、法律标准、规则标准、法律法规、法律条款、法律保护、合同法、法律框架、法规、法律稳定性、监管、反垄断法、安全部门
	策略性措施	安全策略、安保策略、通用解决方案、共识、创新战略、策略、政策、战略、基本原则、基本观点、战略性、全面战略
需求性政策工具	政府采购	公共采购、政府早期购买、早期采购
	服务外包	国际贸易、双边合作
	贸易管制	国际贸易限制、许可证授权
	海外机构	非境内机构、海外合作、面向全球、走出去、国际并购

　　为对各国政策有更加系统的认识，对比分析分为两部分：第一部分运用 QSR Nvivo 软件对政策关键点进行分析，识别出中国、德国、美国三国的政策关键点，整体聚焦 3 个国家的政策重点，再通过政策类型对比，从总体上识别政策差异；第二部分运用 Rothwell 和 Zegvel 的工具，按照供给性政策工具、环境性政策工具、需求性政策工具对比中国、德国、美国

的政策特点，从而提出针对中国国情的建设性意见。

14.1.3　中德美政策的总体分析

对中国、德国、美国出台的政策进行编码分类，利用 QSR Nvivo 软件进行聚类分析，识别总体政策差异。

（1）政策关键点分析。 运用 QSR Nvivo［版本号：10.0.573.0 sp5（64 位）］软件，按照条款进行归类编码，并剔除无效条款进行词语云对比，分析中国、德国、美国"互联网＋制造"模式下的政策重点（见图 14-3）。 通过词语云分析得出的政策特点如下：①中国"互联网＋制造"模式下的政策是通过互联网的拉动，实现制造业工业化与数字化快速融合及制造业高端化和智能化；②德国"互联网＋制造"政策以数字化为核心，推动"工业 4.0"实施，实现整个制造体系跃迁式发展，成为新一代智能制造技术的使用方和受益方，同时也成为先进制造技术的创造方和供给方；③美国"互联网＋制造"政策通过制造业智能设备、智能系统的人工智能发展，推进工业互联网在整个工业经济中发挥作用，以提高生产率、降低成本、减少浪费，促进制造业与大数据融合，实现智能服务。 总之，尽管侧重点不同，但 3 个国家在"互联网＋制造"政策方面本质上相同，即通过信息流与实物流的无缝对接，提高实物流节点耦合性，实现系统、结构、功能、行为的统一。

图 14-3　中、德、美政策词语云对比

（2）政策类型分析。 按照指导性鼓励、执行性鼓励、指导性禁止、执行性禁止 4 种类型对中国、德国、美国"互联网＋制造"模式产业政策进行分析，结果发现指导性鼓励、执行性鼓励、指导性禁止、执行性禁止4 种类型的权重分别为：中国 94%、6%、0、0；德国 68%、30%、1%、1%；美国 69%、31%、0、0（见表 14-3）。 德国、美国在指导性鼓励和执行性鼓励政策上的比例接近 7:3，而中国指导性鼓励和执行性鼓励政策的比例接近 16:1，表明中国使用的产业政策过多强调方向性，对于具体执行政策细化描述不足；而德国和美国产业政策在强调方向性的同时，以辅助细化政策对方向性政策进行补充和说明，这样能够让民众更加理解政策内涵，更加有利于政策普及和实施。

表 14-3　政策类型性对比分析

类型	中国		德国		美国	
	数量（条）	权重（%）	数量（条）	权重（%）	数量（条）	权重（%）
指导性鼓励	230	94	264	68	193	69
执行性鼓励	15	6	118	30	87	31
指导性禁止	0	0	4	1	0	0
执行性禁止	0	0	4	1	0	0

14.1.4　政策工具细化分析

运用 Rothwell 和 Zegveld 的政策分析工具细化对比各国产业政策。

（1）政策编码统计。运用 QSR Nvivo［版本号：10.0.573.0 sp5（64 位）］软件，按照 Rothwell 和 Zegveld 的政策工具整理出政策工具类型、数量和占比情况，见表 14-4。从中可见，供给性政策工具、环境性政策工具、需求性政策工具占比情况如下：中国为 48%、46%、6%；德国为 44%、53%、3%；美国为 64%、33%、3%。中国产业政策中的人才培养、技术支持、信息支持、法规管制等政策工具未得到足够重视。德国作为制造业强国，人才丰富，制造业强大，需要根据国情不断优化法规管制，适应"互联网＋制造"模式的法律法规需求，同时要积极推进信息化建设，使其与国家政策基本符合。美国作为经济大国，制造业发展相对薄弱，其重点主要是进行人才培养，通过法规管制和信息支持建设，快速实现"互联网＋制造"模式转型。

表 14-4　政策工具统计分析结果

工具类型	具体工具	中国		德国		美国	
		数量(条)	权重(%)	数量(条)	权重(%)	数量(条)	权重(%)
供给性政策	人才培养	29	12.0	43	11.0	61	22.0
	资金支持	18	7.0	18	5.0	50	18.0
	技术支持	29	12.0	22	6.0	22	8.0
	信息支持	31	13.0	54	14.0	43	15.0
	公共服务	11	4.0	34	8.0	3	1.0
	小计	118	48.0	171	44.0	179	64.0
环境性政策	目标规划	20	8.0	4	1.0	29	10.0
	财务金融	0	0.0	4	1.0	0	0.0
	税收优惠	9	4.0	5	1.0	1	0.3
	法规管制	30	12.0	96	25.0	44	16.0
	策略性措施	53	22.0	98	25.0	19	7.0
	小计	112	46.0	207	53.0	93	33.0
需求性政策	政府采购	1	0.6	1	0.3	3	1.0
	服务外包	3	1.2	2	0.7	3	1.0
	贸易管制	0	0.0	5	1.0	0	0.0
	海外机构	11	4.0	4	1.0	2	1.0
	小计	15	6.0	12	3.0	8	3.0

（2）政策工具类型对比。 一是供给性政策工具。 中德以信息支持拉动人才培养，美国以资金支持培养人才。 统计数据显示，美国使用供给性政策工具总计 179 条，数量最多，权重为 64%，比中国和德国高了近 20个百分点；德国和中国使用的供给性政策工具相当，数量分别为 171 条和118 条，权重分别为 44% 和 48%，仅相差 4 个百分点。 具体如下：①中国信息支持共 31 条，权重为 13%；人才培养和技术支持持平，均为 29条，单项权重为 12%，符合中国积极推进"互联网＋"建设政策方向；另外，中国充分发挥发展中国家优势，进行基础设施建设，推动政策执行，并且同样重视人才培养，为长远发展奠定基础。 中国人才培养权重仅为

美国人才培养权重的 55％，人才培养力度明显不足。 ②德国信息支持共
54 条，权重为 14％；人才培养共 43 条，权重为 11％，两者总计权重为
25％，且信息支持和人才培养这两项政策性工具数占德国供给性政策工具
数的 57％。 从中可见，德国主张强化自身信息优势，利用人才优势推动
发展。 ③美国人才培养政策共 61 条，权重为 22％；资金支持共 50 条，
权重为 18％，两者总计权重为 40％，且人才培养和资金支持两项政策工
具数占美国供给性政策工具数的 62％，符合美国资金及人才丰富的特点，
在政策方面向自身优势倾斜，利用自身优势条件推动发展。 总之，中国、
德国、美国除进行信息支持、资金支持外还非常重视人才培养，但针对不
同国情，略有差异。 中国政府投资基础设施辅助推动信息建设政策实
施，德国政府通过提升信息支持水平推动数字化制造政策实施，美国政府
投资大量资金推进人才培养政策实施，均是以人才发展为中心的政策。

　　二是环境性政策。 中国重视策略性工具，美国重视法规管制，德国
兼具中美政策重点。 德国和中国使用的环境性政策工具的数量相对较
高，分别为 207 条和 112 条，权重分别为 53％和 46％；而美国使用环境性
政策工具的数量相对较低，仅为 93 条，权重为 33％，远远小于德国和中
国。 ①中国策略性措施共 53 条，权重为 22％；法规管制共 30 条，权重
为 12％，两种具体政策工具总权重为 34％，且政策管制和策略性措施两
项政策工具数占环境性政策工具数的 74％。 ②德国法规管制共 96 条，权
重为 25％；策略性措施共 98 条，权重为 25％，两者总权重为 50％，且法
规管制和策略性措施两项政策工具数占环境性政策工具数的 94％。 ③美
国法规管制共 44 条，权重为 16％；目标规划共 29 条，权重为 10％，两种
政策工具总权重为 26％，且法规管制和目标规划这两项政策工具数占环
境性政策工具数的 78％。 德国、美国注重以法规管制形式推进政策执行，
旨在实现标准与行动的统一。 中国注重策略性工具的实施，以口号、号
召影响政策的执行，行为影响多于政策影响。 德国对策略性工具和法规
管制并重。 中国策略性措施十分突出，但法规管制略显不足，法制建设
需要进一步完善。 德国将建立法律框架、出台相应标准作为政策实施的
基础，推动策略性措施的实施，符合德国强调法典化思辨理性的特点。

美国同样重视法规管制，且通过制定目标规划引导政策实施。法规管制措施作为长期性策略，是环境性政策工具中影响最为深远、范围最为广泛的措施，能够培育长期、稳定、长远的政府政策环境，实现资金投资期内稳定可预测性的收益，增加资金投资者的信心，促进经济稳定发展，特别是在中美贸易产生摩擦时期，稳定不变或稳定趋好的政策至关重要。

三是需求性政策。中美鼓励贸易发展，德国限制技术外溢。中国、德国、美国三国在需求性政策工具上的使用明显偏少，中国需求性政策工具使用权重为 6%，比德国、美国高 3 个百分点。①中国是发展中国家，在国际贸易中不具备贸易优势。中国不实施贸易管制，符合中国扩大对外开放、吸引国际资源的国家政策。②德国制造业发达，具备竞争优势，不需要政府采购条款支持，有竞争实力。③美国经济实力第一，以自身经济优势为支撑协助企业发展，不关注贸易管制。3 个国家结合本国实际，对于自身优势既不进行政策支持又不进行政策限制，为政策实施提供了较大的发展空间。总之，中国、德国、美国三国应用需求性政策工具的权重较小，其中中国政府采购力度不足，对引进人才和海外贸易特别重视。德国由于国际影响力较大、国际市场地位较高，贸易管制政策突出，由此限制了敏感数据的贸易合作范围。美国作为全球第一大经济体，通过服务外包实现自身价值最大化，利用国家采购拉动经济发展。

14.1.5　中德美制造业政策的定性分析

选取德国的《数字议程（2014—2017）》，中国的《中国制造 2025》"1+X"规划体系、《智能制造发展规划》和美国的《国家制造业创新网络初步设计》进行定性分析，以期更具体地了解政策细节。

（1）供给性政策分析。根据供给性政策工具的内容，可以将人力资源培养进行细分，包括教育、培训和人才交流，如表 14-5 所示。对比发现，在供给层面上，3 个国家在人力资源培养方面的侧重点不同：我国主要是从高校开始培养与制造业相关的人才；德国则是从小学就开始培养孩子的创新能力，有意培养和调动社会的创新氛围；美国则是校企合作，校区联合，注重大学生的社会实践能力，在人才交流方面没有具体措施。在资金支持方面，我国阐述得比较笼统，没有具体描述投入的资金总额，

只是建立了风险补偿机制；德国则强调技术研发的氛围；美国的政策更加
具体，从税收开始，政府在制造行业技术比较尖端的领域投入了 3 亿美
元，证明了美国想利用工业互联网重回全球制造业顶端的决心。 在公共
服务层面上，我国出台政策的主要目标在于通过创新战略的实施，改善社
会及市场环境，进而对制造业本身的创新产生影响（马翔，2018）；德国
更加注重政府、中小企业、公民之间的关系，试图加强三方人员在制造过
程中的参与程度，并在社会上进行知识科普，希望调动社会创新氛围；美
国主要利用政府出台政策来保障制造业创新环境，以满足国内制造业发展
中对于某些基础设施的需求。

表 14-5　中德美三国制造业的供给性政策比较

工具	细项	中国	德国	美国
人力培养	教育	进行多层次的人才培养；培养制造业相关领域的工程博士、硕士专业人才；培养专业技术人才、经营管理人才和技术技能人才	开展数字型知识社会教育；发挥数字化知识对创新活动的基础性功能；联邦和州政府共同提高中小学教师的多媒体使用技能；通过鼓励中小学生参加各类计算机竞赛，培养有信息技术天赋的学生；鼓励贴近现实的学习环境和互动性强的体验式学习	投资社区学院的教育；加强先进制造业大学项目管理；启动国家制造业奖学金及实习计划
	培训	建立人才培养质量社会评价体系，引进第三方评估机构	注重对员工的培训和持续的职业发展；建立跨企业的数字化职业培训中心	校企合作培养人才；培养跨专业人才；及时更新行业标准
	人才交流	人才参与国际评估认证	举办高校数字化论坛	
资金支持	研发支持	开展示范应用，建立奖励和风险补偿机制，支持核心基础零部件（元器件）、先进基础工艺、关键基础材料的首批次或跨领域应用	提供一个创新、健康的和安全的工作环境	提供良好的创新环境，推行税收抵免政策，政府提供引导资金；对创新技术产业投资 3 亿美元，前期投资包括小型高能电池、先进复合材料、金属加工、仿生制造及替代能源行业

工具	细项	中国	德国	美国
公共服务	—	针对中小微企业,构建专业化服务;设立国家发展基金;构建征信体系,完善融资担保体系;支持推动生产性服务业	加强政府、科研单位、中小企业、公民等各方在创新过程中的对话与参与;加强科普、科学的传播	创建公私制造业研发设施;创建制造业创新机构的构架网络;建立国家先进制造业入口;转变公众在制造业上的意识形态

（2）需求性政策分析。　需求性政策工具包含政府采购、贸易管制和海外机构等。　将贸易管制分为进口和出口,如表 14-6 所示。　在需求层面上,我国运用政府采购政策支持科技创新,对中小企业给予税收上的优惠,但从实际操作上看,支持中小企业科技创新的效果并不明显;德国由于制造业生产成本上升,在出口政策上试图消除非关税的贸易壁垒;美国通过再工业化政策,试图吸引在外的本国制造企业回流,增加就业岗位,对在外的制造业企业回销至美国的产品提高税率。　在海外机构方面上,我国大力提倡"一带一路",解决产能过剩问题,而美国和德国在此方面没有涉及。

表 14-6　中德美三国制造业的需求性政策比较

工具	细项	中国	德国	美国
政府采购	—	任何单位和个人不得阻挠和限制中小企业自由进入本地区和本行业的政府采购市场,政府采购活动不得以注册资本金、资产总额、营业收入、从业人员、利润、纳税额等供应商的规模条件对中小企业实行差别待遇或者歧视待遇	—	最低采购额为 2.5 万美元;通过国内立法和行政手段严格保护本国的政府采购市场

续 表

工具	细项	中国	德国	美国
贸易管制	进口	降低一些"两高一资"产品的出口退出税率 对于一些资源性产品和部分消费工业品,较大幅度地降低进口关税	—	对回销至美国的产品征收 35% 的关税
	出口	对钢材等产品出口降低 5% 到 10% 的关税	扶植建立以出口为主的企业集团和大财团;建立外贸服务机构;调整出口商品结构	对于制造业(如 Carrier 所在的电力机械行业)而言,对美国产品征收的最惠国关税税率平均为 1.66%
海外机构	—	向"一带一路"沿线国家转移产能	—	—

（3）环境性政策分析。 将环境性政策工具详细分为财务金融、租税优惠、法规管制和策略性措施。 财务金融又可以划分为融资和风险投资,法规管制可以分为产品制度、市场秩序和行业管理。 如表 14-7 所示,可以看出,我国在环境层面以法规管制和策略性措施为重心,着力规范创新行为、制定创新标准,并辅以有利于创新的政策来协助国内创新的产生（马翔,2018）。 我国主要还是以政府推动、企业实行的方式鼓励创新,对一部分高新技术产业的税收政策也是极为优惠的。 德国在环境层面的政策制定中,在法制法规方面对专利、技术转化成果应用非常重视。德国政府计划在标准化、认证、评定、市场监测等整个产业重要的支柱环节努力,通过这些方面的完善,消除非关税贸易壁垒;在政策性策略方面,主要是促进中小企业的创新,如提出中小企业中心创新计划、中小企业产业合作研究项目,以及促进中小企业进行尖端技术研究的 KMU 项目等（马翔,2018）。 美国则以制定国家战略为主导,鼓励美国制造业回归本土,并建立咨询会辅助中小型企业发展,改善金融投资环境,为国内制造业的创新提供外在保障。

表 14-7　中德美三国制造业的环境性政策比较

工具	细项	中国	德国	美国
财务金融	融资	充分发挥各类银行机构的差异化优势,形成金融服务协同效应。通过设立先进制造业融资事业部、科技金融专营机构等,提升金融服务专业化、精细化水平;加快推进高技术制造业企业、先进制造业企业上市或挂牌融资,设计开发符合先进制造业和战略性新兴产业特点的创新债券品种,支持制造业领域信贷资产证券化	发展与中小企业和创业企业金融需求相匹配的直接融资方式	专门成立中小企业局,直接参与企业融资,为中小企业发放贷款;设立创业投资引导资金,从军事研究预算中每年拿出 300 亿美元,从事通信、计算机网络、生物等民用产业的研发
财务金融	风险投资	鼓励有条件的地方通过设立工业互联网专项资金、建立风险补偿基金等方式,支持本地工业互联网集聚发展	将中小企业的创新资助纳入"中小企业重要创新计划(Zentrales Innovation sprogramm Mittelstand,ZIM)",同时,制定中小型企业长期发展规划,定期评估发展状况,给予针对性支持	完善相应的法律法规,创造宽松稳定的发展环境
租税优惠	税收	按 17% 的法定税率征收增值税后,对增值税实际税负超过 3% 的部分实行即征即退政策;新办集成电路设计企业、软件企业、动漫企业、线宽小于 0.8 微米(含)的集成电路生产企业在 2017 年 12 月 31 日前自获利年度起计算优惠期	—	为使用节能设施的家庭提供 43 亿美元的税收扣除;提供 130 亿美元的税收优惠给新能源厂商
法规管制	产品制度	在传统制造业、战略性新兴产业、现代服务业等重点领域开展创新设计示范,全面推广应用以绿色、智能、协同为特征的先进设计技术	创新采购资金高达数百亿欧元,政府统筹安排,将其配置于特定的创新解决方案,提高资金管理的效益,促进创新型企业的发展,加速创新的扩散	鼓励制造业回归本土

工具	细项	中国	德国	美国
法规管制	市场秩序	改革标准体系和标准化管理体制,组织实施制造业标准化提升计划;鼓励和支持参与国际标准制定,加快我国标准国际化进程;推动国防装备采用先进的民用标准,推动军用技术标准向民用领域的转化和应用	进一步加强标准化政策与研究资助政策之间的政策协调,以标准化促进科研发展	创建先进制造业咨询协会创造共享的国家网络
	行业管理	发挥行业骨干企业的主导作用和高等院校、科研院所的基础作用,建立一批产业创新联盟,开展政产学研用协同创新,攻克一批关键共性技术	支持产学研合作,加速创新成果向市场和终端用户转化	建立最多45个研究中心,加强高等院校和制造企业之间的产学研有机结合
策略性措施	鼓励创新	鼓励代工企业建立研究设计中心,向代设计和出口自主品牌产品转变。发展各类创新设计教育,设立国家工业设计奖,激发全社会创新设计的积极性和主动性	培养并资助各行业、各层次具有天赋和创新思维的人才;开展各种竞赛,在大、中、小学和职业学校中选拔有天赋的学生	——

资料来源:根据相关资料整理。

　　总之,我国在环境性政策工具上所占的比重远远大于供给性政策工具和需求性政策工具。 对于人力培养、信息支持、服务外包、海外机构等政策工具很少涉及,特别是人力培养方面,德国和美国都采用了培养新型人才的举措,例如美国的校企联合设立国家制造业奖学金等,我国的人力培养系统比较粗糙,没有完善的培养体系。 此外,在《中国制造2025》规划中,我国将新能源、新材料纳入其中,并在税收上为一些高新技术企业提供优惠,在政策上优化了企业的创新氛围。 这和美国、德国的政策是相似的。 德国由于特殊的产业背景,政府颁布的就业政策在保障工人利益的同时,也限制了制造行业降低成本的能力,因此德国制造业一向以提高产品质量的方式参加市场竞争;同时,德国颁布的政策本质上是激励创新的;在环境性政策制定中,法规占了很大一块,在知识产权保护、版权法方面的立法完善。 美国主要以企业为核心拉动国内制造业创新,在新能源方面主要是以税收优惠的方式提倡人们购买节能产品。

14.2　产业政策比较分析带来的启示

中国、德国、美国三国实行"互联网＋制造"模式的政策目标各具特点：中国的政策目标是由制造业大国向制造业强国转变[①]；德国的政策目标是保持制造业的竞争优势，抢占产业竞争力制高点[②]；美国"互联网＋"发达，制造业连续多年外移导致逐步出现空心化，其政策目标为重振制造业国家战略[③]。上述三国产业政策的比较，给我们带来了以下 6 点启示。

14.2.1　政策类型出台应均衡匹配

从政策类型分析可以发现，中国指导性鼓励政策权重达到 94％，执行性鼓励政策权重为 6％，两类政策权重比接近 16∶1。相比而言，德国和美国指导性鼓励政策与执行性鼓励政策的权重之比接近 7∶3，中国两种类型政策权重比例严重失衡。中国出台的政策偏向指导性鼓励政策，不利于政策的解读和执行。因此，中国应提高执行性鼓励政策占比，明确政策可执行内容，便于广大民众对政策的理解和执行。在政策出台前，应对相关专业人员、关联单位等自然人、法人深入进行大数据调研，识别政策痛点，进行政策评估[④]，有针对性地制定相关政策，以提高政策的可执行性及实施预期。

14.2.2　供给性政策出台应瞄准国情

结合中国、德国、美国 3 个国家实际国情，中国在制造业和"互联

---

① 周济. 智能制造："中国制造 2025"的主攻方向[J]. 中国机械工程，2015，26(17)：2273-2284.

② 杜传忠，杨志坤. 德国工业 4.0 战略对中国制造业转型升级的借鉴[J]. 经济与管理研究，2015(7)：82-87.

③ 李健旋. 美德中制造业创新发展战略重点及政策分析[J]. 中国软科学，2016(9)：37-44.

④ 谢明，张书连. 试论政策评估的焦点及其标准[J]. 北京行政学院学报，2015(3)：75-80.

网＋”方面仍需持续提升人才培养能力；德国制造业和“互联网＋”相对发达，人才质量高，因此不需要特别提出人才培养政策；美国“互联网＋”发达，但制造业相对薄弱。 三国在供给性政策中均将人才培养作为重点政策，其中中国的权重为 12％，德国的权重为 11％，美国的权重为 22％。 美国根据本国实际情况，出台的人才政策除吸引和培养高层次人才外，还十分重视对操作技能人才的吸引与培养；而中国人才培养政策的权重与德国相当，说明中国对人才培养的关注度还不够。 因此，中国应瞄准实际国情，突出人才培养，提高其政策权重。 另外，还要做好两点：①关注人才的基本物质生活，在没有学术产出的艰苦阶段，及时为人才提供物质支持，破除科研人才实际生活窘境，提高科研人才综合收入[①]；②识别前沿技术领域，对该领域人才及时给予技术支撑和物质支持，协助其渡过难关。 例如，针对掌上 5G、AI 等新型、前沿互联网技术，政府应出台前沿互联网技术人员政策支持（保护）和政策规划，引导新技术人才发展。

14.2.3 环境性政策完善应符合实情

中国相比德国和美国“互联网＋制造”，其规则还不够完善，政策中的法规管制的权重仅为 12％。 德国的规则相对完善，法规管制的权重为 25％。 美国是互联网诞生地，互联网发达，规则全面，法规管制的权重为 16％。 因此，中国应根据“互联网＋制造”发展实情，适当提高“法规管制”政策的权重，以立法拉动“互联网＋制造”模式的良性发展。 另外，中国政府还应出台保护制造业良性发展的政策措施，通过立法推进实施“互联网＋制造”招投标制度，推行合理低价中标[②]，设定采购价格底线，遏制恶性竞争，建立采购价格推荐指导体系及第三方公平询议价体系，引导合理采购价格竞争，促进制造业良性发展。

---

① 陈建东,封颖. 对我国科研事业单位收入分配制度改革的思考与建议[J]. 科技进步与对策,2008,25(4):11-14.

② 王雪青,孙艳芳,李颖. 建设工程价格形成问题探讨:基于工程量清单招标方式[J]. 价格理论与实践,2004(4):60-61.

14.2.4　需求性政策应提高政府采购比例

美国政府采购政策的权重为 1％，而中国政府采购的权重仅为 0.6％，美国与中国在政府采购政策方面相对比例为 5∶3。政府作为国家权力机关，特别是中国具有优势政治体制，应运用强大的国家意志和庞大的经济规模，选取关键领域进行重点突破，梳理创新重点，主导投资大、周期长、见效慢、战略意义重大的项目，进一步提高政府支持力度，引导和指导全民消费方向。另外，还应加大政府采购对于新项目的支持力度，促进新项目、新技术商业化应用，引导各级政府对新项目进行支持，特别是对新项目前期采购工作的支持，完善前期产品质量不足的问题，督促新项目不断完善技术标准、提升产品质量，鼓励提高新产品研发效率，加大产品品牌建设力度，加快产品品牌建设速度。

14.2.5　打造技术传承新范式

"互联网＋制造"引发的技术经济范式转变破除了地理边界限制，实现了信息无缝实时对接，"互联网＋制造"模式扩展了制造业内涵，实现了制造业快速健康发展。伴随着技术变革和制造新模式的崛起，为适应新生产力发展，中国应建立新型生产关系[①]，以"互联网＋制造"模式破除中国疆域要素分配分散劣势，建立生产力生态管理平台支撑体系；通过界定利益相关者数量、定位，规划利益相关者权益，减少"互联网＋制造"模式交易费用；通过识别制造体系潜在能力，挖掘制造体系中的大数据，充分调动全社会生产要素资源，实现生产力要素最优配置。在此基础上，中国应充分依托高校、研究所、优势企业单位等机构，建立以大数据为基础，以长周期生产数据积累和试验迭代结论为依据，以智能系统分析为手段，以数、表、图、视频等多形式为载体，实现经验与知识积累的虚拟现实传承平台，为高端技术人才能力培养、提升和知识积累等建立国家级"信息工作中心"，形成制造业持续发展新范式。

---

① 李俊，张思扬，冒佩华．"互联网＋"推动传统产业发展的政治经济学分析[J]．教学与研究，2016，50(7)：14-20.

14.2.6　构建新型服务体系

"互联网＋制造"模式需要高效快捷的政策体系，而中华人民共和国成立 70 多年以来，以工业化体系为核心的"思维惯性"政策管理监控体系不利于"互联网＋制造"模式高效、快捷运行发展。因此，中国在推进上层信息化和工业化深层次高度融合的同时，应加速底层执行及监管体系建设，明确政策改进支持点和差异点，建立适合"互联网＋制造"模式的政府部门管理政策体系，由"管理行政"向"服务行政"转型，打破政府职能部门中的"孤岛"性部门，统筹规划政府全局智能，成立适应"互联网＋制造"模式的全局性统筹部门和单位，保证"互联网＋制造"模式的顺利实施。

14.3　复杂产品生产能力提升的政策建议

政府政策是政府干预的一种手段，政府干预的 3 个层次可分为：①政府对产业发展的战略导向作用，即选择产业优先发展的方向（或称选择性干预）；②政府为改善市场环境而进行的职能性干预；③为了促进整个工业发展，以促进技术供给为目的而进行的水平干预（杨志刚，2008），可以采取相应的政策措施。但应该意识到，所有的政府干预都只是过渡性措施，其最终指向的是建立健全市场机制，以充分发挥市场在资源配置中的决定性作用。让·梯若尔（2020）提出的一般产业政策 7 项建议值得借鉴：①识别市场失灵的原因，以便更有效地做出反应；②邀请独立、有资质的专家遴选和接受公共资金资助的项目；③重视科研能力的供给和需求；④采取不会扭曲企业间竞争的中立性产业政策；⑤评估政府干预措施并公布评估结果；⑥让私营部门承担更多风险；⑦牢记经济结构是如何演变的。综合上述思想，结合复杂产品产业特点和发展需求，本节提出相应的政策建议。

14.3.1　健全法律体系建设,将产业政策上升到法律层次上认识

政府政策支持毫无疑问是复杂产品生产能力提升的重要保障，如空客公司直面波音公司——没有欧洲政府的大笔补助，难以取得目前两强并列

的地位；巴西航空在区间喷气机业务上采取的破坏性创新挑战高端市场，也离不开巴西政府的有力支持[①]。需要指出的是，我国政府在坚持产业政策导向和加大对复杂产品产业发展支持的同时，必须根据具体情况，结合中国特色进行立法，加大法律对违法和伤害复杂产品企业生产活动的惩戒力度，运用法律法规尽可能规范地参与到复杂产品生产的过程中，实现"有效市场与有为政府"相结合。只有为复杂产品产业提高生产能力创造出良好的法治约束环境，才能最大可能地确保复杂产品产业生产活动的顺利开展与战略的实施。将产业政策上升到法律层次，也有助于解决"产业政策是否必要以及是否有效"的争议。

　　产业政策法主要包括产业结构政策法律制度、产业组织政策法律制度、产业技术政策法律制度和产业布局政策法律制度（丁玮等，2013）。近些年来，我国中央政府对复杂产品的产业发展越来越重视，制定了许多相关的政策和法律。从政策角度讲，我国以 5 年为一个规划期，各地方政府以中央政策为标杆调整自己的政策；从法律角度讲，我国几乎每年都出台有关法律。然而，国际经济的发展，世界格局的变化，使我国复杂产品的产业发展道路越趋艰难。从日本和韩国的产业政策法律可以看出，产业政策法律对船舶工业的引导和扶持在船舶工业发展的道路上展现了强劲的助推力。对政府的产业政策以法律形式进行约束，使政府和市场的边界更加清晰，能避免政府的乱作为，促进企业更加"合规化"运作，刺激企业不断创新壮大。

　　受限于国际条约和国际规则，我国政府对复杂产品产业的扶植受到了限制，必须要规避国际规则，如对能为复杂产品集成商提供主要原材料的企业给予专项技术补贴，鼓励零部件、模块技术的国产化，建立集成商和分包商的战略联盟等。因为各国的起跑线不同，非常时期需要非常的应对手段，但更加要凸显出产业政策法律的引导性、规范性、扶持性的作用

---

① 巴西作为一个发展中国家，其航空工业基础远不如欧美发达国家，甚至与我国相比也有差距。但目前，巴西工业公司已跻身于世界四大商用飞机制造商之列，成为世界支线喷气式客机的最大生产商，占世界支线飞机市场约 45% 的市场份额（刘济美，2016）。

（丁玮等，2013），如更加侧重对基础、平台和公共技术提供补贴，零部件和模块技术国产化的合规操作等。

14.3.2　构建以科技创新政策为核心的产业政策体系

从 20 世纪 80 年代中期开始，中国形成了依靠引进来实现工业技术进步的政策，它可以由一个"三段式"的逻辑来概括：引进外国先进技术→实现国产化→达到自主开发。但此后中国工业发展的实践证明，如果放弃自主开发，就没有任何工业和企业能够从"引进外国先进技术＋国产化"的阶段走到"自主开发"的阶段，结果是汽车工业走上了组装外国产品的道路、大飞机下马、国防工业被严重削弱和放弃集成电路的研发等一系列事件。惨痛的教训告诉我们，被抛弃的不仅是产品，还是开发这些产品的技术活动体系，即技术能力基础。"三段式"技术政策在 20 世纪 90 年代就演变成为"以市场换技术"的政策。但技术特别是核心技术是化缘不来的。在美国，对创新的各种各样的支持比其他国家都要多，美国国防部高级研究计划局几乎支持了所有重大的科学技术领域，但其政府和学术界却一直向别的国家宣传自由竞争和反对政府干预的学说，这种状况对其他国家的经济政策产生了严重的误导①。这是一出中国版的"没有技术的工业化"（Technologyless Industrialization）。进入 21 世纪后，当中国经济和贸易规模的增长在美国引发"中国威胁论"时，一位美国观察家 Gilboy 认为中国"无害"，因为第一，中国的高技术和工业产品出口被外国企业而非中国企业所主导；第二，中国工业企业深度依赖从美国和其他先进的工业化国家进口的产品设计、关键元件和制造设备；第三，中国企业没有采取多少有效步骤去吸收进口技术并在当地扩散，使它们不可能迅速成为全球工业竞争者。在分析了外资企业占中国工业品出口的比例远高于中国企业后，Gilboy 指出："中国的国有、集体和私营企业落后于外资企业的关键原因之一，是它们没有对日本、韩国企业在 20 世纪 70

---

① 贾根良.开创大变革时代国家经济作用大讨论的新纲领：评马祖卡托的《企业家型国家：破除公共与私人部门的神话》，政治经济学报，2017(1)：123-137.

年代和 20 世纪 80 年代发展出的那种长期技术能力进行投资。"①

2014 年,美国著名智库兰德公司发布了一份题为《中国航空政策对其商用航空制造业的影响》的评估报告,报告中指出,美欧至少应该采取以下措施以确保在商用航空领域的竞争力:①美国政府应该与欧盟开展双边谈判,阻止空客公司和波音公司继续将采购中国制造的零部件作为一个市场竞争工具;②促使与中国开展业务合作的国内公司自愿报告对中国的投资政策是否受到中国产业政策的影响,并提交影响进度说明;③继续在双边会谈和世界贸易组织上向中国施压,以使其放弃推动特定产业发展的产业政策;④监控 C919 后续机的发展,并迅速通过世界贸易组织和双边会谈,回应中国政府所采取的补贴和其他支持其进入外国市场的措施。兰德公司最后还在报告中奉劝中国政府应该仔细评估其当前支持商用航空制造业的政策,放弃对"国家队"的支持(刘济美,2016)。

创新政策理应成为产业政策研究的核心问题②。以科技创新政策为核心的产业政策体系,表明了科学、技术和产业之间的关系,即产业政策的重点应该放在科技创新上,特别是对于"核高基"的科技创新。具体来说,本部分提出的面向产业政策的科技创新政策基本思路包括以下几个方面。

(1)运用"供给、需求、环境"创新政策工具,建立健全政策体系,保证三类政策及其子政策之间的配套和契合。如果再将创新政策的主体维度(政产学研用)和过程维度(基础研究、应用研究和开发商业化)(李良成,2016)结合进来考虑,其复杂性可想而知。由于各种政策存在多种多样的复杂关系(如独立关系、互嵌关系、因果关系、相关关系、包含与被包含关系等),牵一发而动全身,给政策制定者带来很大困扰,政策制造者不能想当然和随意地出台政策,要在政策法的指导下进行。

(2)正确对待和认识科学、技术和产业间的关系,改"科学—技术—

---

① 路风.再论产业升级与中国经济发展的政策选择[J].文化纵横,2016(5):80-91.

② LUC S L. From industrial to innovation policy[J]. Journal of industry competition & Trade, 2007, 7(3).

产业"的一维线性关系的传统思维方式为三维非线性关系的复杂思维方式。 更明确地说，应该根据我国复杂产品的不同产业或行业的特征和发展状况，在厘清科学、技术和产业间的不同关系的基础上，制定适应于该行业或产业的科技创新政策和产业政策。 无论如何，政府都应该以立足于和面向"核高基"的科技创新为核心，制定产业政策。

（3）不能过于夸大政策的直接作用，政府"有形之手"是通过撬动市场、发挥市场资源配置决定性作用的"无形之手"发挥作用的，这也是我国复杂产品产业真正走向全球、与世界接轨、树立中国制造国际名片的必由之路。 政府应致力于做好三件事[①]：降低国内的交易成本，并在特定领域降低拥有技术能力的企业的成本和帮助其建立技术能力，以及扮演一些更加"柔性"的角色（提出设想、创造氛围）。 如根据产业演化阶段划分，在混沌阶段，政策应侧重财政补助；在主导设计形成阶段，以间接财政支持为主；但当演化至成熟阶段时，政府应侧重产业规制和组织协调（黄永春等，2017）。

（4）以政策促进科技创新平台的构建和"政产学研用"的协同创新，多点发力，形成国内创新链，发挥"链主企业"的技术突破和资源整合能力（黄永春等，2017），实现我国复杂产品产业的健康和蓬勃发展。 在我国，这些科技创新平台包括主要开展基础研究的学科类国家重点实验室、国家研究中心，以商业化为目标的基础研究和应用研究的产业技术研究平台，用于进行纯应用研究的创业孵化平台，以及为实现科技资源的整合优化、为科学研究及科技成果转化提供公共服务的公共服务型平台（科技基础条件平台、各地级市县的协同创新平台、城市大脑等）[②]。

（5）优先支持具有核心技术的独立模块供应商。 集成创新固然重要，但"模块化陷阱"提醒我们，缺少核心技术支持的"有产权无知识"

---

① 纳谢德·福布斯,戴维·韦尔德. 从追随者到领先者[M]. 北京:高等教育出版社,2005.
② 盛亚,刘越,施宇. 基于巴斯德象限的我国科技创新平台类型与特征分析[J]. 创新科技,2021(4):9-18.

（柳卸林，2008）的组装企业最终会失去主导产业的未来[①]。 因为它们不关心核心技术，倒是独立的技术供应商更关心核心技术的发展（柳卸林，2008）。

14.3.3　促进政策落实落地，保障复杂产品产业战略的实施

面对全方位、体系化的国际公约的持续出台与实施，以及一些西方国家的"霸凌"和"双标"以图延缓我国世界制造强国战略目标的实现，我国政府应未雨绸缪，积蓄力量，积极应对，其中好的政策[②]的落实落地至关重要。

（1）发挥我国的体制和制度优势，更好地发挥政府政策的作用。 政府部门应根据市场情况和历史规律合理制定产业政策和法规措施，面对市场失灵所带来的影响做好积极应对。 我国的市场体制还不完善[③]，科技创新和产业发展中的要素市场更是与发达国家相差甚远，因此：①要以政策调控市场经济的不足和弱势，合理分配优质的创新资源。 对于复杂产品的生产，任何主导企业对模块产品的捆绑如果不是出于技术原因，而是出于阻碍进一步的创新性捆绑的考虑，如微软捆绑操作系统和互联网浏览器，就必须置于政府规制之下（青木昌彦，2001）。 ②正确激励复杂产品产业积极开展创新活动，引导金融服务业为复杂产品产业发展提供服务。 ③政府应推动整合优质的资源，加强产学研合作，建立资源共享和信息技术共享机制（李志春，2017）。 但政府干预的有效性不仅取决于政府是否具有引导产业创新发展的恰当激励，而且取决于政府是否具备制定有效的战略和政策并高效实施的能力。 对政府干预效果的完整理解需要同时纳

---

① 试图以没有核心技术的"集成创新"代替核心技术的自主创新也是典型的信心不足的例子（高旭东，2008）。

② 在既定制度下采取另外一些政策（制度所对应的政策范围内的），绩效会有所不同。 "虽然好制度加上好政策的绩效必定优于坏制度加上好政策的绩效，但好制度加上坏政策的结果却完全可能不如坏制度加上好政策的结果。"张旭昆.制度演化分析导论[M].杭州：浙江大学出版社，2007：642.

③ 需要指出的是，市场化水平的提高有助于增强地方政府落实产业政策的激励效果，降低政策资源错配的程度，进而优化产业政策的实施效果。孙早，席建成.中国式产业政策的实施效果：产业升级还是短期经济增长[J].中国工业经济，2015(7)：52-67.

入激励和能力两个维度（吕铁等，2019）。

（2）加大复杂产品产业的资金投入力度，引导民间力量促进科技研发。适当拓宽资金融通渠道，合理利用多元化投、融资模式，鼓励复杂产品产业的大型企业通过上市融通资金；建立符合复杂产品需求的市场化风险投资体系，鼓励民间、国外相关的风险资本进行投资并予以相应监管；为复杂产品中小企业尝试和建立信用担保体系，降低企业的贷款成本，促使金融机构提高授信额度，加大贷款支持，调高复杂产品相关企业科研的资金流入（李志春，2017）。同时，积极引导民间力量，如作为一个具有法人资格的非政府组织，日本财团一直是日本船舶科研资金来源的重要渠道。日本温室气体减排战略就是在日本财团的鼎力支持下出台的。我国也应出台相关政策，引导民间资本组成相应的团体机构，为科研提供更为充裕的资金支持[①]。

（3）加大投入培养复杂产品产业的专业人才。作为高端制造业的复杂产品创新，需要大量的高尖端科技创新人才。因此要建立合理的产业科技创新人才的激励机制，注重培养高水平科技人才的创新技能，打造高素质人才队伍和人才高地。对于高校，政府应在政策上和资金上大力支持高校的研发和产学研合作，支持构建以高校为主体的学科性科技创新平台，支持高校适当增加与复杂产品产业相关的新专业和新学科，重点培育所需的专业创新人才，做好人力资源储备。对于科研院所，企业也要鼓励建立相应的科研创新平台，以平台促进人才集聚，以人才实现复杂产品科技创新从 0 到 1 的突破和从 1 到 100 的扩散。

（4）提高复杂产品产业创新成果产出。创新成果产出涉及专利等知识产权及其商业化，因此，一方面，需要加强科技创新，注重发明和专利申请，善于保护知识产权，促使产业创新能力高质量稳步提高；另一方面，复杂产品企业必须充分考虑顾客的定制需求，研发生产出质量和性能"双优"产品，实现发明专利由概念向商用转化，并利用技术创新成果创

---

① 胡琳琳，王晶. 借鉴日本经验 推动船舶行业减排技术的研发[J]. 中外船舶科技，2010(2):9-11.

造经济价值，不断发现并拓宽市场份额，并提高市场占有率，增强生产能力，为企业资金回流奠定基础（李志春，2017）。 但由于现有的专利制度难以有效保护许多复杂技术，从事复杂技术创新的领先企业相互合作、建立共享数据库，以此来保护其技术优势，这与后发国家的追赶意愿是完全相悖的（杨志刚，2008），造成了后发国家的追赶障碍。 因此，一方面，后发国家要提高发明专利数量和水平，与领先企业建立专利联盟，以拉近距离；另一方面，绕过专利壁垒和陷阱，实现弯道超车。 显然实现弯道超车更加困难，除了需要有长期的技术积累，还要有机会窗口。

（5）化解产能过剩，为复杂产品企业尽快走出国门提供政策支持和宽松环境。 在提升复杂产品生产能力的同时，要警惕和及时化解产能过剩问题。 尽管中国船舶国际市场三大指标表现抢眼，中国高铁也用金名片不断开拓国际市场，但中国船舶也面临着低端产能过剩、高端欲振乏力的困境；中国高铁在国内市场开疆拓土，里程数世界第一，但产能过剩也将是不争的事实；民营大飞机研究刚起步，虽然难言产能过剩，但打开市场，走出国门仍道路漫长，否则产能过剩也不是危言耸听。 产能过剩一般认为是需求下降导致的，但因为技术变化引起的产能过剩更需要关注，特别是当很多竞争者争相开发新的、高效率的生产技术，而不考虑最终产品市场上的需求能否消化所有这些投资导致的总产量时。 所以，生产能力是否过剩，取决于是否有竞争力，大量过剩的是无竞争力的大量生产方式的生产能力（詹姆斯·P.沃麦克等，1999）。

政府需要根据国际化市场运作特点，利用产业政策及准入标准进行结构调整。 解决不好低端产品产能过剩和高端产品产能严重不足的矛盾，将会影响我国复杂产品产业的可持续发展。 因而，制定科学的产业政策与市场机制相结合是调整结构的最佳办法。 但化解产能过剩不能急于求成。 完善"市场＋政府"的退出政策体系和分行业特性选择政策措施对我国化解产能过剩有较大的启示意义[①]。 我国的产业政策要围绕"产业结

---

① 王怀宇，马淑萍.产能过剩背景下企业退出政策体系的国际经验研究[J].发展研究，2014(1):22-25.

构的转型升级是本质""企业创新能力的培育是核心""资源禀赋和外部环境是约束""政策体系建立与支持是关键""地方性中小企业振兴是重点""国际产能合作的推进是抓手"等方面展开,以达到化解产能过剩的目标①。 以船舶产业为例②,目前进一步化解产能过剩的政策建议是:①要坚持和产业结构调整相结合的原则,即要与技术进步和产业升级相结合、与生产布局优化相结合、与产业组织结构优化相结合。 通过提升全产业的国际竞争力,提高我国船舶工业的有效供给能力。 ②制定调整优化产业布局、化解产能过剩的实施细则。 如鼓励优秀企业开展兼并重组,制定针对船舶企业的退出制度,加强行业自律管理,加强行业监管,做好基础工作,等等。 ③提高我国产业政策制定和实施的质量。 在发挥市场机制作用的前提下,建立科学的政策决策机制,发挥产业政策的有效作用③。

(6)推动合作,在政策措施上保证以核心企业为枢纽的全球性复合型二元创新网络的构建和有效运作。 ①"主制造商＋供应商"以核心企业为枢纽,以产业纵向关系为联结纽带,如核心企业与上下游配套企业结成网络。 "主供"模式有多个层次和多种形式,政府一方面可以根据需要和可能,参与"主供"模式的运作,另一方面要注意不要介入太深,必要时退出,为"主供"模式合规运作提供间接的政策支持。 以中国高铁为例,从大型技术系统的角度看,中国高铁的未来发展和创新取决于对大系统演进的把握。 但应注意系统集成的主体一直没有摆脱"部门"管理者的角色,总在为争夺"势力范围"而扭曲系统集成者与技术开发者之间的创新边界。 因此,中国高铁在未来的发展中需要强化系统层次的创新,并由此形成稳定的创新边界,从而为高铁的技术发展增加竞争的驱动力

---

① 王海兵.产业政策化解产能过剩的国际经验与启示[J].现代日本经济,2018(6):41-58.

② 中国高铁也存在着财政陷阱和灰犀牛之虑。赵坚.谨防高铁成为中国经济的灰犀牛[EB/OL].http://www.chnbloger.com/dzh304.htm.

③ 马淑萍,项安波.发展船舶工业:技术创新与产业转型升级亟须提高[J].中国发展观察,2014(5):19-21.

（路风，2019）。而模块供应商则要通过政策引导，促进"隐模块"的创新竞赛。②"核心企业＋辅助机构"以核心企业为主导，以产业横向关系为联结纽带，如核心企业与当地研发机构及竞争者结成网络。③"核心企业＋跨国研发机构"以核心企业为主导，通过并购国际研发机构或设立海外研发分部，建立技术开发联盟网络。上述二元网络中，核心企业作为紧密网络与松散网络的枢纽，应该采取有效形式在其中建立"桥联结"，促使紧密结构与松散结构耦合，实现全球范围内开放式集成创新（姜博等，2019）。

主要参考文献

[1] BALDWIN C Y, CLARK K B. Managing in an age of modularity [J]. Harvard business review, 1997, 75 (5): 84-93.

[2] BAKER G. Distortion and risk in optimal incentive contracts [J]. Journal of human resources, 2002, 37 (4):728-751.

[3] BARALDI E. User-related complexity dimensions of complex products and systems (CoPS): a case of implementing an ERP system [J]. International journal of innovation management, 2009, 13 (1): 19-45.

[4] BARNEY J. Firm resources and sustained competitive advantage [J]. Journal of management, 1991, 17 (1): 99-120.

[5] BRADY T. Tools, management of innovation and complex product systems [R]. Working Paper prepared for CENTRIM/SPRU project on complex product systems, funded by the EPSRL, University of Brighton, CENTRIM, 1995.

[6] BROCKHOFF K K. Indicators of firm patent activities [J]. Technology and management: the new international language, 1991 (10):476-481.

[7] BRUSONI S, PRENCIPE A. Patterns of modularization: the dynamics of product architecture in complex systems [J]. European management review, 2011, 8 (2): 67-80.

[8] COOPER R G, KLEINSCHMIDT E J. What makes a new product a winner: success factors at the project level [J]. R&D management, 1987, 17 (3): 175-189.

[9] DAVIES A, BRADY T. Policies for a complex product system [J]. Futures, 1998, 30 (4): 293-304.

[10] DAVIES A, BRADY T. Organizational capabilities and learning in complex product systems: towards repeatable solutions [J]. Research policy, 2000, 29 (7): 931-953.

[11] DAVIES A, HOBDAY M. The business of projects: managing innovation in complex products and systems [M]. Cambridge: Cambridge University Press, 2005.

[12] DURAY R, MILLIGAN G W. Improving customer satisfaction through mass customization [J]. Quality progress, 1999, 32 (8): 60-66.

[13] ERNST H. Patent portfolios for strategic R&D planning [J]. Journal of engineer technology manage, 1998 (15): 279-308.

[14] FERNANDES J, HENRIQUES E, SILVA A, et al. Requirements change in complex technical systems: an empirical study of root causes [J]. Research in engineering design, 2015, 26 (1): 37-55.

[15] FREEMAN R E. Strategic management: a stakeholder approach [M]. Cambridge: Cambridge University Press, 1984.

[16] GANN D M, SALTER A. Innovation in project-based, service-enhanced firms: the construction of complex products and systems [J]. Research policy, 2000, 29 (7): 955-972.

[17] GUALANDRIS J, KALCHSCHMIDT M. Product and process modularity: improving flexibility and reducing supplier failure risk [J]. International journal of production research, 2013, 51 (19): 5757-5770.

[18] HANSEN K L, RUSH H. Hotspots in complex product systems: emerging issues in innovation management [J]. Technovation, 1998, 18 (9): 555-561.

[19] HEIHGES T. Quantitative indciators for complex product systems and their value to the UK eocnomy [C]. Conference Paper for 7th International Forum on Technology Management, Kyoto, 1997.

[20] HOBDAY M. Product complexity, innovation and industrial organisation [J]. Research policy, 1998, 26 (6): 689-710.

[21] HOBDAY M, RUSH H. Technology management in complex product systems (CoPS): ten questions answered [J]. International journal of technology management , 1999, 17 (6): 618-638.

[22] HOBDAY M, RUSH H, TIDD J. Innovation in complex products and system [J]. Research policy, 2000, 29 (7/8) : 793-804.

[23] HOLMSTRÖM J, PARTANEN J. Digital manufacturing-driven transformations of service supply chains for complex products [J]. Supply chain management: an international journal, 2014, 19 (4): 421-430.

[24] IANSITI M, WEST J. Technology integration: turning great research into great products [J]. Harvard business review on managing high-tech industries, 1997, 75 (4):1-29.

[25] KIM J, WILERMON D. Complexity as a factor in NPO projects: implications for organizational learning [C]. IAMOT2002 the 11th International Conference on Management of Techonlogy, Miami. US, 2002.

[26] KRETSCHMER T, PURANAM P. Integration through incentives within differentiated organizations [J]. Organization science, 2008, 19 (6):860-875.

[27] LANGLOIS R N, ROBERTSON P. Networks and innovation in a modular system: lessons from the microcomputer and stereo component industries [J]. Research policy, 1992 (15):11-23.

[28] MAGNUSSON T, JOHANSSON G. Managing internal technology transfer in complex product development [J]. European journal of innovation management, 2008, 11 (3): 349-365.

[29] MILLER R, HOBDAY M, LEROUX-DEMERS T, et al. Innovation in complex systems industries: the case of flight simulation [J]. Industrial and corporate change, 1995, 4 (2): 363-400.

[30] NIGHTINGALE P. The product-process-organization relationship in complex development projects [J]. Research policy, 2000 (29): 913-930.

[31] PARK T Y. How a latecomer succeeded in a complex product system industry: three case studies in the Korean telecommunication systems [J]. Industrial and corporate change, 2013, 22 (2): 363-396.

[32] PRAHALAD C K, HAMEL G. The core competence of the corporation [J]. Harvard business review, 1990, 68 (3): 275-292.

[33] PRENCIPE A. Breadth and depth of technological capabilities in CoPS: The case of the aircraft engine control system [J]. Research policy, 2000, 29 (7): 895-911.

[34] PRENCIPE A, DAVIES A, HOBDAY M. Business of system integration [M]. New York: Oxford University Press, 2003.

[35] REN Y T, YEO K T. Research challenges on complex product systems (CoPS) innovation [J]. Journal of the Chinese institute of industrial engineers, 2006, 23 (6): 519-529.

[36] REN L, ZHANG L, TAO F, et al. Cloud manufacturing: from concept to practice [J]. Enterprise information systems, 2015, 9 (2): 186-209.

[37] REYNOLDS P, MILLER B. New firm gestation: conception,

birth, and implications for research [J]. Journal of business venturing, 1992, 7: 405-417.

[38] ROTHWELL R, ZEGVELD W. Government regulations and innovation-industrial innovation and public policy [A] // ROTHWELL R, ZEGVELD W. Industrial Innovation and Public Policy: Preparing for the 1980s and the 1990s. London: Pinter Publishers, 1981: 116-147.

[39] ROTHWELL R. Successful industrial innovation: critical factors for the 1998s [J]. R&D management, 1992, 22 (3) :221-239.

[40] SANCHEZ R, MAHONEY J T. Modularity, flexibility, and knowledge management in product and organization design [J]. Strategic management journal, 1996, 17 (Winter Special Issue) : 63-76.

[41] SIRMON D G, HITT M A, IRELAND R D. Managing firm resources in dynamic environments to create value: looking inside the black box [J]. Academy of management review, 2007, 32: 373-292.

[42] ULRICH K. Fundamentals of product modularity [M]. Berlin : Springer Netherlands, 1994.

[43] UZZI B. Social structure and competition in interfirm networks: the paradox of embeddedness [J]. Administrative ccience quarterly, 1997(1): 35-67.

[44] WILLIAMS T. Cooperation by design: structure and cooperation in inter-organizational networks [J]. Journal of business research, 2005, 58 (2) : 223-231.

[45] WISE R, BAUMGARTNER P. Go downstream: the new profit imperative in manufacturing [J]. Harvard business review, 1999, 77 (5) : 133-141.

[46] YIN R K. Case study research: design and methods [M]. CA:

Sage Publication Inc., 2008.

［47］ 鲍德温，克拉克.设计规则：模块化的力量［M］.北京：中信出版社，2006.

［48］ 薄洪光，刘海丰，李龙龙.支持复杂产品系统创新的集成制造管理研究：以 CRRC-TRV 公司为例［J］.管理案例研究与评论，2016，9（3）：224-235.

［49］ 布凌格.聚焦创新［M］.北京：科学出版社，2007.

［50］ 陈劲.复杂产品系统创新管理［M］.北京：科学出版社，2007.

［51］ 陈劲，桂彬旺.模块化创新［M］.北京：知识产权出版社，2007.

［52］ 陈劲，桂彬旺，陈钰芬.基于模块化开发的复杂产品系统创新案例研究［J］.科研管理，2006，27（6）：1-8.

［53］ 陈劲，黄建樟，童亮.复杂产品系统的技术开发模式［J］.研究与发展管理，2004，16（5）：65-70.

［54］ 陈劲，童亮.联知创新：复杂产品系统创新的知识管理［M］.北京：科学出版社，2008.

［55］ 陈劲，童亮，龚焱.复杂产品系统创新评估指标体系研究［J］.研究与发展管理，2003，15（4）：59-65.

［56］ 陈劲，吴沧澜，黄建樟，等.复杂产品系统开发网络组织及组织能力探索［J］.研究与发展管理，2005，17（1）：21-27.

［57］ 陈劲，尹西明，赵闯.高附加制造：超越追赶的中国制造创新战略［J］.技术经济，2018（8）：1-10.

［58］ 陈柳池.我国船舶产业产能过剩评价研究［D］.镇江：江苏大学，2015.

［59］ 陈向东.模块化在制造企业知识管理战略设计中的应用：我国航空企业国际转包生产的模块化战略分析［J］.中国工业经济，2004（1）：36-42.

［60］ 陈占夺.复杂产品系统中知识管理活动与研发绩效关系研究［D］.大连：大连理工大学，2008.

［61］ 陈占夺，齐丽云，牟莉莉.价值网络视角的复杂产品系统企业竞

争优势研究：一个双案例的探索性研究［J］.管理世界，2013（10）：156-169.

［62］陈占夺.嵌入双向期权的激励相容型CoPS研发合约设计［J］.管理科学学报，2019，22（9）：82-96.

［63］陈志祥.生产运作管理基础［M］.北京：电子工业出版社，2010.

［64］程永波，宋露露，陈洪转，等.复杂产品多主体协同创新最优资源整合策略［J］.系统工程理论与实践，2016，36（11）：2867-2878.

［65］程永波，陈洪转，庄雪松，等.供应商参与航空复杂产品协同研制的实施策略［J］.系统工程理论与实践，2017，37（6）：1568-1580.

［66］丁玮，张乐.金融危机背景下我国船舶工业的产业政策法制化［J］.全国商情，2013（3）：24-26.

［67］段婕，孙明旭.GVC视角下我国民用航空制造业产业升级动因及影响因素研究［J］.科技进步与对策，2016，33（24）：67-71.

［68］范玉青.飞机数字化装配技术综述：飞机制造的一次革命性变革［J］.航空制造技术，2006（10）：44-48.

［69］冯灵，袁晓东.基于引证的专利丛林识别：以高铁制动技术为例［J］.科研管理，2021，42（4）:123-130.

［70］冈田宏.日本新干线的现状和未来的发展［J］.中国铁道科学，2002，24（2）:21-25.

［71］高嵩，万昌海，郭重凤.土耳其安伊高铁项目设计管理实践［J］.国际工程与劳务，2015（5）：90-91.

［72］高旭东.企业自主创新战略与方法［M］.北京：知识产权出版社，2008.

［73］桂彬旺.基于模块化的复杂产品系统创新因素与作用路径研究［D］.杭州：浙江大学，2006.

［74］郭磊，蔡虹.基于专利组合分析的中国电信产业技术创新能力研究［J］.科学学与科学技术管理，2013，34（9）：77-85.

[75] 郭亮, 于渤.动态视角下企业技术集成能力评价研究：基于 AHP-模糊 TOPSIS 法 [J].科研管理, 2013, 34 (12):75-84.

[76] 郭京京, 穆荣平, 张婧婧, 等.中国产业国际竞争力演变态势与挑战 [J].中国科学院院刊, 2018 (1): 56-67.

[77] 洪进, 洪嵩, 赵定涛.技术政策、技术战略与创新绩效研究：以中国航空航天器制造业为例 [J].科学学研究, 2015, 33 (2): 195-204, 241.

[78] 洪兆富, 柴国荣, 许瑾.大型 R&D 项目模块化集成管理研究 [J].科技进步与对策, 2009, 26 (11): 1-3.

[79] 胡晓鹏.模块化：经济分析新视角 [M].北京：人民出版社, 2009.

[80] 黄蓉.基于主成分分析和模糊综合评价的机场员工绩效评价研究 [D].西安：西安理工大学, 2017.

[81] 黄建樟.复杂产品系统创新中外包商评价因素的研究 [D].杭州：浙江大学, 2005.

[82] 黄鲁成, 黄斌, 吴菲菲, 等.航空航天器制造业创新投入与产出关系研究 [J].科研管理, 2017, 38 (2): 59-67.

[83] 黄群慧, 贺俊.中国制造业的核心能力、功能定位与发展战略：兼评《中国制造 2025》[J].中国工业经济, 2015 (6): 5-17.

[84] 黄阳华, 吕铁.深化体制改革中的产业创新体系演进：以中国高铁技术赶超为例 [J].中国社会科学, 2020 (5): 65-85.

[85] 黄永春, 王祖丽, 肖亚鹏.新兴大国企业技术赶超的时机选择与追赶绩效：基于战略性新兴产业的理论与实证分析 [J].科研管理, 2017, 38 (7): 81-90.

[86] 江鸿, 吕铁.政企能力共演化与复杂产品系统集成能力提升：中国高速列车产业技术追赶的纵向案例研究 [J].管理世界, 2019 (5): 106-125, 199.

[87] 姜博, 马胜利, 唐晓华.产业融合对中国装备制造业创新效率的影响：结构嵌入的调节作用 [J].科技进步与对策, 2019, 36 (9):

77-86.

[88] 杰勒德·H.盖纳.技术周期管理［M］.北京：中信出版社，2003.

[89] 玖·笛德，等.创新管理［M］.2版.北京：清华大学出版社，2004.

[90] 孔凡斌.面向客户选项的模块化产品开发方法与技术研究［D］.上海：上海交通大学，2012.

[91] 乐承毅，徐福缘，顾新建，等.复杂产品系统中跨组织知识超网络模型研究［J］.科研管理，2013，34（2）：128-135.

[92] 李民，周晶，高俊.复杂产品系统研制中的知识创造机理实证研究［J］.科学学研究，2015，33（3）：407-418.

[93] 李佳师.中国商飞：托起中国大飞机之梦［N］.中国电子报，2018-07-25.

[94] 李靖华，等.大规模定制化服务创新［M］.北京：科学出版社，2009.

[95] 李靖华，等.制造服务化：浙江实证［M］.杭州：浙江大学出版社，2015.

[96] 李良成.政策工具维度的创新驱动发展战略政策分析框架研究［J］.科技进步与对策，2016，33（11）：95-102.

[97] 李随成，沈洁，杨婷.复杂产品系统集成解决方案理论综述［J］.研究与发展管理，2009，21（2）：10-17.

[98] 李西宁，支劭伟，蒋博，等.飞机总装数字化脉动生产线技术［J］.航空制造技术，2016（10）：48-51.

[99] 李显君，熊昱，冯堃.中国高铁产业核心技术突破路径与机制［J］.科研管理，2020，41（10）：1-10.

[100] 李晓娟.复杂产品制造过程加权演化模型与节点重要度分析［D］.乌鲁木齐：新疆大学，2012.

[101] 李新剑.后技术赶超时期创新赶超模式研究：创新网络构建视角［J］.科技进步与对策，2019，36（21）：20-34.

[102] 李志春.中国高技术产业技术创新动态能力演化及对策研究［D］.哈尔滨：哈尔滨工程大学，2017.

［103］ 林善波.动态比较优势与复杂产品系统的技术追赶：以我国高铁技术为例［J］.科技进步与对策，2011，28（14）：10-14.

［104］ 刘献.大规模定制客户需求获取与分析［D］.南京：东南大学，2009.

［105］ 刘岩.我国企业复杂产品系统自主创新能力成熟度评价研究［D］.昆明：昆明理工大学，2011.

［106］ 刘云，桂秉修，马志云，等.国家重大工程背景下的颠覆性创新模式探究［J］.科学学研究，2019，37（10）：1864-1873.

［107］ 刘济美.一个国家的起飞：中国商用飞机的生死突围［M］.北京：中信出版社，2016.

［108］ 刘华依.江苏省造船生产能力分析［D］.镇江：江苏科技大学，2014.

［109］ 刘雅轩，刘巍.波音：精益生产重塑飞机制造流程［J］.中国制造业信息化，2011（3）：43-44.

［110］ 柳卸林.全球化、追赶与创新［M］.北京：科学出版社，2008.

［111］ 柳瑞禹，秦华.基于公平偏好和长期绩效的委托代理问题研究［J］.系统工程理论与实践，2015，35（10）：2708-2720.

［112］ 路风.冲破迷雾：揭开中国高铁技术进步之源［J］.管理世界，2019（9）：164-194.

［113］ 路铁军.高铁"走出去"的问题与路径分析［J］.科技进步与对策，2016，33（16）：116-118.

［114］ 吕铁，贺俊.政府干预何以有效：对中国高铁技术赶超的调查研究［J］.管理世界，2019（9）：152-163，197.

［115］ 马克·格兰诺维特.社会与经济：信任、权力与制度［M］.北京：中信出版社，2019.

［116］ 马涛，郭进利.节点具有寿命的企业生产物流系统复杂网络模型研究［J］.物流技术，2016，35（7）：144-148.

［117］ 马翔.国家创新系统视角下中美德日制造业产业转型政策比较研究［D］.大连：大连理工大学，2018.

［118］ 马鸿佳，董保宝，葛宝山.资源整合过程、能力与企业绩效关系研究［J］.吉林大学社会科学学报，2011，51（4）：71-78.

［119］ 马建伟.船舶企业客户购买需求影响因素研究［D］.上海：华东师范大学，2017.

［120］ 孟月.企业技术集成流程分析及其绩效评价研究［D］.天津：天津大学，2007.

［121］ 缪小明.复杂产品创新中的政府政策与技术追赶策略研究［J］.科学管理研究，2006，24（2）：27-29，37.

［122］ 派恩.大规模定制：企业竞争的新前沿［M］.北京：中国人民大学出版社，2000.

［123］ 钱立新.世界高速铁路的发展水平和中国高速铁路的技术进展［J］.铁路采购与物流，2009，4（10）：19-21.

［124］ 青木昌彦.比较制度分析［M］.上海：上海远东出版社，2001.

［125］ 青木昌彦，安藤晴彦.模块化时代：新产业结构的本质［M］.上海：上海远东出版社，2003.

［126］ 让·梯若尔.共同利益经济学［M］.北京：商务印书馆，2020.

［127］ 任胜钢.企业网络能力结构的测评及其对企业创新绩效的影响机制研究［J］.南开管理评论，2010，13（1）：69-80.

［128］ 盛亚，等.复杂产品系统创新的利益相关者管理［M］.杭州：浙江大学出版社，2011.

［129］ 盛亚，等.复杂产品系统创新的风险生成机理：利益相关者网络视角［M］.杭州：浙江工商大学出版社，2017.

［130］ 盛亚，王节祥.利益相关者权利非对称、机会主义行为与 CoPS 创新风险生成［J］.科研管理，2013，34（3）：31-40.

［131］ 石晓波，徐茂钰.轨道交通 PPP 项目干系人分类研究：基于全生命周期视角［J］.工程管理学报，2017，31（2）：74-78.

［132］ 宋砚秋，李玉龙，李桂君，等.复杂产品系统项目的治理结构：基于利益相关者理论的研究［J］.技术经济，2014，33（6）：90-100.

［133］宋砚秋，杨岚.基于系统动力学的复杂产品系统动态能力研究
　　　　［J］.科研管理，2017，38（10）：150-160.

［134］苏敬勤，刘静.复杂产品系统创新的动态能力构建：基于探索性案
　　　　例研究［J］.研究与发展管理，2014，26（1）：128-135.

［135］苏敬勤，高昕.中国制造企业的低端突破路径演化研究［J］.科研
　　　　管理，2019，40（2）：86-96.

［136］孙喜.技术自立是如何实现的：中国复杂产品工业的历史经验
　　　　［J］.经济理论与经济管理，2014（5）：44-57.

［137］王敏.基于成熟度模型的复杂产品系统创新能力评价研究［D］.
　　　　南京：南京航空航天大学，2016.

［138］王琛.大型客机协同研制过程的质量管理关键技术研究［D］.上
　　　　海：上海大学，2013.

［139］王毅.我国企业复杂技术创新能力研究：基于三维模型的成长路
　　　　径［J］.管理工程学报，2011，25（4）：203-212.

［140］王海兵.人力资本、物质资本与中国全要素生产率［D］.济南：
　　　　山东大学，2015.

［141］王海军，马士华，周晓.基于客户订单分离点的延迟制造再分类
　　　　研究［J］.科技进步与对策，2004，21（1）:59-62.

［142］王林林.复杂产品集成商服务策略优化问题研究［D］.南京：东
　　　　南大学，2015.

［143］王树华.复杂产品协同制造网络风险传播与控制策略研究［D］.
　　　　青岛：中国海洋大学，2014.

［144］王志玲.中日韩造船业核心竞争力比较研究［D］.哈尔滨：哈尔
　　　　滨工程大学，2013.

［145］魏江.企业技术能力论［M］.北京：科学出版社，2002.

［146］韦影，王昀.很复杂，但更精致：嵌入式案例研究综述［J］.科研
　　　　管理，2017（11）：95-102.

［147］吴迪冲，杨贵.基于可拓学的大批量定制客户订单分离点研究
　　　　［J］.浙江理工大学学报，2007，24（4）:424-428.

［148］吴贵生，王毅.技术创新管理［M］.3版.北京：清华大学出版社，2013.

［149］吴佳伟.中国船舶工业竞争力研究及对策分析［J］.中国市场，2014（49）：180-181.

［150］吴欣桐，梅亮，陈劲.建构"整合式创新"：来自中国高铁的启示［J］.科学学与科学技术管理，2020，41（1）：66-82.

［151］吴昀桥.模块化组织中核心企业核心能力体系研究［J］.科技进步与对策，2016，33（21）：90-96.

［152］夏皮罗，哈尔·范里安.信息规则：网络经济的策略指导［M］.北京：中国人民大学出版社，2017.

［153］许国康.大型飞机自动化装配技术［J］.航空学报，2008，29（3）：734-740.

［154］许松林，龚文秀，王惠玲.基于模块的飞机产品结构管理［J］.航空工程进展，2013，4（2）：219-225.

［155］徐宏玲.模块化组织研究［M］.成都：西南财经大学出版社，2006.

［156］闫华锋，仲伟俊.复杂产品系统集成商技术创新的影响要素与系统模型［J］.中国科技论坛，2016（9）：46-50.

［157］杨瑾.逆向外包驱动大型复杂产品制造业集群升级的作用机理："主供"模式的调节作用［J］.技术经济，2017，36（6）：10-17.

［158］杨瑾，王娟茹.大型复杂产品制造业集群演进驱动因素验证性研究［J］.研究与发展管理，2011，23（5）：72-80.

［159］杨志刚.复杂技术学习和追赶［M］.北京：知识产权出版社，2008.

［160］杨志刚，吴贵生.复杂产品的创新及其管理［J］.研究与发展管理，2003，15（3）：32-37.

［161］尹建华，王兆华.复杂产品模块化制造网络的运作模式研究［J］.经济管理，2008（6）：67-73.

［162］ 尹宝兴.复杂产品系统项目创新利益相关者的分类与对称性研究：ERP 项目为例［D］.杭州：浙江工商大学，2008.

［163］ 于玲玲.我国轨道交通装备制造企业国际竞争力研究［D］.北京：北京交通大学，2016.

［164］ 詹姆斯·P.沃麦克，丹尼尔·T.琼斯，丹尼尔·鲁斯.改变世界的机器［M］.北京：商务印书馆，1999.

［165］ 张伯旭，李辉.推动互联网与制造业深度融合：基于"互联网＋"创新的机制和路径［J］.经济与管理研究，2017，38（2）：87-96.

［166］ 张吉昌，孙敏.中国大飞机产业链拆分与技术策略［J］.财经问题研究，2007（12）：42-46.

［167］ 张金昌.用出口数据评价国际竞争力的方法研究［J］.经济管理，2001（20）：17-25.

［168］ 张其仔，等.模块化、产业内分工与经济增长方式转变［M］.北京：社会科学文献出版社，2008.

［169］ 张文彬，蔺雷，廖蓉国.架构能力引领的复杂产品系统产业链协同创新模式研究［J］.科技进步与对策，2014，31（6）：57-62.

［170］ 张志勇.城市轨道交通车辆模块化设计初探［J］.设备监理，2018（4）：57-59.

［171］ 郑浩，冯毅雄，高一聪，等.基于性能演化的复杂产品概念设计求解过程研究［J］.机械工程学报，2017，54（9）：214-223.

［172］ 赵忆宁.大国工程［M］.北京：中国人民大学出版社，2018.

［173］ 周国华，韩姣杰."小业主大咨询"模式下建设项目业主驻勤人员激励监督机制研究：以京沪高速铁路建设项目为背景［J］.管理评论，2009，21（12）：109-116.

［174］ 周永庆.复杂产品系统创新项目绩效影响因素研究［D］.杭州：浙江大学，2004.

［175］ 周永庆，陈劲，景劲松.复杂产品系统的创新过程研究：以 HL

公司大型电站集散控制系统为例［J］. 经济管理，2004，26
（14）：4-10.

［176］ 朱秀梅，陈琛，杨隽萍. 新企业网络能力维度检验及研究框架构建
［J］. 科学学研究，2010，28（8）：1222-1229.

［177］ 左怀亮. 民用飞机产品构型关键技术研究［D］. 上海：上海交通大
学，2012.

后　记

复杂产品属于大型资本型产品，为生产简单产品及提供现代化的服务创造条件，是经济和社会现代化的支撑平台。各国尤其是发达国家都不遗余力地大力发展复杂产品产业。国际经验告诉我们，政府在国家复杂产品生产中发挥着重要作用，发达国家是如此，发展中国家更应如此，但复杂产品生产由"政府主导"向"企业主导"逐步过渡是必然选择。本研究基于复杂产品"投入—生产—产出"生产过程的理论研究，通过对不同国家典型复杂产品案例研究的微观比较与对不同国家及典型复杂产品产业评价研究的产业和国家比较，提出国家复杂产品生产能力提升的企业和产业发展战略路径与政策支持的建议。主要内容包括 4 篇 14 章，最终形成以下主要观点。

（1）对复杂产品制造企业而言：①集成商在选择技术分包的供应商时，应根据产品的复杂程度，通过在招标文件中设置限定条件让供应商的地位产生差异或保持相同以保证联合研发工作的顺利完成。②加强共性技术合作研发。当共性技术的应用会导致专有技术研发效率指数级的增长，并可能导致整个行业革新时，共性技术研发企业就掌握了绝对的话语权。③复杂产品的定制难度较大时，相同的市场地位更能促进分包商开展联合研究，但必须首先保证分包商独立工作的完成。④必须清醒认识到，集成商处于分工网络的中心位置，但未必处于利益相关者网络中心。这对我国企业进军高端装备制造业具有启示意义——处于分工网络的中心位置仅是第一步，争取早日处于利益相关者网络中心更重要。集成商应高度关注利益相关者的权利状态，建立权利平衡机制。⑤加强过程管理，处理好竞合关系，确保"主供"模式的有效运作。⑥企业无论定位于价值链两端攀升还是高端制造实现"微笑曲线"反转，创新战略、合作战略或借助于平台赋能都是合适的战略选择。

（2）产业生产能力比较结果显示：①与日韩相比，中国船舶产业在原材料投入、经济支撑、国际市场支撑、经济绩效方面强于日本、韩国，人力投入、创新绩效这两项单项指标处于中间水平，但在科研投入、科技支撑、政策等支撑及过程管理4项指标方面都与日韩存在较大差距。特别是过程管理方面，与日韩的差距非常明显。②与欧美相比，中国航空航天制造业生产能力极其低下，这也印证了与欧美差距近20年的判断。虽然在产业生产总值、专利授权数与论文与专著数方面较强，但在人力投入、科研投入、经济支撑及过程管理等方面，差距很大。③通过若干指标（贸易竞争指数、RCA指数、国际市场占有率、专利申请数等）的国际比较，可知中国高铁在技术、安全及性能等方面逐渐得到世界认可。④产业生产能力提升必须在技术能力、管理能力上同时用力，尤其是过程管理和创新能力方面。

（3）政府必须坚定支持发展复杂产品生产能力的国家意志，体现国家力量，但要注意：①政府必须根据具体情况，结合中国特色进行立法，运用法律法规尽可能规范地参与到复杂产品产业生产能力提高的过程中，当前将产业政策上升到法律层次尤为紧迫。②划清与市场的边界，一些政策支持必须注意处理好与国际规则的关系，并尽可能在完善市场功能上发挥作用，让更多企业接受市场挑战和检验。如更加侧重对基础、平台、关键和公共技术，零部件和模块技术国产化的合规操作等提供支持。③匹配性资助是政府扶持共性技术研发最有效的政策手段，但要对研发模式做出合适选择。关键共性技术的基础性越强，潜在价值越大，对专有技术研发的影响程度越深，政府介入和扶持的力度就越大。因此，对于技术弹性较大的关键共性技术适宜采用以政府为主导、企业为主体的研发模式。

从设计课题到正式出版研究成果，历时7年。从形成研究报告通过良好的结题评审后，数易其稿，反复修改，力求提高书稿质量，不负国家社会科学基金重点项目"国家复杂产品生产能力比较研究"（15AZD057）（2016年1月—2018年12月）的鼎力支持和为完成本课题研究所付出的人和组织的期望。 感谢为设计和完成本课题贡献聪明智慧、知识思想的你们：西南交通大学周国华教授团队，浙江工商大学盛亚教授、李靖华教授、俞荣建教授、程开明教授、韦影副教授、王节祥副教授、李春友副教授，以及技术经济及管理学科团队和众多的博士生、硕士生和本科生（不一一列举）。 感谢安徽大学吴义爽教授的智力支持与不厌其烦接受咨询和调研的专家、学者和相关组织。

感谢为本书出版提供成果的你们：第 1 章（盛亚）；第 2 章（盛亚）；第 3 章（李靖华、盛亚）；第 4 章（周国华、王经略、夏小雨、胡慧中）；第 5 章（李春友、盛亚）；第 6 章（周国华、王经略、夏小雨、谭晶菁、张凯；6.5 张博）；第 7 章（周国华、田顺年、胡慧中、郑红）；第 8 章（周国华、田顺年；8.1 李靖华、章梦雯）；第 9 章（周国华、李诗瑶、张凯、何海燕）；第 10 章（高世飞、高金莎、盛亚）；第 11 章（高世飞、高金莎、盛亚）；第 12 章（高世飞、高金莎、盛亚）；第 13 章（王节祥、盛亚、王雅敏、李春友；13.1 徐彬、韦影）；第 14 章（盛亚、戴建新、吴君涛）。 盛亚统领书稿架构、修改、补充、完善并最终定稿。 由于引用的文献较多，书中以两种方式呈现：脚注和主要参考文献（重点引用），尽管力求精准，但不免疏漏，敬请见谅！ 向被引用文献的作者表示由衷的谢意！

感谢为本书出版提供支持的国家社会科学办公室和浙江工商大学出版社，感谢责任编辑谭娟娟女士，是他们的全力支持和辛勤工作，保证了本书的顺利和高质量出版。